張家口 年鉴

2010

张家口市人民政府 编

河北人民出版社

图书在版编目（CIP）数据

张家口年鉴. 2010 / 张家口市人民政府编. —石家庄：河北人民出版社，2010.10
ISBN 978-7-202-05682-0

Ⅰ. ①张… Ⅱ. ①张… Ⅲ. ①张家口市—2010—年鉴
Ⅳ. ①Z522.23

中国版本图书馆CIP数据核字（2010）第212406号

书　　名	张家口年鉴2010
编　　者	张家口市人民政府
责任编辑	陈小彦
美术编辑	李　欣
责任校对	付敬华
装帧设计	中　画
出版发行	河北人民出版社（石家庄市友谊北大街330号）
印　　刷	保定市中画美凯印刷有限公司
开　　本	889×1194毫米 1/16
印　　张	23.25
字　　数	660000
版　　次	2010年12月第1版　2010年12月第1次印刷
印　　数	1-2000
书　　号	ISBN 978-7-202-05682-0/Z·145
定　　价	180.00元

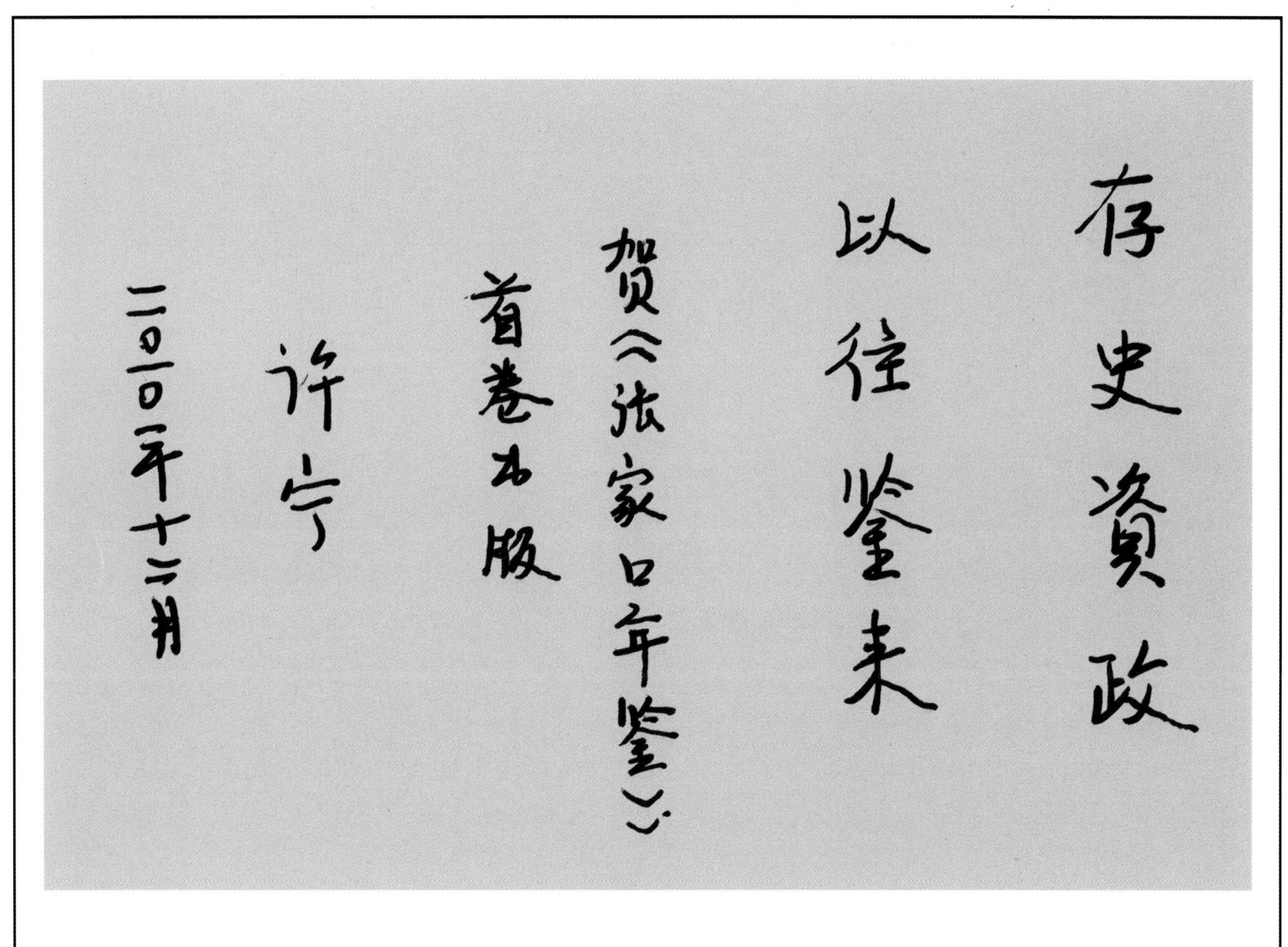

中共张家口市市委书记许宁 题

《张家口年鉴》编纂委员会

主　　任：郑雪碧（市政府市长）
常务副主任：侯　亮（市政府常务副市长）
副 主 任：李青春（市委常委、市委秘书长）
张秀发（市人大常委会副主任）
祁万利（市政协副主席）
赵专运（张家口军分区参谋长）
王爱民（武警张家口支队政治处主任）
方继斌（市政府常务副秘书长）
委　　员：韩卫东（市委副秘书长、市委农村工作委员会书记、市政府农办主任）
王一飞（市纪委常委）
王存纲（市委宣传部副部长）
张万彪（市委研究室副主任）
杨　敏（市档案局局长）
杨红彬（市委党史研究室主任）
张　武（市委保密局副局长）
郝志熹（市人大常委会副秘书长）
张书平（市政协文史委主任）
张慧勇（市发展和改革委员会副主任）
张晓光（市民政局副局长）
张威武（市国有资产监督管理委员会副书记）
李　艺（市财政局副局长）
王建设（市公安局调研员）
苑秀忠（市工业和信息化局副局长）
胡建明（市商务局副局长）
张　宏（市住房和城乡建设局副局长）
刘志善（市教育局副调研员）
杨惠忻（市科学技术和地震局副局长）
高振福（市政府研究室调研员）
孙云峰（市国家税务局纪检组长）
薛　云（市地方税务局纪检组长）
何跃田（市人力资源和社会保障局副局长、市公务员局局长）
秦德文（市交通局党委副书记）
邸玉平（市食品药品监督管理局纪检组长）

《张家口年鉴》编纂委员会

委　　员：闫泽洪　（市农牧局副局长）
王建国　（市文化局副局长）
丁　明　（市卫生局副调研员）
项道寅　（市广播电影电视局副局长）
曹瑰宝　（市体育局副局长）
史保瑞　（市旅游局副调研员）
阎　钧　（市工商局副局长）
刘海阳　（市统计局副局长）
贾文忠　（市气象局纪检组长）
霍军政　（市环保局纪检书记）
杭建兵　（市国土资源局副局长）
赵崇理　（张家口供电公司副书记兼纪委书记）
曹建强　（中国人民银行张家口中心支行行长）
赵朋景　（市邮政局副局长）
聂印书　（中国联合网络通信有限公司张家口分公司总经理）
田海泉　（中国移动通信集团河北有限公司张家口分公司副总经理）
闫雪卿　（市地方志办公室副主任）

《张家口年鉴》编辑部

主　　编： 方继斌
副 主 编： 闫雪卿　朱会林
责任编辑：（以文字篇目先后为序）
关建平　张国庆　张宏光　郝志良　何一正　李　海　陈文静
摄　　影： 袁明海　何大为　宋英人　武殿森　马佳琦　刘旭东　苏　炜　付鸿波
彩版设计： 文　静　陈　铎　董世峰

序

在全市各级各部门和编纂人员的共同努力下，《张家口年鉴》（2010）终于付梓问世。作为我市首部地方综合年鉴，她不仅对张家口市一年来发展进程作了真实、客观地记录，而且突出地方特色，反映了时代特征。她全面、系统、翔实地记载了张家口人民在市委、市政府的领导下，坚持以科学发展观为指导，以经济建设为中心，全面推进社会主义现代化建设的新成就，是展示我市经济社会风貌、促进对外交流合作的重要窗口和平台，是各界人士了解和研究张家口市的一部权威性工具书和史料性参考书，具有宣传张垣、服务社会、存史资政、教化育人的重要作用。她的付梓问世，是我市经济社会发展中的一件要事，是出版界的一件盛事，可喜可贺！

2009年是我市经济发展最为困难的一年，也是各种挑战最多的一年。面对世界金融危机，面对50年不遇的特大干旱，市委、市政府审时度势，紧紧团结和依靠广大干部群众，围绕“开放创新、全民创业、特色创优、富民强市”总思路，把握“抢抓新机遇、打造新优势、树立新形象、夺取新胜利”工作主题，按照“保增长、调结构、强基础、惠民生”总要求，凝心聚力，共克时艰，创新奋斗，科学发展，经济社会各项事业取得丰硕成果。2009年，全市实现生产总值800.49亿元，同比增长10%。全社会固定资产投资特别是城镇固定资产投资实现了大幅增长，全部财政收入、城市居民人均可支配收入、农民人均纯收入等经济指标均保持了较快增长。城市建设实现历史性突破，城镇面貌日新月异，城市综合承载能力和辐射带动能力明显增强。项目工作强势推进，取得重大突破，启动实施了一批事关全局的重大项目。改革开放步伐加快，战略合作不断深化，招商引资取得了一系列积极成果。产业结构加快调整，明确了“4+3”现代产业主攻方向，工业、农业、服务业蓬勃发展。社会事业全面进步，人民群众得到了更多实惠。这些在《张家口年鉴》（2010）都客观、详细、真实地予以记述，充分反映了全市各条战线、方方面面的新情况、新成果和新经验。

当前，我市正处于加快发展的关键时期。市委、市政府立足市情实际，着眼未来发展，进一步明确了“抓住发展机遇，转变发展方式，夯实发展基础，提升发展水平”的工作主题，提出了“建设京冀晋蒙交界区域中心城市”的远景奋斗目标。面对新形势、新任务和新要求，需要我们以更加求真务实的态度，认真总结以往经验，努力在工作实践中开拓创新，推动经济社会各项事业取得新的发展进步。

《张家口年鉴》（2010）作为全面反映2009年全市经济社会建设成果的大型信息资料工具书，为存史资政提供了具有较高参考价值的资料。全市各级各部门要认真参考借鉴，总结过去、检阅得失、吸取经验，指导现在、推陈出新、开创未来，全面推动我市经济社会科学发展、跨越发展、和谐发展。

《张家口年鉴》（2010）的出版，凝聚了广大编纂者的心血和智慧。他们以高度的历史责任感和良好的工作作风，或深入社会、调查研究，或驾驭资料、笔耕不缀，做了大量艰苦细致、卓有成效的工作，功不可没，实值嘉赞。

出版之际，略记千言，以为序。

张家口市人民政府

市长 郑雪碧

二〇一〇年十月

张家口市主城区鸟瞰

编辑说明

一、《张家口年鉴》是根据国务院《地方志工作条例》和省政府《河北省地方志工作规定》，由张家口市人民政府编纂的一部全面系统记述张家口自然、政治、经济、文化、社会等方面市情的综合资料性年刊，国内外公开发行。

二、本年鉴以马列主义、毛泽东思想、邓小平理论和“三个代表”重要思想为指导，以科学发展观为统领，坚持实事求是的原则。

三、本年鉴逐年编纂出版。本卷为《张家口年鉴》2010年卷（总第1卷），主要记述张家口市2009年度的基本情况和突出成绩，以丰富的内容、详实的资料为各级领导决策提供依据，为各项事业发展提供借鉴，为中外各界人士了解张家口提供信息，为编史修志积累资料。

四、本年鉴采用分类编纂法，大致分为类目、分目、条目三个层次。

五、本年鉴的文稿由各县（区）、市直各单位委派专人撰写，经主管领导审定；统计资料由市统计局提供；《张家口年鉴》编辑部统编全书。

六、本年鉴的编辑、出版承蒙各县（区）、各有关部门的大力支持和协助，在此表示诚挚谢意。由于编辑水平所限，疏漏之处在所难免，希望广大读者提出宝贵意见。

编　者

二〇一〇年十一月

2009年2月16日下午2时49分，温家宝总理结束在天津的调查研究准备乘坐火车返回北京时，在天津火车站候车室遇到来自河北张家口2周岁的白血病患儿李瑞小朋友。当温总理得知他因为家庭困难看不起病，母亲准备带他回老家时，当即嘱咐随行工作人员安排孩子到北京治病。

2004年1月20～21日，中共中央总书记、国家主席胡锦涛在张家口市考察工作。1月21日是农历大年三十，胡锦涛等在张北县油篓沟乡喜顺沟村看望干部群众时，与村民吕占林一家一起包饺子，并叮嘱当地干部，要采取切实有效的措施，让所有的村民包括贫困户，春节都能吃上饺子。

张家口市行

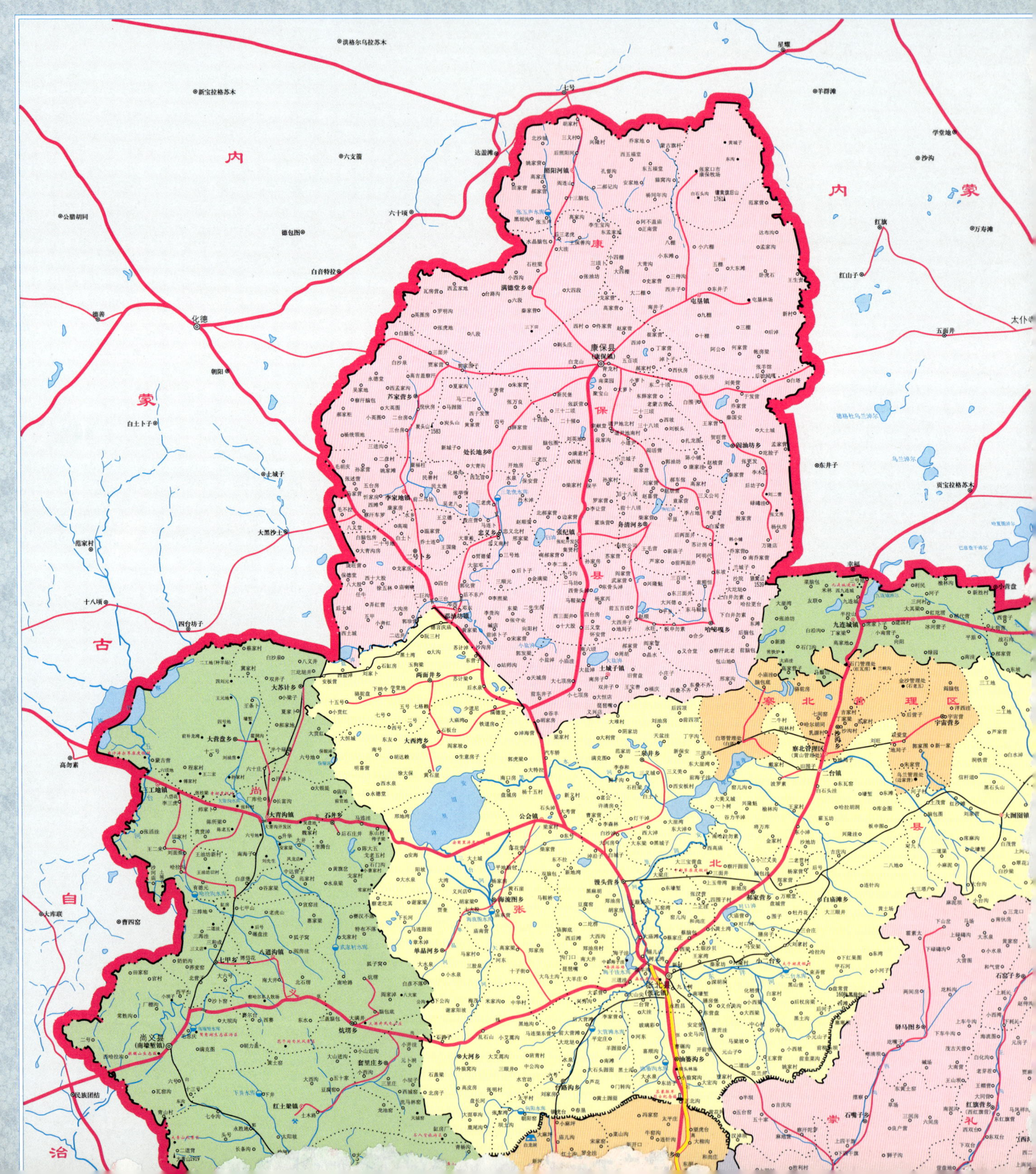

康保县
康保镇
尚义县
南壕堑镇
张北县
张北镇
察北管理区
内
蒙
古
自
治
化德
朝阳
德善
公腊胡同
德包图
白音特拉
六十顷
达盖滩
新宝拉格苏木
洪格尔乌拉苏木
六支箭
白土卜子
土城子
大黑沙土
范家村
十八顷
四台坊子
高勿素
大库联
曹四窑
民族团结
星耀
羊群滩
学堂地
沙沟
万寿滩
红旗
红山子
五面井
东井子
贡宝拉格苏木
屯垦镇
满德堂乡
照阳河镇
处长地乡
忠义乡
张纪镇
芦家营乡
李家地镇
邓油坊镇
丹清河乡
土城子镇
哈咇嘎乡
大青沟镇
大营盘乡
大苏计乡
石井乡
七甲乡
八道沟镇
三工地镇
红土梁镇
套里庄乡
甲石河乡
小蒜沟镇
下马圈乡
两面井乡
大西湾乡
公会镇
馒头营乡
海流图乡
单晶河乡
台路沟乡
大河乡
油篓沟乡
二台镇
白庙滩乡
二泉井乡
九连城镇
小二台镇
石嘴子乡
驿马图乡
石窑子乡

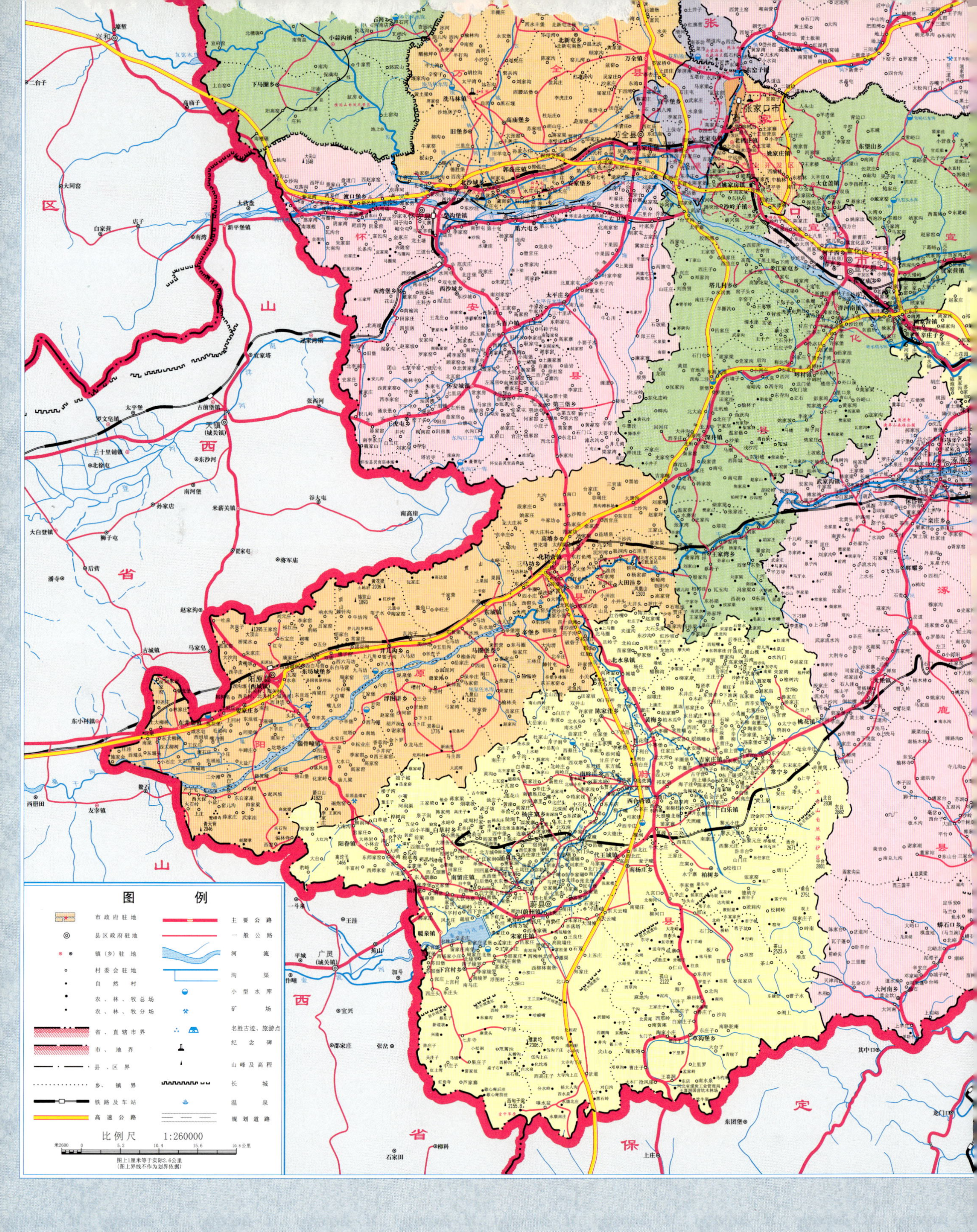

图例
市政府驻地
县区政府驻地
镇(乡)驻地
村委会驻地
自然村
农、林、牧总场
农、林、牧分场
省、直辖市界
市、地界
县、区界
乡、镇界
铁路及车站
高速公路
主要公路
一般公路
河流
沟渠
小型水库
矿场
名胜古迹、旅游点
纪念碑
山峰及高程
长城
温泉
规划道路
比例尺 1:260000
图上1厘米等于实际2.6公里
(图上界线不作为划界依据)
张家口市
万全县
怀安县
宣化县
阳原县
蔚县
山西省
保定

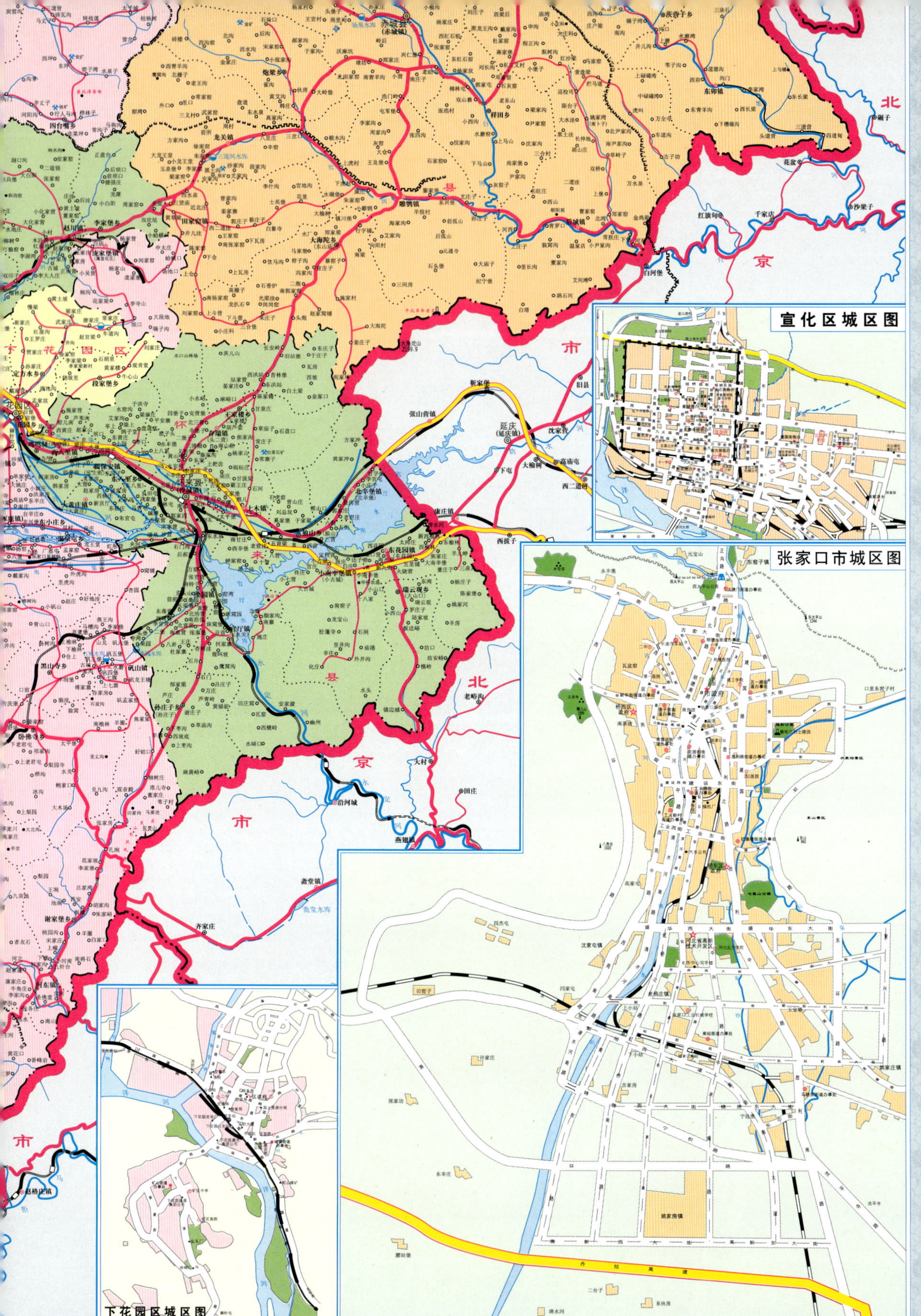

张家口市民政局编制　2010年5月

政区划图

内部用图
张家口市地理位置图
北京市
天津市
石家庄市
承德
唐山
秦皇岛
保定
廊坊
沧州
衡水
邢台
邯郸
渤海
图例
省会
市行署驻地
县市驻地
铁路
省界
地市界
县界
河流
古
自
治
区
承
德
市
塞北管理区
沽
源
县
赤
小城子管理处
榆树沟管理处
塞北管理区
东大门管理处
十五号
鱼儿山镇
四岔口
大滩镇
小坝子
窟窿山
五道营
下庙
头支箭
中河
骆驼山
大北沟
永丰
千斤沟
马坊子
兴盛
高山堡乡
闪电河乡
沙梁子管理处
二道渠乡
丰元店乡
平定堡镇
白土窑乡
黄盖淖镇
小河子
莲花滩乡
西辛营乡
小厂镇
长梁乡
丰源店乡
独石口镇
马营乡
云州乡
镇宁堡乡
三道川乡
战海乡
白旗乡
狮子沟乡
黑龙山林场

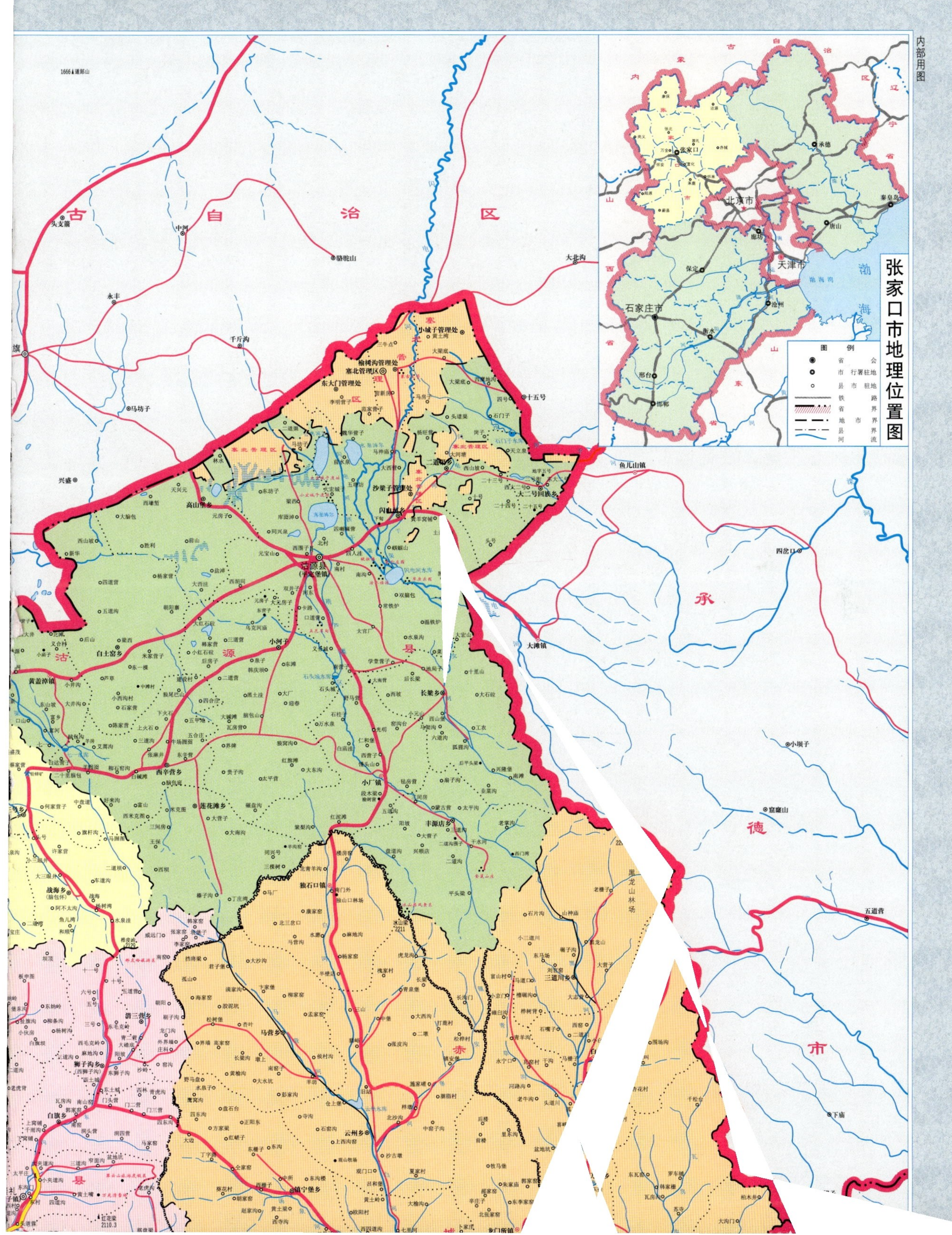

2008年10月20～22日，中共中央政治局常委、中央政法委书记周永康（左二）在怀来县就深入贯彻落实科学发展观，进一步推进城乡改革发展进行调查研究。

2009年1月20日，国家教育部部长周济（后排左四）在省、市领导的陪同下，到张家口职业教育中心亲切慰问教职工，对学校的校容校貌及艺术设计、现代服务和信息技术三大专业群的实训基地进行了深入细致的考察，并询问学生的实训、实习和就业情况。

7月11～13日，中国残联主席张海迪到张家口市就贯彻落实中央7号文件精神、推进两个体系建设和农村残疾人生活生存状况进行视察调研，并看望慰问贫困残疾人家庭。

4月8～10日，省委书记张云川就进一步开展好深入学习实践科学发展观到张家口市调研。他强调，必须紧紧围绕解决经济社会发展和党的建设中存在的突出问题，扎实开展好学习实践活动，确实取得实实在在的成效。图为张云川（左二）在市领导的陪同下考察城市快速路和桥梁建设。

12月26～27日，省委副书记、代省长陈全国在张家口调研，强调要认真落实中央和省经济会议精神，抓住机遇，科学发展。图为陈全国（左二）在市领导陪同下走进宣化钢铁公司调度工作室，与企业负责人、职工亲切交谈。

6月29～30日，省长胡春华（右二）到涿鹿、宣化、崇礼、赤城等县区，深入企业车间、工业小区和旅游景区，详细考察张家口市经济发展和对接京津工作情况。

9月16日，“杂交水稻之父”袁隆平先生（中）在北京热情接待了张家口农业科学院院长张进京（左）和谷子专家赵治海（右）。

1月4日，中共张家口市第九届委员会第五次全体会议隆重召开。全会由市委常委会主持，市委书记许宁代表市委常委会作工作报告。

2月3日，张家口市第十二届人民代表大会第二次会议在市工人文化宫隆重开幕。会议由市人大常委会主任曹英忠主持，市长郑雪碧代表市政府作工作报告。

2月2日，张家口市政协十届二次会议在市工人文化宫隆重开幕。市政协主席乔登贵受政协张家口市第十届委员会常务委员会委托向大会作工作报告。

3月2日，市第二批深入学习实践科学发展观活动动员大会在张家口宾馆举行。市委书记许宁作动员讲话，阐述了开展深入学习实践科学发展观活动的重大意义，省委指导检查组副组长、省委讲师团副主任刘丹在会上讲话，对开展学习实践活动提出要求。市长郑雪碧主持大会并就贯彻落实好会议精神提出具体要求。

4月23日，市委书记许宁接受河北电视台大型系列访谈节目《春动河北——作风年里话发展，问政当家人》的专访。在访谈中，许宁就张家口如何实现后发赶超、实现更好更快的发展，阐述了全市的重大战略部署和重要举措，明确提出张家口市的发展定位。

12月28日，市长郑雪碧接受河北经济日报记者专访。在访谈中，郑雪碧指出张家口2010年经济工作的重点是以科学发展观为指导，按照省构建现代产业体系的实施意见，立足张家口市区位、资源、产业基础等优势，确立了做大做强旅游服务、新型能源、食品加工、装备制造四大主导产业，积极培育现代物流、电子信息、矿产品精深加工三大产业的“4+3”产业发展定位。

1月14日，市委书记许宁一行到张北县郝家营乡敬老院进行春节慰问，并与老人们一起娱乐，同迎新春佳节。

6月22日，市委书记许宁深入桥西区明德北派出所调研维稳工作，强调要正确分析形势，增强工作主动性，抓住重点，打好主动仗，加强领导，掌握主动权，以卓有成效的工作成果让党放心，让人民满意。

1月14日，市长郑雪碧一行到怀来县王家楼乡杏林堡村看望慰问困难群众，送去党和政府的关怀和温暖。

3月31日，市长郑雪碧率领相关部门负责人到宣钢、宣工、阿特拉斯·科普柯张家口建筑矿山设备有限公司以及华泰矿冶机械有限公司等工业企业进行实地调研，察看企业的生产环境，了解企业目前的经营状态和急需解决的生产难题，对企业今后的发展定位提出要求。图为郑雪碧在宣钢高线调度室调研。

“三年大变样”工作是省委、省政府部署的推进经济社会又好又快发展的战略任务，也是加快城市建设、提高百姓生活质量的民心工程。为使这项工作落到实处，收到实效，全市人民在市委、市政府领导下，攻坚克难，进一步加大城建力度，城建工作战果辉煌，城市面貌焕然一新。仅各类造型独特新颖的大桥，就使城市平添了无穷魅力。为了让广大市民了解城建成果，感受城市变化，更加主动、积极地关注、支持、参与、投身到城市建设中，形成“人民城市人民建、建好城市为人民”的浓厚氛围，市委、市政府精心组织安排了为期6天的市民参观城建重点工程成果活动。参观首日，近两万市民乘坐大巴饱览了美丽家园的新姿。10月11日，即活动第二天，正逢星期天，市委书记许宁、市长郑雪碧等领导，放弃休息，冒着深秋浓浓的寒意，和市民同乘大巴参观城建重点工程成果，于热烈的气氛中畅谈城建感受，认真听取市民们对城市建设的意见和建议。

市委书记许宁与市民一起乘车参观城建重点工程建设成果

市长郑雪碧与市民一起乘车参观城建成果

6月1日，市委书记许宁等市领导来到市特殊教育学校，看望慰问在这所学校读书的少年儿童。这是许宁亲切地抱着学前班3岁聋哑幼儿尚玉欣小朋友。

6月1日，市长郑雪碧等市领导来到市幼儿园看望慰问小朋友。

3月19日，市人大常委会主任曹英忠来到作风建设年活动联系点康保县康保镇道北村，与党员和村民代表亲切交谈。

7月10日，市政协主席乔登贵率部分市政协委员来到尚义县，就风电建设、生态农业等进行调研，对尚义县近年来经济建设取得的成就给与积极肯定，并对今后的工作思路提出了意见和建议。

4月13日，2009·张家口金融经济发展高层交流合作恳谈会在张家口宾馆举行。10家省级金融机构与市政府共签订99个合作项目，全年将向张家口市投放376亿元信贷资金。省长助理、省金融办主任江波，中国人民银行石家庄中心支行行长王景武，中国银监会河北监管局副局长李莅春及十五家省级金融机构负责人，市领导许宁、郑雪碧、侯亮、李青春、崔存利、程元臣、白龙出席恳谈会。江波、王景武、许宁分别讲话，郑雪碧介绍了全市基本情况、经济社会发展。

4月23日，全省城镇面貌三年大变样工作现场调度会在张家口市召开。会议通报了全省三年大变样重点工作进展情况和房地产行政审批简化程序情况，各设区市分别作了相关工作汇报。副省长宋恩华出席会议并讲话，就进一步加强城市基础设施建设提出意见要求。

7月29日，第十一届中国环渤海民营经济经贸合作洽谈会在市文化广场隆重开幕，全国人大常委会副委员长司马义·铁力瓦尔地出席了开幕式。围绕“抓机遇求合作促发展”这一主题，来自广东、青海及环渤海七省区市的近400位民营企业家在此寻找共同发展的商机。

8月20日，张家口市与美国芝加哥市签署促进双边经济合作与交流的友好合作备忘录，签字仪式在市迎宾馆举行。市长郑雪碧与美国国会议员丹尼·戴维斯分别代表双方在备忘录上签字。

8月8日，“冀台同胞共祭三祖大典”在张家口涿鹿县中华三祖堂广场举行，冀台两地近800同胞共祭黄帝、炎帝、蚩尤中华三祖。省政协副主席王刚宣布祭祖大典开始，市委书记许宁致词，市长郑雪碧宣读祭文。

8月8日，第八届冀台经济合作洽谈会在涿鹿县隆重举行，来自台湾岛内工商、旅游、学术界知名人士和国台办、河北省有关部门、社会各界人士共计400多人参加了开幕式暨项目签约仪式，包括银满投资（台湾）有限公司投资的“塞外仙都温泉开发融资项目”等13个项目进行现场签约，总投资31亿元（折合人民币），合同引资30亿元。

9月20日至10月10日，为庆祝国庆60周年及中秋佳节，展示各县区“城镇面貌三年大变样”建设成果及近年来园林绿化建设成就，促进各县区园林绿化行业交流合作，市政府举办了国庆六十周年花展。花展展出主题花坛共60余组，摆放各类花卉约100万盆株，投资共计100余万元。展区位于从清园桥至工业桥的清水河两侧园林绿地广场中。

6月5日上午7时30分，市体育局、市广播电影电视局、市文化局和张家口日报社共同举办的首届“名仕嘉苑”杯马拉松长跑比赛正式开赛，来自全市各行各业的190余人参加了比赛。

康保二人台属东路二人台，其历史可以追溯到清朝乾隆、嘉庆年间，经一代代民间艺人的二度创作，逐渐形成了集化妆、说唱、舞蹈、表演为一体的民间艺术形式，被当地人俗称为“蹦蹦儿”、“烂席片”、“戳古董”等东路二人台艺术。2006年，康保二人台被国务院列入首批国家级非物质文化遗产保护名录，2008年，康保县被文化部命名为中国民间文化艺术之乡。

12月5日上午，第九届中国崇礼国际滑雪节在崇礼县万龙滑雪场隆重拉开帷幕。出席本次活动开幕式有全国政协常务委员、原国家体委主任伍绍祖、国家旅游局副局长祝善忠、河北省省委常委、副省长杨崇勇、张家口市委书记许宁、市长郑雪碧等领导。许宁致辞，郑雪碧主持开幕式，伍绍祖在开幕式上发表讲话。在热情洋溢的气氛中，杨崇勇宣布第九届中国崇礼国际滑雪节开幕。

8月7日，张北草原音乐节在张北大草原开幕，吸引众多歌迷远道赶来，创下“五个之最”（人数最多；规模最大；水平最高；自驾车人数最多；最接近欧洲风格），被评为“全国十佳县域节庆”之首。

4月29日，张家口至石家庄高速公路三期工程三号地（冀蒙界）至张北段正式开工。工程全长57.686千米，预计总投资20.3亿元，2010年通车。

5月20日，市委书记许宁、市长郑雪碧等市领导参加规划总面积10平方千米的市化工医药产业集聚区奠基仪式。该项目旨在充分发挥区位、地缘、交通优势，着力打造全市新兴化工医药产业基地，成为拉动张家口市工业优化升级新的增长极。

6月28日，总投资8亿元、占地1200多亩的通泰国际建材博览中心项目开工奠基。该项目填补了全市建材家居市场“一站式”购物的业态空白，并能够有效提升全市建材市场的专业化水准，成为以张家口市为中心，辐射晋冀蒙周边地区的区域性建材物流集散枢纽。市委书记许宁宣布项目开工。市领导曹英忠、乔登贵、唐树森、武凤英出席奠基仪式。

8月15日，总投资80亿元的三一张家口风电产业园项目在西山产业集聚区奠基开工，标志着集聚区项目建设取得新突破，也标志着张家口市风电装备制造业形成从研发到主机生产、运输、组装、服务一条龙的高端产业格局。省工信厅副巡视员周军堂，省国资委监事会主席郝江洪，三一集团总裁向文波、副总裁吴佳梁，大唐河北分公司副总经理张福章，大唐河北风力发电有限公司总经理胡国栋，市长郑雪碧，市人大常委会主任曹英忠，市政协主席乔登贵，市委常委、副市长唐树森，市长助理、市政府秘书长白龙等出席仪式并为项目培土奠基。

滨河两岸园林景观

以“腾飞”为设计主题的建设桥

绿色生态住宅小区

由具有现代感的A字主塔以及拉索组成的商务桥

清水河旋律

军民合用机场航站楼效果图

解放桥夜景

修复后的张家口大境门

张北县

中共张北县县委书记　李雪荣

张北县人民政府县长　戎均文

张北县域面积4219平方千米，辖18个乡镇、366个行政村、1167个自然村，人口38.05万，其中农业人口31.2万。属中温带大陆性季风气候，年平均气温3.2℃。是中国最具特色十佳旅游县、中国新能源产业百强县、中国绿色名县。

张北历史悠久。早在4000年前就有人类繁衍生息在这块土地上，古代北方游牧民族大都留下活动的足迹，古称“天闲刍牧之场”。长期以来，各族人民在这里繁衍生息、交往融合，创造了底蕴深厚的长城文化、中都文化、草原文化等地域特色文化。

张北区位优越、交通便捷。县城距北京225千米，距张家口市和京包铁路线45千米。207国道、张化、张沽等六条国省干线和张石高速公路于此聚集辐射，构成了以县城为枢纽、北连南接的交通运输网络。

张北资源丰富。张北盛产甜菜、马铃薯、蔬菜、裸燕麦等有机食品。风力资源丰富，属国家级优质风能资源区。金、铅、锌、煤等矿藏储量丰富。有距北京最近的坝上草原，自然风光秀美，夏季气候凉爽，是消夏避暑、生态休闲旅游胜地。

张北县城十字路口夜景

坐落在南山公园中的“无穷之门”

10月12日，中共河北省委书记张云川一行到张北视察工作。

张北民营企业果蔬汁加工厂生产车间

宽敞明亮快速路

张北运达风电有限公司生产车间

怀来县

中共怀来县县委书记　景庆雨

怀来县人民政府县长　胡炜

中国长城葡萄酒生产车间

改善人居环境

怀来县位于河北省西北部，东临北京市，西接张家口市，全县总面积1782平方千米，辖11镇6乡，279个行政村，总人口34.93万人。是中央政治局常委、中央政法委书记周永康，河北省委书记张云川的学习实践活动联系点，是全国著名战斗英雄董存瑞烈士的故乡，有“中国葡萄之乡”、“中国葡萄酒之乡”的美誉。

省委书记张云川到锅炉厂车间视察

市委书记许宁视察

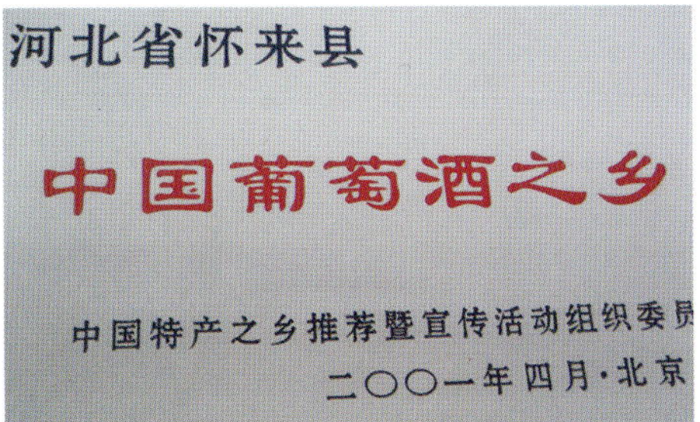

葡萄架下

发展太阳能产业

近年来，坚持以科学发展观为统领，围绕“发挥优势，突出特色，建设京畿科学发展强县”的总目标，进一步深化“培强五区，壮大五业，实施六项社会工程”的总体思路，加快产业结构调整，力促发展方式转变，经济社会得到快速健康发展。2009年，全县地区生产总值完成72.96亿元，较上年增长12.5%；全部财政收入实现9.57亿元，增长19.5%；其中，地方一般预算收入达到3.8亿元，增长21.7%；全社会固定资产投资完成33.01亿元，增长44.3%。农民人均纯收入达到6065元，增长12%；城镇居民人均可支配收入达到12743元，增长12.2%。

宣化县

中共宣化县县委书记 梁玉海

宣化县人民政府县长 郝富国

宣化县地处张家口市腹地，总面积2057平方千米，辖8镇5乡304个行政村，人口28万，素有“京西第一府”之称。宣化县坚持以科学发展观为指导，立足区位、交通、资源三大优势，大力主攻“五大战区”，积极培强“五大产业”，经济社会保持了良好发展态势。

主攻五大战区，提升承载能力。宣化县是全市唯一“有县无城”的县区。城市平台缺失，导致全县产业集聚功能较弱，经济发展水平较低。为破解这一难题，县委、县政府作出了主攻“五大战区”的重大战略部署。目前，洋河南新区已完成总体规划和控制性详规，年内将推进路网框架、水系景观及市政配套设施建设，力争用3～5年时间，将其建设成为中国北方独具魅力的“生态宜居型绿色水城”，改变全县“有县无城”的历史面貌，补齐城市平台短板。同时，以打造全市“环城型、组团式产业集聚区”为目标，投入资金6亿多元，大力推进东山园区、望山园区、沙岭子商贸服务区、冀中能源煤制气园区建设，吸引大批客商前来投资考察，已有总投资276亿元的17个大项目落户，园区集聚效应初步显现。

培强五大产业，强化发展支撑。坚持把培育现代产业作为转变发展方式、提升发展质量的重要举措，以项目建设为抓手，全力培强新型化工、现代物流、高新技术、机械制造、矿产品深加工五大产业。

6月1日，市长郑雪碧陪同联合国粮农组织总干事雅克·迪乌夫到宣化县农业种子基地调研杂交谷。

中信绿色工程刚刚实施时的黄羊滩

今日黄羊滩

农村活动广场

目前，全县新建、续建项目已达96个，总投资172亿元。总投资231亿元的冀中能源煤制天然气、昊华氯碱基地两大项目已签约落地，建成后年纳税额超15亿元，带动新型化工产业成为第一立县产业；总投资20.9亿元的庞大汽车城西北总部基地、聚鑫国际建材城两大物流项目已开工建设，以汽车、建材贸易为主的现代物流业加速崛起；总投资4.09亿元的大为纺织高新材料、河北瑞泰电器、天宇钢构三大项目已部分投产，高新技术产业正在兴起；总投资1.1亿元的大力重型起重机项目正在积极推进，建成后将极大提升全县机械制造产业发展水平；总投资20亿元的盛源煤电综合开发、英大泰和120万吨球团、坤源75万吨生铁三大矿业项目已建成投产，年纳税额达1.2亿元，成为全县重要财源。

洋河南安平大街夜景

宣化县

9月7日，省水利厅厅长李清林到宣化县视察常峪口水库除险加固工程和农村饮水安全工程。

市委书记许宁、市长郑雪碧在东山产业集聚区调研工作

狠抓“三农”工作，夯实富民基础。坚持把统筹城乡发展作为实现“富民强县”目标的重要任务，积极探索新农村建设新路。在全市成立了首家农业合作社元子河农业股份合作社，流转土地1500亩，大力发展玉米种植、奶牛养殖、食用菌栽培三大产业。2009年，合作社年产值超400万元，农民人均纯收入达9500元，是2004年的8倍，实现了跨越式发展。同时，积极推广、放大元子河经验，谋划建设了常峪口产业园区建设。引进总投资3亿元的峪新嘉苑住宅小区项目，计划整合周边9个村2000多户农民集中居住，打造现代化社区，实现农民生活的现代化；引进了总投资1.2亿元龙祥生猪养殖基地和饲料、鲜肉加工等项目，建设以生猪养殖为龙头，集“种植、养殖、加工、销售”为一体的综合产业园区，实现产业经营的现代化。全部建成后，园区年产值将达3亿元，成为全市农业农村发展的又一典型。

实施“十项为民工程”，强化惠民举措。坚持把解决好群众关注的热点难点问题作为一切工作的出发点和落脚点，连续多年实施“十项为民工程”，努力让发展成果惠及广大人民群众。今年以来，“十项为民工程”进展顺利，部分工程已完成全年目标任务。特别是扎实开展了“健康面对面·乡村行”活动，为2.8万农民进行了免费体检，为4100名慢性病患者建立了健康档案，被卫生部评为全国仅有的两个“健康面对面·乡村行”活动先进示范县之一，医疗保障水平显著提升。

市委常委、市委统战部部长、市总工会主席周林、副市长杨玉成到宣化县调研指导工作

洋河南新区景观大道透视图

市委书记许宁、市长郑雪碧到太师湾新民居施工现场调研

宣化县大仓盖蔬菜大棚

张杂谷种植基地

宣化县二中校园

坤源矿业办公楼

龙祥生猪养殖场猪舍管理

庞大汽贸

太师湾楼房单体外观

赤城县

中共赤城县县委书记　赵占华

赤城县人民政府县长　申全民

赤城县位于河北省西北部，东邻承德、西接张家口、北靠坝上、南与北京山水相依，总面积5273平方千米，耕地88.96万亩。辖9乡9镇，440个行政村，总人口29.34万人，其中农业人口24.6万人。

赤城县历史悠久，汉置女祁县，明中期置卫、所、堡，清康熙三十二年设赤城县，抗日战争时期为平北抗日根据地核心区域。县内矿产、生态、旅游等资源富集，已探明的矿藏有金、银、铁、沸石等36种，其中铁矿9.5亿吨，储量4.57亿吨的沸石矿属亚洲储量最大、质量最优的斜发沸石矿。森林覆盖率34%、林草覆盖率68%，黑、白、红三条河流贯穿全境汇入北京密云水库，是北京重要的饮用水源地和生态防护屏障。自然和人

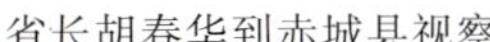
省长胡春华到赤城县视察

副省长孙士彬到赤城县视察

文景观众多，赤城温泉被誉为“关外第一泉”，属高疗效矿泉，大海陀国家级自然保护区、冰山梁中生代冰川遗迹、黑龙山自然风光、北方大丹霞、龙门峡摩崖石刻等景点风景独特。

2009年，全县地区生产总值完成36.27亿元，三次产业比重调整为28.6:44.7:26.7。全社会固定资产投资完成27.49亿元；全部财政收入完成4.62亿元，其中地方一般预算收入完成2.07亿元。农民人均纯收入完成2645元，城镇居民人均可支配收入完成11312元。

县城夜景

崇礼县

中共崇礼县县委书记 褚国儒

崇礼县人民政府县长 武占强

崇礼县位于河北省西北部，属内蒙古高原与华北平原过渡地带，总面积2323平方千米，辖2镇8乡211个行政村406个自然村，总人口12.49万人，耕地面积23.6万亩，是一个典型的山区县。县城距张家口市50千米，距北京220千米。全县有林面积120万亩，天然次森林是河北省最大的县份，森林覆盖率达到40%。夏季平均气温只有19℃，空气负氧离子浓度达3000个／立方厘米，素有“天然氧吧”之称，是生态观光、休闲疗养的理想之地。冬季年均降雪量60多厘米，累计积雪量达1米左右，存雪期长达140多天，雪质参数均符合滑雪标准，平均气温零下12℃，平均风速仅为2级，山地坡度多在5度35度，陡缓适中，可开辟滑雪场的地方多达10余处，被誉为“华北地区最理想的滑雪地域”。

崇礼县大力实施“旅游立县”战略，以打造东方“达沃斯”和建设环京津生态涵养区、休闲旅游度假区、有机农业示范区为目标，着力构建以健康产业为核心的现代产业体系，全县经济保持了较好的发展势头。2009年，全县地区生产总值完成16.96亿元，按可比口径增长9.8%。其中，一、二、三产业增加值分别完成4.12亿元、8.03亿元、4.81亿元，同比分别增长2.9%、12.5%、10.2%。全部财政收入完成2.28亿元，同比增长13.5%，其中地方一般预算收入完成1.3亿元，同比增长68.8%。全社会固定资产投资完成23亿元，同比增长51%。城镇居民可支配收入达到11177元，同比增长11.5%。农民人均纯收入达到3106元，同比增长6.4%。

崇礼风光

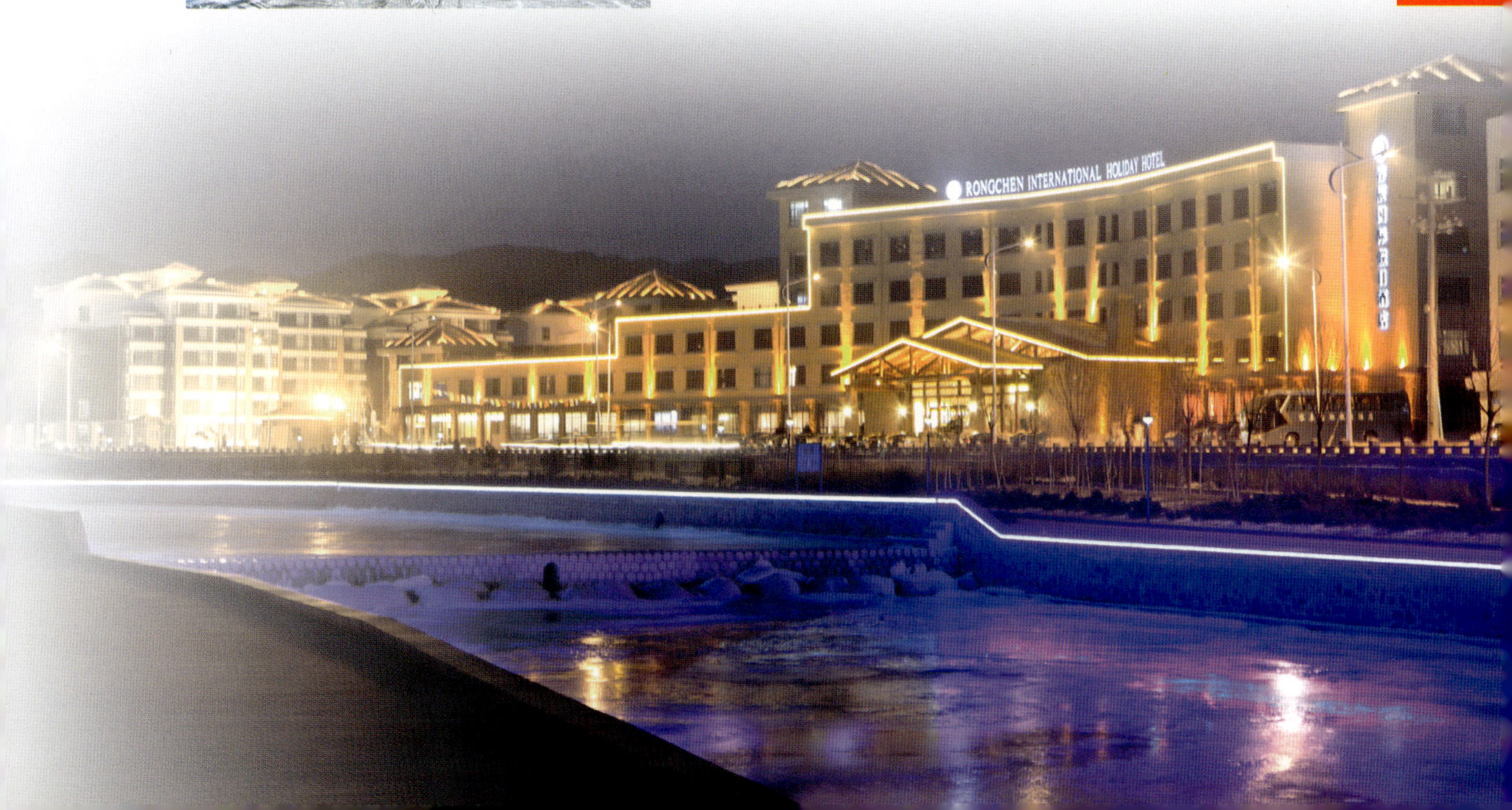

怀安县

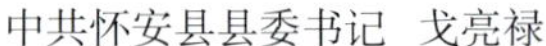
中共怀安县县委书记　戈亮禄

怀安县人民政府县长　李洪波

怀安县地处河北省西北部，素有塞北“金三角”之称。全县总面积1698平方千米，辖4镇7乡，273个行政村（街），人口24.66万，县府驻柴沟堡镇.这里区位优越，交通便利。向东249千米进入北京市，向西120千米进入煤都大同市，向北30千米进入内蒙古。京包铁路横贯东西。国道与地方公路纵横交错，110国道是西北地区和内蒙古进入京津的运输动脉，张（张家口）同（大同）公路是晋煤外运的主要通道。沿两条公路干线兴建的经济开发区、工贸小区以及煤炭、建材、蔬菜、豆制品等专业市场和二、三产业，构成了本县两条百里经济长廊，也是华北地区重要的煤炭、建材集散地和交易市场。

怀安县基础设施完善，投资环境优越。县内主变装机容量达到5.15万千伏安，电力供应充足。县乡程控电话已与全国联网，可直拨232个国家和地区及国内所有入网城市；对外联系方便快捷。怀安县物华天宝，矿产资源丰富。已发现和探明的矿藏有金、铁、铜、磷、含镁白云质岩、花岗岩、玄武岩、膨润土等矿种30多种。全县以矿产资源开发为主的建材和化工企业发展到226家。怀安县围绕农业开发，适应市场需求，将农业生产条件的改善与农业产业化建设有机结合。全县玉米制种面积达到4万亩，产量达到500万千克，被列为国家级制种基地；蔬菜种植面积达到4.95万亩，产量达到7000万千克，成为京津张同等大中城市重要的“菜蓝子”基地；以貂、狐为主的珍稀动物饲养量达到4万只，成为华北地区最大的珍稀动物养殖基地。此外，以杏扁为主的杂果基地、肉牛育肥基地已初具规模。形成了以化工、建材、采矿、机械制造、酿酒、造纸等为主的工业发展体系。“禾力”牌尿素质量上乘，被评为免检产品，并荣获“俄罗斯国际博览会金奖”和“中国名牌产品”称号；“警笛”牌系列钢制柜具荣获部优产品称号，畅销华北和西北地区；“柴沟堡熏肉”获省优产品；钠基土在国内外享有盛名；墨玉花岗岩产品引起海内外客商的青睐。

国务院办公厅纪检组长阎京华到怀安县调研

省长胡春华到怀安县调研

县城公路建设

县城长胜大街夜景

植酸酶生产研发综合基地

忠利源蔬菜交易市场

国电怀安热电厂

涿鹿县

中共涿鹿县县委书记 王江

涿鹿县人民政府县长 陈岗

涿鹿县位于张家口市东南部，是河北省13个环京县区之一，县城距北京中心市区125千米。全县总面积2802平方千米，辖1区、13镇、4乡、373个行政村，总人口34.32万。

保增长，突出总量扩张，确保经济发展速度。突出科技园区建设，一年来，不断加大科技园区基础设施建设力度，投资近9000万元完善了园区道路、排水、绿化、电力等基础设施，启动了生活配套服务区工程，投入园区基础设施投资累计达到了3亿元。突出全县项目建设，共实施重点项目63项，无论是项目数量、项目结构、项目质量，还是投资规模都创历史之最。京津对接项目成为生产性项目的主体，全县京津对接项目32项，总投资达76.5亿元，五维航电精密铸造、中盐15万吨柴油加氢等一批对接项目已经建成。政策性项目争跑取得新进展，共争取各类资金4.2亿元，较上年增长8000万元。

争投入，突出主导产业，打造现代产业体系。突出工业经济高效运转，通过项目建设、招商引资等措施，当年实际投入近30亿元，重点培养了单晶硅信息产业、机械制造、矿业化工、食品加工等生产型企业。突出城市建设三年大变样，全年实际投入23亿元，实施三年大变样重点项目15项，总建筑面积118万平方米，相继完成了三条内环路、轩辕路东延、东风路东延等城区道路工程，启动了大外环建设工程，完成了轩辕小区、祥和苑等一批住宅建设工程，建设了三祖文化广场、污水处理厂、垃圾处理场等一批公共设施工程，县城“一城两

6月29日，省长胡春华、市委书记许宁到涿鹿调研。

12月19～20日，中央学习实践活动领导小组成员、中央办公厅副主任赵胜轩到涿鹿调研。

区、一河一带、七纵七横”的城市建设构架基本形成，城区面积由原来的4.5平方千米拓展到30平方千米。突出农业产业化做大做强，完成投入6.08亿元，建成益利葡萄酒二期扩能、果仁公司杏仁油加工等一批农业产业化项目，启动了中粮金冠、泰瑞斯特葡萄酒等一批葡萄酒项目。突出三祖文化影响力提升，投资800多万元完善了黄帝城景区基础设施建设，成功承办了第八届冀台经济合作洽谈会，“三祖文化”、“合符文化”影响力不断提升。

打基础，突出统筹发展，夯实经济社会根基。突出基础设施建设，全县公路建设共投资86亿元，启动了京新高速二期、张涿高速两条高速公路建设，康祁公路主体实现通车。突出农业产业结构调整，全县新发展葡萄2万亩，累计达到15万亩，共建成奶牛规模养殖场5个，全县奶牛累计达到2.27万头，规模养殖率达到96%。突出新农村建设，4个文明生态村和6个新民居示范村的创建工作已经完成。全县通油路的行政村达到318个，占全县行政村总数的85%。农村电网完善工程全面完成。该县被省委省政府列入全省10个统筹城乡发展试点县（市）之一。

惠民生，突出群众需求，构建亲民和谐涿鹿。突出教育事业，全县教育基础设施总投资超过2.4亿元，新建实验小学已投入使用，初级中学搬迁项目正式开工建设，涿鹿中学整体搬迁项目正式启动，以北晨中学和涿鹿中学高考成绩为代表的教育教学质量在全市实现了提升进位。突出医疗卫生领域，新型农村合作医疗、城镇职工医疗保险进展顺利，城镇居民医疗保险工作正式启动。突出社保体系建设，新建、改扩建了5所区域性敬老院，建设数量位居全市第一；完成了城镇低保提标和农村低保扩面工作，农村80岁以上老人全部纳入了保障范围。突出就业再就业工作，全县城镇就业再就业新增2113人，农村劳动力向非农产业转移3475人。

东灵山风光

华尔单晶硅生产车间

益利系列葡萄酒

蔚县

中共蔚县县委书记 王志军

蔚县人民政府县长 燕旺林

蔚县地处河北省西北部，东临京津，南接保定，西依山西大同，北枕塞外古城张家口。全县呈盆地状，南部深山、中部河川、北部丘陵。全县总面积3198平方千米，辖11镇、11乡、561个行政村，总人口47.69万人。蔚县区位优势明显，基础设施条件完善。东距首都北京仅244千米，南距省会石家庄343千米。国道109线、112线纵横交贯全境，沙蔚地方铁路建成通车。实施了市话增容、农市话联网、京津光外环蔚县段及数字移动基站、低压电网改造、农村电网改造、市政建设等一系列工程，投资环境极大改善，经济综合实力进一步增强。

目前，全县已形成以煤炭、杏扁、烟叶、中药材、贡米、蔬菜、剪纸等为主导的特色产业。煤炭产业是县域经济的支柱，年生产原煤300万吨左右，从业人员逾万人，税费占全县财政收入的1/2，从事煤炭运输的车辆2000多辆，年实现收入6000多万元。杏扁产业基地面积达到43万亩，是“中国仁用杏之乡”、“全省优质仁用杏基地”，“华蔚”牌杏扁产品热销香港和东南亚市场。蔚县是河北省第一烤烟大县，是张家口卷烟厂原料供应基地。蔚州贡米在明清年间就为全国四大贡米之一而久负盛名，1998年获得国家绿色食品指定标志产品，“蔚州”牌贡米荣获全国信誉名优产品称号。蔚县剪纸以剪纸出口公司和县剪纸厂为龙头，现有2万多人从事生产经营，年产销剪纸200多万套，“奇彩”牌剪纸被外交部确定为国家级馈赠佳品，现已开发出剪纸画、挂历、贺年卡、旅游纪念品等20多个系列产品，畅销四十多个国家和地区，深受客户欢迎。地毯、皮毛、青砂器、艺陶、玻璃器皿、小杂粮、木瓜杏干、苦荞保健醋等地方产品在国内外也享有较高声誉。

省财政厅厅长齐守印到蔚县调研

护城河综合改造一期工程分南、北两段，全长1500米，总投资3400万元。

白菜基地

特色农产品

阳原县

中共阳原县县委书记 朱旗

阳原县人民政府县长 谢海峰

阳原县位于河北省西北部，邻近京津，靠近内蒙，毗邻山西大同，是沟通京津、晋蒙的重要通道，总面积1839平方千米，境内大秦铁路、宣大高速、张石高速、109国道等构成了四通八达的交通路网。全县辖5镇9乡，301个行政村，总人口27.68万。

阳原县文化底蕴深厚，古称弘州，早在春秋时期就有建制，清朝改为西宁县，1914年复改为阳原县。境内泥河湾遗址是世界上绝无仅有的早更新世石器时代遗址群，被誉为“天然地层博物馆”和“人类祖先的东方故乡”，距今136万年的小长梁遗址作为人类活动最北端的见证，被镌刻在北京中华世纪坛青铜甬道的第一级台阶上。阳原县矿产资源丰富，全县已探明矿藏55种，矿点178个。其中,总储量3200万吨的膨润土矿属国内优质膨润土矿；总储量2100万吨的铁锌钼矿是国内罕见的高品位铁锌钼共生矿；总储量18000万吨的磷矿是华北地区最大的低品位磷矿。阳原县农业特色鲜明，形成了以温水蔬菜、杂粮杂豆、葡萄杏扁等为主的绿色种植基地和以蛋鸡、獭兔、奶牛、肉驴为主的规模养殖基地，“温水芹菜”、“鹦哥绿豆”享誉京津，“供佛杏”被评为

阳原县文化活动中心

晚熟优质杏品种第一名。

近年来，阳原大力实施产业结构优化升级，确立了发展振兴泥河湾文化旅游、煤炭物流、皮毛加工、矿产品精深加工、陶瓷制造、畜牧养殖加工、葡萄杏扁种植加工、设施农业八大重点产业，产业基础更加坚实。五大煤台扩能技改顺利实施，铁路煤台年运销能力突破1000万吨；皮毛大市场投入运营，皮毛加工业产值达到30亿元；投资建成了三义庄铁锌矿、龙阳钙（镁）灰厂、兴盛养殖场、北元皮毛厂等一批大型龙头企业，全县经济驶入了发展的快车道。

泥河湾文化广场

新建的人民医院

万全县

中共万全县县委书记　李敏

万全县人民政府县长　王聪著

万全县地处河北省西北部，西、北以明长城为界与尚义、张北两县接壤，南邻怀安县、东接张家口市区，总面积1159平方千米。辖4镇7乡，172个行政村，总人口22.40万人。县城距张家口市15千米、北京220千米。京包铁路、110国道横贯东西，北有207国道、郭花公路连接坝上。

万全县矿产资源丰富，主要有“三土、三石、一水、一煤”，分别为膨润土、耐火土、腐植土、橄榄石、玄武岩、沸石、矿泉水、褐煤。膨润土储量3亿吨，玄武岩储量4亿吨，橄榄石，俗称“绿宝石”，地质储量140万吨，通过深加工可为首饰之物，深受消费者喜爱。境内文化遗产丰富，主要有明长城、万全古城、玉皇阁、新石器时期龙山文化遗址、春秋战国汉代辽金代文化遗址、汉墓群、革命烈士纪念亭、“八0二”观礼台、弘慈洞、白龙洞等历史景观，具有潜在的旅游开发价值。气候温和，属大陆性季风气候，农业较为发达。全县共有耕地45万亩，是国家玉米制种基地县和省级粮食、蔬菜基地县。

万全工业起步较早，形成了以化工、机械铸造、建筑建材、食品加工等门类齐全，初具规模的工业生产体系。主要产品有化肥、农药、化妆品、矿山机械、建材等。产品品种不断增加，质量不断提高。县乡工业的20多个产品荣获省部乃至全国的名优特产品，畅销国内外。全县拥有商饮服务摊点1098家，大多分布在四大集镇及110、207国道两旁，已形成了孔家庄综合贸易市场，市场成交活跃。在全国县域经济基本竞争力评价中心评选的“第五届全国竞争力提升速度最快百县（市）”中，万全县成为河北省7个入围县之一。

席勒（中国）直升飞机制造项目

文化生活

中国液压油缸之乡

中国鲜食玉米之乡

中国燕麦之乡

“三年大变样”佳和广场一角

“三年大变样”县城夜景

“三年大变样”休闲广场一角

南李家庄村新民居建设

尚义县

中共尚义县县委书记　籍献平

尚义县人民政府县长　高 领

尚义县地处内蒙古高原南缘，位于河北省西北部。距张家口市146千米，北京市376千米。总面积2601平方千米，全县辖7个镇，7个乡、172个行政村，621自然村，全县人口19.53万。尚义县有可耕地面积116.22万亩，天然草场125.5万亩，有丰富的野生动、植物资源。其中草木植物408种，木本植物124种，可入药的达百种。口蘑、黄花、蕨菜等土特产品，享誉域外。境内矿产丰富，已探明的有金、银、铜、赤铁、铅、石墨、硅、大理石、云母、水晶石、绿宝石、玄武石等40多种。境内旅游资源丰富，1998年开发了“察汗淖尔草原风情旅游点”。尚义县是一个以农牧业为主的县，重点进行了亚麻、杂豆、马铃薯、错季商品蔬菜等方面的“龙”型产业建设和以优势资源开发为主体的县乡工业建设。建成亚麻生产基地25万亩；杂豆产业生产基地20万亩；建成6.5万亩无污染、无公害蔬菜基地；河北细毛羊、CH瘦肉型猪、獭兔为主的畜牧业体系。新上了高档纸、食用胶、亚麻油脂浸取、地毯加工、纯羊毛割圈毛皮、毛皮制品、优质无烟煤、紫色页岩缸瓦等工业项目。

立足山水型生态旅游城镇发展战略，全力推进城镇面貌三年大变样。

膜下滴灌面积发展到7.5万亩，被评为“全国节水灌溉重点示范县”。

尚义县石井乡赛羊会——激烈对抗一决高低

双千头奶牛养殖园区成为农民致富聚宝盆

加大养殖方式、畜种结构、品种结构调整力度，全县发展各类养殖园区36个。

大力发展绿色无公害蔬菜，被评为河北省蔬菜出口示范县。

全县设施蔬菜发展到4000亩，成为农民四季增收主渠道。

尚义县滨河南路

实施一线两翼五区生态旅游开发战略，全力打造京津区域高端生态旅游基地县。

以乡村为主体、部门驻村扩帮扶、县级领导包村、全县上下共同参与的新民居建设氛围。

伦比服饰有限公司成为张家口市最大集服装设计生产销售于一体的现代化龙头企业。

康保县

中共康保县县委书记 罗利民

康保县人民政府县长 张锐

康保县林业局苗圃喷灌育苗现场

先进的康保矿业有限公司地下煤炭开采场面

康保县打造华北地区最大的萤石开采加工基地

康保县地处河北省西北部的坝上高原，全县辖7镇8乡、327个行政村，县域总面积3366平方千米，总人口28.02万人。境内年均气温1.7℃，无霜期114天，降水量350毫米，日照时数3100小时，是全省光照时间最长的县份。

康保县以科学发展观为统领，围绕全市“4+3”产业发展战略，重新审视县情，确立了“突出工业主导、培强六大产业（风电、煤炭、非煤矿产、畜牧加工、特色农产品、生态旅游）、夯实发展基础、建设三县定位（山川秀美的生态大县、特色农畜产品的农业强县和风电、煤炭、石材、萤石基地县）”发展总体思路，产业结构调整步伐进一步加快，社会各项事业协调推进，保持了持续、快速、协调发展的良好势头。

支柱产业不断壮大。风电产业：已和12家大集团、大公司签约455万千瓦开发协议，现并网发电18万千瓦。煤炭产业：对现有3家企业进行优化重组，张矿集团张纪井压矿村庄搬迁项目顺利推进，竣工后年开采量可达100万吨。非煤矿业：石材工业园区入驻企业达到13家，板材、异形材加工能力分别达到220万平方米、5000立方米。萤石、铅锌、黄金日处理原矿能力达到900吨、600吨和600吨，年产值3.8亿元。畜牧加工：百绿公司年出口产品3000吨，带动全县年加工畜产品8000吨，成为河北最大的偶蹄类熟肉食品加工企业；华丰养殖公司，年出栏生猪20000头，辐射养殖户8000余户，产业化水平进一步提升。特色农产品：杂粮市场入驻经营企业150家，年市场交易量、交易额分别

副省长宋恩华在县委书记罗利民、县长张锐的陪同下视察城镇建设情况

市委书记许宁到康保调研

市政协主席乔登贵到康保调研

为12万吨、3.2亿元，是省标准化市场和农业部定点市场；杂粮、蔬菜、口蘑等特色产品精深加工生产线达到35条，促进了农产品的转化增值。生态旅游：建成集住宿餐饮、休闲娱乐、草原观光、民俗景点为一体的康巴诺尔假日庄园，成为消夏避暑的首选；新引进浙江海鑫旅游公司原生态滑草滑冰项目，生态旅游步入加速发展的快车道。

农业基础不断夯实。市级产业化龙头企业发展到14家，产业化经营率达到48%，带动旱作、节水、高效“三型”农业较快发展，形成了20万亩绿色蔬菜、30万亩马铃薯、30万亩杂粮杂豆、30万平米口蘑“四大生产基地”；节水覆盖率达到76%；各类棚室发展到6500多座，其中冬暖式大棚发展到200座；年发展牛羊75万头（只），其中奶牛2.55万头。累计完成生态建设280多万亩，生态环境进一步改善。

民营经济日益壮大。推进全民创业，年产值百万元以上民营企业达到88家。“富禾”、“仙燕膳”、“绿坝”、“康巴诺尔”、“塞星”5个品牌成为河北省著名商标。2009年民营经济增加值达到13.98亿元，增加值占到GDP的66.7%，成为扩大经济总量的有力支撑。

城镇建设快速推进。抓住三年大变样机遇，着力构建“一环、一水、一园、三区、四纵三横”县城发展框架。三年投入资金24.7亿元，城区框架路全面贯通，住宅区达到90多万平方米，自来水公司、商业中心区、污水处理场、垃圾处理场、热力公司全部建成，人居环境进一步改善。

社会事业协调发展。被评为全省义务教育均衡发展先进县和全省全民健康体检项目试点县，新农合参合率达到91.3%。被文化部命名为“中国民间文化文艺之乡”、“中国二人台艺术之乡”。

享誉国内外市场的康保县特色农产品

康保县杂粮杂豆市场晋级为省标准化市场和农业部定点市场

康保县打造百万头奶牛生产加工基地

日新月异的康保县城镇建设面貌

沽源县

中共沽源县县委书记　刘富成

沽源县人民政府县长　赵满柱

沽源县全县总面积3589平方千米，辖4镇10乡1个街道办事处233个行政村，总人口23.04万人。

新型能源业朝气蓬勃。大脑包一期10万千瓦、五花坪二期4.95万千瓦、东辛营二期20万千瓦、黄花梁4.95万千瓦四大风电场完成投资20亿元，实现并网发电14.95万千瓦，全县并网发电达到18万千瓦。总投资2.32亿元的小厂500KV变电站二期工程竣工并投入运行，为坝上风电输出开辟了通道。与大唐集团新能源公司合作开发总投资80亿元的新能源项目正式签约。

旅游服务业蒸蒸日上。闪电河国家湿地公园已获国家林业局批复，成为河北省第一个国家级湿地公园。闪电河水库被水利部批准为第九批国家级水利风景区。冰山梁、塞北林海、金莲山3个滑雪场项目列入了河北省张承地区滑雪规划。塞外庄园、沽水福源等28个景区（景点）进行了升级改造。《梳妆楼揭秘》在中央媒体播放，提升了沽源知名度，拉开了沽源发掘历史文化遗产的序幕。全年接待游客突破50万人次，实现旅游综合收入4亿元。

生态农业前景广阔。全县蔬菜种植面积稳定在20万亩，全年外销蔬菜51.6万吨，实现销售收入6亿元。马铃薯种植面积达到20万亩，食用菌栽培面积达10万平方米。全县新建、扩建奶牛及肉牛规模养殖场18家，奶牛养殖标准化、肉牛养殖规模化、特色养殖精细化趋势日益显现。全年出栏羊40万只，奶牛、肉牛分别发展到4.6万头和4.3万头。草鹅、獭兔、柴鸡等特色养殖规模不断发展壮大。投资亿元以上的京源万头肉牛养殖加工、现代化万头奶牛养殖场、塞上源兔业等大型农业产业化项目顺利实施。

矿业开发潜力巨大。总投资6.2亿元的460矿床铀钼综合回收矿冶项目、总投资3000万元的矿渣粉生产及分包项目实现了试生产；总投资5.8亿元的榆树沟120万吨煤矿扩建项目，国家发改委已批复预可研，正在开展前

风电产业蓬勃发展（五花坪风电一期）

万亩大白菜基地

“三北”防护林建设

期工作；总投资2.43亿元的高端沸石开发项目已开工建设；九连城铅锌技改、西辛营莹石矿技改等一批重点矿业项目投产运营。

草原水城绽放异彩。聘请北京清华规划设计院完成了“草原水城”建设总体规划。投资3600万元，完成了青年湖大桥拆迁改造、滨湖公园一期等建设工程；投资3000万元，实施了桥东路、桥西路、人民中街拓宽改造和绿化、亮化工程；投资3500万元，完成了文体广场一期工程；投资2700万元，启动了县城污水处理厂、垃圾处理场建设工程。投资230万元，实施了县城33个单位的亮化工程；投资2.8亿元，实施了融金广场、聚亿家园等11个商住小区建设工程，开工建筑面积27万平方米。西围子新民居一期工程完成投资2000万元。

社会事业全面发展。全县公路通车里程达1205公里；程控电话，移动、联通信号实现了全覆盖；全县中小学全部实现了规模办学；投资5200万元对县医院进行了扩模搬迁,并新建和改造了13所乡镇卫生院、34个村级卫生室；新型农村合作医疗参合率达到82.3%；实施了医疗保险、住房公积金、城乡低保和特困居民医疗救助等制度，人民生活水平得到了极大改善。

青年湖大桥

蔬菜标准化包装

獭兔养殖基地	草鹅养殖
特色养殖业	畜牧业产业规模化发展

工业集聚区入驻企业集体开工奠基仪式

桥东区

中共桥东区区委书记　张常喜

桥东区人民政府区长　崔凤楼

桥东区位于张家口市区东部，南与高新区接壤，西与桥西区隔河相望。平均海拔500~600米，为温带与寒温带过度带，属大陆性季风气候,年均降水量409.1毫米，平均气温7℃~8℃。全区总人口约27.71万人，总面积199平方千米，其中城区面积18平方千米，辖5个街道办事处和2个行政村。

城区建管结合显发展魅力。基础设施建设日趋完善。集中供热工程规划杨家坟和东山两处热源，总投资5.08亿元，总供热面积316万平方米。首期工程落实资金2亿元，完成14公里一次网管道铺设和14个换热站改造，实现供热面积100万平方米，受益居民达8000多户。钻石路、工业东街等5条道路6.8公里的拓宽改造工程，完成拆迁面积10.34万平方米，道路改造全部当年开工、当年竣工。圆满完成“增绿添彩”大三期工程，绿化荒山累计达到6.68万亩。城区管理职能不断强化。建立区执法局、办事处、社区三级管理机制，组建由执法局、办事处双重领导的5个执法中队，将环卫处、市容办、爱卫办、12319热线划归区执法局管理，进一步完善了“大城管”责任体系。

桥东区政府

市长郑雪碧视察市政工程

市长郑雪碧慰问居民

主次干道机扫率由6%提高到41%。累计对胜利路、钻石路等7条重点街道拆违拆临359处、5325平方米，拆除围墙3164延米，封堵破墙开店181户。坚持疏堵结合，重点将多年的帝广夜市引导到小街巷经营，并规范了露天烧烤行为。

项目建设深化壮发展实力。深入实施“项目建设突破年”，推动重点项目大开工、大建设，2009年安排重点项目45个，开工建设27个，完成投资25亿元。全区当年在建楼盘19个，建筑面积100万平方米，建筑房地产业入库税收1.28亿元，同比增长32%，对财政的贡献率达18.35%。五一广场综合改造、电大棚户区改造、四一化地块改造、硫酸厂地块改造、桃源红旗楼二期拆迁等一批“胶着”项目取得新进展。制定了列入市级考核重点项目奖励办法，区财政列支300万元专项资金，加大项目谋划储备和引进力度，全年列入中央投资计划项目11个，到位国债资金2044万元。引进区外资金11.1亿元，其中省外到位资金7.7亿元。

市委常委、宣传部长郑丽荣视察街区

滨河路街景

东方苑小区

桥东区

副省长张和到盛华化工公司视察

旧区改造签字

建造热力站工程

产业结构调整优发展活力。实施“外二内三”战略，积极推动企业外迁。18家规划外迁企业中，已有14家取得不同程度进展。盛华、汇垣玻璃、凯威制药3家企业在化工产业聚集区落实用地。煤机、拖车、大力神、三北拉法克、食品公司等9家企业在西山产业聚集区落实用地。东旭粮机启动外迁一期土建工程，成功打造了外迁一个企业，新上两个项目的“搬迁+项目”发展模式。盛华与河北工业大学合作建设的省级氯碱技术中心通过验收。二次移交到桥东区企业改制工作全部完成，累计支出改制资金6.1亿元。推行了“改制+招商”成功模式，引进四川方向药业，完成新张药股权转让，盘活资产3500万元。加快三产发展提升步伐。围绕“一轴两翼”商业带，聘请清华大学设计院，制定了现代服务业发展规划，规范引导三产发展方向。国际商务中心、宝龙商务会馆、天鹅湖大酒店、城投大厦、五一广场大酒店5个五星级酒店项目基本落实，新建便民市场4个并投入运营。积极开展全民创业活动，全区个体工商户达到1.2万家、注册资金2.7亿元，民营企业达到2090家、注册资金18.3亿元。

胜利路街景

红旗楼立交桥

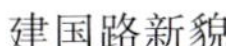
建国路新貌

龙泉广场

社会民生改善增发展潜力。社区建设再上台阶。社区志愿服务者工作走在全国前列，成为百个“全国和谐社区建设示范城区”之一。全区中考再创佳绩，首次同时摘取了总分及全部单科状元桂冠。煤中和探中整合成二十一中，义务教育均衡发展模式成为全市样板，被确定为全省义务教育均衡发展试点区。医疗卫生体系进一步健全，城镇居民医疗保险参保3.2万多人，新型农村合作医疗参合率达94.5%。成功打造“一刻钟”就医圈，社区医疗卫生服务覆盖全区。投入2.67亿元发展民生事业。就业渠道拓宽，新增就业8229人、城镇下岗失业人员再就业3758人、困难人员再就业1207人，城镇登记失业率控制在4.1%以内。充分就业社区发展到24个，其中10个社区被评为省级“充分就业社区”。社会保障加强，城镇职工基本养老保险参保人数达5.3万人，工伤保险1.9万人，机关事业单位养老保险1750人，失业保险1.8万人，全年发放保险金3.4亿元，发放最低生活保障金3278万元。回迁安置房竣工5.02万平方米，2010年年底能够全部交付使用。廉租房当年交付3.42万平方米，603户困难户按时入住。发放住房补贴180多万元。新民居示范工程通过省市验收。

居民生活多姿多彩

宣化区

中共宣化区区委书记　何亚星

宣化区人民政府区长　岑万俊

宣化区是张家口市市辖区之一，位于张家口市中心城区的东南部，交通便捷，区位优势明显，历史悠久，文化底蕴深厚，城区内道路两侧大型古柳林立，广场公园布局合理，休闲服务功能齐备，素有“京西第一府”的美誉，连续多年跻身全国最具投资潜力和区域带动力中小城市“双百强”。

财政收入实现了历史性突破。积极转变经济发展方式，调整优化产业结构，突出工业主导产业作用，坚持改造提升和孵化培育并重，培育新的经济增长点，企业运行质量和效益稳步提升。与此同时，充分发挥财政的杠杆撬动作用，并把建立健全综合治税平台、培植税源、加强零散和难征税收管理、严格税收考核等多种措施，一揽子综合使用，多管齐下，实现了税收的应收尽收，全部财政收入在全市率先突破10亿元大关。

4月9日，省委书记张云川视察宣化区钻机企业。

4月16日，省政协常委、社会和法制委员会主任王宽带领省政协调研组到宣化区调研社会福利和老年人工作。

宣化区

区委书记何亚星深入“四帮一扶”单位调研

项目建设取得了历史性突破。出台了关于建立项目工作长效机制的意见，推动项目建设取得了明显成效，全年实施重点项目63项，49项开工建设，14项完工。当年完成投资49.5亿元，同比增长48.2%。

发展空间实现了历史性突破。抢抓省级开发区“一区多园”扩区良好机遇，实现宣化经济开发区扩区5平方千米，破解了项目建设用地政策制约难题。同时，城区控制面积由38.6平方千米扩展到76平方千米，控制性详细规划实现了全覆盖，城市发展空间得到了有效拓展。

城市建设实现了历史性突破。启动了总投资110亿元的城市建设项目131项，当年完成投资82.6亿元，完成拆迁面积63万平方米，新建了一大批地标性建筑，实施了一系列道路、管网、绿化、亮化、景观整治等多项建设改造工程，成为我区城建史上规模最大、投资最多、力度最强的一年。

宣化西城苑公园开园

节能减排和空气质量实现了历史性突破。万元工业增加值能耗降到8.91吨标准煤以下，节能工作不仅补足前三年历史欠账，而且全面完成了省政府“双三十”年度考核目标。污染排放削减二氧化硫超额完成省政府年度考核目标，削减化学需氧量提前一年完成省政府“十一五”考核目标。全年空气质量二级以上天数达到287天，同比增加53%，实现近年来的最好水平。

品牌建设实现了历史性突破。钻机产业集群实现整合，14家民营钻机企业联合注资成立了河北宣采岩土工程机械装备有限公司，启动实施投资3亿元的岩土工程机械系列产品总装和研发基地项目。福田重机公司被评为省高新技术企业。华泰矿冶、泰达工程分获河北省中小企业质量信得过和名牌产品称号，“宣工”和“钟楼”商标被评为中国驰名商标。万家生物和宣工集团高驱动推土机项目分别被列入国家中小企业创新基金和省科技支撑项目。宣化牛奶葡萄荣获中国农产品区域公用品牌价值百强奖、全国最具市场竞争力的地理标志产品和河北省重点推荐品牌奖。

文化教育实现了历史性突破。宣化古城入选河北十大历史文化名城，成为全省60张极具河北特色的文化形象名片之一。王河湾挎鼓列入河北省第三批非物质文化遗产名录，填补了我区省级非物质文化遗产空白。坚持教育优先发展，合理调整学校布局，投资2700多万元实施了工业街小学异地新建等6项工程，教育基础设施明显改善。宣化一中高考本科上线人数居全市第一,跨入全省强校名校行列。宣化四中顺利通过省级示范高中验收，使我区省级示范性高中达到两所。

商贸旅游实现了历史性突破。加快市场体系建设，启动实施了投资7.25亿元的八大市场建设工程。恒基大厦、等一批集购物、休闲、餐饮、娱乐为一体的商务中心主体完工。“吉龙”商标被列为河北省著名商标。此外，在社会管理、保障民生、企业改制、社会稳定等其他方面也均取得了明显成效。

区委书记何亚星调研新农合工作

1月6日，省旅游3A景区评定检查组视察评定宣化区古城项目。

宣化钻机企业

下花园区

中共下花园区区委书记　王忠富

下花园区人民政府区长　刘书锋

下花园区是张家口市面积最大的市辖区，也是重要的经济功能区和对外开放的窗口区，全区总面积311平方千米，辖4个乡、46个村，2个街道办事处、11个社区居委会，总人口6.83万。

资源城市经济转型试点申报圆满成功。2009年3月，下花园区被国务院列入第二批32个资源城市经济转型试点城市之一。试点城市的申报成功，不仅得到国家资金和政策支持，为加快发展和转型注入新的动力和活力，更进一步提振了加快发展的决心和信心，激发出巨大的工作热情。全区上下围绕转型抓规划、建园区、夯基础、引项目，取得了显著成效，得到国家和省市的一致好评。

项目建设取得重大突破。2009年共实施各类项目94项，总投资116.1亿元。园区建设扎实推进。投资1.2亿元实施了玉带山产业园区基础设施建设工程，园区框架基本形成，招商取得积极进展。基础设施建设项目进展顺利。下广线下花园段一期工程如期完成，京化高速公路建设加快实施，京张城际铁路前期工作按计划安排有序进行。接续产业培育成效显著。总投资2.4亿元的立轴式风力发电机组整装项目建成投产；总投资1亿元的旋挖钻机生产项目一期完成，并形成部分生产能力；总投资5亿元的2×11万千瓦生物质发电项目正式签约，工程可研、环评、关键设备试制和核准工作正在进行；总投资10亿元、年生产能力240万吨的花园煤矿项目，勘探、设计、选址基本完成，采矿权出让工作取得实质性进展；风力发电、下电六期等项目前期工作正在积极推进。

城市承载能力明显提升。坚持“拆建并举，以建为主”的原则，全力推进城镇面貌三年大变样。全年共实施各类城建工程40项，总投资20.5亿元，比上年增长2.75倍。构建城市水系，更加突出城市灵性。戴家营河、洋河综合治理工程共完成投资1.22亿元，城区新增景观水面70万平方米。加快基础设施建设，更加完善城市功能。富祥园、水岸华庭、鸿翔家园等住宅小区建设基本完成。污水处理厂投入运行。垃圾处理场建设基本完工。启动了二水源建设项目。加强生态建设，更加彰显城市魅力。实施了燕洞山、城市出入口等11项重点部位绿化工程。城区绿化面积达到212万平方米，人均绿地面积为各市辖区之首。

农业结构调整扎实推进。畜牧、蔬菜等特色产业不断发展壮大。形成10万亩杏扁基地，温室蔬菜大棚发展到800亩，张杂谷子种植面积达到1.5万亩，在促进农业增效、农民增收上发挥了重要作用。已建成2个奶牛养殖小区、2个蛋鸡养殖小区、6个蛋鸡养殖专业村和67个规模化生猪养殖场。全区奶牛、蛋鸡、生猪存栏量分别达到1100头、

市委书记许宁到下花园区视察指导工作

市长郑雪碧到下花园区视察城市建设

85万只和1.05万头。

文化旅游开发迈上新台阶。科学规划和整合区域特色旅游资源，持续加大开发挖掘力度。鸡鸣山景区被列为省级文化旅游产业园区。段家堡石佛山森林公园、洋河湿地公园开发列入工作日程。成功举办了第三届鸡鸣山登山旅游节，承办了全国群众登山健身大会，获得国家级优秀组织奖。组织了“鸡鸣山”杯首届风光风情摄影展和“鸡鸣山”杯京城媒体足球赛，文化旅游的知名度和美誉度进一步提高。

双马风能有限责任公司

民生事业全面发展。高度关注和努力改善民生，全力解决与群众切身利益相关的热点、难点问题。保障水平显著提高。城镇基本养老保险和医疗保险参保人数分别达到9243和4439人。扶贫救灾工作有效开展，2009年累计发放各类救助、救济资金2110万元。文化教育事业均衡发展。实施了后堡、学校街两所小学新改建工程。青少年活动中心投入使用。影剧院、游泳馆、图书馆完成主体工程。中国人民大学法学院、环境学院实习基地在我区挂牌。卫生服务不断完善。新型农村合作医疗参保人数达到21138人，参合率达到75%。安居工程加快实施。廉租住房竣工面积11000平方米，低收入家庭住房困难得到有效缓解。实施了4个村的新民居示范建设工程，农民住房条件得到明显改善。

城市绿化

张杂谷5号

特色经济

大棚蔬菜

城市建设一角

和谐之夜

桥西区

中共桥西区区委书记 陈晓明

桥西区人民政府区长 孙海东

桥西区位于河北省西北部，地处京冀晋蒙交界中心区域。是张家口市主城区，张家口市发祥地，全市的政治、文化、教育、商贸和旅游中心。全区总面积104平方千米，其中城区14.3平方千米。辖1个镇、7个街道办事处，19个行政村、38个社区居委会。全区总人口23.81万人，其中城区居民21.2万人。

项目建设和招商引资工作成果显著。全区抓项目的意识更加牢固，抓项目的机制更加完善，全年项目总量、投资总额、到位资金、大项目比重均创历史最好水平。共确定重点建设项目32项，总投资86亿元，列入省市重点项目12项，全部实现了开工。全区招商引资方式不断创新，招商引资力度不断强化，全年引进区外资金14.14亿元，完成年计划的282.8%，并争取到融资贷款4.4亿元。

城镇面貌"三年大变样"工作成绩斐然。把城市建设做为拉动区域经济增长的强大引擎，以大拆大建、以大建促大变，举全区之力推进城镇面貌"三年大变样"工作。全年累计完成投资15亿元。拆迁任务总量达60.19万平方米，居全市第一。完成5条道路总计10千米的改造任务，为历年之最，形成了"四纵六横两环"现代城市路网框架。投资8.9亿元实施了新营坊等5个棚户区改建项目，开工面积达33万平方米；2.5万平方米廉租房建设工程全部竣工，为498户特困居民解决了住房困难问题。重点工程回迁安置房8个项目全面开工，13万平方米主体封顶。对清水河路、古宏大街等6条主干道既有建筑实施了市容整治工程。实施了14个公厕、3个农贸市场等便民工程建设工程。全面完成2.4万亩大三期"增绿添彩"工程。

彩虹飞架清水河—世界上仅有的三座钢拱悬索异型斜拉大桥之一的通泰大桥

宁静怡人的住宅小区

文化旅游工作取得突破性进展。坚持“文化兴区”战略，积极推动旅游产业大发展。投资2500多万元对大境门外广场进行了高标准亮化、美化，修建了西境门等7个景点，完成西沟河蓄水工程。投资3600多万元对张家口堡内8条街巷实施了改造，修复了文昌阁、抡才书院等4个重点院落和48处门楼雕刻。云泉禅寺景区新建了山门、天王殿、观音殿等景点。安家沟景区成为市区内首个国家4A级景区，并被评为省级森林公园。

堡子里文昌阁

大商贸发展新格局基本形成。依托传统商贸业优势，全力打造大体量、大集聚、大品牌、大服务现代商贸格局。全年商贸项目实现投资4.7亿元，新增商业面积15万平方米。尚峰国际、弘鼎大厦等星级宾馆和百盛街、正大购物广场等一批大型商贸项目相继开工。苏宁电器、北人集团等全国知名品牌即将入驻我区。全年全社会消费品零售总额实现31.8亿元，总量在全市排名第二。

优美的街道休闲区

工业发展稳步推进。拥有规模以上工业企业26家，其中总投资在亿元以上的有2家，年收入在5000万元以上的4家。工业企业搬迁扩模和升级改造进程加快，集聚效应逐步释放，企业效益不断提升。目前双星集团已入驻西山产业集聚区，百通公司、新世纪橡胶等4家企业正在进行新厂房建设；中煤千斤顶、然然机械搬迁入驻中小企业创业辅导基地。

桥西区精品服装步行街

民生工作进一步深入。围绕民生民利，统筹社会发展。2009年，社会就业岗位进一步拓宽。企业职工基本养老保险参保人数45645人，新型农村合作医疗参保率达90%，城乡低保实现应保尽保。中考成绩保持全市18连冠；人口自然增长率控制在6‰以内；社区卫生服务成为全市首个省级示范区；甲型H1N1流感防控工作经验全市推广。安全生产和信访稳定工作扎实开展，社会治安综合治理全面加强，和谐稳定的良好局面得到巩固。

政府班子建设全面加强。以建设“廉洁、勤政、务实、高效”政府为目标，思想解放程度进一步深入，行政执法能力进一步提升，行政效能和党风廉政建设进一步加强。区政府开展“网络问政”工作经验作法，受到了上级领导的肯定，在全市推广。区政府及政府组成部门以实际行动赢得人民群众的信任和支持，树立了良好形象。2009年，全区荣获全国文物保护工作先进区、省科技工作先进区等荣誉称号，全区共有37个单位和300余名个人荣获市级以上荣誉。

察北管理区

察北管理区党工委书记 刘海斌

察北管理区管委会主任 安志鸿

察北管理区位于河北西北部、内蒙古高原南端，地处张家口市坝上张北、康保、沽源3县交界处，平均海拔1400米，距张家口84千米，距锡林浩特330千米，距北京280千米，距天津420千米，207国道与张（张北）石（石家庄）高速纵贯全区，加之京张、丹拉高速公路等交通干线，察北进出快捷，物畅其流。

察北管理区总面积373平方千米，其中：耕地8.7万亩、草场23.5万亩、林地21.6万亩；总人口3万人，人口自然增长率为3.84‰；管辖2个乡、5个管理处，区内注册工商企业38家，个体工商户560余户。2009年完成地区生产总值9.38亿元，同比增长22.2%，其中一、二、三产业增加值为3.04亿元、5.38亿元、0.97亿元，同比分别增长为13.9%、16.5%、22%；民营经济增加值为10.02亿元，比上年增加17.8%；消费品零售总额为6993万元，同比增长18%；粮食总产量为5711吨，同比下降20.6%。全区实现财政收入4816万元，其中：地方一般预算收

蒙牛生产线

入完成1975万元，地方一般预算支出10216万元，同比分别增长7%、37.6%、30.9%；固定资产投资完成11.5亿元，同比增长71.1%;全区农民人均纯收入达到4805元，城镇居民可支配收入达到11860元，职工年平均工资为22517元，分别较上年增长5.3%、11.1%、27.2%，年末城乡居民存款余额达14118万元，同比增长16.8%，继续保持了平稳较快发展。全区2009年单位生产总值能源消耗18906.65标煤，同比降低13.3%，空气质量等级为2级，基本达标。

察北交通便捷，人杰地灵，资源丰富，风光无限。具有国有土地多、农业机械化装备水平高、乳业及马铃薯产业化优势明显、生态旅游资源得天独厚、风能太阳能开发潜力巨大的比较优势，一个活力尽现的“现代乳城”正在悄然崛起。是张家口市鲜奶加工核心基地，河北北方最大的奶源基地，华北地区规模较大的现代农业园区。相继被确定为“国家级农垦现代农业示范区”，“省级循环经济示范试点县区”，“市级现代农业高新技术示范区”。

机械化喂草

现代化的挤奶大厅

马铃薯种薯育苗车间

现代化马铃薯种植

正在开发建设的中国国际马城马厩

塞北管理区

塞北管理区党工委书记 李晓红

塞北管理区管委会主任 冀连生

塞北管理区地处张家口市坝上西北部，与内蒙古自治区锡林郭勒盟接壤，面积267平方千米，下设4个管理处，2.4万人，生态环境优越，草原广袤，空气清新，气候条件独特，农牧资源、矿产资源、风能资源及旅游资源丰富，是绿色产品的“天然工厂”，被评为河北省张家口市高效畜牧业示范区、国家级奶牛养殖标准化示范区。截至2009年底，全区奶牛存栏数3.32万头，日处理鲜奶能力1350吨；已探明低硫褐煤储量3.37亿吨；全区完成GDP6.66亿元，同比增长45.2%；完成财政收入4094万元，同比增长71.4%；完成工业总产值12.6亿元，同比增长118%。近年来，管理区立足建设“生态旅游型、特色产业型、田园观光型”三型宜居城镇目标，以项目建设为抓手，重点突出“食品加工、新型能源、现代物流、旅游服务”四大产业，着力打造“乳业主导，马铃薯、燕麦特色产业协调发展”的3个闭合循环产业链条，引进实施了蒙牛高端奶、塞北现代有机牧场、弘基马铃薯全粉加工等一批重点项目，构建了生态产业循环集群，成为我国牛奶、马铃薯、燕麦等特色农产品的重要生产加工基地、旅游观光胜地和京北重要的能源基地，已初步建成“特色突出、规划完善、产业集聚、极具魅力”的草原新城。

2010年7月22～26日，全国政协副主席、九三学社中央副主席王志珍在塞北蒙牛公司进行实地调研指导工作。

京津冀粮食系统领导在塞北调研

蒙牛高端奶基地远景

大型收割机正在收割青储玉米

高新区

高新区党工委书记 张彪

高新区管委会主任 郭有和

张家口市高新区是1992年经省政府批准的省级高新技术产业开发区。2003年，市委、市政府成立南新区开发建设领导小组，主要负责推进张家口市城市南部建设。2004年4月，市委、市政府将高新区和南新区合并为现在的高新区。市委、市政府赋予高新区的主要任务是城市建设和产业开发。整合后的高新区区域面积151.85平方千米，托管老鸦庄镇、姚家庄镇、沈家屯镇、姚家房镇、南站办事处、马路东办事处，辖39个行政村，6个社区，人口20.3万。高新区发展优势明显，已成为张家口最具吸引力、最具影响力和最具回报率的现代新型投资热土。

军民两用机场效果图

“高新之春”新年音乐会

流平寺兰花基地的蝴蝶兰热销全国

新东亚时代广场二期——时代金茂效果图

华灯初上的新区夜景

四通八达的交通路网

明湖公园效果图

产业集聚区

张家口市产业集聚区是2010年3月22日经市委、市政府批准设立的。集聚区地处市区与万全县城结合部，管辖面积72.69平方千米，辖1个乡13个村，辖区户籍人口2.05万人。区内重点发展装备制造、食品加工、现代物流等低污染、低能耗、高效益产业。2008年底，产业集聚区被省政府批准为三十二家省级产业集聚区之一。

集聚区原始地貌多为荒山、荒坡、丘陵和冲沟，属于典型的沙砾土质，水资源匮乏，农业生产靠天吃饭，农民大多以外出打工为生，生活较为贫困。但集聚区区位优势明显，张石高速、207国道、市区快速路纵贯南北，丹拉高速、110国道、京包铁路、张集铁路横亘东西，交通条件便利。同时，全市基础雄厚的机械装备制造业体系以及特色鲜明的产业集群，造就和集聚了大批专业技术人才和产业技术工人，为集聚区发展奠定了坚实的产业基础和提供了充足的人力资源，成为发展工业经济的首选之地。

集聚区按照高起点规划、高标准建设的要求，聘请上海同济城市规划设计研究院等顶尖规划设计院完成了总体规划、环境影响评价报告、起步区控详规及各专项工程规划等编制工作。累计投资10亿多元完成了12550亩土地开发建设工程，实现了“十通一平”，基本具备了企业入住建设条件。已引进项目42个，总投资216.12亿元，涉及煤矿机械、工程机械、风电设备、飞机制造、粮食机械等领域。其中已有18个项目开工建设、总投资180亿元、占地10727亩，项目全部建成后，预计年产值可达280亿元，实现利税27亿元。

按照总体设想，集聚区经过10年左右的不懈努力，建设规模将达到50平方千米，完成基础设施投资50亿元以上，企业固定资产投资达到2000亿元以上，工业总产值2400亿元以上，力争实现GDP800亿元，财政收入100亿元，人口20～30万，经济总量再造一个“张家口”的发展目标。

集聚区规划建设也得到了中央领导和省委、省政府主要领导的高度重视和亲切关怀。中央政治局常委、中央政法委书记周永康，全国人大常委会副委员长铁力瓦尔地，河北省委书记张云川、省长陈全国等数十位省部级以上领导先后来区视察指导工作，对于集聚区开发建设给予充分肯定。

最美我的城

目 录

特 载

大 事 记

张家口概况

政　　治

军　　事

政　　法

综合政务管理

农　　业

工　业

国内贸易

对外开放

财政·税务

金融·保险

建设·环保

交通·邮电

旅 游 业

民 营 经 济

科学技术

教　育

文 化

卫 生

体 育

社会生活

县区概况

荣誉专版

政府工作报告

——2010年1月27日在张家口市第十二届
人民代表大会第三次会议上

张家口市人民政府市长　郑雪碧

现在，我代表张家口市人民政府向大会作工作报告，请予审议，并请市政协委员和列席会议的同志提出意见。

总结新成绩：2009年在困难中奋进

2009年是我市经济发展最为困难的一年，也是各种挑战最多的一年。我们面对世界金融危机，面对50年不遇的特大干旱，在省委、省政府的坚强领导和市委的正确领导下，在市人大、市政协的监督支持下，紧紧团结依靠全市人民，坚持以科学发展观为指导，围绕市委“开放创新、全民创业、特色创优、富民强市”总思路，把握“抢抓新机遇、打造新优势、树立新形象、夺取新胜利”工作主题，按照“保增长、调结构、强基础、惠民生”总要求，凝心聚力，共克时艰，创新奋进，科学发展，较好地完成了2009年的各项目标任务。全市生产总值预计达到790亿元，增长10%。全社会固定资产投资达到657.5亿元，增长59.4%，其中城镇固定资产投资580.9亿元，增长59.7%，分别高于全省21个百分点和19.4个百分点。全部财政收入预计完成122亿元，增长6.4%，其中地方一般预算收入47亿元，增长12.9%。全市城市居民人均可支配收入达到13246元，增长10%，农民人均纯收入达到3559元，增长8.3%。

一年来，我们在严峻挑战中抢抓新机遇，在激烈竞争中打造新优势，在转变作风中树立新形象，在拼搏进取中夺取新胜利，许多工作取得了突破性进展，经济社会发展水平有了大幅提升。

城市建设实现历史性突破。全力推进城镇面貌三年大变样，以大拆促大建，以大建促大变，全年完成拆迁405万平方米，累计拆迁760万平方米，是三年计划总拆迁量的1.9倍。完成城建投资613亿元，其中主城区355亿元，分别增长92.9%和32.5%，被评为“全国最具发展潜力城市”。独具特色、富有魅力的北方山水园林生态城市已具雏形。城市更具灵气。清水河23公里河道治理全部完成，蓄水总量达到549万立方米。全长38.5公里的洋河治理和总面积1600多亩的明湖公园建设全面启动，以清水河、洋河为主脉的城市发展格局初步形成。交通更加便捷。完成了张宣大道和西坝岗路、滨河路等“九纵六横”道路建设，新建和改造了明湖桥、清水桥、建设桥等10座跨河桥梁，形成了四通八达的城市交通网络。景观更为靓丽。主城区及周边荒山绿化新增34.6万亩，新建改建公园10个，城区绿地率和绿化覆盖率分别达到33.5%和37.9%，城市人均公园绿地面积达到8.6平方米。完成了清水河两岸63.5万平方米的景观工程，对主城区18条道路、11座桥梁、65座建筑物和周边山体进行了亮化，对118座建筑物进行了美化。功能更趋完备。铺设城区集中供热管网57公里，中心城区集中供热面积达到280万平方米。完成应张天然气长输管线124公里，天然气置换面积达到45万平方米。主城区污水、垃圾处理项目全部竣工并投入运营，城市污水和垃圾处理率分别达到85%和60%，提前一年完成省定目标任务。城市空气质量达到国家二级标准。县城建设更快推进。13个县和2个管理区完成城建投资258亿元，是上年的5.4倍。张北、怀来、涿鹿等县的城市建设走在全市前列，张北县荣获全省“宜居城市环境建设‘燕赵杯’进步最快奖”。过去的一年是城市建设再创历史之最的一年，我市跨越式发展的引擎更加强劲！

项目工作强势推进。项目建设总量多、规模大、结构优，拉动全市经济增长6.5个百分点。全年争取中央新增投资11.1亿元，居全省第3位。全市列入省重点项目130个，年度完成投资367.3亿元，居全省第2位。基础设施项目乘势推进。京新二期、张承、张涿、张石二期高速公路项目加快实施，张石三期开工建设，全市高速公路通车总里程达到560公里，居全省第一、全国前列。张集铁路即将通车，张家口海关开工建设，京张城际、张大城际、张唐、蓝张铁路和军民合用机场项目进展顺利。生产性项目加快推进。重点生产性项目达到155项，完成投资223.4亿元，分别占全部重点项目的61.3%和58.7%。盛华北方氯碱化工、张煤机装备制造等重大工业项目加快实施，张北燕北薯业、塞北弘基马铃薯全粉等农业产业化重点项目开工建设。投资200亿元的国家首个风光储输示范工程项目落户我市，将成为世界最大的太阳能发电基地、风光互补试验中心、国家风电和光伏发电设备检测中心。园区建设扎实推进。西山、东山和望山产业集聚区完成基础设施建设投资14.8亿元，落户企业达到39家，总投资232.9亿元，四大物流园区、张北风电设备制造园等初具规模，形成了环渤海区域最大的产业园区集群。过去的一年是项目建设取得重大突破的一年，我市跨越式发展的基础更加坚实！

改革开放步伐加快。各项改革不断深化，开放领域不断拓宽，发展活力不断增强。改革力度进一步加大。企业改革深入推进，全市国有企业产权制度改革基本完成。全民创业成效明显，全年新增民营经济单位7800个，民营经济增加值占全市经济总量的比重达到52%。政府机构改革全面完成，行政效能进一步提高。审批程序实现流程再造，审批事项办理集中度达到81%。事业单位改革全面启动。医药卫生体制改革五项重点工作进展顺利。开放水平进一步提升。招商引资取得积极成果，年内共利用外资8288万美元，引进内资191.5亿元，分别增长30.1%和39.2%。战略合作不断深化，加强了与国电、中化、中油、大唐国际等中直单位和央企的合作，引进了英国乐购、中钢、北京京仪等世界500强和国内500强企业。成功举办了第八届冀台经贸洽谈会、第十一届环渤海民营经济经贸洽谈会等大型招商活动，参加了香港经贸洽谈会、深圳高交会等高层次招商活动，极大地提升了张家口的知名度和影响力。金融环境进一步改善。全市银行业金融机构新增贷款236.3亿元，是上年的2.4倍，贷款增速及存贷比均位居全省第一。吸引域外金融机构参与我市经济建设，国开、中信、民生等8家域外银行新增贷款122.6亿元。通泰和城投两大融资平台规范运转，全年融资163.1亿元，为重点工程建设提供了有力保障。组织举办了“2009·张家口金融经济发展高层交流合作恳谈会”，贷款到位353.4亿元。我市入选“中国金融生态城市”。过去的一年是改革开放大步迈进的一年，我市跨越式发展的动力更加强大！

产业结构加快调整。依据我市的现实基础和发展潜力，制定了“4+3”产业发展规划，明确了结构调整的主攻方向。工业结构优化升级。实施了张烟“十一五”技改、宣钢产业升级等一批重点技改项目，引进了三一重工风电制造、美国席勒直升机等一批高端制造项目，实施了尚义石人风电、张家口热电、华美光电子二期等一批新型产业项目。60项产品获得省优质名牌，中煤机“张垣”牌系列产品获得国家驰名商标。强力推进节能减排，提前一年完成“十一五”减排任务。工业经济保持了平稳较快增长。现代农业步伐加快。特色农业加快发展，产业化水平不断提高。蔬菜、葡萄、马铃薯、张杂谷、杏扁、甜菜六大特色农产品种植基地发展到560万亩。奶牛规模养殖率达到82.4%，鲜奶产量达到109.2万吨，位居全省第二。实施农业产业化重点项目178个，农民专业合作组织发展到851个，产业化经营率达到58.5%。马铃薯科研项目获得国家科技进步二等奖，“张杂谷”被列为省重大技术创新项目和联合国粮农组织全球推广项目。农业在大旱之年仍保持了平稳发展。服务业加速发展。旅游业实现新突破，全年接待国内外游客706.6万人次，实现旅游总收入40.1亿元，分别增长30.9%和34.4%。实施了33个旅游项目，5家五星级酒店开工建设，全市A级景区达到25个，其中4A级4个。“崇礼滑雪”、“坝上草原”、“怀来葡萄”等品牌效应不断强化，“张北草原音乐节”被评为“中国县域十佳节庆”之首。商贸流通业更趋活跃，“万村千乡市场”、“家电下乡”深入实施，“农超对接”积极推进。全社会消费品零售总额达到274.4亿元，增长18%。过去的一年是产业结构不断优化的一年，我市跨越式发展的后劲更加充足！

民生事业全面发展。高度关注和努力改善民生，全力解决与群众切身利益相关的热点难点问题。保障水平显著提高。全年城镇新增就业3.8万人，下岗失业人员再就业2万人，新增转移农村劳动力10.3万人。提高了企业离退休职工养老金水平，解决了依法破产企业职工的医疗保险问题，企业职工养老、医疗保险参保人数分别新增3.2万人和8.4万人。城乡居民低保标准大幅提高，实现了应保尽保、按标施保。扶贫救灾工作扎实推进，解决了5.9万贫困人口的温饱问题，32.1万无自救能力受灾群众的生活得到保障。各级各类教育协调推进。新建、改扩建中小学106所，撤并346所，普通高考本科上线率同比提高24个百分点，职业教育处于全省领先地位。市一中、机械工业学校、特教学校等重点建设工程基本完工。卫生服务网络不断完善。城市社区卫生服务街道覆盖率达到100%。新农合农民参合率达到87.1%，同比提高了7.7个百分点。市第一医院综合楼竣工使用，第二医院、第五医院和中医院门诊楼开工建设，完成了35所乡镇卫生院的改造任务。安居工程加快实施。推进了主城区7个城中村、18个棚户区和14个旧住宅小区的“三改”工程。廉租房竣工20万平方米，经济适用房竣工15.5万平方米。完成百个新民居示范村建设任务，新建住房6492户，改建6928户。完成农村危房改造34.4万平方米。过去的一年是群众生活显著改善的一年，我市跨越式发展的环境更加和谐！

双拥共建深入推进，国防动员扎实开展，社会治安综合治理切实加强。同时，文化体育、民政慈善、外事侨务、民族宗教、人事人才、机构编制、计划生育、妇女儿童、广播电视、防震减灾、审计、监察、法制、人防、统计、物价、工商、商检、气象、档案、地方志、残疾人事业等工作也取得了新的成绩。

过去一年的实践使我们深刻地认识到：

——推进张家口跨越式发展，必须在市委的坚强领导下，四大班子精诚团结，各级各部门通力协作，同声唱响加快发展的“大合唱”。

——推进张家口跨越式发展，必须坚持发展依靠人民，发展为了人民，充分发挥人民群众的智慧和力量，努力使发展成果最大程度地惠及人民群众。

——推进张家口跨越式发展，必须坚持把解放思想作为首要任务，勇于突破传统思维定式和路径依赖，在发展实践中拓宽思路，在改革创新中破解难题。

——推进张家口跨越式发展，必须注重增强工作的前瞻性和预见性，全面准确地判断形势，理性系统地研究规律，主动超前运作，抢占发展先机。

——推进张家口跨越式发展，必须坚持抓纲带目、重点突破、活跃全局，围绕事关发展的重点领域和关键环节着力攻坚。

——推进张家口跨越式发展，必须牢固树立可持续发展的理念，立足当前，着眼长远，多做打基础、增后劲的工作，为实现更高水平、更高层次的发展奠定基础。

各位代表！过去的一年，我们坚持科学发展不动摇，较快扭转了经济增速下滑的局面，圆满完成了国庆60周年安保任务，有效防控了甲型H1N1流感疫情，实现了经济社会的健康协调发展。在此，我谨代表市人民政府，向为张家口改革发展稳定做出无私奉献、付出辛勤劳动的广大干部群众，向给予政府工作大力支持的人大代表、政协委员、各民主党派、工商联、人民团体、驻张部队、武警官兵和各界人士，向长期以来给予我们无私帮助的驻张中省直单位的同志们，向在外地工作的张家口籍同乡，向各位在张家口工作过的和生活在张家口的老领导、老同志，向所有关心、支持、参与张家口各项事业建设的同志们、朋友们表示衷心的感谢，并致以崇高的敬意！

成绩令人鼓舞，问题不容忽视。我们清醒地看到，我市目前正处在“爬坡过坎”的关键时期，虽然在一些重点工作中取得了突破性进展，但仍然存在一些影响和制约经济社会发展的突出问题，主要表现在：经济总量偏小，结构不尽合理，战略性大项目偏少，财政收支矛盾突出；城市承载能力不强，辐射和带动能力较弱，城市功能和品位有待提高；发展环境仍需进一步优化，个别政府部门还存在效率不高、服务不优、执行不力等问题；部分干部思想不解放、思路不开阔、创新能力不足的问题不同程度存在。对于这些问题，我们一定下大力加以解决。

明确新任务：强力推进发展方式转变

各位代表！今年是“十一五”规划的最后一年，是为实施“十二五”规划夯实基础的关键一年，是转变发展方式、提升发展水平的重要一年。做好今年的政府工作，对于实现全市经济跨越式发展，具有重大意义，这就要求我们，更加注重科学发展观的贯彻，更加注重思想观念的解放，更加注重经济结构的调整，更加注重发展机遇的把握，更加注重人民生活的改善，更加注重工作作风的转变。

2010年政府工作的总体要求是：深入贯彻落实党的十七大、十七届三中、四中全会，省委七届五次全会、省十一届人大三次会议和市委九届七次全会精神，以科学发展观为统领，以“抓住发展机遇，转变发展方式，夯实发展基础，提升发展水平”为主题，以建设京冀晋蒙交界区域中心城市为目标，夯实现代产业、城镇化建设、农业农村经济三大基础，强化项目建设、扩大开放、全民创业、优化环境四项保障，着力构筑发展支撑，不断创新发展举措，大力改善人民生活，切实提高行政能力，努力实现经济的跨越式发展和社会的全面进步。

主要预期目标是：生产总值增长11%；全部财政收入增长10%，其中地方一般预算收入增长12%；全社会固定资产投资增长20%，其中城镇固定资产投资增长20%以上；登记失业率控制在4.5%以内；人口自然增长率控制在6.8‰以内；单位生产总值能耗降低3.5%以上；城市居民人均可支配收入增长10%以上，农民人均纯收入增长9%以上。

确保圆满完成全年目标任务，必须正确处理好与快的关系，既要保持经济平稳较快发展，又要在转变发展方式上取得突破；必须正确处理当前与长远的关系，既要重视解决当前问题，又要着眼未来发展；必须正确处理全面推进和重点突破的关系，既要总揽全局统筹发展，又要抓住关键着力推进；必须正确处理继承与创新的关系，既要坚持过去行之有效的工作方法，又要大胆探索新的路径和举措；必须正确处理城市建设与农村发展的关系，既要加快城镇面貌三年大变样步伐，又要推进社会主义新农村建设，实现城乡统筹协调发展；必须正确处理促发展与保民生、保稳定的关系，既要千方百计加快发展，又要高度重视改善民生和维护社会稳定。

打造新支撑：着力发展优势突出的现代产业

把发展现代产业作为“转变发展方式，提升发展水平”的核心任务，全力推进“4+3”产业发展。

（一）优先发展旅游服务业，全力打造第一主导产业。以建设京西北运动康体休闲区和中国优秀旅游目的地城市为目标，着力打造“滑雪旅游胜地、生态休闲之都”的旅游总体形象。培育特色品牌。整合各类资源，实施联动开发，重点培育冬季滑雪、消夏避暑、温泉养生、始祖文化等旅游品牌，打造精品旅游线路，加大旅游宣传力度，提升张家口旅游的知名度和影响力。打造精品景区。围绕主城区休闲中心和坝上草原、崇礼滑雪、桑洋河谷、历史文化四大景区建设，着力构筑“一城四区”旅游格局。重点实施堡子里、大境门保护开发和察哈尔国际汽车文化基地等项目，谋划推进龙烟铁矿工业遗产保护开发等项目，建设清水河和洋河景观走廊、崇礼密苑生态旅游度假区、怀来鸡鸣驿文化旅游区等景区景点。在主城区四周建设环城“风车群”，打造集旅游观光、风电建设、夜景亮化为一体的“风电之都”。完善配套服务。加快通泰、弘鼎、天鹅湖和左卫国际接待中心等高星级酒店建设，抓好游客集散中心、世界名牌折扣店、大型商购中心、品牌夜市等设施建设，推进旅游服务中介机构的连锁化、社区化经营，加强旅游服务队伍建设，提高整体接待能力。围绕食、住、行、游、购、娱等要素，延长产业链条，优化产品组合，实现由一季游向四季游、观光游向休闲游转变，发挥旅游服务业的综合带动作用。

（二）大上快上新型能源业，全力打造华北能源大市。依托我市丰富的风能、太阳能、煤炭等资源，大力发展风电、太阳能发电、环保型热电和生物质发电等新能源，形成多样化的能源产业格局。年内全市电力装机容量累计达到708万千瓦。推进重大项目。风电重点推进国家风光储输示范工程和双百万千瓦级风电基地建设，年内装机容量达到250万千瓦以上。太阳能发电加紧启动国家风光储输示范工程的光伏发电站等项目，年内装机容量达到3万千瓦以上。环保型热电重点抓好蔚州电厂一期、怀安热电二期等项目，年内装机容量达到66万千瓦。突破输出瓶颈。加快坝上百万千瓦级风电基地输出系统工程建设，重点实施察北220千伏变电站，尚义、康保220千伏开闭站及输出线路工程，解决出口问题。发展配套产业。积极发展与电场建设相关的设备制造、安装、维护等产业，形成集研发、生产、组装、服务为一体的产业链条。

（三）培育壮大食品加工业，全力打造京津供应基地。坚持走工业化与农业产业化紧密衔接的路子，大力发展特色农副产品生产加工。做强优势产业。打造世界一流的高档葡萄酒加工区，加快推进百万亩葡萄种植基地，积极引进国内外知名葡萄酒生产企业，支持长城、德尚、益利等大中型葡萄酒企业扩模改造，推进盛唐、中法、杰帝等酒庄酒堡集群发展。巩固发展乳品业，加快建设察北、塞北2个超大型现代化奶牛养殖和乳品加工基地，扩大高端液态奶产量，提升乳品档次。推进马铃薯精深加工，形成以原薯保鲜、全粉、淀粉、薯条薯片为主的多层次加工格局，打造全国种薯、商品薯生产加工基地。做精特色产品。围绕蔬菜、果品、肉类、杂豆杂粮等产品，大力开发特色性、精细性、高端性产品，推进农产品由“地头产品”和初级加工向“精、特、专”产品生产转变，在进入北京高端市场和重点消费领域实现新突破。加快卷烟产品结构调整，着力提高中高档烟的比重。做响地域品牌。加快推进坝上蔬菜、桑洋河谷葡萄等特色主导产品的地理标志、绿色标志认证工作。加快申列国家和省级名牌产品和著名商标。力争在蔬菜、燕麦、马铃薯、乳品有机认证方面取得突破。

（四）改造提升装备制造业，全力打造战略支柱产业。依托产业基础，加快战略重组和产品更新换代，引导产业向高端、精品、大型化、专业化方向发展，全面提升产业竞争力。打造制造基地。以西山产业集聚区、宣化经济技术开发区、张北风机设备制造园等园区为平台，加快煤矿机械装备、工程机械装备及配件、风电及光伏发电设备、环保节能设备、地勘和钻探机械、工业锅炉设备、专用汽车七大制造基地建设，形成重大技术装备、基础装备、基础配套件相结合的产业发展新格局。培育产业龙头。扶持煤机、宣工、探机、粮机、斯必克、三北拉法克、福田重机、冶金环保等一批企业做大做强，实施宣工扩能技改、岩土工程机械装备重组等项目，加快推进张煤机、探机、三北拉法克、粮机等企业整体搬迁，推进企业上规模、上水平。引进一批大企业、大集团，重点推进三一风电设备制造、美国席勒直升机制造等项目，带动产业优化升级。加强协作配套。围绕专业化、系列化生产，加强产业企业间的协作配套，把点状企业拉成链条产业。支持引导中小企业扩模提质，开发下游产品，提供配套服务。

（五）积极培育现代物流业，全力打造北方物流枢纽。依托我市独特的区位优势和良好的交通、资源条件，加快建设区域性物流中心。发展大物流。面向西部地区发展生产资料物流，面向东部市场发展生活资料物流，打造北方能源物流、北方钢铁物流、京冀晋蒙区域铁路货物集散枢纽、京西农副产品及粮油物流“四大物流中心”。建设大园区。重点建设南山、商贸、空港、京西“四大物流园区”，全力打造南山物流园区集散枢纽中心。积极推进工矿机械配件物流中心、卷烟物流配送中心、煤炭市场及转运中心等专业性市场和特色物流项目建设。培育大企业。推进中钢集团物流基地、通泰商贸物流城、恒通现代物流港等项目建设，加强与中储物流、中铁物流、北京空港物流区等物流实体的联合。充分发挥海关物流功能，谋划启动内陆港项目，支持和鼓励我市企业在天津港、曹妃甸、黄骅港设立仓储基地，实现陆港联运。

（六）加快发展电子信息业，全力打造现代产业高地。充分发挥紧临北京高新技术密集区，易于承接产业辐射转移的优势，加快培育电子信息业。突出发展重点。着力主攻电子专用材料、电子元器件、专用仪器设备、软件四大领域，加快向精深加工、高端产品转型拓展，实施北京蓝爱迪LED背光源生产、华尔太阳能电池片封装、华美光电子扩能等产业升级项目，增强产业及产品的核心竞争力。推进集群发展。打造“怀来—涿鹿—宣化—主城区”信息产业隆起带，重点抓好东山信息产业集聚区、涿鹿信息产业制造园、怀来信息产业制造园、宣化开发区信息产业园等园区建设，提升园区的孵化能力和特色服务功能。加强对接合作。引进一批优势带动项目，吸引国内外大型企业到我市建设研发、生产和外包服务基地，加快建设环北京高新技术产业承接地。

（七）有序推进矿产品精深加工业，全力打造矿业开发强市。坚持勘查为先、龙头带动和精深加工的原则，加速推进矿产品加工业结构调整和优化升级。加快勘查开发。积极争取上级各类资金，加大对重点成矿区域和矿种的勘查力度。重点抓好铁、金、铅、锌、铀、钼等金属矿和煤、磷、石灰石、膨润土等非金属矿产的开发利用。推进资源整合。积极引进战略投资者，推进蔚县、怀来等县区煤矿兼并、重组、托管工作，加大赤城、崇礼等县区的铁矿、金矿资源整合力度，实现规模生产、集约生产、安全生产。发展精深加工。改变以出售资源和初级加工为主的开发方式，推进向精深开发、精细加工转变。抓好宣钢三年调整振兴规划和实施方案落实，推进实施600万吨系统优化工程和800万吨规模建设工程，建设北方优质钢结构用钢基地和北方最大的焊接材料用钢基地。积极推进冀中能源褐煤制气、北方循环经济氯碱基地、华澳铅锌冶炼、紫金矿业技改、金隅水泥等一批矿产精深加工项目，促进产业升级。

各位代表！结构调整的主攻方向已经明确，转变发展方式的主战场已经确立，我们将集中精力，全力以赴，加快培育现代产业，努力培强发展支撑，为实现我市跨越式发展奠定坚实基础！

实施新举措：不断增强经济发展活力

把创新发展举措作为“转变发展方式，提升发展水平”的有效手段，抓住牵动全局的主要工作，着力推进，重点突破，不断增强经济发展的实力、活力和竞争力。

（一）实施项目带动战略，构筑发展支撑。坚定不移地加快项目建设，保持投资较快增长。推进基础设施项目建设。全年计划投资674.1亿元，实施基础设施项目67项。加快推进京新二期、张涿、张承、张石三期高速公路续建工程，加快启动张承二期、京新三期、京蔚、二秦、京尚等高速公路项目前期工作，年内新增通车里程116公里，继续保持在全省的领先地位。推进实施京张城际、张唐、张大城际、蓝张、张呼等铁路建设，确保京张城际、张唐、蓝张3条铁路开工建设。力争军民合用机场上半年开工。年内投资9.5亿元，完善三大产业集聚区基础设施和配套设施建设，达到“十通一平”标准。加快生产性项目建设。围绕我市“4+3”产业，全年计划实施生产性项目214项，投资1261.3亿元。重点推进一批具有战略带动作用的工业项目，积极争取三一风电、中煤机煤矿机械、宣工工程装备制造、盛华北方氯碱化工列入全省重大产业支撑项目。实施好工业经济“8331工程”和“双百工程”，调强存量，调优增量。抓好节能减排项目建设。大力发展循环经济，率先发展低碳经济。着力推进中国昊华集团宣化有限公司、河北天宝化工股份有限公司等一批节能项目，确保全年节能50万吨标准煤。推进城市集中供热、应张天然气、煤气管网改造等项目。加快中水回用扩建工程和县级污水处理厂、生活垃圾处理场建设进度。加强主要流域水环境治理，进一步提高环境质量水平。

（二）加强城镇建设力度，完善发展载体。立足彰显历史之韵、传承文化之魂、营造山水之秀、展示现代之气，不断使城市上水平、出品位、生财富。年内计划完成城建投资750亿元，其中主城区467亿元。拉开城市发展框架。按照“提升旧城区，完善高新区，建设新城区，开发洋河南区”的思路，推进中心城区南移，形成组团式建设、一体化发展、同城化管理的格局。加大城市开发力度。着力实现由基础设施建设为主，向基础设施和公用设施共同提高转变；由房地产开发为主，向房地产和消费服务设施同步推进转变；由拆建结合向以建为主转变。推进孤石公园、平湖公园、城投大厦、华北天然气结算中心大楼等15项大型公共设施工程建设。实施怡安街、张垣新城、尚峰国际和山中城等16个重点区域改造项目，加快五一广场综合改造等城市核心服务区建设。加快16个城中村改造，力争全面完成改造任务。继续推进15个棚户区改建。完成13个旧小区改善。完善城市基础设施。加强河道综合治理，推进洋河治理、清水河上游小型水库除险加固、明湖生态公园建设等工程，启动西沙河、东沙河和王家寨河清淤疏浚工程。加快城区路网建设，重点实施光中街、经二路、绕城高速路等工程；加快对超期服役供气管网的改造；对主城区所有小街巷，实施路面硬化、给排水改造和照明工程；继续推进跨河桥梁和互通立交桥建设。实施供气供热供水工程，年内完成149公里供气管线及配套设施建设；新增集中供热面积870万平方米，中心城区集中供热普及率达到50%以上；启动北水源水处理工艺升级改造项目，进一步提高城市供水能力。推进城市环境建设。实施清水河上游水土保持综合治理和小西沟蓄水工程，年内完成清水河上游214平方公里的治理任务。推进草帽山地质灾害治理示范工程，实现科学规划、市场运作和综合开发。继续抓好“增绿添彩”工程，实施220平方公里的生态涵养区治理，年内绿化荒山荒坡33.2万亩。加快清水河和洋河两岸、“九纵六横”道路绿化，新建改建公园游园5个，新增绿地155.6万平方米，城市绿地率达到35%，绿化覆盖率达到40%，积极申报国家级园林城市。完成路灯智能化监控系统工程建设，实现对中心城区所有道路、桥梁的亮化设施监控全覆盖，进一步完善提升清水河两岸等主要区域和城区周边山体亮化建设工程。提升城市管理水平。建立科学管理机制，配备先进的城市管理设施，加快推进城市交通智能化管理和城管数字化平台建设。增加公交车辆，完善公交线路，确保公交车达到每万人10标台，公交车路线覆盖率达到省目标要求。突出抓好污染、卫生、建筑、广告、市场、道路六方面整治工程。不断加大土地整理和储备力度，确保建设用地的有序供应。强化市民素质教育，增强市民参与城市管理的意识，营造“人民城市人民管”的浓厚氛围。加快城镇化建设步伐。按照“城区扩展、县城扩容、中心镇扩张、中心村扩大”的思路，市县乡村四级联动，加快以县城为重点的城镇建设，突出特色、完善规划、提升品位、健全功能，促进产业向县城集聚，项目向县城集结，人口向县城集中。城镇化率提高1.5个百分点。继续推进农村新民居示范工程，抓好160个新民居重点村建设，加大“空心村”治理，加快“中心村”建设，完善农村道路、电网、通信、用水、沼气等基础设施，实现城乡统筹发展。勤劳的张家口人民一定能够续写城镇面貌大变样的壮丽篇章！

（三）做好农业农村工作，巩固发展基础。把三农工作作为重中之重，坚持以工促农、以城带乡，促进农业稳定增效、农民持续增收、农村更加和谐。发展特色农业。继续实施农业提质增效工程，年内新增葡萄11万亩、脱毒马铃薯20万亩、张杂谷60万亩、甜菜10万亩，杏扁嫁接改造10万亩，优质错季蔬菜稳定在100万亩，鲜奶产量达到130万吨。提升旱作农业，加大高效耐旱作物和种植技术的推广力度，高效耐旱作物面积达到500万亩。主攻节水农业，重点推广膜下滴灌、微灌等节水技术，年内新增节水灌溉面积33万亩，总面积达到267万亩。发展设施农业，年内设施蔬菜达到13万亩，奶牛规模养殖达到100%。壮大龙型产业。加快农业产业化项目建设，年内完成投资45亿元。发挥龙头企业带动作用，年内新增市级龙头企业30家、省级3家，实现销售收入120亿元。产业化经营率达到60.5%。加快农民专业合作组织建设，年内新发展农民专业合作社100个，切实提高农民进入市场的组织化程度。强化生态基础。大力推进生态建设和环境保护，继续实施京津风沙源治理等重点工程，综合治理水土流失面积612平方公里。加快京冀生态水源保护林建设等林业生态工程，年内完成93万亩。推进云州、常峪口、太平庄等18座水库除险加固。新建改造农村公路2116公里，完成农村公路“村村通”规划目标任务。实施农村饮水安全工程，重点解决全市25万人的饮水不安全问题。完善增收机制。积极争取国家和省涉农资金，创新农业项目管理机制，引导社会、民间和外资资本进入农村经济各个领域。大力发展劳务经济，年内农村富余劳动力转移新增12万人次，鼓励外出务工人员返乡创业。积极探索村级财富积累机制，年内试点村覆盖面达到50%。

（四）加快改革开放步伐，增强发展动力。进一步深化改革，破除各种体制机制障碍，统筹对内搞活和对外开放，不断提升开放型经济水平。深化重点领域改革。继续推进国有企业改革和战略性重组，全面完成国有企业产权制度改革。深入推进农村综合改革，鼓励农民依法自愿流转土地承包经营权。实施国有资产管理体制改革，整合以土地为主的行政事业单位资产和林场、牧场、水库等资源，实现国有资产的保值增值。加快投融资体制改革，规范政府投资项目管理，扶持通泰和城投集团做大做强；鼓励民间资本进入基础设施、公用事业、社会事业等领域。进一步深化医药卫生体制、文化体制等改革。提高对外开放水平。加强与京津晋蒙以及台湾地区的深度对接，实施“主动融入大北京”战略，推进与北京的全方位对接，在基础设施、产业转移、市场建设、金融机构、文化教育、人才科技等方面加强合作。积极推进与世界500强、全国500强、行业30强的战略合作。发挥总部经济的带动效应，吸引大公司大集团总部向我市集聚布局，积极争取国家部委和中直单位到我市建立培训中心、检测中心、研发基地。转变招商方式，组建张家口“招商中心”和专业队伍，开展“4+3”产业专题招商活动。加强与国家级行业协会的联系，掌握行业内大集团、大企业情况，增强招商引资的针对性和实效性。举办好冀台经贸洽谈会，积极组团参加上海世博会、香港经贸洽谈会等大型活动，推进招商引资的专业化、精细化、规范化。加快民营经济发展。激活市场主体，推动全民创业，提高民营经济对全市经济发展的贡献率。加大对成长型民营企业的政策扶持力度，在资金、土地、技术、人才等方面给予倾斜。推进市县联保和担保机构整合，年内担保资本金规模达到5亿元。扩大中小企业发展专项资金规模，设立贷款风险补偿基金，落实对小型微利企业的税收优惠政策。拓宽中小企业融资渠道，创新集体建设用地使用权抵押贷款运作模式，在解决中小企业融资抵押物不足方面取得实质性进展。加快中小企业创业辅导基地建设，确保每个产业集聚区和每个县区设立一个创业辅导基地。积极推进科技创新。深入实施企业技术创新工程，加大科技投入，落实企业科技研发投入抵扣所得税政策和技改专项资金，鼓励和支持企业创建科技研发平台，开发拥有自主知识产权的核心技术和高附加值产品。年内力争使“国家级矿山装备高新技术产业化基地”在我市挂牌，争取20家中小企业通过国家高新技术企业认定。加快提升农业生产科技水平，重点推广30项现代农业科技实用技术，不断提高农业生产综合效益。鼓励创造发明，挖掘本地智力资源，发挥乡土人才作用。积极推进科技合作与成果转化，加强我市企业与高等院校、科研院所的合作，特别是与京津的科技合作，通过委托研究、合作开发、中试、共建研发中心等方式，引进人才、智力和技术，建设京津科技成果转化基地。

（五）加强财税金融工作，提供发展保障。充分把握国家政策机遇，切实加强财政金融工作，加大对经济建设的支持力度。积极做好财政工作。认真研究国家财政资金的投放领域和重点，积极争取国债资金和各级扶持资金、补贴资金，鼓励引导社会性投资。坚持把培植财源放在重要位置，强化税收征管，堵塞“跑冒滴漏”。大力发展县域经济，优化县级财税结构，加强后续财源培育。厉行节俭，保障重点，优先确保公教人员工资和机关正常运转，优先保证社保和民生支出。按照全省统一部署，做好财政体制省管县改革，提高各级财政的保障能力。优化金融生态环境。瞄准国家信贷资金投向，加强与金融机构的对接，积极争取各类贷款和专项建设资金，确保经济建设的信贷需求。引进中信、民生等域外金融机构和实力财团在我市设立分支机构、延伸服务。加大对重点企业的上市培育力度，支持符合条件的企业通过发行企业债券、短期融资债券及其它金融产品筹集资金，探索发行地方债券，提高直接融资在融资中的比重。整合配置优势资源，进一步扩大资本金规模，形成更加科学顺畅的“融资——投资——还款”体制机制，实现项目融资的创新突破。精心谋划和包装项目，加大争跑力度，确保新争取的中央投资数额处于全省前列。

各位代表！面对新形势、新任务，我们必须始终保持奋发有为的精神状态，以只争朝夕的精神抢抓机遇，以敢为人先的勇气开拓创新，以锲而不舍的作风真抓实干，不断创造出无愧于时代、无愧于使命、无愧于人民的新业绩！

迈上新台阶：发展成果惠及更多群众

把改善民生作为“转变发展方式，提升发展水平”的根本目的，开展“关注民生年”活动，继续加大投入力度，切实加强以改善民生为重点的社会建设，使人民群众共享发展成果。

（一）扩大就业再就业，巩固“民生之本”。实施积极的就业政策，全面落实税费减免、小额担保贷款及贴息、用工补助、再就业援助补贴等各项就业优惠政策，促进劳动密集型企业和服务业加快发展，多渠道创造就业岗位。积极开展就业援助，多领域开发公益性就业岗位，加强就业指导和培训，统筹做好下岗失业人员再就业、城镇新增劳动力就业、高校毕业生就业、零就业家庭就业工作。教育引导群众转变就业观念，推动全民创业，鼓励自主创业、自谋职业，以创业带就业。加大充分就业社区创建力度，年内充分就业社区创建率达到25%。提升就业服务水平，完善公共就业“五项服务制度”。年内全市新增城镇就业3.9万人，下岗失业人员再就业1.5万人。认真解决劳资矛盾问题，建立企业职工工资稳定增长机制。

（二）提高社会保障水平，强化“民生之依”。继续扩大社会保险覆盖面，企业基本养老保险、失业保险分别新增参保2.1万人和0.8万人，将在校大学生全部纳入城镇居民医保范围，参加城镇基本医疗保险人数达到106.3万人，城镇居民医疗保险覆盖面达到80%以上，积极推进社保资金无障碍转移，探索开展市级农村养老保险试点工作。提高最低生活保障水平，将年人均收入达不到1300元的农村低保户，全部纳入保障范围，月人均补助标准由52元提高到70元。继续提高企业退休人员基本养老金和部分优抚对象待遇水平，积极发展社会养老事业。推进保障性安居工程，廉租房完成2514套、12.6万平方米，累计筹集廉租房6697套；棚户区改建完成拆迁40万平方米；经济适用房完成14.8万平方米。同时加快回迁安置房建设，确保被拆迁居民按时回迁。全面完成省下达的农村危房改造任务。继续加大扶贫开发力度，转变扶贫方式，提高扶贫资金使用效率，年内解决5万贫困人口的温饱问题。做好灾民救助工作，解决好受灾群众的生产生活保障问题。

（三）推进教育协调发展，夯实“民生之基”。加快发展基础教育，促进城乡、区域和校际间办学条件、教育质量等方面协调发展，推动义务教育均衡发展。实施校舍安全工程，完成全市中小学校舍安全工程60%的建设任务。积极推进职技教育，推动五大职教集团加快发展，围绕我市“4+3”产业，培养各类专业技术人才和实用技能人才，中等职业学校招生保持在2.2万人，职普教招生比例达到1:1。着力提升高等教育，支持高等院校提高整体实力，引进著名高校到我市办学，发挥高校对我市经济社会发展的带动作用。市一中在建项目和市技师学院、市特教学校新校区年内投入使用。

（四）完善医疗卫生体系，解决“民生之急”。健全县乡村医疗卫生体系，启动新一轮县级医院、重点中心乡镇卫生院标准化建设，在配套完善中央投资的7所县医院、42所乡镇中心卫生院的基础上，力争再有3所县医院、3所乡镇中心卫生院和483个村卫生室列入国家投资计划。加强农村卫生工作，开展乡镇卫生院“三基两化”建设和创建标准化村卫生室活动。扩大新农合覆盖面，参合率达到90%。加快医院基础设施建设，年内确保市建国医院门诊楼完成主体工程，市第二医院、第五医院、中医院门诊楼竣工使用，市第三医院、第四医院综合大楼开工建设。争取国内知名医院在我市设立分院。培养和引进各类医护专业人才，壮大医疗卫生队伍，提升医疗服务水平。加强重大传染病防控，认真落实防控措施，严防甲型 H1N1 流感等疫情扩散和蔓延。为人民群众提供安全、有效、方便、价廉的医疗卫生服务，切实解决看病难、看病贵问题。

（五）维护安全稳定大局，铸就“民生之盾”。围绕社会矛盾化解、社会管理创新、公正廉洁执法三项重点工作，加强社会治安综合治理，深入开展打黑除恶、命案侦破、打击涉枪涉爆犯罪和“两抢一盗”等专项斗争，重拳出击，震慑犯罪，始终保持对违法犯罪分子的高压态势，增强人民群众的安全感。高度重视群众来信来访，完善“三位一体”调解工作机制，推进信访工作的规范化、制度化和法制化，将矛盾化解在基层和萌芽状态。全力抓好安全生产工作，严格安全生产事故、隐患管理责任追究制度，建立政府督导、专家排查、企业整改的监管体制，全力推进煤矿、非煤矿山、危险化学和易燃易爆品、消防、道路交通、建筑施工、食品药品等各个领域和行业的安全生产，确保不发生重特大安全事故。让人民群众的生产生活更安心、更舒心、更放心。

（六）推进和谐文化建设，锻造“民生之魂”。加快发展文化产业，强化文化基础设施，实施市文化艺术中心、图书馆等文化设施项目，积极推进乡镇文化站、社区文化室和农家书屋建设。加强文物保护修缮工作，继续推进鸡鸣驿保护维修工程，积极争取察哈尔都统署维修保护项目。加强历史文化、民俗文化和非物质文化遗产的挖掘保护，办好首届“中国·张家口二人台艺术节”。活跃各类文化市场，积极开展大型群众文化品牌活动，继续办好“社区文化艺术节”，筹备举办我市首届“农民文化艺术节”。引导农民开展文明健康的农村文化活动。提高市区数字电视入户率，积极发展农村数字电视用户。大力开展全民健身活动，举办面向全国的“张家口环城马拉松邀请赛”和“全国公路自行车比赛”，确保市全民健身中心竣工使用。切实让人民群众的文化体育活动更加丰富多彩。

继续做好国防动员和双拥共建工作，落实优抚安置政策，支持国防和军队建设。重视和关心老龄工作，发展慈善和残疾人事业，保护妇女儿童的合法权益，抓好计划生育和人口工作，努力做好民族宗教、外事侨务、防震减灾、人防、气象、档案、地方志等各方面工作，促进社会全面进步。

各位代表！越是在困难时期越要关注民生，越是在改革发展的关键时期越要保障和改善民生。民生所指、民心所向就是我们政之所行。我们将始终把民生作为和谐之基、稳定之基、发展之基，切实实现好、维护好、发展好人民群众的根本利益！

树立新形象：切实提高政府行政能力

把加强政府自身建设作为“转变发展方式，提升发展水平”的重要保障，以“为民、务实、高效、清廉”为原则，开展以“提升能力、提升标准、提升效率”为主要内容的“三提升”活动，切实转变政府职能，大力提高行政效能，更好地为人民服务、对人民负责、请人民监督、让人民满意。

（一）坚持科学施政，提升政府创新能力。始终把解放思想作为推动发展的“总阀门”，通过思想的大解放，破除阻碍我市科学发展的陈旧观念和惯性思维。把创新精神贯穿到政府工作的全过程，适应加快发展的新形势，树立创新的理念，完善创新的思路，探索创新的举措，建立创新的机制，增强发展的主动性和创造性，在抓住发展机遇上创造新优势，在转变发展方式上探索新路子，在夯实发展基础上取得新进展，在提升发展水平上实现新突破。

（二）坚持民主治政，提升政府决策能力。建立健全群众建议征集、重大事项公示、专家咨询论证、社会各界听证、人大代表和政协委员列席政府常务会议等相关制度，做好政府信息公开工作，增强行政决策的透明度和公众的参与度，切实推进决策民主化、科学化。完善市长信箱、市长热线等政府与公众的沟通、落实、反馈机制，对涉及经济社会发展的重要问题、重大项目和与群众利益密切相关的重点工作，广泛倾听各方面的意见和建议，充分协商讨论。扩大社会各界和人民群众的知情权、参与权、表达权和监督权，让人民群众知道政府在想什么、做什么，赢得人民群众的充分理解、广泛支持和积极参与。

（三）坚持依法行政，提升政府执行能力。始终严格按照法定权限和程序履行职责，自觉接受人大及其常委会的法律监督、工作监督和政协的民主监督。严格执行人大及其常委会的决议、决定，广泛听取政协及各民主党派、工商联、无党派人士的意见和建议，认真办理人大代表建议和政协委员提案。加强行政复议、行政应诉工作。切实加强审计监督，高度重视人民群众和舆论监督，做到财政资金运用到哪里，审计就跟进到哪里，行政权力运行到哪里，监督就落实到哪里。完善责任体系建设，强化行政问责，确保政令畅通、执行有力、落实到位。

（四）坚持勤勉理政，提升政府服务能力。进一步转变政府职能，建立优质高效、便民利民的行政服务体系。继续推进行政审批制度改革，全面推行项目建设一卡通、一站式并联审批等服务，对一些重大项目，开通行政审批服务“绿色直通车”，形成重点项目引进、建设、服务快速响应机制。建立完善科学的目标管理和绩效考核评价体系，加强政务督查、跟踪督办和效能监察，不断提高政府的公共服务水平。切实转变作风，深入开展民主评议、效能建设和作风建设年活动，真正做到谋群众之所愿，急群众之所需，办群众之所盼，用更多的时间、更多的精力，为人民群众办实事、干好事、解难事。

（五）坚持廉洁从政，提升政府自律能力。把廉政建设放在更加突出位置，坚持教育、制度、监督、改革、纠风、惩处并举，做到关口前移、防范在先，加大对中央、省、市重大决策部署落实情况的监督检查，深入开展商业贿赂和建筑工程领域突出问题专项治理活动，严肃查处工程招投标、土地出让、产权交易、医药购销、政府采购等领域的各种腐败行为。努力建设一支政治坚定、业务精湛、作风过硬、人民满意的公务员队伍，不断提高人民群众对政府的满意度和信任度。

（六）坚持亲民务政，提升政府发展能力。优化政务环境，进一步加大对行政执法的专项整治力度，坚决纠正损害群众利益的不正之风，对不作为、乱作为行为，依法依纪依规严厉查处，为市场主体提供优质高效服务。优化人文环境，着力提升居民素质、倡导文明新风，加强诚信建设，培育和形成守信用、重承诺的良好社会风尚。优化法制环境，加大对不法行为的治理力度，切实维护投资者的合法权益，整顿和规范市场经济秩序，建立平等、自由、公平的竞争环境，使我市真正成为投资的沃土、创业的乐园。

各位代表，时代赋予重托，奋斗筑就辉煌，张家口的发展正处在一个继往开来的关键时期，我们肩负的责任重大、使命光荣，让我们在省委、省政府和市委的坚强领导下，在市人大、市政协的大力监督和支持下，以更加坚定的信心、更加振奋的精神、更加务实的作风，努力完成全年各项艰巨的目标任务，不断谱写我市跨越式发展的新篇章！

关于张家口市2009年国民经济和社会发展计划执行情况与2010年国民经济和社会发展计划（草案）的报告

——2010年1月26日在张家口市第十二届
人民代表大会第三次会议上

张家口市发展和改革委员会主任　王世光

各位代表：

受市政府委托，我向大会作张家口市2009年国民经济和社会发展计划执行情况与2010年国民经济和社会发展计划（草案）的报告，请予审议，并请市政协委员和其他列席人员提出意见。

一、2009年计划执行情况

2009年是新世纪以来我市经济社会发展最为困难的一年。一年来，面对异常严峻复杂的经济形势，全市上下在市委的正确领导下，在市人大、市政协的监督支持下，深入贯彻落实科学发展观，紧紧围绕实现市十二届人大二次会议确定的目标任务，全力保增长、调结构、强基础、惠民生，促进了全市经济社会平稳运行、健康发展。初步预测，绝大多数指标能够完成或超额完成年度计划目标。

——生产总值完成760亿元，增长10%，实现了年度计划目标。

——全部财政收入完成122亿元，增长6.44%，低于计划增速5.56个百分点。其中地方一般预算收入完成46.99亿元，增长12.93%，高于计划增速1.93个百分点。

——城镇新增就业人数3.8万人，实现了年度计划目标。城镇登记失业率为4.43%，控制在4.5%的预期目标以内。城镇参加基本养老保险人数达到63.06万人，完成年计划的101%。

——居民消费价格总水平上涨0.5%，低于计划目标3.5个百分点。

——城市居民人均可支配收入13260元，增长10%，高于计划增速3个百分点。农民人均纯收入3500元，增长6.5%，高于计划增速0.5个百分点。

——全社会固定资产投资完成660亿元，增长60%左右，其中城镇固定资产投资完成580亿元，增长60%左右，均高于计划增速近40个百分点。

——社会消费品零售总额完成274亿元，增长17.8%，高于计划增速2.8个百分点。

——外贸进出口总值52000万美元，下降36.4%。其中出口总值17000万美元，下降54.5%。

——实际利用外资8168万美元，增长28.2%，完成年计划的125.7%。

——单位生产总值能耗、化学需氧量排放量和二氧化硫排放量分别下降5.2%、5.8%和9%，均实现了年度计划目标。

——地方普通高等学校招生6200人，完成年计划的112.7%。中等职业教育招生2.25万人，完成年计划的107.14%。

——人口自然增长率为5.4‰，控制在6.5‰的预期目标以内。

与此同时，经济运行中仍存在一些突出矛盾和问题：一是工业经济运行质量不高。在异常严峻复杂的形势下，工业经济实现企稳回升，全年规模以上工业增加值增长10%，但实现利税仅增长6.3%，457家规模以上企业中亏损企业213家，亏损面达46.6%，亏损企业亏损额7.5亿元，同比增加20%。二是财政收支矛盾突出。受工业企业效益增长慢、市场价格下跌和结构性减税政策等因素影响，2009年全部财政收入仅增长6.44%，同比回落18.36个百分点，没有完成计划增长12%的目标任务。与此同时，实施新增中央投资项目需要大幅增加地方政府配套资金规模，加之提高社会保障补助标准、市县增加机关事业单位职工津补贴、落实家电和汽车摩托车下乡政策补贴及深化医药卫生体制改革等刚性支出明显增多，保障重点支出的难度加大。三是节能减排面临反弹压力。随着经济持续回升，钢铁、建材等高耗能、高排放行业产能陆续释放，能源消耗量和主要污染物排放量相应增加，加之今年将有张家口热电厂一期、宣化热电厂一期等耗能大户建成投产，反弹压力急剧增大。四是外贸出口持续下滑。受国际金融危机影响外需急剧减少以及我市外贸出口产品仍不够合理等因素影响，外贸出口持续下滑，全年出口总值完成17000万美元，同比下降54.5%。对此，必须高度重视，并采取有效措施努力加以解决。

二、2010年主要发展目标

今年经济社会发展计划主要目标安排，按照经济社会发展的总体要求和“抓住发展机遇，转变发展方式，夯实发展基础，提升发展水平”的工作主题，力求体现更好发展与更快发展相统一、即期增长与增强后劲相兼顾、经济发展与社会发展相协调。

——经济平稳较快发展。全市生产总值增长11%。规模以上工业增加值增长13%。全社会固定资产投资增长20%，其中城镇固定资产投资增长20%以上，社会消费品零售总额增长18%，出口总值增长10%。全部财政收入增长10%，其中地方一般预算收入增长12%。

——产业结构不断优化。装备制造业、高新技术产业增加值增速分别高于规模以上工业2个和3个百分点，服务业增加值增速高于生产总值1个百分点。

——发展代价继续减小。单位生产总值能耗下降3.5%，单位工业增加值用水量下降5.5%。

——人民生活逐步改善。城市居民人均可支配收入增长10%，农民人均纯收入增长9%；居民消费价格涨幅预期在3%左右；城镇新增就业3.9万人，城镇登记失业率控制在4.5%以内；城镇参加基本养老保险人数达到66.19万人。全市生产总值预期增长11%，主要基于以下考虑：

从投资和消费两大需求拉动作用分析。我市经济增长主要靠投资和消费拉动。投资方面，经过对2010年第二产业投资3000万元以上和第一、三产业投资1000万元以上的续建、新开工项目调查摸底，初步筛选出投资支撑项目479项，总投资2282.8亿元，年计划投资741亿元，其中续建项目263项、拟新开工项目216项，还有一批交通、能源、基础设施、房地产和工业技改等重大项目开工建设，预计全社会固定资产投资增长20%以上。消费方面，随着工业企业效益逐步回升、强农惠农政策深入落实、社会保障体系完善加强以及事业单位绩效工资等政策的实施，必将使城乡居民收入水平进一步提高，增强消费能力；随着家电、汽车摩托车下乡等国家刺激性消费政策的深入落实以及旅游、文化娱乐、房地产业等服务业的发展，消费需求潜力不断释放，社会消费规模将进一步扩大。据此，预计社会消费品零售总额增长18%。根据对两大需求的综合分析预测，今年生产总值增幅将达到11%左右。

从三次产业支撑能力分析。随着强农惠农政策力度进一步加大，农村改革向纵深推进，农业生产将稳步发展，同时考虑到2009年我市农业受灾严重，今年正常年景下恢复性增长因素，预计第一产业增加值增长8%以上。国家继续实施积极的财政政策和适度宽松的货币政策，可直接带动我市“4+3”重点产业发展；张家口热电厂一期、宣化热电厂一期等一批大项目建成投产并发挥效益，将对工业经济增长提供有力支撑；今年经济发展环境将好于去年，市场需求逐步回暖，企业扩大再生产的意愿将有所增强，预计第二产业增加值增长12%左右。鼓励服务业发展的政策效应在逐步显现，城镇面貌“三年大变样”建设步伐加快，服务业发展环境进一步改善，预计第三产业增加值增长11%。通过对三次产业预期增速进行加权测算，生产总值可增长11%左右。

在复杂的经济形势下，安排11%的计划目标，既体现了保增长的导向，有利于稳定社会预期，增强发展信心，又综合考虑了各方面的支撑条件，总体上是积极可行的。实际工作中，要在“好”的前提下力争发展得更快一些。

三、工作重点和主要措施

今年是实施“十一五”规划的最后一年，也是巩固经济企稳回升基础的关键一年。我们要按照市委九届七次全会和全市经济工作会议的总体部署，突出重点，狠抓落实，努力促进全市经济社会更好更快发展。

（一）着力抓好项目建设，保持投资较快增长。坚持把项目建设作为根本抓手不放松，认识上再提高，举措上再加强，力度上再加大，力争以项目建设的新突破促进投资的快增长，确保全社会固定资产投资增长20%，其中城镇固定资产投资增长20%以上。

抓好中央投资项目建设。对已争取到的项目，积极落实地方配套资金等建设条件，加大稽察和问题项目整改力度，确保建设进度和质量。对将争取的项目，要做到在信息、政策上抢先对接，围绕国家支持的重点领域，准确把握中央投资向基层、民生倾斜的取向，精筛细选项目，指导建设单位做深做实前期工作，尽可能多地争取资金支持。同时，按照国家要求，逐级建立中央投资申报安排与项目实施情况特别是地方配套资金到位率相挂钩的机制，确保建设期间及时到位、不留缺口，防止出现“半拉子”工程。

抓好重点项目建设。今年市重点项目初步安排300项，总投资4000亿元，年计划投资400亿元。按照“重点建设、重点支持、重点服务、重点保障”的要求，强化协调调度，加快建设进度。年内确保张家口热电厂一期、宣化热电厂一期、国家第一个百万千瓦级风电示范基地等一批项目建成投产，力促风光储输示范工程、三北·拉法克锅炉厂整体搬迁等一批项目开工建设，争取高速公路、铁路、机场等一批项目前期工作取得实质性进展。

抓好项目谋划储备。坚持以国家产业政策为导向，围绕推动产业升级、培育新兴产业、基础设施建设、改善民生等方面，有针对性地谋划一批带动能力强、支撑作用大的骨干项目，力争更多项目列入省和国家“十二五”专项规划，确保项目建设不断档。

抓好项目投资融资。严格实行项目投资责任制，切实保障重点项目的资金需求，特别是对财政资金投入的建设项目，全程监督，确保落实到位。深化与金融机构的合作，搭建重点项目与信贷资金对接的平台。引导启动民间投资，降低市场准入门槛，鼓励其进入基础设施、公用事业、金融服务和社会事业等领域，拓宽民间投资渠道，促进民间投资较快增长。

（二）着力推进现代产业发展，提升经济整体竞争力。认真落实现代产业发展的意见，把保增长与调结构、促转型有机结合起来，扩大产业规模，壮大产业实力，提升发展水平。

推进产业结构调整。着眼做大做强旅游服务业、新型能源业、食品加工业和装备制造业，抓好第二个百万千瓦级风电基地、宣工工程装备园、张煤机升级改造、北京金隅集团水泥熟料生产线等一批项目建设；着眼培育壮大现代物流业、电子信息业和矿产品精深加工业，抓好张家口通泰物流城、河北华美超高速光电子收发元器件产业化等一批项目建设。

提高自主创新能力。坚持以企业为主体、市场为导向、产学研相结合，深入实施企业技术创新工程，重点抓好中国长城葡萄酒技术创新能力建设、河北盛华化工企业技术中心创新能力建设等一批高技术项目。从2010年起设立全市创新发展基金和技术改造基金，用于支持企业创新能力建设和产品更新换代。组织引导各行业和企业，开展与行业高端和强势企业的“对标行动”，抓好品牌建设，培育一批技术含量高、附加值高、市场影响力和竞争力强的名牌产品。

促进集约集聚发展。落实支持重点产业集聚区发展的政策措施，加快西山机械装备、东山高新技术、望山化工医药产业集聚区以及下花园玉带山产业园、张北工业园、怀来华人华侨创业园等一批园区和基地建设。同时承接京津、东南沿海发达省市产业转移，引进“央字头”、“国字号”大企业、大集团，改造重组现有企业和传统产业，实现集约集聚发展，形成新的经济增长极。

（三）着力搞好即期调节，力促工业经济提质增效。在当前经济企稳回升的关键时期，既要充分发挥市场配置资源的基础性作用，又要注重强化政府调节运行的重要职能，切实搞好协调服务，努力促进企业提质增效。

加强监测预警。完善经济运行监测预警体系，密切关注国内外经济发展走势和国家宏观政策取向，密切关注重点行业和重点企业的运行态势，及早发现苗头性、倾向性问题，及时提出因应之策，增强运行调节工作的前瞻性和时效性。

搞好要素衔接。建立煤电油运气保障工作联席会议制度，加大对重点地区、关键时段的要素协调调度力度。鼓励重点煤电企业签订中长期合同，稳定电煤供应；争取省发改委和北京、大同路局运力支持，力保骨干企业、重要物资的运输需要；密切关注成品油、天然气市场变化，加强与有关方面的沟通联系，确保成品油合理库存和居民生活用气。

完善应急体系。修订完善应对突发公共事件应急预案，组织开展应急物资潜力调查，协调有关部门增加重点物资储备，健全现代化应急手段，维护正常生产生活秩序。加强国民经济动员能力建设，改造升级动员管理信息系统，切实提高应急应战能力。

（四）着力发展现代农业，促进农业增效和农民增收。坚持以新农村建设为总揽，以城乡统筹为主线，以增加农民收入为核心，大力发展现代农业。

培育发展特色农业。大力发展规模养殖、设施养殖，特别是要加快奶牛改良提质，年内奶产量达到130万吨。大力发展节水农业、旱作农业，加大旱作品种和先进适用旱作技术推广力度。大力发展高效农业，努力建设一批高标准、高质量、高效益的设施农业典型示范工程。

提升农业产业化水平。继续实施农业产业化“111”工程，抓好察北现代牧业奶牛养殖、怀来双大肉鸡养殖加工等一批龙头项目建设。加快农民专业合作组织建设，支持农民以承包经营权入股方式加入专业合作社。探索建立龙头企业与基地农户利益联结机制，形成食品工业与农业相互促进、共同繁荣的产业化经营格局。

加强基础设施建设。重点解决25万农村人口饮水不安全问题，新改建农村公路2200公里，新建7个大中型沼气工程和37个沼气服务网点。加强农田水利基本建设。确保云州水库除险加固工程竣工，并做好向市区调水项目的前期工作，力促早日开工建设。

增加农民现金收入。认真落实国家扩大涉农补贴规模、提高粮食最低收购价和实施临时收储等政策，促使农产品价格保持在合理水平；落实对化肥等农资生产企业的优惠政策，稳定农资价格；严格执行以工代赈劳务报酬政策，引导农民投工投劳增加收入；加大有组织的劳务输出，拓宽农民增收渠道。

（五）着力抓好节能减排，加快转变经济发展方式。紧盯目标不放松，下更大的决心，花更大的气力，坚决打好节能减排攻坚战，年内确保单位生产总值能耗下降3.5%，确保圆满完成“十一五”规划目标。

强化目标责任。按照确保实现“十一五”目标的要求，层层分解下达2010年节能减排目标，把节能减排目标任务落实到企业、部门和责任人，健全纵向到底、横向到边、上下联动的目标责任体系。根据各县区、重点企业节能减排完成情况，严格兑现与市政府签订的目标责任状。督促累计进度滞后的县区加大节能工作力度，努力实现“十一五”规划目标。

抓住重点领域。积极推进建筑节能、绿色照明等十大重点节能工程的实施。抓好宣钢、张家口发电厂等列入国家和省的重点能耗大户的节能降耗工作，确保完成目标任务。加快盛华化工、天宝化工等10个享受省、国家节能奖励资金的重点节能项目建设，确保实现节能15万吨标准煤。严格执行国家产业政策要求，淘汰3座300m^{3}高炉、4台36m^{2}烧结机和3台30吨转炉，年内减少能源消费量67万吨标准煤。

大力发展循环经济和低碳经济。重点抓好金农生物、天宝化工等8个省级循环经济示范项目和张家口金隅水泥等15家企业的资源综合利用工作，逐步实现由末端治理向污染预防和生产全过程控制转变，促进企业能源消费、工业固体废弃物、包装废弃物的减量化与资源化利用。加快建设以低碳为特征的工业、建筑和交通体系，积极发展低碳经济。

（六）着力深化改革开放，增强发展的动力活力。加强对经济体制改革总体指导和综合协调，制定2010年重点改革工作指导意见。继续加大投资体制改革力度，出台投资体制改革相关配套措施，推行政府投资项目后评价和重点项目公开公示制度。积极推进医药卫生体制改革，落实加快基本医疗保障制度建设、建立国家基本药物制度、健全基层医疗服务体系、促进基本公共服务均等化、启动公立医院改革试点等5项重点改革举措。稳步推进资源性产品价格改革，对居民生活用电推行阶梯电价，完善供热计量价格收费制度。鼓励和支持民营经济加快发展，引导民营企业提高项目谋划水平，帮助其搞好生产要素供需衔接。

加大招商引资力度，拓展对外开放的广度与深度。继续加强与北京的合作，推进双方开展全方位、深层次的对接合作，力促签约和落实一批合作项目。加强与天津的合作，争取在农业、旅游、物流等方面的对接合作取得较大突破。加强与西北地区的合作，尽快建立与西北地区重点城市、重点企业的长期联系渠道和定期沟通机制，实现在资源、产业、项目、市场等方面的有效对接，将我市建成西北地区进入京津的“桥头堡”。落实好鼓励出口的政策措施，支持重点出口企业保份额、拓市场，扩大机电、高技术产品和劳动密集型产品出口规模，努力扭转外贸出口下滑局面，力争增长10%。

（七）着力做好财政金融工作，强化支撑发展能力。充分发挥财政杠杆作用，在支持经济发展方面有更大作为。

切实做好财政工作。抓住国家继续实施积极财政政策的机遇，密切跟踪并认真研究国家财政资金的投放领域和重点，积极争取落实国债资金和各级扶持资金、补贴资金，并积极鼓励引导社会性投资，让政府投资起到“四两拨千斤”的效果。坚持把培植财源放在重要位置，在抓好主体税种、重点税源的同时，加强后续财源的培育，形成新的税收增长点。同时，牢固树立过紧日子的思想，厉行节俭，保障重点，优先确保公教人员工资和机关正常运转，优先保证社保和民生支出，合理安排其它支出。

不断加强金融工作。牢牢把握货币政策机遇，针对国家产业政策和信贷资金投向，加强与金融机构的对接，积极争取“软贷款”和各类专项建设资金，确保经济建设的信贷需求。进一步拓宽融资方式，加大对重点企业的上市培育力度，支持符合条件的企业通过发行企业债券、公司债券、短期融资债券及其它金融产品筹集资金，探索发行地方债券，提高直接融资在融资中的比重。全力扶持通泰和城投两大融资平台做大做强，整合配置优势资源，进一步扩大资本金规模，形成更加科学顺畅的“融资——投资——还款”体制机制，实现项目融资的创新突破。

（八）着力保障改善民生，促进经济社会和谐发展。做好就业和社会保障工作。落实好促进就业再就业的优惠政策。鼓励服务业和劳动密集型产业加快发展，努力增加就业岗位，年内城镇新增就业人数达到3.9万人，城镇登记失业率控制在4.5%以内。全面落实城镇和农村养老保险、城乡“低保”、城乡医疗救助、城市困难职工帮扶等制度，不断提高社会保障水平。

加快推进城镇面貌“三年大变样”建设。重点实施全长38.5千米的洋河综合治理工程，加快明湖、境湖建设，启动西沙河、东沙河和王家寨河清淤疏浚工程，以及全长101千米的北水源地引水工程。推进五一广场、市民广场、孤石公园、铁路公园迁移等公共设施的建设和改造，实施城投大厦、中小企业创业大厦、容辰综合大楼等服务性设施建设工程。启动实施怡安街、张垣新城、尚峰国际和山中城等区域综合改造工程。加快城区路网建设，新建和改造城区道路63公里。实施供气供热工程，年内完成50公里供气管线及配套设施建设，铺设供热管线67.2公里，完成集中供热面积1010万平方米，城区集中供热普及率达到60%。加快县城建设，使产业向县城集聚，项目向县城集结，人口向县城集中。

大力发展社会事业。始终坚持教育优先发展方针，加大教育布局优化调整力度，促进义务教育均衡发展；全面实施校舍安全工程，抓好蔚县代王城中学初中校舍改造等一批教育项目建设，进一步改善办学条件。完善基层医疗卫生服务体系，争取宣化县人民医院等5个县级医院和桥东区、桥西区共4个社区卫生服务中心项目建成并投入使用，进一步改善医疗卫生条件。大力发展文化事业，实施体育健身工程，重点抓好19个乡（镇）综合文化站和99个农村体育健身项目建设；积极开展群众喜闻乐见的文体活动，丰富群众文化生活。稳定低生育水平，年内人口自然增长率控制在6.8‰以内。积极促进气象、防震减灾、档案、文物和民族、宗教、老龄、妇女、儿童、残疾人等各项社会事业全面发展。同时，深入开展安全生产隐患排查和整治，规范食品药品市场秩序，确保人民群众生命财产安全和身体健康。

各位代表，2010年全市经济和社会发展的任务十分繁重。我们要在市委的正确领导下，在市人大、市政协的监督支持下，更加深入贯彻落实科学发展观，进一步解放思想，开拓创新，团结协作，真抓实干，为促进全市经济社会更好更快发展、圆满完成“十一五”规划目标任务而努力奋斗！

关于张家口市2009年市本级预算及全市总预算执行情况和2010年市本级预算及全市总预算草案的报告

——2010年1月27日在张家口市第十二届人民代表大会第三次会议上

张家口市财政局局长　郭　英

各位代表：

受市政府委托，我向大会作《张家口市2009年市本级预算及全市总预算执行情况和2010年市本级预算及全市总预算草案的报告》，请予审议，并请市政协各位委员和其他列席人员提出意见。

一、2009年预算执行情况良好，财政工作取得新进展

2009年，在市委的正确领导和市人大的监督支持下，全市各级各部门深入贯彻市委九届五次、六次全会精神，坚持以科学发展观为统领，紧紧围绕"保增长、扩内需、调结构、惠民生"这条主线，认真落实积极的财政政策，深化财政改革，优化支出结构，加强财政管理，积极应对金融危机对财政经济的冲击，全市财政平稳运行，预算执行情况良好。

2009年，全市全部财政收入完成122.01亿元，同比增长6.44%，比上年增收7.38亿元；其中全市地方一般预算收入完成46.99亿元，同比增长12.93%。全市一般预算支出154.78亿元，同比增长39.33%，有力地支持了全市经济建设和社会事业发展。

2009年预算执行中，由于受省资源税政策调整和国家减免税费政策的影响，市本级一般收入预算调整为204348万元；由于上年结转、新增中央和省转移支付、新增上级专款、下达县区专款等因素影响，市本级一般支出预算调整为425300万元；由于政策性调整因素影响，市本级基金支出预算调整为133060万元。上述预算调整，已报经市十二届人大常委会第十五次会议批准。市县（区）两级预算分别做了调整，全市财政预算相应进行了调整，全市一般收入预算调整为439950万元；全年一般支出预算调整为1559486万元，全市基金支出预算调整为302376万元。根据《预算法》要求，已经报市十二届人大常委会备案。

2009年，市本级一般预算收入完成209963万元，为调整预算的102.75%，比上年增长6.81%；一般预算支出完成419668万元，为调整预算的98.68%，比上年增长68.49%，增幅较大的主要原因是由于当年国家实施扩大内需等相关政策，国债专款相应增加。市本级基金收入完成70474万元，为预算的125.85%；基金支出130380万元，为调整预算的97.99%。

2009年，全市地方一般预算收入完成469951万元，为调整预算的106.82%，比上年增长12.93%；全市一般预算支出1547774万元，为调整预算的99.25%，比上年增长39.33%。全市基金收入完成207712万元，为调整预算的207.71%；基金支出294192万元，为调整预算的97.29%。

2009年，受国际金融危机和政策性减收等各种因素影响，全市财政收入增速放缓，但全市和市本级地方一般预算和基金预算均实现了当年收支平衡。全市财政预算执行呈现出五方面的特点：

第一，积极应对金融危机影响，财政经济实现新增长。面对宏观经济下行压力和结构性减税政策的双重影响，全市各级财政部门把组织收入作为首要任务来抓，积极与税务部门协调配合，及时掌握重点监控税源大户的生产经营及纳税情况，加强对财政经济运行分析，定期对县区和重点企业收入进行调度，强化管控措施，增强了县区抓收入的主动性。同时，进一步加强非税收入管理，严格执行“收支两条线”管理规定，全市共完成非税收入41.39亿元，完成年计划的105.6%，同比增长7.3%。加强耕地占用税、契税征管，全市“两税”收入完成3.06亿元，同比增长36.7%。

第二，紧紧围绕又快又好发展主题，财政支持经济发展再上新水平。全面贯彻落实保增长、扩内需的各项政策措施，争取中央省专项转移支付资金52亿元，比上年增加23.6亿元，增长83.12%；争取一般转移支付、缓解县乡财政困难转移支付资金9.3亿元，争取坝上生态功能区转移支付、资源枯竭型城市转移支付资金2.6亿元，争取农村公路、农村饮水安全等财政申报项目建设资金1.47亿元。拨付中央扩大内需基建资金7.89亿元，落实配套资金6.49亿元，重点用于道路、水利、天然气等基础设施和保障性住房等民生工程建设。投入各类专项资金1.7亿元，支持了重点产业、中小企业技改，节能环保、科技应用与研发，促进了产业结构调整。认真执行增值税转型改革政策，落实出口退税6.77亿元，促进了出口增长和产业结构调整。充分发挥财政在融资管理中的统筹作用，全市各融资平台共融入财政性建设资金88亿元，有力支持了全市基础设施建设和“三年大变样”工程。

第三，倾力支持民生事业发展，各项社会事业取得新进展。安排资金5500万元落实城乡低保提标扩面政策，城乡低保最高标准分别提高到3180元/年和990元/年，覆盖面分别扩大到14.16万人和28.94万人。全市下拨救灾补助资金3856万元，对17.69万户、32.13万人无自救能力的受灾户提前给予口粮等基本生活救助。拨付各类优抚补助资金7500万元，对全市2万名重点优抚对象给予保障。拨付就业资金2.7亿元，新增就业37861人，下岗失业人员再就业19624人。全市投资3.5亿元，撤并小学（教学点）369所（个），新建、改扩建校舍建筑面积33万平方米；对全市44.9万名农村和城市义务教育阶段公办学校学生全部免除了学杂费；落实资金1730万元，免除农村义务教育阶段教科书费。拨付医疗卫生资金4.6亿元，支持了新型农村合作医疗、城镇职工和城镇居民医保、离休干部医疗保障、公共卫生、医院改扩建和设备更新等重大医药卫生项目，逐步实现基层公共卫生服务均等化。落实廉租住房保障资金8908万元，全市廉租房入住1362户、经济适用房入住2310户。争取省级资金1200万元，市筹集资金1070万元，新建新民居7581户（套），改旧提升19339户（套），有力地保障了新民居建设的顺利推进。积极筹措甲型H1N1流感防控资金和国庆安保资金，保障了处置突发和重大事件的资金需要。

第四，积极落实各项惠农政策，农业农村工作取得新发展。全市投入现代农业项目建设资金1.58亿元，推动奶牛、蔬菜、葡萄等优势特色产业发展。争取省支农试点引导资金800万元，整合财政资金5065万元，促进了崇礼蔬菜、万全鲜食玉米等主导产业的快速发展。争取上级财政支农项目资金11.4亿元，利用省农业基础设施融资平台融资1.8亿元，支持农业基础设施和特色产业发展。积极落实奶牛规模化养殖财政补助政策，新建奶牛规模化养殖场51个、扩建57个，新增奶牛规模能力8.87万头。通过涉农资金“信通卡”，发放粮食直补、农资综合直补、退耕还林补助、良种补贴、农机购置补贴、大中型水库移民后期扶持资金9.79亿元，发放石油价格改革补贴资金2099万元，发放家电、汽车下乡补贴4705万元；积极开展一事一议项目建设，涉及2023个行政村，总投资额达8809万元；安排农村村级组织保障经费3000万元、村干部激励奖励资金100万元，有力推动了农村基层党组织建设。

第五，突出科学化精细化主题，财政改革管理跃上新台阶。深化部门预算改革，将城市教育费附加、排污费、水资源费、罚没收入、行政性收费和城市维护费全部纳入市级财政预算统筹安排，集中财力支持重点项目和民生事业。积极推行项目预算，经审核入库发展性资金项目483个，申报资金30.4亿元。加快国库集中支付改革步伐，市本级187个纳入财政集中支付的预算单位全部启动了公务卡制度改革。强化财政监督，围绕落实中央积极财政政策、清理化解农村普九债务、新增建设用地土地有偿使用费管理、行政事业性收费项目、房地产收费项目和基金管理等内容开展重点检查，提高资金效益。完善财政监督机制，实现了派驻监督对县区的全覆盖；开展“小金库”专项治理工作，取得了阶段性成果。

各位代表，2009年市本级预算和全市总预算较好地完成了市十二届人大二次会议确定的各项目标任务，财政保障能力与管理水平有了新的提高。但我们也清醒地认识到，与市委的要求和全市人民的期盼相比，我市财政经济运行中仍存在一些不容忽视的问题，主要表现在：财政经济的整体水平还不高，结构性矛盾还比较突出，发展的后劲还不足；县区经济发展不平衡，财政困难状况还没有得到根本扭转；一些部门和单位过紧日子意识不够牢固，勤俭办一切事业的观念还有待进一步强化。这些问题，我们将高度重视，认真对待，积极采取措施，在今后的工作中努力加以解决。

二、统筹兼顾，突出重点，合理安排2010年财政预算

2010年是实施“十一五”规划的最后一年，也是我市财政收支矛盾异常突出的一年。收入方面，今年经济发展环境整体好于去年，经济发展有望进入新一轮增长期，经济回升的基础逐步巩固，为财政收入增长打下了好的基础。但受国际金融危机的影响，经济的完全复苏仍将经历一个缓慢曲折的过程，发展中不确定、不稳定的因素很多，经济结构性矛盾和深层次问题还比较突出，财政增收仍面临很大的挑战。支出方面，国家致力于拉动消费、改善民生，已经出台和即将实施的中小学校舍安全工程、医药卫生体制改革、事业单位绩效工资改革、政法经费保障机制改革等一系列增支政策，都需要市县财政给予大量配套，政策性支出大幅增长。面对巨大的减收增支因素，各级政府平衡预算的难度进一步加大。

根据市委关于全市经济工作的总体部署，2010年全市财政预算安排的指导思想是：全面贯彻市委九届七次全会和全市经济工作会议精神，以科学发展观为统领，认真落实国家积极财政政策，坚持“开源节流、统筹兼顾、调整结构、保重保急”的原则，集中财力优先落实国家增资政策，保障各类民生配套，支持市委重点战略决策的实施，促进全市经济社会更好更快发展。

依据市委九届七次全会和全市经济工作会议确定的目标，2010年，市本级一般收入预算安排220434万元，比上年实际完成增长5%。按现行财政体制测算，市本级可用财力为228248万元。

按照收支平衡的原则，安排市本级一般支出预算228248万元，比上年预算增长11.56%。一是安排公教人员工资和基本运转的维持性支出116950万元，占一般支出预算的51%；二是安排支持经济和社会事业的发展性支出66398万元，占一般支出预算的29%；三是安排列收列支项目支出43900万元，占一般支出预算的19%，主要用于城市维护费、教育费附加、排污费、水资源费等；四是安排预备费1000万元。在2010年预算安排中，教育支出安排37434万元，增长14.23%；科技支出安排2244万元，增长13.28%；农林水事务支出安排17128万元，增长22.42%，均达到了法定增长要求。

2010年，市本级政府性基金收入预算安排57000万元。按照收支平衡的原则，相应安排基金预算支出57000万元，比上年预算增长1.79%。

2010年市级支出预算，重点支持和保障了以下四个方面：

第一，着力发挥财政调控能力，促进经济平稳较快增长和发展方式转变。安排支持经济发展资金1.2亿元，占发展性支出的18%。一是安排现代产业发展资金5000万元，设立企业创新和扶持资金，支持“4+3”现代产业加快发展，打造经济新的支撑点。二是安排自主创新资金2850万元，支持企业提高自主创新能力，扶持民营经济发展。三是安排落实国家扩大内需政策，支持重点项目建设和招商引资资金4400万元。

第二，着力保障和改善民生，让发展成果惠及广大人民群众。安排社会保障等民生资金2.6亿元，占发展性支出的39%。一是安排城乡低保资金5860万元，用于实施城乡居民最低生活保障，提高低保对象补差标准；二是安排新型农村合作医疗补助配套资金4770万元，用于扩大新型农村合作医疗覆盖范围，提高对参合农民的补助标准；三是安排就业及救济救助资金4570万元，主要用于支持扩大就业、城乡特困家庭医疗救助、廉租房保障和慰问困难家庭支出；四是安排养老及医疗保险、生活费补助10800万元，主要用于推进居民基本医疗保险，弥补养老保险基金缺口、补助离退休人员医疗费、发放困难企业离休干部及在乡老复员军人生活费等。

第三，着力支持“三农”，促进农业农村经济发展。安排支持“三农”资金7900万元，占发展性支出的12%。一是安排农业综合开发资金2080万元，重点支持农业综合开发项目，提高农业生产能力；二是安排农业基础设施和服务体系建设资金2030万元，用于生态家园（沼气）、新民居建设、农业服务体系与基础设施、动植物疫病防治体系建设；三是安排村级组织建设资金3000万元，用于村干部报酬、村级工作经费、村级活动场所建设和村干部培训。

第四，着力支持社会事业发展，促进和谐社会建设。安排支持社会事业发展资金1.98亿元，占发展性支出的30%。一是安排教育事业发展资金1.02亿元，主要用于完善义务教育保障机制，支持市属学校基础设施建设和改善办学条件。二是安排医疗卫生事业发展资金3830万元，主要用于支持医疗卫生体制改革，加强基层医疗卫生服务体系建设，扩大新型农村合作医疗覆盖范围。三是安排文体、计生等事业发展资金1050万元，主要用于加强文化品牌和设施建设，丰富农村文化体育生活，支持农村妇女生殖健康检查，落实农村计划生育奖励扶助政策。四是安排公共安全资金1530万元，主要用于加强社会治安综合治理，开展食品安全检查、支持公安政法基础设施和装备建设。五是安排城市化建设和环境治理资金3170万元，主要用于支持“增绿添彩”工程，清水河上游水土保持治理，城市绿化亮化。

从整体预算草案看，由于新增财力有限，政策性增支数额巨大，支出需求大大超过了财力供给，2010年市级预算收支矛盾十分尖锐。为了保证财政预算平衡，保障国家省市重大改革政策的落实，2010年市级支出预算安排，严格遵循保工资、保民生、保运转、保重点的顺序，在严格控制行政支出、公用经费实行零增长的基础上，首先保证机关事业单位工资、津贴补贴和社保对象补助的发放，保证党政机关正常运转，保证中央扩大政府投资项目的市级配套，保证民生等重点社会事业发展，保证市委确定的重点项目需要。鉴于财力所限，对一些项目和需要兴办的事业，只能留待以后年度予以逐步安排。

依据市本级预算和汇总各县区财政预算草案，全市全部财政收入预算安排134.21亿元，增长10%，其中，地方一般收入预算安排52.63亿元，比上年增长12%；全市地方一般支出预算安排87.6亿元，比上年预算增长5.39%。全市政府性基金收入预算安排16亿元，相应安排全市政府性基金支出预算16亿元，均比上年预算增长60%。按照《预算法》的要求，各县区的财政预算草案由当地人民代表大会审查、汇总的2009年全市财政预算草案已报本次大会备案。

三、坚定信心，迎难而上，确保圆满完成2010年预算任务

2010年，财政工作将全面贯彻落实党的十七大精神，坚持以科学发展观为统领，紧紧围绕“抓住发展机遇、转变发展方式、夯实发展基础、提升发展水平”工作主题，认真落实积极的财政政策，着力促进经济增长和发展方式转变，调整优化支出结构，深化改革，加强管理，确保完成全年预算任务，为推进全市经济和社会更好更快发展提供财政保障。重点做好以下六方面的工作。

第一，紧紧围绕保增长目标，努力增强财政实力。积极应对严峻的经济形势，把抓收入、保增长放在更加突出的位置上。大力组织财政收入，积极调整优化收入结构，促进税收收入快速增长；加强非税收入管理，按照“正税清费”原则，全面规范各类非税收入，努力提高税收收入占全部财政收入的比重。加强税收经济分析，结合财政经济发展形势，及时采取有针对性的措施，努力实现主体税种随经济增长而增收。坚持依法征税，进一步完善现代税收征管手段，健全税源控缴机制，坚决制止和纠正越权减免税收，严厉打击偷漏税行为，实现应收尽收。

第二，努力优化支出结构，促进经济和社会健康发展。把改善民生、发展社会事业作为扩大内需、调整经济结构的重点，将财政支出向支持扩内需、促消费、保民生倾斜。树立民生财政理念，在积极落实国家和省各项惠民政策的基础上，加大市级财政资金向民生领域的倾斜力度，集中解决民生和社会事业领域的历史欠账。坚持有保有压，坚决控制一般性支出，勤俭办一切事业。严肃财经纪律，坚决反对大手大脚花钱和铺张浪费行为。大力压缩公务购车经费、会议经费、公务接待费和出国（境）经费，严格控制党政机关楼堂馆所建设，压缩一般性专项经费和发展性支出，确保全市财政收支平衡。

第三，落实支持产业发展政策，促进全市产业结构调整。围绕全市“4+3”产业发展规划，充分发挥财政职能，研究制定促进产业发展的财政扶持政策，激励和引导外地客商和各县区上项目、抓产业的积极性。加大跑办力度，争取更多的上级资金支持，促进全市重点产业快速发展。安排专项扶持资金，支持“4+3”主导产业发展，切实发挥好财政政策和资金的引导激励机制。加大担保资本金投入力度，建立小企业贷款风险补偿机制，增强中小企业发展活力。落实好税费抵扣相关政策，增强企业创新能力，促进全市经济结构调整和产业升级。充分发挥财政的杠杆作用，通过政府预算安排、税收返还、土地出让收益、注入和盘活存量资产等方式，整合现有财力和资产资源，做大全市行政事业单位融资平台，放大行政资产使用效益。

第四，集中财力加大投入，着力保障和改善民生。深化义务教育经费保障机制改革，提高农村义务教育公用经费水平，推进义务教育均衡发展。支持医药卫生体制改革和城乡公共卫生体系建设，巩固和完善新型农村合作医疗、城镇居民基本医疗保险制度，加大城乡医疗救助支持力度，解决城乡困难群众就医难题。增加社会保障投入，做好企业养老保险省级统筹工作；支持开展新型农村社会养老保险试点。落实好各项就业补助资金，加大对解决高校毕业生、农民工、困难群体就业问题的支持力度。加大城市廉租住房投入力度，积极解决城市低收入家庭住房困难，积极推进新民居建设。

第五，切实推进财政科学化精细化管理，提高财政运行质量。深化县乡财政体制改革，缩小分税制体制实施范围，将统收统支加激励改为统收统支，发挥好财政体制对经济的促进作用。实施市以下政府间财政支出责任划分改革，合理划分各级政府支出责任，明确各级财政财政保障和负担的范围，健全各级政府财力和责权相匹配的体制，推进基本公共服务均等化。完成蔚县、阳原、涿鹿、沽源、康保、尚义等六个县财政省直管县改革和体制调整，完善市县财政体制格局。深化项目预算、综合预算和绩效预算管理改革，细化预算编制，强化预算执行，提高资金支出进度和均衡度。深化国库管理改革，着眼于从源头上治理“小金库”，推行彻底的国库集中支付制度，继续推进公务卡制度改革。

第六，加强监督管理，推进依法理财进程。健全覆盖所有政府性资金和财政运行全过程的财政监督机制，重点加强对政府公共投资的监督检查和投资评审，对财政资金投入的建设项目及时跟进、全程监督，切实提高资金使用效益。推进财政派驻监督改革，加大监督力度和监督范围。完善财政资金即时监控系统，加强对财政资金的日常监督。加强财政法制建设，不断推进依法理财和财政管理工作的规范化，自觉接受人大、政协和社会各方面监督。

各位代表：今年全市财政预算任务艰巨而繁重。我们将在市委的正确领导下，在市人大的监督支持下，全面贯彻落实科学发展观，与时俱进，开拓创新，真抓实干，以奋发有为的精神状态，抓落实，创实绩，全面完成2010年预算任务，为全市经济社会更好更快发展做出更大的贡献！

附件：

1. 张家口市2009年财政收入完成情况表
2. 张家口市2009年财政支出完成情况表
3. 张家口市2010年财政收入预算表（草案）
4. 张家口市2010年财政支出预算表（草案）

附件1：

张家口市2009年财政收入完成情况表

单位：万元

科　目	调整预算数		财政收入数	
	全市	市本级	全市	市本级
一、一般预算收入	439950	204348	469951	209963
（一）税收收入	360080	177526	381735	185349
1、增值税	65531	37829	65538	38730
2、营业税	138091	71568	143647	76351
3、企业所得税	23488	14602	27596	14653
4、个人所得税	14713	9809	14870	8782
5、资源税	14132	6268	15046	6280
6、城市维护建设税	46255	21300	42823	22154
7、房产税	7500	3000	8034	2765
8、印花税	5210	3150	5674	3384
9、城镇土地使用税	10500	—	13399	—
10、土地增值税	5600	—	7882	—
11、车船使用和牌照税	5200	—	6296	—
12、耕地占用税	1110	—	5167	—
13、契税	22000	10000	25438	12250
14、其他税收收入	750	—	325	—
（二）非税收入	79870	26822	88216	24614
1、专项收入	29450	12922	29972	13598
2、行政性收费收入	14000	2900	18840	2295
3、罚没收入	30420	8500	27797	7633
4、其他收入	6000	2500	11607	1088
二、基金收入	100000	56000	207712	70474
合　计	539950	260348	677663	280437

附件2：

张家口市2009年财政支出完成情况表

单位：万元

科目	调整预算数		财政支出数	
	全市	市本级	全市	市本级
一、一般预算支出	1559486	425300	1547774	419668
1、一般公共服务	218355	54491	215943	54039
2、国防	3059	1686	3059	1686
3、公共安全	99054	28281	99054	28281
4、教育	266530	38121	265913	37700
5、科学技术	8934	3489	8934	3489
6、文化体育与传媒	24799	8917	24350	8498
7、社会保障和就业	242476	55435	242476	54483
8、医疗卫生	134442	37723	134075	37048
9、环境保护	143482	69104	142853	69100
10、城乡社区事务	98240	24706	97673	24706
11、农林水事务	175884	43542	173915	42542
12、交通运输	34626	24020	34626	24020
13、工业商业金融等事务	37056	22796	36313	22087
14、其他支出	72549	12989	68590	11989
二、基金支出	302376	133060	294192	130380
合 计	1861862	558360	1841966	550048

附件 3：

张家口市 2010 年财政收入预算表（草案）

单位：万元

科 目	2010 年预算数	
	全市	市本级
一、一般预算收入	526300	220434
（一）税收收入	439298	197034
1、增值税	72455	40136
2、营业税	178163	85369
3、企业所得税	31147	15990
4、个人所得税	15953	9413
5、资源税	19226	8026
6、城市维护建设税	47100	22000
7、房产税	9200	3000
8、印花税	6800	3100
9、城镇土地使用税	14000	—
10、土地增值税	9000	—
11、车船使用和牌照税	7200	—
12、耕地占用税	5167	—
13、契税	23188	10000
14、其他税收收入	700	—
（二）非税收入	87002	23400
1、专项收入	28974	12600
2、行政事业性收费	18845	2300
3、罚没收入	27164	7000
4、其他收入	12019	1500
二、基金收入	160000	57000
合 计	686300	277434

附件4：

张家口市2010年财政支出预算表（草案）

单位：万元

科　目	2010年预算数	
	全市	市本级
一、一般预算支出	875958	228248
1、一般公共服务	169926	37953
2、国防	2548	1316
3、公共安全	65326	19098
4、教育	212787	37434
5、科学技术	6586	2244
6、文化体育与传媒	10934	4346
7、社会保障和就业	148054	38812
8、医疗卫生	63531	29536
9、环境保护	10110	3610
10、城乡社区事务	59546	24473
11、农林水事务	58408	17128
12、交通运输	9506	2800
13、采掘电力信息等事务	12859	6406
14、粮油物资储备及金融监管等事务	6871	2092
15、其他支出	38966	1000
二、基金支出	160000	57000
合　计	1035958	285248

2009 年

1月

4日　中共张家口市第九届委员会第五次全体会议召开。市委书记许宁作工作报告。市委常委、统战部长、市总工会主席周林就《中共张家口市委关于加快推进农村改革发展的意见（全会审议稿）》作了说明。

5日　全市经济工作会议召开。贯彻落实中央、省经济工作会议和市委九届五次会议精神，分析当前经济形势，安排部署2009年经济工作。市委书记许宁、市长郑雪碧出席会议并讲话。市委常委、常务副市长侯亮主持会议。

5日　全市农村工作会议召开。按照市委九届五次全会的总体要求，全面总结2008年农业农村工作，安排部署2009年工作任务。市委书记许宁、市长郑雪碧分别讲话。市委常委、统战部长、市总工会主席周林主持会议。市委常委、组织部长魏福刚就加强农村基层组织建设提出要求。

8日　出席河北省十一届人大二次会议的张家口市代表团召开第二次全体会议，认真审议代省长胡春华代表省政府所作的政府工作报告。省领导胡春华、刘永瑞、马兰翠、冯文海与代表们一起审议政府工作报告。会议由市委书记、代表团团长许宁主持。部分全国人大代表参加审议。

14日　在河北省城镇面貌三年大变样暨城乡建设工作会议上，张家口市被省政府正式命名为省级园林城市。

19日　教育部长周济一行到张家口市视察教育工作，慰问教师队伍。

20日　桥东区人大常委会依法罢免了马领桂张家口市第十二届人民代表大会代表职务；蔚县人大常委会依法罢免了李宏兴、祁建华、赵锦龙张家口市第十二届人民代表大会代表职务。根据《选举法》和《代表法》有关规定，马领桂、李宏兴、祁建华、赵锦龙张家口市第十二届人民代表大会代表资格终止。

31日~2月2日　中共中央政治局常委、中央政法委书记周永康到怀来县考察。怀来县是周永康参加学习实践科学发展观活动的联系点。

2月

1日　市委书记许宁会见前来张家口市考察的马来西亚云顶集团主席林国泰、卓越集团主席林致华一行。双方就加快崇礼密苑生态旅游度假产业示范区项目建设，以及深化在旅游业、服务业等方面的战略合作进行深入探讨并达成共识。

2日　市政协十届二次会议开幕。吴泽林主持会议，周林代表中共张家口市委对大会召开表示祝贺，乔登贵受政协张家口市第十届委员会常务委员会委托向大会作工作报告，狄志惠向大会作提案工作报告。

3日　张家口市第十二届人民代表大会第二次会议在市工人文化宫开幕。郑雪碧代表市政府作工作报告。大会以举手表决的方式通过市十二届人大二次会议选举办法。驻张家口市的全国人大代表、省人大代表，市政府及各部门、各系统负责人，出席市政协十届二次会议的委员，各县（区）法院院长和检察院检察长列席和旁听大会。

6日 市纪委九届四次全会暨政府廉政工作会议召开，传达贯彻十七届中央纪委三次全会、省纪委七届四次全会精神，回顾总结2008年全市党风廉政建设和反腐败工作，安排部署2009年全市反腐倡廉工作。

16日 温家宝总理结束在天津的调查研究准备乘坐火车返回北京时，在天津火车站候车室遇到来自张家口市2周岁的白血病患儿李瑞。当温总理得知他因为家庭困难看不起病，母亲准备带他回老家时，当即嘱咐随行工作人员安排孩子到北京治病。当日下午5时，李瑞入住北京儿童医院，国务院办公厅工作人员为李瑞募集捐款，并送交到孩子家长手中。

19~20日 中央直属机关工委常务副书记、驻怀来深入学习实践科学发展观活动联络指导组组长孙晓群到怀来县，就深入学习实践科学发展观活动进行调研和指导。

20日 张家口市2009年重点工程建设项目——四中建设桥改造工程正式开工。该跨河大桥预计总投资7500万元，全长140米，宽37.5米，双向四车道，为市首座三跨自锚式悬索桥。

25日 张家口陆军预备役高炮旅召开合成党委一届四次全体（扩大）会议。市委书记、张家口陆军预备役高炮旅党委第一书记、第一政委许宁在会上讲话。张家口陆军预备役高炮旅党委副书记、旅长朱思伟主持会议并作党委工作报告。市人大常委会副主任、张家口陆军预备役高炮旅预任政治部副主任肖文友宣读了省军区以上表彰奖励通令及通报。

本月 在第九届世界冬季特奥会上代表中国参赛的4名张家口市残疾运动员，获得3枚金牌、3枚银牌、1枚铜牌。

本月 市第一中学被国家体育总局批准为国家级体育传统项目学校，成为张家口市第一所国家级体育传统项目学校。

本月 宣化文化古城景区被评为国家AAA级旅游景区。

3月

1日 张家口市召开创建文明城市推进大会，明确提出创建目标：着力打造宜居宜业的塞外山水园林城市，到2010年进入省级文明城市创建工作先进行列。

2日 市委召开全市第二批深入学习实践科学发展观活动动员大会，贯彻落实中央和省委总体部署，对张家口市开展学习实践活动进行安排，对各级党组织和广大党员干部提出要求。

2日 张家口市举行仪式欢送全国人大代表赴京参会。市委书记许宁讲话，全国人大代表、市长郑雪碧作表态发言。市领导乔登贵、李青春、杨文宝、肖文友，全国人大代表祁万利、汪秀丽、赵治海、袁妙枝、钱宗飞出席欢送仪式。

2日 国务院批准察哈尔烈士陵园为全国重点烈士纪念建筑物保护单位。

4日 张家口家电下乡正式启动，当日在桥东红旗楼国美电器容辰店举行启动仪式。

7日 河北省第七次见义勇为英雄先进事迹巡回报告会在市中院举行，市领导李建举、崔存利与近300名市政法系统领导干部、社会各界代表一起聆听了报告团6位成员的报告。

7日 张家口市历史文物展开展。张家口历史和革命史两个展厅共展出旧石器时代至解放战争期间各类珍贵文物700多件、图片500余幅。该展览常年面向市民开放。

8日 怀来县项目签约仪式在大唐温泉会议中心举行。北京京能官厅风电场二期等12个项目落户怀来，总投资达30多亿元，其中投资上亿元的项目9个。

11日 正在北京出席全国“两会”的市长郑雪碧到中国中煤能源集团公司北京总部，拜会集团公司副总经理曹祖民等有关领导。双方就加强合作等议题进行了深入交谈。市委常委、常务副市长侯亮出席。

13日 宣化区理论宣讲站在宣化区党校揭牌。这是张家口市第一家理论宣讲站，也是全省首批11个建站单位之一。

26日 由国际知名电子公司AMD联手中国青基会捐建的“AMD爱芯电子阅览室”落户沽源县闪电河乡崛起希望小学。这是国内“希望小学”首家电子阅览室。电子阅览室包括1台教师机、16台学生机、全套的电脑桌椅、电脑应用教程、上网配套设施等，并安装了多种书库和教学软件。

30日 张家口通泰高速公路建设集团有限公司与北京光格影视传媒发展有限公司，就双方合作在张家口市建设察哈尔（国际）汽车文化基地项目签订合作协议书。

本月 国务院确定第二批32个资源枯竭城市。张家口市下花园区名列其中。

4月

1～4日　副市长何江海率团赴香港参加2009年河北省（香港）投资贸易洽谈会。会议期间，成功举办“张家口市投资环境说明暨重点招商项目发布会”，发布招商项目54项，重点推介项目11个，签约项目1个，总投资2.75亿美元，合同利用外资2.75亿美元。

4日　解放军251医院开通“2519999”急救电话绿色通道，创立“救灾、救助、救护、救急”四救一体新模式，全年365天，每天24小时全天候接诊，遇急危重症、重大灾害、突发公共事件时为驻地军民提供“最短的时间、最快的速度、最有效的急救服务”。

5日　市长郑雪碧在张家口国宾东升大酒店会见来张家口市视察的北京军区空军首长李志亮、刘健一行，就张家口市军民两用机场建设的相关事宜进行会谈。北京军区空军首长雷晓东、王岩松，驻张93767部队首长刘克东、朱富海，市领导侯亮、唐树森、李青春等会见时在座。

6日　由国家体育总局社会体育指导中心、中华全国妇女联合会宣传部、中央电视台体育节目中心与内蒙古蒙牛乳业（集团）股份有限公司共同主办的蒙牛《城市之间》全民健身活动全国总决赛在海南省海口市举行。张家口市代表队在与南方赛区冠军湖南衡阳代表队对决中，获得参加国际版总决赛的第二张入场券，获出线权。这是张家口市代表队第三次获此殊荣。

8～10日　省委书记张云川就进一步开展好深入学习实践科学发展观到张家口市调研。省委秘书长景春华以及省直有关部门负责同志参加调研。市领导许宁、郑雪碧等陪同调研。

13日　“2009·张家口金融经济发展高层交流合作恳谈会”在张家口宾馆举行。10家省级金融机构与市政府共签订99个合作项目，全年将向张家口市投放376亿元信贷资金。省长助理、省金融办主任江波，中国人民银行石家庄中心支行行长王景武，中国银监会河北监管局副局长李莅春及15家省级金融机构负责人，市领导许宁、郑雪碧等出席恳谈会。

18日　市长郑雪碧在市迎宾馆会见台湾新东阳集团总经理麦嘉阳一行，双方围绕拟合作的竞技娱乐项目进行深入交谈。市委常委、统战部长周林，市长助理、市政府秘书长白龙参加会见。

19日　市劳动就业训练中心教师邱国瑞创作的《我的家乡》和《爱的怀抱》两首歌曲分别获得2009中国杯共和国60周年优秀词曲、歌手、乐手展示大赛词曲金奖和最佳儿童歌曲奖，并编入《2009共和国60周年优秀词曲库》。

23日　河北省城镇面貌三年大变样工作现场调度会在张家口市召开。副省长宋恩华出席会议并讲话，就进一步加强城市基础设施建设提出意见和要求。市委书记许宁在会上介绍张家口市三年大变样工作经验。与会人员深入张家口市城建重点工程现场和西山产业集聚区进行现场观摩。

26日　“中国骄傲·第八届中国时代新闻人物颁奖大会”在全国政协礼堂举行。张家口籍青年杨杨的报告文学《一支唱不尽的歌》荣获本届报告文学金奖。

29日　张家口至石家庄高速公路三期工程——三号地（冀蒙界）至张北段正式开工。奠基仪式在张北县马莲滩村举行。市委书记许宁宣布工程开工。

30日　庆祝“五一”国际劳动节暨劳动模范、先进集体表彰大会在市工人文化宫举行。

5月

4日　张家口市纪念五四运动90周年文艺晚会在市工人文化宫举行。市主要领导，市直有关部门、各大中专院校领导以及部分青联代表、各族各界青年代表1300多人参加晚会。

9日　河北省第三次全国文物普查队在康保县发现一处辽金时期聚落遗址，为进一步研究这一地区的辽金文化提供了新的实物资料。

11～12日　承德市委书记杨汭率承德市党政代表团来张家口市，就城建、交通、旅游等工作进行考察，同时就进一步加强两市的友好合作，促进区域经济更好更快发展进行了深入座谈。

16日　席勒（中国）飞机制造有限责任公司总投资8000万美元的直升机制造项目，在市西山产业集聚区开工奠基。

16～17日　匈牙利经贸合作代表团一行来张家口市考察。省委统战部副部长、省工商联党组书记武志雄，市委常委、统战部长、市总工会主席周林，副市长何江海陪同。

18日　崇礼县总投资72.8亿元的18个大项目集中举行开工奠基仪式。18个项目中，包括6个旅游及配套项目；3个工业项目；2个农业项目；5个城建开发项目；2个社会事业项目。

18日　市化工医药产业集聚区奠基。同时，首批总投资6.43亿元的5个重点项目在市东山产业集聚区开工，宣化县总投资141.4亿元的8个重点项目签约。

18~21日 以市长郑雪碧为团长、副市长何江海为副团长的张家口市代表团近120人参加在廊坊市举办的2009廊坊国际经济贸易洽谈会。会议期间，代表团邀请浙江省工商联和温州商会等近30家单位和企业进行项目对接洽谈；参加全省产业园区、城建展，全市园区展获得5项大奖，城市规划展荣获省政府最佳展览奖。在省项目签约仪式上，全市有2个项目签约，总投资110亿元。

6月

1日 市委学习实践活动办公室综合组撰写的《河北省张家口市做好“进、退、增、减”文章，着力打造首都绿色生态屏障》专报，被省委学习实践活动第109期简报刊发，之后，被中央学习实践活动第466期简报采用，中央政治局常委、中央书记处书记习近平就此做出专门批示。批示全文：河北张家口市地处北京上风口、水源地，统筹生态环境保护与经济发展，与北京其他周边城市一起为绿色奥运、绿色北京作出了贡献。各周边城市要以学习实践活动为契机，增强大局意识，形成合力，在促进当地经济社会科学发展的同时，努力打造绿色生态屏障，继续为长久实现绿色北京作出新贡献。

1日 联合国粮农组织总干事雅克·迪乌夫一行组成的考察团到宣化县就杂交谷子的研究和推广工作进行考察。FAO驻华代表赛奇托莱科、农业部国际合作司副司长姚向君、河北省农业厅正厅级巡视员李大北、市长郑雪碧、副市长杨玉成，市长助理、市政府秘书长白龙等人陪同考察。

2日 张家口市“维权调解中心”正式挂牌成立。市工商局、市消费者协会整合职能，成立“维权调解中心”，从市民维权服务小事做起，通过建立更方便消费者投诉、举报、咨询的服务平台，解决市民“多头”申诉的问题。

4日 省委常委、政法委书记、省公安厅厅长张越就政法系统干部作风建设年活动开展情况来张家口市调研。省委政法委副书记王会平参加调研。市委书记许宁，市委常委、政法委书记李建举，市委常委、秘书长李青春，市法院院长崔存利，市检察院检察长程元臣，市公安局局长潘静苏陪同。

5日 张家口市首届“名仕嘉苑”杯马拉松长跑比赛在环城快速路举行。137名参赛队员跑完42.195千米全程。王建东获冠军，胥红军、唐汉东分获亚军和季军。张利红获女子马拉松赛冠军。

15日 张家口音乐艺术高中在市第十中学挂牌成立。

16日 张家口市召开警示教育大会，通报张家口市2008年发生的蔚县李家洼煤矿新井“7·14”特别重大炸药燃烧瞒报案，市环保局环境监察支队在评审验收中乱收费案，不法分子勾结地税系统干部“3·24”特大虚开运输业发票案3起案件查处情况及张家口市在“作风建设年”活动中发现的干部作风建设方面的问题。

16日 市社会主义学院在市委党校举行成立揭牌仪式。

17日 张家口市西山产业集聚区第二批12个入区项目集中开工奠基。

28日 总投资8亿元，占地1200多亩的通泰国际建材博览中心项目开工奠基。

29~30日 省委副书记、省长胡春华来张家口市，就经济社会发展特别是对接京津、项目建设等项工作进行调研。省长助理、省政府秘书长尹亚力，省发改委主任沈小平，省旅游局局长王新勇，省国资委副主任刘清芳等随行调研。

30日 由张家口市委宣传部、市文联联合主办，市美协承办，市职教中心协办的第十一届全国美展分选区暨庆祝建国60周年张家口美术作品展在市职教中心开幕，市领导和数百名画家及美术爱好者参加开幕式。

7月

1日 张家口市召开庆祝中国共产党成立88周年暨“一先双优”表彰大会。市领导曹英忠、乔登贵、侯亮、唐树森、常增月、魏福刚、郑丽荣出席会议。常增月讲话，魏福刚宣读《中共张家口市委关于表彰先进基层党组织、优秀共产党员和优秀党务工作者的决定》。

9日 来自埃及、喀麦隆、赞比亚等12个非洲国家农业官员和专家21人，在河北农大有关领导及专家陪同下专程到张家口市考察杂交谷子。副市长杨玉成与考察团成员进行座谈。

9日 张家口市区至张北101路城际公交车开通。全程共设9个站点，分别为第五医院、251医院、教育学院、张北县兴和东路、中都大街、兴华路、十字街、永春南街、兴和西路，间隔40分钟发车，单程全额票价15元。

11～13日　中国残联主席张海迪一行到蔚县、康保县等调研指导残疾人工作。副省长宋恩华，省残联理事长李民，市委书记许宁，市委常委、统战部长、市总工会主席周林，市委常委、秘书长李青春，副市长侯桂兰分别陪同。

17～19日　全国人大常委、中国国际经济交流中心副理事长徐荣凯，广西壮族自治区人大常委会副主任吴恒率团来张家口市，就深入落实科学发展观、统筹推进经济开发与生态保护进行考察调研。

22～23日　市委书记许宁、市长郑雪碧率张家口市党政考察团到天津学习考察，了解当地经济发展、滨海新区开发开放以及城市建设管理等情况，共商两地交流合作工作。

24～26日　全国政协常委、全国政协经济委员会副主任胡德平带领部分知名企业家来张家口市，就经济社会发展、生态建设、旅游开发等方面工作进行考察调研。

29日　第十一届中国环渤海民营经济经贸合作洽谈会在张家口市开幕。全国人大常委会副委员长司马义·铁力瓦尔地出席开幕式并宣布本届环洽会开幕。市委书记许宁致词。来自广东、青海及环渤海7省（区、市）的近400位民营企业家参加洽谈会。

29日　第十一届中国环渤海民营经济经贸合作洽谈会暨项目签约仪式在张家口宾馆举行。市长郑雪碧就张家口市投资环境作详细说明。仪式上20个项目成功签约。

8月

4日　市政府在张北县召开推进医药卫生体制改革暨基层卫生工作现场会，对推进张家口市医改工作进行安排部署，会议要求在全市开展标准化、规范化乡镇卫生院活动。

8日　第八届冀台经济合作洽谈会在张家口举行。在签约仪式上，怀来盛唐葡萄庄园二期工程、弘鼎庄园小区等13个项目签约，其中，5个外资签约项目总投资11331万美元，8个内资签约项目总投资23.23亿元。

10日　台湾前"行政院长"、"国防部长"郝柏村一行来张家口市参观考察。市委书记许宁，市长郑雪碧，市委常委、统战部长周林与郝柏村进行晤谈，对他表示热烈欢迎。

15日　总投资80亿元的三一张家口风电产业园项目在西山产业集聚区奠基开工。

16日　张家口市推进城镇面貌"三年大变样"工作重点工程——明湖公园开工奠基。

18～20日　内蒙古乌兰察布市市委书记吴永新、市长李万忠率党政考察团来张家口市，就推进城市化、新型工业化、农业产业化进程建设和现代服务业发展等情况进行考察。

20日　张家口市与美国芝加哥市签署促进双边经济合作与交流的友好合作备忘录。市长郑雪碧与美国国会议员丹尼·戴维斯分别代表双方在备忘录上签字。

25日　张家口市召开抗旱救灾工作电视会议，安排部署抗旱救灾工作。

2009年张家口市遭遇近50年来最为严重的一次旱灾，全市因旱造成68.1万人、23.5万头大牲畜饮水困难。农作物受旱面积达848万亩（56.53万公顷），其中成灾面积803万亩（53.53万公顷），绝收573万亩（38.2万公顷）。全市受灾人口280万人，造成直接经济损失约24.6亿元。

31日～9月1日　省委书记张云川到深入学习实践科学发展观活动联系点怀来县调研。省委秘书长景春华、省委研究室主任王书利、省委组织部副部长王亮、省委办公厅副巡视员魏四海，许宁、李青春、潘静苏陪同调研。

9月

4日　由张家口探机中学与煤机中学合并而成的张家口市第二十一中学挂牌成立。

8日　中国首部展现"北域丝绸之路"历史画卷的40集大型电视连续剧《大境门》，在张家口电视台一套黄金时间播出。该剧以张家口作为中国对外贸易陆路商埠为史实背景，讲述了清末民初张家口巨商王瑞昌为修建张库大道历尽艰辛、奋斗不止的传奇故事。

15～17日　副省长孙瑞彬率省政府副秘书长于万魁、省工业和信息化厅厅长王昌、省国土资源厅副厅长王保民一行来张家口市，调研工业经济运行、产业集聚区发展、重点项目推进情况，检查指导国庆期间安全生产工作。市领导郑雪碧、侯亮、宋文玲，市长助理、市政府秘书长白龙陪同调研。

20日　张家口市安家沟生态旅游区通过国家AAAA级景区验收。

21日　经国务院批准，"张家口海关"正式成立。

本月　张家口市跆拳道运动员侯玉琢在山东省

滕州市举行的第十一届全国运动会跆拳道女子57公斤级比赛中获金牌。

10月

11~17日　康保县二人台艺术团远赴内蒙古参加“第三届中国·呼和浩特二人台民歌大赛”。经过6天比赛，该团参赛的二人台现代小戏《十五块》、新创二人台牌子曲《农家乐》等9个剧目取得“两金、三银、四铜”的好成绩。

12日　蔚县剪纸列入国家级名录的剪纸项目，作为中国剪纸的联合申报项目，顺利通过联合国教科文组织保护非物质文化遗产政府间委员会的审批，列入《人类非物质文化遗产代表作名录》。

12~14日　省委书记张云川来张家口市，调研第三批深入学习实践科学发展观活动。省委秘书长景春华及省直有关部门负责人参加调研。许宁、郑雪碧、魏福刚、李青春、潘静苏等陪同。

16日　市委九届六次全会召开，市委书记许宁代表市委常委会作工作报告。全会听取和讨论通过市委常委会工作报告，表决通过《中共张家口市委关于认真学习贯彻党的十七届四中全会和省委七届五次全会精神的决议》和《中共张家口市委关于加快现代产业发展的意见》两个专件。市委副书记、市长郑雪碧就《中共张家口市委关于加快现代产业发展的意见（全会审议稿）》作了说明。市委常委、组织部长魏福刚就《中共张家口市委关于认真学习贯彻党的十七届四中全会和省委七届五次全会精神的决议（全会审议稿）》作了说明。

16日　在丹麦哥本哈根世界跆拳道锦标赛女子57公斤级比赛中，张家口籍选手侯玉琢战胜意大利选手韦罗尼亚，摘得金牌。

19日　桥东区被授予“全国和谐社区建设示范城区”荣誉称号，这是张家口市唯一获此殊荣的县（区）。

20日　由市政协文史委编辑的《张家口文史》第7辑出版发行。全书辑录文稿51篇，30万字，从不同侧面展示了新中国成立60年来，张家口市政治、经济、文化、社会各个方面的巨大变化。

21日　在第五届（江苏金坛）国际剪纸艺术展上，张家口市共获得9项不同奖项。任玉德的大幅蔚县剪纸《英雄决战野狐岭》获特别奖，并在大会期间被国家博物馆收藏。

24~26日　由俄罗斯、美国、韩国、日本等13个国家考古工作者组成的国际古人类专家组一行51人到阳原县，实地参观考察泥河湾遗址群。

11月

1~3日　共青团张家口市第十七次代表大会召开。市委书记许宁、团省委副书记梅世彤出席开幕式并讲话。

会议审议通过了共青团张家口市第十六届委员会工作报告，选举产生了新一届委员会和候补委员。高薇当选共青团张家口市第十七届委员会书记，蒋文冬、胡伟奇当选共青团张家口市第十七届委员会副书记。

2日　张家口海关业务技术大楼正式奠基开工。

2日　张家口市主城区集中供暖一期工程竣工，近6万户居民受益。市中心城区集中供热工程于上年底正式开工建设，按照规划，建设项目估算总投资达100亿元，分为近期2008~2010年，远期2011~2020年进行建设实施。

2日　据河北日报讯，为张家口市经济建设和社会发展作出突出贡献、在科技进步中取得重大创新和突破的50名杰出人才受到张家口市政府50万元重奖。

9日　从张家口市防治甲型H1N1流感指挥部获悉，按照全省统一部署，从10月28日至11月7日，张家口市完成了首批5.5万支甲型H1N1流感疫苗接种任务，成为全省11个地级市中第一个完成首批接种任务城市。

10~11日　安徽省蚌埠市市长张学群率党政代表团来张家口市，就城市建设、产业发展等项工作进行考察。许宁代表市委、市政府对张学群一行表示热烈欢迎。他希望加强与蚌埠市的交流与合作，实现优势互补，促进共同发展，为推动河北与安徽两省间的对接合作、互利共赢作出积极努力。

12日　洋河综合治理工程奠基开工。该工程是河北省2009年重点建设项目。工程西起怀安县左卫镇207国道，东至宣大高速洋河公路桥，全长38.5千米，防洪标准为50年一遇，工程概算总投资近70亿元，计划建设周期为两年，2010年底具备蓄水条件。

16~17日　十一届全国人大常委、环境与资源保护委员会副主任委员，国家质量监督检验检疫总局副局长李传卿带领中央巡视组到张家口市考察。巡视组一行先后到主城区城建重点工程、西山产业集聚区、张家口卷烟厂有限责任公司和张北县、宣化区、怀来县进行调研，参观了市区亮化工程，并分别听取市和张北县、宣化区、怀来县有关工作汇报。

27日　新华社消息，张家口市蔚县李家洼煤矿事故66人被追究。48名事故责任人被移送司法机关依法追究刑事责任，18名事故责任人受党纪、政纪处分。

12月

3日　总投资约6亿元，国内最大的生物质能源发电项目落户下花园。该项目由大唐国际发电股份有限公司下花园发电厂投资建设，建设规模为2×110MW生物质发电机组。

4日　张家口市召开政府机构改革动员大会，正式启动政府机构改革工作。县（区）政府机构改革将同时启动、同步实施。经过调整和整合，市政府共设置工作部门32个，直属事业机构4个，部门管理机构（规格为副处级）2个。按照方案要求，市政府机构改革工作于2010年1月底前基本完成；县（区）机构改革于2010年2月底前基本完成。

8日　张家口市召开电视电话会议，对推进农村土地承包经营权流转和建立村级集体财富积累机制工作进行安排部署。

12日　中国与美国古生物学者日前宣布，在河北省张家口赤城县土城子组地层发现极为珍贵的恐爪龙类足迹，并将之命名为中国猛龙足新属新种。

19日　随着主城区天然气置换首期工程点火仪式隆重举行，市天然气置换利用工程全面启动。

24日　中央巡回检查组副组长、全国政协委员、提案委员会副主任毛林坤，中组部领导干部考试与测评中心副巡视员许德勤，在河北省委组织部副部长王亮，张家口市人民政府副市长罗建辉等人陪同下视察张家口市云泉寺，受到河北省佛教协会副秘书长、张家口市桥西区佛教协会会长、云泉寺方丈果岚法师的热情接待。

23～25日　副省长龙庄伟来张家口市调研教育工作。听取全市高校教育工作汇报，并到阳原县和蔚县部分中小学校，实地调研义务教育及校舍安全等相关工作。市领导许宁、郑雪碧、侯桂兰等陪同调研。

26～27日　省委副书记、代省长陈全国一行来张家口市，到河北钢铁集团宣钢公司、张家口卷烟厂有限责任公司、西山产业集聚区、洋河综合治理项目现场和大境门旅游区调研。市领导许宁、郑雪碧一行陪同调研。

29日　国家民政部副部长罗平飞来张家口市慰问困难群众。副省长宋恩华，省民政厅助理巡视员王云，市领导郑雪碧、唐树森、周林陪同。

年内　张家口籍著名青年作家胡学文的中篇小说《逆水而行》获《小说月报》第十三届百花奖。

年内　对张家口市7区13县尚未登记、公布和发现的不可移动文物点进行全面野外调查中，发现文物遗存点3221处。其中有河北省海拔最高明代寺院——蔚县小五台山明代弥勒院、被誉为清代《清明上河图》的蔚县财神庙《百工图》壁画、康保辽金遗址和尚义清真寺等。

张家口概况

地理位置和地势地貌

【地理位置】 张家口市地处河北省西北部，位于东经113°50′~116°30′，北纬39°30′~42°10′。东靠河北省承德市，东南毗连北京市，南邻河北省保定市，西、西南与山西省接壤，北、西北与内蒙古自治区交界，全市南北长289.2千米，东西宽216.2千米，总面积3.68万平方千米。

【地势地貌】 全市地势西北高、东南低，阴山山脉横贯中部，将全市划分为坝上、坝下两大部分。境内洋河、桑干河横贯全市东西，汇入官厅水库。

张家口市属内蒙—大兴安岭褶皱系和中朝准地台两个Ⅰ级构造单元。内蒙—大兴安岭褶皱系是一个自元古代至古生代末长期发育的地槽区，仅在康保北分布，范围极小，地层零星出露。中朝准地台构造发展过程可明显地划分为3大阶段，反映出地壳呈活跃—稳定—活跃的发展演化规律。张家口市主要有深断裂2条，大断裂7条。本区岩浆岩比较发育，分布面积大，岩石种类较齐全。岩浆岩共有9个旋回，每个旋回都以喷出岩开始，以中深层侵入岩结束。超基性、基性、中性、碱性及酸性岩都有，岩基、岩脉、岩株、岩墙、岩被各种产状齐全。本区地层除缺失下古生界上奥陶系、上古生界志留系、泥盆系、石炭系、上二叠系和中生界三叠系、上白垩系以外，由太古界至新生界地层皆有出露，总厚度达35978~51866米。本区出露的地层中包括的岩石种类也很齐全，不仅有太古界的变质岩，元古界、古生界和新生界的沉积岩，还有侵入体周围的接触变质岩和局部的动力变质岩，以及超变质作用形成的混合岩。岩浆岩主要是中生代、新生代喷出岩和吕梁期、海西期、燕山期花岗岩以及不同岩性的岩脉。

张家口市分为两个截然不同的地貌单元。坝上高原区：包括尚义县套里庄、张北县狼窝沟、赤城县独石口一线以北的沽源、康保、尚义和张北4县的广阔区域，属内蒙古高原的南缘，占张家口总面积的1/3，海拔一般在1400米左右，地势南高北低，比高小于50米。冈梁、湖淖、滩地相间分布，呈现典型的波状高原景观。康保县城以北丘陵成带，是阴山山脉余支。高原南缘一带，有垅状山脉分布，地势略高，海拔在1500米以上。

坝下低中山盆地：地势西北高，东南低，山峦起伏，沟谷纵横，海拔高度在1000~2000米之间。蔚县境内的小五台山，主峰海拔高度2882米，为河北省群山之首。群山之间有较大的山间盆地呈串珠状排列。主要有：柴沟堡—宣化、涿鹿—怀来、蔚县—阳原盆地，海拔高度500~1000米，盆地内有河流通过，两岸分布有肥沃的耕地。

（郝丽萍）

气候

【气温】 全市年平均气温偏高。2009年，全市年平均气温为6.9℃，比常年偏高0.7℃，较2008年偏高0.1℃，属于气温正常年份（见图1）。年平均气温分布为：坝上及崇礼2.6~4.4℃，赤城6.4℃，坝下其它地区在8.3~10.5℃之间。全市各地气温距平在0.3~1.4℃之间，其中尚义、赤城最小为0.3℃；涿鹿、蔚县、张北最大为1.2~1.4℃，除涿鹿、蔚县、张北偏高外，其它县（区）均为正常年份。

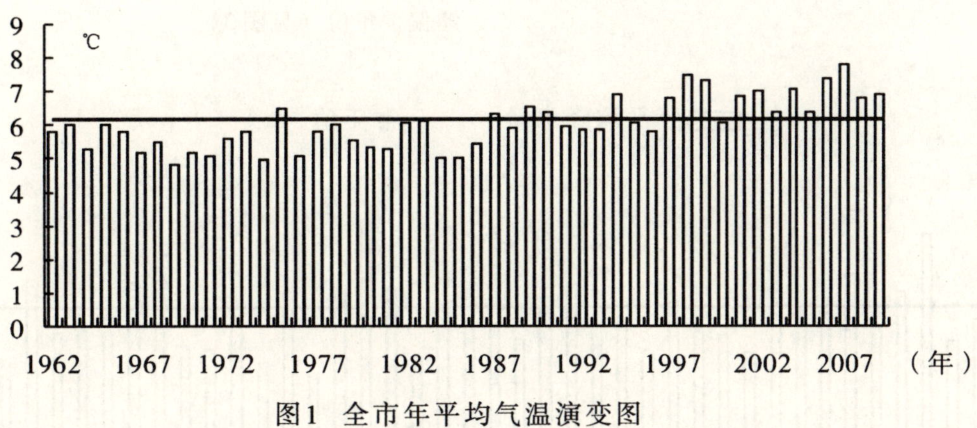

图1 全市年平均气温演变图

秋季气温略偏低，其它季节均高于常年。（见表1）

表1 张家口市2009年度各季平均气温（℃）

气温	冬季	春季	夏季	秋季	年值
2009年值	-8.4	9.4	21.2	6.2	6.9
常年值	-9.7	7.7	20.3	6.3	6.2

冬季，全市平均气温为-8.4℃，比历年同期偏高1.3℃。其中，12月北部比常年偏低1℃左右，市区及南部接近常年或比常年偏高1~2℃，1月接近常年，2月偏高2~5℃。

春季，全市平均气温为9.4℃，比常年偏高1.7℃。其中3、4月气温比常年偏高1~2℃、5月偏高2~3℃。但4、5月气温波动大，特别是4月25~26日杏扁花期出现强降温，导致4月下旬气温较常年偏低1℃左右。

夏季，全市平均气温21.2℃，比历年同期偏高0.9℃。≥35℃以上高温炎热天气达到74个站次，≥38℃以上高温天气7个站次。高温时段主要集中在6月下旬和8月中旬，一般维持3~4天，强度大、维持时间较长，属于较为炎热的夏季。全市历年夏季高温站次（见图2）。

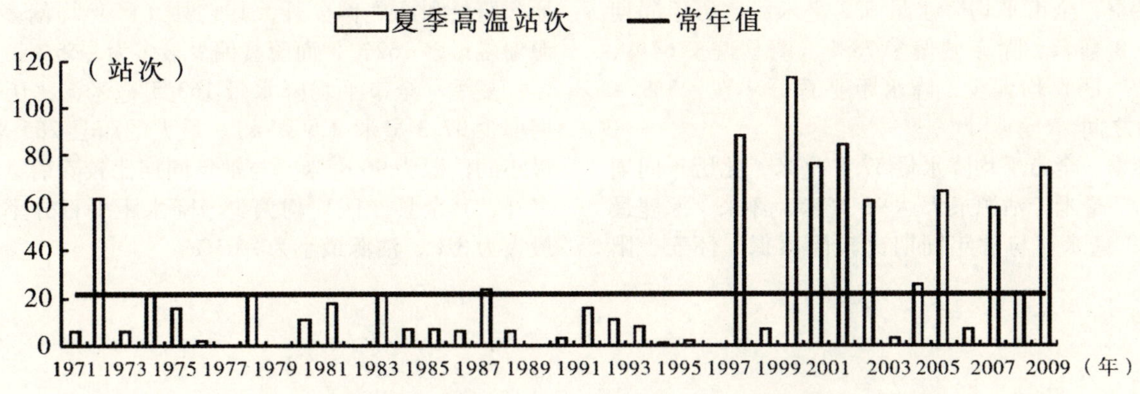

图2 历年夏季高温（≥35℃）站次比较

秋季，全市平均气温为6.2℃，接近历年同期值。11月冷空气势力强，出现两次连续降雪，致使全市中旬气温严重偏低，各县旬平均气温均偏低7～8℃，市区旬平均气温达到1960年以来最低值。

【降水】　全市年降水量较历年偏少。全市年平均降水量305毫米，比常年偏少23%，属于降水正常略偏少年份（见图3）。

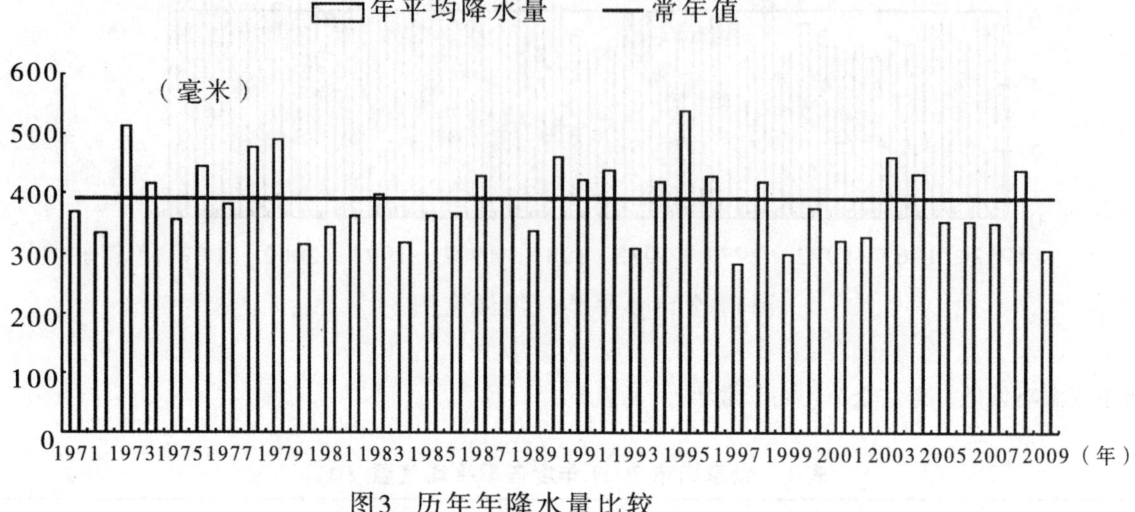

图3　历年年降水量比较

从全市年降水量分析，蔚县大于400毫米；市区、怀安、万全、崇礼、涿鹿、怀来大于300毫米；其余县（区）在220～300毫米之间。降水量距平均为负距平，其中沽源偏少，最多为－41%；康保、尚义、张北、万全、崇礼、赤城、怀来、宣化、阳原距平百分率－20%～－30%之间；其它县（区）在－2%～－16%之间。

春秋两季降水偏多，冬夏季偏少。从季节分布看，春秋季较常年略偏多，夏冬季偏少（见表2）。

表2　张家口市2009年度各季降水量（毫米）

降水量	冬季	春季	夏季	秋季	年值
2009年值	6.3	57.8	163.5	80.3	305
常年值	8.1	56.1	260.8	69.0	393.9

冬季，全市平均降水量6.3毫米，比历年同期偏少1.8毫米。除赤城偏多78%，蔚县偏多64%，其它县（区）均偏少，降水距平百分率在－3%～－78%之间。

春季，全市平均降水量57.8毫米，比历年同期偏多1.7毫米。沽源最大达93毫米，怀来、涿鹿最小为39毫米。与常年同期比较除康保、怀安、阳原、蔚县和涿鹿偏少外，其它县（区）均偏多。沽源偏多最多162%，而蔚县偏少最多为－55%。

夏季，全市平均降水量163.5毫米，比历年同期偏少97.3毫米（见图4）。最大的蔚县265毫米，最小的沽源为96毫米。与常年同期比较除蔚县略偏多外，其余县（区）均偏少。降水距平百分率蔚县最大为3%，沽源最小为－63%。

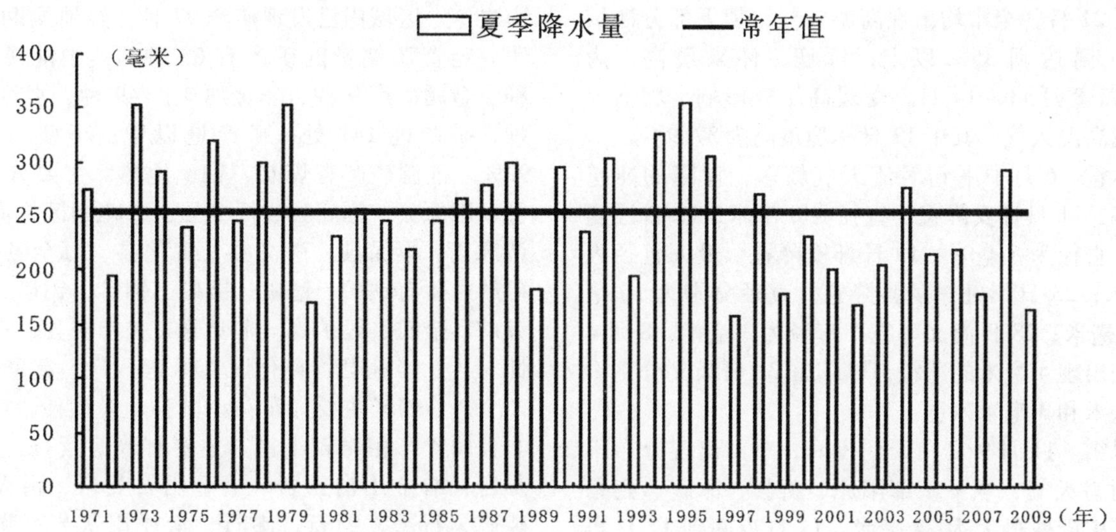

图4 历年夏季降水量比较

秋季，全市平均降水量80.3毫米，比历年同期偏多11.3毫米。最大的蔚县为106毫米，最小的康保为28毫米。与常年同期比较康保显著偏少，距平百分率为－56%，怀安、涿鹿、怀来、阳原、市区显著偏多，距平百分率在41%～64%之间，其余县（区）均在正常范围内。

【日照】 全市年平均日照时数偏少。全市年平均日照时数为2785小时，比常年偏少3%（见表3）。其中，沽源、蔚县最大在2900小时以上，崇礼、宣化、怀安最小在2600～2700小时之间。全市除尚义、赤城、阳原、蔚县较常年偏多1%～2%，其它均比常年偏少，偏少最多的为宣化，距平百分率达到－8%。

表3 张家口市2009年度各季日照时数（小时）

日照	冬季	春季	夏季	秋季	年值
2009年值	591	785	789	638	2785
常年值	606	787	791	687	2870

冬春夏秋四季日照均略偏少。日照时数各个季节都接近常年略偏少，没有出现长时间寡照天气，充足的光照条件，能够满足大田作物和蔬菜生长发育对光照需求。

【主要气象灾害及天气气候事件】

大风。2009年2月19日全市出现5～6级西北风，坝上出现年第一次沙尘天气。4月29日下午全市出现雷阵雨，蔚县北水泉镇东窑子头村一奶牛厂因大风刮倒厂房，造成死亡1人，伤4人，死亡奶牛18头。5月30日下午14～16时，下花园区花园乡上花园村出现5级左右强西北风，导致该村3户村民的蔬菜大棚遭受不同程度损失。大棚主架大梁倒塌，棚架变形，塑膜吹裂，有的塑膜被大风刮跑。

冻害。4月26日坝下南部杏扁种植区气温下降到－2～－5℃，导致部分地方正处于末花期的杏花遭到一定程度冻害，损失较轻，受冻面积不足种植面积2%。5月29日夜间至30日凌晨，赤城县部分乡镇气温骤降，最低气温0.5℃，致使三道川、马营、后城、东万口4个乡镇19个行政村的农作物幼苗遭受低温冷害。

夏季持续干旱。年内夏季平均降水量比常年偏少6成多，农作物受旱程度严重，尤其是农作物需水关键期和高峰期的6月中旬到8月上旬，该阶段全市平均降水量仅为104.4毫米，比常年同期的208.7毫米偏少50%，成为自14个县（市）全部有气象记录45年以来降水最少年份。干旱造成农业严重减产。

高温。6月24～27日，坝下大部出现35℃以上高温天气，涿鹿最高气温达到39.6℃。7月3日、

10日、21日，全市均出现高温天气，坝下部分区域最高气温达到35℃以上，涿鹿、怀来最高，为37.5℃。8月11～14日，受暖高压脊影响，坝下大部出现高温天气，其中12日涿鹿最高为37.9℃。

冰雹。6月中下旬对流天气较多，伴随的冰雹也较多，11日怀安降雹，直径为8毫米；12日涿鹿降雹，直径为5毫米；19日怀安降雹，最大直径为60毫米；23日崇礼、蔚县降雹，直径分别为10毫米、7毫米；28日尚义降雹，直径为3毫米。8月4日怀安出现4毫米的冰雹，17日和30日尚义分别出现6毫米和3毫米冰雹

暴雪。11月9日白天到夜间，全市出现分布不均的雨雪天气，坝下南部阳原、蔚县、涿鹿达到暴雪。其中阳原最大为24毫米。11日夜间到12日再次出现较大降雪，其中阳原总降雪量31.3毫米，积雪深300毫米，创阳原县从1962年有气象记录以来历史极值，导致阳原县6个乡镇不同程度受灾。经初步调查，全县30户110人受灾，倒塌牛棚1个、猪舍98间、羊舍8间、鸡舍59间，1.4万只鸡被压，42个蔬菜大棚被大雪压垮。

寒潮。1月22～23日出现寒潮天气，最低气温下降10～15℃。12月13～15日受强冷空气影响，全市出现寒潮天气，48小时日平均气温下降8～12℃，15～19日维持一周的寒冷天气，使中旬气温偏低2～5℃；12月24～25日又一次强冷空气影响，48小时日平均气温下降10～14℃，此后又维持近一周的寒冷天气。

异暖天气。2月，由于冷空气势力弱，上中旬气温一直偏高，尤其5～13日，日平均气温坝下大部地区达到零度以上，比历史同期偏高8～10℃。

（贾文忠　苗志成　韩丽娟）

资　源

【土地资源】　全市土地总面积3679652.99公顷，其中农用地2488912.31公顷（耕地916787.59公顷、园地145564.4公顷、林地1103010.51公顷、草地244270.12公顷、其它农用地79279.69公顷），建设用地147410.57公顷（居民点及独立工矿用地121928.25公顷、交通运输用地16020.6公顷、水利设施用地9461.72公顷），未利用地1043330.11公顷（未利用土地979623.31公顷、其它土地63706.8公顷）。

【矿产资源】　张家口市是河北省矿产资源较丰富市之一。区域内已发现矿产97种。经地质勘查，查明一定资源储量的矿产有63种，其中能源矿产3种、金属矿产9种、非金属矿产49种、水汽矿产2种，矿产地141处，矿产地以中、小型为主，占92%。能源矿产有煤炭、铀、地热，主要分布在蔚县、阳原县、涿鹿县、怀来县、下花园区、赤城县、沽源县、康保县、尚义县、宣化县、万全县。金属矿产主要有铁矿、锰矿、铍矿、铜矿、钼矿、铅矿、锌矿、金矿、银矿等，主要分布在赤城县、宣化县、怀安县、崇礼县、宣化区、涿鹿县等。贵重金属矿产金矿、银矿主要分布在赤城县、崇礼县、宣化县。非金属矿产相对较丰富，主要有普通萤石、熔剂用灰岩、冶金用白云岩、冶金用石英岩、耐火粘土、磷矿、石墨、蛭石、沸石、水泥用灰岩、膨润土、饰面大理石、宝石等矿产，其中普通萤石主要分布在张北县、康保县，石墨主要分布在赤城县，沸石分布在赤城县、宣化县、沽源县、蔚县，水泥用灰岩主要分布在怀来县、蔚县、阳原县，建筑石料用灰岩主要分布在怀来县、宣化县等县（区）。

（郝丽萍）

【能源资源】　张家口市能源资源十分丰富，主要有煤炭、风能和太阳能。煤炭资源主要集中在蔚州煤田、宣下煤田和张家口以北煤田，煤炭总储量28亿吨。全市具有得天独厚的风能资源，风资源储量约2000万千瓦以上，可开发量1100万千瓦以上，其中坝上地区风资源储量约1700万千瓦以上，可开发量900万千瓦以上，坝下地区风资源储量约300万千瓦以上，可开发量200万千瓦以上。全市太阳能资源十分丰富，地域日照时数2756～3062小时，年太阳总辐射为每平方米1500～1700千瓦时，属于太阳能辐射Ⅱ类区域，但太阳能利用还处于起步阶段，截至2009年，河北建投新能源有限公司在沽源县已建成10千瓦的光伏发电站，国华河北能源投资公司在尚义县建成20千瓦风光互补发电站，河北建投新能源有限公司拟在康保县建设的1兆瓦太阳能光伏电站预可研已上报省发改委，全市太阳能发电已顺利起步，发展前景十分广阔。

（刘　峰）

【水资源】　张家口市属半干旱地区，水资源严重不足。根据2008年完成的《张家口市水资源评价》有关成果，全市多年平均自产水资源总量为17.99亿立方米，其中地表水资源量为11.62亿立方米，地下水资源量11.91亿立方米（地表、地下重复水量5.53亿立方米），人均水资源占有量399立方米，

不足全国人均的1/5。全市多年平均地表水可利用量为4.06亿立方米，地下水可开采量为6.48亿立方米，可利用量为10.54亿立方米。这些水资源分布在全市5大水系：大清河水系、潮白河水系、滦河水系、永定河水系、内陆河水系。由于地形的变化和季风气候的影响，造成降水量和水资源地区分布的显著差异和年内分配不均。2009年全市平均降雨量305毫米，较常年偏少23%。

截至2009年，全市注册水库96座，总库容7.18亿立方米，其中大型水库2座，总库容2.18亿立方米；中型水库7座，总库容3.34亿立方米；小型水库87座，总库容1.66亿立方米。2009年，全市实际总供用水量为10.71亿立方米（比2008年减少0.6亿立方米），其中地表水供水总量为2.72亿立方米，地下水供水总量为7.99亿立方米；农业用水总量8.01亿立方米；工业用水总量1.41亿立方米；生活用水总量1.29亿立方米。

此外，怀来、阳原、赤城、宣化县境内分布有高质量的温泉，其中怀来县地热水面积30平方千米，出口水温高达88℃，为五级高温泉；赤城县城西苍山幽谷中的汤泉被誉为“关外第一泉”，有总泉、眼泉、胃泉、平泉、气管炎泉和冷泉之分，其中总泉出口水温68℃，内含20多种对人体有益的微量元素；阳原县温泉区域达20多平方千米，出口水温39~41℃，经国家地质矿产部水文地质专家1987年鉴定，各项指标均符合国家饮用水标准和世界卫生组织饮用准则，属含锶、偏硅酸的氯化物重碳酸钾型优质天然矿泉水。

（胡胜华）

【生物资源】 全市陆生野生植物共有120科、513属、2100多种，其中木本植物62科、129属、369种。在野生木本资源中，野生经济林资源面积和产量较大的有：山杏8.2万公顷，常年产量200万千克；榛子1.47万公顷，常年产量14万千克；沙棘4万公顷，常年产量25万千克；酸枣0.17万公顷，常年产量6万千克；山丁子0.15万公顷，常年产量2万千克；枸杞1.33万公顷，常年产量10万千克。

全市野生动物资源极为丰富。境内有野生脊椎动物50多科，300多个种及亚种。其中：兽类15科30余种，鸟类26科130余种及亚种，爬行类4科15种，两栖类3科6种。国家重点保护的野生动物有褐马鸡、大鸨、金钱豹、大天鹅、小天鹅、金雕等27种。部分动物名录如下：中华大蟾蜍、花背蟾蜍、中国林蛙、金线蛙、黑斑蛙、北方狭口蛙、丽斑麻蜥、山地麻蜥、黄脊游蛇、赤链蛇、王锦蛇、双斑锦蛇、白条锦蛇、玉斑锦蛇、棕黑锦蛇、黑眉锦蛇、乌梢蛇、虎斑游蛇、蝮蛇、小辟鹈、苍鹭、黑鹳、大天鹅、小天鹅、赤麻鸭、绿翅鸭、绿头鸭、斑嘴鸭、鹊鸭、普通秋沙鸭、（黑）鸢、苍鹰、雀鹰、大鵟、普通鵟、毛脚鵟、金雕、草原雕、乌雕、白尾鹞、鹊鹞、白腹鹞、游隼、燕隼、红脚隼、黄爪隼、红隼、褐马鸡、石鸡、斑翅、山鹑、勺鸡、雉鸡、岩鸽、原鸽、山斑鸠、灰斑鸠、珠颈斑鸠、火斑鸠、纵纹腹小鸮、冠鱼狗、普通翠鸟、蓝翡翠、戴胜、蚁䴕、黑枕绿啄木鸟、大斑啄木鸟、小斑啄木鸟、星头啄木鸟、（蒙古）百灵、（亚洲）短趾百灵、凤头百灵、云雀、家燕、金腰燕、黄鹡鸰、白鹡鸰、田鹨、北鹨、白头鹎、灰伯劳、灰椋鸟、松鸦、红嘴蓝鹊、灰喜鹊、喜鹊、红嘴山鸦、大嘴乌鸦、小嘴乌鸦、白颈鸦、褐河乌、鹪鹩、棕眉山岩鹨、红尾歌鸲、红喉歌鸲、红胁蓝尾鸲、北红尾鸲、红腹红尾鸲、白腹鸫、白眉鸫、赤颈鸫、斑鸫、田鸫、山噪鹛、棕头鸦雀、震旦鸦雀、山鹛、褐柳莺、黄眉柳莺、铜蓝鹟、大山雀、黄腹山雀、褐头山雀、黑头䴓、（树）麻雀、燕雀、金翅（雀）、普通朱雀、长尾雀、黄胸、黄喉鹀、灰头鹀、灰眉岩鹀、三道眉草鹀、栗耳鹀、田鹀、小鹀、黄眉鹀、白眉鹀、苇鹀、刺猬、狼、赤狐、貉、黄鼬、艾鼬、狗獾、猪獾、果子狸、兔狲、豹猫、金钱豹、野猪、狍、斑羚、草兔、复齿鼯鼠、小飞鼠、松鼠、岩松鼠、北花松鼠。

另有森林及果树害虫的天敌17科68种。

（张建国）

【旅游资源】 张家口自然风光壮美，人文古迹荟萃，具有良好的旅游资源禀赋。全市235项主要旅游资源中，70.6%的资源单体具有较高的美感度和独特性，具有较大的开发潜力。

生态旅游资源。全市现有国家级自然保护区3个、国家级森林公园1处、省级森林公园16处、省级风景名胜区1个，其中以崇礼、赤城为代表的坝上与坝下过渡地带，山峦起伏，森林茂密，冬季降雪量达1米以上，存雪期长达150多天，地形坡度多在5~35°，并且风速仅为2级，平均气温为-12℃，经国家体育总局、中国滑雪协会专家认定，可供旅游滑雪和竞技滑雪面积达500多平方千米，是华北地区最具优势的滑雪地域；以张北、沽源为代表的坝上地区，地势平坦，草原辽阔，海拔在1300~1600米，有草场面积133.33万公顷，水面7.88万公顷，夏季平均气温18℃，空气中负氧离子浓度达每立方厘米3000～6000个，是消夏避暑、草原观光的理想之地；在怀来、赤城、阳原等县还分布着丰富的地热资源，开发价值极高。

人文旅游资源。全市有国家级文物保护单位27个、省级文物保护单位101个、全国十大考古新发现3处，是河北省文物大市之一，其中以阳原泥河湾古人类遗址群为代表“东方人类从这里走来”和以炎帝、黄帝、蚩尤中华民族三祖先征战融合之地涿鹿为代表的“中华文明从这里走来”，是河北省两大人文旅游名片；万里长城第一门——大境门，与山海关、嘉峪关、居庸关齐名；始建于元代的鸡鸣驿，是现今全国保存最完整、规模最大的一座古代驿站；全国历史文化名镇——蔚县暖泉古镇是北方地区农耕商贸古镇的典型实例，具有浓郁的北方边塞农耕商贸的传统文化特色。同时，张家口是抗日战争期间八路军解放的197座城市中第一座大城市，被誉为“第二延安”，现有抗日同盟军纪念塔、苏蒙联军抗日纪念塔，还有老一辈革命家聂荣臻战斗生活的晋察冀军区司令部等一批红色旅游资源。此外，蔚县剪纸、窗花、社火、打树花、蔚州梆子等民间艺术，坝上高原的蒙族礼仪及饮食文化等民俗风情，丰富多彩，京畿驰名，其中康保“二人台”、蔚县剪纸被列为第一批国家非物质文化遗产名录，蔚县暖泉镇古民居建筑艺术、涿鹿三祖文化等10项成果被列入省级非物质文化遗产名录。

（晏欣荣）

历史沿革

张家口市历史悠久，历为汉与少数民族杂居地，各民族政权更替频繁。

旧石器时代文化遗址在阳原县泥河湾、小长梁、侯家窑、虎头梁等地均有发现，其中以小长梁遗址最为著名。

新石器时代仰韶文化、龙山文化等遗址在张北、蔚县、阳原、涿鹿、宣化、怀安、崇礼、赤城等县均有发现，其中以蔚县庄堡遗址、三关遗址、怀来县小古城马站遗址较为著名。

原始社会末期：黄帝部落联盟“与蚩尤战于涿鹿之野”，而“邑涿鹿之阿”（建都于今涿鹿县矾山镇古城附近的“黄帝城”）。

春秋：今蔚县、阳原地属代国，都今代王城。

战国：今宣化、赤城、怀来、涿鹿等县俱属燕国，为上谷郡（治今怀来县大古城旧村）；今怀安、万全、阳原、蔚县等俱属赵国，为代郡（治今蔚县代王城）。其时，今蔚县境内有代邑，今阳原县境内有安阳邑（治今阳原县开阳）。今坝上各县均为少数民族居住地。

秦代：今张北大部、沽源、崇礼、赤城、万全大部、宣化、涿鹿、怀来等县俱属上谷郡，郡治沮阳县（治今怀来县大古城旧村）；今尚义、张北西部、怀安、万全西部、阳原、蔚县等俱属代郡，郡治代县（治今蔚县代王城）；今康保县为匈奴地。

西汉：今张北、崇礼、赤城、万全、宣化、涿鹿、怀来等县及张家口市区属幽州上谷郡（治今怀来县大古城），于今赤城县南部（雕鹗一带）置女祁县并驻东部都尉；于今万全县南部置宁县并驻西部都尉；今宣化县东部（含下花园区西部）置茹县；今涿鹿县城以西置下落县，保岱一带置潘县，矾山一带置涿鹿县，大堡一带置雊瞀县；今怀来县新保安一带置且居县，怀来县旧县城北置泉上县，大古城旧村仍置沮阳县；今张家口市城区南置广宁县。今尚义、怀安、阳原、蔚县等属并州代郡地，于今尚义县西部置且如县；今怀安县西北部置马城县并驻东部都尉；今阳原县西南置阳原县，开阳一带置安阳县（后改为东安阳县），桑干河与壶流河汇合处置桑干县，且为代郡治所，其西置昌平县；今蔚县代王城置代县，桃花一带置当城县。今康保、沽源两县为匈奴、乌桓地。

东汉：今怀安、阳原、蔚县等属幽州代郡（治今山西省阳高县城），于今怀安县西北部仍置马城县；今阳原县中南部开阳一带仍置东安阳县，今桑干河与壶流河汇合处仍置桑干县；今蔚县桃花一带仍置当城县，代王城仍置代县。今万全、宣化、涿鹿、崇礼、赤城、怀来等县及张家口市城区属幽州上谷郡（治今怀来县大古城），于今万全县东南部仍置宁县；今张家口市城区南仍置广宁县；今涿鹿县城西仍置下洛县（改下落为下洛），保岱一带仍置潘县；今怀来县大古城旧村仍置沮阳县。今尚义、康保、张北、沽源等县为鲜卑、乌桓地。

三国魏：今怀安、阳原、蔚县等仍属幽州代郡地，今蔚县代王城仍置代县且为代郡治所，桃花一带仍置当城县；今阳原县境置安阳县。今万全、崇礼、宣化、赤城、涿鹿、怀来等县及张家口市城区仍属幽州上谷郡（治今延庆县城），今张家口市城区南仍置广宁县；今涿鹿县城西仍置下洛县，保岱一带仍置潘县，矾山一带仍置涿鹿县；今怀来县大古城旧村仍置沮阳县。今康保、尚义、张北、沽源等县为鲜卑地。

西晋：今怀安、阳原、蔚县等属幽州代郡，今蔚县桃花一带仍置当城县，代王城仍置代县且为代郡治所。太康（公元前280～289年）中，将原上谷郡的西部（包括今张家口市城区及崇礼、宣化、万全、涿鹿等县）分置幽州广宁郡，今涿鹿县保岱一带仍置潘县，矾山一带仍置涿鹿县，县城一带仍置下洛县，且为广宁郡治所。原上谷郡东部（包括今赤城、怀来县）仍属幽州上谷郡，今怀来县大古城旧村仍置沮阳县，且为上谷郡治所。今康保、尚义、张北、沽源等县仍为鲜卑地。

东晋：今康保、尚义、张北、沽源、赤城、怀安、万全、崇礼、宣化等县及张家口市城区俱属拓跋鲜卑之代国。今阳原、蔚县、涿鹿、怀来等县先属石氏后赵（羯族），继属慕容氏前燕（鲜卑族），后属苻氏前秦（氐族），又属慕容氏后燕（鲜卑族）。407年后，今全市皆属拓跋鲜卑之北魏。

南北朝时期：今全市皆属北魏。今康保、尚义、张北、沽源等县及赤城县北部分属怀荒镇和御夷镇，怀荒镇驻今张北县城，御夷镇驻今沽源县平定堡镇西北，后迁今赤城县云州。今怀安县西部、阳原县大部及蔚县西南部属恒州的北灵丘郡，于故东安阳县址置安阳县。今怀安县东部、阳原县东北部、蔚县东北部、赤城县南部、张家口市区及万全、宣化、涿鹿、怀来等县属燕州的大宁郡、昌平郡、东代郡、广宁郡、平原郡。于今怀安县左卫一带置大宁郡；今万全县万全城南置小宁县；今张家口市城区南置大宁县；今阳原县南部置昌平县；今蔚县代王城一带置东代郡；今涿鹿县城一带置广宁郡，并置广宁县，今保岱一带置潘县；今怀来县桑园一带安置平原的徙民称平原郡。北魏亡后，今全市各地先属东魏幽州地，后属北齐，北周。北周时曾于今蔚县城置蔚州。

隋代：今尚义、阳原、蔚县等属雁门郡之灵丘县（治今山西省灵丘县城）。今康保、张北、沽源、崇礼、赤城、怀安、万全、宣化、怀来、涿鹿等县及张家口市区俱属涿郡的怀戎县（治今涿鹿保岱一带）。

唐代：今康保、尚义、张北、沽源、崇礼等县为突厥地，属单于都护府的桑干都督府辖。今怀安、万全、宣化、赤城、涿鹿、怀来等县及张家口市区属河北道妫州怀戎县（州县皆治今怀来县旧县城）；唐昭宗龙纪元年（889年）于今宣化区分置武州（治文德）及文德县（属武州）；今涿鹿县城分置新州（治永兴）及永兴县（属新州）；今涿鹿县矾山故涿鹿县地置矾山县；今赤城县龙关置龙门县；今怀安县怀安城置怀安县（俱属新州）。今阳原、蔚县属河东道蔚州（治今灵丘），今蔚县城置安边县。

五代十国：今尚义、康保、沽源一带为契丹地。今张北、万全、张家口市区、宣化、崇礼、赤城、怀来、涿鹿一带属后梁之燕国（治幽州，即今北京市），设武州（治今宣化）、新州（治今涿鹿城）、妫州（治今怀来县旧城）。今阳原、蔚县一带属晋（都治太原府，即今太原市），设蔚州（治今蔚县城）。到后唐时，原燕、晋地皆属之，仍设武、新、妫、蔚4州。到后晋，全市均属于辽。

北宋：今全市皆属辽之西京道。于今宣化区置归化州（治文德），并置文德县（属归化州）；今涿鹿县城置奉圣州，并置永兴县，今涿鹿县矾山置矾山县；今赤城县云州置望云县，今赤城县龙关置龙门县；今怀来县旧县城置可汗州及怀来县；今蔚县县城置蔚州及灵仙县，今蔚县西合营一带置定安县；今阳原县西城西南置弘州及永宁县，今阳原县东城东南置顺圣县；今怀安县怀安城置怀安县。弘州之永宁、顺圣、怀安3县俱属西京道大同府辖。

南宋：今全市皆属金之西京路。今康保、沽源两县属桓州（治今内蒙古正蓝旗）。今尚义、张北、崇礼3县初属宣德州（治今宣化），后于今张北县城置抚州及柔远县。今怀安县东北部、万全、宣化及张家口市区属宣德州，今宣化区置宣德县；今怀安县左卫置宣平县。今赤城、涿鹿、怀来3县属奉圣州（治永兴，即今涿鹿城，大安元年升德兴府），于今涿鹿县城置永兴县，今涿鹿县矾山置矾山县；今怀来县旧县城置怀来县；今赤城县云州置望云县，龙关置龙门县。今怀安县西南部、万全县之一部属大同府，于今怀安县怀安城置怀安县；今万全县阳门堡置阳门县（地处大同府境内，遥属弘州）。今阳原县属弘州（治今西城），于今西城置襄阴县，东城东南置顺圣县。今蔚县属蔚州（治今蔚县城），于今蔚县城仍置灵仙县，今西合营一带置定安县。

元代：今全市皆属中书省。今康保、尚义、张北、怀安4县及沽源县西部属兴和路（治今张北县城），于今张北县城置高原县；今尚义县城南壕堑西置威宁县；今怀安县怀安城置怀安县。今怀来县属大都路龙庆州，于今怀来县旧县城置怀来县。今阳原县西部，属大同路弘州，于今阳原县西城西南置襄阴县且为弘州治所。今崇礼、沽源、赤城、万全、宣化、涿鹿、蔚县及怀安县东北部、阳原县东部和张家口市区俱属上都路（治今多伦西北），于今宣化区置顺宁府〔初为宣宁府，后改为宣德府，至元三年（1337年）改顺宁府〕及宣化县；今万全县宣平堡置宣平县；今阳原县东城东南置顺圣县；今赤城县云州置云州，龙关置望云县；今蔚县县城置蔚州及灵仙县，西合营一带置定安县；今涿鹿县县城置保安州（初仍为奉圣州，至元三年改为保安州）及永兴县。

明代：今全市除蔚县外，皆隶属京师（治顺天府，今北京市）。今康保、尚义、张北、沽源、崇礼诸县初属开平卫之兴和守御千户所（治今张北县城），后陷于鞑靼。今怀安、万全、宣化、赤城、阳原等县及怀来县东部和张家口市区俱属宣府镇，于今宣化区置宣府前卫、宣府左卫、宣府右卫并驻万全都指挥使司；今赤城县龙关置龙门卫，独石口置开平卫；今怀安县怀安城置怀安卫、保安右卫，今左卫置万全左卫；今万全县万全城置万全右卫；今怀来县旧县城置怀来卫、延庆右卫。今涿鹿县及怀来县西南部属保安州，景泰二年（1451年），于今怀来县新保安置保安州及保安卫（卫属宣府镇）。今蔚县一带属山西大同府，于今蔚县县城置蔚州及蔚州卫（卫属宣府镇）。

清代：今全市皆属直隶省。今康保、尚义、张北、沽源、崇礼等县及赤城县黑河流域属口北道之张家口厅（驻今张家口市桥西区）、独石口厅（驻今赤城县独石口）及多伦诺尔厅（驻今内蒙多伦），谓之口北三厅，雍正三年（1725年）置理事同知厅，光绪间改为抚民同知厅。今怀安、万全、宣化、赤城、阳原、蔚县、涿鹿、怀来等县及张家口市区，初因明制，康熙三十五年（1696年）宣府镇改为宣化府（治今宣化城），辖延庆、保安两州，宣化、西宁、怀安、怀来、蔚县、万全、赤城、龙门8县。于今涿鹿县城置保安州；今宣化区置宣化县；今万全县万全城置万全县；今赤城县城置赤城县；今赤城县龙关置龙门县；今阳原县城置西宁县；今怀安县怀安城置怀安县；今怀来县旧县城置怀来县；今蔚县城置蔚县，时蔚县城内同设蔚州，属山西大同府辖，雍正六年（1728年）划归宣化府，至乾隆三十三年（1768年），因蔚州、蔚县共处一城，管理不便，故省蔚县，入蔚州。

中华民国时期：北部今康保、尚义、张北、沽源、崇礼等县俱属察哈尔特别区之兴和道。南部今赤城、怀安、万全、宣化、阳原、蔚县、涿鹿、怀来等县及张家口市区俱属直隶省口北道，于今宣化区仍置宣化县且为口北道治所；万全县移治于今张家口市桥西区；于今怀安县怀安城置怀安县；今阳原县西城置西宁县；今蔚县城置蔚州；今涿鹿县城仍置保安州；今怀来县旧县城置怀来县；今赤城县城置赤城县，今赤城县龙关置龙门县。民国2年（1913年），改保安州为保安县，改蔚州为蔚县。民国3年（1914年），改西宁县为阳原县，改龙门县为龙关县，改保安县为涿鹿县，改独石口厅为独石县（治今赤城县独石口），改张家口厅（治今张北县城）为张北县。民国4年（1915年），改独石县为沽源县。民国8年（1919年），沽源县移治于独石口外小河子。民国11年（1922年），于今康保县康保镇置康保招垦设治局。民国14年（1925年），改康保招垦设治局为康保县。民国17年（1928年），改直隶省为河北省，撤销察哈尔特别区，将原直隶省口北道所属之宣化、赤城、万全、龙关、怀来、阳原、怀安、蔚县、涿鹿及延庆10县，原察哈尔特别区兴和道所属之张北、沽源、康保及多伦、商都、宝昌6县，合并设立察哈尔省（省会张家口）。至此，全市现辖区域俱属察哈尔省。民国23年（1934年）5月，于今崇礼县城置崇礼设治局，于今尚义县城置尚义设治局。

1931年“九一八事变”后，侵华日军于1932年4、5月间相继侵占多伦、沽源、宝昌、康保4县。5月26日，在中国共产党的推动和帮助下，冯玉祥、方振武和中共党员吉鸿昌等在张家口成立察哈尔民众抗日同盟军，举旗抗日，兴兵北进，相继解放康保、宝昌、沽源、多伦，但终因寡不敌众，于当年10月16日失败。

1935年12月，日本关东军协同伪满州国蒙古军侵占察北的张北、宝昌、康保、沽源、商都、化德6县。1936年2月1日，蒙奸德王（德穆楚克栋鲁普）窃用“蒙政会”名义在张北成立伪察哈尔盟公署；5月20日，又将化德县改为“额尔德木索雅勒国浩特”，并于此成立“蒙古军政府”。

1937年8月27日，侵华日军侵占张家口，在宣化成立伪“察南自治政府”；9月13日，日军侵占山西省大同，成立伪“晋北自治政府”；10月14日，日军与伪蒙古军侵占绥远，成立伪“蒙古联盟自治政府”，今张家口市坝上各县俱划入该“政府”下辖的察哈尔盟。

1937年11月21日，日军将“蒙古联盟自治政府”、“察南自治政府”、“晋北自治政府”3个伪政权拼凑为伪“蒙疆联合委员会”。1939年1月1日，设立张家口特别市公署。9月1日，在张家口成立伪“蒙疆联合自治政府”，改元为成纪七三四年，辖察南政厅（1943年改宣化省）、晋北政厅（1943年改大同省）、巴彦塔拉及察哈尔盟。察南政厅辖张家口市区及万全、宣化、蔚县、阳原、怀来、怀安、涿鹿、龙关、赤城9县；察哈尔盟辖察盟8旗及商都、张北、宝源（宝昌、沽源合并）、尚义（由设治局改）、崇礼（由设治局改）、多伦、化德、康保8县及锡林郭勒盟（10旗）、乌兰察布盟（6旗1县）、伊克昭盟（7旗）。

1937年10月，八路军115师独立团（团长杨成武）进入蔚县、阳原，随之成立蔚县、阳原县抗日民主政府；12月，北岳一分区复派工作组进入蔚县南部山区，翌年4月在雷家坡、王喜洞一带再次成立蔚县抗日民主政府；1938年初，邓华支队进入蔚县，在南部山区建立察南抗日根据地。1937年10月，中共北方分局派军事干部和学生组成一支70多人的独立游击队进入怀来、涿鹿两县交界地带开展抗日游击活动；1938年3月，邓华支队又进入怀来、涿鹿两县，在涿鹿县谢家堡建立宣涿怀抗日民主联合县，后该根据地几度得失，到1943年下半年建立怀涿抗日民主联合县，形成巩固的抗日根据地。1939年初，冀热察挺进军在包括张家口以东、潮白河以西的平北山区建立抗日根据地；1940年7月前后，分别在龙关、赤城两县交界地带成立龙赤抗日民主联合县，在龙关、延庆、怀来3县交界地带的海陀山区成立龙延怀抗日民主联合县，在龙关、崇礼、赤城3县交界地带成立龙崇赤抗日民主联合县，形成巩固的平北地区抗日根据地。1943年初，中共北方分局决定将平北根据地的东部划归冀东，西部受平西地委领导，并成立平北地分委；在察北成立中共察哈尔盟工作委员会；2月，平西在桑干河南之蔚县、涿鹿、宣化3县交界地带成立蔚涿宣抗日民主联合县，并在桑干河北设立宣化办事处；4月，平北在龙关、崇礼、宣化3县交界地成立龙崇宣抗日民主联合县；9月，在晋察冀军区之下，平北、平西、察南军分区之上，成立冀察军区。1945年，平北地分委改为冀察12地委，下设热西地分委和察北地分委；5~7月，冀察军区各部队相继发动察南战役和平北战役，平北、平西、察南各抗日根据地日益扩大，各抗日民主政权日益巩固。1945年8月12日，苏蒙联军进入察北，在晋察冀冀察军区平北分区骑兵支队、步兵部队及地方游击队配合下，解放察北的张北等县。15日，日本天皇宣布无条件投降。23日，张家口市城区获解放。至9月底全市获解放。

抗日战争胜利后，重设察哈尔省建制（省会设于宣化市）。中共北方分局、晋察冀军区司令部、晋察冀边区行政委员会均设于张家口市。至此，察哈尔省下辖：张家口、宣化、张北、涿鹿4市；察东专区（五专区）包括赤城、龙关、延庆、怀来4县；察南专区（六专区）包括万全、怀安、涿鹿、蔚县、阳原、宣化6县；察北专区（七专区）包括张北、多伦、宝源、尚义、崇礼、商都、化德、康保8县。1946年10月，察哈尔省党政机关撤离张家口，国民党军队占领张家口。1947年11月，察哈尔省撤销，所辖察南专区并入北岳区，察东、察北两专区并入冀热察区，恢复抗日战争时期的联合县建制。1948年3月，晋察冀、晋冀鲁豫合并，成立华北军区。20日起先后解放天镇、阳高、怀仁、左云、右玉、广灵、阳原、蔚县等城镇。5月，察北之多伦、察东之龙关和延庆等城镇相继解放。9月14日~10月31日，先后解放察北之崇礼、尚义、沽源、商都4县城。11月29~30日，先后攻占柴沟堡、怀安城、万全城。12月7日，解放宣化、张北。24日，解放张家口。至此，张家口及察哈尔省全境重获解放。

1949年1月15日，冀热察区和北岳区合并，成立察哈尔省。察哈尔省下辖张家口、大同两市和建屏专区、易水专区、雁北专区、察北专区、平西专区、冀察专区、察南专区。察北专区包括张北、宝源、崇礼、尚义、康保、多伦、化德、商都8县；冀察专区（1950年改为南口专区）包括昌顺、怀柔、密云、四海、延庆、赤城、龙关、怀来8县；察南专区包括蔚县、怀安、涿鹿、阳原、宣化、万全、天镇7县。同年8月1日，察哈尔省下辖张家口、大同、宣化3市和雁北专区、察南专区、察北专区。察南专区辖蔚县、宣化、涿鹿、阳原、怀安、怀来、龙关、赤城、万全、延庆、天镇、四海12县；察北专区辖张北、崇礼、尚义、康保、宝源、多伦、化德8县。

中华人民共和国：1949年10月14日，宣化市改镇，改属察南专区。1950年2月10日，宣化镇改市，为察哈尔省省辖市。9月15日，化德县大部、宝源县一部和多伦县大部地区划归内蒙古自治区；新设沽源县。

1951年7月，察南专区撤销四海县，将其辖区分别划属赤城、延庆两县及热河省之滦平县。

1952年11月，撤销察哈尔省，其所辖大同市、雁北专区及所属各县，并连同察南专区之天镇县划归山西省；原察南专区、察北专区合并，改为张家口专区，连同张家口、宣化两市划属河北省。

1955年8月，宣化市改镇，划属张家口市。原宣化市所辖庞家堡、下花园两个矿区改为市辖区。并将市内4个区合并调整为桥东、桥西、七里茶坊3个区。

1958年5月，张家口市划属张家口专区。8月，庞家堡区划归龙关县辖，撤销七里茶坊区。10月，坝上之商都、康保、尚义、沽源4县并入张北县；坝下之万全县并入怀安县；阳原县并入蔚县；赤城县并入龙关县；涿鹿县并入怀来县；宣化县（划出化稍营镇入蔚县）、崇礼县并入张家口市；延庆县划归北京市。

1959年5月，张家口专区与张家口市合并称张家口市。原张家口专区所辖张北、怀安、怀来、龙关、蔚县5县划归张家口市管辖，原宣化镇改为宣化区，下花园镇改为下花园区，原崇礼县改为崇礼区，恢复茶坊区建制。是年，张家口市下辖张北、蔚县、龙关、怀来、怀安5县和宣化、崇礼、桥西、桥东、下花园、七里茶坊6区及100个人民公社。

1960年2月，从张北县划出商都县。3月，撤销茶坊区、下花园区。5月，龙关县迁至赤城，改称赤城县。7月，宣化区改为宣化市。

1961年5月，恢复张家口专区建制，张家口市及所辖6县划归张家口专区（专署驻张家口市）。6月，张家口市撤销桥东区、桥西区建制，改设花园、东安、大境门、明德、武城和下花园6个区建制，并代管宣化市。7月，从怀来县划出涿鹿县，从蔚县划出阳原县，从张北县划出康保县、沽源县，从商都县划出尚义县，从张家口市划出宣化县、崇礼县。

1962年3月，宣化市划属张家口专区。同年，从怀安县划出万全县，将商都县划属内蒙古自治区。

1963年3月，宣化撤市改区，其所属下花园区、庞家堡区一并划归张家口市。同时撤销大境门、明德、花园、东安、武城5个区，改设桥东、桥西、茶坊3个区。

1967年，张家口专区改称张家口地区。

1983年11月，张家口市改为省辖市，宣化县划归张家口市管辖。至此，张家口地区辖：康保、沽源、张北、赤城、尚义、崇礼、怀安、万全、阳原、蔚县、涿鹿、怀来12县。张家口市辖桥西、桥东、茶坊、宣化、下花园、庞家堡6个区和宣化县。

1989年12月，张家口市撤销茶坊区、庞家堡区。

1992年，经省政府批准，建立张家口市高新技术产业开发区。

1993年7月1日，撤销张家口地区，张家口市为省辖市，实行市管县体制。张家口市下辖康保、沽源、张北、赤城、尚义、崇礼、怀安、万全、阳原、蔚县、涿鹿、怀来、宣化13个县和宣化、下花园、桥东、桥西4个区。

2003年3月，察北牧场、沽源牧场由河北省农垦局划属张家口市，改为察北管理区、塞北管理区。

2004年3月，对张家口市高新区进行整合。至此，张家口市辖康保、沽源、张北、赤城、尚义、崇礼、怀安、万全、阳原、蔚县、涿鹿、怀来、宣化13个县和宣化、下花园、桥东、桥西、察北管理区、塞北管理区、高新区7个区。

（市地方志办公室）

行政区划

2009年，张家口市辖13县（宣化、张北、康保、沽源、尚义、蔚县、阳原、怀安、万全、怀来、涿鹿、赤城、崇礼）、4区（桥东、桥西、宣化、下花园）、2管理区（察北、塞北）和高新区，总面积3.68万平方千米，下辖乡114个（其中民族乡2个）、镇95个、区公所1个、街道办事处28个（其中省备案或审批的23个），村委会4176个、居委会255个。

张家口市2009年行政区划统计表

名称	街道办事处（个）	其中省备案或审批街道办事处（个）	居委会（个）	区公所（个）	镇（个）	乡（个）	其中民族乡（个）	村委会（个）
桥东区	7	7	51		2			18
桥西区	7	7	39		2			29
宣化区	7	7	47		1	3		54
下花园区	2	2	11			4		46
宣化县			2		9	5		318
张北县			12		4	16		384
康保县	1		5		7	8		326
沽源县	1		5		4	10	1	233
尚义县			6		7	7		172
蔚　县			14		11	11		547
阳原县			6		5	9		301
怀安县	1		10		4	7		273
万全县	1		10		4	7		172
怀来县			21		11	6	1	279
涿鹿县			9	1	13	4		373
赤城县			4		9	9		440
崇礼县	1		3		2	8		211
合　计	28	23	255	1	95	114	2	4176

（郑　军）

人 口

2009年，全市总户数1698188户，总人口4623078人，其中农业人口3123978人、非农业人口1495075人、未落常住户口人员4025人，总人口中，男2397206人、女2225872人。年内，出生人口56366人、出生率12.23‰，死亡人口27314人、死亡率5.93‰，迁入人口58237人、迁出人口60733人，人口自然增长率6.30‰。

张家口市2009年总户数及年末总人数统计表

	总户数（户）	总人口（人）	按户口种类分组				按年龄分组			
			#非农业人口	未落常住户口人员	#农业人口	#男	18岁以下	18～35岁	35～60岁	60岁以上
全　市	1698188	4623078	1495075	4025	3123978	2397206	854352	1061462	1965930	741334
市辖区	323969	896501	750429	1614	144458	454027	135430	217237	390723	153111
桥东区	96209	277143	235888	93	41162	140794	39591	74024	116668	46860
桥西区	86643	238106	206721	1500	29885	117598	34966	60164	102788	40188
宣化区	111886	312950	267181	9	45760	160319	51089	68775	140314	52772
下花园区	29231	68302	40639	12	27651	35316	9784	14274	30953	13291
宣化县	115074	304940	48496	27	256417	160485	55836	69308	127071	52725
张北县	150604	380473	76480	67	303926	196500	74996	80009	166265	59203
康保县	104501	280238	45142	158	234938	144066	52054	58520	128210	41454
沽源县	79735	230388	29509	27	200852	119630	42348	49510	104541	33989
尚义县	74808	195290	44526	11	150753	100544	39144	41552	84540	30054
蔚　县	165258	476892	74594	934	401364	254185	101656	110263	191559	73414
阳原县	101245	276826	77130	252	199444	144098	58567	61721	112117	44421
怀安县	91758	246551	76315	703	169533	126821	44992	58007	101811	41741
万全县	81077	223969	40586	66	183317	115249	44958	52080	92130	34801
怀来县	125886	349326	103019	82	246225	179899	62205	90085	144529	52507
涿鹿县	125233	343259	54683	12	288564	180570	63003	79215	145945	55096
赤城县	111278	293483	47943	54	245486	156326	55572	66755	122274	48882
崇礼县	47762	124942	26221	18	98703	64806	23591	27200	54215	19936

（市统计局）

张家口市2009年人口变动情况统计表

	出生人口（人）	#男	死亡人口（人）	#男	迁入人口（人）	省内迁入	省外迁入	迁出人口（人）	迁往省外	迁往省内	出生率（‰）	死亡率（‰）	人口自然增长率（‰）
全　市	56366	28657	27314	16969	58237	46675	11562	60733	44212	16521	12.23	5.93	6.30
市辖区	7323	3822	3678	2228	26060	22778	3282	23334	18094	5240	8.19	4.12	4.07
桥东区	2299	1220	1003	572	6636	5295	1341	6522	4612	1910	8.33	3.63	4.70
桥西区	1999	1037	988	565	4831	3842	989	4162	2618	1544	8.39	4.15	4.24
宣化区	2563	1334	1170	765	13878	13036	842	12118	10584	1534	8.23	3.76	4.47
下花园区	462	231	517	326	715	605	110	460	208	252	6.76	7.56	-0.80
宣化县	4141	2106	2055	1247	2258	1839	419	2413	2074	339	13.63	6.76	6.87
张北县	4325	2210	2236	1437	3797	3140	657	3822	2857	965	11.40	5.90	5.50
康保县	2734	1383	2533	1592	1196	691	505	3074	1752	1322	9.73	9.01	0.72
沽源县	2561	1258	1653	1044	2024	1307	717	2212	1422	790	11.13	7.17	3.96
尚义县	1791	897	849	501	1959	945	1014	2050	1052	998	9.19	4.37	4.82
蔚　县	8876	4558	3134	1922	5112	4214	898	5868	4655	1213	18.71	6.61	12.10
阳原县	3725	1892	2093	1312	2075	1540	535	3629	2192	1437	13.46	7.56	5.90
怀安县	3095	1571	1776	1058	1176	730	446	2916	2045	871	12.56	7.21	5.35
万全县	2974	1416	1514	900	2728	2361	367	2785	2251	534	13.31	6.76	6.55
怀来县	3966	2014	1826	1032	4301	3499	802	2915	1852	1063	11.41	5.25	6.16
涿鹿县	4890	2421	2146	1192	2385	1556	829	2288	1631	657	14.31	6.28	8.03
赤城县	4794	2509	1554	1012	2375	1481	894	2441	1565	876	16.42	5.32	11.10
崇礼县	1171	600	767	492	791	594	197	986	770	216	9.39	6.15	3.24

（市统计局）

民族·宗教·侨务

【民族】　2009年，全市有47个民族成份，少数民族人口8.19万人，占全市总人口的1.93%，其中回族43724人，占少数民族人口的53.38%，满族23622人，占少数民族人口的28.84%。全市有沽源县大二号回族乡和怀来县王家楼回族乡2个民族乡，84个民族村，主要分布在张北县、沽源县、尚义县、崇礼县等12个县（区）。其中，回族村34个，满族村26个，蒙古族村23个，联合村1个。有2所民族中学，24所民族小学。

（陈雅萍）

【宗教】　张家口市有天主教、基督教、佛教、道教、伊斯兰教5大宗教。有市级宗教团体6个：天主教张家口教区、张家口市天主教爱国会、张家口市基督教协会、张家口市基督教三自爱国运动委员会、张家口市佛教协会、张家口市伊斯兰教协会。2009年，全市有信教群众13.65万人（其中天主教6.4万人、基督教1.1万人、佛教1.9万人、伊斯兰教4.1万人、道教0.15万人）；有宗教活动场所219处（其中天主堂117座、基督教堂点32处、佛教活动场所28处、道教活动场所5处、清真寺37座）；宗教界教职人员190名（其中伊斯兰教阿訇51人，天主教神甫65人，基督教牧师5人、长老16人，佛教和尚39人、尼姑11人，道教道士2人、道姑1人）。

（郭　力）

【侨务】　张家口市是河北省较大侨乡之一，是大部分旅蒙华侨祖居地。2009年，全市有国内侨务工作对象12689人，其中归侨1044人，侨眷4393人，港澳同胞眷属347人，一般海外关系6905人；国外侨务工作对象18062人，其中华侨7264人，华人9262人，港澳同胞1536人，主要分布在蒙古、日本、美国、东南亚等24个国家和地区。国内、国外侨务工作对象中，在政治上有一定影响、经济上有较强实力、科研上有所建树的200多人。

（袁程宏）

张家口市2009年国民经济和社会发展统计公报

张家口市统计局

2010年2月25日

2009年，是我市面临困难最多、挑战最大的一年，面对国际金融危机等不利因素的影响，市委、市政府敏锐判断、积极应对，紧紧围绕“开放创新、全民创业、特色创优、富民强市”总思路，牢牢把握“抢抓新机遇、打造新优势、树立新形象、夺取新胜利”工作主题和“保增长、调结构、强基础、惠民生”总要求，坚定信心，迎难而上，圆满完成了2009年的各项目标任务，使全市经济运行质量和效益明显提高，发展活力不断增强，人民生活进一步改善，各项社会事业发展取得了新的成绩。

一、综合

国民经济基本保持平稳较快增长。2009年，全市实现生产总值800.49亿元，按可比价计算比上年同期增长10%。其中第一产业实现增加值122.43亿元，同比增长2.2%；第二产业实现增加值334.39亿元，同比增长12.6%；第三产业实现增加值343.67亿元，同比增长10.1%。人均生产总值达18952元，约合2700美元。

全市GDP及增速

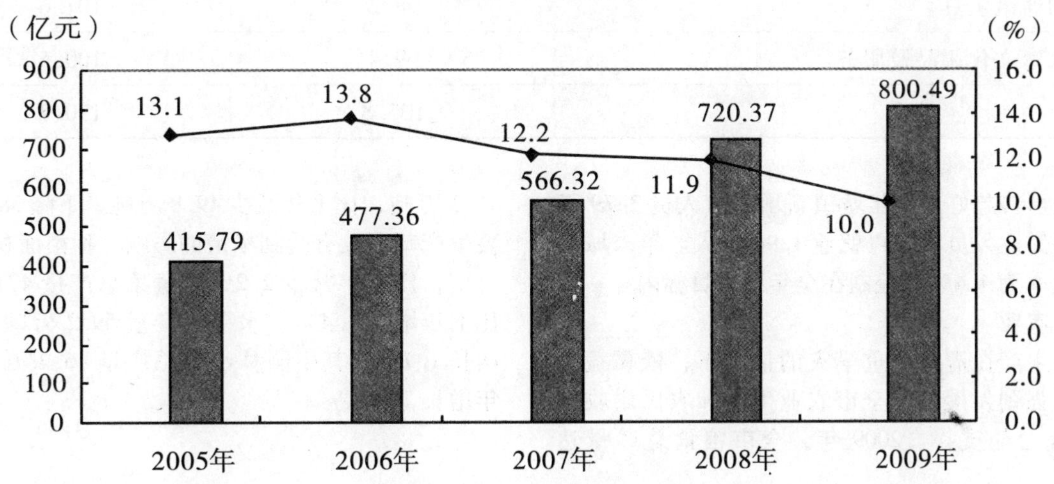

民营经济健康发展。2009 年，全市民营经济单位总数 18.62 万个，比上年增长 8.3%。从业人员达到 74.88 万人，比上年增长 5.5%，新增就业人员达 7.06 万人。拥有固定资产原值 386.64 亿元，比上年增长 20.1%。全年民营经济完成增加值 428.84 亿元，同比增长 13.8%，增长速度较全市 GDP 增速快 3.8 个百分点，占全市生产总值的 53.6%，比上年同期提高 2.6 个百分点。全年实现营业收入 1004.73 亿元，比上年增长 19.1%，实缴税金 48.22 亿元，比上年下降 6.1%，实现利润 118.84 亿元，比上年增长 12.2%。

居民消费价格小幅上涨。2009 年，我市城市居民消费价格指数（CPI）全年累计为 100.6%，同比增长 0.6%，涨幅较去年同期回落 6.3 个百分点。在构成 CPI 的八大类指数中，全年累计指数呈“四涨四跌”的格局。其中，上涨的类别是：食品类价格上涨 0.8%，烟酒及用品与上年持平，医疗保健和个人用品上涨 2.7%，居住类上涨 5.8%。下跌的类别有：衣着类下跌 2.7%，家庭设备用品及维修服务下跌 1.4%，交通和通讯下跌 1.8%，娱乐教育文化用品及服务下跌 0.6%。

居民消费价格指数

指　　标	2009 年	2008 年
全市居民消费价格指数（上年 =100）	100.6	106.9
城市	100.0	105.9
农村	101.3	108.4
食品	100.8	113.6
粮食	104.7	104.9
肉禽及其制品	89.7	120.5
蛋类	101.6	101.2
水产品	92.6	122.7
鲜菜	120.5	105.3
烟酒及用品	100.0	101.8
衣着	97.3	99.1
家庭设备用品及维修服务	98.6	102.6
医疗保健和个人用品	102.7	105.8
交通和通讯工具	98.2	101.6
娱乐教育文化用品及服务	99.4	100.5
居住	105.8	110.7

就业形势趋好。全年城镇新增就业人员 3.79 万人，下岗失业人员实现再就业 1.96 万人。年末城镇登记失业率为 4.4%，控制在全年预定目标内。

二、农业

农业生产在遭遇严重旱灾的情况下，依靠蔬菜和畜牧业强劲发展，为全市农业生产和农民增收提供了强有力的支撑。2009 年，全市粮食总产量达 81.3 万吨，比上年减少 49.8 万吨，下降 38.0%。蔬菜生产基本没有受到旱情的影响，种植面积为 123.8 万亩，比上年减少 2.2%，蔬菜总产量 477.7 万吨，比上年增长 1.4%。水果总产量 59.2 万吨，比上年增长 1.7%，其中园林水果总产量 46.2 万吨，比上年增长 7.0%。

全市粮食和蔬菜产量

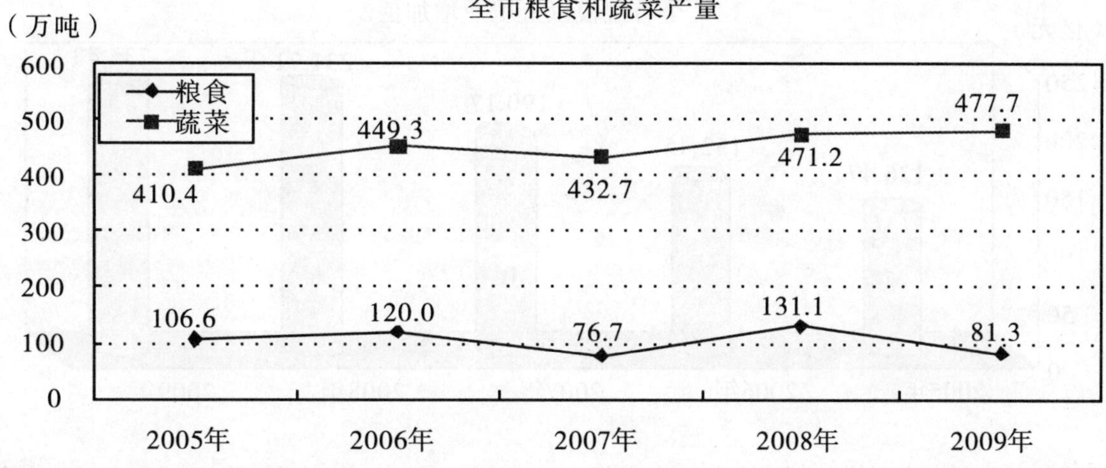

肉类、牛奶、禽蛋总产量分别达到28.2万吨、109.2万吨、17.8万吨，同比分别增长13.1%、9.2%、13.2%。牛、猪、羊、家禽出栏分别达到27.7万头、215.8万头、274.1万只、2230.4万只，同比分别增长17.4%、16.0%、16.1%、21.8%。

全市农业畜产品存栏

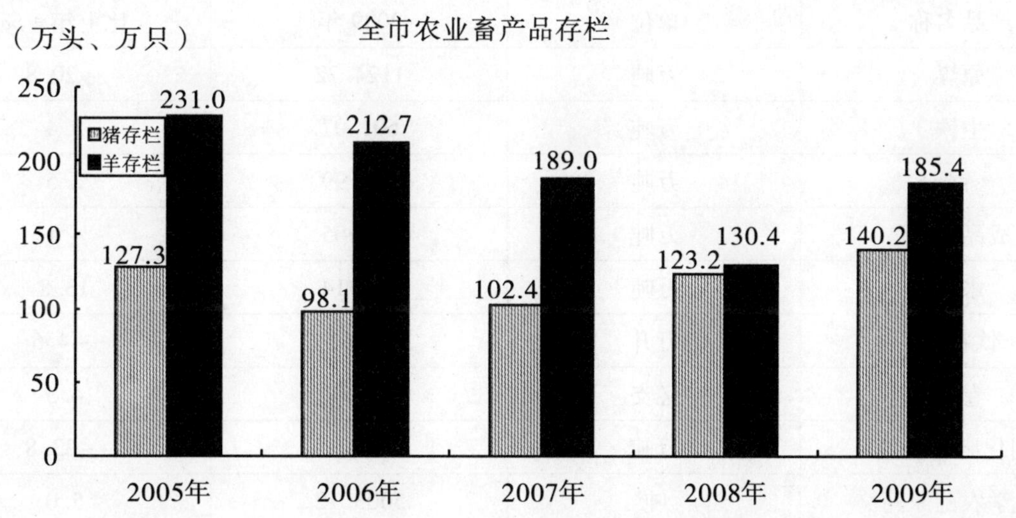

三、工业和建筑业

工业生产逐月转好，经济效益稳步提高，企稳向好的趋势进一步显现。2009年，全市457家规模以上工业增加值完成235.43亿元，同比增长达到10.1%，顺利完成预计目标。其中新型能源、食品加工、装备制造、矿产品及精深加工业，全年分别完成增加值38.00亿元、51.11亿元、25.15亿元、102.35亿元，增长13.5%、8.9%、15.7%、10.8%。

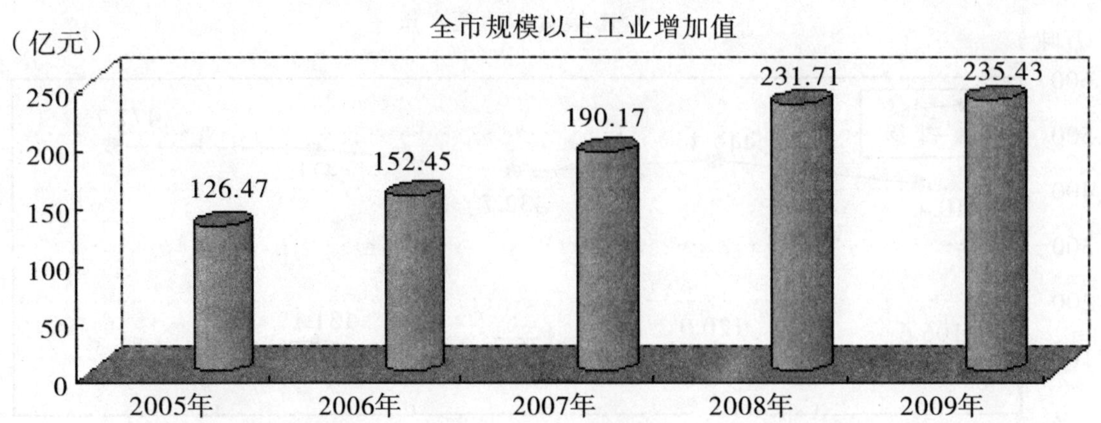

规模以上工业利润实现增长。2009年，全市规模以上工业累计实现产品销售收入615.13亿元，同比下降4.9%；累计实现利税79.27亿元，同比增长9.8%，其中实现利润22.99亿元，同比增长26.5%。

规模以上工业主要产品产量

产品名称	单位	2009年	比上年±%
原煤	万吨	1124.72	-20.8
生铁	万吨	601.07	5.4
钢	万吨	562.99	2.5
成品钢材	万吨	542.05	4.1
水泥	万吨	260.14	13.8
饮料酒	万升	17661	-4.6
卷烟	亿支	405	4.5
农用化肥（折纯）	万吨	6.31	-33.8
化学农药原药	吨	5003.12	5.0
铲土运输机械	台	1162	-15.8
发电量	亿千瓦时	206.12	5.9

建筑业平稳发展。2009年，全社会建筑业完成增加值48.86亿元，比上年增长32.1%。年末拥有资质等级以上建筑企业136家，从业人员达5.62万人。全年资质等级以上建筑企业实现总产值122.63亿元，比上年增长25.8%。资质等级以上建筑业全年房屋建筑施工面积1210.2万平方米，比上年增长30.5%；房屋建筑竣工面积626.37万平方米，比上年增长52.4%。

四、固定资产投资

固定资产投资快速增长，规模稳步扩大。2009年，全市全社会固定资产投资累计完成657.47亿元，同比增长59.4%，增速较上年提高17.9个百分点。从投资地域分布看，城镇固定资产投资完成580.90亿元，同比增长59.7%；农村非农户、农村农户分别完成63.73亿元和12.85亿元，同比分别增长69.0%和16.3%。城镇固定资产投资中，建设项目和房地产投资分别完成484.63亿元和96.26亿元，同比分别增长66.5%和55.7%。

项目建设成效显著。2009年，全市城镇固定资产投资在建项目总数达到1103个，同比增加232个，其中新开工项目891个，同比增加172个。在建的亿元项目个数为226个，同比增加了108个，当年累计投资额达到381.55亿元，同比增长87.2%。亿元项目完成投资占城镇固定资产投资的65.7%。

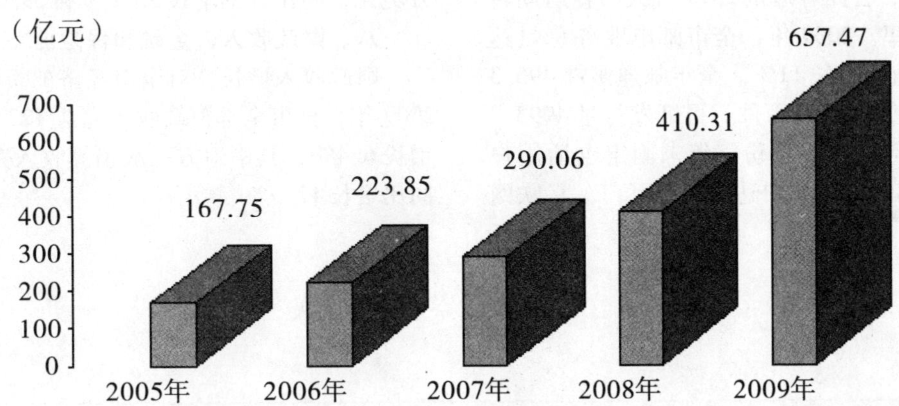

五、国内贸易

国内贸易繁荣发展，消费需求呈现稳步增长。2009年，全市社会消费品零售总额共计实现274.40亿元，同比增长18.0%。其中城市零售额实现145.85亿元，同比增长18.6%，占全市消费品零售总额的53.2%，充分显示其对整个消费品市场的拉动作用。"家电下乡"、"农机下乡"有效地刺激了农村消费品市场的增长。全市县及县以下农村市场零售额实现128.55亿元，同比增长17.1%，农村与城市的消费品零售额增幅差距缩小到1.5个百分点。限额以上批发零售贸易企业食品饮料烟酒类销售额增长14.3%，服装鞋帽针织品类增长21.9%，日用品类增长28.4%。限额以上批发零售企业电子出版物及音像制品类销售额增长63.0%，家具类增长41.5%，化妆品类增长46.5%，办公用品类增长38.7%。随着私家车的不断增多及汽车价格的下降，汽车销售量也不断增加。2009年，全市限额以上批发零售企业汽车类销售额同比增长84.7%。

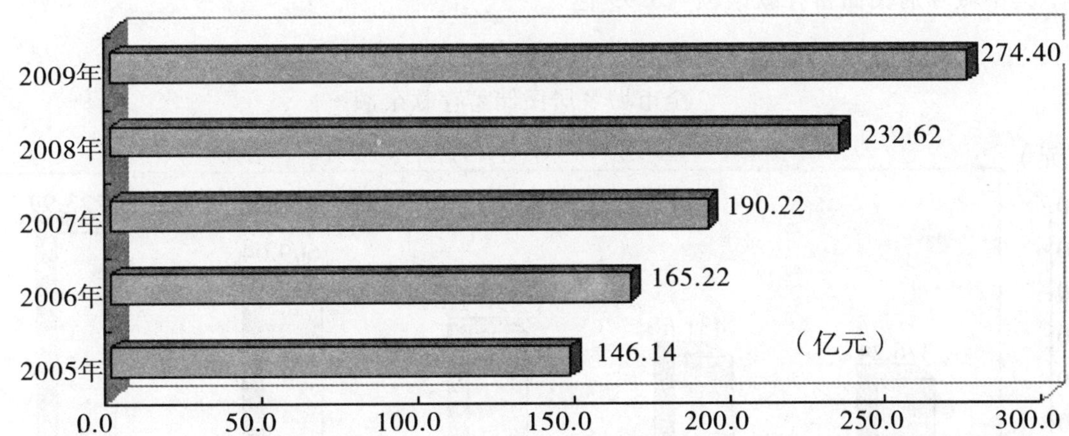

六、对外经济

利用外资呈现了逆势而上稳步增长态势，实现了较大突破。2009年，全市利用外资共实现8288万美元，同比增长30.1%，涨幅与去年相比提高了6.7个百分点，超额完成省下达的目标任务。其中直接利用外资8053万美元，同比增长26.6%；对外借款实现235万美元，同比增长28.4倍；新批、注企业13家，比上年同期增加3家；项目总投资达到8.99亿美元，同比增长2.3倍；注册资本达到3.17亿美元，同比增长2.2倍，其中外商注册资本1.66

亿美元，同比增长2倍。

七、交通运输、邮电业和旅游业

公路建设步伐不断加快，交通运输业健康发展。2009年，全市公路货运量3716万吨，货物周转量105.49亿吨公里，公路客运量2574万人，客运周转量16.61亿人公里。2009年，全市邮电业务总量达65.32亿元，比上年增长11%。全年邮递函件495.3万件，发送特快专递98.3万件。报纸发行量4993.2万份，杂志发行量173.1万份。年末固定电话用户达81.7万户，移动电话用户达294.4万户，互联网用户超过34.9万户。

旅游业稳步发展。2009年，全市累计接待国内游客690万人次，创收37.8亿元，同比分别增长28.5%和28.4%；接待国外游客4万人次，创汇740万美元，同比分别增长33.2%和39.0%。

八、财政收入、金融和保险业

财政收入增长，对全市经济的贡献进一步增强。2009年，全市全部财政收入完成122.01亿元，同比增长6.4%，其中地方一般预算收入完成47.0亿元，同比增长12.9%。

全市全部财政收入

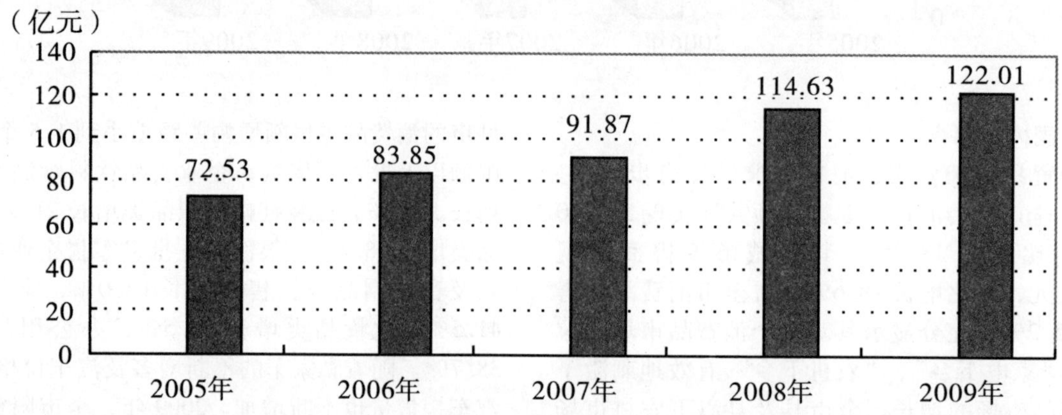

金融运行平稳，保障有力。2009年末，全市全部金融机构各项存款余额1133.07亿元，比年初增长31.2%。其中城乡居民储蓄存款余额723.99亿元，比年初增长18.9%；各项贷款余额782.67亿元，比年初增长43.2%。

全市城乡居民储蓄存款余额

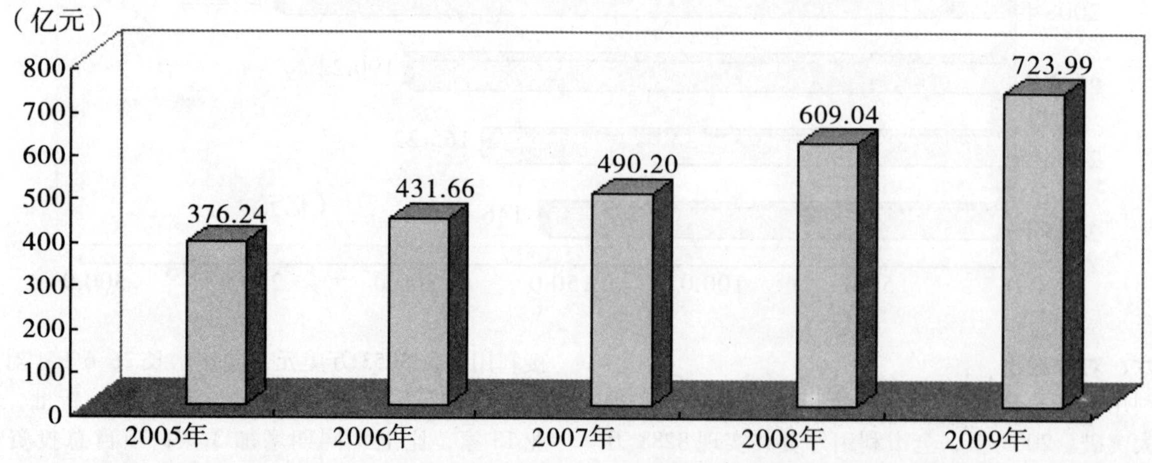

保险业快速发展。2009年，全市保费收入28.78亿元，比上年增长49.5%。其中：财产险保

费收入6.82亿元，比上年增长26.5%；寿险保费收入21.96亿元，比上年增长58.4%。给付赔款6.5亿元，比上年下降12.2%。其中：财产险给付赔款3.4亿元，比上年增长3.0%；寿险给付赔款3.1亿元，比上年下降24.4%。

九、社会各项事业

科技事业取得新突破。2009年，我市鉴定、登记各类科技成果130项，其中国际领先水平4项，国际先进水平18项，国内领先水平85项，国内先进水平23项。“北方抗旱系列马铃薯新品种选育及繁育体系建设及应用”项目荣获2009年国家科技进步二等奖。6个项目获得2009年度河北省科技进步三等奖。

教育事业快速发展。2009年，全市有幼儿园310所，在校生6.94万人；小学695所，在校生29.06万人；中学200所，初中在校生17.17万人，普通高中6.35万人，中等职业学校在校生5.74万人。办学条件不断改善。2009年，小学、初中、高中百名学生计算机拥有量分别达到7.1台、6.7台、11.9台；人均拥有健康图书分别达到23.2册、21.6册、24.2册。

文化事业繁荣发展。2009年，全市共有艺术表演团体10个，公共图书馆14个，群众艺术馆、文化馆16个，文化站245个。以反映三祖文化为主题的新编大型历史剧《合符釜山》在2009年8月的“冀台（张家口）经济洽谈会”成功演出，充分展示了我市浓厚的文化底蕴，形象再现了釜山合符这一中华文明的绚丽篇章。

卫生事业稳步发展。2009年，全市拥有各类卫生机构2080个，卫生技术人员1.93万人。卫生机构实有床位数1.5万张。全市拥有医院68个，床位10106张，卫生技术人员12012人。

体育事业蓬勃发展，参赛成绩喜人。2009年，全市共参加河北省年度比赛32项次，其中7个项目获得了金牌，12个项目获得了奖牌，共取得金牌10块，银牌15块，铜牌19块。我市籍运动员侯玉琢在2009年世界跆拳道锦标赛57公斤级决赛中战胜强敌，为中国队摘得世锦赛金牌。我市选派的4名特奥运动员参加了第九届世界特奥会，在雪鞋走项目比赛中获得3金3银1铜的好成绩。我市残疾人运动员赵帅在2009年全国残疾人乒乓球锦标赛上一举夺得TT7级单打比赛冠军，并晋级世界锦标赛。举办了张家口市首届马拉松长跑比赛，共有137名参赛队员跑完了42.195公里全程。

十、人民生活和社会保障

2009年末全市户籍总人口462.31万人，其中农业人口312.46万人，非农业人口149.51万人。

积极落实惠民政策，居民收入不断增加。据城乡居民住户抽样调查资料显示，2009年，城市居民人均可支配收入13246元，同比增长9.9%，其中工资性收入、经营性收入、转移性收入分别达到9060元、466元、2609元。农民人均纯收入3559元，比上年增长8.3%。其中：工资性收入、家庭经营现金收入、财产性收入、转移性收入将分别达到1586元、1469元、87元、419元。城市居民恩格尔系数为37.7%，比上年下降0.8个百分点。城乡居民住房条件逐步改善。城市居民人均住房建筑面积25.65平方米，比上年增加0.29平方米；农民人均住房面积为21.48平方米，比上年增加0.47平方米。

全市城乡居民收入

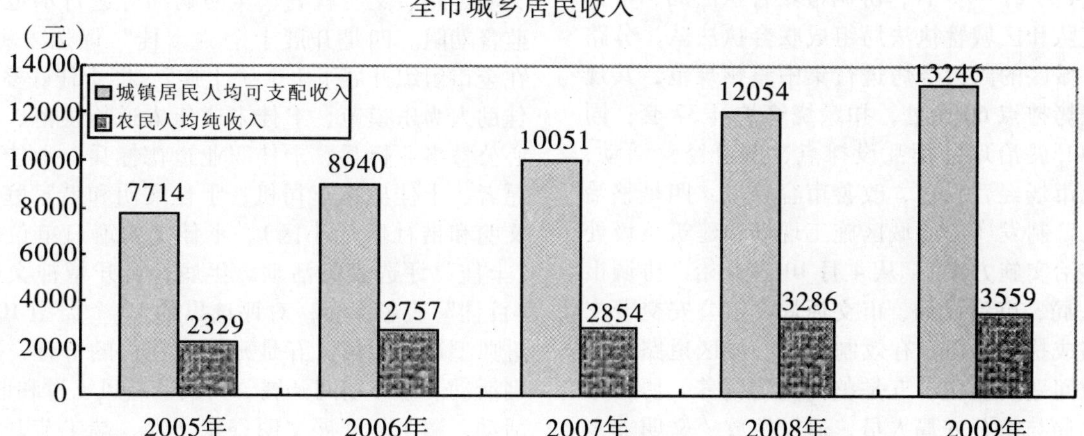

社会保障力度加大，社会福利事业健康发展。2009年，全市基本养老保险人数63.42万人，同比增长5.3%。参加基本医疗保险人数106.3万人，同比增长42.7%。年末城市居民享受最低生活保障人数14.16万人，农村居民享受最低生活保障人数29.48万人。年末全市收养类社会福利单位149个，床位数1.50万张，在院人数14058人。

注：1、本公报2009年数据均为快报数。

2、公报中全市生产总值、各产业增加值绝对值按现行价格计算，增长速度按可比价格计算。

精神文明建设

【整治城市环境】 一是整治环境卫生。2009年4月30日，联合市爱卫办开展“我为城市添光彩、干干净净迎五一”环境卫生集中整治日活动，全市共有10万余人参加；5月7~9日，组织开展“门前三包”责任制签订和落实情况专项督导执法检查，共检查滨河路、五一大街等主要路段沿街商户和单位410家，当场整改361户，下发《责令整改通知书》21份，现场清理乱贴乱画小广告2000余处；年内完成中心城区新改建公厕50座，有效解决城市主干道和繁华地段公厕少、市民如厕难问题。二是整治交通秩序。重点开展对超速行驶、无牌无证、客运车乱设站点、乱调头、酒后驾车、闯禁行、闯信号、强行超车等严重交通违法行为的查纠，打击“黑公交、黑出租”、假牌、套牌和遮挡号牌等违法行为，营造文明有序的交通环境；在全市出租汽车行业开展“创建文明城市、争当文明使者”活动，在市文化广场举行百名出租车司机宣誓活动。三是整治市场秩序。4月21~30日，协调市城管执法局、市公安治安支队和区城管执法局组成联合执法队，分路段对中心城区的露天烧烤进行集中整顿规范，共规范治理烧烤摊点60余处，扣缴烧烤炉具37套；同时，集中开展治理乱摆乱设摊点、占道经营活动，有效规范市场经营秩序，改善市容环境。四是整治建筑施工。制发《中心城区施工现场和建筑垃圾处置专项整治实施方案》，从4月10日开始，协调市城管执法局、市建设局、市交通局、市公安交警支队联合组成执法队伍，有效制止中心城区道路建筑渣土遗撒问题的发生。五是整治宠物饲养。协调市城管执法局与市公安局人员，通过发放“文明养犬宣传资料”、规劝不文明养犬行为等方式，大力倡导文明养犬、规范养犬，营造文明健康的生活环境。

【提高市民素质】 一是组织实施创建文明城市宣传战役。在《张家口日报》、《张家口晚报》、市电视台、市电台等媒体开辟“提升市民素质、创建文明城市”栏目，共刊播各类稿件500多篇（条）；在市区利用一个月时间，出动流动宣传车，进行巡回宣传；各县（区）也都通过出动宣传车，在公共场所设置大型公益广告，在主要街道，单位门前、楼体等醒目位置悬挂宣传横幅，发放宣传材料，利用社区（小区）板报、橱窗等形式，进行深入宣传。二是开展“创建文明城市从我做起”万人签名活动。3月14日，在市文化广场举行启动仪式，在市领导带领下，上千市民在“创建文明城市从我做起”主题宣传活动条幅上签名，并在城区机关、学校、社区开展半个多月传递，共有1万多人签名。三是开展促进公共文明宣传劝阻活动。组织开展《市民文明公约》征集讨论活动，在市主要新闻媒体刊登启事，召开市民座谈会面对面征求意见，公开征集市民意见建议1000多条，并在听取、吸纳市民意见的基础上，修改制定《市民文明公约》，在《张家口日报》等主要新闻媒体公示颁布，在市区住宅小区统一制作安放宣传牌，号召广大市民按照《公约》要求，争做文明市民；加强舆论监督，在《张家口晚报》推出“建文明城市做文明市民从每个人做起”系列报道53期，对各种不文明现象连续进行曝光，引导人们知耻而后改，形成讲文明光荣、不讲文明耻辱的舆论氛围；推进“文明十个一”活动，协调市公交总公司开展“文明乘车”活动，组织40多名干部职工，利用周六、日休息时间，在北站、展览馆、帝广3个乘客比较集中的站点，开展志愿服务，引导乘客自觉排队候车、排队上车、文明乘车，营造良好乘运环境；组织百名离退休老干部开展“争做文明使者”志愿服务活动，围绕文明游园、文明走路、文明就餐、文明购物等进行示范引导和监督劝阻。四是开展十个“十佳”评选表彰活动。在全市组织开展了十个“十佳”，即十佳好婆媳、十佳助人为乐模范、十佳未成年人道德模范、十佳热心公益事业标兵、十佳职业道德标兵、十佳优秀志愿者、十佳出租车司机、十佳文明和谐家庭、十佳文明和谐社区（小区）、十佳文明窗口单位的十个“十佳”评选表彰活动。年底，召开精神文明建设“百佳”表彰大会，对评选出的10个类型100个先进典型进行表彰。五是开展“我们的节日”主题系列活动。春节期间开展“树文明新风、过和谐春节”活动，清明节开展文明祭祀活动，端午节开展爱国主义主题文化活动。协调媒体广泛宣传传统节日的来历、习俗等，提高人民群众对传统节日的认知度，组织开展丰富多彩的文化活动，提高人民群众的参与度，进一步弘扬中华民族优秀文化和传统美德。

【创建文明社区（小区）、文明行业和文明单位】

一是在全市社区广泛开展“市民中心”建设，首批选择40个条件较好的小区展开试点，积极建设以服务市民为宗旨，为社区居民提供就业培训、法律咨询、卫生健康、社会保障等多方面服务的“市民中心”。二是继续开展文明社区（小区）创建活动，积极创建清洁、绿色、平安、文化、和谐的社区（小区），向省推荐荣辰小区等11个文明生态小区。三是开展优质规范服务活动，以商业、旅游、文化、卫生等公共服务行业和党政机关、执法部门为重点，切实加强道德规范、服务技能、礼仪知识等方面教育培训，广泛开展岗位练兵、服务承诺、技能竞赛等活动，积极推行优质规范服务。四是组织开展迎新春“通泰杯”文明单位乒乓球大赛，充分展示各级文明单位文明新风，促进各单位之间交流。

【文明生态村创建】　2009年，全市列入市级创建文明生态村规划的“三化”（道路硬化、村庄绿化、街院净化）建设行政村共100个。

推动文明生态村创建活动不断向广度深度拓展。一是深入开展结对帮建增强创建合力。制发《关于组织开展百家文明单位帮百村活动的通知》，组织动员全市100个国家级、省级和市级文明单位，与列入市级规划的100个创建村进行结对帮扶，重点支持创建村开展“三化”和乡风文明建设。同时，各县（区）也为每一个创建村安排1~3个县级帮扶单位。二是认真贯彻一事一议奖补政策，协调市财政局对全市53个文明生态村实行奖补，有效解决资金短缺难题。三是加强宣传引导。利用日报、电台、电视台及信息内刊，大力宣传县（区）创建活动经验，推出先进典型；协调部分县（区）组织有关人员赴外地考察学习，进一步开拓创建工作思路。四是组织对“三化”建设规划村创建情况进行督查，促进各项创建任务落实完成。年内，100个创建村共硬化道路236.15千米，建成沼气池697个，建设卫生厕所4800座。五是继续开展廉政文化进农村活动。确定27个村为廉政文化进农村活动重点村，其中21个村通过年底验收被市纪检委命名为“廉政文化进农村活动示范村”。六是积极参加河北省首届乡风文明建设创新案例征集活动。收集各县（区）创新案例25个，上报省文明办11个。

开展新民居建设文化引导工作。一是广泛宣传新民居建设的意义、新举措、新进展。二是加强新民居建设文化引导工作，对县（区）新民居建设情况进行摸底调查，向省推荐突出燕赵文化特色的新民居建设村10个。三是加大典型宣传力度，推出万全县南李家庄村、张北县南壕堑村等一批新民居建设先进典型。

【未成年人思想道德建设】　以营造良好的社会文化环境为重点，组织开展净化社会文化环境活动。协调有关部门重点开展集中整治网吧、整治互联网低俗之风、净化荧屏声频、治理校园周边环境和净化出版物市场“四个专项行动”，全力营造健康向上的社会文化环境；组织开展“向国旗敬礼、做一个有道德的人”签名寄语活动，把中小学生作为签名寄语活动的主体，协调教育局组织各中小学校安排专门时间，集中组织中小学生上网签名，通过网上签名寄语活动，激发广大未成年人的爱国情感，增强爱国意识；同时组织开展优秀童谣创作、推荐和评选活动。

（梁　芳）

体制改革

【涉农体制改革】　2009年，全市涉农改革主要有三项：一是集体林权制度改革稳步实施。于2006年开始实施的集体林权制度改革，共涉及18个县（区）209个乡镇的4189个行政村、需明晰产权林地面积131.09万公顷，截至2009年底，已完成明晰林业产权129.52万公顷，占总面积的98.8%。赤城县还成立林权流转服务中心，其他各县（区）后续相关工作在稳步推进。二是水利工程管理体制改革顺利进行。全市纳入水管体制改革的水利工程管理单位47个，其中水库28座，灌区14处，河道管理单位5个，年内，水利工程管理单位改制方案全部得到政府和相关部门批复，水利工程体制改革基本完成。三是农村供销社改革不断推进。加大供销合作社组织创新和经营创新力度，理顺管理体制，规范经营行为，推进新农村现代流通网络工程建设。

【国有企业改革】　2009年，通过采取完善改制政策体系、筹措改革资金、加强协调督导、加大破产重组力度、实施大中型企业主辅分离和分离企业办社会、解决企业历史遗留问题、加强企业班子建设、制定考核办法以及不遗余力做好职工安置工作等多项措施，使全市国企改革工作有了重大进展，共完成450家企业的改制，安置151736名职工，调整其中92505名职工的劳动关系，共支付经济补偿金或安置费26.66亿元；通过改制安置和调整劳动关系的职工人数占到改制企业职工总人数的93.86%。截至年底，全市还有13家企业没有完成改革任务，涉及职工9918人，其中需要调整劳动关系的职工3045人。全市国有中小型企业基本实现“退出”，国有大型企业基本实现股份制改制或改造，全市国有经济战线实现预期压缩目标。

【行政管理体制改革】 整合行政审批资源，改革现有审办模式，市、县全面实行集中审批“一站式服务”；全力打造“阳光政务”，用行政公开增强政策透明度，强化对行政权力运行过程的监控，提高行政效能。重点把深化行政审批制度改革作为优化政务环境的中心环节，归并审批职能、再造审批流程、加强审批管理。从市直各部门选派优秀中青年干部充实到行政服务中心，组建“重大项目全程代办服务处”，挂靠各产业集聚区，为入区重大项目提供从审批到建设的全程代办服务。扎实推进固定资产投资项目行政许可和行政审批事项清理工作，对固定资产投资项目审批、核准、备案、利用外资和境外投资项目的14类事项逐项进行严格规范和清理，缩短办结时间，减免审批环节，逐步改善投资环境、转变政府职能、提高工作效率。

【医药卫生体制改革】 自全省深化医药卫生体制改革工作启动以来，市委、市政府高度重视，认真学习贯彻全省深化医药卫生体制改革工作会议精神，研究部署全市深化医药卫生体制改革工作；及时成立全市深化医药卫生体制改革领导小组及办公室，明确职责分工；多次组织协调市发改委、卫生局等相关部门讨论研究全市深化医药卫生体制改革工作推进开展情况，制定印发《张家口市医药卫生体制改革近期重点实施方案（2009～2011）》和《2009年张家口市医药卫生体制五项重点改革工作》；召开全市深化医药卫生体制改革工作会议，就全市深化医药卫生体制改革的各项任务进行安排，明确责任、细化任务，改革工作有序开展。

【社会领域其他方面体制改革】 一是教育体制改革。全市全部免除城乡义务教育阶段公办学校学杂费，并安排补助贫困寄宿生生活费资金1804.6万元（其中县级资金468.6万元），较上年增长70.97%，落实免除城市区义务教育学杂费配套资金2380万元，安排高、中职国家奖学金、助学金9251万元，受助学生23662名。二是劳动和社会保障改革。全市城镇新增就业不断提高，城镇登记失业率始终控制在4.6%的目标以内，农村劳动力向非农产业转移和劳务输出继续提高；“社会保障工程”多措并举，努力扩大社会保险覆盖面，强化管理，实现医疗保险的平稳运行，全力完善企业退休人员社会化管理服务；全市城镇企业养老保险新增扩面已超省定目标，机关事业单位养老保险新增扩面、农村养老保险新增扩面、工伤保险新增扩面、医疗保险新增扩面以及失业保险新增扩面工作均有所提高。三是科技管理制度改革。重点完成科学、规范、高效的运行机制的建立。分别制定张家口市工业、农业科技创新工程实施方案，提出工业、农业领域科技创新的方向、重点和组织措施。重新修订《张家口市科学技术奖励办法》，设立科学技术市长特别奖。成立“农业科技创新工程”专项办公室，加强工作督导和考核。四是文化体制改革。不断完善文化市场管理机制，促进全市文化市场向着净化、繁荣、有序的态势发展。优秀文艺作品的创作演出硕果累累，群众文化活动蓬勃活跃，文化市场繁荣稳定，新闻出版管理不断规范，文化遗产保护工作成就瞩目，文化产业持续快速发展。

（康天江）

中国共产党
张家口市委员会

主要会议

【市委九届五次全会】　2009年1月4日，中国共产党张家口市第九届委员会第五次全体会议召开。会议深入贯彻落实党的十七大、十七届三中全会、省委七届四次全会和中央、省经济工作会议精神，认真总结2008年工作，科学分析当前形势，研究部署2009年工作。会议确定了2009年全部工作的主题和指导思想及工作目标。

【市委九届六次全会】　2009年10月16日，中国共产党张家口市第九届委员会第六次全体会议召开。会议听取讨论了市委常委会工作报告，审议通过了关于认真学习贯彻党的十七届四中全会和省委七届五次全会精神的《决议》以及加快现代产业发展的《意见》，并就贯彻落实中央和省委全会精神、做好当前工作进行了安排部署。

【市委常委会议】　2009年1月15日，市委书记许宁主持召开九届第45次常委会。怀来县汇报了前一段学习实践科学发展观试点工作情况及下一步工作安排；传达了省、市、县领导赴北京向中央政治局常委、中央政法委书记周永康汇报情况和周永康的指示精神；郑雪碧传达了省“两会”精神。

2月1日，许宁主持召开九届第46次常委会。听取了市纪委关于省纪委七届四次全会精神的汇报，研究市贯彻落实意见。

2月26日，许宁主持召开九届第47次常委会。研究并通过了《中共张家口市委关于开展第二批深入学习实践科学发展观活动的实施方案》（征求意见稿）；市委组织部通报了全市村“两委”换届选举工作情况；听取了全省政法工作会议精神汇报。

3月19日，许宁主持召开九届第48次常委会。传达了全省组织部长会议、省委学习实践活动联络指导组工作座谈会议和全省老干部工作会议精神，研究通过了市委常委及联络指导组指导学习实践活动联系点开展活动有关事宜。

3月20日，许宁主持召开九届第49次常委会。决定任命潘静苏为市公安局局长、党委书记，免去张清市公安局局长、党委书记职务。

4月2日，许宁主持召开九届第50次常委会。研究并通过了《关于2008年党风廉政建设责任制考核情况的报告》；研究讨论并通过了县区党群系统参照公务员法管理申报工作相关事宜。

4月26日，许宁主持召开九届第51次常委会。传达了省委学习实践科学发展观活动和省干部“作风建设年”活动调度会精神，对下一步工作进行了安排部署；听取了河北省对台工作座谈会精神，提出了张家口市贯彻落实意见。

5月8日，许宁主持召开九届第52次常委（扩大）会。听取了魏福刚传达中组部《关于在党政领导班子后备干部集中调整中加强监督认真治理拉票行为的通知》（组通字［2009］23号）和省委组织部（冀组通字［2009］14号）文件精神，听取了市委组织部传达的《中共张家口市委关于后备干部集中调整中加强监督认真治理拉票行为工作方案》和《中共张家口市委组织部关于印发<关于深化学习实践科学发展观活动着力整治民主推荐工作中不正之风的意见>的通知》。同时，对市四大班子开展深入学习实践科学发展观活动第二阶段工作进行了安排部署。

5月25日，许宁主持召开九届第53次常委（扩大）会。听取了关于城镇面貌“三年大变样”有关工作的汇报；听取了关于高新区中心写字楼有关情况的汇报；听取了关于蔚县“7.14”事件有关情况的汇报。市四大班子各位领导和公、检、法“三长”紧紧围绕统一思想、凝聚实干主题，分别作了发言。郑雪碧和许宁先后讲话。

5月26日，许宁主持召开九届第54次常委会。听取了《市委常委会贯彻落实科学发展观存在的主要问题》起草工作及征求意见情况、《市委常委会专题民主生活会会议方案》的说明，对下一步工作提出了明确要求。

5月31日，许宁主持召开九届第55次常委会。研究并原则通过了《中共张家口市委关于建立干部作风建设长效机制的意见》。

6月17日，许宁主持召开九届第56次常委会。传达学习中央政治局常委、中央书记处书记习近平关于张家口市着力打造首都绿色屏障情况的批示精神，研究并原则通过《中共张家口市委关于贯彻落实习近平重要批示精神，继续统筹推进生态环境保护与经济发展的意见》；传达了全省学习实践活动暨干部作风建设年活动进展情况北片汇报会精神，对下一步的工作进行了安排部署；通报了市长郑雪碧带队拜访国家有关部委和央企情况；传达了省委常委、政法委书记、省公安厅厅长张越来张调研时的讲话精神；研究讨论并通过了县区和市直部门领导班子及领导干部2008年度考核结果；研究讨论并原则通过了市委、市政府《关于建立市级党政领导接访制度和“一岗双责”责任制的意见》、《关于建立和完善信访工作长效机制的意见》、《关于进一步强化信访工作责任制和责任追究制的意见》；听取了2009冀台（张家口）经济合作洽谈会和环渤海经济洽谈会筹备情况汇报。

7月1日，许宁主持召开九届第57次常委会。传达学习了省委书记张云川关于城镇面貌三年大变样工作重要批示精神；传达学习了省长胡春华来张家口市调研工作的主要精神；研究并通过了张家口市建国60周年安全保卫“百日会战”实施方案；研究并原则同意《中共张家口市委常委会贯彻落实科学发展观分析检查报告》（征求意见稿）及《群众评议工作实施方案》。

7月6日，许宁主持召开九届第58次常委会。通报了国家电网公司和省政府有关领导来张家口市考察调研有关情况，汇报了张家口市风电产业发展和风光储国家示范项目有关情况。

7月31日，许宁主持召开九届第60次常委会。传达了省委理论学习中心组学习会议精神和设区市市委书记汇报座谈会精神以及北戴河全省重点项目调度会精神；听取了第八届冀台经济合作洽谈会邀商与筹备情况汇报；传达了全省维护社会稳定暨推进政法机关干部作风建设电视电话会议精神。

9月2日，许宁主持召开九届第61次常委（扩大）会。传达了省委书记张云川到怀来县调研精神；传达了省委常委、省纪委书记臧胜业来张调研精神；传达了全省大规模集中开展干部下访接访活动电视电话会议精神，研究讨论了张家口市贯彻落实意见；听取了全市稳定工作汇报，许宁就强化领导干部“一岗双责”，切实做好信访稳定工作讲了意见。

9月2日，许宁主持召开九届第62次常委会。通报了市委常委会学习实践活动群众满意度测评结果；研究并通过了关于迎接省委《干部任用条例》检查，规范有关机构设置及相关干部调整事宜；研究并通过了国办选派干部到怀安县挂职事宜。

9月5日，许宁主持召开九届第63次常委（扩大）会议。传达了中办、国办关于新疆“针刺”事件通知精神；通报了国庆安保期间市级领导分工情况。

9月23日，郑雪碧主持召开九届第64次常委（扩大）会议。郑丽荣传达了党的十七届四中全会精神；李建举就国庆安保工作讲了意见；常增月通报了对国庆安保等重点工作开展督查问效情况；李青春就信访稳定工作讲了意见；宋文玲就甲型H1N1流感防治和安全生产工作讲了意见；郑雪碧讲话。

10月15日，许宁主持召开九届第65次常委会。传达了省委书记张云川到张北县、崇礼县调研精神；传达了全省第三批学习实践科学发展观活动调度会精神；讨论通过了召开市委九届六次全会有关事宜；研究并通过了《关于进一步加强县区统一战线工作的意见》。

11月23日，许宁主持召开九届第67次常委会。研究并通过了张家口市“4+3”现代产业振兴规划。

12月24日，许宁主持召开九届第69次常委会。传达了全省经济工作会议精神；传达了国家和省发展改革工作会议精神；传达了全国政法工作会议精神，研究讨论了《2010年全市政法工作思路》和《关于深入推进社会矛盾化解、社会管理创新、公正廉洁执法的意见》；研究讨论了市委九届七次全会暨全市经济工作会安排意见和全会报告；研究并通过了召开市“两会”有关事宜；研究并通过了县区、市直部门领导班子和市委管理干部《考核评价办法（试行）》、2009年度《县区党政领导班子和领导干部考核实施细则》和《市直部门领导班子和市委管理干部考核细则》；讨论通过了关于对全市县处级领导班子和市委管理的领导干部2009年度推进惩防体系建设和落实党风廉政建设责任制情况检查考核事宜；研究并通过了表彰全市思想政治工作先进集体和先进个人有关事宜；研究并通过了全市优秀农村党员干部表彰名单和全市先进街道党工委、“五型”社区、优秀社区工作者、优秀社区志愿者表彰名单及表彰事项；研究并通过了成立市党员干部培训学院事宜；研究通过了对蔚县“7.14”案件等有关人员处理事宜。

12月28日，许宁主持召开九届第70次常委会。传达了陈全国代省长来张调研精神。

中共张家口市委及其工作部门主要领导

中共张家口市委
书　　记：许　宁
副 书 记：郑雪碧
常　　委：高六喜　李建举　侯　亮
唐树森　常增月　周　林
魏福刚　郑丽荣　李青春

中共张家口市纪委
书　　记：常增月
常务副书记：郭　江

市委办公室
秘 书 长：李青春
常务副秘书长：贾学刚
副秘书长：王建国　王秉成　张凤鸣　韩卫东
侯有龙　冯印涛　王树国　武爱军
办公室主任：王　彪

市委组织部
部　　长：魏福刚
常务副部长：肖文友（4月免）
蒋书钢（4月任）

市委宣传部
部　　长：郑丽荣
常务副部长：刘文锦

市委统战部
部　　长：周　林
常务副部长：姚象彬

市委政法委
书　　记：李建举
常务副书记：张世太

市委研究室　主　任：张凤鸣
市对台办　主　任：闫登仁
市直机关工委　书　记：李青春
常务副书记：王茂全
市委农工委　书　记：韩卫东
市信访局　局　长：冯印涛
市委老干部局　局　长：荣国明
市防范办　主　任：王建国
市编委办　主　任：曲　苏
市委接待服务处　处　长：王秉成
市援坝办　主　任：刘海林
市社科联　主　席：刘凤萍
市委讲师团　主　任：任旭亮
市委党史研究室　主　任：杨红彬
市委党校　校　长：魏福刚
常务副校长：胡　举
市档案局　局　长：李志成（12月免）
杨　敏（12月任）
市日报社　社　长：李　义（4月免）
王志刚（4月任）
市国教办　主　任：于新民

市委办公室工作

【概况】　市委办公室在市委的正确领导下，紧紧围绕市委中心工作，以“两项活动”（学习实践科学发展观和作风建设年活动）为载体，着力在提高干部素质、提高工作能力、提升服务水平上下功夫，为经济社会更好更快发展提供规范、科学、优质、高效的服务，受到市委充分肯定，有关工作受到中办和省委办公厅的表彰。

【围绕大局，服务中心，充分发挥参谋助手作用】

紧紧围绕全市总体发展思路和市委中心工作，认真领会市委领导的工作思路和决策意图，着眼全局看问题、当参谋、出主意、想办法，努力参到点子上，谋到关键处，不断提高为市委决策服务的能力和水平。综合文稿创精品。按照“贴得紧，跟得上，重创新，有突破”的指导思想，主动加强与领导的沟通，准确领会领导意图，力求使综合文字材料体现最新思想和最高水平，体现对基层的针对性和指导性。建立了重大材料集体讨论、层层把关、严密审核制度，集中集体智慧和力量，精益求精，优质高效地做好各类综合文稿起草工作。全年完成领导讲话、总结、汇报、致辞、文件等综合类文稿210多件，文字量100多万字，基本做到立意高、文风实、质量好，较好地发挥了以谋辅政、以文辅政的作用。特别是起草的市委全会报告、农村工作会议讲话、干部作风建设年动员会讲话等，得到了市委主要领导的认可和县（区）、部门的好评；起草的向中央巡视组的第三批学习实践科学发展观活动汇报，得到省委组织部的肯定，以张家口市的汇报材料为蓝本，起草全省第三批学习实践活动向中央的汇报材料。信息报送争先进。认真落实许宁书记“信息工作要在主动、敏感、深刻上下功夫”的要求，挖掘深度、拓展广度、创新角度，全面、准确、及时地反映各方面的重要情况。上报中办信息418期、报省委信息350期，其中2篇信息专报周永康书记、李源潮部长，20篇长篇信息被呈送省领导或刊发全省，11篇书记言论和署名文章被《河北快报》采用，受到胡春华、梁滨等省领导肯定性批示10篇（次），上报中办信息继续保持了在全国的领先位次，报省信息采用量居各市前列，较上年前移两个位次，被中办和省委办公厅评为信息工作先进单位。同时，编发《张家口快报》、《建言献策专报》、《创新点专刊》、《信息专报》等信息内刊370多期，市领导批示达43篇（次），其中许宁书记批示、表扬达22篇（次）。承担了全市作风建设年简报编报工作，简报上报量和采用量分别居全省的第3位和第2位，受到市委、市政府主要领导的批示表扬。调查研究重实效。制定下发办公室调研工作制度，针对市委提出的“保增长、调结构、强基础、惠民生”的总要求，围绕项目建设、产业发展、城市建设、民生保障等内容，开展了趋向性、苗头性、综合性调查研究，加强对全市经济运行情况的分析研究，撰写了一批有份量、有深度、有价值的调研报告，编发《综合与调研》20期，多次得到市领导的批示。在《河北公报》刊发调研和书记署名文章3篇，协助省委办公厅综合调研室撰写的《关键是真正干出样子来——从张家口县城大变样得出的思考》得到省委书记张云川的充分肯定和批示。

【突出重点，狠抓落实，充分发挥督促检查作用】

紧扣市委重大决策和重大工作部署以及人民群众反映强烈的热点、难点问题，开展多形式、全方位的督查，有力推动了各项工作的落实。狠抓专项查办工作，实现有查必果。对温家宝、李克强、周永康等中央领导同志和省委、市委领导同志批办、交办的28件事项进行了专项查办，做到批则必查，查则必清，清则必办，办则必果，办结率达到100%。完成了25件党委系统政协提案办理工作，提案人满意率达100%，督查室被评为办理政协提案先进单位。突出重大决策督查，确保政令畅通。就全民创业、招商引资、项目建设、民生保障、信访稳定、国庆安保、干部作风建设等方面开展重点督查20多次，坚持从大处着眼、从小处着手、从具体问题着力，狠抓不落实的环节和带有普遍性、根本性、倾向性的问题，以重点突破带动全面工作的整体推进，确保市委的各项决策部署不折不扣地落到实处，多次受到许宁书记、郑雪碧市长、李青春秘书长等领导的肯定性批示。强化综合督查，促进成果转化。坚持把督查与调研紧密结合，既注意查找工作落实中存在的问题，又善于深入发掘工作落实中的典型经验和成功做法，使一批决策督查和专项查办调研成果进入市委决策。全年共向省委督查室反馈专报30期，编发《督促检查工作》、《督查通报》等内刊51期，其中对赤城县设立信访滚动救助基金的调研受到市委领导充分肯定，并在有条件的县区大力推广。

【统筹兼顾，高效运转，充分发挥综合协调作用】

围绕市委工作高效有序运转，建立了超前筹划、快速反应、精细运作三个机制，力求“办文零差错、办会零疏漏、办事零失误”。会务组织严密细致。坚持细处入手、严格把关，规范了会前、会中、会后各个环节工作流程，做到工作不漏项、协调不脱节，圆满完成市委九届五次、六次全会，全市领导干部会、市领导集中学习研讨会等各类会议52个，常委会27次，做到领导满意、参会人员满意。承担了第八届冀台经贸洽谈会会务工作，高水平完成600多名来宾的接待任务，为冀台会的成功举办做出了积极贡献，受到各级领导和来宾的充分肯定。公务接待精细周到。坚持提前制定接待方案、事先协调每个环节、事中全程跟进服务，实行规范化、程序化、特色化、人性化接待，出色完成了中央巡视组、中央考察组、张云川、胡春华等各级领导和秦皇岛、邢台、乌兰察布等省内外党政考察团等80余个大型和重要接待任务，展示了市委办公室的良好风貌和接待水平。公文运转规范快捷。严把公文起草关、审核关、收发关，做到文件制发限时办结、公文传阅快传快办、请示报告即收即送、各类公文及时归档，共审核印制各类文稿384件，办理各类文电4.2万份，确保了公文运行的“有序、规范、高效”。完成《中办通讯》征订工作，被省委办公厅评为《中办通讯》工作先进单位。维稳工作扎实推进。加大对“法轮功”等邪教组织的深挖打击、教育转化、宣传揭批力度，转化“法轮功”分子15名，破获“法轮功”重点案件9起，摧毁“法轮功”团伙3个，捣毁窝点12个，抓获处理涉案人员43人，全面实现了“三个零指标”，防范办被评为全省防范办系统国庆安保工作先进集体和全市国庆安保工作先进集体。坚持重点时期集中排查和经常排查并重，排查和调解结合的原则，深入开展矛盾纠纷大排查大调处活动，共排查各类重点矛盾纠纷和苗头隐患5427件，调处5118件，调处成功率94%，使大多数矛盾纠纷化解在基层和萌芽状态。机要保密安全畅通。从提高电报的传输、阅办质量出发，严格执行电报传阅制度、登记制度、催办制度、领导签批制度，共收发明密电报18.3万页，办理明密电报4.8万份，打印、复印文件7.4万页，做到无错传、无漏传，无泄密，无漏办、无积压。进一步健全全市保密工作领导机制和工作制度，深入开展了保密宣传教育，对全市一、二类涉密单位和8个重点县区进行了实地检查，登记备案涉密计算机1.5万台，有效防止了失泄密事件的发生。日常服务高效有序。重新修订完善紧急情况重大事件报告的规定，更新值班室硬件设施，制定值班工作流程和载体，使值班工作步入专业化轨道。严格执行财务管理、车辆使用、物品采购、安全保卫等各项制度，保障市委机关的正常运转。加强全市公务内网的日常维护，完成市内各区公务内网的升级改造工作，确保系统正常运行。关心离退休老干部生活，及时解决他们的实际困难和问题，让老同志满意。

（郭建龙）

纪检监察工作

【加强监督检查】　对国家下达张家口市的4批共11亿元资金涉及的807个扩大内需项目进行跟踪检查，保证项目顺利进展和资金安全运行；深入开展专项资金综合治理，对10大类48亿元专项资金进行重点审计检查，纠正违规资金1.66亿元；协同有关部门开展对全市重点工程建设、矿业秩序治理整顿、节能减排、民生工程等工作的专项检查；对学习实践科学发展观和干部作风建设年活动开展情况进行督导检查。

【优化发展环境】　深化行政审批制度改革，全市共减少行政审批事项1056项，其中市本级减少130项；集中清理房地产开发行政审批和收费项目，对30个部门行政审批事项办理效能和收费情况进行检查；深化民主评议工作，先后两次组织1.6万名群众问卷测评，对76个市直单位进行听证质询，对17个市直单位的152名中层干部开展民主评议；加强机关效能建设，建立行政效能监控联系点，坚持不定期暗访巡查，查处不作为、乱作为问题216个，80名干部受到责任追究。

【严肃查办违纪违法案件】　全市纪检监察机关共办案551件，其中大要案233件，结案501件，党政纪处分500人。加大商业贿赂案件查处力度，全市共立案查处商业贿赂案件66件，结案62件，涉案金额423万元。

【开展系列化反腐倡廉教育】　召开全市警示教育大会，通报蔚县李家洼煤矿新井“7·14”特别重大炸药燃烧瞒报案等三起典型案件，组织新闻媒体对各单位特别是涉案单位教育整改情况进行跟踪报道；邀请中央纪委领导来张授课，结合大量违纪违法案例，宣讲反腐倡廉形势；在怀来县董存瑞纪念馆建立“反腐倡廉教育基地”；开展“勤廉奉献、科学发展”岗位廉政教育演讲比赛；大力开展廉政文化建设，举办“迎国庆60周年风清气正大好河山”书画摄影展，评选出市级廉政文化示范单位59个。

【加大制度创新和监督力度】　认真落实领导干部廉政谈话、诫勉谈话、纪委负责人同下级党政负责人谈话、述职述廉等制度，制定《市、县（区）党委委员、纪委委员开展党内询问和质询实施细则》和《关于党政机关工作人员问责的暂行规定》；深入开展党政机关“小金库”专项治理，查纠“小金库”资金7146万元；严格执行省“十个严禁”规定，认真开展党政机关公务用车、公款出国（境）旅游等专项检查工作；加强农村党风廉政建设，完善村干部廉洁自律、乡镇政务公开、村务公开和党务公开、农村集体资金资产资源管理、基层信访督办、村干部勤廉双述双评和公开质询、村级民主监督组织建设等六项制度。

【推进行政权力运行监控机制建设】　突出重要权力和重点领域，完善制度，规范行政审批、收费、处罚等权力的行使，加强对政府投资项目、专项资金运行、政府采购和住房公积金管理使用等领域的监控；组织各县（区）政府本级重新核定行政权力1253项，查找廉政风险点1451个，制定防范措施1556条；市直53个单位重新核定行政权力1495项，查找廉政风险点1683个，全部纳入防控范围。

【加大纠风治乱力度】 对35个单位的106项行政事业性收费项目进行监督检查，整改问题43个；清理评比达标表彰活动194项，撤销73项；开展农民负担突出问题专项治理，全面推行“一卡通”或“一折通”发放粮食直补及农资综合直补资金；加大治理教育乱收费工作力度；切实纠正医药购销和医疗服务中的不正之风；集中治理公路“三乱”，对15起违规违纪问题进行调查处理；坚持领导轮流接访和周日大接访，加大重点信访件督办力度，群众反映的问题得到较好解决。

【市纪委九届四次全会暨政府廉政工作会议】 2月6日，市纪委九届四次全会暨政府廉政工作会议召开。会议传达贯彻十七届中央纪委三次全会、省纪委七届四次全会精神，回顾总结2008年全市党风廉政建设和反腐败工作，研究部署2009年全市反腐倡廉工作。市委书记许宁，市委副书记、市长郑雪碧出席会议并讲话。许宁在讲话中强调，要始终把坚持服务大局作为首要任务，始终把加强党性修养和作风建设作为重要责任，始终坚持党要管党、从严治党的方针，不断把反腐倡廉建设引向深入，努力营造风清气正、干事创业的良好环境，为更好更快发展提供坚强保证。市委副书记、市长郑雪碧就做好政府系统廉政工作要求，要继续推进政务环境建设和行政权力公开透明运行机制建设；深入开展专项资金综合治理；扎实推进政风建设；大力提倡求真务实之风、勤俭节约之风、依章办事之风三种良好风气。市委常委、市纪委书记常增月代表市纪委常委会作了题为《坚持以科学发展观为统领，扎实推进全市党风廉政建设和反腐败工作》的工作报告。报告回顾了2008年全市党风廉政建设和反腐败工作，从九个方面部署了2009年主要工作任务，严明党的政治纪律，推动科学发展重大决策部署的贯彻落实；加强领导干部党性修养，树立和弘扬良好作风；大力优化发展环境，突出优化政务环境；深化行政权力公开透明运行工作，全面推进行政权力运行监控机制建设；进一步强化监督，落实领导干部廉洁自律各项规定；加大查办案件工作力度，坚决惩治腐败；坚决纠正损害群众利益的不正之风，着力解决群众反映强烈的突出问题；深化体制机制制度改革，进一步推进治本抓源头工作；加强基层党风廉政建设，促进社会和谐稳定。

【中国监察学会华北地区学术联络组工作交流暨理论研讨会】 8月11日，中国监察学会华北地区学术联络组工作交流暨理论研讨会在张北县召开。中央纪委监察部有关领导以及北京、天津、山西、内蒙、河北五省市监察学会主要领导出席会议，省委常委、省纪委书记臧胜业出席会议并致辞。

（郝树锋）

组织工作

【干部教育培训】 以科学发展观和十七届四中全会精神为中心内容，先后在市委党校举办全会精神专题培训班18期，对1700多名县处级干部，乡镇、街道党政正职干部轮训一遍。举办市委党校县处级领导干部进修班和优秀中青年干部培训班2期4个班次，培训干部238名。邀请樊纲、秦宣等知名专家学者就领导干部作风建设、“世界金融危机与中国经济走势”等内容作专题报告；在清华大学、中国人民大学等高等学府举办地方政府投融资实务、女干部领导能力提升、企业管理创新等高级研修班和党外干部培训班。

【干部监督】 认真开展《干部任用条例》自查自纠，圆满完成省委检查组对张家口市贯彻执行《干部任用条例》的检查工作。两次召开全市干部监督工作会议，抽调10个检查组，深入到20个县（区）和11个市直干部管理部门，对2007年以来贯彻执行《干部任用条例》情况进行全面检查。实施市县两级2008年干部选拔任用和民主评议、民主测评工作。制定《张家口市党政干部选拔任用提名工作暂行办法》、《关于深化学习实践科学发展观活动着力整治民主推荐工作中不正之风的意见》。制定并认真落实《市级领导谈心谈话制度》，市委主要领导带领纪检、组织等部门负责同志逐一与县（区）委书记进行谈心谈话，受到省委领导充分肯定。

【人才工作】 筹备召开了全市人才工作会议，下发《关于进一步贯彻落实科学发展观加快推进人才资源开发的意见》、《关于建立健全人才工作运行机制的意见》、《关于建立人才资金投入机制的意见》和《关于建立人才快速服务机制的意见》等4个人才工作指导性文件，对50名有突出贡献的专业技术人才、高技能人才和农村实用人才进行隆重表彰和重奖。制定《张家口市加强高校毕业生就业工作的若干意见》。为2008年以前引进的16名硕士解决80万元安家费。

【干部考核】 制定领导班子和领导干部考核评价"一办法两细则"，形成以"分类分级考核、考人考事结合、社会广泛参与、奖惩使用挂钩"为主要特点的考核新机制。对124个县处级领导班子和1484名市委管理干部2008年度工作进行全面考核。对20个县（区）重点项目工作进行严格考核，申请190万元对重点项目综合考核前十位的县（区）进行奖励，对项目建设排名倒数第一的县（区）亮"黄牌"。配合省委组织部圆满完成17名县（区）委书记集中考核。

【基层组织建设】 圆满完成村"两委"换届工作。全市4161个村党组织、4175个村委会换届选举在全省率先完成。村党组织和村委会换届一次选举成功率分别达到100%和99.8%。成立市委基层组织建设办公室，不断深化"一抓双管"制度。深化拓展"一定三有"机制，建立村干部岗位目标管理制度，209个乡镇全部建立村党支部书记档案和岗位目标台帐；"乡编村岗"经验得到李源潮部长的肯定。在万全县试点推行村级权力公开运行制度，制定村干部权力清单，以规范和监督村干部行使权力。符合条件村干部办理养老保险率达到66%，17名村党支部书记考录进入乡镇公务员。高质量完成4385个农村现代远程教育站点建设任务和7个县（区）519个站点市级配套设备安装调试工作。顺利完成选聘800名大学生任务。全市23个街道党工委全部成立了街道党工委组织员办公室。全面开展"万名志愿者助推和谐社区建设行动"，成立志愿者协会。在全市603家非公有制企业中建立党组织，其中212家规模以上企业全部单独建立党组织。

【党员管理】 全市全年发展党员16208名，其中35岁以下、高中以上文化程度的优秀青年党员13861名、女党员5003名、生产和工作一线党员12590名，分别占发展党员总数的85.5%、30.9%、81.2%。制定《关于推进流动党员城乡一体化管理工作的意见》，成立张家口市驻京流动党员联谊会，在北京昌平、丰台、宣武等11个区县建立10个联合党委，对10个党员活动室进行统一布置和挂牌，构建了京张两地流动党员共管机制。开通"12371"党员咨询服务电话专线，进一步畅通广大党员的诉求渠道。

【科学发展观和作风建设年活动】 在全市范围内组织开展学习实践科学发展观和干部作风建设年活动。邀请厉以宁等知名专家学者，对县（区）和市直单位"一把手"集中授课3天；开展理论宣讲、专题讲座、学习交流200多场次；组织5万多名党员干部参加科学发展观知识竞赛；对1300多名县处级以上领导干部进行理论测试。集中开展"三对照"、"恳谈日"、"征集月"和"谈心交心净心"活动，先后召开征求意见座谈会130场次，下发征求意见卡2万多张，邀请80多位国内知名专家学者进行"把脉会诊"，全市共收集到意见、建议66100条，归纳总结《聚焦提炼问题报告》、《领导班子分析检查报告》131份。积极推进各部门各单位规章制度的废改立，减少和规范行政审批，削减行政许可和审批项目171项，审批时限平均缩短14.4个工作日。出台《关于加快现代产业发展的意见》、《关于推进行政权力运行监控机制建设暨深化行政权力公开透明运行工作的意见》、《关于建立干部作风建设长效机制的意见》等一大批体现科学发展观要求的政策措施，受到基层干部群众的欢迎。中央政治局常委、中央政法委书记周永康，中央书记处书记、中央组织部部长李源潮，中央办公厅副主任、中央学习实践活动领导小组成员赵胜轩，省委书记张云川对张家口市开展学习实践活动给予充分肯定。

（郭　强）

宣传工作

【理论武装工作持续深入】 中心组学习规范有序。围绕学习贯彻落实科学发展观和干部作风建设主题，制定下发《市委理论学习中心组2009年理论学习安排意见》和《张家口市2009年理论工作要点》，对领导干部理论学习进行系统安排。依托"市委中心组学习讲坛"平台，先后邀请中国纪检监察报社社长李本刚，国家发改委汪鸣会长、省检察院原检察长侯磊等专家学者围绕落实科学发展观，加强党性党风修养、转变经济发展方式等内容举办专题讲座。在张家口日报开设学习实践科学发展观专栏——"党政领导谈科学发展"，刊发各级领导干部理论文章80余篇。理论普及宣传及时有效。结合全市实际，编写印发《科学发展六十讲》辅导材料1万册，下发到基层干部群众手中。开办全市深入学习实践科学发展观活动理论骨干培训班。组织开展"科学发展观下基层宣讲活动"，举办专题报告近1400余场，听取宣讲报告的干部群众达18万人次。组织开展学习实践科学发展观高端读物系列图书宣传展示活动。张家口市理论工作博客总点击量突破

63000人次。理论调查研究不断深入。紧密联系全市经济社会发展和干部群众思想实际，组织理论工作者、有关专家学者开展有针对性的理论调研活动。成功召开张家口肇建580周年座谈会。以京张铁路建成通车100周年和新中国成立60周年为契机，推出一批《加速实施“全力对接北京”战略之思考》、《变“山河好大”为“大好河山”——张家口推进城市“三年大变样”的调查与思考》等有现实指导意义的调研成果。

【新闻宣传工作成效显著】 舆论引导坚强有力。紧紧抓住国庆60周年、学习实践科学发展观活动、防控H1N1流感、城镇面貌三年大变样等重点工作，先后开设“开放创新、全民创业、特色创优、富民强市”、“推进城镇面貌三年大变样、打造山水园林生态城市”、“深入开展学习实践科学发展观活动”、“加强作风建设、优化发展环境”等专栏专题，集中时间、集中版面，有组织、有计划地推出一批重头报道，及时宣传市委、市政府的重大部署和重要动态，反映各县（区）、各部门在实践中探索出的成功经验和取得的重大成就。全年共召开新闻协调会26次，及时协调市直新闻媒体对市委九届六次全会、全市“两会”、全市经济工作会、全市农村工作会、全市领导干部大会等650多个市内重要会议和市领导重大活动进行宣传报道，打造推出“谷子专家赵治海”、“扎根基层好干部王永利”等一批重大典型，成功组织“春动河北”市委书记访谈和“瞰河北”、全会精神看落实等大型采访活动，有力推动了市委、市政府各项重大决策部署的贯彻落实。对外宣传效果明显。在央视《探索与发现》栏目播出三集电视纪录片《梳妆楼揭秘》，在央视《新闻30分》栏目开辟张家口市天气预报形象宣传窗口。成功组织“友谊合作共赢——北京媒体张家口行”大型记者采访活动、央视网“城市频道”记者来张家口采风活动。在《人民政协报》、《文汇报》、《大公报》开辟专版，全面介绍张家口发展现状和前景。成功组织“坝上草原旅游节”、“怀来葡萄采摘节”、“崇礼国际滑雪节”和“京张心连心”大型文艺演出等重大活动新闻宣传工作。外宣稿件数量有了新提升，先后在经济日报、光明日报推出《河北张家口：产业结构优化升级经济平稳较快发展》、《河北张家口打造首都绿色生态屏障》两篇头版头条报道。全年在省级以上新闻媒体共刊播各类稿件6300多篇（条）。其中国家级媒体415篇（条），省级媒体1700篇（条），网络媒体4200篇（条），在河北日报头版头条和报眼发稿数居全省第二，河北电视台发稿数居全省第二，河北新闻联播发稿数居全省第一，河北电台发稿数全省排名第三，超额一倍完成省委宣传部中央媒体考核任务。各项制度不断健全完善。建立新闻联席会议制度。每半月召集新华社驻张记者站、省各新闻单位驻张记者站负责人、市直新闻媒体负责人召开新闻例会，研究对上新闻选题、谋划头版头条及深度报道。建立新闻事件快速反应机制，针对新闻点，及时召开新闻协调会，充分讨论，集中研究，第一时间确定选题内容和报道角度。制定下发《关于加强在中央、省级媒体宣传张家口工作的实施办法》，对2008年度“宣传张家口先进集体”和“宣传张家口好新闻”进行表彰，新闻工作者宣传张家口的积极性和主动性进一步提升。

【思想政治教育工作不断深化】 坚持把爱国主义教育作为庆祝新中国成立60周年的主要内容，着力拓展内涵，精心组织落实。制定下发《关于庆祝新中国成立60周年有关活动的通知》，组织开展“迎国庆、讲文明、树新风”活动，举办“爱国歌曲大家唱”歌咏比赛100余场，群众参与人数突破25万人次。认真开展新中国成立“双百”人物评选投票活动，张家口市推荐申报的董存瑞、马宝玉、吉鸿昌、马万水4位英模成功入选。成功申报命名察哈尔烈士陵园、苏蒙联军烈士陵园、怀来董存瑞纪念馆和涿鹿黄帝城为省级爱国主义教育基地。认真贯彻落实全省净化社会文化环境工作会议精神，成立净化社会文化环境工作领导小组，召开全市净化社会文化环境工作会议，制定下发《张家口市净化社会文化环境实施方案》，协调各有关部门重点开展了集中整治网吧、整治互联网低俗之风，净化荧屏声频，治理校园周边环境和净化出版物市场等“四个专项行动”。组织开展“向国旗敬礼、做一个有道德的人”签名寄语活动。按照规定程序，选拔并向省推荐17名“宏志班”学生。在市四中开办第六届“宏志班”，资助贫困学生50名。

【文化事业得到发展繁荣】 文化体制改革深入推进。组织有关人员到徐州、邯郸等地学习考察广电文化体制改革，制定《张家口电视台关于推行制片人制的试行办法》。对《张家口日报》进行全面改版，拓展新内容，增加新栏目，扩大了影响力。认真完成综合改革试点单位张家口艺术团和尚义县艺术团前期改制工作。顺利完成全市5个市级影院、15个县级电影公司（影院）和1个农村电影院线公司的行政管理职能划转工作。文化产业做大做强。

及时组织召开全市文化产业发展推进大会，成立了文化产业协会，出台下发《关于进一步推进文化产业发展的实施意见》、《关于推进文化产业发展的若干政策》和《张家口市文化产业统计调查实施方案》等文件。以建设文化产业园区为重点，组团赴浙江横店学习考察，精心规划、设计启动了“泥河湾、涿鹿始祖文化园区”、“鸡鸣山驿文化园区”等文化园区建设。协调资金2400多万元拍摄电视剧《大境门》，并于2010年元旦前后在4个卫视频道播出。与省影视剧制作中心联合摄制电视连续剧《为了新中国前进》，在央视一套黄金时段成功播出。公共文化服务做实做细。成功组织全市军民春节联欢会、元宵灯展和“钻石之光”焰火晚会三大文化节庆活动，组织开展了科技、文化、卫生“三下乡”和“四进社区”活动。继续实施以“共享文化成果、共建和谐社会”为主题的公益文化工程，每月为广大市民免费组织一场社科知识专家讲座。《悠久的历史，灿烂的文化——张家口文物陈列展》开展一年来，共接待观众100多万人次。文化项目品牌做精做优。精心打造三祖文化品牌，成功举办冀台同胞涿鹿共祭三祖大典、海峡两岸三祖文化论坛和大型历史剧《合符釜山》演出等活动。精心打造草原文化品牌，借助首届张北草原音乐节平台，实现文化与旅游共融互动。精心打造冰雪文化品牌，做大崇礼国际滑雪节、张北仙那都冰雪节等项目，推进沽源冰雪文化创意基地、赤城滑雪基地建设。重点扶持康保县“二人台”艺术、蔚县剪纸产业发展，努力将品牌优势转变为产业优势。

（李　佳）

统战工作

【党派工作有效推进】　支持民主党派加强思想建设、组织建设。组织民主党派领导干部在中央社会主义学院举办为期一周的培训班、赴内蒙古进行为期一周的学习考察。完成6名区级组织主委人选的考察工作，年内有4个民主党派区级组织圆满完成换届。积极协助各民主党派市委开展市级组织后备干部民主推荐工作，组织召开各民主党派领导干部座谈会和组织建设研讨会。为每个民主党派各增加3万元调研工作经费，切实改善民主党派工作条件。积极引导和推动各民主党派深入开展“四比四看”活动（比招商引资看实绩；比调研决策看成果；比服务社会看贡献；比自身建设看形象）。省委统战部《统战专报》专门刊发了张家口市各民主党派开展“四比四看”活动的做法，省委常委、统战部部长刘永瑞给予高度评价，作出批示：“张家口市委统战部在民主党派和工商联系统开展的‘四比四看’活动，把科学发展观和省委开展的作风建设年的要求实化为活动，载体可靠、机制实在、实效性强，是种务实之举。望宣传办跟踪、总结、推广”。市委书记许宁也作出批示：“近两年来，我市统战工作日益活跃，为全市中心工作贡献甚大。无论民族宗教工作，还是经济统战工作；无论是党外干部选拔培养，还是民主党派自身建设都有创新、有成效，值得市委各部门学习借鉴。‘四比四看’活动仅是全部统战工作的载体之一，由此折射出统战部工作思考有深度，推动有力度，选择有角度。如全市各项工作都像统战部这样，那张家口更好更快发展的步伐就会迈得更坚实”。

【民族宗教领域和谐稳定】　全力确保国庆期间宗教领域和谐稳定。严格落实包活动场所、包重点村、包重点人物的“三包”责任制。及时启动教育引导、应对境外媒体、区域联动、排查调处等宗教长效工作机制。教育转化天主教地下势力工作成效显著。研究制定《关于建立教育转化地下神职人员责任制的意见》。张家口市在全省天主教工作交流会上作了典型发言。大力扶持宗教爱国力量。市县两级累计投入160多万元，举办17次不同层次的培训班，培训宗教干部、宗教教职人员190余人次。云泉禅寺、伏魔禅寺、天主教主教府等重点宗教活动场所建设顺利进行，为市级各宗教团体增加宗教工作经费3万元。果断处置非法宗教活动和妥善解决宗教领域矛盾纠纷。

民族工作，推进“春雨行动”，积极为民族乡村办实事，29个民委成员单位为沽源大二号回族乡支持项目39个，落实资金306.74万元、贷款390万元。推进民族团结进步创建活动，隆重召开全国民族团结进步模范个人李卫泽同志事迹报告会。

【经济统战工作扎实开展】　搭建5个平台，进一步提升统战工作服务非公经济发展水平。搭建企业家素质提升平台，举办实用知识培训班、经济形势报告会、专家讲座等5期，培训人员1000多人次。搭建政企交流平台，与工商联共同创办“民营企业情况反映（内参）”，为领导决策提供依据。搭建银企对接平台，上半年，共成立28家民间信贷机构，发放贷款3.14亿元，438家企业和个体工商户得到贷款。搭建企业间沟通平台，发挥市温州商会、泉州商会、市代理商联合会以及市工商联6个二级行业商会的社团组织功能，交流行业信息，实现共同发展。搭建企业维权平台，帮助企业协调解决7起涉及企业经济纠纷执行难、执法人员乱罚款等方面的维权案件。引导非公企业和非公经济人士深入学习实践科学发展观，走科学发展之路。结合第三批非公经济组织学习实践活动指导工作，针对不同类型企业进行分类指导，确保学习实践活动的全覆盖。深入开展综合评价体系工作，树立选人用人标尺。成立由市直21个部门组成的领导小组，建立市级非公经济代表人士综合信息档案库，对5名市工商联副主席、市民间商会（总商会）副会长候选人进行了考察。鼓励和引导非公经济人士服务社会，参与公益事业。继续开展“百企联百村”活动，共有69家企业与645个村结对，投入资金3.01亿元、安排就业11140人、培训农民6600人次。鼓励非公经济人士积极为重点工程建设做贡献，全市有张登斌、张海、马怀清、杨军、张志军、张全胜、刘文、李成等8位民营企业家为云泉禅寺工程建设捐款及认领工程折款合计1000多万元，温州商会副会长严国军无偿为云泉禅寺安装了价值30多万元的消防设备。民营企业家田继东为伏魔禅寺移建工程无偿捐款300多万元。搭建招商引资平台，服务经济发展。筹备参加了“冀东北五市统一战线民营经济协作发展联谊会”第一届年会，协同市工商联及相关部门成功主办第十一届“环洽会”，会上签约20个项目，总投资132.54亿元。

海外统战工作，配合做好匈牙利经贸合作代表团到市考察前期工作。对省政协香港委员、华人置业集团总经理吕丽君为张家口市捐资50所海联新农村卫生室严格把关，在全省率先通过省委统战部验收并投入使用。成功举办第八届“冀台会”。会上签约项目13项，其中外资项目5项，项目总投资11331万美元，内资项目8项，总投资23.23亿元。对全市海外华侨华人代表人士进行摸底统计，初步建立了档案库。

【党外干部工作成效明显】 对全市党外人士安排情况和统战系统干部配备情况进行详细摸底。重点掌握各县区人大、政协中党外人士所占比例、各县（区）政府部门党外干部配备数量、各县（区）党外人大副主任、政府副县（区）长、政协副主席的配备情况等。对统战系统单位科级干部任免工作进行详细自查，对十届省政协一次会议以来的委员、常委变化情况进行详细摸底。第二批党外干部挂职锻炼工作圆满结束。20名党外干部经过一年的挂职出色的完成挂职锻炼工作，此项工作得到市委书记许宁、市委统战部长周林、市委组织部长魏福刚的充分肯定和高度评价，分别作出重要批示。会同市委组织部联合下发《关于培养和选拔配备党外干部的意见》。对党外干部的培养和选拔配备工作作出明确规定。党外干部教育培训工作积极推进。成立市社会主义学院并举办了首期党外干部培训班，举办县处级党外领导干部和优秀党外中青年干部培训班，赴安徽学习考察党外干部培养选拔、教育培训等方面的好经验、好做法。组织20个县（区）统战部长到中央社会主义学院学习培训。

党外知识分子工作。扎实做好“知联会”成立前的准备工作，确定“知联会”理事人选。积极向省委统战部报送“无党派人士政治交接主题教育活动”总结材料，其中桥东区政协副主席贾丽云的事迹被收入省委统战部编印的《无党派人士典型事迹汇编》。起草下发市委统战部、市委教育工委《关于印发高校统一战线工作联席会议制度》的通知。选派9名农业专家参加省委统战部组织的“三百”智力对接活动。开展对国有企业统战工作的督导检查。

强化统战调研、信息、宣传工作。圆满完成省委统战部下达的年度调研课题。在省委统战部组织召开的全省“积极应对国际金融危机影响”主题研讨会上，市委统战部采写的《发挥统战独特优势，帮助企业积极应对金融危机影响》调研文章入围20篇佳作之列，并作了会议发言。年内，在中央（国家级）刊发文章和信息11篇（条），省级刊发80多篇（条），统战信息工作居全省第一，被市委办公室评为“上报市委信息工作先进单位”，编发内部刊物《张家口统战》31期，继续编撰《中国共产党张家口统一战线史》。经市委常委会同意，市委办公室转发了市委统战部《关于进一步加强县（区）统一战线工作的意见》。

（李海君）

政法工作

【概况】 全市政法各部门紧紧围绕国庆60周年安全保卫工作，积极排查化解矛盾，深入开展社会治安综合治理，大力加强队伍建设，各项工作取得明显成效，年内全市未发生影响较大的重大案件、事件、事故，人民群众安全感、满意度明显提高。

【圆满完成国庆安保任务】 严密组织推进。超前制定国庆安保百日会战实施方案，分三个阶段开展“六个排查”专项活动，下大力解决“五个方面问题”，强力推进“十项重点工作”。深入开展干部下访接访和“两包一保”活动，组织7000余名干部接访、下访、约访群众1387批、5889人次，解决各类信访问题2714件。筑牢护城河屏障。重点构筑环京检查站、与北京接壤线、与外省市接壤道路三道防线，设立治安检查站4个、哨卡29个、临时检查站48个，共劝返人员6339人、车辆2529辆，收缴管制刀具101把。确保重点部位安全。采取分区管理、交通管制、死看死守、全程监控等措施，对影响国家安全和关系国计民生的重要目标、重点部位，逐点逐线落实守护责任。广泛发动群众。共组织动员16余万人民群众投入国庆安保，形成了村自为战、企自为战的良好格局。

【积极排查化解矛盾纠纷】　健全机制。制定了加强流动人口管理等四大长效机制和党政联席会议定期研究维稳综治工作等四大实施意见，制做预防和处置群体性事件流程图，对重大矛盾隐患实行挂图作战、维稳令督办，努力实现由“事件维稳”向“机制维稳”的转变。源头治理。在全市推行稳定风险评估机制，各级各有关部门对百余件重大事项进行风险评估，从源头上预防群体性事件的发生。积极排查化解。深入推进“三位一体”矛盾纠纷排查调处体系建设，围绕征地拆迁、企业改制、军队退役等十个方面群众关注的热点难点问题，定期排查，合力调处，全年共排查矛盾纠纷5316件，调处5150件，调处率96.9%。稳妥处置。强化情报信息收集研判，共超前获取各类不稳定信息120余条；有关县（区）和部门主要领导、主管领导亲临一线，靠前指挥，共成功阻止化解群体访和群体性苗头事件46起。

【强化社会治安综合治理】　夯实基层基础。进一步加强基层综治委（办）建设，明确了乡镇（街道）党委书记第一责任，在乡镇，整合派出所、司法所、人民法庭等部门力量建立综治工作大平台，在村（居）推广建立了综治工作站。深化“三位一体”调解中心建设，全市232个乡镇、街道办事处全部建立调解中心，有基层人民调解组织4703个，人民调解员19776名。不断发展壮大群防群治队伍，共组建治安联防队1187个，社会治安志愿者组织197个。深入开展严打整治。先后两次组织开展全市性的严打整治专项斗争，重点打击黑恶团伙犯罪、严重暴力犯罪、多发性侵财犯罪。全年，共破获各类刑事案件4135件，抓获各类犯罪嫌疑人3521名，打掉黑恶势力团伙30个。集中整治突出治安问题。先后组织开展了“两个排查”、打击扒窃攻坚战、打击网络淫秽色情、禁种铲毒等一系列专项行动，共排查混乱地区突出治安问题167个，并全部整治完毕，人民群众安全感明显提升。

【下大力解决涉法涉诉信访问题】　严格落实责任。对中央政法委、省委政法委交办案件实行双重交办，逐案明确包案领导、责任人和办结时限。各级政法部门主要领导带头包案，亲自约访接访，强化案件调度，对瑕疵案件实行刚性问责。合力解决问题。坚持以人为本原则，采取法制宣传、思想教育、亲情感化、领导包案、下访接访等多种措施，多管齐下，合力攻坚。建立涉法涉诉资金。全市设立涉法涉诉信访救助专项资金200万元，对80案84人进行救助，做到案结事了、息诉罢访。

【严格政法队伍管理教育】　严格教育管理。深入开展学习实践科学发展观和社会主义法治理念教育活动，认真落实“十条禁令”、“四条纪律”，深入开展“大走访”、“五民”主题实践活动，政法队伍始终保持良好的精神风貌。坚持典型引路。组织开展范党育式干警选树活动，全市政法系统共选树张晓磊等先进个人14名、先进集体9个，将其事迹辑印成书，在全系统推广学习。发挥职能作用。主动服务第一要务，积极参与整顿和规范市场经济秩序，制定《政法机关服务企业促进经济更好更快发展的十条意见》，出台一系列便民利民措施，全市政法机关与112个项目或企业结成帮扶对子。

（孙　强）

信访工作

【构建信访工作大格局】　市委书记许宁、市长郑雪碧及其他分管市领导多次召开会议研究信访工作，对信访工作作出重要批示100余次，对各级各部门提出明确要求，并且带头处理信访问题。各级各部门努力构建起了一把手负总责、分管领导具体负责、其他领导“一岗双责”、齐抓共管的信访工作大格局，全市信访工作环境明显好转，扭转了全市信访总量连续两年增长的势头。年内，共受理群众来信来访5961件次，同期相比下降10.1%。其中，受理来信1909件次，同比下降3.5%；接待来访4052批次23549人次，同比分别下降12.9%和11.0%；接待集体上访811批次15378人次，同比分别下降7.7%和19.5%。群众到市以上越级上访与全省其他市相比增幅下降，其中赴省集体访同比下降23.5%。办理中央、省交办信访案件341件，按期和年终结案率分别达99.1%和99.7%，在全省名列第二。未发生一起造成恶劣影响的进京赴省上访事件，为维护首都和省会的社会政治稳定做出积极贡献。中央信访工作督导组将张家口市作为典型在全省进行了经验介绍和交流。

【创新工作机制】 以市委、市政府名义印发《关于建立和完善信访工作长效机制意见》、《关于建立市级党政领导接访制度和“一岗双责”责任制的意见》、《关于进一步强化信访工作责任制和责任追究制的意见》等三个信访工作长效机制文件，修改完善《张家口市信访工作责任目标及考核办法》，制定出台《关于加强对进京非正常上访行为依法处置工作和完善劝返接回机制的实施意见》，真正做到信访工作干有纲领，抓有责任，考有依据。实现信访工作重心“三个转变”，即由对信访事项的转办交办向督导检查并促进问题解决上转变，由被动受理群众来信来访向预测、防范并及时协调化解上转变，由对办信接访情况的简单反映向综合分析并提供决策建议上转变。有力维护了全国、省、市“两会”，“6.4”、“8.1”和建国60周年大庆等重要政治敏感时期的社会稳定。

【维护群众合法权益】 围绕解决信访问题、维护群众合法权益这个根本，有效化解群众信访反映的问题。强化源头预防。针对企业改制、土地征占、城镇拆迁、银行系统协解人员、涉军人员、教师待遇、农村电影放映员、奶农等特殊群体以及冬季居民取暖、拖欠农民工工资等热点、难点问题，全年共开展5次矛盾纠纷集中排查化解活动，排查各类矛盾纠纷1438件，化解1366起，化解率达到95%，从源头上有效预防和减少信访问题的产生。同时，在“三年大变样”建设中，对旧城改造、城市基础设施建设以及道路拓宽等涉及群体利益的重大项目，建立重大决策、重大项目信访风险评估机制，广泛开展民意调查，充分考虑群众利益，从政策和决策的源头预防矛盾纠纷。强化协调督导。通过加大协调调度、跟踪督导力度，有效促进问题妥善解决。年内，4次成立督导组深入20个县（区）进行督导，68次带案下访，36次召开案件协调会，成功协调解决了180多个重大疑难信访问题。强化解决问题。以深入开展学习实践科学发展观活动为契机，以全国、全省开展的“积案化解年”活动为抓手，先后在全市组织开展县委书记大接访、信访积案化解年和“百日百案”、“越级集体上访和进京非正常上访集中攻坚月”、市级领导“两包一保”、干部下访接访、民生信访问题专项治理等7项专题活动，集中解决信访积案老案154件，越级集体上访、重复越级上访和进京非正常上访疑难案件265件，涉及民生信访问题195个，大量的问题在第一时间、第一地点及时得到解决。同时，针对部分特殊疑难信访问题，倡导县（区）创设信访救助基金，有效解决一些重大信访疑难案件。赤城县共运用基金208万元，解决疑难信访案件11件，有效地维护了社会和谐稳定。桥西区先后投入460万元资金解决了230余件民生信访案件。

【强化基层基础】 以完善乡镇信访服务中心体制为依托，积极探索整合基层信访服务资源和信访工作力量，使信访工作更加贴近基层，更加有效地整合资源，更加有效发挥源头化解作用。全市各县区实行司法所、综治办、信访服务中心合署办公，成立由乡镇党委领导的矛盾纠纷大调解中心，并调配人员充实到调解中心，增加调解力量，实现矛盾纠纷的“一站式”管理和“一条龙”调解，切实形成矛盾纠纷调解的工作合力，做到矛盾纠纷“小事不出村、大事不出乡、难事不出县”。同时，积极探索信访信息报告员、不稳定因素排查员、政策法规宣传员和矛盾纠纷调解员“四员合一”的信访信息员制度。市信访局编写的《张家口市信访系统掀起学习潘作良先进事迹热潮》被中央联席办刊载，并报送中央政治局、书记处各同志以及国务院总理、副总理、国务委员；编写的两期信访工作动态信息，也分别受到了国务院副秘书长、国家信访局局长王学军的充分肯定，并两次做出重要批示。

（秦爱芳）

决策研究

【概况】 2009年，紧紧围绕市委中心工作，充分发挥决策服务职能和参谋助手作用，先后调研撰写领导署名文章、理论性文稿、调研报告等98篇，编印《专送件》26期、《决策参考》11期、《调研动态》8期、《领导参阅》3期，共计210多万字。理论文章和调研报告均得到市委、市政府领导的批示，所提建议决策转化率达100%。在全国性刊物《学习与研究》、《学习时报》、《理论前沿》、《领导科学》，省级刊物《河北日报》、《河北公报》、《河北发展》以及《张家口日报》发表文稿49篇，取得报送专件批示率、决策建议采纳率、理论文章刊发率、承办任务肯定率、典型经验推广率“五率并高”的可喜成绩。

【开展理性研究性调研】　先后调研撰写了《“三年大变样、推进城镇化”的思想内涵与实践意义》、《地方党委要增强落实科学发展观的自觉性》、《关键在“自身转化”上下功夫》、《一个具有战略意义的递进决策和现实选择》、《地方党委书记履职尽责应把握好的四个着眼点》等理论文章，都得到市委主要领导充分肯定。

【开展问题对策性调研】　先后调研撰写了《稳定健康发展的大方向不能动摇——关于我市房地产业发展的调查与思考》、《借鉴“长”处接“短”板——我市与唐山市产业集聚区建设比较研究及对策建议》、《虽有大进步，还需迈大步——对全市项目建设的基本估价和对策建议》等文稿，大部分得到多位市领导批示，并全部进入市委决策。

【开展总结经验性调研】　总结撰写《“金凤”缘何落涿鹿——对涿鹿县项目建设取得重大突破的调查与思考》、《“变样”变出“精气神”——关于张北县城镇面貌“三年大变样”的调研与思考》等文稿，在得到市领导批示同时，向全市推广学习。

【推动形成全市上下联络、左右协同的“大调研格局”】　注重发挥市委研究室牵总协调的作用，与有关县区部门联合调研撰写《落实科学发展观的成功实践——关于怀来县学习实践科学发展观的几点思考》、《关于科学利用资源优势，积极打造板块经济的调查与思考》、《携手共“为”渡难关——关于我市奶牛产业发展现状的调查与建议》、《究竟是“谁”惹的祸——关于我市优化环境存在问题的对策与建议》，都进入了市、县委决策。

（杨　海）

理论教育

【开展三次大规模理论宣讲活动】　2009年，市委宣传部和市委讲师团在全市范围内先后组织开展了“学习科学发展观”、“社会主义核心价值体系、爱国主义和‘六个为什么’”、“党的十七届四中全会和省市委全会精神”三次大规模的理论宣讲活动。市县（区）两级宣讲团在3月、8月和11月，组织动员宣讲团成员700多人次，分别深入到全市20个县（区）、部分市、县（区）属部门、企事业单位以及乡村、社区，作宣讲报告1400余场，听取报告的党员干部和群众约18万人次。

【举办18期专题培训班】　市委党校将十七届三中、四中全会精神纳入主体班课程，适时举办18期“全市学习贯彻党的十七届四中全会精神专题培训班”，对全市1700多名领导干部进行集中培训。还选派10名教师深入市直、县（区）、社区多家单位进行了专题辅导，宣讲达70多场，受众达9000多人次。

【指导宣化区理论宣讲工作站开展好工作】　市委宣传部和讲师团指导宣化区委宣传部建立起全市第一家基层理论工作宣讲站，3月揭牌正式运行。一年来，宣讲站共开展宣讲活动22次，内容涉及政治、经济、教育、卫生等多个方面，包括社区干部在内的听众约9000余人次听取了该站的理论宣讲报告，产生了良好的社会影响。

【编辑完成《科学发展六十讲》】　为在全市开展好学习实践科学发展观活动，市委讲师团编辑完成了5万多字的《科学发展六十讲》学习手册，印刷一万册，发放到各县（区）、市直各单位科级以上党员干部手中。

【参加“2009年全国城市党委讲师团主任年会”】

2009年5月，由北京市委讲师团承办的“2009年全国党委讲师团主任年会和全国城市党委讲师团主任年会”在北京召开。省委讲师团、石家庄市委讲师团和张家口市委讲师团赴北京参加了这次会议，在会上，市委讲师团以“借助社会理论人才，宣讲普及特色理论”为题做书面发言，与全国其它各地讲师团互相交流了开展讲师团工作的体会。

（李宗宪　张　芹）

机关工委工作

【概况】　中共张家口市委市直机关工作委员会为

市委的工作部门，负责市直机关党的工作。下辖市直机关党的基层组织425个，其中，机关党委32个，党总支21个，党支部372个，党员7771人。

【思想政治建设】 全面开展深入学习实践科学发展观活动，抓自身严要求，规定动作不走样，抓基层求突破，创新工作有特色，编发《活动专刊》37期，指导活动开展，取得丰硕成果。结合学习贯彻党的十七届四中全会和市委全会精神，相继开展了“四新”主题学习、“争做科学发展好机关，争当科学发展好党员”、“五型”机关创建以及“学会阅读，分享快乐”主题读书、培训辅导、讨论交流等活动，理论武装工作进一步加强。

【基层组织建设】 以规范化建设为目标，继续完善基层党建工作例会制度、年度党建工作述职制度、党建联系点制度，强化工委牵总，党组（党委）主抓，基层党组织落实的工作机制；制定《市直机关党的基层组织建设工作流程》、《市直机关党的工作百分制考核办法》等规范性、指导性文件，开展“五好党支部”创建活动，208个党支部达到规范化标准，基层组织规范化建设水平有新提高。

【作风建设和反腐倡廉建设】 以建立健全惩防体系为重点，深入开展“作风建设年”活动，加强机关党风廉政建设责任制的督导检查，建立健全公开承诺制、首办责任制、限时办结制、行政问责制、考核评议制、导向激励制等六项制度，完善市直机关800多名正科级党员干部廉政档案建档内容，开展科级以下党员干部关键岗位监督和党务公开工作。深化廉政文化进机关工作，开展丰富多彩的廉政教育活动，27个单位达到廉政文化进机关示范点标准。

【精神文明建设和群团组织工作】 以迎接建国60周年为契机，重点组织开展元宵节灯展、卫生整治、为马拉松比赛加油助威、大型歌咏会、论文征集、国防知识竞赛等活动。坚持经常性群众文体娱乐活动，开展乒乓球、棋类、登山、篮球、羽毛球等群众体育活动；开展“青年文明号”、“文明家庭”、“巾帼文明示范岗”等创建活动，营造机关和谐、文明、健康的文化氛围。2009年，市直机关工委被评为全省机关党务系统信息工作先进单位、全市中心组学习先进集体、全市纪检工作先进单位、全市扶贫工作先进单位等。

（刘 超）

对台工作

【成功举办第八届冀台经济合作洽谈会】 2009年8月8日，由国台办和省政府共同主办，全国台企联和省台办、市政府承办，台湾3个行业协会协办的第八届“冀台经济合作洽谈会”在张家口市成功举办。全国政协副主席罗富和、国台办副主任孙亚夫、海协会副会长王在希、副省长杨崇勇、省政协副主席王刚、台湾地区新党主席郁慕明、工党主席郑昭明以及在岛内和大陆有影响的台湾企业家、旅游、学术界人士和媒体记者参加了冀台会，参会人员750多人。参会的433位台商中有85%以上是总裁、董事长或者总经理，全国台企联会长、巧集集团董事长张汉文，全国台企联常务副会长、系统电子科技（深圳）有限公司董事长黄明智，全国台企联常务副监事长王屏生，台湾工商建研会理事长、亚洲联盟集团董事长颜文熙等台湾三大工商团体知名人士、岛内知名企业家和在大陆投资的近半数以上的重量级台商来张参会。本次洽谈会共有13个项目上会签约，其中外资项目5项，项目总投资11331万美元；内资项目8项，总投资23.23亿元。以多媒体形式发布重点招商项目10项，总投资32.35亿美元；以招商项目册形式发布重点项目56个，总投资87.76亿美元，拟利用外资53.28亿美元。项目重点涉及旅游、机电、食品加工、商贸物流、新型能源开发等领域，符合市委九届六次全会提出的“4+3”产业发展定位。

【打造“三祖圣地”金字招牌】 在国台办、省台办的支持下，涿鹿共祭三祖活动列入2009年国台办十大重点交流项目。分期分批组织接待台胞1100余人次到涿鹿三祖堂开展祭拜黄帝、炎帝、蚩尤三位始祖活动，特别是在第八届冀台会期间举办的“冀台同胞涿鹿共祭三祖大典活动”规模空前宏大，海峡两岸关系协会副会长王在希、台湾新党主席郁慕明、省政协副主席王刚、国台办交流局局长李唯一，市委、市政府领导和两岸同胞1500多人参加了祭祖活动，得到国台办、省政府领导和两岸同胞的高度评价。8月7～9日召开“海峡两岸‘三祖文化’论坛”，来自海峡两岸的历史学、考古学界等相关领域的62位专家学者出席本次论坛。中国先秦史学会会长李学勤、中华炎黄文化研究会常务副会长赵德润，中国先秦史学会常务副会长宋镇豪，台湾唯心宗南天文化院院长杨极东、台湾工党主席郑昭明等台湾各界及知名人士亲临大会并讲话。论坛期间，大家深入探讨了黄帝、炎帝、蚩尤“三祖文化”和“合符釜山”的历史价值和现实意义，形成一致共识。

【张台两地交流日益频繁，合作方式更加多样】

交流团组更具代表性。重点组织了文化、学术、教育、经贸等8个团组赴台开展经贸考察和交流等各项活动。赴台团组层次高、领域广，市委常委、统战部长、总工会主席周林，市委常委、市委秘书长李青春，市政府副市长何江海分别率市直有关部门主要领导、有关县（区）主要领导赴台湾进行考察交流活动并取得显著成果。在全省对台经济工作会上，得到省台办的充分肯定和表扬。张台交流更具广泛性。争取到台湾台塑集团在张家口市捐助兴建“明德小学”5所，吸引市外资金450万元，此项目对进一步改善张家口市乡村小学教学条件，起到推动作用。10月初，台湾远东集团向阳原县捐献50万元人民币，用于当地学校基础建设。8月8日，台湾遭受“莫拉克”台风侵袭，市委、市政府领导高度关注台湾受灾情况，全市紧急捐款100万元人民币，帮助台湾受灾同胞早日恢复正常生产生活。此次捐款活动在岛内和大陆引起强烈反响，得到台胞的赞许和感谢。民间交流更具普遍性。共接待台湾政治大学等10多批次的民间交流团组，广泛推介张家口市的风土人情、民俗文化、城市的历史和发展情况，推动张台民间交流向更高层次、更宽范围发展。6月，成立张家口市对台经济文化交流服务中心，加大对在张台企、台胞的服务力度，搭建了民间交流平台。

【全力做好对台招商工作】　建立与重点台协的合作关系。在第十三届中国国际投资贸易洽谈会会议前期，赴宁波市拜访宁波市台协，就张家口市与宁波市台协加强交流与合作、与台湾农业项目合作、宁波台商产业转移和北上投资、阳原地热项目合作开发等有关议题进行讨论和洽谈。密切与重点台商的联系，在第十三届中国国际投资贸易洽谈会期间，联系台湾东元集团新事业推展中心执行长连昭志、台湾安台创新科技有限公司协理高华雄等就在张家口市生产制造风力发电设备项目与市领导和有关部门进行对接洽谈，共有70余批次台商到张家口市考察洽谈有关项目。邀请台商实地考察意向项目。台湾东元集团新事业推展中心执行长连昭志一行于10月17日到张家口市就该公司拟在张生产制造风力发电设备项目进行实地考察，并与市直有关部门对接洽谈；台湾科风股份有限公司中国首席代表张代枫两次来张就光伏发电项目与市直有关部门和县（区）对接洽谈。做好现有台企服务工作。帮助台湾威盛电子有限公司完成葡萄酒项目二期土地租赁的前期各项工作；多次到在张投资的台资企业调研，了解台企在生产生活中存在的实际困难，并根据《台资企业贷款实施办法》帮助新东阳集团做好贷款前期准备工作；积极联系省台办协调有关部门，帮助新东阳集团做好河北左卫金沙滩体育育乐有限公司营业税减免工作。

【加大对外宣传张家口力度】　做好市委、市政府向台湾灾区捐款100万元人民币的岛内宣传工作，相关报道分别在台湾年代电视台、台湾联合报、中国台湾网、《台湾工作通讯》等媒体播发；向岛内客商寄送《大好河山张家口》、《张家口投资指南》、《张家口市重点招商项目》等各种资料300余套1800多册；邀请台湾主流媒体到张家口市进行采访，台湾年代电视台来张录制长达73分钟的《印象张家口》宣传片，并于7月6～11日在台湾年代电视台新闻频道中播出，全方位推介张家口区位优势和项目优势，加深张家口在台湾岛内群众中的影响；全力宣传冀台会。中央电视台、光明日报、河北日报、河北电视台等中央、省重点媒体对冀台会均进行了重点报道。中央电视台《朝闻天下》栏目在7月下旬连续播出第八届冀台会宣传片，CCTV－4、CCTV－9两个频道分别在8月9日《海峡两岸》和中国新闻栏目对第八届冀台会系列活动进行报道；新华社、光明日报、中新社、经济时报、中国县域经济报、中国企业报、河北日报、河北电台、河北电视台等中央、省级媒体均报道《张家口举办冀台经济合作洽谈会》的新闻。新华网河北频道开设冀台（张家口）经济合作洽谈会专题网页。香港文汇报、香港大公报、香港经济导报三家香港媒体对冀台经济合作洽谈会和冀台同胞共祭三祖活动给予了重点报道。新华网、央视网、中国台湾网、搜狐网、中新网、中经网、千龙网、长城网、光明网等国内主流门户网站刊发或转载了冀台经济合作洽谈会、冀台同胞共祭三祖活动、中华三祖文化研讨会的视频、消息、图片新闻共计50多条。

（王　宇）

老干部工作

【落实老干部“两项待遇”】　加强老干部“两个

建设”。组织全市老干部学习党的十七大及十七届三、四中全会精神，举办报告会80余场。6月，市委老干部局与市委组织部联合举办全市离退休干部党支部书记培训班。创新、健全党支部活动制度，离退休党员3人以上单位均建立党支部或党小组。全市单建老干部党支部376个，党小组369个。桥东区委老干部局离退休干部党总支获“全国离退休干部先进党支部”和“全省离退休干部先进党支部”荣誉称号，受到中组部和省委组织部的表彰。全面落实老干部政治待遇。春节前夕，市四大班子领导分组对担任过地市级实职离退休干部和老红军进行走访慰问。国庆节期间，市委老干部局代表市委、市政府对96名易地安置离休干部进行走访慰问。1月和7月，市委、市政府分别召开全市离退休干部迎春茶话暨形势通报会，市委、市政府主要领导向老干部通报2008年全市经济社会发展情况、2009年工作设想、2009年上半年经济社会发展情况。5月开始，组织离退休干部代表定期参加市委学习中心组每月一次的专家学者报告会。5月和8月，先后组织曾担任地市级实职离退休老领导参观本市“三年大变样”规划、重点工程建设及涿鹿县工农业生产建设。围绕庆祝建国60周年，组织全市离退休干部开展了“服务‘四保’、唱响‘五好’”（即：服务“保发展、保民生、保稳定、保中央决策部署落实”，唱响“共产党好、社会主义好、改革开放好、伟大祖国好、老干部政策好”）主题活动、“我与祖国共奋进”和“畅谈‘三年大变样’”有奖征文活动；举办了全市离退休干部庆祝建国60周年书画摄影展、全市离退休干部文艺汇演和慰问离退休干部大型文艺演出。在省委老干部局、《中国老年报》联合举办的“我与我的祖国”征文活动中，桥西区获得个人二等奖1名，三等奖6名，市委老干部局获优秀组织奖。市委老干部局与有关部门联合下发张老发［2009］3号文件，作出离休干部及副市级退休干部去世后免费刊登讣告等规定；争取市财政资金80万元，解决了全市特困、破产企事业单位700余名离休干部不能按规定订阅报刊问题，全市各行业、各系统老干部的各项政治待遇得到全面落实。认真落实离退休干部生活待遇。下发《2009年度老干部工作考核百分评价标准》，形成《关于建立特困离退休干部帮扶机制的实施意见》。将市本级及7个区454名离休干部无工作遗属全部纳入市城镇居民医疗保险，个人负担医疗统筹金全部由财政负担，并列入财政预算。争取市财政资金150万元，为全市特困企事业单位700余名离休干部发放年终一次性生活补贴。加强疾病预防，建立了市、县两级离休干部健康档案；12月，对20个县（区）、50个有老干部专职机构单位进行工作联查；认真做好老干部信访工作，办结率100%。

10月9～11日，省委老干部局在怀来县召开全省老干部工作现场会，市委老干部局、怀来县委老干部局分别作典型发言。省委常委、组织部部长梁滨，省委老干部局局长张增良对张家口市及怀来县老干部工作给予高度评价。

【加强阵地建设，推动老年教育和文体活动开展】

全市各级老年大学以“增长知识、丰富生活、陶冶情操、促进健康、服务社会”为宗旨，把服务老干部、满足老干部需要作为第一要务，通过加强软硬件建设、增加专业设置等，使办学规模不断扩大，学员人数明显增加，教学质量显著提高。全市建有各类老年大学（学校）152所，在校学员2.5万人，形成市、县、乡、社区四级老年教育网络。全市老干部活动中心（室）建设当年新增面积1760平方米，共有老干部活动中心（室）221个，建筑面积3.5万平方米。市老年大学在校学员从上年1200多人发展到2000多人，教学专业从24个增至28个，教学班从45个增至54个，建有9个社团组织。

【发挥老干部作用】 全市45675名离退休干部，有13696名老同志在不同领域发挥作用。在教育青少年中发挥作用。各级关工委在新中国成立60周年之际，组建40个“五老”爱国主义报告团深入广大青少年中，从历史和现实、理论和实践、成就和经验相结合的高度，唱响“五好”时代主旋律，作传统教育报告320场；建法制教育报告团20个，作报告260场；办农民科技培训班47期；在宣化区新兴街小学举行“马万水中队”创建暨“双百人物”进校园活动启动仪式，全市中小学校“英雄中队”达180个；共建家长学校785所。在经济社会发展中发挥作用。1247名老干部通过种植、养殖和三产，年创产值152.8万元，纯收入56.9万元，安排社会人员689人，帮贫致富110户。在构建和谐社会中发挥作用。500余名“五老”人员担任网吧义务监督员；在学习实践（作风建设年）活动中，400余名离退休干部提出的31条涉及全市经济、城建、民生、老干部政策的意见建议，被市委《百姓之声》连续采用5期，受到市委、市政府主要领导高度重视和肯定。

【开展学习实践科学发展观和干部作风建设年活动】　按照省、市委的统一部署，开展了学习实践科学发展观和干部作风建设年活动。结合工作实际，在全市老干部系统开展了“双结对、双服务”活动、“百名老干部科（局）长联系千名老干部”活动、“讲党性、重品行、做表率”活动。

【加强老干部工作队伍自身建设】　市委老干部局以“树正气、讲团结、练内功、强素质、求突破”为主线，结合各项活动，制定了《市委老干部局2009年度创建“五型”机关工作实施意见》。举办了全市老干部科（局）长培训班，对各县、（区）委老干部局长，市直及中省属驻张各单位老干部工作负责同志共70余人进行培训。研究探索老干部工作新途径、新方法，完成《关于依托社区资源深化离退休干部服务管理工作初探》等5篇调研报告。

（李卫东）

保密工作

【概况】　市保密局是全市保密行政管理部门。依法组织开展保密宣传教育、保密检查、保密技术防护和泄密案件查处工作，对机关、单位的保密工作进行指导和监督。

【积极推进计算机规范化管理工作】　落实省保密局“保密工作规范年”建设活动，积极推进全市计算机规范化管理工作，制做《计算机标识》、《信息系统保密安全管理制度》标版，召开全市计算机规范化管理培训会议，对市、县区250多名保密技术干部进行培训，下发《计算机标识》4.32万张，管理制度标版7000多张。通过这项工作，对全市所有计算机实行了分类管理，并分别制定了外网机、内网机和涉密机管理使用办法。

【组织开展“天网行动”检查工作】　从4月23日起，历时一周共检查市直机关和军事单位等35个单位，检查连接互联网计算机5000多台，发现少数部门和单位违反党政机关互联网管理使用规定，连接外网的计算机存储涉密文件和内部资料的违规问题。市保密局及时召开会议，要求存在问题部门和单位，限期整改。随后，市保密局实地进行了督导落实。

【做好全市涉密人员保密承诺书签订工作】　完成全市13000多名保密人员保密承诺书的签订工作。

【组织开展全市党政机关保密大检查工作】　从7月15日至10月15日，历时3个月，抽调市直12名技术干部，统一发放检查工具，经过培训后，分头开展检查工作。主要对全市一、二级涉密单位、军工企业和国有大型企业共计42家重点单位的计算机、部门网站进行了检查，同时对三级涉密单位、8个重点县区党政机关进行了抽查，共检查356台计算机。对个别单位涉密机违规上网的问题进行了“封机”处理，下发《张家口市保密技术检查整改通知书》40份，要求有关单位限期整改到位。各县（区）也同步进行检查工作。8月26日，省保密局对张家口市进行了为期3天的巡视检查，对张家口市保密检查工作给予充分的肯定。

（贺晓军）

党史研究工作

【概况】　2009年，市委党史研究室围绕全市党史工作实现由党史资源大市向党史工作强市转变的奋斗目标和“党史工作更好地服务全市科学发展大局，更好地实现自身的科学发展”主题，贯彻有真才实学、能真抓实干的要求，以进一步提高人员素质、提升工作标准、提速工作效能的“两真三提”活动为载体，大力推进党史征编研究宣传教育工作和机关队伍建设，取得了明显成效。

【党史征编研工作】　一是收集、挖掘、整理了老一辈无产阶级革命家、长期担任党和国家重要领导职务的卓越领导人胡耀邦5次到张家口市的相关资料和照片，采访了当年参与接待的老同志，征集了部分反映全市贯彻胡耀邦指示城市面貌发生巨大变化的影像资料，编辑、拍摄制作了《胡耀邦与张家口》纪念画册和专题片光盘，受到市委领导的肯定和有关方面的好评。二是编撰、出版了《中国共产党张家口历史大事记》（1980～1992）；完成了2006～2008年张家口大事记和2009年大事记的编写、修改工作，两部书稿约60多万字。形成张家口市党史大事记系列化丛书。三是对《张家口历史上的今天》、《记忆张家口》（暂定名）两部书稿进行了分类、整理、增补、删减及校对工作，合计约85万字。还配合市直有关部门编撰了《张家口六十年》

大型历史资料书籍。四是完成了省室交办的《中共河北年鉴（2009）》（张家口部分）和《河北省志·共产党志（1979.1～2005.12）》（涉及张家口4区、13县相关资料），以及《众志成城战洪魔—1963年河北省抗洪斗争纪实》（3篇）和《河北社会主义新农村建设带头人口述资料》（15篇）的编撰、收集、整理、报送工作。五是督导县（区）党史正本编纂、出版工作取得新进展。在前些年有4个县完成解放前党史正本的编纂、出版工作的基础上，2009年有1个县（蔚县）完成了解放前党史正本的编纂、出版，有2个县（怀来、崇礼）已定稿，近期出版，有2个县（万全、张北）启动了解放前党史正本的编撰工作。

【党史宣传教育】 一是继续丰富、充实张家口党史网站，添加有关文章75篇。二是编印内刊《张垣党史》两期，刊载各类文章54篇。三是以“追寻难忘的记忆——张家口60年来的巨大变化”为主题，组织开展了纪念中华人民共和国成立60周年论文征集活动。四是完成了“双百”人物评选及相关资料的征集、整理、上报工作；五是党史研究室和市广电局联合在《张家口广播电视报》上举办了“学英模，见行动”活动。

（要公磊）

党校教育工作

【干部培训】 充分发挥干部培训教育的“主阵地”、“主渠道”作用，为全市培训各级领导干部、理论骨干和各方面建设人才，全年共举办各类培训班次25期，培训轮训学员1931人次，教育培训人数再创历史新高。

【构建教学新布局】 结合张家口市经济社会发展实际，构建以中国特色社会主义理论体系为中心，包括基础理论、科学发展观、市情市策、经济社会发展、行政管理体制改革、民主法治建设、党性修养7个方面的教学新布局；及时增设了2009年国际国内的热点问题、张家口经济社会发展实际以及科学发展观教育、十七届四中全会精神等授课内容；采用现代化教学手段，积极推进研究式、互动式、案例式教学。课程设置日趋合理，教学手段不断更新，教学质量和培训效果稳步提升。

【突出对重大理论和重大现实问题的研究】 制定了《中共张家口市委党校关于建立教师社会调研长效机制的意见》，积极鼓励和支持教研人员深入基层开展调研。召开“全市党校系统调研成果表彰大会”，形成27篇质量较高的社会调研成果，其中由市委党校经济管理教研室、行政管理教研室合作撰写的《张家口市新型农村合作医疗制度实施情况调研报告》，分别得到常务副市长侯亮和副市长侯桂兰的批示。

【大力实施人才强校战略】 通过进修培训、挂职锻炼、引进人才等方法，提升教师队伍的执教能力，改善和壮大教师队伍的结构和数量。全年安排8名教师到上级党校、省内外高校或其他培训机构学习深造；4名青年教师到乡镇挂职锻炼；外聘了10名领导及专家学者为党校客座教授来党校讲课；招录了5名应往届全日制本科毕业生、硕士研究生充实到教师队伍。年内，市委党校42名专职教师均达到大学本科以上学历，其中硕士研究生7人，教授3人，副教授9人，讲师8人。

【加强基础设施建设，完善校园功能】 年内共投资103.7万元用于装修教学办公楼、安装电热水器、更新改造东阶梯教室以及亮化教学办公楼等，党校办学环境和办学条件得到改善。

（张　芹）

张家口市人民代表大会常务委员会

重要会议

【张家口市第十二届人民代表大会第三次会议】

2010年1月27～29日在市工人文化宫举行。会议应出席代表413人，实到会396人。会议听取和审议市人民政府市长郑雪碧《关于张家口市人民政府工作的报告》；审议市发展和改革委员会主任王世光《关于张家口市2009年国民经济和社会发展计划执行情况与2010年国民经济和社会发展计划草案的报告（书面）》，审查张家口市2009年国民经济和社会发展计划执行情况的报告和2010年国民经济和社会发展计划草案，批准2009年国民经济和社会发展计划执行情况的报告及2010年国民经济和社会发展计划；审议市财政局局长郭英关于《张家口市2009年市本级预算及市总预算执行情况和2010年市本级预算及市总预算草案的报告（书面）》，审查张家口市2009年市本级预算及市总预算执行情况的报告和2010年市本级预算及市总预算草案，批准2009年市本级预算执行情况的报告及2010年市本级预算；听取和审议市人大常委会主任曹英忠《关于张家口市人民代表大会常务委员会工作报告》，听取和审议了市法院院长崔存利《关于张家口市中级人民法院工作报告》，听取和审议了市检察院检察长程元臣《关于张家口市人民检察院工作报告》，表决通过相应6个决议。大会共收到代表议案1件，建议、批评和意见101件。市政府各部门、各系统不是市人大代表和市政协委员的负责人，出席市政协十届三次会议的委员列席会议；驻张的全国和省人大代表应邀列席会议；担任过市级正职的老领导应邀列席开幕和闭幕大会；各县区不是市人大代表的县（区）法院院长和检察院检察长旁听了大会。

【张家口市第十二届代表大会常务委员会例会】

2009年1月20日，市十二届人大常委会举行第七次会议。会议听取和审议了市政府常务副秘书长方继斌受市政府委托所作的《关于市十二届人大一次会议代表建议办理情况的报告》，听取和审议了市财政局局长郭英受市政府委托所作的《关于2008年市本级财政预算调整方案（草案）的报告》、市人大常委会财经委主任李树田《关于2008年市本级财政预算调整方案（草案）的初审报告》。会议作出了《关于批准张家口市2008年市本级财政预算调整方案的决定》。会议审议并通过《关于接受赵庆钢请求辞去张家口市中级人民法院院长、审判委员会委员职务的决定》。听取和审议市人大常委会副主任、代表资格审查委员会主任委员肖文友所作的关于终止马领桂等4人的张家口市第十二届人民代表大会代表资格的报告。会议听取和审议市人大常委会常务副秘书长王海江关于市十二届人大二次会议筹备工作情况的报告。会议审议并通过市十二届人大二次会议建议议程、日程，主席团和秘书长等各项建议名单（草案），决定提请市十二届人大二次会议审议。会议听取了市人大常委会副秘书长郝志熹所作的关于起草市人大常委会工作报告稿情况的说明，听取了财经委主任李树田所作的关于批准“市政府关于高新区农业基础设施综合改造建设资金有关问题的请示”的情况说明。会议审议并通过了人事任免事项。市人大常委会主任曹英忠主持会议，常务副主任杨文宝，副主任明才、张世林、肖文友、张秀发、武凤英，秘书长张瑞林及委员共33人出席会议。市政府常务副市长侯亮，市中级人民法院副院长张宏亮，市政府有关部门、各县区人大常委会负责人和市人大常委会机关副处级以上干部列席会议。

2月1日，市十二届人大常委会举行第八次会议。会议通过主任会议提请的人事任免事项，会议审议并表决通过市人大常委会《关于崔存利为张家口市中级人民法院代理院长的决定》。会议听取和审议关于补选代表的代表资格审查报告。会议审议和表决通过市十二届人大二次会议选举办法（草案），决定提请市十二届人大二次会议审议。市人大常委会主任曹英忠主持会议，常务副主任杨文宝，副主任明才、张世林、肖文友、张秀发、武凤英，秘书长张瑞林及委员共35人出席会议。副市长侯桂兰、市中级人民法院副院长刘志亮、市人民检察院检察长程元臣和市人大常委会机关副处以上干部列席会议。

4月15日，市十二届人大常委会举行第九次会议。会议听取市人事局局长宋忠礼受市政府委托所作的关于拟任免人员情况的报告。会议分别以投票表决和举手表决的方式通过了人事任免事项。会议听取和审查了市财政局局长郭英受市政府委托所作的《关于2009年市本级财政预算调整方案（草案）的报告》，听取和审议了市人大常委会财经委主任李树田所作的《关于2009年市本级财政预算调整方案（草案）的初审报告》，表决通过市人大常委会《关于批准张家口市2009年市本级财政预算调整方案的决定》。会议听取了市财政局局长郭英受市政府委托所作的《关于张家口市2009年第一季度财政收支及政府债务情况的报告》。市产业集聚区工作领导小组办公室主任徐伟文受市政府委托所作的《关于主城区31户企业外迁进展情况的报告》。市人大常委会财经委主任李树田受主任会议委托分别作《关于提请批准〈市政府就康保县等县区基础设施建设资金有关问题的请示〉情况的报告》、《关于提请批准〈张家口市人民政府运用财政预算资金回购新华信托股份有限公司持有的张家口市财政投资管理中心信托股权的请示〉情况的报告》。市人大常委会副秘书长郝志熹受主任会议委托作了《关于〈张家口市人大常委会2009年工作要点（草案）〉的说明》，会议审议并表决通过市人大常委会2009年工作要点。市人大常委会主任曹英忠主持会议，副主任明才、张世林、肖文友、张秀发、武凤英，秘书长张瑞林及委员共34人出席会议。副市长罗建辉、市中级人民法院院长崔存利、市人民检察院副检察长于先兴，市政府有关部门负责人、市人大机关副处级以上干部列席会议。

7月2日，市十二届人大常委会在张北县举行第十次会议。会议分别听取和审议市中级人民法院提请的人事任免事项、市财政局局长郭英受市政府委托所作的《关于张家口市2008年市本级财政决算（草案）的报告》、市审计局局长班勇受市政府委托所作的《关于2008年张家口市本级预算执行和其它财政收支情况的审计工作报告》、市教育局局长胡守荣受市政府委托所作的《关于落实职业教育法律法规情况的报告》。审议市人大常委会财经委主任李树田所作的《关于市政府为主城区基础设施建设筹措资金有关情况的说明》，审议市人大常委会财经委关于2008年市本级财政决算（草案）的初审报告，审议市人大常委会农经委、城建委关于组织部分省市人大代表视察张家口市清水河上游水土保持综合治理及四期河道治理工程的视察意见、市人大教科委关于开展职业教育执法调研情况的报告，察北管理区、塞北管理区关于《生态区建设规划》编制情况的汇报。会议表决通过市中级人民法院提请的人事任免事项、《张家口市人大常委会关于批准张家口市2008年市本级财政决算的决定》、《张家口市人大常委会关于批准<察北管理区生态区建设规划>的决定》、《张家口市人大常委会关于批准<塞北管理区生态区建设规划>的决定》。市人大常委会主任曹英忠主持会议，常务副主任杨文宝，副主任明才、张秀发、武凤英，秘书长张瑞林及委员共31人出席会议。副市长侯桂兰，市中级人民法院院长崔存利，市人民检察院检察长程元臣，市政府办公室及有关部门负责人，各县区人大常委会主任列席会议。

9月11日，市十二届人大常委会举行第十一次会议。会议分别听取和审议《关于张家口市2009年国民经济和社会发展计划上半年执行情况的报告》、《关于张家口市2009年财政预算上半年执行情况的报告》，审议《关于张家口市2009年国民经济和社会发展计划上半年执行情况的初审报告（书面）》，《关于张家口市2009年财政预算上半年执行情况的初审报告（书面）》，听取和审议《关于全市严厉打击严重刑事犯罪、维护社会稳定工作情况的报告》、《关于全市第五个五年法制宣传教育规划实施情况的报告》，审议《关于组织部分省市人大代表视察赤城等三县“三年大变样”工作的视察意见（书面）》。会议还审议和通过市中级人民法院院长崔存利提请的免职人员事项。市人大常委会主任曹英忠主持会议，常务副主任杨文宝，副主任张世林、肖文友、张秀发、武凤英，秘书长张瑞林及委员共34人出席会议。副市长宋文玲，市检察院检察长程元臣，市政府有关部门负责人及市人大机关副处级以上干部列席会议。

11月10日，市第十二届人大常委会举行第十二次会议。会议听取和审议副市长杨玉成代表市政府所作的关于《农产品质量安全法》贯彻实施情况的报告，市政府副秘书长、市金融办主任杨千河受市政府委托所作的《关于全市金融系统支持地方经济建设情况的报告》，市政府副秘书长、市建设局局长李义受市政府委托所作的《关于城镇面貌三年大变样情况的报告》，市政府副秘书长、市城市管理行政执法局局长宋润泉受市政府委托所作的《关于加强城市管理情况的报告》，市民宗局局长杨成亮受市政府委托所作的《关于民族村经济社会发展情况的报告》。审议市人大常委会城建委《关于组织部分省市人大代表视察我市交通基础设施在建工程和城市集中供热、“应张”天然气工程建设进展情况的视察意见（书面）》。会议通过了任免事项。市人大常委会主任曹英忠主持会议，常务副主任杨文宝，副主任明才、张世林、肖文友、武凤英，秘书长张瑞林及委员共32人出席会议。市政府有关部门负责人、各县（区）人大常委会主任和市人大常委会机关副处级以上干部列席会议。会中，市人大常委会组成人员和各县区人大常委会主任及市人大常委会机关副处级以上干部参观视察了清水河重点工程、明湖综合治理和西山产业集聚区建设情况。

12月4日，市十二届人大常委会举行第十三次会议。会议听取并审议了市政府常务副市长侯亮受市政府委托所作的《关于提请市人大常委会任免市人民政府部分组成人员报告的说明》，以投票表决的方式通过了市政府提请的人事任免事项。会议还审议通过《张家口市人大常委会关于市十二届人大常委会组成人员分工联系驻我市的全国、省人大代表和市人大代表的意见》。市人大常委会主任曹英忠主持会议并讲话，常务副主任杨文宝，副主任明才、肖文友、张秀发、武凤英，秘书长张瑞林及委员共33人出席会议。市中级人民法院副院长陈延青、市人民检察院副检察长兰池军，市政府有关部门负责人以及市人大常委会机关副处级以上干部列席会议。

12月25日，市十二届人大常委会举行第十四次会议。会议听取《关于提名陈全国同志为河北省第十一届人民代表大会代表候选人到我市参加补选的说明》。会议采取等额和无记名投票的方式，全票补选陈全国为河北省第十一届人民代表大会代表，并报河北省第十一届人民代表大会常务委员会。会议审议并表决通过了《张家口市人民代表大会常务委员会关于召开张家口市第十二届人民代表大会第三次会议的决定》，决定2010年1月27日召开市十二届人大三次会议。会议还审议通过《关于全市贯彻落实〈中华人民共和国残疾人保障法〉和〈河北省实施中华人民共和国残疾人保障法办法〉情况的视察意见》。市人大常委会主任曹英忠主持会议，常务副主任杨文宝，副主任张世林、肖文友、张秀发、武凤英，秘书长张瑞林及委员共32人出席会议。副市长罗建辉、市中级人民法院院长崔存利、市人民检察院检察长程元臣以及市政府有关部门和市人大常委会机关副处级以上干部列席会议。

【张家口市人大常委会主任会议】　6月19日，市十二届人大常委会召开第十五次主任会议。会议听取市政府关于张家口市第八届村民委员会换届选举工作情况的汇报，市政府关于张家口市农业产业化扶贫工作情况的汇报。市人大常委会主任曹英忠主持会议，常务副主任杨文宝、副主任明才、张世林、肖文友、张秀发、武凤英，秘书长张瑞林出席会议。市政府副市长杨玉成，市法院副院长刘志亮，市人大常委会和市政府有关部门负责同志列席会议。

9月1日，市十二届人大常委会召开第十六次主任会议。会议听取市政府关于张家口市外事工作情况的汇报。市人大常委会主任曹英忠主持会议，常务副主任杨文宝、副主任明才、张世林、肖文友、张秀发、武凤英，秘书长张瑞林出席会议。市法院副院长陈延青，市人大常委会和市政府有关部门负责同志列席会议。

10月30日，市十二届人大常委会召开第十七次主任会议。会议听取了市政府关于张家口市旱作农业和节水灌溉推广情况的汇报，市政府关于节能减排工作情况的汇报，市人大常委会关于组织部分省、市人大代表视察张家口市产业集聚区建设和企业入驻情况的汇报。市人大常委会主任曹英忠主持会议，常务副主任杨文宝、副主任明才、肖文友，秘书长张瑞林出席会议。市政府副市长杨玉成，市法院院长崔存利，市检察院副检察长兰池军，市人大常委会和市政府有关部门负责同志列席会议。

主要工作

市人大常委会围绕事关全市改革发展稳定大局和人民群众普遍关注的热点难点问题，认真贯彻实施《监督法》，不断规范监督方式，改进监督方法，提高监督实效。2009年，共组织开展视察活动7次，执法检查2项，调研活动10次，大型活动7次，为推动“一府两院”和人大工作开展发挥了重要作用。

【视察活动】　2009年6月3～4日，市人大常委会组织部分省、市人大代表，视察清水河上游水土保持综合治理及四期河道治理工程建设情况。视察组先后深入到崇礼县胜利村、察汗陀罗、塞北林场羊草沟、黄土窑和桥西区小西沟水土保持工程区和清水河上游段工程、清水河水环境治理四期工程和滨河路工程现场进行察看，听取市水务局、市交通局关于清水河上游水土保持综合治理和河道四期及上游段治理工程建设情况的汇报，并对清水河治理提出意见和建议。

7月2日，市人大常委会组成人员对张北县城镇面貌“三年大变样”工作情况进行视察。视察组先后视察了张北县城区和生态涵养区绿化工程、黄金甲项目工程、东洋河工程、城建道路、给排水设施工程、西环、西郊公园、玻璃彩河等工程及风电项目和大西沟新农村建设情况并提出意见和建议。

7月21～23日，市人大常委会组织部分省、市人大代表对赤城、怀来、涿鹿三县的城镇面貌“三年大变样”工作情况进行视察。听取三县“三年大变样”工作情况汇报，并对部分重点工程进行视察。

10月12～13日，教科委组织市人大常委会部分组成人员对全市文化产业和文物保护情况进行视察。视察组先后来到涿鹿县中华三祖堂、合符坛、三祖文化广场，蔚县焦氏剪纸厂（文化产业示范基地）、灵岩寺、玉皇阁，桥西区大境门、张家口堡、展览馆等处实地察看文化产业发展和文物保护情况。

10月13日，为加快产业集聚区建设，促进主城区企业外迁工作，市人大常委会部分组成人员及人大代表视察了东山和西山两个产业集聚区建设和企业入驻情况。

10月27～28日，市人大常委会组织部分省、市人大代表对张家口市城市集中供热、“应张”天然气和交通基础设施在建工程建设进展情况进行视察。视察组先后到“应张”天然气项目阳原、宣化标段，桥西恒峰热力热源地、桥东东源热力热源地和网通换热站，清水河上游治理、山中城西豪丽景区、通泰建材城、明湖、张宣公路、张承高速等工程现场进行察看，听取关于城市集中供热、“应张”天然气工程建设进展情况和交通基础设施在建工程建设情况的汇报，提出意见和建议。

11月11日，市人大常委会组成人员带领部分省、市人大代表，到宣化区河子西乡旧李宅村、西马道社区、区眼科医院、区残疾人服务中心、桥东区奥斯特不锈钢有限公司、市残疾人服务中心，实地察看了全市贯彻落实残疾人保障法工作情况，看望慰问了部分残疾人贫困户、残疾人病号和医护人员，听取市政府，宣化区、万全、崇礼、康保县政府工作汇报。针对全市在贯彻残疾人保障法中存在的问题提出意见建议。

【执法检查】 6月10～12日，市人大常委会部分组成人员到市农业局、涿鹿县、阳原县开展《农产品质量安全法》执法检查。

9月12～14日，省人大常委会委员、省人大城建环资委员会副主任委员、省人大常委会城建环资工委主任马静率领执法检查组，就“双三十”单位履行节能减排目标承诺情况进行检查。检查组先后深入到张家口制药集团、宣化区、宣钢集团，检查“双三十”单位承诺的节能减排具体指标完成情况、列入节能减排工程项目建设进度和运行情况、地区整体环境状况及环境监管工作等情况。检查组对张家口市“双三十”的节能减排情况表示肯定，并就进一步推动全市节能减排工作提出了指导性的意见和建议。市领导郑雪碧、曹英忠、侯亮、杨文宝、明才等陪同检查。

【大型活动】 5月14日，市人大常委会在怀来县召开县（区）人大常委会主任座谈会，围绕开展学习实践科学发展观活动和做好全市各级人大工作，听取和征求各县（区）人大的意见建议。座谈会上，各县（区）人大常委会主要负责同志畅所欲言，充分肯定了本届市人大常委会成立以来取得的显著成绩，并围绕影响和制约全市各级人大科学发展的突出问题，群众最关注、最希望解决的热难点问题，就人大在落实科学发展观中如何强化监督职能作用、发挥人大代表主体作用、加强对县（区）乡镇人大工作的指导和联系、关注县（区）人大机构建设、加强自身建设和提高干部队伍素质等方面，提出建设性意见和建议。

7月22日，市人大常委会协助省人大常委会在蔚县举办立法培训班。会议认真总结和交流近几年河北省地方立法的基本经验，探讨新形势下做好立法工作的思路和措施。省人大常委会法制工作委员会主任张庆华讲话，省人大常委会法制工作委员会副主任刘志毅、霍建明等出席会议。市人大常委会主任曹英忠到会致辞。与会人员到蔚县博物馆、王老赏和周永明世家剪纸有限公司等文化景点参观考察。

7月23～24日，市人大常委会组织开办人大代表履职培训班。邀请省、市有关专家围绕如何履行代表职务发挥代表作用、宪法和人民代表大会制度知识、“三农”问题、城镇化与“三年大变样”等方面内容进行讲解。

8月3日，市人大常委会协助省人大常委会农工委在蔚县召开全省人大农业和农村工作座谈会。会议交流了近年来人大农业和农村工作情况，就如何深入学习贯彻科学发展观、进一步做好农业和农村工作进行研究探讨。省人大常委会副主任黄荣出席会议并讲话。市人大常委会主任曹英忠致辞，与会人员参观了蔚县杂交谷子制种田、张北风力发电等项目。

8月5～8日，省人大常委会农工委主任李广恩、财经委副主任委员韩乃义等省人大调研组一行到张家口市专题调研集体林权制度改革工作。调研组对张家口市近年来的集体林权制度改革措施和成效给予充分肯定。

8月20日，市人大常委会协助省人大在崇礼县召开全省各设区市人大常委会秘书长座谈会。会议围绕办公厅（室）工作创新这一主题，总结经验交流情况。省人大常委会秘书长赵曙光、副秘书长冯志广、郭永利、陈新华及省11个设区市人大常委会秘书长共40余人出席会议。市人大常委会主任曹英忠到会致辞。

【人事任免】 市人大常委会坚持党管干部与人大依法任免干部相统一的原则，认真行使人事任免权。年内，依法任免国家机关工作人员48名。及时决定任命了14名市政府组成人员。同时，认真行使选举权和罢免权。根据省委和省人大安排，常委会第十四次会议顺利补选陈全国为河北省第十一届人民代表大会代表。常委会还审查确认有关县区补选的4名市人大代表资格，批准许可对涉嫌犯罪的1名市人大代表依法采取强制措施。

【代表工作】 市人大常委会把发挥代表主体作用作为提升人大工作水平的基础工程来抓，努力增强代表工作活力。进一步丰富代表活动内容，举办代表专题培训班，加强代表履职培训。积极组织闭会期间的代表活动，先后就计划预算、节能减排等内容进行视察、调研和执法检查37次，邀请150多名代表参加活动，提出许多具有针对性、建设性的意见和建议。增强代表建议办理实效，坚持定时、定人、定责原则，合理分类交办，全程跟踪督办。加强与承办单位的沟通，实行建议办理情况反馈制度，特别是对筛选出的18件关系民生问题的建议进行重点督办，取得了积极成果。在各承办单位的共同努力下，市十二届人大二次会议以来收到的117件代表建议，基本得到有效办理。为代表履职提供服务，制定常委会组成人员联系代表意见和方案，健全代表联络制度。邀请驻张家口市的全国和省人大代表列席市人代会。通过为代表订阅刊物、寄送资料，通报常委会重大活动，畅通了代表了解政情政务的渠道。创办《代表之声》内刊，及时反映了代表意见和建议。

【信访工作】 市人大常委会紧紧围绕全市改革发展稳定大局和人民群众反映强烈的热点难点问题，认真做好人大信访工作，做到热情接待、规范程序、及时转交督办。全年共受理人民群众来信来访617件（次），有效化解了矛盾，维护人民群众的合法权益和社会稳定。

市人大常委会及其工作部门主要领导

市人大常委会
主 任：曹英忠
常务副主任：杨文宝（回族）
副 主 任：明 才 张世林 肖文友
张秀发、武凤英（女）
秘 书 长：张瑞林
常务副秘书长：王海江
副 秘 书 长：郝志熹（正处） 李全军
研 究 室 主 任：毕晓敏（女）
选举任免代表工作委员会 主 任：蒋书钢
财政经济工作委员会 主 任：李树田
农村经济工作委员会 主 任：苏启君
城乡建设环境保护工作委员会 主 任：李永顺
教育科学文化卫生工作委员会 主 任：白玉香（女）
内务司法工作委员会 主 任：孙景义
民族宗教侨务工作委员会 主 任：李 忠
机 关 党 委 书 记：张瑞林（兼）

（郝志熹 朱凤林 薛 彦 张 洪 程润林 史伟力 张雪梅 杨 永 刘枫霞 李兴华 苏鹏鹏）

张家口市人民政府

主要会议

【市政府全体会议】 2009年2月16日，市政府召开全体会议，贯彻落实省、市“作风建设年”活动动员大会精神，对全市政府系统作风建设进行动员部署。会议强调，加强作风建设，关键是要提高各级干部抓落实的能力，把精力集中到抓好各项工作的落实上来。出席会议的有市政府市长、副市长及其它有关人员。

【市政府常务会议】 2009年1月13日，召开第9次常务会议，讨论并原则通过《政府工作报告》。

2月14日，召开第10次常务会议，研究并原则同意《市政府2009年目标任务分解方案》。

4月20日，召开第11次常务会议，研究并原则同意张家口市重点产业振兴规划、《关于促进全市房地产业健康稳定发展的意见》和《关于编制2008、2009年度巩固退耕还林成果任务的建议计划》。

5月9日，召开第12次常务会议，研究全市经济运行情况和安全生产形势，研究并原则通过张家口市《2009年度定量考核目标的申报意见》。

6月16日，召开第13次常务会议，听取并落实赴北京争取项目有关工作，研究市人工湖建设有关事宜，研究并原则通过《张家口市规范行政处罚自由裁量权规定》。

8月24日，召开第14次常务会议，研究全市当前旱情并落实相关工作，研究组建通泰绿化集团股份有限公司有关事宜。

11月10日，召开第15次常务会议，研究并原则通过《我市“4+3”产业振兴规划纲要》，研究并贯彻落实全省深化医药卫生体制改革工作会议，研究加快张家口海关建设有关事宜，研究并同意报请省政府批准许存生为革命烈士。

11月28日，召开第16次常务会议，听取各位副市长分管工作汇报，研究部署2010年政府各项工作。

12月14日，召开第17次常务会议，传达学习中央经济工作会议精神，研究谋划2010年全市经济工作。

12月29日，召开第18次常务会议，研究并原则通过全市土地利用总体规划大纲（2006～2020），研究并同意对祁建华、高继存等人员给予开除公职处分。

【市长办公会议】 1月19日，市长郑雪碧主持召开市长办公会，协调市区企业外迁有关事宜。

2月14日，郑雪碧主持召开市长办公会，研究张家口市铁路布局有关事宜。

2月19日，郑雪碧主持召开市长办公会，协调市区企业外迁有关事宜。

4月14日，市政府召开市长办公会，郑雪碧、唐树森携桥西区、万全县等相关县区及市规划局、市建设局等市直有关部门负责人一起听取了军民合用机场建设方案和洋河（清水河）治理项目推进情况的汇报。郑雪碧强调，军民合用机场项目要争分夺秒，协调联动，确保项目尽快开工建设；洋河（清水河）治理项目要克服困难，科学施工，保证项目早日竣工。

6月9日，郑雪碧主持召开市长办公会，专题研究宣钢下一步项目运作及发展规划等方面的相关问题。

8月23日，郑雪碧主持召开市长办公会，研究推进高速公路建设、洋河治理及土地规划等五项工作。

11月6日，郑雪碧主持召开市长办公会，专题研究云泉禅寺、伏魔禅寺周边建设海会和圣众塔园（林）事宜。郑雪碧强调，要大力支持塔林建设，将之打造成为张家口市精品旅游景点，带动全市旅游产业发展。

11月23日，郑雪碧主持召开市长办公会，研究桥东五一广场综合改造项目工作。

12月1日，郑雪碧主持召开市长办公会，专题研究洋河综合治理和通泰五星级酒店、左卫接待中心建设三项工作。

（吴建斌）

市人民政府领导成员及工作部门主要领导

市人民政府

市　　长：郑雪碧

常务副市长：侯　亮

副 市 长：唐树森　何江海　侯桂兰（女）　杨玉成　宋文玲　罗建辉（挂职）

市长助理、秘书长：白　龙

常务副秘书长：方继斌

副秘书长：徐伟文　张垣庆　李　义　冯印涛　谢超峰　马旭东　宋润泉　杨千河　冯文利　甄桂星　张爱民　张治学　孙宏亮

市法制办公室　主　任：石　海

市行政审批服务中心　主　任：谢超峰

市政府研究室　主　任：杨永乐

市直机关事务管理局　局　长：侯有龙

市发展和改革委员会　主　任：王世光

市统计局　局　长：靳永旺

市国家统计局张家口调查队　队　长：汪　海

市安全生产监督管理局　局　长：王秉冬

市中小企业局（信息产业局）　局　长：张　聪（12月免）

市工业和信息化局　局　长：孙小川（12月任）

市国有资产监督管理委员会　主　任：贾云龙（12月免）　张俊明（12月任）

市教育局　局　长：胡守荣

市科学技术局　局　长：孙东峰（女）（12月免）

市地震局　局　长：张俊明（12月免）

市科学技术和地震局　局　长：孙东峰（女）（12月任）

市文化局　局　长：邓幼明（12月免）　姜玉琛（12月任）

市卫生局　局　长：刘志林（12月免）　高　林（12月任）
市体育局　局　长：刘宝富
市民族宗教事务局　局　长：杨成亮
市公安局　局　长：张　清（3月免）　潘静苏（3月任）
市民政局　局　长：梁登峰（12月免）　宋忠礼（12月任）
市司法局　局　长：高　天
市监察局　局　长：郭　江
市人事局　局　长：宋忠礼（12月免）
市劳动和社会保障局　局　长：程建国（12月免）
市人力资源和社会保障局　局　长：程建国（12月任）
市国土资源局　局　长：唐树森（兼）（6月免）　武　卿（7月任）
市建设局　局　长：李　义（12月免）
市房管局　局　长：王铜山（12月免）
市住房和城乡建设局　局　长：李　义（12月任）
市供销社　主　任：许会成
市城市管理行政执法局　局　长：宋润泉
市金融工作办公室　主　任：杨千河
市产业集聚区领导小组办公室　主　任：徐伟文
市住房公积金管理中心　主　任：曹世平
市规划局　局　长：高　峰
市交通局　局　长：张富强
市财政局　局　长：郭　英
市农业开发办公室　主　任：曹汉武
市扶贫开发办公室　主　任：岳照瑞
市水务局　局　长：郭有富
市农业局　局　长：刘永平（12月免）
市畜牧水产局　局　长：康振安（12月免）
市农牧局　局　长：康振安（12月任）
市林业局　局　长：王海东
市商务局　局　长：徐伟文
市环保局　局　长：邱建国
市人口与计划生育委员会　主　任：靳振贵
市审计局　局　长：班　勇
市粮食局　局　长：吴　均
市编委办　主　任：曲　苏
市人民防空办公室　主　任：范素根
市广播电影电视局　局　长：郭　维
市物价局　局　长：高　林（12月免）　杨　林（12月任）
市旅游局　局　长：朱少洲（12月免）　李正朴（12月任）

中直、省直派驻机构及垂直管理部门主要领导

张家口市国家税务局　局　长：董存英
张家口市地方税务局　局　长：马振海
张家口市质量技术监督局　局　长：王效榕
张家口市气象局　局　长：李兴文
张家口市国家安全局　局　长：赵建国（9月免）　丁建华（9月任）
张家口市出入境检验检疫局　局　长：王铁林
张家口市食品药品监督管理局　局　长：王凤龙（12月免）　张　聪（12月任）
张家口市邮政局　局　长：张国庆
张家口市烟草专卖局　局　长：迟德明

政府办公室工作

【突出创优服务，充分发挥职能作用】 坚持把创优服务作为推进办公室工作的根本出发点，围绕全市经济社会更好更快发展大局，不断强化办公室参谋助手、综合协调、服务“窗口”的职能定位，周密安排，统筹兼顾，创优服务，较好地发挥了组织、协调和服务职能。在强化落实上，紧紧围绕全市发展大局，采取分解目标任务、加强协调调度、注重考核督查等多种办法，强化对市委、市政府各项决策部署的落实，特别是狠抓“4+3”现代产业培育、重大项目建设、城镇面貌“三年大变样”、民生改善等市委、市政府重大决策部署的贯彻落实，推动全市政务工作扎实深入开展。在综合协调上，注重加强与市委、市人大、市政协办公室的日常工作联系，妥善协调安排市政府领导的日常工作和内外事务活动，使领导有更多的时间和精力谋划大事、研究要事、处理急事。在参谋服务上，立足于当好领导的高参和助手，充分发挥“以文辅政”作用，重点做好领导讲话、署名文章、工作汇报等材料的起草工作，全年共起草各类领导讲话458篇，发表署名文章23篇；年内确定产业发展、金融服务、城市建设、农业产业化等一系列调研专题，撰写有价值、有份量的调研报告36篇，提出了一系列有针对性的措施和意见，为各级领导科学有效决策提供参考。

【提升效能标准，全面提高工作质量】 坚持把提升标准、提高效能作为推进工作的根本手段，从完善工作机制入手，优化工作流程，简化工作程序，全力为群众、为同级单位、为领导搞好服务，高质量、创造性地完成领导交办的各项任务，确保了政令畅通。健全了秘书长联系会议、处室工作目标管理责任制、主管秘书长与分管处室定期交流等20多项制度，制发了办公室《机关工作制度及文件汇编》，覆盖办公室工作各个层次、环节和岗位，保证了机关的高效运转。认真办理各类公文，全年共制发各类文件1291件，接收和办理各级文件2168件，实现了公文高效规范运行。高质高效地搞好各类会议、活动的组织安排和接待服务等工作，成功组织了第十一届环渤海民营经济洽谈会等一系列重大会议和活动，年内接待来张考察的各级领导、各类考察团和客商360多批次，受到市委、市政府的充分肯定。

【强化创新突破，力促工作提质进位】 坚持把创新作为机关建设的动力源泉，注重干部队伍创新能力培养，积极推进思想、方法和制度等方面的创新，力求在办公室窗口建设、枢纽建设、高参建设、执行力建设等方面找到创新点，在服务水平上实现了有效提升。信息工作，充分调动各县区和部门信息工作的主动性和创造性，信息报送量和采用率实现大幅提升，由全省第九位上升到第二位；督查工作，注重方式方法创新，提升了督查实效，市政府督查工作在全省综合考核中位居第二位；政府信息公开工作，制定出台8项工作制度，成立专门业务科室，政府信息公开工作位居全省年度考核第一；建议提案办理工作，年内共收到、办理全国、省、市人大代表和政协委员的建议和提案468件，落实三级办理责任制，建立承办工作网络，认真办理每一项建议提案，人大代表、政协委员满意率达到100%；进一步畅通市长热线，直接回复、解答和处理电话近3万多个，做到件件有着落，事事有回音，搭建了政府和群众沟通交流的平台。应急、外事侨务、电子政务、老干部服务等工作均有创新突破，圆满完成了目标任务。

【注重学习培训，切实加强队伍建设】 坚持把强化学习作为队伍建设的基本抓手，以开展深入学习实践科学发展观活动为契机，严格落实日常学习制度，加强业务培训，专门邀请专家教授进行理论学习辅导，提高了党员干部队伍的整体素质，强化了服务意识，凝聚力和战斗力明显增强。围绕“建一流机关、带一流队伍、创一流业绩”的目标，深入开展干部作风建设年活动，努力适应新形势下政府工作高效率、快节奏、优质量的要求，组织开展了“我为办公室发展建言献策”、“十个严禁”等活动，对部分处室实行干部轮岗，通过公开招考等途径充实了一批较高素质的人员，机关工作质量和服务水平有了新的提高。在全市2009年下半年市级机关干部作风评议群众满意度调查中，市政府办公室位列经济管理类第一名。

（庞 文）

【政府信息公开工作】 认真贯彻落实《中华人民共和国政府信息公开条例》和《河北省实施<中华人民共和国政府信息公开条例>办法》，全力推进政府信息公开工作，为建设“服务政府、责任政府、法治政府”发挥了积极的作用。3月，市政府办在全省率先成立了政府信息公开处。全年制定出台了考核办法、责任追究、保密审查、年度报告、主动公开、依申请公开、信息澄清、发布协调等8项工作制度；11月，“中国·张家口”门户网站信息公开平台升级完成。市区新设4块电子显示屏，用于公开公众关注的政府信息；结合数字电视传输工程，把张家口市电视台数字电视阳光政务栏目纳入平台。全市共组织业务培训150余次，其中市政府办举办培训班2次，参加人数600余人次。全市投入建设资金400多万元，保障政府信息公开工作顺利推进；依申请公开机制和制度基本建立。年内市政府本级对2003～2008年及2009年全年主动公开政府信息进行了移交，58个市直单位共移交304册主动公开信息目录、指南和相关文件。全市主动公开政府信息8142条，为人民群众生产、生活和经济社会活动提供了优质高效的服务。在省政府办组织的全省政府信息公开工作年度考核中，张家口市综合排名位居全省第一，张北县在全省扩权县的考核中排名第五，均获得先进单位称号。

（王艳坤）

【督查工作】　2009年，市政府督查工作紧紧围绕市委、市政府的重大决策、重要工作部署和事关全局的大事、要事，探索强化督查工作效果、推进决策落实的新思路、新途径，构筑力度更大、延伸更广、针对性更强的督查工作格局。围绕产业集聚区和物流园区建设，主城区企业搬迁，铁路、机场建设，清水河、洋河综合治理，主城区集中供热，干部作风暗访，行政审批改革配套制度落实，中小企业创业辅导基地，国庆安保，主城区冬季供暖，民生工作等深入基层开展督促检查；开展对省长、市长定点扶贫村工作开展情况，中央扩大内需投资项目地方配套资金落实，违规用地等关系民生的问题的督促检查工作。全年下基层督查的时间达190余天，完成督查事项90余件，编写《督查工作通报》、《督查专报》37期。市委、市政府主要领导对督查室工作给予了高度评价。在全省政府系统督查工作考评中，被评为优秀等次单位，位列全省前茅。进一步规范了工作程序，修订完善了《张家口市人民政府督促检查工作制度》，以张政办［2009］1号文件下发，形成了制订督查预案、及时交办、定期催办、按时反馈的运行机制，督查工作取得新成效。市政府督查室2009年承办政府常务会、市长办公会等会议30多次，其中政府常务会议10次，制发各类纪要38期。配合市监察局，在全省率先开展了政府常务会议市民代表旁听制度，收到了良好效果。承办基层请示报告1365件，为历年来最多，除跨年度运行件外，全部办结。

（李世民）

【建议提案办理工作】　市政府办公室进一步加大承办工作力度，实施领导班子全员抓办理工作，坚持主要领导负总责，分管领导直接抓，承办单位和承办人员具体办的三级办理工作责任制，并建立承办工作网络。在省、市交办会后，及时分析梳理并制定承办工作方案，全面安排部署各级代表建议、政协提案的办理工作。创新承办工作机制，大力推行“开门办案”、“阳光操作”，对代表、委员提出的难点、热点问题，邀请人大、政协和相关代表、委员共同协商研究办理，增强办理工作的透明度，提高代表、委员对办理工作的知情权和参与度，有效提高代表、委员对承办工作的满意率。加大督导检查工作力度，制作工作进度表，对办理工作实行日常调度与重点督办相结合，对答复意见坚持实行“双审核”；召开承办工作经验交流会和考评会，学习交流建议、提案办理工作的新思路、新方法，不断改进和提高承办工作的质量和水平。全面完成和超额完成省考核的承办工作目标，对代表、委员的走访突破省规定的比例要求，实行全面走访。全年共办理人大代表建议125件、政协提案343件，建议、提案办复率和规范化率均达到100%，代表、委员对办理结果的满意率达到98%以上。

（戴文静）

【信息工作】　按照“及时、准确、全面、真实”的原则和“争三保五”的进位目标，围绕省、市中心工作和阶段性重点任务，全面收集、编写和上报信息，努力为市领导和上级政府提供工作情况和决策依据，信息“以文辅政”作用得到了较好发挥，信息工作实现了创新和突破。全年上报信息得分达到1008分，首次突破千分大关，在全省政府系统信息工作考核中由2008年的第9名跃升为第2名，取得了张家口市政府系统信息工作历史上的最高分数和最好成绩。报送的“反映坝上风电接入配套建设存在问题”的专报信息，经常务副省长付志方、副省长孙瑞彬批示，争取到总投资10亿元的风电接入项目；反映的“当前鼠防工作存在困难和建议”的专报信息，经副省长孙士彬批示为坝上四县每县争取到10万元鼠防经费。全年报省信息被省政府8位省长中的7位（包括胡春华省长）做过批示，下发信息被市委、市政府主要领导及多位常委和所有副市长做过批示，累计批示达70多条，成为全市信息工作历史上省、市领导批示信息最多的一年。全年共编发《工作信息》106期、《信息快报》52期、《专报信息》42期、《政务工作交流》32期。

（张忠生）

【应急管理工作】 应急管理机构建设。市及四区十三县全部建立了应急管理工作委员会。市政府成立了应急管理办公室，负责应急职守及处突协调、信息汇总上报工作。在两会召开等关键敏感时期，保持双人24小时在岗在位，坚定“应急工作无小事”信念，确保一旦有事随时拉得出，拉得动。先后参与处理了2月22日涿鹿县矾山磷矿炮烟中毒事故，6月13日宣化县特大杀人案件等多起突发事件，认真将有关信息分析汇总及时向市领导及省政府进行汇报，并积极协调各方进行快速有效的处理。预案体系建设。共制订总体应急预案1件，专项应急预案35件，市级部门预案136件，基本覆盖了常见的各类突发公共事件。20个县（区）的总体应急预案都已制订发布，并因地制宜编制了大量专项及部门预案，现有县级专项应急预案268个，县级部门预案259个，乡镇级基层预案296个；114家国有及国有控股企业相关应急预案311个；211家非国有企业相关应急预案300个。全市4所高校、176所中学、2132所小学和369所幼儿园，都在市、县政府的指导下制订了防火、防震等方面的应急预案。“一网五库”体系建设。重点收集、整理和完善“一网五库”（即应急管理组织体系网、应急救援队伍库、应急物资储备和避险场所库、应急预案库和突发事件典型案例库）的资料，为构建全市突发事件信息系统及应急平台体系建设做充分的准备。科普宣教工作。对全市4区13县的应急管理工作人员进行了培训，累计培训应急管理人员达4000余人次，还利用“5.12国家防灾减灾日”、“安全生产月”、“科普日”等活动，利用广播、电视、网络、展板等多种形式开展对各企事业单位、乡村社区、学校的应急宣传工作，累计发放宣传材料6万多份，在媒体上刊登播发相关内容百余次。应急队伍建设。全市已基本形成了以公安、武警、军队为骨干的突击力量，以防汛抗旱、抗震救灾、森林消防、矿山救护、医疗救援、疫情处置等专业队伍为基本力量，以企事业单位专兼职队伍为辅助力量的应急队伍体系。现有市级救援队伍27支，县级救援队伍123支，整体处置自然灾害、事故灾难和公共卫生事件等突发事件的应急保障能力不断提高，基本能够满足突发公共事件的处置需求。

（谢艳盛）

【市长公开电话】 认真落实电话网络责任制，建立信息反馈与跟踪督办相结合的工作机制，从市长热线公开电话的接听、记录、登记、分类、处办、督办、回复、汇报、归档都有专人负责，专人分管，有据可查。努力做好接听电话“事不过夜，话不倒手；谁接谁办，专人负责；办理结果，及时反馈；向上汇报，向下回复；件件有落实，事事有结果”。全年市长热线办公室共接听社会各界热线电话近4万个，市长热线办公室工作人员直接回复、解答、处理电话近3万多个，经市领导批示转交有关部门处理489件，正在办理11件，总办结率在98.1%。

（李向进）

【地方志工作】 市地方志办公室隶属市政府办公室，属事业机构，连续三年获全省设区市先进单位综合奖。2009年，以贯彻《地方志工作条例》为重点，全面督导县区二轮志编修并取得可喜成果，列入省二轮志书编修规划的15部县（区）志，已完成9部，名列全省第一。

认真学习并贯彻落实国务院颁布的《地方志工作条例》，地方志工作已纳入政府工作的议事日程，外聘的修志人员全部到位，办公经费得到保障，办公条件得到改善。

年内有13篇理论研究论文被《河北地方志》刊用；有10篇信息被《河北省方志工作简讯》采用；论文“我们在编纂《宣化区志》中注意到的四个问题”、“二轮志书序体浅议”被河北省方志论文大赛选中。《张家口市志》编纂，制定出篇目、行文通则及编纂说明，为下一步工作奠定基础。

县（区）修志工作。年初，对县（区）地方志工作进行总结部署，对志书编修中的热点、难点问题，有针对性地召开专题调研会，有效地解决了问题。至年底，《宣化区志》、《下花园区志》已出版发行；《张北县志》、《怀安县志》、《万全县志》已送交出版社，正在排版印刷；《宣化县志》、《康保县志》、《阳原县志》已经过省专家终审；《赤城县志》已经过专家评审，正在按照专家提出的意见进行修改；《蔚县志》、《涿鹿县志》、《桥西区志》、《崇礼县志》、《桥东区志》、《尚义县志》正在编纂。

县（区）编写年鉴。2009年，《赤城年鉴》、《怀安年鉴》出版发行。

省政府督导组到张视察地方志工作。为落实省政府办公厅关于建立第二轮三级志书编修督查通报制度的通知精神，11月2～4日，省方志办主任杨洪进、省政府督查室副调研员姚占祥、省方志办副编审任丽英组成督导组到张检查地方志工作，听取了17个县（区）的工作汇报并到赤城县、涿鹿县实地考察志书编纂情况。市政府常务副秘书长方继斌、市政府督查室主任胡玉峰、市方志办主任朱会林陪同视察。

（闫雪卿）

【外事工作】　对外交往合作不断深化。据不完全统计，截至11月底共接待外国来访团组30批200多人次，比上年同期增加100多人次。涉及美国、英国、俄罗斯、意大利、匈牙利、芬兰、瑞典、马来西亚和香港等15个国家和地区。5月，接待了新加坡工业代表团一行30人，考察中国长城葡萄酒有限责任公司；6月，接待了来自美国“汉语桥”教育代表团32人；10月，接待了俄罗斯工商联合会代表团14人。国外来访团组的档次逐步提高。2009年，共接待重要团组10多批次，协调市级领导会见和参加活动10批40人次。4月，接待了联合国粮农组织总干事雅克·迪乌夫一行。8月，接待了由美国国会议员丹尼·戴维斯先生为团长的美国伊利诺伊州和芝加哥市的企业家访问团，接待工作取得了预期效果，受到市政府主要领导和主管领导的表扬。

友好城市工作取得新进展。在接待由美国国会议员丹尼·戴维斯先生为团长的美国伊利诺伊州和芝加哥市的企业家访问团时，主动与外方沟通，建议市政府与其建立友好关系。经过努力，张家口市与美国芝加哥市签署了促进双边经济合作与交流的友好合作备忘录，市长郑雪碧、美国国会议员丹尼·戴维斯先生分别代表中美双方在备忘录上签字。这是张家口市继与意大利博尔扎诺自治省结成友好城市关系、与俄罗斯乌索利耶市建立两市友好合作关系后，确立的又一个国际友好合作城市。在接待外国经贸团组中，主动与发展改革、商务部门紧密配合，策划组织相关的经贸洽谈会，并到张家口市大型企业考察，为双方企业寻求互利合作搭建平台，促成6个合作项目签约。5月，副市长何江海和市直有关部门接待由匈牙利国务秘书玛臬逸·罗兰德先生率领的经贸合作代表团一行18人，陪同其考察张家口市温泉资源、太阳能热水器及太阳能电池板生产企业，双方就阳原三马坊温泉开发和采购太阳能热水器达成了初步意向。崇礼县密苑生态旅游度假产业示范项目由马来西亚卓越集团投资建设，项目总投资30亿元，占地30平方千米，开发了夏季马术、山地自行车、卡丁车、野外拓展、中医康复疗养、体育绿色公园和冬季滑雪度假项目，建设五星级标准山顶酒店和乡村酒店式俱乐部等配套服务设施，形成时尚运动、避暑疗养、会议培训、生态体系、文化游览、特色服务和赛事节事七大产品体系。2月、5月和9月，先后3次接待马来西亚卓越集团总裁林致华先生来访考察，促进了该项目的实施和进一步深入开展。外事归口管理得到加强。认真贯彻落实中央、省关于外事工作的一系列方针政策和规定，严格因公出国管理，进一步规范审批程序，取得了较好效果。调整了市委外事工作领导小组，组长、副组长分别由市委书记、市长兼任，吸纳市纪委书记为成员，并明确了各成员单位具体职责和任务。

严把出国审核审批关。对原有的出国考察审核审批程序进行修订和完善，确保每批出访团组和人员都具有明确的公务目的和实质性内容，确保须出访人员按时出访。截至年末，全市累计批准因公出国（赴港澳）团组和人员35批80人次，其中市级领导出访6人次，涉及经贸、科技、文化、教育、卫生、体育等领域。出访目的地涉及美国、英国、瑞典、意大利和香港、澳门等10多个国家和地区，以上出访均取得了预期的效果。3月，张家口市代表团参加河北省（香港）投资贸易洽谈会，成功举办了张家口市投资环境说明暨重点项目发布会，参会客商达100多人次；8月，侯桂兰副市长带领卫生系统人员赴美考察，与耶鲁大学附属医院的正、副院长进行了洽谈，达成该院2010年6月派专家到张家口市讲学并将目前世界上最先进、灵敏度最高、结果最可靠的HPV早期诊断技术引进张家口市的协议。

建立出国人员访前保密谈话制度。与市纪委、市委组织部联合对制止党政机关干部公款出国（境）旅游作了安排部署，制发了工作方案，对近几年来全市因公出国（境）情况进行了认真总结和回头看，近年来全市因公出访团组和人员均未发生任何泄密和违法违纪问题，因公出国护照收缴率达100%。2009年，为外出归国人员和来张外国专家换发驾照10余本，为市有关方面会见外宾提供了口译服务，完成了市、县大型项目招商活动文字翻译材料约15万字。

（刘晓彤）

【侨务工作】　把“为侨服务、凝聚侨心”放在首位，优化服务。作为安置蒙、朝归难侨的重点市，救助帮扶工作点多面广，针对这一现实，结合全省实施的“归侨侨眷关爱工程”，采取更加积极有效的措施，加大依法行政，依法护侨的工作力度。继续将散居农村归侨侨眷全部纳入低保救济，对城镇困难归侨侨眷根据特点给予适当照顾，对全市农业户口散居农村的贫困归侨侨眷进行摸底，及时将他们纳入了农村低保范围；在尚未实施农村低保的地方，将特困归侨侨眷作为农村特困户给予救济；对城镇困难归侨侨眷，按照有关政策在就业、就学、安置等方面给与一定的照顾。市侨办帮助联系劳动、社保等部门落实解决有关问题50余人；为遭遇突发事故的归侨武建荣、张福民家庭特别安排救济金2000元；同时，在华侨事业费紧张的情况下，专门拿出5000元作为资助贫困的“四侨”考生助学经费；派出8名归侨侨眷参加了省侨办在保定虎振技校举办的归侨侨眷技能培训班。做好对贫困归侨侨眷的访贫慰问工作。

采取重大节日与日常走访相结合、物质援助与精神慰籍相结合等多种形式对贫困归侨侨眷走访慰问，并重点安排好“两节”慰问工作。统筹安排两节慰问金（含市、县自筹资金）5.5万元，全市总计慰问归侨侨眷158户242人。其中，市侨办日常走访60余户，走访受益人数达200余人。通过“送温暖、献爱心”活动，摸清了困难户的具体困难和存在的一些实际问题，并尽力予以解决。

认真做好涉侨信访工作。全年共受理归侨侨眷、华侨华人的上访和函件近200人次，信访涉及的范围有华侨华人、港澳同胞来张投资、归侨子女就业安置、企业转制、改制、破产后的工龄买断、房屋拆迁补偿、医疗救济等等，对所有来信来访认真对待，使全年所有涉侨信访问题均得到妥善处理。全年未发生一起归侨侨眷进京赴省上访问题。同时，主管秘书长带队走访侨企和重点商会，先后协调解决了河北新东亚房地产开发有限公司和香港辽海国际投资有限公司的融资、土地使用权证的确认和发证问题。

积极鼓励和扶持海外侨胞投资兴业。2009年，全市由华人华侨、归侨侨眷搭桥谈成的经济技术合作项目有12项；签订意向书20多项；成交贸易40多批次，成交额达2000多万元人民币。市侨务部门还先后邀请意大利华商投资考察团、美国福建侨领企业家投资考察团、美国芝加哥国会议员到张家口市参观考察。根据企业家们投资房地产和欧式大型超市的投资意向，向他们推荐项目50多个，有些项目达成合作意向。张家口市积极组团参加由国侨办、湖北省政府主办、河北省政府协办的“2009年华侨华人创业发展洽谈会”，发放市情及招商引资资料200余份，并与广大华侨华人企业家、专家进行了合作交流项目洽谈。同时做好“四侨”考生高考出证工作。严格按照省侨办规定，坚持原则、严把政策关，保证了出证材料的真实性和历史资料的完整性。坚持初审、预审、终审三级审批后的出证程序，全年共为中、高考生出证40多份。

针对涉外突发事件增多的实际，建立了应对涉外突发事件的快速反应机制。如针对2009年发生的H1N1流感是输入型疫情的情况，及时启动外事应急机制，制定《张家口市处置甲型H1N1流感疫情涉外突发事件应急方案》，按照省外办要求，每天实行零报告制度；9月，专门成立了外事防恐领导小组，确保一旦发生恐怖袭击事件，应急处置力量能够快速启动，迅速集结，高效处置。

（袁程宏）

政策研究

2009年，市政府研究室紧紧围绕政府“智囊团”、“参谋部”、决策咨询服务的职能定位，立足市情，以创新为动力，以为发展服务、为领导决策服务、为基层服务为中心，坚持“三个融入”（坚持将优质服务融入经济工作大局中；坚持将优质服务融入领导决策工作中；坚持将优质服务融入广大人民群众的生活中），突出“三个重点”（突出抓好调查研究，充分发挥参谋助手作用；突出抓好文稿起草，不断提高以文辅政能力；突出抓好“四刊”编发，着力搭建发展研究平台），进一步发挥决策咨询的参谋作用、政策宣传的窗口作用、理论研讨的阵地作用、信息交流的通道作用，以新观念、新思路、新举措解决新问题，较好地发挥了职能作用，为全市的总体功能定位、产业功能定位、发展模式定位的确立和总体发展规划、产业振兴规划、有关专业规划的编制及相关政策措施的制定工作做出了新贡献，促进了全市经济社会更好更快发展。

【紧贴领导思路抓调研】 坚持把优质服务融入领导决策工作中，实现自身工作与领导思路“同频共振”，服务于领导决策之前，谋划于领导思考之中，跟踪于领导决策之后，做到“在兵位，谋帅事”、“居后台，想前台”，增强了工作的针对性、科学性和有效性。

高标准地完成市领导交办的各项工作任务。独立完成了《2009年政府工作报告》、《欠发达地区积极探索科学发展路径》、《我市财政收入情况及现代产业对经济的贡献率分析》、《关于我市投资与经济发展的关系浅析》、《关于推进壮大中心城市工作情况的汇报提纲》等文稿的撰写工作；与市发改委等单位合作，共同研究完善了《张家口市主要产业发展情况汇报》、《关于推进六大重点产业振兴的实施意见（草案）》、《加快现代产业发展的意见（讨论稿）的说明》；牵头完成了《关于全面改善民生促进社会和谐的决定》、《张家口市农村新民居建设的若干政策》、《关于加快壮大中心城市统筹城乡发展的意见（讨论稿）》、《关于壮大农村集体经济增强村级组织服务功能的意见》、《关于建立乡村为民服务代理制的指导意见》、《“进企业、送服务、解难题、促发展”活动联系帮扶企业实施方案》；参与《关于建立中小企业贷款风险补偿基金的指导意见（征求意见稿）》、《关于进一步加强农户金融服务的指导意见（征求意见稿）》、《中共张家口市委关于建立干部作风建设长效机制的意见（征求意见稿）》、《中共张家口市委常委会贯彻落实科学发展观情况分析检查报告（征求意见稿）》等文件的讨论修改工作。撰写完善了全国两会《预备建议》14个。接受电视台采访，参加各类专家座谈会，作了《对发展振兴“4＋3”重点产业背景和意义等问题的阐述》、《深入挖掘张家口人文精神推动经济社会发展新跨越》、《坚持以科学发展观为统领，推动我市经济社会更好更快发展》、《拓宽视野，创新机制，营造有利于优秀人才脱颖而出的良好环境》的专题发言。

高质量地完成了上级部门交办的任务。按照省政府办公厅、研究室要求，完成了《关于政府重大决策形成和执行情况的调查报告》、《张家口市经济社会发展情况报告》、《张家口市建设四省交界区域经济中心座谈会发言提纲》、《当前制约我市农业可持续发展的瓶颈因素》、《在兵位谋帅事努力提高服务决策咨询的能力和水平》、《发挥优势突出特色加快构建我省现代产业体系》、《创新机制突出特色加快项目建设步伐》、《2010年宏观经济与政策走势分析》等重要文稿的起草上报。

高效率地完成了驻县学习实践科学发展观活动的指导任务。根据市委决定和市主要领导的要求，市政府研究室先后选派5名同志常驻怀来县、张北县一年时间，分别由室主任任联络员和副组长，负责指导督导两县学习实践科学发展观活动。全程参与了从活动总体实施方案制定到阶段实施和推进意见起草，从活动载体设计到发展思路谋划，从发展典型培树到深入基层具体指导等具体工作。起草、把关各类文稿120件以上，约55万字，确保了两县学习实践科学发展观活动的有序进行，得到了省市主要领导的充分肯定和高度评价。

【围绕中心工作抓调研】　坚持把优质服务融入全市经济社会更好更快发展大局，真正做到了想发展大局，谋发展大事，献发展大计，推进了研究工作的深入开展。

突出战略性调研。围绕全市经济社会发展的战略性、关键性问题，组织力量研究撰写出《打造现代物流新优势，激发区域经济新活力——关于加快我市现代物流业发展的调研》、《把握新形势，抢占制高点，努力把信息产业打造成为我市的主导产业——关于加快我市信息产业的调研》、《多力互动，多轮互驱，全力打造我市食品工业“动车组”——关于我市食品工业发展的调查与思考》、《在传承与发掘中再创辉煌——对做大做强张家口机械装备制造业的思考》、《因地制宜，创新举措，全面推进新民居建设》等调研报告，出台了《关于深度对接京津晋蒙深化区域经济合作的实施意见》、《关于加快现代产业发展的意见》、《张家口市农村新民居示范工程实施方案》等规范性文件。

突出对策性调研。围绕全市经济社会发展各领域的重点、热点、难点问题独立或合作调研，撰写了《关于促进我市房地产业健康稳定发展的对策建议》、《奶牛养殖在困境中艰难挣扎——关于我市奶牛养殖现状的调查》、《对加快我市“同城化”发展的思考与建议》、《关于保增长扩内需政策执行中急需省帮助解决的问题及建议》、《关于生态治沙情况及加大沙化治理资金扶持的报告》、《关于对张家口市特殊区域给予特殊政策和直接帮扶的建议》、《倾心聚力惠三农——关于供销社系统服务三农的调查》等一系列对策性研究报告，引起市领导高度重视，并报送上级部门求取支持，批示有关县区和市直部门研究落实。

突出典型性调研。围绕全市各级各部门各行业所取得的成功经验和涌现的先进典型，撰写了《变“山河好大”为“大好山河”》、《张北城建之变彰显“三气”》、《发扬六大精神，探索发展新路——关于张北县快速推进经济发展的调查》、《“变”出一片新天地——对张北县推进城镇面貌“三年大变样”的调查与思考》、《构筑区域特色产业支撑，打造以城带乡发展格局》、《突出双结构，优化双调整》、《小乡镇明白大道理》、《8个苹果200元》、《保护生态求发展，依靠科技促增收——马莲滩村生态兴村富农之路》、《发挥优势，挖掘潜力，突出特色，率先打造全国最大的百万亩优质葡萄种植基地》、《以机制创新推动项目建设——关于对全市项目建设工作机制的调查》、《科学发展结硕果》、《张北城建现场会经验材料》、《先行推进同城化地区的发展经验》等经验性、典型性材料，全部被《省直机关党的建设》、《张家口日报》、《作风建设年简报》等省市级媒体、内刊刊登。

【组织政府系统抓调研】　坚持把优质服务融入创新工作机制，主动加强与政府部门的工作联系，拓宽与高校、研究机构、企业之间的协作渠道，进一步创新调研方式，整合调研资源，统筹调研课题，开展联合调研，着力推进纵向与县（区）、横向与市直部门及企事业单位的调研网络建设，大范围、宽领域、多渠道地开展调研活动，形成了政府调研系统上下联动、左右互动、开放合作、齐抓共管的“大调研”格局。

年初部署重点调研课题。按照市政府领导要求，围绕建设科学发展强市，实现经济更好更快发展目标，确定全年6大调研方向，下发各县（区）和市直部门，明确课题负责人和课题完成时限。

年中督导调研工作落实。有计划、有目的地深入基层进行认真调研督导，确保了重点调研课题高质量完成。

全年认真办好三个内刊。发挥《政府工作研究》、《领导参阅》、《政策信息》三个内部刊物的窗口作用。在宣传张家口的同时，加强与各县区、市直部门的信息交流，有效地发挥窗口和纽带作用，为上级领导和部门及时了解基层工作情况开辟了通道。全年共完成各类规范性文件、调研文章、领导署名文章164件，约100余万字，其中，市领导交办40件，批示22件，批示率达55%。

（高振福）

法制建设

【深入宣传贯彻《纲要》和《决定》】 强化对依法行政的学习宣传。利用纪念《全面推进依法行政纲要》发布五周年和《行政复议法》颁布十周年的机会，在全市范围内开展了对《纲要》和《决定》的学习宣传。组织各县区和市直各部门利用多种形式和电台、电视台、报纸等多种媒体广泛宣传，对全市各级各部门贯彻落实《纲要》和《决定》情况进行了总结检查。强化依法行政制度建设。积极推动各级政府和政府各部门进一步完善依法行政制度建设，各级各部门进一步建立健全了科学民主决策制度、干部学法制度、领导干部岗前法律知识测试制度等制度规定。为加强对全市依法行政工作情况的统筹协调，市法制办起草了《张家口市人民政府办公室关于建立依法行政定期报告制度暨报送2009年依法行政情况报告的通知》，在全市建立了依法行政工作情况报告制度。

【创新行政执法监督工作】 规范执法标准，强化对行政处罚自由裁量权的监管。为进一步优化行政执法环境，在全市范围内推行行政处罚自由裁量权基准制度。制定印发了《张家口市规范行政处罚自由裁量权规定》和《张家口市人民政府办公室关于贯彻落实<张家口市规范行政处罚自由裁量权规定>的通知》，组织全市各级行政执法部门严格按照要求，细化量化行政处罚标准。截至年底，经市法制办把关，共有41个市直部门完成了规范行政处罚自由裁量权工作，共细化量化行政处罚标准1092条4822项。各县区也相继开展了规范行政处罚自由裁量工作。以落实民营企业直通车制度为推手，优化民营企业发展环境。研究制定了《张家口市民营企业行政执法监督直通车制度管理办法》，确立了与企业的联系机制、举报投诉事项处理机制、征集企业意见和建议机制等工作制度，为优化全市民营企业发展环境起到积极的促进作用。

【规范性文件的审核制定工作取得新进展】 做好政府规范性文件的审核制定工作。围绕市委、市政府重大决策部署，把推进项目建设、产业结构优化升级、发展特色经济、培育市场主体、城镇“三年大变样”、新农村建设、惠及民生等作为政府规范性文件制定重点，本着保障快速发展、推进科学发展、规范发展秩序，加快审核制定出台了一大批保障经济和社会发展的政府规范性文件，全年，共审核市政府规范性文件40件，审核把关了市政府领导交办的各类政策措施性文件67件。强化规范性文件的监督管理。对县（区）政府和市直部门应向市政府上报备案的规范性文件和市政府应向省政府报备的规范性文件，做到及时报备、认真审查。2009年共接收审查县（区）政府和市直部门向市政府备案的规范性文件95件，备案件数比上年大幅提高；办理市政府向省政府报备的规范性文件6件。加大对市政府各部门规范性文件的审查把关力度。按照《张家口市政府部门规范性文件合法性审查暂行规定》，对市政府各部门制定出台的涉及公民、法人或者其他组织权利义务关系的、具有普遍约束力的规范性文件，在正式出台前进行合法性审查。共审查市直部门规范性文件4件。围绕深化行政审批制度改革，认真做好规范性文件和行政审批项目的清理工作。集中力量对2001～2008年期间以市政府及市政府办公室名义下发的1000余件文件进行了清理，对29件已过时和不符合市场经济要求的文件予以废止，同时，继续对行政审批项目进行清理和削减。对现行行政审批项目按照国家、省要求适时地进行衔接，将省下放市级的59项审批项目和市现行的490项行政审批项目压减在200项以内，削减率达到60%。

【强化行政复议化解行政争议矛盾的主渠道作用】

行政复议工作秉承“复议为民”、“定纷止争”的理念，针对行政复议案件涉及面广、类型多、案情复杂、专业性强等情况，严格按照《行政复议法》和《行政复议法实施条例》的规定，创新工作方式。行政复议作为化解矛盾的主渠道作用日趋明显。全年共受理行政复议案件31件。本着化解矛盾、构建和谐的理念，在全市建立起“优先调解、充分协商和促进和解”的案件调解机制。全年，近20%的行政复议案件通过调解和解的方式结案，做到“案结事了”。

【仲裁工作取得突破】　市仲裁委员会积极推行仲裁法律制度，认真审理仲裁案件，各项工作取得突破。全年共受理各类案件77起，涉案标的额1.08亿元，较上年有了长足进展。围绕政府中心工作，主动为政府排忧解难。协助政府成功调解了一起广电系统内部因历史遗留问题而产生的产权纠纷，维护了当事人各自的利益。年底又派专人帮助县级信用社催缴小额贷款150余万元。规范了房地产案件审理工作的标准。针对近年来，建设工程施工合同和商品房买卖合同中经常发生的合同效力、建筑物留置权、逾期交房、房屋质量等两大方面16个具体问题，参照以往判例和现行法律法规，在充分讨论研究的基础上，形成了《张家口仲裁委员会关于房地产案件审理工作的规范意见（草案）》，为今后审理此类案件提供了依据。

（常志军）

行政审批工作

【概况】　2009年，市行政服务中心强力推进行政审批制度改革，努力提升行政审批工作水平、质量和效率，行政审批工作实现了新突破。

【集中审批制度改革迈出长足步伐】　为进一步强化“中心”建设投资、注册登记、社会服务三大行政审批服务平台建设，在对市直部门内设机构行政审批职能进行归并的基础上，调整了进“中心”部门和项目，将部门综合审批科整建制纳入“中心”开展审办工作。应建立行政服务中心的县区也基本完成了组建。市、县两级“中心”进驻部门累计达到267个、项目进厅累计2001项。

【房地产开发项目审批改革得到全面落实】

“中心”代市政府起草了《关于推进房地产开展行政审批和收费制度改革的实施意见》，并下大力组织相关部门进行改革新政的落实，使市级审批项目由91项压缩到28项，比省规定减少11个子项目；审批用章削减为26枚；收费项目由54项压缩到21项，比省规定减少1项；审批时限压缩到15天，比省要求减少3天。在前置服务、联合审图、联合验收、全程代办等环节制定并采取了有效举措，确保了房地产开发项目行政审批效率的大幅提升。各县（区）也对房地产开发审批项目、用章、收费、时限等进行了大幅度削减。有力地推动了房地产业的发展，全市房地产投资规模达到96.26亿元。

【固定资产投资审批制度改革取得实效】　为切实落实好省委、省政府固定资产投资行政审批制度改革新政，出台了《关于提高固定资产投资项目审批效能优化发展环境的实施意见》和《推进固定资产投资项目审批流程改革的实施方案》，适时组织各级各部门开展了清理规范固定资产投资项目行政许可和行政审批事项的前期工作。省政府《关于公布固定资产投资项目保留合并或并联办理行政许可和行政审批事项的通知》下发后，及时组织有关部门对固定资产投资行政审批制度改革工作进行落实，提出了保留、合并或并联办理行政许可和行政审批事项目录，划分了市、县审批权限，明确了中介机构组织审核的事项。有效地解决了固定资产投资项目行政审批项目和环节过多、办理时间过长、行政效能低下的问题，大大地促进了投资环境的改善和固定资产投资规模的较快增长。

【审批流程再造工作取得新进展】　紧紧抓住国家投资拉动的有利契机，全面推进重点项目建设，“中心”集中开展了以再造流程、压缩审办时限为主要内容的重点项目审批改革，改变原来互为前置的串联审批，全面推行了并联审批方式，有效地削减了审批环节和审批时限。一般建设项目审批时限压缩到50天，房地产开发项目审批时限为15天，进入产业聚集区项目审批时限仅为10天。按照特事特办、急事急办原则，开通了重点企业、重大项目“绿色直通车”，采取“先通过，后服务”的办理模式，有力地促进了全市重点项目的跑办和实施。

【“行政审批专用章”制度全面推行】 为切实减少审批环节，提升审办效率，以房地产开发项目审批改革为契机，着力推进行政审批用章制度改革，在市直审批职能部门全面推行了“行政审批专用章”制度，即部门所有审办事项只使用一枚审批用章，其它审批用章一律停止使用。各县（区）也不同程度地对行政审批用章制度进行了改革。全市仅房地产项目审批消减了审批用章共100多枚，有效地解决了审批用章过多过滥的问题。

【强力推进集中联合年检换证工作】 坚持从时间跨度上体现集中、从参与部门上注重拓展联合、从工作思路上突出方便快捷原则，努力推进集中联合年检换证工作，进一步拓展年检换证工作领域和内容。参加部门由前几年最多9个扩展到2009年的13个，项目由12个增加到29个，共完成8053件年检事项，比上年增加12%。这项工作的开展，使申办企业变多次跑为一次通，变多处办为一处办，既大大地方便了企业和群众，又为审办者节省了人力物力。

【加强审批代办服务工作】 中心设立了房地产项目建设咨询代办处，专门受理审核项目单位申报资料，无偿为申请人代办各项审批和交费手续，全程负责与相关部门的业务联系以及协调运转、跟踪督办、结果反馈，直至项目审批办结。还吸收两家社会中介机构进驻“大厅”，开展项目审批代办服务。

【强化审批项目实施的监督管理】 按照“该取消的必须取消、该下放的必须下放、应保留的必须规范”的原则，不断加大对审批项目实施的依法管理力度，及时发现问题及时进行整改，保障了取消、下放审批项目的衔接落实和保留实施项目的规范审批。

（张雪维）

民族工作

【大二号回族乡现场办公】 为了加大对民族乡的扶持力度，促进民族乡经济社会全面发展，实行了市领导定期到民族乡现场办公制度。2009年6月4日，市民委在沽源县大二号回族乡召开现场办公会。市民委领导和市民委成员单位负责同志，到大二号回族乡实地考察了大二号回族乡村民健身广场、大二号回族乡改水等项目工程。29个民委成员单位与大二号回族乡签订了扶持大二号回族乡项目协议书，共承诺支持项目39个，支持资金306.74万元，支持贷款额度390万元，支持电脑、图书、水泥等物资折合人民币7.3万元。

【推进城市民族工作】 加强对清真食品的管理，确保清真食品安全，把好“入口关”。在加强日常监管的同时，重点抓好元旦、春节、国庆、中秋重点时期的集中检查，市民宗局组织全市各县区对清真食品市场进行全面拉网式检查，还将全市清真食品安全的管理纳入了全市食品安全管理范围之内。开展城市民族工作调研，建立流动少数民族人口台帐。对少数民族常住人口、流动人口、城市少数民族经济和社会事业发展情况；培养、选拔、使用少数民族干部和保障少数民族平等权利情况；尊重少数民族风俗习惯和依法加强对民族事务的管理情况；对回民墓地及殡葬服务管理、清真食品管理、流动少数民族服务及管理等工作情况；开展民族团结进步创建表彰活动，促进民族团结进步事业发展等工作情况；城市民族工作存在问题和具体的解决办法和建议等进行了调研。制定出台文件，加强对城市民族工作的政策性指导。为了进一步做好城市民族工作，以市委、市政府名义制定出台了《关于进一步加强城市民族工作的意见》。

【开展民族团结进步宣传教育活动】 采取知识竞赛、征文、展览、文艺演出、出动宣传车等形式，在全市组织开展了民族团结进步宣传教育活动。张家口市第五次民族团结进步表彰会于12月22日召开，市委常委、市政府副市长、市民委副主任唐树森，市委常委、统战部长、市总工会主席、市民委主任周林，市人大副主任张世林，市政协副主席薛宝玺，各县（区）主管民族工作的县（区）长、民委主任、民宗局局长，市民委成员单位的民委委员、联络员，受表彰的民族团结进步模范集体代表和模范个人、各界少数民族代表共220人参加了会议，对从各行各业选出的39个集体和61名个人进行了表彰。2009年，市民宗局被国务院授予“全国民族团结进步模范集体”称号。人民银行张家口市中心支行帮扶民族村干部李卫泽被国务院授予“民族团结进步模范个人”称号，参加了全国第五次民族团结进步表彰大会，受到胡锦涛总书记和中央政治局常委的接见并参加了国庆60周年观礼。会后李卫泽在银行系统、民族部门作巡回报告，市内各媒体也都作了专访和专题报道，在全市各族群众中产生了很大反响，推动了民族团结进步事业的蓬勃发展。

【民族文化教育体育活动多姿多彩】　一是参加省民宗厅和省文化厅联合举办的“庆祝建国60周年河北省少数民族暨宗教界书画摄影展”，共征集作品130多幅，并组成专家组认真筛选，选出45件作品报送省参加评选，全市在省有3幅作品获一等奖，6幅作品获二等奖，4幅作品获三等奖，24幅作品获优秀奖。二是组队参加全省少数民族传统体育项目秋千比赛，取得了55公斤以下级双人触铃和双人高度2枚铜牌。三是挖掘、整理民族方面的照片、资料，将征集到的五幅五十年代党和国家领导人接见张家口市少数民族代表人物的珍贵图片资料上报。

【“春雨行动”取得丰硕成果】　2007～2009年，市民委组织37个市民委成员单位到35个民族村实施扶贫“春雨行动”，帮扶项目57个，涉及人畜饮水、打机井、修路、建大棚、信息化惠民等工程，帮扶资金达1253.65万元。深入开展民族村情况调研，谋划民族村经济社会发展新思路，将全市民族村经济社会发展情况报市人大常委会审议，受到与会代表广泛关注。培育民族工作示范村，打造民族村发展新亮点，确定争取张家口市4个民族村为全省民族工作示范村，制定了示范村2009～2011年3年发展规划。积极争取上级资金帮扶，不断加强对民族村的支持力度，争取少数民族发展资金160万元，少数民族地区补助费17万元。

（陈雅萍）

宗教工作

【市领导视察伏魔禅寺、云泉寺建设工程】　2009年2月11日，市委常委、市政府副市长唐树森，市委常委、统战部长周林在桥东区、桥西区以及市直相关部门负责人的陪同下，视察了伏魔禅寺移址建设和云泉寺扩建工程。就两个寺庙工程建设安排以及工程建设中存在的困难和问题，召集市民宗局、市建设局、市城管局、市规划局、市环保局、市供电公司进行现场办公。

【云泉寺被列为2009年全市十个旅游景点改造建设项目】　云泉寺位于张家口市西郊赐儿山，距市区中心3千米。该寺始建于明洪武二十六年（1393年），至今已有六百年历史，1998年5月恢复开放。为了还原赐儿山云泉寺古建筑历史风貌，市政府为云泉寺划拨土地14.73公顷进行抢修扩建，建设资金由云泉寺自筹，该工程预计投资1亿元，几个大殿主体工程已完工，投入资金2500万元。2009年，根据张家口市城市建设开发改造总体规划，市政府将云泉寺列为张家口市10个旅游景点改造建设项目工程之一。

【伏魔禅寺移址奠基仪式成功举办】　3月21日，张家口市伏魔禅寺移址奠基仪式成功举办。市政府副市长杨玉成，市政协副主席袁秀平、省民宗厅、省佛教协会、市委统战部、市民宗局、相关部门领导及各方嘉宾3000余人出席了奠基仪式。伏魔禅寺原座落在桥西区大境门附近，距今有600多年历史，在岁月变迁中，房屋设施损坏严重。为进一步落实党的宗教政策，保持历史传承，弘扬佛教文化，打造张家口市旅游亮点，带动周边经济发展，经市委、市政府决定将伏魔禅寺移址桥东区鱼儿山下，设计占地2公顷，预计投资7700多万元，项目建设资金由伏魔禅寺自筹，项目将于2012年竣工。该寺院的建成将成为张家口城市新地标，旅游新景点。

【举办天主教神甫培训班】　6月7～12日，举办了天主教神甫培训班。市委统战部、市民宗局、市国家安全局、市公安国保大队、部分县（区）宗教工作部门负责人及天主教神甫共33人（其中神甫14人）参加培训。此次培训以外出考察学习和座谈交流相结合的方式进行。期间，考察团一行在北京拜访了中国天主教一会一团。全国政协常委、民族和宗教委员会副主任，中国天主教爱国会副主席兼秘书长，山东省政协副主席刘柏年、全国政协常委、中国天主教爱国会副主席、主教团秘书长、昆明教区主教马英林和中国天主教爱国会副秘书长郭金才接见了考察团人员并座谈。

【下花园区举行临济光明塔落成典礼】　8月12日，下花园区永宁寺为新建成的临济光明塔举行落成典礼。河北省政协委员、中国佛教协会理事、河北省佛教协会名誉会长正定临济寺方丈释有明和尚，市委统战部、市民宗局有关领导，市佛教协会以及下花园区委区政府主要领导到场祝贺。临济光明塔依鸡鸣山永宁寺而建，为正定临济寺方丈有明和尚身后安命归宿。该项目经民宗部门逐级上报审批后，由河北鸡鸣山集团投资300万元兴建。该塔高33米，共7层，建造精美，雄伟壮观，落成后将成为鸡鸣山风景区标志性建筑。

【成功举办第二届“卧尔兹”演讲比赛】 为配合全市“和谐寺观教堂”建设活动的开展，切实提高伊斯兰教教职人员的政治素质和宗教业务水平，张家口市伊斯兰教协会于8月17～18日举办了以“构建和谐清真寺”为主题的市伊斯兰教第二届“卧尔兹”演讲比赛。来自全市的18名阿訇、海里凡分别围绕“论伊斯兰教的宽容”、“团结是伊斯兰教的永恒主题”等内容演讲，把《古兰经》和圣训的教导、教规、教法的规定与现实生活及时代精神有机地结合起来，体现了各位阿訇深厚的伊斯兰教功底和较高的民族宗教政策水平。比赛评出了一、二、三等奖和优秀奖。

【召开全市创建和谐寺观教堂活动推进会】 8月19日，为进一步推进张家口市创建“和谐寺观教堂”活动深入开展，召开“全市创建和谐寺观教堂活动推进会”，参加人员为各县区民宗局长，市级宗教团体负责人、秘书长。会议通报了全省民宗局长会议精神；安排部署张家口市和谐寺观教堂重点推进工作；讨论省民宗厅关于创建“和谐寺观教堂”和评选“五好信教群众”活动的考评办法并征求意见；讨论河北省重点寺观教堂建设标准并征求意见；确定张家口市、县两级重点推进场所名单。

【召开全市宗教界慈善事业座谈会】 按照省民宗厅积极鼓励、正确引导宗教公益事业的工作部署，市民宗局拟定了《张家口市民族宗教事务局关于推动全市宗教界慈善事业开展的实施方案》草案。8月19日，召集市级宗教团体主要负责人召开座谈会，讨论《实施方案》草案，确定张家口市宗教界慈善事业开展的工作思路。市民宗局在座谈会结束后，根据宗教团体的意见建议，对《实施方案》修改定稿，并正式启动全市宗教界集中公益慈善活动。

【采取有力措施确保圣诞节平安度过】 圣诞节是基督教、天主教的重大节日。12月，市民宗局周密部署、深入督导，部门协调联动，畅通信息渠道，确保信教群众度过欢乐、祥和、平安的圣诞节。节前，市民宗局下发通知，要求各县（区）民宗局要把握工作主动权，积极协调统战、国保、消防、基层党委政府做好安全隐患排查工作。重点对场所安全、节日期间的活动安排及地下势力不安定因素提前谋划，及早部署，确保节日和谐安定。

（郭 力）

机关事务工作

【概况】 市直机关事务管理局是2002年4月机构改革时成立的，由原市委、市人大、市政府机关事务管理局和市政协后勤服务中心、市建房办5个单位合并而成。主要职能是负责市委、市人大、市政府、市政协机关及8个住宅小区的后勤事务管理、生活服务、安全保卫，全市财政性资金政府集中采购，全市公共机构节能等工作。机关服务对象1600人，住宅小区1700多户5000余人，并负责对全市机关事务工作进行业务指导。

【科学管理水平进一步提高】 强化大院安全管理。投资30多万元在机关大院、办公楼安装监控系统和消防设施，对机关大院安全管理情况全面检查，查出安全隐患12起，并限时进行了整改。积极做好上访人员的劝解、疏导工作，年内配合接待上访244批次6000余人次，未发生一起责任事故和纠纷，被市委、市政府评为信访工作先进单位。加强行车安全教育、科学管理，合理调度，确保重大活动和四大机关公务用车，全年行车315万千米，安全无事故。创建园林式机关大院。投资10万元进行绿化、美化、亮化工程改造。通过引水造绿、见缝插绿等办法，机关大院绿化覆盖率达50%，做到三季有花，四季常青。加强节约型机关建设。建立和完善全市公共机构节能工作考核办法，制定全市公共机构节能目标责任制。把全市公共机构节能目标和指标分解落实到每一个县区和市直单位，明确公共机构节能责任人，并把节能目标和指标完成情况作为单位年度考核评价的重要内容。全市公共机构节能工作走在全省前列，在河北省创建节约型机关经验交流会上作了典型发言。

【服务保障能力明显增强】 坚持“在管理中体现服务，在服务中实现管理”的原则，抓重点攻难点，服务保障能力得到明显提升。提高餐饮服务水平。严格执行食品原材料采购程序，大宗食品定点采购，降低采购成本；科学调整膳食结构，推出高、中、低档营养套餐以满足不同层次的需求，为机关干部职工提供了优质的膳食服务。提升物业服务水平。成立正和物业服务有限责任公司，规范服务标准，拓展服务内容，提高服务质量。充分发挥业主委员会作用，与业主之间建立了良好的互动关系。各项收费率达95%，房产证办结率达90%。提高维修保障能力。实施了水、电、暖管网综合改造工程，先后投入200多万元对机关大院水、电、暖管网进行了检修和改造，解决了“跑、冒、滴、漏”问题；聘请建筑专家对机关大院6万多平方米办公用房进行鉴定，摸清办公用房的危险底数，拟定维修方案20多个；对大小90余项基建工程进行了维修，全年维修门窗6800余次，维修屋顶2万余平方米，更换玻璃近600平方米，更换灯管（泡）2000多套。提高重大活动保障能力。圆满完成第十一届环渤海经济经贸合作洽谈会、第二届冀台经济洽谈会车辆保障、安全保卫、人员接待等重大任务。特别是为做好第十一届环渤海经济经贸洽谈会开幕式的组织实施工作，倾全局之力精心组织、认真筹备，制定方案、反复预演，确保了开幕式的顺利实施。受到市领导和与会代表的一致好评。

【机关事务工作在改革中协调发展】　针对机关事务工作面临的新情况、新问题，积极探索“集约化管理，社会化服务，市场化运作”的发展路子，推动机关事务工作科学发展。大力开展岗位培训。全年共举办岗位练兵、技术比武21次，参训参赛人员327人，占全局人员总数的85%；安排21人到包头、鄂尔多斯、石家庄、唐山等地考察学习；选送电工、锅炉工等工种14人到市高级技校进行脱产培训；举办各类专题辅导34场次，干部职工队伍的整体素质明显提高。强化国有资产管理。建立完善资产清查、登记、购置、使用、调剂、处置制度。对机关大院现有办公用房进行实地核查、测算，规范了房地产产权产籍资料的管理，加强市级机关事业单位办公用房非经营性资产管理。创新用人机制。在人事制度改革中，按照精简、统一、效能的原则，针对不同人员、不同岗位的工作特点重新进行了定岗核编。对中层干部实行交流轮岗，对管理人员和服务人员实行竞争上岗；先后调整使用、轮岗交流27名中层干部，重新录用生活科、采购办、物业办等不同工作岗位上的服务人员53名。创新政府采购工作。采取分段工作法，确保政府采购的公开、公正、公平，实现了政府采购零质疑。年内完成预算资金1.07亿元，节约资金1191.77万元，资金节约率11.12%。创新工作机制。建立以岗定薪，业绩联筹等激励机制，充分调动了管理经营者的工作积极性。局属经营实体进一步拓展经营渠道，扩大经营规模，全部实现扭亏为盈。文印中心、加油站分别实现利润5万元、63万元。创新会议保障模式。改变过去会议服务分散保障的方式为集中管理、统一服务的模式，组建了会务中心，初步形成了以会养会的管理体制。投资20万元更换了可视会议室桌椅和设备，进一步提高会议服务保障能力。全年召开各类会议326次，参会人员达3万余人。建立有机蔬菜生产基地。与农业局合作，在高新区建立1亩有机蔬菜种植大棚。全年为机关干部职工提供绿色蔬菜1.5万千克，使广大干部职工吃上放心菜、安全菜。

（方海生）

中国人民政治协商会议张家口市委员会

主要工作

【全体会议】　2009年2月2～5日，市政协十届二次全会在工人文化宫隆重举行。会议期间，与会委员听取并讨论了市委常委、统战部部长、市总工会主席周林代表中共张家口市委所作的讲话；听取并审议了市政协主席乔登贵代表市政协十届常委会所作的工作报告和市政协副主席狄志惠代表市政协十届常委会所作的提案工作报告；列席了市十二届代表大会第二次会议，听取并协商讨论了《政府工作报告》及其他重要报告；审议通过十届二次会议期间委员提案审查情况的报告；审议通过十届二次会议政治决议及其他决议。会议期间，市委书记许宁及市委各位常委分别深入到各委员界别小组，围绕政府工作报告、政协常务委员会工作报告和其他报告，以及全市中心工作，人民群众关心、关注的社会热点难点问题进行深入讨论。政协委员就调整优化产业结构、深化各项改革等问题提出许多建议意见。会议期间共收到提案348件，其中集体提案29件，委员个人及联名提案319件，经认真审查，符合立案条件的337件，占提案总数的96.8%。市委、市人大、市政府、市法院、市检察院、市军分区领导和市人大、市政协历届离退休的领导；及驻桥东区、桥西区、高新区的省政协委员应邀列席会议。

【常委会议】　1月13日，市政协十届四次常委会议在张家口宾馆举行。市政协主席乔登贵讲话。会议听取了市政府常务副秘书长方继斌受市政府委托所作的《关于市政府系统办理市政协十届一次会议提案情况的通报》，审议通过市政协十届二次会议相关事项。会议决定，市政协十届二次会议于2月2~5日举行。

2月4日，市政协十届五次常委会在市张家口宾馆举行。会议听取了出席市政协十届二次会议各小组讨论情况汇报；审议通过了政协张家口市第十届委员会第二次会议提案审查情况的报告（草案）；政协张家口市第十届委员会常务委员会工作报告的决议（草案）；政协张家口市第十届委员会常务委员会关于十届一次会议以来提案工作情况报告的决议（草案）；政协张家口市第十届委员会第二次会议政治决议（草案）。

4月23日，市政协十届六次常委会议在张家口宾馆举行。会议围绕“发挥优势，突出特色，认真践行科学发展观，促进我市经济社会更好更快发展”主题建言献策。会议结束时，市政协主席乔登贵，副市长何江海分别讲话。

9月16日，市政协十届七次常委会议在张家口宾馆举行。会议围绕“我市区域定位，完善和提升城市枢纽中心功能”主题建言献策。会议表决通过了《政协张家口市委员会关于进一步发挥委员主体作用的意见》、《政协张家口市委员会关于充分发挥各民主党派、无党派人士在人民政协中作用的意见》、《政协张家口市委员会关于进一步发挥专委会在政协工作中基础作用的意见》。审议通过了人事事项。会议结束时，市政协主席乔登贵，副市长何江海分别讲话。

11月26日，市政协十届八次常委会议在张家口宾馆举行。会议围绕“关注民生、促进就业”主题建言献策。市委党校教务处主任张萍教授应邀围绕会议主题作了辅导讲座。会议结束时，市政协主席乔登贵，市委常委、副市长唐树森分别讲话。

【视察调研活动】 5月7日，市政协召开十届十五次主席会议，专题就涿鹿县经济社会发展情况进行视察。

6月19日，市政协召开十届十七次主席会议，专题就张北县“三年大变样”工作进行视察。

7月10日，市政协主席乔登贵，副主席韩立友带领部分市政协委员深入到尚义县，就农村新民居建设、节水蔬菜规模化生产、风电产业发展等情况进行视察。

7月21日，市政协主席乔登贵，常务副主席吴泽林，副主席狄志惠、薛宝玺、袁秀平、韩立友、何兰及秘书长张富贵就张家口市林业工程建设情况进行专题视察

8月26日，市政协召开十届二十次主席会议，专题就张家口市蔬菜发展情况到崇礼县进行视察。

9月26日，市政协主席乔登贵，常务副主席吴泽林，副主席袁秀平、何兰，秘书长张富贵赴桥西区堡子里调研文物古迹保护开发工作。

【提案工作】 市政协十届二次会议以来，共收到提案377件，经审查立案360件。市委、市政府10位领导对11件重点提案分别作出批示，市长、副市长包案38件。截至到2009年10月中旬，对立案的360件提案已全部办理完毕，委员对提案承办的满意或基本满意率达98.6%以上。

【社情民意工作】 全年共编发《社情民意反映》77期，许多信息引起了市委、市政府领导的重视，并转化为重要决策。

【新闻宣传工作】 2009年，市政协常委会将庆祝新中国成立60周年和人民政协成立60周年作为宣传工作的重点。全年共在各类报刊、媒体编发稿件480余篇；成功举办了起瑞杯“亲历政协”征文活动和政协理论研讨座谈会；在《张家口日报》开辟了“政协工作巡礼”和“委员风采”专栏，从不同角度宣传了人民政协，引起了社会的广泛关注。

【文史资料工作】 编辑出版了《张家口文史》第44辑；完成了省政协交办的《河北文史资料丛书·张家口卷》360万字、470幅图片的整理、校对、排版工作；完成了反映张家口历史文化研究成果的《张家口历史文化研究》第8辑的编辑出版工作；编辑出版了反映全市100家企业名牌产品的《张家口名品》一书。

【联谊交往工作】 加强与港澳台侨委员和“三胞”眷属的联系，积极组织他们开展联谊、参观、学习、座谈等活动；邀请海内外知名人士和朋友参加了第八届冀台会；加强与各地政协和全国500强企业中政协委员的联系；组团参加了六省区二十一盟市政协工作横向联系第20次会议和“四张”（张家口、张家港、张家界、张家川）政协联谊会第9次会议。

【自身建设】 搭建良好的合作共事平台，促进各党派团体、各族各界代表人士的团结合作，努力形成融洽和谐、生动活泼的政治局面；充分体现界别特色，积极探索界别活动的新内容、新形式、新机

制，增强政协会议、活动的界别特色；以多种形式加强委员学习培训，发挥委员在本职工作中的带头作用、政协工作中的主体作用、界别群众中的代表作用；创建“学习型、和谐型、创新型、服务型”政协机关，从思想、作风、组织、制度四方面加强机关建设，认真研究制定了“市政协机关各项规章制度”，在理论和业务学习、岗位责任、公文处理、勤政廉政、财务管理、对外接待、车辆管理、安全保卫等16个方面进行了规范。

【其他重要活动】　1月19日，全市各界人士迎春茶话会在张家口宾馆举行。市领导，驻张部分省政协委员、各民主党派、工商联及社会团体负责人，民族宗教界人士参加会议。市委书记许宁主持茶话会并讲话。市长郑雪碧通报了张家口市2008年经济社会发展情况和2009年的工作重点。市政协主席乔登贵作新春致辞。

2月25日，省政协副主席田向利一行到张家口市，就金融危机下企业生存发展情况进行专题调研。

2月26日，市政协在蔚县组织召开“发挥政协委员作用、服务县域经济发展”座谈会。

7月24～26日，全国政协常委、全国政协经济委员会副主任胡德平带领部分知名企业家到张家口市，就经济社会发展、生态建设、旅游开发等方面工作进行考察调研。全国政协委员、中国民间商会副会长、民生保险公司董事长谢伯阳，全国政协常委、中国民间商会副会长、新奥集团董事局主席王玉锁，北京九汉天成有限公司董事长宋军，新奥集团董事局主席助理、新奥慈善基金会理事长韩瑞改，科瑞集团董事长助理程健等随团考察。

8月5日，省政协委员、石家庄市政协主席王华清，省政协常委、市政协副主席武义青带领部分驻石省政协委员就张家口市“三年大变样”工作、新能源产业发展、环境保护和生态旅游等视察。

市政协主席、副主席及工作部门主要领导

市政协

主　　席：　乔登贵

常务副主席：　吴泽林

副 主 席：　狄志惠　薛宝玺　袁秀平　肖　楷　韩立友　祁万利　何　兰　张　辉

秘 书 长：　张富贵

常务副秘书长：田少先

副秘书长：　郭军声　杨泓乾

提案委员会　主　任：李中如

学习宣传委员会　主　任：王玉龙

文史资料委员会　主　任：张书平

经济和人口资源环境委员会　主　任：贾福生

科教文卫体委员会　主　任：郜志平

社会法制民族宗教委员会　主　任：王天祥

港澳台侨委员会　主　任：刘　彤

（谢大远）

民主党派·工商联

中国国民党革命委员会张家口市委员会

【参政议政】　民革中人大代表、政协委员积极参政议政。在2009年初的各级“两会”上，共提交市区政协集体提案13件，个人建议、提案160件，其中：人大代表建议56件，政协提案117件。市委向市政协大会提交了《贯彻落实科学发展观，以全民创业促进富民强市》、《关于对我市经营城市的几点建议》等5件集体提案。许宁书记、郑雪碧市长、周林部长对两件领导督办件作了重要批示，给予很高评价和肯定。市委确定2009年是民革深入开展调查研究工作年，并多次组织党员中的专家学者和骨干力量到市建设局等十几个部门以及怀来县就“三年大变样”中涉及城市重点建设、文化创意产业建设等议题，开展了大型调研活动，参加人员达百余人次。

【社会服务】　受中共张家口市委委托，民革市委于9月12日邀请全国人大常委会副委员长、民革中央主席周铁农到张家口出席以“品味葡萄文化，欢聚中国酒城”为主题的第十届中国怀来葡萄采摘暨葡萄酒节，活动中周铁农深入到怀来县葡萄酒酿制企业及葡萄种植园区，就葡萄产业发展情况进行了考察调研。按照市委、市政府的安排，民革市委承担了2009年第八届冀台经济合作洽谈会邀请台商任务，并成功邀请到18家26位台商参加大会。民革

市委被市委市政府评为“第八届冀台经济合作洽谈会”先进承办单位。帮扶贫困村尚义县大营盘乡王条卜村申请办理国家省市扶贫办“农村基础设施建设、膜下滴灌项目”资金45万元，资金已到位。帮助申请办理国家省市发改委“中低产改造示范项目”等项目资金720多万元。民革党员还踊跃为台湾灾区捐款，共有103名党员捐款，数额达13000元。

【自身建设】 结合纪念建国60周年、人民政协成立60周年暨多党合作制度确立60周年的契机，在全体党员中开展“庆祝新中国成立和人民政协成立60周年献礼活动”；出版了民革老领导苏从尧撰写的《我的回忆》一书；3月，安排9位党员参加了市委统战部中央社会主义学院举办的民主党派领导干部及无党派人士培训班。

主　委：肖　楷

（王　静）

中国民主同盟张家口市委员会

【概况】 民盟市委现有盟员596人，3个区委、2个总支部、37个基层支部。其中7名盟员在市县人大政协任职，任各级人大代表和政协委员的近50人。2009年，围绕构建和谐民盟的基本要求，民盟市委卓有成效的开展各项工作。

【积极履行参政党职能】 盟市委十分重视民盟组织的参政能力建设，积极引导盟内各级人大代表、政协委员、盟基层干部参政议政。民盟市委集体提案“关于提升我市蔬菜品牌的建议”，被市政府列为“1”号提案。民盟市委注重提案数量的同时，十分重视提案的质量。年内，民盟市委提出集体提案10余件，盟员中政协委员提出个人提案40余件，其中许多提案被评为优秀提案。

信息工作成为民盟市委参政议政的重要工作之一。为市委统战部报送信息11篇，为民盟省委报送各类信息近60篇，其中“关于国家启动《新闻法》立法的建议”，被民盟中央采用，这是民盟市委的信息第一次被民盟中央采用，实现了信息工作的突破。

【社会服务工作】 开展“三下乡”活动。2004年1月21日，是中共中央总书记胡锦涛到张北县喜顺沟村慰问乡亲们的喜庆日子，也是民盟市委确定的“三下乡”活动日。2009年1月21日，民盟市委到张北县油篓沟乡喜顺沟村、万全县高庙堡乡西腰站堡村等地开展“三下乡”活动，为乡亲们送去养殖种植技术和书籍，开展医疗咨询活动，送去粮油米面、春联、灯笼、剪纸窗花等，张家口电视台和《张家口日报》头版均给予报道。开展“农村教育烛光行动”。民盟市委发挥自身优势，积极鼓励和支持教育界资深的有丰富经验的盟员，到农村学校和薄弱学校任教和帮教，通过示范课、讲座讲学和开展对农村教师的师资培训等，为提高农村师资水平和教育水平作出贡献。开展“法律进社区活动”。民盟市委鼓励、支持和倡导工作在法律战线上的盟员开展法律服务社会活动。如律师田希国、闫伟、董建奎等，积极参与12.4全国法制宣传日的社会普法活动，开展“法律进社区”工作，受到高度评价，特别是他们常年坚持在市妇联开展法律援助活动，得到市妇联的好评。完成扶贫任务。为解决万全县高庙堡乡西腰站堡村缺水问题，民盟市委筹集资金70万，为村里修了一个大型蓄水池，新增水浇地2千多亩。作好帮扶贫困地区教育工作。民盟市委与崇礼县政府、县教育局和民盟省委、民盟中央、清华大学等多方联系，促使民盟中央和清华大学远程教育网络扶贫项目在崇礼县落成。

主　委：杨玉成

（许　勇）

中国民主建国会张家口市委员会

【着力推进参政议政工作】 充分利用市政协全会和常委会的舞台履行参政议政职能。在市政协十届二次全会上，民建市委提出的《调整产业集聚区准入政策，为中小企业（项目）搬迁创造条件》和《采取有效措施，实现我市经济又好又快发展》的集体提案，被市政协评为“优秀集体提案”，市委书记许宁、市长郑雪碧等6位市级领导分别做出重要批示，引起很大反响。民建撰写的6件提案，被选入市政协常委会文集；民建担任市人大代表和政协委员的会员积极参政议政，共提出提案建议48件。民建宣化区委在区政协会上提出的《改造丹拉高速宣化北出口的建议》，民建下花园区委在区政协全会提出的《加强社区建设，促进和谐发展》提案得到区政府的高度重视和评价，被评为“优秀提案”。

【积极服务和回报社会】　在民营企业会员中启动致富不忘回报社会的"思源工程活动"。市悦诚房地产有限公司董事长李树森为张北县三号乡贺家营村的两室建设捐款10万元，为张北县旅游建设捐款10万元。杜勇、李树森还共同为庞家堡镇蛤蟆口村捐赠优质水泥100吨，并雇用车辆送到该村；会员李凤鱼为20余位孤寡老人送米送面，救助失学儿童；民建桥西区委救助贫困失学儿童6名；名人学校董事长冯军、建兴技校董事长赵登彦每年免学费招20余名贫困生入校。据不完全统计，2009年，全体会员及企业为全市"城市大变样"共捐人民币360万元。

【教育会员立足本职做贡献】　民建市委开展了"立足本职做贡献，为会争光"活动，会员、桥西区统计局局长冯秋英在第二次全国经济普查中，创造性地开展经济普查工作，桥西区统计局被评为国家级先进集体，本人被评为国家级先进个人。会员、桥西区妇联副主席刘淑芬工作优秀，被授予省儿童慈善贡献奖，市"三八红旗手"荣誉称号。下花园区张爱梅荣获区"十大女杰"光荣称号。桥东区总支会员、市瑞祥房地产开发有限公司董事长李晓东收购了市供销社宾馆，成立了华宇商务酒店、华宇广告装饰工程有限公司和湘君府餐饮有限公司等6个公司，安排企业下岗职工60多人。会员、盛华有限公司董事长常广华带领企业员工为张家口市城市"三年大变样"做出突出贡献，企业和员工捐款350万元，本人荣获"省劳模"、"五一奖章"、"省优秀会员"等光荣称号。

主　委：韩立友

（丁丽娟）

中国民主促进会张家口市委员会

【参政议政】　民进市委在市政协二次全会上提出的《农村留守老人的养老问题应引起高度关注》等提案受到高度重视。吴全副主委在省人代会上提出《提高全民科技素质，培养创新型人才的几点建议》在省人大常委会网站全文刊发；在市人代会上提出的《应在公交主要候车点设立候车亭》的建议，市有关新闻媒体给予跟踪报道，促成设立候车亭工作的落实，年内美观实用的候车亭已经亮相山城。市委及各级人大代表、政协委员共提出建议、议案70余件（其中省人大3件、省政协4件、市人大9件、市政协18件），有多件被评为优秀提案，市委被评为"优秀提案单位"。积极参加市人大、市政协组织的各项调研活动，全年共参加有关城市建设、产业调整、改善民生、提高素质等方面的调研考察10次。注重社情民意的收集和反馈工作，通过筛选，全年报送社情民意17篇，民进中央采纳1篇，民进省委采纳5篇，省政协采纳1篇。5月，在石家庄召开的参政议政工作经验交流会上，市委会获"省参政议政工作二等奖"、吴全副主委被评为"社情民意信息工作先进个人"、郭文博被评为"参政议政先进个人"。

【社会服务】　为沽源县小河子乡大东沟村争取37万元扶贫款，解决了该村的道路交通和人畜饮水工程及蔬菜大棚建设的资金需要。经积极联系，在民进中央、民进河北省委的参与支持下，华耐集团在张北县战海乡头号村，建立了高寒蔬菜试验、示范研究基地，种植了100亩试验、示范田，新盖了5间办公房舍。7月28日在"环渤海民营经济洽谈会"上，华耐集团总裁贾锋与高新区管委会签定了项目建设协议，由华耐集团投资2.44亿元，在高新区建设"华耐家居装饰广场"。8月20日，在张北一中举行了民进华耐助学金第七届颁发仪式，省政协副主席、民进省委主委王刚，市政协主席乔登贵等领导参加了活动。截至年末，华耐集团共出资110多万元，资助全市135名特困特优生。鼓励和支持民进各区委总支积极开展力所能及的社会服务工作。桥西区委会分别在5月和9月到高新区宁远堡小学进行送课下乡和帮助建立校园网站活动，全年民进各级组织共开展各种社会服务活动15次。

主　委：何　兰

（吴　全）

中国农工民主党张家口市委员会

【参政议政】　向各级人大政协提出建议提案共65件，其中1件集体提案被评为市政协年度优秀提案；3件提案获市政协优秀个人提案奖；宣化区集体提案被评为区政协优秀提案。

【社会服务工作】　利用节假日，发挥医卫、文艺界自身优势，组织广大党员到赤城县龙兴敬老院、崇礼县高家营、宣化区侯家庙乡、新兴街以及市内的各社区为老百姓义诊、义演，全年义诊义演10余次。

【加强对外联系】 接待来自农工党秦皇岛、邢台、沧州市委及农工中央来张考察交流；共同组织活动，加强各党派成员之间的交流与联络；开展庆祝“三个60周年”活动，征集各级征文、演讲稿20余篇，组织党员参加相关活动4次。市委会被评为参政议政工作先进单位和社会服务工作先进单位，36名党员获农工党河北省优秀党员称号。

主　委：张　辉

（刘敏艳）

九三学社张家口市委员会

【积极参政议政】 在市政协十届二次全会和各区政协全会上，九三学社全市各级组织共提出提案56件，其中集体提案11件，委员个人提案45件；社市委《加大对我市供水事业支持力度》的集体提案被市政协评为优秀集体提案，引起强烈反响，许宁书记、郑雪碧市长等6位市领导分别做出批示。根据提案建议，市委、市政府有关部门认真研究并召开了水价论证会，为供水企业拨付了200万元专项资金。祁万利主委在全国人大会议上，提交了9件建议案；向省政协提交了题为《关于京津冀经济一体化》的提案。张玉英、闫泽英、刘守义、付贵元4位同志的提案被市政协评为委员优秀提案；李稳柱等被评为区优秀政协委员。全社广泛开展调研活动，向市政协常委会提交了3篇调研报告，并分别在会上做了书面发言和大会发言，受到与会市政府有关领导和政协常委的关注和好评。社市委还承担了社省委6个招标课题，并按时完成提交。

【加强自身建设】 深入开展了干部作风年活动，加强全社自身建设。在全省机关干部工作会议上，祁万利主委为全省九三学社机关干部作了题为《浅论参政党建设》的发言。社主要领导、部分市委委员和基层组织负责人参加了各类学习班、培训班。3月，社9名基层组织负责人到中央社会主义学院参加学习培训。5月，在蓝鲸大厦举办新成员和部分申请入社同志及基层组织负责人培训班。11月，组织培训了基层支社信息员。经过各种层次的培训，提高了成员和骨干的政治素质和民主党派工作的能力。通过开展活动增强凝聚力。年初，对全社70岁以上的72名老成员进行了慰问；3月8日，社市委举办了“庆祝三八节文明礼仪讲座”；重阳节与民盟、农工党联合组织了中医知识保健讲座；举办了“九三学社诞辰64周年暨社员表彰大会”，社员近200人参加了庆祝表彰活动，90人次社员受到各种表彰。

【鼓励成员建功立业】 全社有7名社员荣获省级（相当于省级的科技成果）先进个人和科技成果奖；有12人次在国家、省级重点刊物上发表了论文并获奖。有1人获得国家专利。市委委员、桥东区委主委张文瑞面对金融危机造成的困难局面，在蓝鲸大厦开展与员工共同签约行动，做到不裁员、不减薪、不降福利，还聘用了80多名社会待业人员，减轻了社会就业压力。

主　委：祁万利

（付贵元）

张家口市工商业联合会

【营造全民创业浓厚氛围】 与团市委联合开展了“纪念改革开放三十周年大学生就业创业面对面暨优秀民营企业家进校园活动”；与张家口晚报、张家口广播电台新闻部共同推出走近浙商系列报道；与广播电台《财富人生》栏目对张家口市民营企业家创业历程进行了报道，与张家口晚报联合开辟了《创富故事会》和《共和国60周年我们一起走过》栏目，对在张家口创业的外省籍企业家的创业历程和经验进行了宣传。

【实施民营企业家素质提升工程】 为帮助民营企业练好内功，提升素质和竞争力，组织企业家参加了第五届“中国民营企业投资与发展论坛”和“中国民营经济万里行”培训班，先后邀请尹明善、王玉锁、严介和三位著名企业家来张家口市为全市民营企业家授课，就新形势下民营企业面临的机遇与挑战及民营企业的创新发展、加强合作等问题进行了共同探讨，受到民营企业的广泛关注，全年共举办各类培训活动9次，培训人数达1000多人次。

【在招商引资和对外联络上实现新突破】 市商会帮助会员企业积极搭建对外联络平台，促进全市商会组织和民营企业家与外地之间的联系和合作，多次协助市政府赴京、津、唐等地开展招商引资活动，协助市政府和省工商联成功举办第十一届环渤海民营经济经贸合作洽谈会，取得会上20个项目成功签约，项目总投资132.54亿的丰硕成果。同时与京、津、晋、蒙、辽、鲁等地工商联建立了友好合作关系。

【帮助民营企业解决融资瓶颈】 市商会与金融部门主动联系，帮助会员企业成立全市第一家小额贷款担保公司，成立全省第一家民营经济信用担保商会。年内全市已成立了万全、怀来、怀安、下花园、职业经理人、红旗楼商会等6家信用担保商会，全年共为中小企业（个体工商户）办理贷款近8000万元。

【组织网络进一步健全】 加大会员、基层分会和行业商会发展力度。年内，全市工商联系统新建基层分会11个，调整分会23个，现有分会177个；新建行业商会10个，现有行业商会48个；全年共发展会员602人，现有会员3863人。市工商联现有房地产、公路建设、温州、泉州、职业经理人商会等直属商会5个，在服务会员、招商引资、行业自律等方面发挥了重要作用。

主　席：武凤英

（史维强）

社会团体

张家口市总工会

【创新工作思路】 围绕市委、市政府的中心工作，结合创新性工作思路，开展了以“我为山城建设争光彩”为主题的劳动竞赛；召开了“五一”劳动节劳模座谈会，宣传了一批在全市各项事业和建设中做出突出贡献的先进模范人物和模范集体；围绕新中国建立60周年大庆，组织了“祖国万岁”大型演出，以及职工乒乓球联赛等一系列的庆祝活动，调动了全市职工爱家乡、爱祖国的热情；深入开展“创建学习型组织，争做知识型干部”活动，取得显著成果。在提升职工整体素质过程中，共组织职工技能培训1.27万人次，职工安全生产知识培训3.66万人次，组织4次技能比赛，吸引20.3万职工参加，其中有2人在全国大赛获奖，7人在全省大赛获奖。组织全市“能工巧匠”、“金牌工人”选拔，全市涌现出11名“金牌工人”和45名“能工巧匠”。深入开展“创建学习型组织，争做知识型职工”和“职工读书”活动，供电公司工会和卷烟厂工会两个典型示范点，受到全国总工会的肯定。全年共有11项工作受到全国总工会、省总工会、市委、市政府的表彰和奖励。

【广泛开展“两为”活动】 “为企业解难题，为群众送服务”是工会工作的重要内容，做好维权维稳工作，是拓展和延伸“两为”活动的具体体现。一是开展“共同约定”行动。全市共有1269家企业进行了工资集体协商，覆盖职工23.8万人。二是开展“劳动关系和谐企业”创建活动。重点以劳动合同的签订、社会保险的缴纳、企业民主管理工作的开展推动职工利益的改善。2009年，全市又有18家企业获得省级和谐企业称号，42家企业获得市级和谐企业称号。三是与市中级人民法院开展“诉调”对接工作。在全省首个实现法院与工会“诉调”互动对接，使劳动关系的协调又上一个新层次。四是开展法律援助。成立了“市职工法律援助中心”，聘请12名资深律师作为职工法援中心的律师顾问，并在20个县区和部分乡镇建立了定向职工法律援助点，使职工“诉求难”问题得到进一步改善。同时，启动“四色”（红、橙、黄、蓝）预警预报维稳机制，所有建会企业全部建立预警报告台账和上报制度，对因企业改制、劳动就业、收入分配、社会保障和劳动安全卫生等方面所存在的问题和纠纷进行走访和排查，切实把矛盾发现并解决在萌芽状态。共接待来访案件223件，来信38件，“12351”维权热线接听救助电话673个，结案率达到96.3%。五是开展困难职工情况调查摸底工作。摸排困难职工19106人，其中特困职工5813人。六是开展以生活救助、子女就学、医疗救助、就业援助等形式为主的送温暖工作。累计走访慰问困难职工家庭19917户，发放慰问金和慰问物品总计400多万元。七是开展职工重大疾病医疗互助活动。发动全市24.5万名职工参加，筹集互助金863.7万元，救助大病270例，1024个家庭受益，其中最高补助额达到3万元。八是开展“服务窗口亮起来”活动，及时处理职工群众反映的问题，使服务群众，帮扶职工的职能得到更好发挥，全年发放各类救济、求助款物累计669万元。

主　　席：周　林

常务副主席：朱立新

（杨金荣）

中国共产主义青年团张家口市委员会

【开展青少年思想道德教育】 各级团组织始终把建设社会主义核心价值体系的要求贯穿于青少年思想教育工作的全过程。开办“青年马克思主义者”培训班、团干部研讨班，全年培训500人次。以重大节日为契机，举办了全市纪念“五四”运动90周年文艺晚会，开展“祖国赞”、“青春颂”、“红领巾永远跟党走”等系列庆祝活动，编印了《河北省家乡文化大搜索系列丛书——可爱的家乡张家口》，组织团十七大代表、青联委员参观三年大变样成果，开展“红领巾与城市共成长，感受三年大变样”等活动，激发广大青少年了解张家口、热爱张家口、建设张家口的自豪感和责任感。

【围绕大局服务中心】 紧贴党政中心，找准共青团服务经济社会发展的切入点，按照抓重点，抓亮点，抓实效的要求，万名青年志愿者助推“三年大变样”活动全面开展。发挥现代青年突击队的作用，组织60余支青年突击队，积极投身城市重点项目建设，打造精品工程，为提升全市整体竞争力作出贡献。着眼青年最迫切的现实需求，全力做好就业创业工作。建立青年就业创业见习基地52个，招募青年就业创业指导师50名，为青年提供见习岗位1500个，830人实现了见习和就业。培训青年220多名，其中150余名学员分别到首钢集团、北汽福田等单位工作。开展劳务输出，实现转移农村青年富余劳动力1100人。积极争取创业小额贷款。累计为562名农村青年争取创业贷款938万元，切实帮助农村青年解决创业致富过程中的实际困难。广泛开展志愿服务活动。为全市开展的冀台会、环洽会提供优质的志愿服务工作，得到各级领导和客商的高度评价。团市委被市委、市政府授予冀台（张家口）经济合作洽谈会、环渤海经贸洽谈会“突出贡献单位”。开展了“拒绝酒后驾车”、“文明交通伴我行”志愿宣传服务活动、环保青年志愿者环保进社区活动。

【着力解决青年民生问题】 坚持以青年为本的理念，关注青少年民生，关注特困青少年。积极整合资源，集社会之力解决青年民生问题。全年累计筹资236.2万元，援建希望小学3所，资助家庭经济困难学生2810人，援建“希望图书室”、“希望体育室”、“希望工程电脑室”18个，建立希望厨房10个、“爱心超市”1个。召开全市预防青少年违法犯罪工作现场会，开通了12355青少年服务台和青少年维权与心理咨询网，开展共青团与人大代表、政协委员面对面活动，进一步畅通反映青少年普遍性利益诉求的渠道。

【自身建设扎实推进】 共青团张家口市第十七次代表大会成功举行。选举产生了团十七届委员会和新一届领导班子。通过举办“与时代同行，书青春华章”共青团工作展、在主流媒体开设专题、专栏，总结回顾了五年来的共青团工作，宣传了一大批共青团工作先进集体和青年典型。坚持党建带团建，牢固树立固本强基的理念，团的基层基础建设不断加强，中共张家口市委下发了《关于进一步加强与改进共青团和青年工作的意见》，联合市委组织部出台《团干部挂职制度》，切实加强团干部队伍建设。通过开设机关讲坛、培训班等形式，丰富团干部知识结构，提高团干部能力素质。开展基层团组织负责人全员轮训，加强对大学生村官和农村优秀青年的教育培训，共培训14907名优秀农村青年。

书　记：高　薇

（杜彦伟）

张家口市妇女联合会

【概况】 2009年，针对妇女儿童最关心、最直接、最现实的利益问题，确立“树形象、强维权、促创业、夯基础、营氛围”的工作主题，重点推进妇女创业就业、妇女儿童权益保障、困境妇女儿童关爱、女性人才汇聚、争创“三新”和妇联自身建设“六大行动”，各项工作取得新成绩。市妇联先后被评为全国“百家诚信兴业服务单位”、全国“五五”普法先进集体，“省巾帼建功”先进单位，信息、综治、禁毒等工作获得市级表彰。

【促进妇女创业就业】 培树示范基地，带动妇女创业就业。先后创建了张家口市星球建筑设计有限公司、崇礼县狮子沟乡森海山庄养殖基地等25个“巾帼创业就业”示范基地，打造张北县三宝营盘村巾帼农家小院旅游文化园、怀来县方家冲村巾帼科技种植园、崇礼县夭子湾村巾帼野菜籽种植园等一大批农村特色产业妇女创业园，辐射带动近千名妇女创业就业。加强技能培训，促进妇女创业就业。采取与市祥云中国结工作室、秦羽绣社、中华好月嫂家政服务公司、安康培训中心等机构联合办班的方式，先后对妇女进行编结、刺绣、家政服务等创业就业技能培训。全市共举办各类培训班67期，培训女大学生、下岗失业女性、返乡女农民工、女个体工商户等2万人次。组织项目推介，推动妇女创业就业。通过联合市人力资源和劳动保障局、总工会、工商、税务等部门开展“女性创业项目推介”活动，吸引省内46家企业提供创业项目400余项，达成创业意向860多个，共有7800余名女大学生、城镇下岗女工、有创业意愿女性进行了创业项目洽谈、招工洽谈和政策咨询。搭建服务平台，引导妇女创业就业。成立了张家口市妇女创业就业指导中心，开通了“张家口市妇女网”，积极拓展“妇女创业就业网”和“家政服务网”，设立创业启航心理热线，努力为广大妇女提供技能培训、信息咨询和创业就业指导。

【推进妇女儿童权益保障行动】 健全网络强化基层维权。下移妇女维权阵地，全市30%的乡镇街道设立了基层妇女维权站，其中，市级基层妇女维权站示范点44个，形成以乡镇、街道妇联、村、居委会、法院、公安、司法为维权主体的五位一体的基层妇女维权新机制。加大宣传强化自主维权。通过在电台、报纸开辟“妇女维权在线”专栏，开展“三八”妇女维权周、“不让毒品进我家”、组织妇女普法大讲堂等宣传教育活动，切实增强广大妇女运用法律武器维护自身权益的自觉性和主动性。完善机制强化制度维权。制定完善了市妇联信访工作目标管理责任制、首接信访责任制、主席接待信访制、主席包案责任制、律师接待信访制、公开征求群众意见制及法律援助等制度，为更好地维护妇女儿童合法权益提供有力的制度保障。全市妇联系统全年接访594件，其中市妇联接访181件，结案率100%。排查矛盾强化个案维权。为贫困妇女争取省妇联维权解困资金8000元，推动解决涿鹿矾山磷矿妇工劳动维权案等重点案件。加大反家暴力度，全市“110”家庭暴力报警中心、反家暴定点医院等妇女维权机构接案办案769件（次），有效维护了社会的和谐稳定。

【推进争创“三新”实践行动】 主动服务城市建设。先后以净化、绿化、美化城市环境为重点，在全市妇女中开展“百万巾帼助推城镇面貌三年大变样”活动，以推进文明城市创建为目标，在主城区启动“十万巾帼助推文明城市创建”行动，引导广大妇女争当城市建设参与者、城市文明倡导者和城市形象维护者。积极创建和谐家园。先后在全市开展“新家园洁齐美”创建活动、“十佳好婆媳”、“十佳文明和谐家庭”、“星级”文明家庭标兵村、标兵户等评选表彰活动，在广大城乡家庭掀起了争创文明、共促和谐的新风尚。全面提升女性素质。先后开展了“三新”女性大讲堂活动，邀请到姚鸿昌、刘烨等专家教授就“女性智慧魅力与和谐家庭创建”、“女性创业的六项修炼”等主题为全市妇女作专场报告，近万名妇女听了课。广泛选树时代新女性。在全市广泛开展“十大女杰”、“三八”红旗手、“三八”红旗集体评选表彰活动，评选出陈富兰等200多名先进典型人物，冀凤琴等10人被评为第二届张家口市“十大女杰”；刘素梅等5人被评为全国“三八”红旗手、郭媛英被评为全国“巾帼建功”标兵，为全市妇女树立了榜样。

【推进“困境妇女儿童关爱行动”】 关注困境妇女儿童健康。一年来，通过与慈善机构、基金会、项目组织的联系，先后引进“中国儿童保险专项基金”、先心病患儿义诊、“复明12号”、“恒爱行动”、“母亲健康快车”等项目，累计争取物资541万元。联合卫生部门启动了两癌检查、增补叶酸和孕产妇住院分娩补助三项重大农村妇幼卫生项目。关注贫困地区妇女发展。积极搭建资金、项目服务平台，通过开展农村妇女实用技能培训、实施“小额循环扶贫基金”、建立“农家女书社”、执行香港回归扶贫基金项目等，引进资金100多万元，为广大妇女提供了政策、信息、项目、资金、培训等服务，帮助贫困地区妇女脱贫致富。关注少年儿童成长。开展“牵手天使·共创未来”主题活动，全市募集救助款物累计130余万元，新建春蕾小学1所、春蕾班1个。开通家教热线、“月月家长会”电台专版，广泛推广科学家教理念。成功召开市家庭教育研究会第九届会员大会，吸收会员51名，促进家教研究队伍向更高水平发展。

【推进自身建设完善行动】 加强妇联组织建设。召开张家口市妇女第十八次代表大会，选举产生市妇联新一届领导班子。实施强基固本工程，开展了基层组织“示范”创建活动，积极建立“党建带妇建、妇建服务党建”的长效机制，按照“有班子、有制度、有活动、有阵地、有队伍”的要求，推动了基层组织创新。推进妇女参政议政。以全市第八届村“两委”换届为契机，以“我参与、我争当、我提高、我发展”为主题，开展农村妇代会换届直选，落实村“两委”候选人“定位产生”制度。全市有985个村完成农村妇代会换届直选工作，1369个村实行了女性候选人“定位产生”制度。加强妇联机关建设。以创建“五型机关”和妇联“双五”能力建设为目标，先后建立健全机关学习、议事、廉政、效能、管理等规章制度，重点推出妇联干部“创新工作奖”、县（区）妇联工作百分考核制和县（区）妇联主席专项述职制度，切实提高妇联组织的工作效能和创新能力。

【推进女性人才汇聚行动】 建立女性人才信息库。将全市女领导干部、女企业家、女科技人员、农村女能手及各类先进典型吸纳到女性人才信息库中，形成以妇联组织为中心、以女性人才为骨干、辐射引领广大妇女群众的工作格局。加强联谊组织建设。以促进优秀女性人才全面发展为目标，召开了张家口市女领导干部女企业家联谊会第五届会员大会，选举产生理事会新一届领导班子，并聘请四位女市级领导为名誉会长，进一步提升女性联谊组织的实力、活力和创新力。搭建学习交流平台。开展了“旗帜女性”调研日活动，组织60多名优秀女性代表深入基层、企业考察交流；举办张家口市女干部领导能力高级研修班，76名女领导干部、女企业家到中国人民大学进修学习；举办妇联干部能力建设培训班，培训基层妇联干部130名。

主 席：李 莉

（高庆芳）

张家口市科学技术协会

【组织科普系列活动】 完善全民科学素质工作领导小组工作机制，对成员单位的负责人、联系人进行了重新确定。全市全民科学素质工作领导小组成员单位已达26个。领导小组办公室积极组织了以“节约能源资源、保护生态环境、保障安全健康”为主题的第七届全国科普日张家口系列活动，广泛动员社会力量积极参与。全市共开展活动150多场次，参加群众5万多人。

【科普工作踏上新台阶】 围绕提高全民科学文化素质，将努力探索和构建科普工作长效机制，推动科普工作可持续发展，作为科普工作的立足点。全市农村科普工作已经构成了“一队、一网、一地、声视结合”（以农技协为主的科普队伍，县、乡、村农村科普网，农村科普示范基地，168农技咨询系统，农家科普课堂，张家口科普网）和“随机特色活动、阶段重点活动、长效系列活动”的农村科普新格局。城区科普工作按照“计划、有序、实效”的思路积极推进。继开发出河北省科普资助项目“节约能源资源”科普挂图一套（8幅）后，又申请了市科技局科普资助项目《建设社会主义新农村》科普挂图，编撰完成了《身边的科技新名词》科普读本；完成了省科协科普资助项目《领导干部科技史简明读本》的编印，推进科普资源共享。

【学会工作融入大科普格局】 市属各学会充分发挥学科人才优势，开展了形式多样的学术交流和科学普及活动，收到了很好的社会效益。护理学会邀请北京医院赵千欣、河北医大三附院华静蕙进行了为期两天的讲学，来自全市各县（区）、市属医院的150多名护士骨干参加了培训。市营养学会与天津市公共关系职业培训学校合作，举办“营养师培训班”，共有200多人参加了培训。天文科普协会深入中小学开展各种活动，并于7月22日在张家口市第四中学集中组织观看了“日全食”过程。气象学会在“世界气象日”举办座谈会，邀请农科院、植保站、农业局、科技局、民政局、防汛办、地质三大队、市科协的有关同志结合自身工作谈了对气象的认识，气象学会秘书长详细介绍了张家口的天气情况。气象台开放日接待了3000多人。

【服务科技人员、服务基层取得新突破】 创办《专家建议》，为科技人员与市委、市政府领导之间搭建一个建言献策的平台，拓展市领导与科技界的联系沟通渠道。在张家口日报社开辟了《张垣科技创新大看台》栏目，刊登本地优秀科技人员及其研究成果。积极申报科普惠农兴村计划项目，年内上报了崇礼县志忠蚕豆协会、尚义县蔬菜协会、宣化县兴隆养殖有限责任公司、康保县食用菌服务中心、阳原县兴盛养殖协会、赤城县珍稀食用菌开发有限公司等。其中崇礼县志忠蚕豆协会、康保县食用菌服务中心、阳原县兴盛养殖协会通过中国科协和财政部组织专家评审，被确定为2009年“科普惠农兴村计划”先进单位，共争取到资金45万元。积极向省科协争取科普车资助资金，为张北县、宣化县、宣化区争取到科普车资助资金6万元。

【做好“晋草1号”的推广工作】 在前两年试种“晋草1号”青高粱成功的基础上，分别在沽源县、察北管理区、阳原县、崇礼县、宣化县等县（区）进一步扩大推广面积。在大旱之年，喜获丰收，平均单株高度达到2.4米，亩产可达1万多斤。市委常委周林作出批示，对“晋草1号”的试种成功给予充分肯定，责成“市畜牧局和市科协共同做好这项工作的推广”。9月18日，崇礼县科协、畜牧办在西湾子镇头道营村联合举办“晋草1号”牧草现场观摩会，该县10个乡镇的乡镇长，涉农部门的主要负责人参加了现场观摩会。县政府决定把“晋草1号”作为优质牧草在该县进行试种。

【开展提高农民素质培训活动】　在全市开展“提高农民素质大培训”活动。活动中坚持“实际、实用、实效”的原则，采取季节性培训与常年培训相结合，传统手段与声、光、电现代传媒手段相结合的新办法。在做好示范性培训的同时，指导各县（区）科协、市直农口各学会以及农技协和基层科普组织举办各种类型的培训班，开展了一系列形式多样的科学普及活动。科协系统培训31100余人次，通过媒体等渠道培训农民10000余人次。各县（区）科协、市直农口各学会举办各类集中培训班210期，直接受训人数21100余人次。

【科技司法鉴定服务社会】　坚持鉴定过程诚信、科学，2009年接案共完成36件，其中建筑工程26件，农业种植3件，汽车机械7件。

【青少年科技教育活动】　结合实际组织全市48名科技辅导员赴唐山一中参加了河北省第24届青少年科技创新大赛，其中5幅（件）作品获一等奖，27幅（件）作品获二等奖，42幅（件）作品获三等奖，5家单位获优秀组织奖，吉家房小学作品《海底能源站》获全国三等奖；组织了张家口市首届青少年无线电测向比赛，有37名运动员参加；组织全市21所学校参加了全国青少年节约纸张活动；组织全市30多名科技辅导员参加全国青少年科技辅导员论文竞赛；组织全市中小学生开展“崇尚科学，反对邪教”活动，共组织报告会7场，有万余名中小学生参观了展览，并评选出优秀征文107篇。

【做好反邪教协会工作】　根据省委防范办和市委防范办关于举办反邪教警示教育展览活动的部署，在市公安局有关部门的配合下，市反邪教协会和市科技馆承接了展览的策划、设计、制作、布展和展出工作，精心组织筹备了《张家口市反邪教警示教育展览》。1月5日在市科技馆正式对外展出，随后在部分县区巡展，共接待13400多人参观。组织全市美术工作者创作反邪教漫画开展反邪教斗争，共有28幅作品入选《河北省反邪教漫画作品集》。

主　席：李怀友

（程鹏举）

张家口市社会科学界联合会

【学术研讨水平提升】　积极开展学术研讨是社科联的重要职能。一是围绕深入学习实践科学发展观活动的开展，召开了市社科界深入学习实践科学发展观研讨会。为促进全市学习实践科学发展观活动的深入开展起到一定的引导作用。二是与市委宣传部、张家口历史文化研究会、桥西区委共同主办“纪念张家口肇建580周年研讨会”。三是与市委宣传部组织召开新时期张家口人文精神研讨会，面向社会开展了征集新时期张家口人文精神表述语活动。四是积极组织参加省社科联组织的“燕赵文化论坛”活动，择优推荐了张家口职业技术学院吴友石撰写的《开发三祖文化壮大文化产业提升服务旅游》、张家口市人大副秘书长郝志熹撰写的《蔚县剪纸开发研究》两篇文章，其中《蔚县剪纸开发研究》荣获优秀征文奖，并应邀参加燕赵文化论坛大会交流。

【立项研究课题工作水平提高】　年初，发布了《张家口市第七届社会科学立项研究课题的通知》、《张家口市第七届社会科学立项研究课题指南》，修订了《张家口市第七届社会科学立项研究课题管理办法》，使立项研究课题的研究方向更加明确，管理更加规范。经严格评审，确定马晓文课题组的《关于我市规模以下民营工业的调查研究》等62项课题为张家口市第七届社会科学立项研究课题，胡金萍课题组的《农村医疗卫生人才的保障和培养》等58项课题为2009年张家口市社会科学（青年）立项研究课题。发布了《张家口市第七届社会科学立项研究课题结项通知》，出台了《张家口市社科联第七届立项研究课题评优办法》，已立项的课题中，胡桂红课题组《张家口地区高校毕业生就业对策研究》被列为省社会科学发展研究资助课题并结项。

与市委宣传部共同组织开展“北京市社科院‘京津冀区域合作’课题组调研、座谈”活动，协助省社科院开展“环京津贫困带跟踪研究”课题专题调研，受到省社科院领导的肯定。

【社科普及工作社会影响扩大】　精心组织“张

家口大讲堂——社会科学伴你行”市民专场讲座。邀请著名家庭教育专家闵乐夫教授、北京师范大学发展心理·人力资源开发与管理学博士牛琳教授、北京市人力资源开发协会叶宏光讲师、中国老年保健协会专家委员会委员及首席健康教育专家张国玺教授在市工人文化宫分别做了教育、学习成长、社区与家庭建设、健康养生4场千人讲座，深受广大市民欢迎和好评，《张家口社会科学》在领导论坛、研究与探讨、教育园地、史海淘金等原有栏目的基础上，增加了调查报告、学术纵览、科普讲坛等栏目，增加了刊物的实用性、学术性和可读性，办刊质量和水平居全省前列，多次受到省社科联领导的肯定。“张家口社会科学界联合会网站”及时发布市内外学术前沿动态及研究成果、社科系统的最新活动信息，发挥了宣传和普及社会科学的平台作用。

【社科工作机制逐步完善】 制定完成《张家口市社会科学成果奖励实施细则》的文字修改工作，并经市政府同意，颁布执行。制定出台《张家口市社会科学优秀青年专家评选办法》。

【社科队伍凝聚力增强】 召开年度全市社科团体秘书长工作会，举办为期两天的社科团体秘书长培训班，在市金融学会组织召开全市社科社团建设现场会；积极参加、指导税务、金融等有关学会组织的学术活动，促进各学会社科理论研究水平的提高。

【《张家口社会科学》】 《张家口社会科学》是由张家口市社科联主办的会刊。季刊。2009年发行4期。该刊以“搭建学术平台，规范学术研究，培养学术新人，推动学术创新”为己任，是全市重要的理论研究和理论宣传阵地，培养锻炼出了一大批理论研究骨干，为全市社会科学的发展和繁荣做出了积极贡献。该刊的主要栏目有：领导论坛、研究探讨、调查报告、学术纵览、教育园地、科普论坛、史海淘金、论点摘编等。

主 席：刘凤萍

（马利元）

张家口市文学艺术界联合会

【文艺活动丰富多彩】 围绕全市经济建设，开展丰富多彩的文艺活动。与中国摄影家协会联合举办“中国·张家口四季风光国际摄影大赛”，全市有125幅摄影作品获得优秀奖，占全部参赛作品的60%。此次大赛参加人数众多，社会影响较大。8月，积极配合市纪检委，在市展览馆举办“庆祝建国60周年风清气正廉政书画摄影展”，组织一大批美术、书法、摄影人员进行艺术创作，从最初创作、初审到作品评选、展出，层层把关，严格筛选，最终精选出书法、美术、摄影作品150余幅参加。此次展览受到省市领导的关注，省纪委书记臧胜业、市委书记许宁、市长郑雪碧参加开幕式并为展览剪彩。专业性活动特色突出。“十一”前，市书协与上谷书院联合举办了“庆祝建国60周年全市中青年书法精品展”。市舞协与市教育局、市文化局、市光大商贸有限公司等单位联合举办了“三幼杯”少儿才艺大赛暨幼少儿舞蹈大赛。市音协举办了庆祝建国60周年“环保杯”全市青少年声乐、器乐艺术风采展示，为选拔进京参赛选手打下了基础。“三八节”前夕，工艺美术家协会联合市总工会举办了全市妇女工艺品展览。积极开展基层文艺活动。年初，市书协组织10个书法小分队深入农村乡镇为农民群众义务书写春联千余幅，受到农民群众欢迎。同时还组织书法骨干为抡才书院题写门楣、匾额，为堡子里旧城改造做出积极贡献，部分优秀书法家还为赐儿山云泉寺、安家沟风景区书写了大批牌匾和楹联，为景区增添了一道亮丽的艺术风景线。春节期间，市剧协赴赤城县样田乡尚家堡村龙兴敬老院进行慰问演出，受到观众欢迎。

【繁荣文艺创作】 杨畅和艾叶编著的《俗称俗语趣味故事》由金盾出版社出版。梁挺爱创作了电影剧本《暖流》、《少年董存瑞》，他创作的二人台小戏《劝架》在《剧本》刊物发表。市美术家协会经过两年的精心选稿，隆重推出《张家口美术家》一书，这是张家口市惟一的一本大型综合画集。这部作品集辑选了张家口市解放后至今近70位画家的作品，基本涵盖全市解放后各个时期、各个画种的重点画家，以及张家口市画家在国家级美术展览中入展、获奖作品，是迄今为止全市美术界学术成果及重点画家个人艺术资料总汇，它不仅填补了介绍张家口市美术界书籍出版的空白，也起到了张家口市文化建设名片的作用，市档案馆、市图书馆、市政协文史委均对此画集存档收藏。当代美术家研究丛书《崔志凌》，由河北美术出版社出版。出版《张垣放歌——原创音乐作品集》（第二辑），收录张家口市音乐工作者创作的词曲作品80余首，包括由黄建平作词、方芳作曲的《大好河山张家口》以及在冀台同胞共祭三祖庆典中大受欢迎的《三祖颂》

等，反映了全市狠抓原创音乐取得的突出成绩。市书协会员李闽，在蔚县剪纸的基础上另辟蹊径，推陈出新，创作出多层套色剪纸，为重树蔚县品牌，光大蔚县剪纸事业起到推动作用。

【精品创作成果突出】 於全军的中篇故事《温暖大篷车》获《今古传奇故事版》“奇奇故事会”奖，中篇故事《异国奇案》获《故事林》佳作奖。杨畅、杨碧霞双双荣获北京迎国庆颂祖国大赛一等奖。市民间文艺家协会李淑华创作的《冤家亲家》由云南玉溪市花灯剧剧团演出，并参加了中国张家港小戏节比赛，获中国戏剧奖·小戏小品奖二等奖。由黄建平作词、方芳作曲的《大好河山张家口》获河北省征歌优秀奖。市舞协组织部分选手参加省“小小舞蹈家”舞蹈大赛，获得3个一等奖、3个二等奖、3个三等奖。在中国工艺美术家协会举办的2009“金凤凰”创新产品设计大奖赛中，张家口市工艺美术家协会获1个铜奖，3个优秀奖。由文化部主办的五年一届的“第十一届全国美术作品展览”是国家级最具权威性的综合性大展，钱宗飞、王建民、戴瑞卿、秦玉军四位作者的作品入展，钱宗飞创作的中国画《天地一横》被评为优秀作品，张家口市入展的油画件数占了全省半壁江山。市书协主席李根茂作品入选《当代书坛名家系统工程五百人书法精品展》、纪念董仲舒诞辰200周年全国百名书画名家精品展。花建明等3人作品入选五台山写经书法展。任玉瑄的书法作品《访日诗三首》入选中日韩三国艺术家参加在北京举办的美术节，获“国际交流奖”。在中共天津市委宣传部、中国曲艺家协会主办，天津市曲协和中国曲协相声艺术委员会承办的中国相声新作品大赛中，朱凤翔、成杨创作的儿童相声《超级神童》获“优秀新作品奖”，刘亚杰、王雅博两位小演员荣获大赛“蓓蕾初绽奖”。在辽宁省曲协、大连市西岗区政府和中国曲艺家协会主办的第五届西岗杯全国相声大赛中，朱凤翔的相声作品《我的春哪儿去了》、成杨的相声作品《嫦娥奔月》获作品奖，市曲协获伯乐奖。朱凤翔的获奖相声作品《我的春哪儿去了》被著名相声演员师胜杰和石富宽选用。

主 席：黄建平

（池维伟）

张家口市归国华侨联合会

【邀请客商来张家口考察、投资兴业】 邀请意大利经贸考察团、苏丹驻中国大使商务考察团，北京企业家协会、北京华商会、北京国际贸易协会等3批36名客商来张家口进行商务考察及洽谈。聘请5名蒙古国侨领为张家口侨联海外顾问。开展了全市范围侨界高层次人才调研活动，建立了数据库。

【做好归侨侨眷工作】 开展“察侨情、暖人心、访百家”调研活动。走访慰问特困归侨78户105人，发放慰问金、慰问品共计4万多元。积极配合国家、省、市领导慰问老归侨和贫困归侨侨眷工作。在市第一中学开办“珍珠班”1个；申请“侨心小学”1所。组织省市人大代表、政协委员开展专题调研，市侨联推荐的《张家口市如何搞好项目建设》和《用足用好侨务资源，推动张家口经济又好又快发展》两篇文章被收入政协会议论文集。

【组织侨属企业参加招商活动】 充分发挥归侨侨眷和海外侨胞中蕴含的优势，利用海内海外平台，积极配合市委市政府和有关部门进行招商引资和招贤引智，组织侨属企业参加张家口市的4.23和7.16两次大型招商活动及5.18廊坊经贸洽谈会，先后发邮件30多个，发布招商项目100多个，邀请国内外客商和企业家对接洽谈，签订意向性协议8个。

主 席：王 平

（胡云乐）

张家口市残疾人联合会

【概况】 全市现有各类残疾人32.5万，其中视力残疾34086人，听力残疾78981人，言语残疾4851人，肢体残疾104960人，智力残疾25329人，精神残疾22203人，多重残疾55150人。2009年，全市各级残联和广大残疾人工作者以维护和保障残疾人合法权益为基本任务，全面扎实推进各项工作任务的落实，广大残疾人生存状况得到改善，全市残疾人事业取得长足发展。

【基层组织建设健全完善】 一是大力推进农村、社区残疾人组织建设。县（区）残联普遍增加了人员编制，配备了1～2名副理事长，规范了内设机构设置，县级残联规范化建设达标率达到100%；全市242个社区、4176个行政村全部建立了残疾人协会，配备了残疾人专职委员，专职委员岗位补贴落实到位。二是对乡镇（街道）残联理事长、残疾人专职委员通过以会代训、集中学习等形式进行培训，全年培训4000余人次，基层残疾人工作者培训率达80%以上。三是稳步推进二代残疾证换发工作。各级残联积极与各评定医疗机构协调，下发了《关于换发第二代残疾人证残疾评定有关事宜的通知》，明确了各指定医疗机构的负责医生、鉴定时间和联系方式，为残疾人提供了方便快捷的服务，换证率居全省前列。

【维权无障碍工作富有成效】 一是在张家口电视台200平方米演播厅隆重举办《中华人民共和国残疾人保障法》和《中华人民共和国残疾人就业条例》知识竞赛；在桥西区明德南社区和高新区燕兴社区开展残疾人法律援助月宣传活动暨法律援助进社区活动，发放残疾人保障法等相关宣传资料1000余份，现场法律咨询500余人次。以《残疾人保障法》为主要内容，印制明信片6000多张。二是各级残联依托各自的法律扶助机构，积极开展残疾人法律扶助服务工作，全市共为残疾人提供法律服务和法律援助1151人次，为残疾人减免费用13万元。三是结合“三年大变样”规划，全市铺设盲道53.8千米，残疾人出行环境明显改善，小区无障碍设施建设取得新进展。

【康复工作积极推进】 一是加快残疾人康复设施建设。正在积极筹建的市级残疾人康复中心力争2011年底投入使用；依托乡镇卫生院，投入21万元配备康复器材，在6个县（区）的50个乡镇建立了残疾人康复服务指导站，为广大残疾人提供就近就便的康复服务。二是将二五一医院确定为市残疾人康复人才培训基地，由医院的康复专家对基层康复员进行理论加实践的专业系统培训，目前已培训900多人。三是将残疾人康复经费列入各级财政预算，按辖区覆盖人口数量，城镇每人每年不少于0.2元，农村每人每年不少于0.15元列支。四是全面开展康复项目。免费为1462名贫困白内障患者实施复明手术，安装大、小腿假肢81例，为300名贫困低视力患者配戴助视器，为60名贫困聋儿配戴助听器，对112名贫困聋儿进行语言训练，为7名贫困肢体残疾儿童实施矫治手术，为3名贫困聋儿实施电子耳蜗手术，救助220名贫困精神病患者服药和入院治疗，免费发放残疾人辅助器具2000余件。

【扶贫济困工作扎实开展】 一是春节、中秋及助残日期间，对全市2200户特困残疾人家庭进行慰问，送去慰问金和慰问品共计69万元。二是在落实国家、省残联270户农村残疾人危房改造任务的基础上，市、县（区）自筹资金120万元改造了207户危房。同时，在实施省政府农村危房改造项目的5个县中，将贫困残疾人作为扶助重点，全市农村贫困残疾人危房改造达到1000多户。三是在已建12个残疾人扶贫基地的基础上，新建了蔚县绿川种植养殖残疾人扶贫培训基地、康保县火鸡养殖扶贫基地、宣化县残疾人养猪基地，辐射带动1884名贫困残疾人。四是认真开展农村贫困残疾人小额信贷工作。10个国家级贫困县农村小额信贷落实52户，贷款额度151万元。五是将孤老病残等特殊困难家庭作为城镇廉租房和经济适用房的重点救助对象予以保障，2009年主城区已投入使用的1362户廉租房中，残疾人入住339户，入住率近30%。

【教育就业工作全面推开】 一是全市13个县全部建成了特殊教育学校，在校学生826名，残疾儿童少年入学率达到了95%。市特校协调解决了占地31.8亩的新校址，2010年9月即可入住新校区。二是与交通银行联手，为50名贫困残疾高中生发放助学金5万元；投入助学资金11.9万元，资助54名残疾大学生顺利完成学业。三是市残联与市人力资源和社会保障局等部门联合开展了一系列残疾人就业服务活动，优先为残疾人提供“4050”岗位、创业贷款、参加社会保障、劳动维权服务，全市有劳动能力的残疾人就业率达到89%。四是保障金征收工作有序开展，2009年征收残疾人就业保障金1725.06万元。五是在人力资源市场建立了残疾人就业创业服务窗口，每周二、周五，市残联安排2名工作人员专门对求职残疾人进行咨询、求职、培训登记、就业推荐，同时通过新闻媒体向社会征集就业岗位，并建立电子档案，实现了残疾人就业常态化管理。六是依托市建兴技校建立了张家口市残疾人职业技能培训基地，改变了以往固定开班模式，有培训需求的城乡残疾人可以随到随学，使全市残疾人职业技能培训实现经常化、系统化，进一步提高了全市残疾人职业技能培训水平。

【托养与社会保障工作扎实到位】 一是建成了市级、桥东区、宣化区、蔚县、高新区5家残疾人托养机构，集中托养智力、精神、重度残疾人275名，居家托养765人。市级集中托养中心对贫困家庭的残疾人每人每月补贴300元，县区居家或社区托养人员每人每年500元。二是将无劳动能力、无生活来源、无儿无女的特困残疾人纳入五保集中供养；将贫困线以下的残疾人及一、二级重度残疾人纳入低保，低保金在原标准基础上提高20%～30%。目前，全市7610名贫困残疾人纳入城镇低保，59684名贫困残疾人纳入农村低保，2706名贫困残疾人得到五保供养，基本实现了应保尽保。三是对家庭长期贫困和因病、因灾、因学等造成生活特殊困难的低收入残疾人家庭，在落实各类社会救助的基础上，市和各县（区）着手筹建残疾人应急救助基金，目前已有5个县（区）由财政落实救助经费。

【残疾人宣传文体活动丰富多彩】　一是全市文化体育服务体系进一步健全。张家口市在全省第一家开办了电视手语新闻栏目，第二家建立了盲人图书室。全市建立了残疾人特殊才艺档案，现有残疾人特殊人才340人，其中：文艺人才154人，体育人才128人，其他特殊才艺（包括摄影、雕刻、手工才艺等）58人。二是群众性的残疾人文体活动日益普及。举办了首届社区残疾人趣味特奥运动会、残疾人象棋比赛、特奥足球周等活动，基本满足了基层残疾人对体育活动的需求。三是参加残疾人体育赛事取得优异成绩。代表省选派4名运动员和1名工作人员参加了在美国举办的世界冬奥会，取得了3金3银1铜的好成绩；运动员赵帅参加了全国残疾人乒乓球比赛，获得一枚金牌，参加了约旦乒乓球赛，与队友合作获得团体第二名的好成绩；赵艳霞参加了全国残疾人田径锦标赛，获得一枚银牌；2009年全国特奥足球赛暨东亚区特奥足球赛活动中，7名残疾人运动员获得了F组季军和“体育道德风尚奖”。四是举办了市残联成立20周年庆祝活动。在市工人文化宫举办了历时一个月的“让我们共同关爱残疾人兄弟姐妹”——残疾人事业“光辉的历程”图片展览；在张家口电视台800平方米演播大厅举办了庆祝市残联成立20周年暨“帝达杯”《爱洒人间》颁奖大会；在《张家口日报》以专版的形式报道了市及各县（区）残疾人工作；举办了“十佳自强模范”、“二十佳助残模范”和“百名创业先进个人”评选活动；编印出版了《爱洒人间》画册，残疾人事业的影响力在全市得到进一步提高和扩大。

理事长：刘振山

（杨光燕）

张家口市工业经济联合会

【完善经济类行业协会建设】　为履行好全市经济行业协会业务主管单位职责，认真贯彻落实市政府（张政［2008］8号）文件精神，深入全市30多家行业协会进行调研，了解行业协会工作情况，与各协会进行座谈交流，对各协会工作提出要求和建议。为争取市民政局的工作支持，多次就行业协会业务主管单位变更工作与市民政局进行协商沟通。行业协会工作得到市政府领导的重视和支持，10月，市政府下发了《关于变更全市性经济类行业协会业务主管单位的通知》，文件明确全市17个部门管理的36家行业协会统一变更为市工经联管理。

【增强经济类行业协会服务能力】　对市委、市政府《关于开展“进企业、送服务、解难题、促发展”活动》的通知高度重视，成立帮扶企业工作组，制订开展此项活动的具体工作方案，深入海龙金矿有限公司、蒙牛塞北乳业有限公司、张家口九州大地饲料有限公司进行调研，针对企业的实际情况和问题，制订帮扶具体措施。市商业联合会于5月召开了商贸流通服务企业应对国际金融危机座谈会。市工艺美术协会组织企业参加了中国2009年“金凤凰”创新产品设计大赛，参赛作品《佛珠手串》获得铜奖，《十二生肖》、《彩色牡丹》、《关公读春秋》3件作品获得优秀奖，提高了企业在同行业的知名度。总结企业“保增长”、“保生存”方面的典型经验，宣传企业在坚定信心，破解难题；开拓市场、搞活营销；强化管理、降本增效；防范风险，融通资金等方面的好经验、好做法，总结烟厂、宣钢、煤机、盛华、万全液压油缸等多家企业经验上报省工经联，在全省大会上做经验介绍。为提高企业经营管理水平，市工经联积极向企业宣传推广国内外先进的5S企业管理方法。

【组织优势和服务功能显著提高】　完成河北百强企业排序工作。组织全市20多家企业参加了2009年河北百强企业及河北重点行业排头兵企业排序活动，张家口卷烟厂有限责任公司位列河北百强第54位，煤机、宣工、长城葡萄酒、斯必克等企业入围河北重点行业排头兵企业，同时推荐张家口市9家企业参加河北工业大奖评选。组织张家口市企业赴石家庄参加河北品牌节活动。涿鹿县果仁食品有限责任公司、长城液压油缸有限公司、宣化葡萄研究所、市保胜新能源科技有限公司、万全县工业促进局等单位参加了该活动并参展，宣化葡萄荣获河北品牌节重点推荐品牌。

（田　华）

中国国际贸易促进委员会张家口支会

【概况】　2009年，贸促支会深入贯彻落实科学发展观，通过扎实开展以“创新促发展、执行看落实”为主题的实践活动和加强机关效能建设，紧紧围绕全市工作中心，找准与贸促工作的结合点，认真做好出证认证业务，积极做好出国经贸交流考察组织工作，组织参加国内展会，为企业搭建平台。

【出证认证业务】　2009年，受金融危机影响，全市出口企业办理出口货物原产地证明较上年有所减少，截至12月底，支会共办理出口货物原产地证明416份，与上年同比减少55.7%。办理单据认证34份，同比减少67%；代办商事证明18份，同比增长3%；代办领事认证11份，同比增长450%。支会新增注册企业5家，较上年同比减少61.5%。支会增强与企业的联系，及时了解掌握企业急需，制定“一次性告知”“全天候服务”等一系列为企业服务的措施，帮助企业解决实际问题。

【出国经贸交流考察组织工作】　12月15~23日应日本国际贸易促进协会、韩国贸易协会的邀请，张家口市组成市外经贸代表团赴日、韩两国进行市场开拓及招商引资系列活动。代表团在日本东京新大谷饭店举办了“张家口市投资环境说明暨经贸洽谈会”。日本方面有42家企业60人参加了会议。应邀从长野县前来参加说明会的日本信浓电机株式会社董事、本部长池田义和先生还与尚义县、康保县具体洽谈了从两县招收技校毕业生200名到该公司在广东东莞设立的独资公司工作事宜。此次出访活动是张家口市多年来首次组织大型团组到国外举行的经贸活动。通过代表团在日本的考察访问，进一步了解了日本市场需求，增强了推动张家口市蔬菜及特色经济作物产品出口的信心。

【组织参加国内展会，为企业搭建平台】　配合省世博办提供张家口市中英文简介、提供介绍张家口市亮点的素材稿，为世博会设计方案提供了意见；组织有关企业参加“中国天津第十六届商品交易投资洽谈会”，召开了“天津——张家口民营企业项目合作恳谈会”；承担了“5.18重点园区展”的展览工作，组织东山、西山、沙城、通泰、宣化和高新等园区参展，完成领导交付的任务并获奖；圆满完成张家口市参加“第十一届环渤海民营经济经贸合作洽谈会”市情展、“2009冀台（张家口）经济合作洽谈会”市情展任务；组织有关企业参加“东盟博览会”，万全县3家经营鲜食玉米的企业申请了展位参展。

（马平安　刘艳婷）

张家口市红十字会

【概况】　张家口市红十字会于1988年5月恢复成立，2004年11月进一步理顺了管理体制。截至2009年，全市20个县（区）均建立了红十字会，有基层红十字会组织45个，红十字会专（兼）职工作人员60人，红十字会会员2万人，红十字志愿者2200多人。

【募捐、救助工作】　精心组织开展“博爱一日捐”募捐活动，全年共募集款物220.8万元，其中：“博爱一日捐”215万元，台湾莫拉克台风救灾捐款5.8万元。年末，开展“红十字博爱送万家”活动，为张北、康保县援助价值15万元的救灾面粉42吨，对受灾户、特困户、病贫户、农村建国前老党员等弱势群体进行慰问，对86名先天心脏病患儿、14名白血病患儿进行救助；开展“红丝带救助”行动，对6名艾滋病感染者给予救助。全年共救助贫困家庭4560户，发放救助金158万元，受益人数达1万余人。为拓宽筹资渠道，在全市105家宾馆和超市设立红十字募捐箱。

【卫生救护培训稳步发展】　大力推进卫生救护培训进社区、进农村、进学校活动，累计培训机动车驾驶人5万人次，普及培训16万人次，市红十字会被省红十字会评为卫生救护培训先进单位。

【扩大红十字志愿者队伍】　制定《张家口市红十字志愿者管理实施办法》，招募志愿者583人，对40名志愿者进行培训。完成采集造血干细胞血样1760人份，初筛配型93人，高分辨配型10人，捐献前体检3人。

【项目引资工作取得新进展】 积极争取中国红十字会总会、中国红十字基金会、红十字扶贫开发服务中心的支持，引进项目资金近180万元。中国红十字会扶贫开发服务中心为崇礼县17所中、小学建立红十字公益书库，捐赠18万册价值130万元的图书。争取到中国红十字会总会、中国红十字基金会资金35万元，在崇礼县、张北县各建立1所博爱卫生院，3所博爱卫生站，改善了当地乡村医疗卫生条件。

（邓士兵）

军分区

【概况】 2009年，军分区坚持以“科学发展”的理论武装头脑，以“有所作为”的思想激励斗志，以“吃亏是福”的理念陶冶性情，以“全面复合”的标准强化能力，干部队伍的整体素质明显提升。军分区被省军区通报表彰为先进师级单位；沽源县人民武装部党委书记侯文佐被北京军区政治部评为“人武之星”；桥东区、万全县、尚义县人民武装部被省军区评为先进人民武装部。

【思想政治建设】 落实党委中心组和机关理论学习日制度，组织各级学习党的十七大精神和科学发展观。结合官兵思想实际，开展“培育革命军人核心价值观”、“锤炼坚强党性、培育优良党风、模范遵守党纪”等一系列主题教育实践活动，着力在坚定理想信念、端正思想风气、振奋精神状态、营造和谐氛围上下功夫，广大官兵始终保持坚定正确的政治信念和昂扬向上的精神状态，军分区总结的经验做法先后被省军区政治部和北京军区政工网转发和刊载。开展国防教育进社区、进乡村、进校园、进厂矿活动，桥东、桥西、宣化区等人武部借助学生军训、重大节日、大型集会、全民国防教育日等时机，宣传国防知识，加强国防教育，各级党政机关和广大人民群众参与支持国防后备力量建设的积极性、主动性明显增强。市国防教育办公室被中宣部、教育部、总政治部评为“全国国防教育先进单位”。

【军事训练】 1月22~27日，军分区组织为期6天，行程500千米（徒步行军110千米）的冬季适应性训练。此次训练本着“战场环境电磁化，对策招法实效化，服务保障双重化”原则，紧贴未来可能担负的作战任务与现实装备，根据复杂电磁环境这一新特点，设置最复杂、最困难、最紧急情况训练科目，从难从严从实战需要出发，摔打部队，磨练意志，培养勇敢顽强、连续作战的战斗作风。

6月15日~7月25日，组织全区15个县区的民兵、工兵、防化、通信专业分队共165人，在市民兵训练基地进行集中训练，按照大纲要求和民兵专业分队教学计划，共进行56个训练小时，完成基础理论、基础动作等学习要领，重点对捆包装物、埋设地雷、点火管制作、防毒面具和防毒衣穿戴、侦毒器使用、收放线、TBR—12C电台以及磁石交换机的操作使用等技能科目进行培训。各专业合格率均在85%以上，提升民兵分队应对突发事件的综合能力素质。

7月29日~8月15日，市民兵防空团赴省军区乐亭高炮训练基地进行驻训演习，历时18天，先后完成铁路输送、远程机动、专业训练、协同训练和比武考核竞赛，获得“实弹射击优胜单位”奖励。在营连长、炮班长、炮手等6个专业技能比武考核中，取得炮班规正水平第二名，炮班长分解炮闩第二名，侦察员识别飞机第二名，四炮手默装距离第三名。为推进军事训练教学责任制落实，全面提升民兵专业分队应急应战能力。7月下旬，军分区组织所属人武部开展以国庆安保为主题的训练演练。170个基层武装部、120个民兵分队、5320人参加，动用车辆185台，进行了指挥所开设、战场救护、消防救援、围歼追捕、防暴制暴、野炊等6个科目的实兵演练。通过训演，研究信息条件下处突维稳的特点规律，摸索出民兵分队处置突发事件的程序、内容、方法，提高人武部机关组织指挥和民兵分队遂行多样化任务的实战能力。为贯彻落实国家国动委第六次全体会议和河北省国动委领导干部集训精神，检验完善防空动员预案，提高战时国防动员和指挥能力。

10月8～10日，组织全市国动委成员单位进行国防动员指挥演练，强化各办公室的协同配合。

12月，组织军分区及部分人武部参加省军区组织的年终军事训练考核，成绩优秀，得到考核组的肯定。

【民兵组织整顿】 本着“深化改革，优化结构，突出重点，协调发展，全面提高”的总体思路，军分区于2月进行民兵整组工作调查摸底。3月，协调市委、市政府成立整组工作领导小组，联合下发《二OO九年度整组工作的实施方案》，指导全市民兵整组工作。4月，利用整组有利时机，结合落实军事训练教学责任制和开展“五小练员”活动，抓好基础科目的训练。8月，按照实案实演要求，市、县（区）两级都带着战术背景组织了实地演练。进一步规范民兵整组工作的内容、程序、方法和步骤。

【征兵工作】 贯彻省政府、省军区征兵命令，加强征兵宣传教育，依法征兵、廉洁征兵，严把兵员体检、政审、定兵等各个关口。突出抓好大学生和女兵征集工作，公开透明度，畅通监督渠道，营造风清气正的环境，较好地保证了新兵质量。怀来县人民政府征兵办公室和军分区司令部参谋陈明华被评为全国征兵工作先进集体和先进个人。

【双拥工作】 发挥桥梁纽带作用，协调军地广泛开展捐资助教、捐资助学、扶贫帮困、植树造林活动。组织全区开展“送温暖、献爱心”活动，为贫困地区捐款累计达20余万元。组织民兵和驻军官兵积极参与城市生态文明建设和新农村建设，广泛开展“科教助民”、“全民普法”、“争当生态文明户”等活动，为社会和谐建设做出了应有贡献。市委、市政府把军分区营院建设列入重点工程建设项目，在政策和经费上给予全力支持。2009年转业到全市的22名副团职干部被全部安置到党政综合部门担任实职领导职务。加大退休移交安置力度，采取打电话、座谈会等方式，征求退休干部去向意见，规划审定了10名、完成9名人员的去向，被省军区评为移交安置工作先进单位。

【后勤工作】 后勤工作以新时期全面建设现代后勤纲要为指导，按照具体化、系统化、配套化思路，加强后勤战备基础设施建设。在抓好机关信息化建设的同时，以宣化区人民武装部为后勤战备先行试点指导各人民武装部推进后勤战备基础设施建设。修改完善后勤战备方案，建立健全人民武装部快速动员，支援主力军团跨区机动和战略机动、城市防空、反恐维稳、应付突发事件等10种后勤保障计划和5项方案。按照上级提出的动员要求，协调市经济动员办公室编制张家口市国民经济动员综合预案、专项预案和企业预案；完成国民经济动员潜力统计上报工作；协调交通战备办公室进一步修改完善战备保障方案，增强交通战备方案的针对性和实用性。

司 令 员：黄德顺

政治委员：高六喜

（高智海）

武警支队

【概况】 中国人民武装警察部队张家口市支队（简称武警张家口市支队），隶属于武警河北省总队。支队机关位于张家口市高新区盛华东路37号。始建于1952年，1983年重新组建，部队主要担负全市12个县、1个市、1个区看守所的看守和涿鹿、张家口监狱的看押任务，执行处置突发事件、反恐和重大临时勤务。

2009年，支队贯彻执行科学发展观，紧密结合实际，狠抓末端落实，圆满完成以执勤处突反恐为中心的各项任务，实现连续12年安全无事故和争创先进支队“十连冠”目标，部队建设保持了良好发展势头。

【思想政治基础进一步夯实】 年初，围绕“党员干部受教育、科学发展上水平、履行使命见成效”的总要求，组织学习实践科学发展观活动，有效地解决了影响制约支队建设发展的突出问题；采取召开教育准备会、推广教育试点、评选优秀政治教育课、网上轮流授课等方法，扎实开展“培育当代革命军人核心价值观，永远做党和人民忠诚卫士”主题教育活动；采取开展谈心互助、法律宣讲、送法到基层等形式，充分发挥“每周一个话题”等有效载体作用，保持官兵思想稳定；开展学习“中国武警十大忠诚卫士”和万金刚等英模活动，激发广大官兵争做党和人民忠诚卫士的积极性，促进支队建设创新发展和各项任务圆满完成。

【组织建设得到进一步加强】 开展“加强党性修养，振奋革命精神”和正确行使民主权力等教育，制定支队《加强党委班子建设的意见》和《加强支队作风建设意见》，进一步强化党委班子建设；认真落实蹲点帮建规定，对基层党支部进行重点帮建、对口帮带，干部队伍整体素质明显提升，基层整体建设得到加强。年底，支队被总部表彰为党风廉政建设先进单位，怀来县中队被总队评为基层建设标兵中队，万全、阳原、赤城、二中队、市中队被评为基层建设先进中队。

【完成以执勤处突为中心的各项任务】 加强对执勤工作指导，不断改善执勤设施，先后完成万全县、张家口看守所的AB门建设，为赤城、怀来、怀安等11个中队执勤目标安装刀刺网，所有中队备勤室安装监控探头，执勤目标安全系数进一步提高；积极适应“三员一兵一组”组勤摸式，狠抓执勤制度落实，扎实开展专勤、专哨、专训，有效提高哨兵的处置情况和执勤能力；全面落实《正规化执勤等级评定标准》，在总队交叉检查中取得优秀成绩；圆满完成城市武装巡逻、车站执勤、国庆60周年庆典、铁路春运、市“两会”等安保任务，先后向沽源、保定两个监狱押送犯人400名，参与怀来、崇礼两个县打黑除恶行动，抓获犯罪嫌疑人20余名。

【后勤保障工作扎实有效】 加大“四项设施”建设力度，新机关楼已顺利迁建入住；通过积极协调，先后为沽源、张北中队新建营房，对怀来、尚义中队营房进行改造。修定完善《基层伙食管理规定》，所有中队实行分餐制，14个中队安装更换高效节能灶，官兵伙食质量进一步提高；修订完善后勤保障预案，做好甲H1N1流感防控工作，部队实现“零发病”、“零感染”目标。

【参加全省国庆安保拉动演练及市应急力量紧急拉动演练】 2009年9月17日，张家口支队与市公安、消防、安全、卫生、环保、气象等各参战单位一同参加全省组织的国庆安保反恐处突拉动演练。30日，张家口对全市应急反恐力量进行紧急拉动演练，支队迅速到指定地点集结待命。通过演练，有效检验支队首长机关组织指挥和应急反恐分队快速反应能力，增强了战备意识和责任意识，熟悉了指挥和工作流程，完善了各种保障措施，取得明显成效，向全市人民展现出“文明之师、威武之师”的风采。

支 队 长：裴晓东

政治委员：原部红

（牛良刚）

人民防空

【概况】 市人防办以科学发展观为指导，贯彻落实新时期人防建设方针政策，着眼夯实基础、构成体系、形成能力，全面推进防空防灾一体化建设，努力构建“战时能力强，平时作为大”的现代人民防空体系，各方面都取得了显著成效，圆满完成全年目标任务。市人防办被省人防办评为2009年全省人防系统工作先进单位和工程建设、指挥通信、宣传教育、“准军事化”建设、平战结合、筹资财务管理、推进县区人防工作7个单项的先进单位。

【工程建设】 人防结建（结合民用建筑修建防空地下室）审批工作坚持“以建为主，以收促建，建收并举”原则，加大对人防工程建设与管理工作力度。2009年，全市共批建防空地下室98292平方米，完成全年任务的123%。大型结建和单建工程建设力度逐步加大，市人防办投资2700多万元建设的胜利南路9500平方米大型地下人防工程，已顺利竣工并投入使用。利用社会资金投资建设人防工程的力度不断加大，由黑龙江鼎盛志诚公司投资的明德南路15000平方米人防工程已签约并正式立项，计划2010年上半年开工建设。县级人防工作成效显著，彻底消灭“结建”工作空白县。

【指挥通信】 全市人防指挥平台信息化建设取得明显成效。4月和7月，两次对购置的中型机动指挥车进行调试。4月，与省人防办进行125瓦短波电台和机动指挥车的联网调试。投资20多万元购置了新型抗干扰无线信息传输设备；8月，全省人防移动指挥通信系统检验性拉动和应用培训班在察北管理区成功举办。为扩大警报音响覆盖面，投资15万元新购置电声警报器6台，全市警报器达到146台。参加张家口军分区“HB－铸盾－2009”战役集训演习，对人防直属应急救援大队进行专业训练。对市基本指挥所进行升级改造，一期主体工程开掘已经完成，被覆工作正在按计划进行。完成市、县区、街道办事处（乡镇）和重要目标人民防空袭应急行动预案的修订制定和“四位一体”（人防常备专业队、人防应急专业队、人防直属专业队、人防志愿者队伍）的人防专业队伍的组建。组织全市第9次、全省第2次统一防空警报试鸣，多形式、多种手段报警取得成功。

【宣传教育】 人防宣传教育继续以“六进”活动（进机关、进党校、进学校、进企业、进社区、进网络）为抓手，开展多种形式的宣传教育，为人防建设和发展营造良好的氛围。在机关，以党校为阵地，对各级领导干部开展人防意识教育，市委党校和县（区）党校在干部培训班上都安排人防教育讲座；在企业、社区以人防知识和依法履行人防义务为重点，开展多种形式的宣传教育。向企业和社区印发《致有关单位和部门的一封信》；在学校，以初级中学为重点，开展系统的人防知识理论教育。宣化区、赤城县、桥东区、桥西区分别确立人防知识教育示范学校。结合防空警报试鸣，全市17个县（区）电视台播放35分钟的专题片《警报防空行动》。全市人防办在市以上新闻单位刊稿82篇，新闻5条、专题片2部，完成全年任务122%。

【行政执法】 按照省、市两级政府关于减少行政审批手续，降低企业负担的要求，及时办理了关于取消人防建设费有关手续。为进一步加强人防法律法规的贯彻落实，将各有关执法工作岗位的职责责任细化，定责后编写成《张家口市人民防空办公室行政执法责任制手册》、《张家口市人民防空办公室规章制度汇编》、制定《张家口市人民防空办公室行政处罚自由裁量权量化标准》。2009年，先后向8个单位下发了催缴通知书，清欠追缴易地建设费数百万元。4月、10月和12月，组织了3次全市人防行政执法拉网式检查。

【平战结合】 平战结合开发利用稳步发展，按照人防工程战备效益、经济效益和社会效益并重的原则，进一步加大人防平战结合工作力度。2009年全市人防工程开发利用面积达到12.5万平方米，完成全年任务的100%。

（徐　静）

审 判

【概况】 2009年，全市法院以科学发展观为统领，坚持“党的事业至上、人民利益至上、宪法法律至上”的指导思想，牢牢把握“为大局服务，为人民司法”工作主题，按照“建设过硬班子，带出合格队伍，争创一流业绩”工作目标，强化保障和服务意识，切实履行宪法和法律赋予的职责，各项工作取得新的进展。全年共受理各类案件28235件，审（执）结27805件，同比分别上升16.1%和16.5%，结案率98.5%。其中，市中院受理3097件，审（执）结3074件，同比分别上升24%和24.1%，结案率99.3%。

【坚持突出打击重点，全力维护社会稳定】 认真组织开展打黑除恶专项斗争，严厉打击黑恶势力犯罪、暴力犯罪和多发性侵财犯罪。全市法院审结刑事一审案件1468件，同比下降10.1%；判决发生法律效力的人犯1648人，其中343人被分别判处5年以上有期徒刑、无期徒刑和死刑。依法审结怀来县李永林等32人涉黑案，主犯李永林被判处有期徒刑20年；审理蔚县“7·14”矿难犯罪案；审结怀来县速生苗木公司和北京锡华航空公司故意毁坏财物刑事附带民事赔偿案，为1300余户农民挽回经济损失570多万元。依法惩处破坏市场经济秩序犯罪案件16件，判处21人；依法惩处贪污受贿、挪用公款等职务犯罪案件46件，判处61人。依法从严的同时，认真落实“宽严相济”的刑事政策，对具有法定从轻减轻情节的适度从宽处理。通过公开审判、法制宣传、司法建议等形式，积极参与社会治安综合治理。

民事审判中，妥善审理民事行政案件，保障经济发展社会和谐。树立为企业发展和城乡改革服务意识，重视民生案件的审理工作，依法调处社会矛盾和经济纠纷，为经济发展保驾护航。审结民事一审案件19563件，同比上升20.2%，结案率98.4%。其中，审结婚姻家庭案件5607件，审结医疗、交通事故等损害赔偿案件2642件，审结劳动争议案件342件，审结金融纠纷、房地产纠纷、股权转让等案件4281件，审结企业破产、重组、联营等案件40件。依法协调行政纠纷，有效化解行政争议，审结行政一审案件150件，同比下降62.4%；审查、执结非诉行政案件182件。加强诉前协调，妥善解决西山工业园区、市区道路拓宽和旧城改造等一批敏感案件。

加大执行工作力度，努力促进诚信建设。把解决执行难作为重要工作来抓，加大执行力度，强化执行措施，采取提级执行、指定执行、集中执行等措施和审计、公告、悬赏、媒体曝光、执行听证等方法，有效促进执行工作的开展。执结案件3753件，同比上升17.4%，执结率97.8%。按照市委政法委部署，协同社会各界，开展为期10个月的集中清理执行积案活动，清理积案6202件，其中执结重点案件1019件、有财产案件2229件，有效缓解执行难问题。

【能动服务经济健康发展】 市中院确立“主动作为、能动服务、关口前移、助力发展”的原则，以服务全市经济发展为切入点和突破口，围绕招商引资、项目建设、城镇三年大变样、新农村建设和打造法制环境，积极探索“能动司法”新路子。

积极建立能动司法机制，拓宽服务领域。两级法院领导带队深入到企业、社区、乡村进行调研，广泛听取社会各界对服务经济建设的意见和建议，组织召开60多家大中型国有、民营企业座谈会，200余人参加座谈，整理出105条意见。在此基础上，制定《关于充分发挥审判职能作用，服务企业、促进经济更好更快发展的具体措施》和《关于加强金融司法环境建设、维护金融安全稳定的若干意见》等文件，建立主动服务、超前服务、延伸服务新模式，为服务大局发挥积极作用。

广泛建立法律服务平台，创新服务方式。市中院与部分行政主管部门和行业主管部门建立定期联系会议制度，共同研究疑难案件的法律适用和处理办法，实现经常性的信息交流与资源共享。市中院与市人民银行中心支行、司法局、发改委工业运行局、中小企业局、交通局、建筑协会分别建立金融法律服务、人民调解、国有民营企业、路政管理和城镇建设法律服务平台，制定服务方案和联席会议制度，组建法律培训基地，构筑起全方位的服务体系。组织开展与企业结对服务活动，建立“一书、一卡、一表”制度，初步建成服务企业信息库，定期选派法官深入企业，主动上门提供法律服务。全市法院共建立结对服务企业450家（市中院58家），形成服务企业网络。省高级人民法院对张家口市能动司法、服务经济建设的做法给予充分肯定，并专门召开新闻发布会。

【依法维护群众合法权益】　全市法院牢固树立司法为民理念，把维护人民群众合法权益作为出发点和落脚点，进一步把司法为民的要求落到实处。

加强窗口建设，方便群众诉讼。全市法院开展“立案信访窗口”建设活动，建立诉讼服务中心，完善便民利民设施，强化诉讼引导、立案审查、立案调解、判后答疑、查询咨询、司法救助、信访接待、材料收转等8项功能，为群众提供“一站式”全程服务。基层法庭采取上门立案、预约开庭、就地办案等方式，方便群众诉讼，受到省高级人民法院的好评。全市法院进一步加大司法救助的范围和力度，共减、缓、免交诉讼费268.6万元。

加强调解工作，促进社会和谐。市中院制定《关于深化“三位一体”调解工作、推进审判质量建设的实施意见》和《关于诉前、立案调解的若干规定》，构建诉讼全程调解、全方位多元调解、社会联动、司法救助、考核激励和司法保障6项机制，建立诉前、诉中、判后、执行调解和解制度，充分发挥人民陪审员的作用，全面推进案件调解。全市法院民事一审案件调解、撤诉结案率达78.2%，行政一审案件协调撤诉率达75%，执行和解率达46%，人民陪审员参加陪审案件529件。积极参与全市“三位一体”大调解建设工作，加强司法调解与人民调解、行政调解等方式的衔接，发挥行业协会、专业部门、社团组织等社会力量化解矛盾纠纷的作用，完善多元化纠纷解决机制，合力化解矛盾纠纷。与市总工会联合下发《关于邀请委托工会组织和特邀调解员调解劳动纠纷的实施意见》，切实维护劳动者的合法权益。

加强信访工作，化解社会矛盾。认真落实院长、审判委员会委员轮流接访和信访责任制，推行领导包案制度，实行院领导定期接访、带案下访，解决信访积案111件，审结申诉、申请再审案件117件。全市法院办理群众来信306件，接待来访704人（次），其中院长共接访163次216人。涉诉上访量在全省法院系统排位最小。

圆满完成国庆60周年安全保卫工作任务。市中院制定“大干100天、确保国庆期间安全稳定”工作方案，启动突发事件应急机制、维稳工作责任制和百分考核制，开展3次矛盾纠纷隐患排查，及时化解了426件矛盾隐患。全市法院派出130余名干警深入到乡村街道，参与维稳工作。环京县区及高速路周边法院共派出160名干警进驻各检查站、高速路口，进行安检巡逻、铁路看护等安保工作。派出近百名干警驻京信访值班，为国庆60周年安全保卫工作做出了积极贡献。

【提升审判质量效率】　全市法院深入开展“审判质量年”活动，狠抓审判管理，提升审判质量和效率，从源头上减少涉诉信访案件的发生。

健全审判管理机制，强化审判监督。成立审判质量管理办公室，进一步完善绩效考核、审判流程管理、审判质量评估、案件评查和错案追究等制度，规范审判运行程序，强化对案件动态跟踪监管，构筑起“全方位监督管理”的审判质量监管机制。

强化司法档案管理，规范司法行为。在全市法院业务部门和审判、执行人员中建立审判实绩、瑕疵案件、不规范案件、涉诉信访案件司法档案，运用多种指标进行综合考评，做到对审判工作、队伍建设等方面的量化评判，促进公正公平司法。

开展案件评查活动，提高案件质量。组织案件自查自纠和瑕疵案件评查活动，对市中院2008年审结的全部案件和县区法院2006～2008年审结的重点案件，从立案、实体、程序、裁判文书、执行、归档6个方面进行自查自纠。在此基础上，市中院组织了6个评查小组，对764件案件进行抽查，对发现的问题进行严格的整改，对查出的8件瑕疵案件责任人按照规定给予相应处罚。

【提高队伍整体素质】　全市法院坚持把队伍建设作为根本，放在首要位置，不断提升法院队伍的政治素质和司法水平。2009年，有9个集体和24名干警受到市以上表彰和奖励。

大力加强司法作风建设。联系实际，深入开展“干部作风建设年”活动。扎实开展“人民法官为人民”主题实践活动，审判的质量和办事的效率有明显提高；通过开展纪律作风整顿，从干警行为规范、职业道德、审判纪律入手，强化日常管理，提升机关形象。

切实加强党风廉政建设。落实党风廉政建设责任制，层层签订责任状，实行领导干部“一岗双责制”和党风廉政建设“一票否决制”。制定《关于巡察工作的暂行办法》、《关于法官及工作人员与律师正常交往的规定》和《加强司法鉴定管理的具体意见》。举办两期廉政警示教育培训班，聘请37位人大代表、政协委员、行风评议员及社会各界人士为中院的“特邀司法监督员”。同时，加大对违法违纪的处理力度，全年共查处违法违纪案件19件19人。

【六项机制构建“三位一体”大调解体系】 诉讼全程调解机制。将“调解优先、调判结合”原则贯穿到庭审前、庭审中、庭审后，以及再审、执行各个环节，贯穿于诉讼活动全过程。全方位多元调解机制。根据不同案件发生和类型制定不同的调解制度，对调解主体和调解次数作出相应规定，在一审彻底化解矛盾。考核激励机制。进一步健全考评机制，完善考评标准，将调解率、服判率及工作质量和效率与法官的年度业绩考核相结合。社会联动机制。积极参与党委、政府领导下的以诉讼调解、行政调解和人民调解为核心的社会矛盾纠纷多元化解决机制建设。救助机制。对刑事附带民事案件赔偿不到位的被害人、执行案件因丧失执行条件造成特殊困难的上访群众，积极协调，争取涉法涉诉救济资金给予司法救助。保障机制。不断加大投入，确保司法调解机制运行有足够的物力、人力支持。

【组织开展向张晓磊同志学习活动】 5月，《人民法院报》、《河北法制报》分别以《没有耀眼荣誉光环的好法官》为题，刊载了张家口桥东区法院审判员张晓磊的感人事迹，在社会上引起了强烈反响。6月，张家口中院专门召开党组会，研究决定在全市法院开展向张晓磊同志学习活动，学习她无私奉献、恪尽职守、坚持原则、清正廉洁、一心为民、意志坚强的崇高精神和高尚情操。中院党组还决定，对张晓磊同志给予记功奖励，召开表彰大会和先进事迹报告会。向市委写出专题报告，提出学习、宣传张晓磊先进事迹的具体措施，进一步掀起学习张晓磊同志的热潮。

【执结两起涉及特困企业借款纠纷案】 通过执行和解，成功执结两起涉及特困企业借款纠纷案，为特困企业张家口市第二针织厂、张家口铣床厂了结拖欠融德资产管理有限公司的全部债务。张家口市针织厂和铣床厂联名向中院送了“为企业排忧解难，做人民满意公仆”锦旗。

【三项措施强化行政协调工作】 严把立案审查关口。对不符合立案条件的，行使法律释明权，向当事人说明不立案的理由，并帮助当事人寻求救济，指明解决问题的非诉途径，避免当事人对法院产生“消极应对”，消除当事人信访念头。创新协调工作方法。对房屋拆迁、土地征用补偿等涉及面广、社会影响大、立案后社会效果又不一定好的行政纠纷，都要耐心帮助当事人分析得失，把握其心理变化，消除过激情绪，及时化解矛盾纠纷和隐患。构建联动工作机制。改变“就案办案、孤立办案”做法，积极与土地、工商、城建、劳动等部门建立协调联动机制，采取举办培训班、召开座谈会、邀请旁听庭审等多种形式，提高行政机关依法行政的意识和水平。

院　长：崔存利

（汪海鹰）

检　察

【概况】 2009年，全市检察机关围绕“保增长、保民生、保稳定、保市委决策部署落实”工作大局和“强化法律监督，维护公平正义”的检察工作主题，忠实履行法律监督职责，全年共批准逮捕各类犯罪嫌疑人2142人，提起公诉各类犯罪嫌疑人2207人。其中批捕起诉黑社会性质组织犯罪案件1件32人、恶势力犯罪案件3件18人。市检察院以涉嫌领导、组织黑社会性质组织、寻衅滋事、故意伤害、敲诈勒索、故意毁坏财物、非法拘禁、妨害公务、强迫交易、偷税、赌博等罪名依法从快批捕、起诉在怀来县长期称霸一方、为非作歹，欺压残害百姓，严重破坏经济、社会生活秩序的以李永林为首的32名涉黑犯罪团伙案件，已作出一审判决。做好涉检信访工作，抓好“大排查”、“大化解”、“大稳控”、“大分包”等国庆安保专项行动。深化文明接待制度，提高接访水平。全市两级院检察长接待上访群众139人次，其中国庆安保期间，接访48批次，化解3起群体访案件，实现国庆期间越级集体访、进京非正常访和重大群体性事件“三个零”的目标。受理刑事申诉案件7件7人，立案复查3件3人，办结2件2人。集中开展“信访积案化解年”活动，对信访积案进行认真梳理，摸底排查，对上级挂帐的6件重点涉检访案件，由院领导包案，全部化解。先后制定《张家口市人民检察院办理涉检信访案件办法》、《张家口市人民检察院关于集中开展领导干部接访、约访（下访）工作办法》等制度，建立健全信访工作长效机制。市院反贪局党支部被评为全省先进基层党组织。全市检察机关涌现出3个全省先进基层检察院和省劳模兰池军、省人民满意的公务员李永峰等一批先进集体和先进模范人物；怀来县检察院和市院反贪局冯彦卿同志，分别被高检院荣记集体和个人一等功。

【查办职务犯罪案件】　认真贯彻市委关于反腐倡廉的总体部署，依法查办贪污贿赂、渎职侵权等职务犯罪，全年共查办各类职务犯罪案件99件140人，其中贪污贿赂案件71件91人，渎职侵权案件28件49人，大要案39件54人，全面完成工作目标。所办案件质量高、效果好，在省检察院评选的2009年度十大反贪精品案中，张家口市查办的两件案件榜上有名。为更有效地规范办案行为，提高执法水平，制定下发《关于实行办案责任终身制的暂行规定》，积极推行办理重大敏感职务犯罪案件风险评估预警机制，开展全市检察机关自侦案件3年回头看活动，实现三个效果有机统一。

【强化诉讼监督】　检察机关把加强诉讼监督作为维护法制统一、促进公平正义的着力点，抓住人民群众反映强烈的执法违法、司法不公等突出问题，深入开展监督工作。

刑事侦查和刑事审判监督。共监督该立案而不立案案件50件，不该立案而立案案件19件26人；通知侦查机关立案25件29人，纠正错误定性52件；追诉漏犯10人；提出刑事抗诉5件。以全程跟踪监督为依托，共监督捕后在逃犯罪嫌疑人61人，纠正捕后不当变更强制措施5人，书面纠正违法76人次，促进严格执法。

民事审判、行政诉讼监督。对认为确有错误的民事和行政判决、裁定，市检察院提出抗诉47件，向省检察院提请抗诉34件，抗诉案件再审改变率79.4%。怀来县检察院积极探索建立民事行政检察支持起诉制度，支持王家楼乡杏林堡村民集体起诉宝平公路排水损坏农田案，经法院判决，村民获交通部门15万元赔偿，杏林堡村委会给怀来县检察院送去“严格监督彰显法律公正，服务民生蕴涵检民情深”的锦旗。中央政法委书记周永康对此作出重要批示，高检院在全国推广。

刑罚执行监督和监管活动监督。查办发生在监管场所职务犯罪案件4件13人。强化刑罚执行监督，深入开展规范看守所执法活动、打击牢头狱霸专项活动、监狱清查事故隐患专项检查，维护在押人员的合法权益，促进监管机关严格公正文明执法。加强派驻检察室的规范化建设，对市看守所、市劳教所和三个监狱驻所检察室全部由市检察院派驻。开展监外“五种人犯”专项考察活动，纠正监外执行脱管9人，无监管措施6人，及时向公安机关提出纠正意见或检察建议5件。

【服务改革发展大局】　紧紧围绕全市工作大局履行检察职能，努力当好和谐张家口的建设者、服务者，为经济社会发展提供更加到位的法律保障和更好的社会环境。

办案与服务并重，优化经济发展环境。深入开展打击破坏社会主义市场经济秩序犯罪专项行动，严肃查处市场监管领域和经济调控领域的职务犯罪案件，保护市场主体合法权益；严厉打击生产、销售伪劣商品、非法经营等破坏社会主义市场经济秩序的犯罪案件，促进公正有序、诚实守信现代市场体系建立。

从源头上预防和减少职务犯罪，优化政务环境。坚持惩防一体化工作机制，不断加强和改进预防职务犯罪工作。3月，市委作出《中共张家口市委关于进一步加强职务犯罪预防工作的意见》。4月，在市展览馆举办预防职务犯罪警示教育展览，150多个行业、单位集体参观，人数累计超过10万人次。市委书记许宁参展后作出“教育为先，预防为本”的重要批示。会同金融、税务、电力等部门和国有大中型企业举办预防职务犯罪法制讲座306次，受教育人数近4万人。针对“三年大变样”和全市重点工程建设情况，制定了《张家口市人民检察院关于加强重大项目建设中职务犯罪预防工作保障和服务全市经济建设又好又快发展的意见》，成立重大项目建设预防工作领导小组，对张承、张石、京化高速公路、大清河治理工程等32项重点工程实施专项预防，实行提前介入、全程参与、专项管理、同步监督。会同市交通局对张承高速和南环路进行专题预防调查。深入开展“一案一建议、一案一帮扶”活动，结合个案，适时有效地提出预防建议，帮助发案单位完善制度，堵塞漏洞。提出检察建议 110 件，被采纳回复 103 件，回复率为 94%。

开展涉农检察工作，服务新农村建设。认真贯彻省检察院工作部署，全市检察机关抽调 272 名检察工作人员，组建 35 个涉农检察工作队，深入到 219 个乡镇、320 个重点村开展检察工作。工作中，变上访为下访、巡访，把受理举报、排查矛盾纠纷、涉农问题调研有机结合起来，开辟和畅通涉农信访绿色通道。积极查办涉农职务犯罪案件，无论涉农金额大小，坚持够罪必纠。共查办涉农职务犯罪案件 55 件 83 人。对侵占挪用款物坚持“全力追赃、全额返还”原则，返还涉农赃款 200 多万元，保障党的各项惠民政策真正惠及农民，经验被省检察院在全省推广。加大打击涉农刑事犯罪力度，批准逮捕涉农刑事案件 375 人，起诉 477 人，立案监督 8 件，维护农民切身利益和农村秩序。

检察长：程元臣

（卢　根）

公　安

【概况】 市公安局是主管全市公安行政工作的政府职能部门，业务受河北省公安厅指导，担负维护社会治安稳定、严厉打击各种刑事犯罪活动、处置急难险重等工作，保护公民人身安全和财产的合法权益。内设 17 个职能部门，下辖 9 个分局，13 个县局，12 个直属队所，共有公安派出所 287 个。

【严打整治】 坚持以命案侦破、打黑除恶和打击多发性侵财犯罪为重点，组织各警种、各单位联合作战，持续开展全市规模的严打整治专项行动，始终保持严打高压态势，初步构建起打击犯罪整体格局，共破获刑事案件 4018 起，抓获犯罪嫌疑人 3646 名，打掉犯罪团伙 311 个，保持社会治安秩序的持续平稳。深入开展打黑除恶斗争。全年共打掉涉黑团伙 1 个，涉恶团伙 35 个，抓获团伙成员 363 名，破获刑事案件 597 起。强化大、要案件侦破。对杀人、绑架、伤害等严重暴力犯罪，坚持领导督办，调集精兵强将快速侦破，先后破获赤城县“6.09”抢劫杀害出租车司机案，宣化县“6.13”特大持枪抢劫杀人案等一批大、要案件。加大对侵财案件的打击侦破力度。全年共破获盗窃、抢劫等侵财型犯罪案件 2720 起，为群众挽回经济损失 300 余万元。深化禁毒斗争。各级公安机关禁毒部门强化缉毒破案，组织开展禁毒宣传、禁种铲毒、吸毒人员管控、易制毒化学品管理等一系列禁毒工作，部署开展“秋锋－09”和“天目－09”等专项行动。全市共破获涉毒刑事案件 109 起，抓获犯罪嫌疑人 179 人，强戒吸毒人员 149 人。严厉打击经济领域犯罪活动。各级经侦部门共破获经济犯罪案件 100 起，抓获犯罪嫌疑人 88 人，涉案总值 3712 万元，挽回经济损失 106 万元。相继开展打击整治发票犯罪专项活动、打击假币犯罪“09 行动”、打击传销百日联合执法行动的“三项行动”。追逃工作取得新进展。2009 年，全市共抓获网上逃犯 379 名，其中本市逃犯 270 名，外地逃犯 109 名。

【治安管控】 各级公安机关认真履行维护治安稳定的职责，坚持打防并举，管建结合，因情施策，始终保持从严从紧、严防严控的管控态势，有效挤压犯罪空间，遏制违法犯罪的发生。加大对突出治安问题的整治力度。在全市开展打击扒窃攻坚战役、打击网络淫秽色情案件专项行动、打击“楼霸”专项行动、禁种铲毒专项行动。构建大巡逻大防范体系。组织 4375 支群众巡逻队伍参与到巡防工作中，进入复杂场所、重点街道、楼群开展治安防控，确保安全。加强实有人口和出租房屋管理。在全市开展流动人口和出租房屋清理整顿专项行动和实有人口攻坚行动，强化工作对象核定管控，进一步澄清全市实有人口底数，动态掌握各类重点人行踪。强化危爆物品安全管理。各级公安机关对全市 5821 家出租房屋、80 处废旧仓库等可能藏匿非法爆炸物品的地方开展拉网式清查。共清缴炸药 1129.45 千克、雷管 28326 枚、枪支 25 支、仿真枪 22 支、各类子弹 11504 发。

【民生警务】 各级公安机关坚持社会管理创新，优化管理环境，提升服务理念，以实实在在的服务举措为全市经济社会和谐、快速发展创造良好环境。擦亮为群众服务的“窗口”。深入开展“公安民警大走访”和“五民”实践活动，治安、交警、出入境管理、户政等部门出台多项便民利民措施。深化日常警务工作。各级各部门坚持“群众利益无小事”和“转变作风要从小事做起”的理念，强力打造民生警务。完善接处警和应急机制建设，全年共接处警 26299 起，查处治安事件 3963 起，处理各类事故 7249 起，接受群众求助 4149 起，为全市治安稳定和群众安全做出积极贡献。大力推进交通安全管理工作。各级交警部门以“防事故、保安全、保畅通”为工作中心，集中开展严重交通违法行为专项整治行动，全市共处理交通违法行为 210704 起。

【三项建设】 各级公安机关坚持面向基层、面向实战，以信息化建设为龙头，以执法规范化建设为生命线，以和谐警民关系建设为基础和目标，强化保障支撑，全面提升公安机关维护社会稳定的能力和水平，增强公安机关的战斗力，推动公安工作全面、协调、可持续发展。软硬件建设相结合，加大项目建设，强力推进信息化建设。全市公安机关新增700余台计算机。深入开展信息采集百日会战，各参战系统共新增信息量1721万余条，进入全省前列。抽调专人组建信息中心，建立完善工作机制。转变执法理念，改进执法方式，加大执法规范化建设。在全警倡导理性、平和、文明、规范的执法理念。深入开展执法质量考评，加大监督检查力度。坚持民意引领警务，和谐警民关系。广大民警全面更新思想理念，从“小事”做起，不断改进工作，创新举措，优化服务，群众对公安机关的满意度不断提升。市公安局在执法范围16个参评单位中取得第二名，群众满意率为93.8%。着力破解机制性障碍，强化保障，做实基层警务。市公安局争取中央、省级转移支付资金1.37亿。市政府立项投资1.5亿元，完成主城区监控系统和交通管理设施工程建设，弥补科技防范的空白。全市各级公安机关进一步做好警力下沉工作，充实一线，强化实战。

【消防管理】 2009年，市消防支队按照全年目标要求，以贯彻落实《消防法》为主线，以构建主体多元化社会消防安全责任体系为目标，扎实推进消防安全专项整治、《消防法》宣传等工作。全面开展以“公众聚集场所易燃可燃装修材料消防安全治理”、“高层、地下建筑消防安全治理”、“安全生产三项行动”、“小学校舍安全工程”、“福利机构”为内容的火灾隐患排查整治行动。建立完善了联席会议研究、政府挂牌督办、强化跟踪督导、媒体公示曝光等重大火灾隐患整改“四项机制”，整改并销案35处重大火灾隐患。明确公安派出所“每周一查、季度例会、宣传教育和年度责任告知承诺”四项制度，实现城区派出所网上执法。全年成功扑救火灾293起，出动车辆471辆，出动警力3123人，抢救被困人员71人，疏散被困人员807人，抢救财产价值2460余万元。成功救援“8.14”道路塌方5名被埋人员和营救“8.15”蔚县小五台山42名被困登山队员，圆满完成“2009环渤海经济洽谈会”和“2009冀台（张家口）经济洽谈会”及跨区域增援北京等多次重大保卫任务。

【国庆60周年安保】 以“平安国庆”为总目标，以防恐反恐为重点，围绕人、地、物、事，打、防、管、控并举，深入开展五大专项行动，全力构筑首都“护城河”，确保首都安全和全市和谐稳定。强化机制建设，情报信息引领实战。建立完善搜集、会商、分析、研判等情报信息工作机制，加强分析研判。以实战为核心，着力提升反恐处突能力。市局组建100人的反恐处突预备队，100人的反恐突击队。严厉打击敌对势力非法活动，维护社会政治大局稳定。对于“法轮功”邪教分子、涉军群体、刑释解教治安重点人等各类可能危害国家安全、社会稳定和谐的人员，采取公开与秘密相结合，和有关部门配合作战等严密打击防范措施。强化源头管理，全力排查调处矛盾纠纷。以“大走访”活动为载体，深入排查各种社会矛盾，从源头上掌握引发根源，及时化解，有效防止“民转刑”、“民转命”案件的发生。全年共排查化解各类矛盾纠纷3567起，化解成功率达85.3%。筑牢三道防线，构建环京区域稳控机制。以环京检查站为基础，以临时检查站和治安卡点为补充，筑牢环京、环省界、环县界三道防线。在进京道路上建立43个检查站、临时检查站、哨卡和45支巡防队，采取措施进行严防死守。

（李元生）

司 法

【概况】 市司法局是主管全市司法行政工作的政府职能部门，是政法机关的重要组成部分。具有法制宣传、法律服务、法律保障三大职能，承担法律宣传、人民调解、律师管理、公证管理、司法鉴定、司法考试、法律援助、社区矫正、安置帮教、劳教管理、法轮功教育转化、劳教戒毒等项工作任务。全市有县区（管理区）司法局19个，乡镇司法所241个，各级事业单位35个（包含市局直属5个事业单位和各县区直属律师事务所、公证处），法律服务所65个，人民调解委员会4703个。有执业律师247人，公证员48人，法律服务人员289人，人民调解员41273人。

内设职能处室10个，下辖行政单位1个（市劳教所）、事业单位4个（公证处、法律援助中心、法制教育学校、戒毒所）、自收自支事业单位1个（劳教习艺培训中心）。

【普法依法治理】 深入开展普法依法治理工作，着力营造依法治市氛围。2009年3月，市司法局先后起草《关于全面推进依法治市的决定》、《关于继续推进依法治市的实施意见》两个文件，以市委23号和市政府19号文件下发，从依法建章立制、严格依法行政、加强基层依法治理等方面对全市政治、经济、生活的各个领域进行了规范，不断提高政府依法决策、依法行政、依法办事的能力和水平，营造全社会自觉学法、守法、用法的氛围。4月2日下发的《中共张家口市委关于全面推进依法治市的决定》文件上，市委书记许宁做出“适时推动，在全市形成心中有法、虑必及法、言必合法、行必守法的氛围”和“关键是形成依法治市的机制”重要批示，照此批示精神，市司法局制定五项工作机制，全面推动全市依法行政工作的开展。

深入开展“法律九进”（进机关、进单位、进学校、进企业、进社区、进乡村、进市场、进军营、进家庭）活动。针对行政机关不作为、乱作为造成集体访、进京访案件，集中开展“法律进机关”活动，有效提高了执法人员依法行政和公正执法的能力。开展“法律进农村”、“法律进社区”、“法律进家庭”活动，先后在农村开展212期农民法律素质培训，参与培训农民达3.5万人。组织律师、法律援助工作者、基层法律服务者9次深入到社区、市场、城乡结合部提供法律服务，引导群众正确表达利益诉求，大量减少信访和上访案件。

全市共创建国家级民主法治示范村3个，省级民主法治示范村39个，市级民主法治示范村100个，努力形成大普法工作格局。

通过加强同新闻单位的配合，全方位、多角度地宣传法律法规和新中国建国60年法制成就。开通电台“12348”律师在线栏目，开辟张家口日报法律知识专栏，由10家律师事务所30名律师参与组成了“张家口晚报律师团”，同电视台联合制作张家口“法在身边”栏目。

“12·4”全国法制宣传日，市委常委、政法委书记李建举就法制宣传日主题在媒体发表署名文章，市委常委、副市长唐树森就今后我市依法治理工作接受了媒体专访，全市各县区开展了丰富多彩的法制宣传活动。设立法制咨询台120处，更新法制宣传栏100块，出动宣传车20辆，发放宣传资料8万余份，发放法律书籍近万册，解答群众咨询6000余人次。

【人民调解】 加强专项民间矛盾纠纷化解力度，推进“人民调解六进”。31个机关单位、45个企事业单位、3个市场、物业管理小区相继建立了人民调解委员会，调解委员会规范化率达85%。在全市范围内开展了五个排查活动，截至12月末，全市共排查调处各类民间纠纷9381件，调处成功9306件，成功率达99.2%，防止民转刑109起，劝阻群众集体上访115起，防止群体性械斗37起。积极探索创新纠纷调解新机制，主动参与到法院审判过程中，通过安排人民调解员担任人民陪审员，积极参与案件诉前调解、诉中调解，取得良好效果，并向全市各县区推广此经验。

【社区矫正和安置帮教】 加大对服刑人员社区矫正和刑释解教人员安置帮教的工作力度。社区矫正工作全面试行，制度逐步完善，全年累计接收矫正人员262人，解除矫正147人。9月，对在册的3478名刑释解教人员进行了回访和重新衔接，目前共落实帮教3299人，协调解决就业1988人，协调落实社会保障、救济395人次。

【基层建设】 国债投资司法所建设项目进展顺利，前四批国债投资已有150个所全部完成建设任务并投入使用，占全市司法所总数的62.2%。第五批国债投资所建设项目已正式启动，全市国债司法所建设共投资372万余元，58个建设项目已经全部下达。

【法律服务】 围绕全市中心工作，开展“保增长、促发展”法律服务专项行动，法律服务工作者主动介入到全市“三年大变样”、重大项目投资、新农村建设等重点工作中，超前服务，全程跟踪。

全年律师共办理各类法律服务事务4950件，其中担任法律顾问446件，办理刑事案件1098件，民事案件2930件，行政案件52件，非诉讼法律事务168件，调解203件，仲裁193件。

公证业务量不断提升，业务领域不断拓展，全年共办理公证9516件，其中民事公证事项4752件，经济公证事项3125件，涉外公证事项1610件，涉港澳台29件，收到了良好的社会效益和经济效益。

法律援助服务关注民生热点问题，大力实施“服务窗口亮起来工程”，降低救助门槛，拓宽援助覆盖面。全年共办理法律案件2604件，其中刑事案件1208件，民事案件1396件，咨询人数达61540人次。

基层法律服务工作者坚持以服务“三农”为着力点，为群众和企业提供便捷高效的法律服务。全年共代理诉讼事务1292件，非诉讼事务712件，调解纠纷2398件，解答法律咨询8026人次。

司法鉴定业务范围不断丰富，规范管理水平不断提升，全市依法核准登记的22家司法鉴定机构，办理各类鉴定1201件，其中法医类1139件，建筑工程类

52件。此外，圆满地完成了2009年张家口考区司法考试组织工作，共有98人达到国家标准分数线，82人达到贫困县放宽分数线，总通过率达29%。

【劳教管理】　认真贯彻落实党的劳教工作方针、政策，全面加强场所正规化建设，民警职工队伍素质明显增强，所政设施建设发生巨大变化，管理教育工作取得明显成效，收容工作取得突破性进展。2009年，投资3万余元在重点部位安装一批移动电话屏蔽器，学员楼配备了二级监控设施，有效防止安全隐患，严防监管盲区。劳教所实现了电教网络化，同时与社会联合办学，解决劳教解教人员就业难题。积极与相关部门联系协调，开展“联合帮教”活动，帮教受益人累计达1500人次，促进了劳教人员教育矫治工作的深入开展。3月，市司法局与市公安局联合下发文件，细化审批收教内容，提高批教工作操作性，建立了沟通协调长效机制。全所连续6年未发生“四防”安全事故，获得省级现代化文明劳教所荣誉称号。

【法制教育学校】　充分发挥维稳作用，对全市顽固不化的法轮功分子及邪教人员进行坚决打击。特别是国庆安保期间，经排查对各县区邪教组织骨干分子进行集中教育转化，确保了敏感期不闹事，为维护社会稳定作出了积极贡献。

（张帼霞）

监　狱

【概况】　张家口市有监狱3所，即张家口监狱（始建于1951年）、涿鹿监狱（始建于1956年）、沽源监狱，隶属河北省监狱管理局。2009年，监狱系统贯彻科学发展观，严格执行《监狱法》，安全防范能力进一步增强，教育改造罪犯质量不断提升，在执法、执纪和自身建设上也取得长足发展和进步。张家口监狱、涿鹿监狱分别被省厅、局授予三等功和通令嘉奖。

【规范监狱执法管理】　收监、释放和减（减刑）、假（假释）、保（保外就医）罪犯，严格按照法定条件和法定程序办理，各类司法文书齐全。在假、减、保工作上，坚持公开、公正、透明原则，实行三级评议审效制，评议有书面记录、有与会人员签名，检察院驻狱检察室和纪检委两部门跟踪全程监督，张榜公示。全年未发现人情案、关系案、金钱案。

【安全防范措施增强】　省局和监狱、监狱和监区层层签定安全稳定责任制，明确“一把手”为第一责任人，加大安全责任事故追究，各监狱对责任状每季考核一次，半年验收考评一次，并将此列入绩效重要依据。建立安全防范“四个机制”（敌情排查机制、防控股机制、应急处罚机制、领导责任机制），要求每月的分析报告要填写12个大项80个小项的具体内容，每月还要演练一次。加强物防、技防，改造狱门、岗楼、会见室，安装闭路监视、电话监听、录音系统，配备对讲机和警戒器材。监狱程序安全平稳。

【维护罪犯合法权益】　做到依法、严格、科学、文明管理，严禁对罪犯侮辱、打骂、体罚，严禁唆使罪犯互殴、互罚，保障罪犯的健康权和休息权，日劳动不超过8小时，元旦、春节等法定假日安排休息。与张家口市第一医院、解放军251医院、张家口沙岭子精神病专科医院建立合作关系，签定罪犯救治“绿色通道”协议，对危急、重症病犯，先治疗后收费。定期对监所消毒，防止疫病发生。

【提高罪犯教育改造质量】　筹办多媒体电化教室，举办职业技术教育，提高罪犯文化素质和职业技能。根据罪犯脱逃规律，做好敏感时期、重点时期和危重分子教育，拓宽以亲情为主的社会帮扶渠道，加强心理矫治工作，建立心理咨询室，先后派出9名干警参加专业培训，并取得职业资格证书。有目的组织现身说法，对罪犯进行现实教育。全年未出现脱逃事故。

【加强干警队伍建设】　开展执法大检查，岗位大练兵活动，树立法律至上的原则，推行干警绩效考核机制，提高干警执行力的标准，要求做到五不让：不让工作在这里延误、不让需要办理的事情在这里积压、不让安全隐患在这里漏过、不让各种差错在这里发生、不让全局工作在这里受到影响。责权清晰，奖罚分明，激发干警的积极性和创造性，培养队伍团结紧张的优良品质和真抓实干的严谨作风。

（王应国）

宏观经济管理

【编制年度计划和重点产业振兴规划】 2009年年初，编制下达全市国民经济和社会发展计划。10月16日，市委九届六次全会作出《关于加快现代产业发展的意见》，确立全市未来构建“4+3”现代产业体系的发展定位，即：做大做强旅游服务、新型能源、食品加工、装备制造业，积极培育现代物流、电子信息、矿产品精深加工业。市发展改革委员会据此组织编制完成新型能源业、食品加工业、装备制造业、现代物流业、电子信息业和矿产品精深加工业6项专项规划。此外，还开展主体功能区规划数据收集、“十一五”规划中期评估、编制“十二五”规划和编制《张家口构建京晋蒙冀交界区域经济中心规划纲要》工作。

【经济运行管理】 强化工业经济运行调节，建立工业经济运行月分析制度、停产半停产企业月调度制度、20家重点骨干企业月调度制度、当月指标增减与统计局月沟通制度，针对运行中出现的新情况和新问题，及时研究印发《关于切实抓好当前运行工作确保工业经济持续稳定增长的意见》、《关于做好停产半停产企业复产工作的通知》等5个专项文件。以抓项目，促全市工业产业结构升级，提高工业经济实力；以组织调度主城区工业企业搬迁升级改造，提升结构；积极争取国家、省项目资金支持，并推进银企对接工作。

【调整产业结构】 一是加快现代农业产业化步伐。特色农业加快发展，产业化水平不断提高，蔬菜、葡萄、马铃薯、张杂谷、杏扁、甜菜6大特色农产品种植基地发展到37.33万公顷。奶牛规模养殖率达到82.4%，鲜奶产量达到109.2万吨，位居全省第二；实施农业产业化重点项目178个，农民专业合作组织发展到851个，产业化经营率达到58.5%；马铃薯科研项目获得国家科技进步二等奖；“张杂谷”被列为省重大技术创新项目和联合国粮农组织全球推广项目。同时，进一步加强农业基础设施建设，争取农业资金13.93亿元，完成基本农田建设0.33万公顷，改造中低产田0.15万公顷，改善灌溉面积0.26万公顷；首都水资源保护生态建设项目和重大水利工程治理水土流失面积69340公顷；京津风沙源治理工程完成林业建设4.09万公顷、草地治理2.99万公顷、小流域治理22031公顷。二是推进工业结构优化升级。按照“调强存量，调优增量，减少排量”的原则，实施张烟“十一五”技改、宣钢产业升级等一批重点技改项目，引进三一重工风电制造、美国席勒直升机等一批高端制造项目，实施尚义石人风电、张家口热电、华美光电子二期等一批新型产业项目，争取到国家风光储输示范项目，全市风电新装机121万千瓦，累计装机容量达到190.6万千瓦，成为全国风电装机容量第一市。60项产品获得省优质名牌，中煤机“张垣”牌系列产品获得国家驰名商标。三是大力发展服务业。农产品物流、煤炭物流、生活消费品物流、工业产品及生产资料物流等项目在抓紧建设，尤其是高新区钢材交易中心、高新区木材交易市场、下花园煤炭铁路运输交易中心、宣化汽贸城等新建项目进展较快；落实《张家口市促进服务业发展的若干意见》，确定重点支持20家服务业龙头企业。四是快速推进交通运输业。全年京化高速二期、张承高速、张涿高速、张石高速二期、张石高速三期累计完成投资89.95亿元，新增通车里程38千米，全市累计通车里程达555.4千米，位居全省第一、全国前列。张唐铁路、京张城际、军民合用机场等重大项目前期工作取得积极进展。

【节能减排】 一是从源头抓节能。在产业培育上，不再将化工、医药等可能造成污染的行业作为重点；在布局调整上，谋划建设总规划面积130平方千米的三大产业集聚区和四大物流园区，并对主城区73家重点污染企业实施改造搬迁；在产品开发上，坚决扭转单纯出卖资源的粗放型经营方式，推进煤炭、钢铁等资源整合和精深加工，延长产业链条；在项目准入上，坚决执行《河北省固定资产投资项目节能评估和审查暂行办法》，坚持节能评估和审查的第一审批权和一票否决权，严把审批关。二是编制节能规划和淘汰落后产能。宣钢、张电、昊华3家国家级重点耗能企业和下电等8家省重点耗能企业全部完成能源审计和编制节能规划工作，张家口煤机公司等21家市重点耗能企业有16家完成能源审计和编制节能规划工作；严格执行《能源利用状况报告》、《节能指标完成情况表》和《节能技改项目表》报送制度；严格落后产能、落后设备淘汰制度，依照国家《产业结构调整指导目录》，重点对造纸、铁合金、电石、水泥等行业的落后产能依法进行淘汰，山西云冈水泥集团宣化县同华有限责任公司和张家口盛源集团水泥制造有限公司按计划完成淘汰任务，宣钢集团300立方米高炉和河北盛达工贸集团有限公司318立方米高炉按计划完成淘汰拆除，各县（区）相关企业淘汰落后单台设备450台。全市共淘汰落后产能钢铁71万吨、水泥40万吨、小火电1.2万千瓦，减少能源消费39万吨标准煤。三是从项目上推动节能。河北盛华化工有限公司等15个总投资38.1亿元节能重点项目进展顺利，其中河北盛华化工有限公司、河北省矾山磷矿、中国昊华集团宣化有限公司、阳原县瑞克陶瓷有限责任公司4个企业的5个节能项目完工并投入运行。同时，全年单位生产总值能耗降低5.33%，化学需氧量、二氧化硫排放量分别为5.17万吨和12.41万吨，比上年削减3%和12.2%，利用工业“三废”资源300万吨，瓦斯发电工程装机容量达到1万千瓦，年可节约标准煤约5万吨，提前一年完成“十一五”主要污染物减排任务。

【关注民生】 一是加快社会事业发展。争取上级资金1.86亿元，改善12所农村初中、4所中等职业学校的办学条件，实施6个县级医疗机构、20个乡镇中心卫生院、5个社区卫生服务中心项目建设，支持7个乡级计生服务体系、42个乡镇综合文化站、175个村农民体育健身工程和怀来县鸡鸣驿村、蔚县暖泉镇两个历史文化名城名镇街区等一批项目建设。二是推进惠民工程建设。利用国家和省专项资金，解决2.4万人、10万头大牲畜饮水困难和32.79万人饮水不安全问题；完成沼气入户3500户，建设沼气服务网点73个；新改建乡村公路693千米；支持17个廉租住房项目和4个贫困县及严重缺水县城供水项目建设；争取国家将下花园区列入第二批资源型城市转型试点，连续4年享受资金扶持政策。完成市级储备粮油任务。

【推进改革开放】 一是深化投资体制改革。根据省发改委《关于发展改革系统清理规范固定资产投资项目行政许可和行政审批事项有关要求的通知》精神，对系统内固定资产投资项目审批、核准、备案事项的每个环节、步骤进行梳理，逐条、逐项进行严格清理审核，将原来的44项削减、合并为18项，核准项目审批时限由原上限28个工作日缩短为4个工作日。二是提升对内对外开放水平。按照全市经济工作总体部署和要求，推进和拓展与央企合作，加强与京津冀都市圈、环渤海经济圈、西部资源大省、东南沿海发达省市和省校（院）合作。组织参加“3·18”、“4·18”、“5·18”、“9·28”以及第十一届环渤海民营经济经贸合作洽谈会、2009冀台（张家口）经济合作洽谈会、第十六届天津投洽会等国内大型经济贸易洽谈会。全年与京津签约项目129项，引进资金88.4亿元；与西部资源大省和东南沿海发达省市签约引进资金29.33亿元。

（杜志强）

统　计

【经济普查】 圆满完成经济普查数据清查、正式登记、数据处理阶段工作任务。普查法人单位数量、个体户数量、经济总量、行业结构、县（区）结构等主要指标符合全市实际，实现“全、清、准、实”数据质量目标。全市共普查法人单位17109个、法人单位和产业活动单位4501个、个体经营户179994个，经济普查数据顺利通过国家经济普查抽查验收，经济普查工作被国务院第二次全国经济普查领导小组办公室评为“先进集体”。

【提高统计数据质量】 一是进一步规范源头数据采集渠道。制定《张家口市统计业务工作操作规范实施细则》和《专业业务工作及数据质量情况记录单》，建立健全基层统计报表签字和数据质量审核评估、报表查询、专业人员联系企业等制度，加大专业统计数据采集、审核、汇总、上报业务流程管理，原始统计资料收集渠道进一步规范。二是建立和完善质量控制体系。在建立和完善《张家口市统计系统数据质量责任制和责任追究办法》的基础上，制定《张家口市数据质量控制办法及标准》、《张家口市“双三级”统计数据质量审核把关制度》、《张家口市重点建设项目及亿元项目投资跟踪监测制度》。对统计数据增减变化较大，数据之间不匹配的县（区），继续实施统计局长、政府主管领导签字把关的“两级审核确认”制度。三是继续开展GDP核算数据质量评估检查工作。重新修订《县区生产总值及相关专业数据质量评估检查实施方案》，对桥东区、怀来县、沽源县等县（区）开展GDP（GDP－国内生产总值）核算数据质量审核评估检查，针对检查出的部分统计人员素质不高、对统计方法制度和指标理解不透彻，存在填报不规范、统计基础资料和统计台帐不健全不规范、统计制度执行不严及漏统漏报等问题，提出整改意见和措施，与县（区）政府领导交换意见，引起县（区）政府的高度重视，促进整改落实，基层统计工作中的突出问题得到有效解决。

【业务规范化建设】 一是强化措施，狠抓落实。成立规范化建设领导小组；建立考核机制，将规范化工作列入县（区）综合考评，实施奖惩激励机制；结合统计执法检查、数据质量评估检查和统计巡查等工作进行业务检查指导；强化培训，提高基层统计人员素质。二是全力推进，务求实效。6月初，召开现场观摩和经验交流会，5个县（区）进行经验介绍；制定《乡镇统计机构业务基础规范化考评办法》，将基层机构业务基础工作规范化建设延伸到乡一级，提高乡镇提供统计信息、开发统计资料和创新服务举措的能力，90%以上基层统计人员取得从业资格证书，统计人员素质普遍提高。

【提升服务水平】 一是进一步丰富统计产品，整合统计资源。在《统计年鉴》、《领导手册》、《统计月报》中充实城镇面貌“三年大变样”有关经济指标；完善《房地产信息》手册；继续实施GDP能耗指标、全市重点项目建设情况、各县（区）固定资产投资完成情况及亿元以上大项目完成情况、规模以上工业企业运行情况等主要经济指标通报制度；编印《数说辉煌——改革开放三十年》两会专刊；编辑《张家口六十年》；编辑出版《日在道新——张家口市统计局改革发展》和《张家口市对外经济统计资料》（1999年~2008年）；在《张家口日报》上专版宣传全市统计事业发展历程，在头版沧桑巨变专栏，连续刊登建国60年张家口市经济和社会发展取得的成就；每月在张家口电视台新闻联播节目播出当月经济运行情况新闻稿件和统计图表；每季度通过现场采访、综合录播等方式对全市经济运行情况进行宣传，并对后期经济发展进行预测和提出建议。二是大力实施精品工程。在强化分析研究的基础上，开展“一科室一精品”、“一专业一特色”的品牌服务活动，按照年初制定《2009年统计决策咨询重点研究指导大纲及实施方案》和《统计方法制度研究探讨指导大纲》，搞好精品分析研究。全年共完成统计信息869篇，决策参考、统计报告32篇，被国家信息报、省局网、《张家口日报》、市政府网等市以上媒体采用360余篇。同时，积极做好课题研究申报，有8项课题被市社科联立项，《张家口市消费品市场整体良好》、《整体经济低位运行面临形势不容乐观》、《抓项目、保工业、惠民生、促发展》、《经济缓慢回升形势依然严峻仍需有效应对》等多篇统计分析和情况报告受到市委、市政府领导批示，《能源消费与经济增长关系探析》荣获全省优秀统计分析报告评比三等奖，《加快构建现代产业体系提升产业综合竞争力》调研文章内容，被市委九届六次会议报告大篇幅引用。三是不断提高统计服务时效性。建立预测预警快速反应机制，超前预测进度性主要经济数据，提供动态经济分析材料。特别是针对宏观经济环境的变化，配合宏观调控政策的贯彻落实，对关系全市工业增速、财政收支、投资规模等重点经济领域的发展趋势，及时组织人员开展调研，进行预测分析，提出科学合理并具有前瞻性咨询意见。《固定资产投资统计方法制度存在的问题及对策》和《初探县级季度能源消费总量核算方法研究》获得省统计方法制度改革二等奖，《从商贸统计实践看商贸统计方法制度改革》获得全省统计方法制度改革三等奖。

【统计法制建设】 在全市开展统计执法大检查和能源统计、经济普查专项执法检查，特别是协助市监察局对省市重点投资项目、重点行业和企业、节能降耗重点监测单位开展联合执法检查，严肃查处统计违法行为，全年共检查企事业单位900家，立案、结案225起，曝光76起。完善统计巡查制度，重点对万全县、崇礼县、宣化区进行统计巡查，就存在问题与当地政府领导交换意见，并提出整改意见，要求限期整改。

【统计信息化建设】 完成视频会议系统建设；完成国家、省、市网络视频；对基层统计人员进行计算机基础及统计专业应用程序知识培训；农业、投资等专业统计数据处理程序应用达80%以上；加强网站建设，建立市县BQQ组群；完成经济普查数据处理工作；开通第六次人口普查网络专栏，及时公开和发布政府信息。

【统计方法制度改革】 在完善规模以上、限额以上和资质等级以上企业统计方法制度的基础上，按照市政府办《关于进一步加强和规范企业统计工作的通知》精神，把年产品销售收入和营业收入达到规模以上、限额以上标准的各类型企业，及时纳入规模以上和限额以上统计范围。2009年，入统规模以上工业企业80家、限额以上贸易企业71家。进一步完善投资项目统计方法，严格执行重点项目实地查看制度，全年共对10个县（区）的100余个投资项目进行实地查看。在全省率先进行建筑业在地统计改革，全面实施房地产按项目统计，一年来运行良好。建立全市民营经济统计数据相关部门联审制度，完善能源统计、劳动就业统计、服务业统计、对外经济统计和民营统计等统计方法制度，探索文化产业统计方法改革，制定文化产业统计方案，为下一步工作的开展奠定基础。

实施乡镇统计机构改革，推行县级统计局对乡镇（街道）统计机构实行派出管理制度。年内，先后有怀安县、宣化区、沽源县、赤城县、宣化县7个县（区）率先实现统计体制改革，被列为全省统计体制改革先进典型。

（王同军）

审　计

【概况】 2009年，全市审计机关共审计和调查538个单位，完成年初计划任务的186%；查出违纪违规资金129596.12万元，纠正管理不规范资金68954.93万元。

【预算执行审计】 全市审计机关确立以财政综合预算审计为主线、部门预算执行审计为基础、其他财政收支审计为补充的思路，对市县两级重点预算执行单位进行审计。在加强税收征管部门审计的同时，加大对二三级预算单位的延伸审计力度，大部分县（区）审计机关将审计覆盖面扩大到科教文卫、交通、通讯、金融等领域。在揭示问题的同时，从全局角度对一些重点问题提出建设性意见和建议。在审计过程中，市审计局还利用专业软件，对市财政和地税系统进行财务审计，查出问题的深度和广度有新提高。各县（区）也以财政预算审计为龙头，合理调配审计力量，加大审计力度，市县两级的审计报告得到本级人大的充分肯定。

【政府投资审计】 围绕中央扩大内需政策和全市“三年大变样”工作，市县两级加大对全市重大投资项目的竣工决算和跟踪审计力度。为加强对投资审计工作的领导，市审计局整合市县两级审计力量，聘请高资质专业组织，采取同级审计和联合审计方式，对清水河水环境治理三期工程项目管理和资金管理情况、高新区中心写字楼项目竣工决算、张石高速公路三期项目开工、丹拉高速公路财务管理、收支、运营等工程进行审计。各县（区）也将政府重视、社会关注、群众关心、投资较大的建设项目作为审计重点，投资审计力度和效果有明显提高。为进一步规范和加强全市投资审计工作，市政府出台《关于贯彻〈河北省国家建设项目审计条例〉的通知》和《张家口市国家建设项目跟踪审计实施办法》两个规范性文件，桥东区、宣化区、沽源县、蔚县等县（区）审计机关也先后以政府文件形式制定相关实施办法，为全市政府投资审计提供有力支撑。年内，全市共审计政府投资建设项目79个，审计投资总额1096144.89万元，审减工程额14786.69万元（不含未作出审计决定的项目），为国家节约大量建设资金。

【经济责任审计】 在继续做好部分市直部门和县乡领导干部离任审计的基础上，按照要求，拓展经济责任审计思路，在市纪检委和市委组织部支持下，安排3名处级领导任中经济责任审计，这是全市领导干部任中经济责任审计的首次实践。在实施过程中，市审计局在规范程序、改进方法等方面进行探索，形成经济责任审计与财政财务收支审计、就地审计与送达审计、审计与审计调查“三结合”，定性标准、评价标准、处罚标准“三统一”审计模式，规范审计行为，提高工作效率和审计结果的有效性，为客观公正评价和任用干部提供参考依据。各县（区）在经济责任审计实践中也进行积极探索，如尚义县审计局采取账内审计和账外调查相结合的方法，既拓宽审计人员的思路，又引进一些专业人士和行业工作者的建议，提高审计效率和审计质量，推动经济责任审计规范开展。

【授权项目审计】 2009年，市审计局集中力量，较高标准地实施北方学院附属第一医院、冀中能源张家口矿业集团2008年度财务收支、河北财达证券张家口明德南街营业部2008年度资产、负债、损益情况审计和蔚县质监局办公楼建设工程审计，同时还承担河北开滦集团经济责任授权审计项目。审计中，采取整合市县审计资源，优化组合审计力量，实现优势互补办法，抽调市县专业骨干力量，按照优秀审计项目标准，严格规范审计程序，开展认真细致的审前调查，并首次运用计算机辅助审计方法，加大审计力度和深度，不仅为打造优秀审计项目奠定基础，而且为今后计算机辅助审计方法的应用进行了有益探索和尝试。

【专项资金审计】 为进一步加强对专项资金使用的监管，从5月初开始，历时近5个月，对全市2008年度企业职工养老保险基金，城镇职工医疗、失业、生育、工伤保险5项社保基金，2006～2008年度农业综合开发，2007～2008年度土地开发整理，大型公益性项目4类专项资金的管理使用情况进行审计。审计相关部门、单位187个，督促纠正资金投入到位1308万元，并加大对以前年度查处问题整改情况检查力度，促进全市重点专项资金安全、规范、高效使用。

【金融及其他专项审计】 对市商业银行桥东支行进行资产质量状况审计调查，对2008年度损益真实性进行审计。同时配合全市统一行动，抽调业务骨干开展“小金库”专项治理审计，实施政府机构撤并审计工作。各县（区）审计机关也调配审计力量，较好地完成各级党委、政府交办的重点审计任务。

（刘　广）

人事管理

【概况】 2009年，全力推进人事管理和人才队伍建设。加大引才引智工作力度，大力搞好人才资源开发，完善服务全市经济发展职能。加强公务员、专业技术人员培训和管理，完成全市处（科）级干部任免、公务员登记、年度考核及奖惩、全市专业技术人员普查、建库、换证以及职称申报评审等项工作。深化事业单位绩效工资制度改革，落实全市义务教育学校绩效工资、适时调整机关事业单位遗属生活补助和离休干部生活补贴。全市机关事业单位工人晋升技师、高级工报审、中初级工评审、2008年度13万多人的人事、工资年终统计、2008年度自主择业军转干部退役金决算和2009年度96名军转干部、8名随调家属安置任务圆满完成，企业军转干部解困政策全部落实，维稳工作成效显著。认真做好来信来访和人事争议仲裁工作，累计接待来信来访500余件次，答复信访件50件，人事仲裁17人次，全部调解解决。文字材料、后勤管理服务水平不断提升，人大代表建议、政协委员提案工作更加严格规范。2009年，办结人大代表建议、政协委员提案13件。

【非师范类大学生就业】 2009年在金融危机的影响下，全市非师范类大中专毕业生就业遇到前所未有的困难。在困难面前，人事部门始终把促进高校毕业生就业摆在各项工作的首位，时时以毕业生为本，采取多种切实可行的措施积极解决好就业问题。制定政策促就业。根据国家、省市有关文件精神，起草制定《关于进一步加强高校毕业生就业工作的建议》、《关于组织开展我市高校毕业生到农村基层从事支农、支教、支医和扶贫工作的实施方案》和《关于做好高校毕业生就业见习工作的实施方案》。搭建平台促就业。利用人才市场和人事人才网两大平台，发布各类毕业生招聘需求信息，举办“18人才超市”，组织召开2009年张家口市毕业生就业市场暨全市人才交流大会和张家口市2009年“促就业、保增长”人才交流大会，求职者累计达到1.2万余人，达成意向协议2100余份。拓宽就业渠道促就业。事业单位招聘工作人员，继续采取增加专项编制的方式（2009年市政府批准60个专项编制），解决服务期满“三支一扶”志愿者的就业问题。经市政府批准，市人事局和市编办联合下发《关于做好我市“三支一扶”计划志愿者服务期满后就业工作的通知》，要求各县（区）将近两年本地126名服务期满的“三支一扶”志愿者全部留在服务地工作，鼓励服务者在期满后继续扎根基层发挥才能。

【人才资源开发与利用】 围绕全市经济发展确定的项目，采取“人才跟着项目走”的办法，以项目引人才，以人才带动项目，通过项目引进人才、智力200多人次，及时解决项目实施过程中的技术难题300多个，初步形成项目与引进人才智力良性互动局面。积极做好高层次人才摸底调研和引进工作。经测算全市3家中省直、21家市属企事业单位以及18个县（区）需求具有博士学位人才169人，硕士学位人才111人。通过举办“18人才超市”、大型人才交流大会、人事人才网等平台，积极发挥人才市场配置作用，加大人才交流和服务力度。“18人才超市”，吸引100余家用人单位入场招聘，提供就业岗位2000余个；通过人事人才网络平台，200余家用人单位发布招聘信息，2000余人发布应聘意向；全市各类大型人才交流会，累计求职者达1.8万多人，达成意向协议3300余份。不断拓宽人事代理业务，免费为高校毕业生提供档案管理、户口迁移、缴纳社会保险、职称评审等内容的系列服务。年内，为500余人办理职称换证的信息录入和申报，为20余人办理集体户口，为1000余人办理医疗和养老保险手续，为3人办理退休手续。人事代理人员已达到5500余人，代理单位已近100家。

【公务员队伍建设】 认真完成处（科）级干部任免、公务员登记、2008年度考核及奖惩工作。承办处级干部任免235人次，科级干部任免226人次。审核审批公务员和参照公务员法登记人员218人。42个参照公务员管理事业单位中符合登记条件的997人登记审批工作基本完成。2008年度考核奖惩工作顺利完成。累计考核公务员21183人，其中优秀等次3901人、称职17267人、基本称职3人、不称职1人、未定等次11人。26891人参加奖惩评定，其中嘉奖2678人、三等功484人（二等功已报市政府待批）、警告处分1人。承办受省表彰的第五届“人民满意的公务员和人民满意的公务员集体”工作。评选出市财政局等3个“人民满意的公务员集体”，田家琳等4个“人民满意的公务员”个人。加快推进干部人事制度改革，推行党政机关科级干部竞岗轮岗制度，10个市政府工作部门先行试点，2010年全面推开。圆满完成省公务员局为全市招录的93名基层政法干警的面试以及2008年招录的245名公安干警录警审批、档案审查工作。

【专业技术人员队伍建设】 积极做好对各类专业技术人才、专家的日常管理服务和选拔评审工作。组织完成11家外国文教专家聘请单位的年鉴注册和“农林第一线科技人员”的浮动工资工作。为国务院特贴专家、省突出贡献专家、“三、三、三人才工程”人选发放2008年度工作津贴。会同市6个局、委组织全市“三、三、三人才工程”第三层次人选推荐选拔工作，累计选拔出160名符合条件的人员。组织申报2009年引进国外技术、管理人才项目4个，其中获国家级立项资助1个、省级立项资助3个。完成申报“燕赵友谊奖”的前期调研和推荐中国长城葡萄酒有限公司卢诚参加“百、千、万人才工程国家级人选”评选、农科院赵治海和谷子研究所参加“全国杰出专业技术人才和先进集体”评选、幺建杰、姚圣忠两位优秀专家参加省优秀专家出国培训候选人评选申报工作。2008年度事业单位工作人员考核、奖惩工作顺利完成。累计考核101069人，其中优秀等次18438人、合格82583人、不合格4人、未定等次44人。11328人参加奖惩评定，其中嘉奖9544人、三等功1734人（二等功已报市政府待批）、警告处分1人、记过3人。

【人事培训教育】 根据省厅关于公务员和专业技术人员“十一五”培训规划，开展以公务员公共管理核心课程、应急管理培训为主要内容，以初任培训、任职培训、专门业务培训和在职培训为重点的各类公务员培训工作。全年培训公务员近9000人，进一步提高全市公务员业务素质和行政管理能力。组织党政机关120人参加不同层次的学历培训，改善公务员队伍的知识结构。对4.2万多名专业技术人员进行不同形式的继续教育。完成2592名专业技术人员创新能力课程的培训考试工作。对120多个单位3.6万多名专业技术人员2008年接受继续教育情况进行证书审验。贯彻全省军转培训工作会议精神，会同市委党校，举办2008年度军转干部党政培训班。分配到市直党政机关的53名团职、营以下军转干部参加了培训。

【人事制度改革】 全市事业单位岗位设置管理工作全面启动。召开全市事业单位岗位设置大会，完成全市事业单位岗位设置人员培训和审核审批工作。经统计全市备案核准岗位总数115969个，审批设置管理岗位17141个、专业技术岗位72559个、工勤技能岗位26269个。事业单位公开招聘工作人员成果显著。根据不同单位、不同专业、不同职能，采取统一笔试、分类面试、考核考试相结合等办法，累计为“三支一扶”专项指标、市教育系统、市卫生系统等市直单位招聘工作人员629人。职称制度改革不断完善。2008年职称评审工作全部完成。全市评审通过高级职务任职资格1406人，中级专业技术人员1012人，初级专业技术人员330人。全市大、中专毕业生初聘、认定通过2815人。加大职称申报监督力度，不断提高申报质量。年内，向省申报推荐高级职称1555人（正高38人），高级政工师17名。专业技术人员普查、建库及换证工作基本完成。全市专业技术人员换证涉及人数共计106821人，其中：高级10114人，中级47577人、初级39547人、普查登记8824人、换发省内资格证书759人。各类专业技术人员职称（执业）资格考试报名、考试工作圆满完成。全年完成各类职称考试报名工作28项，组织各类专业考试24场，参试考生16332

人，查出违纪考生150余人，有效维护职称考试严肃性。工资制度改革不断深化，事业单位绩效工资改革全面启动。组织完成3067个事业单位10.7万人的工资数据采集和市直事业单位5.7万人的绩效工资手续审批工作，全市义务教育学校基础绩效工资已全部落实到位。12万余人次的常规工资业务审批、部分已评定伤残等级但未审批伤残待遇人员的伤残保健金上报审批和市直机关、事业单位因伤病丧失劳动能力要求提前退休退职工作顺利完成。

（付立平）

机构编制管理

【市县政府机构改革】 在深入调研论证基础上，组织实施以转变政府职能为核心，进一步理顺职责关系，优化组织结构，明确和强化责任，探索实行大部门体制，因地制宜设置工作机构，建设人民满意政府为目标的市县政府机构改革。这次改革，突出产业特色，市县均整合涉农机构；单独设置工业和信息化局；强化旅游、商务机构和职能；体现民生要求，强化对医保、社保和人力资源的统一管理；加强和明确卫生、食品药品和安全生产等部门的职责；强化政府服务职能，强调权责一致和责任追究。市级政府只设置工作部门、直属事业机构和部门管理机构，县（区）只设置工作部门和直属事业机构，市县均取消议事协调机构的办事机构，直属事业机构精减40%。

【行政事业机构编制管理】 一是理顺公安管理体制，推进分局体制改革。对公安局所属桥东、桥西、高新、宣化、下花园、钢城、公交、塞北、察北等9个分局的机构设置、人员编制、领导职数进行规范和重新核定。二是加速经济发展，完善园区机构编制。为促进京西产业集聚区工作顺利开展，尽快搞好开发利用，对其内设机构、人员编制进行核定；为适应高新区经济社会发展需要，为其调整工作机构，增加事业编制和科级领导职数；为强化招商引资职能，更好推进产业园区建设，批准设立下花园区玉带山产业园区管理委员会办公室；为加强对涿鹿县科技园区的规范化管理，更好推进园区招商、建设等工作的开展，批准设立涿鹿县科技园区管理委员会办公室。三是加大对医疗机构支持力度。在对市第一医院工作任务和医务人员状况进行调研、论证基础上，为该院重新核定增加事业编制，并对按结构补充人员提出意见。四是进一步对教育布局进行调整。为整合学前教育资源，做大做强一所高标准的市直示范性幼儿园，对市幼儿园和北站幼儿园进行整合，重新核定机构编制。在整合的同时，还解决了因2004年3所中等师范学校整合，教职工家属两地分居问题，稳定了教职工队伍，促进了教育发展。五是围绕城建重点，研究出台加强城市管理多项举措。为加强全市城镇化建设工作力度，加快推进城镇化建设步伐，及时设立张家口市城镇化办公室；为加强清水河安全及其景观管理，将原市清水河管理处与通桥河灌区管理处整合，组建张家口市清水河河务管理处；为加快推进宜居城市建设步伐，加大城市绿化管理力度，将园林管理中心与交通局绿化工程机构进行整合；为加强高速公路统一执法工作，在整合原有高速公路路政执法机构的基础上，组建张家口高速公路路政执法支队。六是立足区域发展，审核批准部分县（区）事业机构。为挖掘开发桥西区旅游资源，加强景区规范化管理，壮大旅游产业，批准设立桥西区大境门景区管理处和张家口堡景区管理处；鉴于阳原县泥河湾文化遗址具有重要的地质、考古等学术研究价值和皮毛产业已成为初具规模的支柱产业，为加强遗址的保护、开发和利用，壮大皮毛产业，批准设立泥河湾管理办公室和皮毛大市场管理处。

【机构编制监督检查】 一是开展《机构编制违纪行为适用〈中国共产党纪律处分条例〉若干问题的解释》宣传贯彻活动。与市纪委、监察局领导共同接受《张家口日报》记者采访，就具体贯彻落实《解释》，如何加大监督力度，提高管理水平等有关情况回答记者的提问。二是开展对规范机构设置和领导职数配备情况督导检查。针对存在问题，制定整改措施，通过整改，市直共撤销处级机构1个，由处级调整为科级机构10个，上报省待批机构4个。三是完善机构编制实名制管理。在全面推广中央编办实名制管理软件、完成全市机构编制和实有人员信息录入工作基础上，又对软件进行更新升级。

【机构编制统计】 采取有力措施，抓机构编制统计工作的方法改进。从源头抓起，对比分析数据，建立机构编制群，采用网上远程控制，发现问题及时更正，撰写情况统计分析。

【事业单位登记管理】 采取合理安排时间、分类限时、协调质监部门联动、抓使用促年检、转变服务方式、上门指导等措施，强化事业单位法人年检意识，提高登记质量。

（史晓伟）

劳动管理

【就业再就业】 2009年，全市城镇新增就业37861人、下岗失业人员实现再就业19624人、就业困难对象实现再就业8690人，分别完成计划的126.2%、127.4%和135.8%；城镇登记失业率为4.42%，控制在4.5%以内；新增转移农业劳动力10.3万人次，完成计划的122%。增强政策的普惠性和长效性。做好《就业失业登记证》与《再就业优惠证》在享受优惠政策上的衔接，确保把政策用足用好；在建立就业制度上努力实现创新，本着提前介入、工作前移的原则，探索从新建项目立项的同时把创造就业岗位纳入项目建议书，在项目建设时进行用工培训，在项目建成投产时与职工签订劳动合同；先后印发《关于采取积极措施减轻企业负担稳定就业局势有关问题的通知》等7个文件，形成全市稳定和扩大就业的一整套政策措施，同时边制定出台政策边衔接落实政策。积极争跑资金支持。全年共争取到上级就业再就业和社保资金104486万元，其中：企业退休职工基本养老保险调剂金70169万元，解决依法关闭破产国有企业退休人员参加医疗保险补助资金15700万元，失业保险调剂金400万元，就业补助资金16232万元，小额贷款担保基金980万元，贴息资金105万元。高校毕业生就业工作。制定高校毕业生“三支一扶”和就业见习工作的实施方案，通过发布需求信息、举办人才交流会等，达成意向协议2100余份；为困难家庭高校毕业生发放失业保险补助金179.61万元；对261名特困职工家庭高校毕业未就业子女进行就业援助。多种形式促进就业。开展“就业援助月”、“高校毕业生就业服务月”、“春风行动”、“残疾人就业服务”、“民营企业招聘周”、“就业服务直通车”等多项就业援助服务系列活动；组织专场招聘洽谈活动27场次，800多个单位发布用工信息1.5万余条，为3万多人办理求职招聘登记，职业介绍2.7万多人次，推荐成功就业1.8万多人，帮扶就业困难人员实现就业1453人，帮助零就业家庭实现就业470人；组织县（区）及技工院校参加2009年冀——京人力资源洽谈会，签约12.3万人，已落实4.3万人。实施“城乡技能就业扶助计划”。全市有580名贫困家庭子女按计划、按专业、按时间免费如期入学。累计扶助1300名。

【技能人才培养】 开展下岗失业人员就业再就业技能培训16463人，完成1.6万人任务的102%。创业培训4392人，完成3100人任务的141%。农民工培训97472人，其中：技能培训12100人，引导性培训76070人，创业培训993人。实施“金蓝领培训工程”，加快将中级工培养成高级工、高级工培养成技师的步伐，全年组织技师培训及考评800多人，省级技师社会化考评394人。将技能鉴定工种由56个扩大到94个，对22115人实施职业技能鉴定。

【仲裁信访】 继续建立并完善信访稳定机制，采取提前介入预防、循序渐进化解、带着感情工作等信访稳定措施，促进信访问题有效化解；仲裁工作逐步深化，全年共处理劳动争议案件836件，涉及人数892人，结案率为97%。全年接待处理人事仲裁17人次，全部调解解决；共处理来信来访5169批件、12467人次；妥善处理群体访13起，书面答复、复查和复核信访事项25件；处理企业军转干部来信来访工作，按期办结率100%；受理群众来信580件，涉及人数1514人；处理上级和领导批转信访件63件，按期办结率为96.6%；排查调处矛盾纠纷695件，特别是认真做好在全国两会、八一、国庆节等敏感时期信访稳定工作，实现全市人力资源和社会保障系统赴省进京“零上访”目标。

【劳动保障监察】 全市各级劳动保障监察机构检查用人单位3794户次，涉及劳动者20.75万人；督促用人单位参加社会保险627户，涉及劳动者6585人；补签劳动合同18213份；督促缴纳社会保险费1201.77万元，涉及单位213户、劳动者5739人；受理职工投诉224件，结案率98%，取缔未批准擅自从事职业中介活动的机构169个，清退风险抵押金42.13万元；加大对农民工维权力度。为更好贯彻落实《河北省农民工权益保障办法》，制定贯彻《办法》的实施意见，并以市政府名义印发，制定《依法维护进城务工人员合法权益实施方案》。全年受理农民工欠薪投诉554件，为农民工追讨工资2396万元；切实抓好行政审批、行政复议和行政诉讼工作。全年共办理行政许可、管理服务类和其他审批类项目647件，涉及人数14476人。全年应诉行政复议和行政诉讼案共50件。全年市国有和国有控股企业劳动合同签订率达到98.4%，集体企业达到96%；

（付立平）

国土资源管理

【耕地保护】　2009年，河北省人民政府下达张家口市耕地保护目标是：耕地保有量不少于86.54万公顷，基本农田保护面积不少于90.6万公顷（含退耕还林21.4万公顷）。年末依据分解到各县（区）的责任目标，经考核，全市实际耕地保有量为91.7305万公顷，基本农田保护面积为90.6万公顷（含退耕还林21.4万公顷），圆满完成目标责任。

【项目用地管理】　2009年，省下达市新增建设用地指标982公顷，含省重点项目和省追加的指标336.4公顷，包括农用地618.67公顷（其中耕地489.87公顷）、未利用地363.33公顷。全年完成39个省重点项目和8个国家项目的审查报批任务。

进一步搞好土地置换工作，确保通过原有建设用地复垦置换回新的建设用地，弥补农用地转用指标的不足，为项目建设提供用地保障。2009年，全市各县（区）土地置换复垦立项53个，面积605.8公顷，省厅批准验收项目45个，面积261.93公顷，通过土地置换解决建设用地指标175.73公顷。

【国土资源执法监察】　2009年，市国土资源局开展2008年度卫片执法检查。共检查桥东、桥西、高新、宣化和下花园5个监测区，108块图斑，总发生用地88宗，面积394.01公顷，其中耕地172.5公顷。发现违法用地22宗，面积183.58公顷，其中耕地115.81公顷。22宗违法用地中，已立案21宗（1宗为军事用地未立案），下达行政处罚决定21宗，结案率100%。处以罚款3299.15万元，全部收缴，罚款到位率100%；处以拆除7宗，拆除5宗，拆除建筑物面积0.78万平方米，拆除率71.4%；退还或复耕土地73.9公顷。

制定《张家口市国土资源局行政处罚自由裁量标准》（试行）并严格执行《行政复议法》、《行政复议法实施条例》和《国土资源行政复议规定》等有关法律法规，依法受理和审理行政复议案件，纠正违法或不当行政行为。年内，共答复行政复议案件2件，受理机关均裁定为行政行为合法且适当，驳回行政复议申请。

2009年，共受理群众来信来访来电216件，其中来访78批次196人，来电21次，来信117件，按照属地管理原则转县局处理，出具信访答复意见书6份，省厅复查1件；完成上级交办11件，未发生群体性赴省进京等恶性信访案件。

【国土资源市场建设】　加强城市土地的计划管理。推进城镇面貌“三年大变样”，涉及道路拆迁、企业外迁、旧城改造、棚户区改造、城中村改造等。为科学合理利用土地，切实解决拆迁后城镇居民安置用地和企业用地问题，市国土资源局按照规划用途，科学预测城市年度土地需求总量，制定2009年度中心城区土地供应计划，计划供地400.27公顷，其中棚户区改造239.47公顷，廉租房、回迁安置房42公顷，收购收回的存量地57.2公顷，新增建设用地61.6公顷。实现政府对城市建设用地的宏观调控。凡未列入年度土地供应计划的原则上不供地。

严格规范土地市场化配置。国土资源部门按照年度供地计划，定期发布土地供应信息和土地市场需求信息，公开政府调控市场的主要措施，引导市场规范运作，确保土地资源的优化配置和集约利用。在供地方式上，凡商业、旅游、娱乐、商品住宅用地和各类工业用地（企业改制用地除外）必须实行招标拍卖挂牌出让。按照“产业集聚、布局集中、用地集约”的原则，工业项目要逐步向工业集聚区集中。项目用地严格实行指标控制制度，对不符合用地控制指标要求的工程项目，不予供地或对项目用地面积予以核减，按照国家产业政策，对限制类项目控制供地数量，对禁止类项目停止供地。2009年全市土地供应总量为563宗，面积1811.45公顷，其中，利用存量753.21公顷，占供应总量的42%，利用新增建设用地1058.24公顷，占供应总量的58%。办理土地使用权划拨135宗，面积434.59公顷，办理土地使用权协议出让163宗，面积626.70公顷，出让金价款12.3亿元。其中采取招拍挂出让265宗，面积750.16公顷，成交价款25.8亿元。市区（包括宣化、下花园、察北、塞北）土地供应总量为189宗，面积395.33公顷，其中，利用存量土地231.56公顷，占58%，新增建设用地供应163.77公顷，占供应总量的42%。采取划拨方式供地32宗，面积92.39公顷，以协议出让方式供地95宗，面积160.28公顷，出让金价款9亿元。采取招拍挂出让62宗，面积142.69公顷，成交价款9亿元。土地二级市场交易活跃，年内共办理土地使用权转让1793宗，124.344公顷，转让金额4.9亿元。年内市辖区共办理抵押登记314宗，抵押面积2858.9611万平方米，抵押金额74.9亿元。

积极参与国企改革，盘活企业存量土地。在土地资产处置中，本着为企业服务，为企业解困的原则，用足用好改制企业土地资产处置政策，让改制企业和企业职工都能享受到国家的优惠政策。全年，市局共对35家企业土地资产进行处置，共处置企业土地52宗，89.73公顷，通过盘活企业存量土地资产，显化土地出让金3.81亿元。

逐步试行集体建设用地使用权流转。市国土资源局贯彻落实省政府促进土地资源优化配置，规范集体建设用地使用权流转行为的指导思想，经请示省国土资源厅，制订出张家口市《集体建设用地使用权流转合同》，年内全市集体建设用地流转主要以出让方式供应，供应总量为14宗，面积1.0851公顷。

【地质环境保护】 开展地质灾害防治监督管理。完成“一划两案”编制工作；实施地质灾害防治气象预警、汛期值班、汛前调查、汛中巡查、汛后检查、建设项目地质灾害危险性评估、地质灾害速报等各项制度。积极推进矿山地质环境保护，实施矿山地质环境治理恢复保证金制度，完善保证金制度相关规定，深入县（区）加强监管，使保证制度的执行逐步规范化。积极筹措资金进行地质灾害防治和矿山地质环境治理，重点对“张家口市城区重大地质灾害治理工程”、“流平寺矿山地质环境治理工程”申报立项和组织实施，多次组织研讨会、论证会，请国家及省知名专家指导工作，筹措资金对危害性大、易突发、急需治理的地质灾害隐患点进行勘查治理。

【业务培训】 2009年，相继举办土地利用总体规划修编培训、地籍信息系统应用培训、土地利用管理培训、矿山储量动态监管培训、测绘业务及政策法规培训、土地储备管理办法培训、矿业安全测量培训、计算机培训等8次，培训480余人；聘请知名专家、省厅领导、市检察院预防处处长进行授课，确保培训质量。同时，还加强与有关高校的联系，选派31期57人次进行专业培训，使国土资源队伍的能力素质明显提高。

（郝丽萍）

人口与计划生育

【落实奖励政策】 一是落实奖励扶助制度。为1.43万名60岁以上的独生子女或双女户父母，发放奖励扶助金873.35万元，奖扶金由每人每年600元增加到720元；为1208名独生子女死亡、伤残父母，发放特别扶助金111.55万元，资格确认和资金发放准确率均达到100%。二是落实独生子女奖励政策。兑现农村独生子女父母每人每月10元奖励5.33万人次、623.38万元，落实率100%，保持全省前列；兑现城镇独生子女父母奖金12.47万人次、1513.61万元，落实率95%；为2120名参加高考和1960名参加中考的农村独生子女办理加分奖励。在此基础上，年内重点加大对国家工作人员、企事业单位职工独生子女父母退休时3000元一次性奖励的落实力度，开展摸底调研，多次召开专门调度会，深入市直机关、企事业单位进行督查，营造声势，推动落实，全市已兑现2万人，兑现奖金6024万元，落实率达到38%，比上年提高20个百分点。三是落实计生困难家庭救助政策。市、县两级全部设立救助公益金，严格标准，规范发放，逐年扩大救助范围，共筹集救助公益金310.3万元（其中市级20万元），市、县两级共对485户计生困难家庭进行救助，发放救助金96.1万元。四是落实“生育关怀行动”。争取“少生快富”贴息资金30万元，贷款310万元，撬动其它项目资金2000多万元，帮助4个乡的170户计划生育贫困户发展“短、平、快”生产性项目，带动群众脱贫致富；累计投入“幸福工程”资金79万元，滚动资金153万元，对538名计划生育贫困母亲实施救助，惠及人口1775人；开展军人独生子女意外伤害保险试点工作，为1325户入保3.98万元。

【提升服务水平】 一是在“一级干预”中采取新举措。围绕待孕夫妇、围孕期妇女和高危人群三个重点，投入出生缺陷一级预防经费90.6万元，对全市农村人口免费发放干预药物，免费开展优生“四项监测”，这项工作走在全国前列；同时，坚持把出生缺陷知识普及作为一级预防的重点，深入开展多种形式宣传倡导工作，印发科普宣传品3万余份，发放光盘2500套，举办各类培训班81期，接受培训8828人次。二是在“民心工程”中引进新项目。市、县共投入农村妇女生殖健康免费服务经费278.1万元，抽调计生技术人员325名，组建56支服务队伍，为全部农村育龄妇女开展了一次生殖健康免费服务，查出各种乳腺及妇科疾病12.1万人次，治疗10.3万人次，转诊1.8万人次；为满足群众日益增长的生殖健康需求，争取中国人口福利基金会支持，引进“乳腺健康宣教诊治中心”项目，在万全县、蔚县启动，并对4名生活困难的乳腺癌患者给予4.5万元救助。三是在流动人口管理服务中打造新模式。壮大计生协管员规模，达到374名，并发挥协管员队伍优势，探索推广“三管、三化”流动人口管理服务模式，即打造一支由计生协管员组成的“专业化”队伍、形成“四包工作法”为框架的"规范化"管理模式、开展"五关注"为内容的"多元化"服务举措，有效解决流动人口"谁来管"、"怎样管"、"要管好"的问题，开创全市流动人口计划生育服务管理新局面，得到省人口计生委认可。

【加强基础工作】 一是加强服务体系建设。2009年，全市新增的33个国债乡级服务站全部竣工，完成总投资1380万元；全市10个县站、145个乡站达到国家优质服务型计划生育服务站标准，分别占69.4%和66.7%，改善了全市计划生育服务环境，提升了服务能力。二是加强信息化建设。按照全省统一部署，全市共出动1万余人，集中时间、集中精力，高质量完成全部人口信息入户摸底、资料核实和信息录入工作，初步建成信息全面、功能强大、涉及领域广泛的全员人口信息数据库，全员人口信息数据库人口覆盖率达到98.7%，人口信息基本项目准确率达到90%。三是加强宣传教育工作。坚持社会宣传、环境宣传和舆论宣传相结合，在市、县电视台、电台主流媒体开办人口与计划生育公益广告和"人口与计划生育"专题栏目，在《张家口日报》开办"人口与计划生育知识问答"专栏；在市以上报刊刊登和播出稿件91篇次，其中《中国人口报》上稿19篇；开展河北省7000万人口日、世界人口日、奖励扶助宣传月等大型宣传活动300多场次；印制各种入户宣传品100余万份，实现"四有两进"，即县有大型公益广告牌、乡有宣传橱窗、村有宣传标语、户有宣传品，光盘进村、小册子进户。同时，加强乡村两级人口文化大院、人口学校软硬件建设，形成"纵到底、横到边，大小结合、全面开花"的人口计生宣传教育新格局。

（杨　武）

国有资产监督管理

【基础监管】 产权管理。按照省国资委《关于开展2008年度企业产权登记年度检查和数据汇总工作的通知》要求，全面部署全市产权年检工作，并以张国资字［2009］16号文件形式下发各县（区）及有关部门、企业。2009年，全市年检企业229户，国有资本总额103亿元；产权变动登记1户；注销产权登记14户。

简化审批程序。在市建设局办理城建开发总公司等8家国有企业和公司全部资产无偿划转中，3个工作日完成全部审批程序，共无偿划转国有资产15.77亿元；为张家口通泰高速公路集团有限公司下属企业补办产权占有登记6户，国有法人资本8599万元；办理张家口市粮油综合贸易公司国有资产注销登记，注销国有资本33万元；一个工作日内对市财政局《关于成立张家口市财政管理中心的请示》做出批复；帮助河北蓝鲸企业有限公司通过现有土地变现的方式筹措资金2400万元，用于增加张家口奥奇丽日化有限公司的注册资本。

服务企业。对张家口市化工设备安装公司评估项目进行核准，帮助该公司及张家口粮油畜产进出口公司制定改制企业国有资产处置方案，妥善处理国有资产1100万元；对黄羊山水泥有限公司资产进行再次确认；对中国张家口对外贸易总公司资产负债情况及时出具说明。

【依法监管】 规范国有产权转让审批程序。年内，相继转发国务院国资委、财政部《企业国有产权向管理层转让暂行规定》、省国资委《关于企业改制中国有产权管理有关问题的规定》、《河北省企业国有产权公开转让操作规则》等，制定下发《关于加强国有资产评估管理工作的通知》、《公开选聘资产评估机构工作程序和评分标准（试行）的通知》等，配套制作企业国有资产产权转让审批、上市公司国有股权转让审批流程图。使国有产权转让及企业改制中选择资产评估机构、确定资产评估方法和核准资产评估报告，更加符合市场原则，从体制上保证产权交易公开透明运行和规范化操作。

完善制约监督机制。通过采取外部监督与内部监督相结合的严密措施，建立起公开透明的监督长效机制。一是提高效能建设与权力公开透明运行工作水平，制定国资委政务公开实施方案，对产权交易的各环节进行严格、有效的监督；二是制定产权交易公开透明运行图，将权力与政务全方位公开，保障各方当事人的知情权、参与权和监督权；三是定期向工商、财政等部门报送产权交易动态报告，自觉接受相关部门监督检查；四是设立产权交易热线电话，在网站开设产权交易公开信箱，征求社会各界的意见建议和受理投诉举报；五是重大产权交易项目、招标项目由纪检监察部门全程监督，同时国资委业务科室全程进行监管和业务指导。

严格审核产权转让方案。产权、股权转让方案要按照内部决策由企业领导班子会议研究并经职工代表大会通过后上报国资委批准，上报方案时一并提交可行性研究报告，国资委有关业务科室组织专家对可行性报告研究分析并就转让方案提出具体意见，经主任办公会研究后批准，由企业实施清产核资等产权转让前工作。涉及到转让国有股权致使国家不再拥有控股地位时，请示市政府审批。凡经国资委批准的企业国有产权转让项目，其产权转让全部进入张家口市产权交易中心进行公开转让。

保证交易规范。按照国家有关法律法规，着重对企业国有产权转让过程中的资产评估、信息披露、交易方式、价格确定等环节操作是否规范进行抽查，同时还对国有产权转让是否在国资委选定的产权交易机构中进行，符合竞价条件的产权转让项目是否通过竞价方式进行交易，直接采取协议转让方式转让国有产权是否符合《企业国有产权转让管理暂行办法》的相关规定等方面展开全面检查。对不按规定在国资委选定的产权交易机构中进行交易，低估漏估国有资产，在信息披露和受让方选择过程中违反公平竞争原则，规避竞价或虚假竞价以及违规操作损害职工合法权益等不正当交易行为及时给予纠正。

【和谐监管】 张家口市是经济欠发达地区，管好用好103亿元国有资本，对于推动全市经济发展起着举足轻重的作用。市国资委坚持以服务企业、服务投资者和维护国有资产权益为宗旨，强化对产权交易环境的优化，提高全市产权交易工作的服务质量和办事效率，促进全市国有企业改革和国有资本合理、顺畅流转，不断增强全市国有资本活力，推动全市经济又好又快发展。为抢抓城镇面貌“三年大变样”这个新机遇，采取一系列优化产权交易环境的措施，包括为全市改制企业提供简便快捷的产权转让项目审批服务，开展转变机关作风加强机关效能建设等，在维护职工合法权益不受侵害前提下，严格按照程序办事并及时与企业沟通，宣传政策法规，争取企业理解和支持，创造和谐的产权交易环境。

【规范产权交易】 产权中心逐步建立起从信息披露、交易组织到审核签证等一整套产权交易制度和交易工作流程。进一步完善产权交易从转让项目审批到进场交易各个环节的制度规定，包括进场交易申报制度、公开挂牌和信息披露制度、受让方资料审核制度、交易组织实施制度、竞价制度、成交公告制度、交易档案管理制度等，重点抓好公开挂牌和信息披露制度的完善工作，同时抓好经办人初审、部门经理复审、分管负责人或领导班子终审的三级审核制度，实现权力分散、互相制约和岗位监督，防止幕后交易发生，杜绝暗箱操作和内部人说了算。这些制度的落实，使其成为全市国有资产有序流转的平台，维护国有资产安全和实现国有资产保值增值的重要途径。2009年，累计办理交易项目4宗，交易金额0.16亿元。

（王　勇）

物价管理

【稳定市场物价】 一是强化价格监测预警工作。认真做好常规监测、专项监测和应急监测工作，及时掌握重点监测品种的市场供应和价格变动情况，提出价格监管措施，确保市场价格稳定。2009年，全市居民消费价格总指数为100.6（其中城市为100.0，农村为101.3）。二是加强价格分析。全年共编辑各类价格信息135期，为党委、政府和有关部门提供有参考价值的依据。三是运用财政资金，平抑节日市场物价。全年市财政拿出120万元，对春节市场猪、牛、羊肉及4个品种的鲜菜价格实施财政补贴，增强政府调控市场价格能力。四是做好防治甲型H1N1流感相关药品、商品的价格监管工作。印发《保持防控甲型H1N1流感疫情药品和相关商品价格稳定的提醒告诫函》，及时提示告诫各药品生产、经营企业、医疗机构，加强价格自律，诚信经营，自觉遵守价格法律法规，自觉承担社会责任，不得乘机乱涨价。由于行动迅速，措施有力，确保全市防控药品及相关商品价格稳定。

【清费治乱】 一是全面落实收费公示制度。在《张家口日报》用整版篇幅分别将国家和省取消停收的100项和108项行政事业性收费项目，以及市区涉房收费的21项保留项目及标准向社会公布，通过新闻媒体加大社会监督力度，切实减轻企业和社会负担。在秋季开学之际，与财政、教育部门联合下发《关于进一步做好教育收费公示工作的通知》，组织联合检查组对市、县（区）学校教育收费公示及收费情况开展专项检查，并将检查结果在全市进行通报。二是开展清理涉及房地产收费工作。对54项涉及房地产开发收费（基金）进行清理，确认保留21项，停收12项，取消7项，放开9项，取缔5项，年可减轻企业负担2629.77万元。三是开展清理规范经营服务性收费工作。制定下发《张家口市清理规范经营服务性收费行为工作实施方案》，对涉及20个县（区）、30个市直部门、405个收费单位、111项收费项目、2244个收费标准进行规范清理。

【关注民生价格】 确保供热价格稳定。一是超前谋划，认真开展调查工作。从5月开始，安排相关科室人员深入全市供热公司，有序展开调查审核工作，确定万全、宣化、怀安3县9个煤栈作为供热用煤的煤价监测点，对供暖用煤价格进行定期采价监测。二是周密细致，科学测算供暖价格方案。鉴于2009年煤炭价格比上年下降的实际情况，经深入细致的调查和反复测算，确定市主城区居民和非居民供热价格构成基础数据，为政府科学决策冬季供热价格提供科学依据。三是加强指导，总体协调全市价格水平。在确定主城区热价的同时，组织召开全市供热价格工作会议，对各县（区）冬季供热价格进行指导，并下发《关于做好2009年冬季供热价格管理的指导意见》，建议各县（区）适当下调供热价格。全市因供暖价格下调预计减轻居民负担2132万元，减少财政负担1626万元。

适时降低管道液化气价格。根据国际原油价格变动情况，组织召开管道液化气价格调整论证会，将全市管道液化气销售价格由原每立方米18元降至16元，将低保户与特困户的现行价格由每立方米14元降为12元，减轻用户负担59万元，打破社会上对价格听证“光涨价不降价”的评论。

加强农村医疗服务价格管理。在对全市30多家新农合定点医院进行调查的基础上，协同卫生局制订《进一步加强农村卫生服务机构药品和医疗服务价格的管理意见》，确定全市52个基本医疗服务价格最高限价，对未列入医疗服务的项目以及农村卫生机构开展的其它医疗服务，在省定县级医疗机构指导价格的基础上下调20%执行，鼓励开展单病种限价收费，强力推进医药价格公示和“住院患者费用一日清单”制度。

科学确定主城区廉租住房租金标准。在充分调查研究、严格成本监审、广泛听取各方意见基础上，报市政府批准，制定市主城区廉租住房租金标准。该标准的出台，对加强城镇廉租住房管理，切实保障城镇低收入家庭的基本住房权益发挥了重要作用。

规范全市幼儿教育收费管理。从规范幼儿教育收费管理入手，在对省标示范园和市标示范园收费深入调研的基础上，对全市各级各类幼儿园收费进行调整，特别明确退费的有关规定。

【规范价格秩序】 围绕优化价格环境，加大监督检查力度，全市相继组织开展涉农、涉企、电力、医疗、教育等7项专项检查，加大检查和处罚力度。2009年，全市共查处各类价格违法案件254件，涉及价格违法所得527.99万元，没收价格违法所得164.10万元，罚款金额37.45万元，退还用户金额163.58万元。同时，重视发挥价格举报的作用，不断健全12358价格举报快速反应和快速查处机制，共受理各类价格举报141件，立案查处45件，答复咨询96件，其中办理市信访局、效能办和市长热线批办案件8件，案件办结率100%，退还消费者21.6万元。

【夯实价格基础】 一是抓好基础工作。为确保数据准确，经常深入到农户具体指导，并在指导中深入调研，其中《奶牛养殖在困境中挣扎——关于我市奶牛养殖现状的调查》调研报告，有针对性地指出奶牛养殖、乳品加工等方面存在的问题，并提出振兴奶牛养殖业建议，引起市委、市政府领导高度重视，市委书记、市长分别做出批示予以充分肯定。二是搞好定价成本监审。先后对民办教育、供气、供热、供水、污水处理、交通、旅游、房地产等11类44个项目进行成本监审，累计核减4828.25万元不合理成本，为价格决策提供科学依据的同时，保护了生产者、经营者、消费者合法权益。三是科学公正地做好价格认证服务工作。全市开展各类价格鉴定和价格认证业务367件，标的金额947.03万元。

【价格改革】 对符合节能减排、产业发展政策的重点企业实行支持性价格政策，积极做好热电联产项目定价工作，对市热力、高新盛华热力公司、大唐热电公司、国电怀安热电厂等企业的热力出厂、销售价格进行测算审核；对污染严重的高耗能企业实行差别电价限制性价格政策，会同市发改委、市供电局对全市8家钢铁行业淘汰类、限制类企业逐家对其生产设备用电情况进行认真核查，严格执行国家规定的差别电价政策；积极稳妥推进资源性产品价格改革，重点对城市供水价格在实施并轨的基础上，召开价格听证会，提出城市供水和污水处理费调整方案。

（杨　林　邢瑞景）

工商行政管理

【维权服务】 2009年，共受理消费者申诉举报咨询建议3.26万件，其中举报841件、申诉2772件，调解成功2733件，调解成功率98.6%，为消费者挽回经济损失144.28万元。年内成立“维权调解中心”，该中心集中优势力量，将行政职能与协会职能有机结合，建立维权调解、仲裁服务、法律援助、媒体监督“四位一体”维权模式，有效提高消费维权力度。在此基础上开通短信受理平台、3·15维权网站，在市内8家大型超市和商场开通“视频维权系统”，维权渠道明显拓宽。8月，市工商局自主开发的“张家口市红盾便民通登记服务系统”正式开通运行。年内建立“张家口联合商务网”，免费为张家口市登记注册企业和个体工商户搭建产品推广、信息交流、政策服务和工商业务办理平台，到年底，已有759家企业和个体工商户在“商务网”注册，发布各类信息1119条。领导带头走访企业及个体工商户1437家，召开座谈会、恳谈会52次，征求各类意见建议220条（次）。为促进全市企业的创建和发展，聘请专家为企业进行专题培训8次，使1500余人受益。开展招商引资、项目推介活动，签约项目7个，签约金额5亿多元。主动牵头协调银企对接，充分利用动产抵押、股权质押等登记职能，帮助7家企业融资1.3亿元，10家企业与银行达成融资意向，解决企业融资难问题。2009年，市工商局荣获市民主评议行风工作司法和行政执法序列第一名。

【企业管理】 完成2008年度企业年检和个体工商户验照工作，应检内资企业19267户，实检企业17821户，年检率达92.5%，全市共为13953户内资企业集中、上门年检。发放《食品流通许可证》1558个。新登记注册外商投资企业12户，其中合资企业5户，独资企业7户，投资总额3.79亿美元，注册资本1.6亿美元，合同外资1.27亿美元。新外商投资企业分支（办事）机构及营业性网点28户，注（吊）销外商投资企业23户，投资总额和注册资本分别是上年的1.84倍和1.72倍，外方注册资本是上年的1.77倍。

【商标注册】 全系统以打造“张家口品牌”为目标，积极培育重点企业争创驰名、著名商标。年内，全市注册商标已达1800余件，其中新认定中国驰名商标1件（中煤机“张垣”牌系列产品），使驰名商标数量升至4件；新认定河北省著名商标11件，使河北省著名商标升至61件。

【市场监管】 全市工商系统查办各类案件5341件，其中查办商业贿赂案件32起，查处傍名牌仿冒案件56件，涉案案值67.6万元。开展大规模的无照经营清查活动，整治重点区域600处，取缔无照经营1429户，排查各类经营主体8万多户，补办营业执照513户，取缔传销窝点11个，遣返教育传销人员245人。开展“红盾网吧断黑”专项行动，查处取缔“黑网吧”128户。规范《食品流通许可证》发放工作流程，促进《食品流通许可证》发放工作顺利进行，全市已发放1151个。开展为期3个月的夏季饮品市场专项整治行动，集中开展流通环节违法添加非食用物质、滥用食品添加剂等专项行动。开展节日市场专项整治，严厉打击制售假冒伪劣食品、销售不合格食品、无证无照经营食品等违法行为。

【“红盾护农”行动】 2009年，市工商局以“打假扶优”，优化农资市场环境为工作出发点，以“非法农资不上市、假劣农资不下田、农民利益不受损”为行动目标，继续组织开展“红盾护农”集中执法行动。行动中，系统上下做到三项机制有效结合。一是宣传与引导并重，“红盾护农”行动深入人心。全市各级工商机关积极组织开展假冒伪劣农资实物展下乡等宣传活动，及时向广大农民群众宣传农资法律知识，帮助农民提高识假辨假能力，向社会各界宣传“红盾护农”行动取得的成果，营造“红盾护农”行动的舆论氛围。共举办假冒伪劣农资宣传、实物展览26场次，发放宣传资料2.3万份，接受农民咨询近万人次。二是打假与扶优并举，农资经营违法行为得到有效遏制。市局提出农资市场监管“打假与扶优相结合”工作思路，系统上下一方面恪守“执法为民”理念，对制售假劣农资，坑农、害农违法行为，保持露头就打高压态势。共整顿规范农资经营主体78个，抽取化肥、农膜、种子等农资商品265批次，查处案件349起，查扣不合格农资56.2吨，为农民避免经济损失690余万元。另一方面，市县两级工商机关通过召开座谈会、定期通报信息等方式，与全市近200家农资生产经营单位建立“打假维权联系点”，受理和解决侵害知名企业违法案件12件，保护企业合法权益。三是惩戒与防范并行，农资市场监管长效机制不断完善。全系统充分发挥预警平台作用，积极开展问题农资清查工作。针对农资市场检查和农资监测中发现的问题，全系统共发布预警12期，对严重不合格农资，全系统加大巡查力度，严查各类农资来源及去向，对不合格农资进行及时没收和销毁，确保不合格农资不入田。同时，充分发挥12315消费者申诉举报系统和“一会两站”维权体系作用，及时受理和调解农民投诉，努力把问题解决在田间地头，使农民的损失降到最低。

（智丽丽　罗明珂　杨国庆　张丽萍
刘　涛　刘彤华　郭素阳）

食品药品监督管理

【食品安全监管】 2009年，全市有无公害农产品认证基地115个、食品生产企业261家、食品销售单位19089家（其中：商场超市1515家、集贸市场15家、食杂店16397家、食品现场制售927家、食品兼营235家）、餐饮单位4870家、食堂881家、畜禽屠宰单位33家、食品添加剂生产企业5家、食品添加剂销售单位21家、奶站343家。年内，组织开展"食品质量安全年"专项行动，全面整顿和规范食品生产经营秩序；开展打击非法添加非食用物质和滥用食品添加剂专项整治行动；开展农产品质量安全专项整治，食用农产品质量安全水平逐步提高；对重点食品加工业进行集中整治，食品生产秩序进一步规范；开展食品流通专项整治，食品索证索票、进货台帐管理制度逐步落实；加强餐饮服务食品安全监管，量化分级管理制度有效推进，餐饮业食品安全状况明显改善；开展畜禽屠宰环节专项整治，私屠滥宰和病死猪、病害猪肉非法交易得到有效遏制；加强进出口食品安全监管，进出口食品质量不断提高。

【药械安全监管】 全市有药品生产企业15家、药品经营企业1152家（其中：批发企业37家、零售企业1110家、连锁企业5家）、药品使用单位5267家（其中：县级以上医院111家，乡镇医院256家，村卫生室及个体诊所4900家）。全市有医疗器械生产企业3家、医疗器械经营企业233家。年内，采取开展专项整治和加强日常监管相结合的方式，强化对药品生产、经营企业监督检查，共出动16515人次，查处假劣药械案件2196件（其中：药品2050件，器械146件），确保全市药械市场安全。在完成对14家药品生产企业的GMP跟踪检查、飞行检查和日常监管工作的基础上，向5家药品生产企业派驻驻厂监督员；对全市37个药品批发企业、108个药品零售连锁企业、933个药品零售企业及连锁门店进行GSP认证跟踪检查，检查面达100%；完成辖区5家医疗机构制剂室，共111个品种（其中：中药品种48个、化药品种63个）的再注册申报资料受理及形式审查；开展"化学药品制剂生产企业原料药专项检查"、"非药品冒充药品专项治理"、"狂犬疫苗等重点品种专项治理"、"违法药品广告专项治理"、"国庆期间药械安全质量集中整治专项检查"等专项整治活动；加大技术监督力度，全年共抽检药品1200批次；稳步推进农村药品"两网"建设，服务新农合，扎实推行国家基本药物制度。

【GMP、GSP认证管理】 完成对怀来诚信气体厂GMP认证工作审查上报工作，对3家药品生产企业到期的《药品GMP证书》，进行再认证工作审查。全年共审查药品零售企业GSP认证资料178份，受理166份，组织GSP认证现场检查166家。审查、受理、现场检查药品零售连锁企业1家（包括38家门店）。完成20家药品批发企业GSP认证资料初审和上报工作，网上审批药品批发企业GSP申请20家。

【甲型H1N1流感防治药械质量专项检查】 开展甲型H1N1流感防治药械质量专项大检查。对市区28家一级以上医疗机构、10家药品批发企业、95家药品零售企业进行拉网式专项监督检查，对可疑药品进行监督抽样，对医用防护口罩、医用防护服、一次性使用手术衣、一次性使用口罩、电子体温计（仪）、病毒类体外诊断试剂、呼吸机等防控所需医疗器械产品的合法性及产品的质量状况从供货渠道、产品的相关资质、储存条件等重点环节进行隐患排查。

【ADR监测和审批服务】 药品不良反应监测工作扎实推进，参与在线呈报单位数和新的严重的不良反应报告比例位居全省前列。受理办结审批事项894件，（其中：开办药品零售企业筹建171件，开办药品零售企业验收发证170件，变更许可事项553件），接受咨询1000余人次。

【机构改革】 2009年12月，全市机构改革方案正式实施，市食品药品监督管理系统取消省级以下垂直管理体制，市、县（区）食品药品监督管理局均为各级政府的工作部门。机构改革后的张家口市食品药品监督管理局承担的主要职责包括食品监管职能：食品卫生许可、餐饮业、食堂等消费环节食品安全监督，保健食品、化妆品、卫生许可和卫生监督管理；药品监管职能：负责对本行政区域内药品及医疗器械的研究、生产、经营、使用全过程的行政监督和技术监督。

（方雪霞）

质量技术监督

【质量管理】 贯彻落实市委、市政府《关于大力实施品牌战略的意见》，按照全市名优产品“十一五”培育规划，积极培育、推荐、申报省名牌产品和省优质产品。2009年，钻石牌卷烟、宣工牌履带推土机等10个产品获省名牌产品，禾力牌尿素等6个产品获省优质产品。截至年底，全市共有中国名牌产品2个、河北省名牌产品26个、省优质产品24个。

【认证认可】 做好实验室管理工作，提高全市产品检验能力和实验室管理水平。全市共有45个实验室通过省实验室资质认定，取得实验室资质认定证书。截至年底，全市共有各类实验室98个，涉及质监产品检验、环保、建筑工程、汽车安全、农产品等领域。积极推广先进的企业管理模式，40余家企业通过ISO9000质量管理体系认证。全市通过ISO9000质量管理体系认证的企业达221家。

【特种设备安全】 2009年，共检验在用特种设备4935台、各类气瓶11470只、安全阀2800只、汽车罐车26辆、常压罐车500辆；安装监检（验收检验）特种设备945台；压力管道安装监督检验80千米；监检锅炉产品266台、压力容器产品251台、蓄能器产品13825只、各类气瓶产品69452只。全市特种设备安全继续保持持续平稳的态势，全年没有发生因未履行或未尽安全管理职责而引发的特种设备安全事故。

【食品安全】 以贯彻《食品安全法》和树立“监管是首要职责”理念为主线，在监管上下功夫。年内检查食品生产企业342家，食品生产企业抽检合格率97.6%，办理案件130余起；全市应获证的298家食品生产企业全部获得食品生产许可证，并加贴QS标志，实现食品安全全年无事故。

【名牌打假专项行动】 与22家地方名优企业联合开展了“名牌打假专项行动”。全市共开展集中行动38次，出动执法人员864人次，检查企业445家，检查产品458批次，检查原材料578种，查办案件6起。

【标准化】 2009年，完成5项采用国际标准认可和3项采用国际标准标志备案。宣化新钟楼啤酒有限公司被评为采用国际标准先进单位；承担并制定完成8项省级地方标准和5项市级农业地方标准；中煤张家口煤矿机械有限责任公司承担的省节能管理重点标准化项目建设顺利完成；4个在建国家级农业标准化示范区建设工作完成年度建设工作；3个在建省级服务业标准化试点工作顺利开展。

【计量】 全年共登记强检工作计量器具54696台（件），民用“四表”1098088块，准确掌握全市强检计量器具底数和检定情况。强化民用“四表”监管，全年检定燃气表2.2万余只、水表2.4万余只，燃气表和水表的首检数较上年有大幅度增长；全市21家集贸市场的1674台（件）衡器受检率达到100%；590家医疗卫生单位的4012台（件）医用强检计量器具受检率达到100%；89家眼镜店的309件强检计量器具受检率达100%。对加油机实施计量防作弊改造。

【稽查】 2009年，在全市系统中建立12365举报投诉受理，畅通社会力量参与质量技术监督工作的渠道，全年受理举报投诉288人次，并对所有举报投诉及时妥善处理。对涉及人民群众身体健康、财产安全的案件严厉查处，全市范围内制售假冒伪劣的现象得到了有效遏制。

（张学功）

安全生产监督管理

【概况】 2009年，全市共发生各类事故592起、死亡147人、受伤359人、经济损失1602.9万元，发生较大事故2起，未发生重大及特别重大事故，各项指标与上年相比均有不同程度下降，有14个县（区）没有发生生产安全事故。市政府被评为2009年度全省安全生产目标管理先进单位。

【制度建设】 一是市委、市政府印发《关于进一步加强安全生产工作的意见》，全面实行“党政同责和一岗双责”制度，基本形成党政齐抓共管、部门密切合作的良好局面；二是对市安委会领导和成员进行调整，安委会主任由市长郑雪碧担任，副主任由市政法委书记、纪检委书记、组织部长、宣传部长和市政府4位副市长担任，成员由42个部门主要负责人担任；三是市政府印发《各级人民政府及市安委会成员单位安全生产工作主要职责暂行规定》和《分级分类管理办法》，进一步明确各级政府、部门和企业责任。

【隐患排查治理】 一是加强事故隐患监督管理。市政府印发《张家口市安全生产隐患排查治理制度》、《重大危险源监控办法》和《张家口市安全生产事故隐患管理责任追究暂行办法》，促使隐患排查治理逐步走向制度化、专业化、规范化和经常化。二是强化事故隐患自查自改。督导各企业组织技术人员对工艺系统、基础设备、技术装备、作业环境、防控手段、规章制度以及员工的行为等进行全面检查，投入资金2490万元，排查整改各类隐患1689项。三是突出重点。按照国务院和省政府的统一安排部署，集中力量、集中时间深入开展煤矿整合、尾矿库治理、危险化学品生产企业搬迁和打击非法生产经营“四个攻坚战”，从源头上根本上治理隐患，预防和减少事故发生。

【专项整治】 煤矿。严格按照国家、省相关法律法规、政策及煤炭行业标准和要求，采取多种措施，有效推进煤矿兼并重组工作。整合期间，市政府实行24小时驻矿监管制度，并派出巡查组进行不定期抽查，严防整合期间非法生产。非煤矿山。对全市非煤矿山进行安全大检查，排查整改安全隐患817项，关闭27家不具备安全生产条件的非煤矿山；对全市557座尾矿库进行“拉网式”全面排查，投入整改资金1.5亿元，确保尾矿库安全度汛。危化企业搬迁。按照省政府办公厅《关于进一步加快危险化学品生产企业搬迁工作的通知》要求，市政府成立由市长郑雪碧任组长的搬迁工作领导小组，积极协调解决企业搬迁过程中遇到的重大问题，市安委办督促企业严格按照计划实施搬迁，确保盛华等5家危化企业的搬迁工作有序进行。

【联合执法】 在“两节”、“两会”等重大节日和重要时期，组织6次全市性安全生产大检查和2次集中执法检查，派出856个督导检查组，检查6051家企业，排查整改隐患10117项，有效预防各类事故发生；开展“奋战六十天，安全迎国庆”安全生产执法检查特别行动，派出457个执法检查组，对矿山、危险化学品、烟花爆竹等12个行业领域1.2万家企业进行执法检查，实现国庆期间安全生产零事故零死亡目标。

【基层监管】 一是推进基层监管机构建设。20个县（区）全部建立专门安全监管机构，所有重点乡镇都建立安监站，所有企业都依法建立安全管理机构。二是开展安全生产宣传教育活动。利用广播、电视、网络、报纸等各种媒体，开展宣传教育活动565次，创建安全文化示范企业65家。深入开展“安全生产月”活动，营造全社会关注安全生产良好氛围。三是开展教育培训工作。全市培训生产经营单位主要负责人和安全管理人员5180人，培训特种作业人员9359人，有效提高各类人员的安全管理水平和个人防护技能。

【应急救援】 修订《张家口市重特大生产安全事故应急救援预案》，20个县（区）制定本级预案，16个市直部门制定专项预案，全市中省市属企业分别制定企业预案，初步形成四级应急救援预案体系。全市各级和负有安全生产监管责任的部门分别建立应急救援指挥系统。组织全市危险化学品应急救援演练，演练政府和企业的联动响应机制。

（李小鹏）

综 述

面对国际金融危机的冲击和重大旱情的不利影响，全市上下戮力同心、积极应对，保持了农业和农村经济平稳发展的良好势头。农村经济总量稳中有升。全市农林牧渔业总产值216.5亿元，较上年增长2.3%；全年农业增加值完成122.4亿元，同比增长2.2%；畜牧、蔬菜、果品总产值达到160亿元；食品加工业增加值51.1亿元，同比增长8.9%。农副产品产量增长加快。畜牧业发展势头良好。奶牛存栏达到35.14万头；鲜奶产量达109.2万吨；生猪出栏215.8万头；肉牛出栏达27.7万头；肉羊出栏274.1万只；肉类总产量达到28.2万吨，蛋总产量17.8万吨。种植业稳步发展。其中粮食作物播种面积683.8万亩（45.59万公顷），总产81.3万吨；油料作物91.2万亩（6.08万公顷），产量2.49万吨；蔬菜种植123.8万亩（8.25万公顷），产量477.7万吨。京张蔬菜产销合作效果明显，拉动全市蔬菜外销大幅增加，达到350多万吨，销往北京蔬菜175万吨，实现销售收入30多亿元。林果业健康发展。全市葡萄面积达到33万亩（2.2万公顷），产量27.3万吨；杏扁发展到202万亩（13.47万公顷），产量1.5万吨。农民收入增长较快。全市农民人均现金收入3559元，比上年同期增长8.3%。农业结构进一步调整。通过实施节水灌溉项目以及推广节水旱作品种和技术，积极推进“节水、旱作、高效”农业发展步伐。全市完成节水灌溉20.5万亩（1.37万公顷），其中膜下滴灌6.7万亩（4500公顷）；推广杂交谷子20万亩（1.33万公顷），大葱13.7万亩（9133.33公顷）；新增设施农业面积1.2万亩（800公顷），全市设施农业面积达到7.8万亩（5200公顷）；推广冬暖式大棚400个，1000余亩（66.67余公顷），改变设施蔬菜冬季生产靠人工供暖增温的生产方式。农村基础设施得到加强。全市组织实施“农村饮水工程”、“村村通公路工程”、“广播电视村村通工程”、“农村信息进村入户工程”、“危房改造”等惠农工程。年内解决571个村、36.5万人的安全饮水问题；3424个行政村通油（水泥）路，通达率达到82%；全年完成危房改造34.4万平方米；全市所有行政村基本实现通讯和信息畅通。社会事业建设扎实推进。全面推行新型农村合作医疗制度，全市参合农民达到273万人，参合率达到87.09%。进一步完善农村救助救济、优待抚恤、大病救助、“五保户”供养等优抚制度，发展和完善了农村最低生活保障制度，全市共落实五保供养资金3700万元，将29.5万农民纳入低保范围。开展以技能、实用技术培训为主的农民素质大培训活动，全年累计培训农民152万人（次）。支农惠农政策得到落实。全年落实中央、省良种补贴、农机具购置补贴，水库移民后期扶持资金，粮食直补和农资综合直补资金合计3.5亿元。土地流转工作步伐加快。尚义县成立全市第一家农村土地流转市场——七甲乡土地流转中心，全市农村土地流转工作进入新的发展阶段。全市土地承包经营权流转总面积49.9万亩（3.33万公顷），占有承包经营权耕地面积的4.77%，同比增长0.35%。农业产业化经营水平有效提升。全市农业产业化经营总量达到180亿元，产业化经营率达到58.50%。148家农业产业化市级重点龙头企业固定资产达到43.62亿元，同比增长22.9%；销售收入105.65亿元，同比增长16.41%；出口创汇3392.7万美元，同比增长34.66%。国家级、省级、市级重点龙头企业分别达到2家、25家、148家。全年共安排农业产业化“111”工程重点项目178个，总投资149.32亿元，年计划投资39.67亿元，实际完成投资40.58亿元，同比增长28.49%。全市农民专业合作组织发展到851个。其中，农民专业合作社711个，较上年增加

545个、增长328.31%；全市农民专业合作组织资产总额达17.91亿元，拥有会员8.66万户，辐射带动非成员农户37万户。农业品牌建设加强。2009年全市创建省级以上农业品牌50个，同比增加17个。其中，中国驰名商标、中国名牌分别为1个，省著名商标23个、省名牌产品10个、省优质产品15个。通过召开坝上蔬菜新闻发布会和京张蔬菜产销对接洽谈会，加大蔬菜品牌宣传推介力度，有效提高了张家口市"坝上蔬菜"的市场影响力和竞争力。全市达到农业部标准的"一村一品"专业村432个、专业乡镇15个，圆满完成省下达任务目标。432个"一村一品"专业村经济总收入51.54亿元，同比增长17.5%，占全市农村经济总收入的13.62%；农林牧渔业总产值25.89亿元，同比增长13%；农民人均纯收入4057.35元，高出全市农民人均纯收入36.27%；432个专业村中，所产农产品注册商标的81个、获得无公害认证的119个、获得绿色有机食品认证的14个、获得有机食品认证的1个、获得省以上名牌产品的11个。

（焦　磊）

种植业

【概况】　2009年，张家口市遭遇50年不遇的旱灾，农业生产遭受重大损失。全市农作物总播面积67.48万公顷，同比增加1.02万公顷。粮食作物播种面积45.59万公顷，同比增加1.47万公顷，总产量81.3万吨，同比减少49.8万吨；油料作物播种面积6.08万公顷，同比减少1230公顷，总产量2.49万吨，同比减少2.76万吨；甜菜1.25万公顷，同比减少3167公顷，总产量30.7万吨，同比减少28.7万吨；蔬菜8.25万公顷，同比减少1862公顷，总产量477.7万吨，同比增加6.5万吨。立足"十年九旱"的基本市情，不断调整优化种植结构，大力发展旱作农业、节水农业、高效农业。加快杂交谷子推广进程，全年推广20万亩（1.33万公顷），比上年增加2.3倍；扩大旱地大葱种植规模，全年种植面积达13.7万亩（9133.33公顷），比2008年增加1.3倍；大力推广设施农业，重点推广新型冬暖式日光温室400多座、1000余亩（66.67余公顷），全年新增设施农业面积1.2万亩（800公顷），食用菌栽培面积达到450万平方米。

【惠农政策及项目建设】　全市落实玉米、小麦、水稻良种补贴面积511.62万亩（34.11万公顷），资金5147.7万元［其中玉米面积394.94万亩（26.33万公顷），资金3949.4万元；小麦面积110.38万亩（7.36万公顷），资金1103.8万元；水稻6.3万亩（4200公顷），资金94.5万元］；农机购置补贴3706.47万元；新建农村户用沼气池1.69万个、沼气服务网点124个，开工建设大中型沼气工程项目6个，建设完工2个；推广测土配方施肥技术120万亩（8万公顷），推广配方肥2.25万吨，涉及36.3万农户。国家级粮棉油高产创建项目，涉及4个县9个万亩创建示范方（怀安、万全、涿鹿、宣化分别承担玉米万亩高产创建示范方各2个，塞北管理区承担马铃薯1个万亩高产创建示范方），其中涿鹿县2个万亩玉米高产创建示范方经农业部实产验收，平均亩产达到896.75千克，创全省万亩连片玉米单产最高纪录。省级杂交谷示范推广项目15万亩（1万公顷）获得省级财政支持。全年共落实农业项目6大类、13项，投资总额约3.76亿元。

【科教兴农】　重点实施农业科技入户、新型农民培训、科技进村服务站等科技工程。年内主推10项重点农业技术700万亩（次）。组织开展"百名科技人员下基层解难题送服务活动"，组建由粮油、蔬菜、农药化肥、土壤、病虫害等领域专家组成市级专家组，会同各县（区）农业科技人员，分区域开展技术培训和分类巡回指导，市、县两级技术人员总计下基层3600余次，举办各类种养技术培训班685期，培训农民28.3万人（次），培训农技人员8千余人，技术指导农户9100余次，解决技术难题320个，发放各种技术资料4.48万份。开展"阳光工程"培训，重点培训新型职业农民（如农村经纪人、农民专业合作组织负责人、沼气维修工、机防手、农机手、农村工匠等）3500人。开展以示范户和骨干农民为重点的集中培训，涉及200个示范村、2000户科技示范户和4000多名骨干农民，通过示范户及骨干农民辐射带动，农民科技素质得到有效提升。基层农技推广体系建设稳步推进，怀来、康保、崇礼3个县被列为改革与建设示范项目县，通过示范带动不断提升基层科技服务能力。农村干部"素质工程"教育完成18期教学辅导，培训学员2300人。年末，全市"素质工程"学历教育共招收学员3期，课程为经济管理、法律、畜牧兽医、蔬菜生产与营销、中西医结合5个专业，共招学员6651名，毕业学员6200人，基本达到每村1.5名"素质工程"教育大专学员。"千村科技广播电视教育工程"通过电台、电视台、农村有线广播、科技光盘播放站等渠道实现科技入户，全年新建和完善标准化建设农村广播站32个、科技光盘播放站10个，年末，全市累计开展农村科技广播站和光盘播放站工作的乡（村）达724个，利用媒体资源开展广播电视教育覆盖约1200个村庄，达到年均培训农业人口约80万人（次）的规模，占全市农村和农业人口总数四分之一。“农村党员干部培训基地”工作自2004年开展以来，已举办培训班20期，培训党员干部2000多人，2009年，与东北农业大学合作开展“农村党员干部进修班”，招收学员1004人，其中高效农业中专学员104人，现代乡村管理大专学员400人，农林管理本科进修学员600人。

【农产品质量安全管理】 全市116块、105万亩（7万公顷）无公害蔬菜生产基地建立完整的生产记录档案。完成110块基地基本情况、土壤样分析结果、灌溉水样分析结果等农产品产地信息数据录入，为全市农产品产地管理加入河北省无公害农产品信息管理系统奠定了基础。对已到三年复审期限112块、98.5万亩（6.57万公顷）无公害蔬菜基地开展复审前期工作。上报60万亩（4万公顷）无公害燕麦基地认证材料，并进行环境评价。新增认证无公害农产品55个。经过张家口市农业环境与农产品质量管理站初审，向省农业厅绿色食品办公室新提交3家绿色食品企业认证材料，全市绿色食品生产企业达到13家。建立检测方法科学、权威性强、网络完善的市、县、乡三级农产品质量监测体系，市级农产品检测中心建设不断升级，能够进行50多种农药残留、20多种重金属及硝酸盐、亚硝酸盐的定性定量分析，并具备年常规检测蔬菜样品3000多份、快速检测10000多份的能力，在全市19个县级农产品检测中心基础上，改扩建坝上及崇礼、赤城6个县级综合质检站，新增68个乡级检测点，全市各级农产品检测中心（站、点）全年抽检蔬菜样品18999个，市站常规检测合格率达到98.5%，市、县快速检测合格率分别达到97%、100%。市政府下发《张家口市农产品市场准入实施方案》，标志着市场准入正式启动。确定崇礼县为农产品质量安全监管工作示范县，积极推行“两图一卡”（即将辖区内监管对象全部上图上墙、将监管责任全部分解上图上墙、将日常检查登记上卡），实现了农产品质量安全监管透明化和责任实名制。在省级农产品质检体系建设中，市农牧局推荐的5名专业技术人员全部入选省专家库。

【农业行政执法】 市农业行政综合执法支队加大农资打假和市场整治力度，全年共出动执法车辆400多台（次）、执法人员1800多人（次），查处案件39起，查获不合格化肥10吨、种子17.2吨、农药4.2吨，为农民挽回损失400多万元。结合“科技三下乡”、“315消费者权益保护日”和市农资交流会等活动广泛宣传与种子、化肥、农药、农机有关的法律、法规知识，发放《禁用高毒药》等宣传资料6万余份，营造全社会关心和支持农资打假工作的良好气氛。对农资生产经营者和管理者进行法律法规培训，重点培训《中华人民共和国农药管理条例》、《中华人民共和国种子法》、《河北省实施〈中华人民共和国种子法〉办法》、《农作物种子标签通则》等涉农法律法规，共举办法律法规培训班21期，培训人员320人（次），农资生产经营者诚信守法意识得到提高。行政处罚和行政审批得到完善，制定《行政处罚自由裁量权量化标准》，编制7大项23小项行政许可项目流程图，全年办结农业行政审批项目116件，办结率100%。

【农业信息服务】 针对全市农村互联网普及率低，农民不能及时有效获取农业信息和技术的实际，首创“百万农民上网工程”，并在原市农业信息网站、市农信通平台和农村信息服务站基础上，增建京张蔬菜产销信息平台、张家口百姓网、专家热线系统、远程植物医院、WAP无线网站等项目工程，农民可通过电话语音、远程视频等获得专家技术指导和义务教育咨询服务，也可通过拨打15133318888服务热线或发送短信到1065851313发布和查询各种信息，全年共发送供求信息1800万人（次），大量农村经纪人和农民从中受益。投资200多万元建成京张蔬菜产销信息平台，能及时对张家口市蔬菜生产情况及北京市蔬菜市场销售需求情况进行分析和预测，进一步提升各级农业部门对蔬菜生产的指导性，降低农民种植蔬菜的盲目性和风险，是农民增收又一保障措施。“百万农民上网工程”创新模式新颖、受益群体大的特点受到社会各界的广泛关注，新华网、人民网、河北电视台、河北日报、张家口日报、张家口晚报、张家口电视台等多家媒体纷纷进行宣传报道。

【农经管理】 2009年，围绕稳定和完善土地承包关系这条主线，以完成二轮土地延包工作和调解处理土地承包纠纷为重点，以规范土地流转为突破，以档案微机化管理为目标，全面启动农村土地承包的规范化管理工作。全市土地流转面积大幅增长，土地流转总面积68.84万亩（4.59万公顷），占总耕地面积的7%，其中转包面积42.93万亩（2.86

万公顷），出租面积10.85万亩（7235.53公顷），转让面积7.35万亩（4897.6公顷），互换面积6.47万亩（4314.13公顷），入股面积1.24万亩（823.8公顷）；适度规模经营土地面积42.44万亩（2.83万公顷）［其中农业企业6.4万亩（4275公顷），农民专业合作经济组织16.8万亩（1.12万公顷），大户经营8.97万亩（5978.67公顷）］。共有3个县建立县级土地流转服务平台，4个县建立乡级土地流转服务平台共计38个，更有效地为乡村农户提供土地流转服务指导和提供更多流转信息服务。全面规范村级会计委托代理服务，全市213个乡镇全部实行财务委托代理，202个乡镇实现会计电算化；实行委托代理村4162个，占全部村数98.8%；村会计实行持证上岗村达到3507个。

（王　金）

水　利

【概况】 2009年，全市水利部门共解决800个村、51.39万人的农村饮水不安全问题，解决人口数占年初市政府下达目标任务的257%，占省下达任务的100%；发展农业节水灌溉面积10.33万亩（6886.67公顷），占目标任务的103.3%；完成水土保持综合治理面积633.69平方千米，占年度任务的162%；实施除险加固的云州、石头城、闪电河、汤泉等18座水库完成年度计划。实施了清水河上游拦沙坝修建及清水河上游水土保持综合治理100平方千米2项城建重点工程。加强水资源管理，优化水资源配置，节水型社会建设稳步推进。防汛抗旱两手抓，有效缓解旱情，平稳度过汛期。

【农村饮水安全】 市政府下达全市农村饮水安全目标任务20万人，通过政府主导、群众参与等措施，全年共投入资金2.33亿元，解决800个村、51.39万人的饮水不安全问题，解决人口数占年初计划的257%。新打及配套机井514眼，埋设引水管道416.5万米，安装调蓄设备410处，安装水处理设备1台，修建其它辅助工程444处。

【农业节水灌溉】 全市共发展农业节水灌溉面积10.33万亩（6886.67公顷），占目标任务的103.3%。其中完成膜下滴灌6.02万亩（4013.33公顷），管灌3.05万亩（2033.33公顷），喷灌1.26万亩（840公顷）。编制完成并上报《张家口市节水灌溉规划（2009～2020）》、《大中型灌区续建配套与节水改造规划（2009～2020年）》、《张家口市坝上地区节水灌溉工程（2009～2013年）发展规划》、《2009～2020年张家口市牧区饲草料地灌溉发展规划》和《张家口市雨水集蓄利用（灌溉）规划》，编报《农业财政专项资金（水利）管理标准文本》、《2009年小型农田水利专项工程建设标准文本》和《2009年小型农田水利专项工程建设方案》等项目申报材料。

【水土保持】 重点抓好水土保持综合治理。全市共完成水土保持综合治理面积633.69平方千米，占年度任务的162%。其中京津风沙源治理工程水利项目完成水土流失综合治理面积235平方千米，完成水源工程850处，节水工程900处，完成国家投资6450万元。《二十一世纪初期首都水资源可持续利用规划》水土保持项目完成水土流失治理面积398.69平方千米，完成投资7713.7万元。按照市委、市政府关于"城镇面貌三年大变样"总体部署，实施清水河上游水土保持综合治理，完成治理面积100平方千米，工程总投资5330.08万元。切实加强水土保持预防监督。在水保监督执法专项行动"回头看"工作中，同其它有关单位共同对701个开发建设项目进行拉网式全面排查，并督促建设单位按要求进行积极整改；对2008年审批的市供电局6条输变电项目、沽源华电10万千瓦等12个风电场项目进行督查，及时纠正建设过程中存在的生态环境问题；配合省水利厅对康保卧龙山风电一期、沽源五花坪风电一期等5个风电项目、1个煤矿改建项目以及张石高速一期项目进行水保专项验收。做好水土保持监测工作。配合省水保监测总站开展张石高速公路一期、张家口热电厂一期等11个项目的水土保持监测工作，完成10个开发建设项目年度监测报告；配合省水保监测总站完成21世纪首水规划水保项目监测工作，编制赤城旧站及怀来辛川2个项目施工期水土保持监测报告，并通过省水利厅组织的年度复验；完善水保监测网络建设方案，为全省水保监测网络建设奠定基础。

【水库除险加固】 全市18座水库实施除险加固，其中大型水库1座，中型水库2座，重点小型水库15座。除闪电河水库为国家第二批规划项目外，其余17座水库均属于《全国病险水库除险加固工程专项规划》内项目。总投资2.81亿元，涉及全市11个县（区）。累计完成投资1.56亿元，占已下达计划的61%，其中当年完成投资1.10亿元。云州水库当年完成投资4070万元，占总投资的38%；2座中型水库中除石头城水库坝顶路面还在实施外，其它工程已全部完工，累计完成投资5429万元，占下达投资的98%；15座小型水库累计完成投资7305万元，其中当年完成投资6402万元，汤泉、古城、洗马林、大营滩、南壕堑、东目连6座水库已全部完工，车道沟、涌泉庄2座水库主体工程已完工。

【防汛抗旱】 雨水：2009年，张家口市平均降雨量304.7毫米，较常年394.3毫米偏少22.7%，而且降水时空分布极不均匀，汛期降水偏少，6~9月全市平均降水量208毫米，比常年同期308毫米偏少100毫米，偏少32%。特别是6月15日~8月17日长达60多天没有一次较大降雨过程，全市平均降水量仅为104.4毫米，比常年同期208.7毫米偏少50%，是1965年以来35年间降水最少年份，其中降水最少的坝上地区和坝下中西部与常年同期相比降水量偏少80%，是50年间降水最少年份。8月全市主要河道径流量减少85%，桑干河、清水河、南洋河、壶流河等7条河道断流。

抗旱：由于农作物生长关键期遭遇高温少雨天气，发生了全市性严重旱灾。全市1003万亩(66.87万公顷)耕地面积中，受旱面积达到848万亩（56.53万公顷），成灾面积803万亩（53.53万公顷），绝收573万亩（38.2万公顷）。旱灾严重地区主要分布在坝上地区和坝下中西部地区，旱地农作物基本绝收。面对严重旱情，市领导高度重视，8月20日，召开全市抗旱工作电视电话会议，市委常委、统战部长、市总工会主席周林，副市长杨玉成出席会议并作重要讲话，对抗旱减灾工作进行专门部署。市防汛抗旱指挥部办公室及时组织各县（区）积极开展抗旱活动。抗旱高峰期，共开动机电井1.40万眼，泵站87处，投入机动抗旱设备1.66万台（套），解决10.46万人因旱临时饮水困难。

防汛：修订完善《清水河防洪应急抢险预案》和《城市防汛应急抢险预案》，制定《山洪灾害防御方案》和《地质灾害防治方案》，对在建施工的3座大中型水库和15座小型水库开展专项检查，并责成有关县（区）对每座水库都编制落实施工度汛方案和应急抢险预案。积极落实防汛抢险队伍和防汛物料储备，全市组建群众性防汛抢险常备队2181个、11.04万人，预备队1104个、6.51万人，为确保度汛安全提供有力保障。

【工程管理】 完成留北堡、红桥、上纳岭、张纪屯、青年5座水库大坝安全鉴定工作，安全鉴定报告及时上报省厅，争取列入国家新的水库除险加固工程专项规划。督办蔚县壶流河水库10万元坝坡整修和怀安县西洋河河道20万元维修2项岁修项目，工程在汛后相继完工。通过积极争取，沽源县闪电河水库被水利部评为国家级水利风景区，这是张家口市目前唯一达到国家级水利风景区的水管单位。全市水管单位体制改革取得阶段性成果。张家口市水管体制改革从2004年开始，经过5年的艰苦努力，到2009年底基本完成改革任务，即47个水管单位改革方案都得到同级政府或相关部门批复，其中有水库28座（其中大、中型水库9座），灌区14处，河道管理单位5个。共批复事业编制1344人，财政批复人员经费1200万元。10个大中型水库和市直水管单位通过省级验收。组织开展全市小型水库调查评价，摸清87座小型水库基本情况和运行状态，提出除险加固、降等报废意见。加强河道采砂管理。成立由市水务局、法制办、监察局、公安局、交通局、安监局等部门组成的市级河道采砂专项治理联席会议，作为全市河道采砂治理联络协调机构，制定《张家口市严厉打击禁采期非法采砂专项治理实施方案》，并印发到各有关县。全市共查处非法采砂场点25处，关闭砂场23个，查处采砂机械18台（次），罚款3万元。河道回填45.8万立方米，动用施工机械246台（次），平整河床35.2千米，堤防护险8处。

【水政水资源管理】 严格取水许可。编制《张家口市取水许可总量控制指标方案》，确定地表水和地下水总量控制指标，并将水资源总量控制指标分配到各县（区）；将地表水灌区、水力发电、公共供水、农业用水、矿区企业正常排水及取用地热水、矿泉水等均纳入许可发证范围；完成全市第3次取水许可证件换发工作，共换发新证3224套，许可水量11.12亿立方米。加强坝上地区水资源管理。出台《关于坝上地区地下水开发利用实施严格总量控制的意见》，严格实施地下水取水总量控制，逐步压缩超采水量。抓紧水资源费和基金征收。全市共征收水资源费2995万元，南水北调基金1074万元。组织实施水资源论证。组织崇礼紫金矿业有限责任公司2500吨/日技改工程、沽源金牛能源有限责任公司榆树沟煤矿工程、怀安县怀安城镇集中供水工程、万全福祥世纪城供暖（制冷）取水工程、怀安县国电2×300MW热电工程备用水源等5个建设项目水资源论证。积极推进节水型社会试点建设。市政府出台《推进节水型社会建设的实施意见》。试点县怀安通过工程项目建设和各项管理制度的落实、完善，实现省厅下达的节水型社会建设各项指标。

全县年农业用水总量控制在5950万立方米，工业用水总量控制在351万立方米，生活用水总量控制在620万立方米。强化普法与宣传。围绕“落实科学发展观，节约保护水资源”宣传主题，开展第十七届“世界水日”和第二十二届“中国水周”宣传活动。共印发宣传材料1万多份，发放宣传画3000多张，制作宣传标语20多条，制作展牌30块，出动宣传车10多辆（次）。在张家口日报开设以纪念“3·22世界水日”和“中国水周”为主题的专栏，扩大节约保护水资源与水法律法规宣传覆盖面。加大水政执法力度。围绕无证取水、未经水资源论证的企业补办水资源论证报告书、规范取水审批手续等几方面，开展取水执法检查，并完成行政执法证登记、审核、换发及《收费许可证》、《罚没许可证》年检。加强水事纠纷调处。全市共查处各类水事及水污染案件3起，调解水事纠纷4起，完成怀安县1起水事纠纷复议工作。

【水库移民】 “中央直属水库移民遗留问题处理2002～2007年规划”项目扎实推进。除怀来县有部分项目未完工外，其余6县均完工，进入自验等后续工作阶段。2009年主要工程量为：新打机井4眼，完成机井配套31眼，铺设PVC管1.89万米，建防渗槽2.25万米，铺设饮水管道1950米，建水塔1座，完成路面硬化2.62千米。上级拨付的大中型水库移民后期扶持资金按时兑现。2009年，上级共下达大中型水库移民后期扶持资金7817.48万元，除结余资金和中央第三季度资金在下达过程中，其他资金全部下拨到各县（区）。以实施库区和移民安置区农田水利建设为重点，推进大中型水库移民后期扶持工作。2009年后期扶持工程项目新打机井11眼，完成机井配套11眼，配套变压器4台，建出水口96个，建水池1座，完成自来水入户50户，1.2万移民从中受益。完成外省移民身份核实工作。共核实张家口市迁入北京市移民457人，河南省迁入张家口市移民2人，张家口市迁入内蒙古自治区移民3人，张家口市迁入黑龙江省移民3人，重庆市迁入张家口市移民7人。积极组织怀来、涿鹿2县实施官厅水库浸没治理自排工程。其中：涿鹿段完成干沟工程开挖4.73万米、支沟开挖4.6万米，占计划的90%；怀来段完成干沟工程开挖1.47万米，占计划的80%；道路整治工程已完成路基填筑4条，占总任务的80%。切实搞好移民稳定工作和矛盾排查，及时消除不和谐因素，全市移民总体稳定。

【清水河管理】 2009年4月清水河河务管理处正式从城建开发总公司接管清水河三期治理工程的11道橡胶坝，至此，形成北起大境门、南至纬三桥，全长10千米，共16道橡胶坝的工程管理规模。为确保橡胶坝安全运行，切实加强管理，全面完成清水河上游拦砂坝和橡胶坝工程。两项工程治理河道总长度为1.21千米，其中清水河上游5#拦砂坝工程已于2009年6月按期全部完成，并已交付使用。孤石橡胶坝工程完成全部工程量95%。认真检查工程设施和电气化设备。出台《清水河防洪预案》，确保安全度汛和橡胶坝正常安全运行。加强岗位技能培训，提高管理人员业务水平和操作能力。一线管理职工全部具备本岗位任职基本要求。抓好日常管理，保护设施，美化环境。全年共完成16道橡胶坝清淤，打捞和清倒垃圾9000袋约180吨，清洁护栏15千米。狠抓安全管理与安全警示。着力完善河道安全防护措施，投资11.8万元制作安装护栏584平方米，警示标牌400块。

（胡胜华）

林　业

【概况】 2009年，全市林业系统以构建现代林业四大体系、改善生态环境、增加农民收入、推进产业发展为目标，狠抓造林绿化、林果生产、科教兴林、资源管护、项目建设等重点工作，现代林业发展取得重大成绩。集体林权制度改革，被河北省林业局评为“全省集体林权制度改革工作先进集体”；城乡绿化工作，被市委、市政府授予大三期“增绿添彩”工程建设先进集体；林业产业发展，被河北省花卉协会、河北省参加第七届中国花卉博览会筹展委员会评为“参加第七届中国花卉博览会突出贡献奖”；森林资源管护工作，市森林公安局被国家林业局森林公安局评为“集体三等功”、被河北省林业局评为全省林业系统“绿盾三号行动”先进集体、被省森林公安局评为市级及省直属森林公安机关年度考核先进单位；信息工作，被市政府办评为“2009年度全市政府系统信息工作优胜单位”。

【城乡绿化】 按照“造林绿化由远山向身边增绿推进转变、由农村向城镇同步推进转变”的总体思路，以“改善人居环境，治理重要区位，构筑城乡森林体系”为重点，“点、线、面”结合，构筑国土绿化新格局。一是绿“点”。市政府出台《关于城乡人口集聚区绿化的实施意见》（张政〔2009〕16号），分别对中心城区、县级城区、乡镇村庄绿化提出建设重点和建设标准，并列入年度考核内容。中心城区绿化栽植各类树木2300万株（丛），新增绿化覆盖面积90.2万平方米，建成区新增绿地面积72.8万平方米，人均公园绿地面积达到8.6平方米，绿地率达到33.5%，绿化覆盖率达到37.93%；完成县城绿化8080亩（538.67公顷），植树250.9万株（丛）；县（区）近郊新建3000亩（200公顷）以上森林公园3处，1000亩（66.67公顷）以上森林公园12处。有7处森林公园晋升为省级森林公园，清水河湿地公园得到河北省林业局批复，沽源闪电河湿地公园通过国家林业局批复，赤城县黑龙山森林公园被国家林业局批复为国家级森林公园。启动百村、百校绿化示范工程，新建一批绿化示范点。二是绿“线”。市政府出台《关于加快城乡“双万里”路网绿化的实施意见》（张政〔2009〕14号），按照千里路网、万亩林网建设速度，力争5年内全市基本实现农田林网化、道路林荫化。全市累计完成农田林网5246亩（349.73公顷），完成道路绿化1269.6千米（其中：高速公路绿化55.8千米，国省干道绿化89.8千米，县级公路绿化276千米，乡村道路绿化848千米）。三是绿“面”。以京津风沙源治理等重点工程为依托，以生态涵养区建设和清水河上游治理为重点，采取“飞、封、造”相结合的造林方式，加速荒山荒滩绿化进程。2009年河北省下达张家口市京津风沙源治理工程总任务67.5万亩（4.5万公顷），其中人工造林24万亩（1.6万公顷），飞播造林25万亩（1.67万公顷），封山育林18.5万亩（1.23万公顷），已全部完成。完成市区周边生态涵养治理区飞播作业4万亩（2666.67公顷）。2009年，省下达全市退耕还林匹配荒山造林任务8.5万亩（5666.67公顷），由于任务下达晚、遭遇严重干旱等不利因素，完成匹配荒山造林3.77万亩（2513.33公顷），占任务的44.35%。

【林业产业】　按照“4+3”现代产业振兴规划，全市把以葡萄、杏扁精深加工为主攻方向的特色林果业列入市现代产业规划，按照“面向市场，科技为先，优化结构，提质增效”的方针，认真谋划，扎实推进。全市新发展干鲜果品基地面积7.22万亩（4813.33公顷），总面积达到410万亩（27.33万公顷），总产量达到46.2万吨，总产值达到22.53亿元。一是扩大基地。按照市政府《关于加快推进葡萄产业发展的意见》（张政〔2009〕26号），制定完成《2009～2013年葡萄产业发展规划》，并通过中国农科院专家评审论证。全市新增果树面积5.52万亩（3680公顷），其中葡萄3.41万亩（2273.33公顷）。完成杏扁嫁接改造14.41万亩（9606.67公顷）。二是强化龙头。对果品加工龙头企业，通过政策、资金、技术和人才扶持，改变果品加工企业知名品牌少，缺乏市场竞争力的现状。全市葡萄、杏扁加工企业已达到49家，其它林产品加工企业5家。三是惠及民生。为解决杏扁冻花问题，增加林农收入，市政府成立杏扁防霜冻应急指挥部及相应机构，制定《张家口市关于杏扁防霜冻应急预案》（政字〔2009〕60号），通过开展杏扁防霜月活动和实施杏扁防护林建设、百里薰烟增温、10万亩（6666.67公顷）嫁接改造、百亩（6.67公顷）优穗圃四大工程，有效地降低杏扁冻花面积，杏扁受害面积4.86万亩（3240公顷），仅占全市杏扁总面积的2%，杏扁迎来一个近年来少有的丰收年，杏核产量3.28万吨，杏仁产量1.05万吨，分别比2008年增长11.5%和8.9%，产值超过3亿元。

【资源保护】　森林防火认识进一步强化。春防期间，市政府出台《张家口市森林防火工作实施细则》（张政〔2009〕15号），指导全市森林防火工作。在全市开展春防“亮剑一号”专项行动，对野外违法用火行为进行集中打击，共查处野外违法用火251起。清明节期间，市防火指挥部成员及市林业局领导班子成员，全部深入一线包县（区），督导防火工作。在重点时期、重点部位、重点时段做到严防严控，春防取得较好效果，仅发生一般森林火灾4起，同比下降40%。根据秋季严峻的防火形势，加大督导检查力度，扩大舆论宣传，确保不发生较大森林火灾。森林病虫害防治进一步推进。林业有害生物防治工作继续坚持“预防为主，科学防控，依法治理，促进健康”的新防治方针，实行“谁经营，谁受益，谁防治”的责任制度。依据《森林病虫害防治条例》、《植物检疫条例》、《森林植物检疫技术规程》等法律法规，全市以天幕毛虫、松毛虫和舞毒蛾为重点的林业有害生物防治面积78.46万亩（5.23万公顷），占发生面积的89.9%。为强化有害生物防控，市政府印发《2009年度美国白蛾监控方案》（张政〔2009〕24号），在环京重点县实行日报告、零报告制度，确保第一时间发现，第一现场除治。林木采伐和征占用林地审核审批程序进一步规范。严格执行林木采伐限额管理和计划管理政策，继续落实“伐前设计、伐中指导、伐后验收”制度，坚持实行林木采伐许可证专人发证和采前公示制度，违规操作现象得到有效遏制。全市严格按照国家征占用林地管理办法等法律法规，组织力量提前介入，切实加强相关组织、协调、服务工作，完成27项重大工程的征占用林地审批，既保障全市重点工程建设的顺利实施，又有效保护林地资源。

【集体林权制度改革】 在巩固和完善主体改革的同时，积极探索和推进配套改革，围绕盘活集体林业资产，在推进森林资源流转等配套改革方面做出新的尝试。全面组织主体改革工作“回头看”。进一步完善主体改革，明晰产权率达到98.82%，发证率达到37.4%。同时，召开金融部门支持林改座谈会，对完善后续配套改革进行调研，并提出初步意见。建立集体林权流转平台。在赤城县进行集体林权流转平台建设试点，正式成立赤城县林权流转服务中心，涿鹿县筹建林业产权交易中心。积极推进集体林权流转。全市共发生林权流转近2万亩（1333.33公顷），抵押林地7259.4亩（483.96公顷），贷款595万元。

【项目建设】 市林业局把项目建设作为重中之重来抓，充实完善项目建设领导小组，充实项目办工作人员，采取“集中领导，上下联动，密切配合，明确时限，责任到人”等措施，建立“抓衔接、抓进度、抓考核”工作机制。紧扣国家投资政策导向，站在全市产业发展和全民创业高度，站在全市国土绿化高度去谋划大项目，跳出林业抓项目。提出“围绕建设完备的林业生态体系、发达的林业产业体系、繁荣的生态文化体系和便捷的林业信息体系，全员跑办项目、全方位谋划项目、全覆盖争取项目，重点项目争落地、常规项目争规模、招商项目争突破”的项目工作思路。制定“416”项目建设目标，做到有的放矢。2009年，上报到省以上项目有25个，项目总投资2.7亿元，争取中央投资2.37亿元，省投资1014万元，北京市投资836.7万元。其中，《张家口市林木良种繁育工程》、《京冀生态水源保护林建设项目》、《京冀森林保护合作项目》、《万全县仁用杏、山杏种质资源保护库建设项目》和《冀西北京津风沙源区生态林林业有害生物防控体系建设项目》等已获国家林业局批复实施。《京冀生态水源保护林项目》已正式开工建设，并完成一期4万亩（2666.67公顷）。同时，争取中央拉动内需第四批项目有重大突破，总投资1.8亿元，居全省第一位。

【净增量考核工作】 加大宣传力度。进一步提高各级党委政府对净增量考核工作重视程度，把造林绿化工作纳入重要议事日程，加快国土绿化进程。研究制定《张家口市森林覆盖率净增量考核方案》（张政〔2009〕24号）和《张家口市2009年度森林覆盖率净增量考核工作细则》（张办字〔2009〕64号），为搞好全市净增量考核工作奠定了基础。针对2008年存在的问题，邀请省林业调查规划院滕起和举办以考核技术规程、外业调查方法、考核档案等为主要内容的专题培训班三期，系统培训市、县两级干部300多人。2009年造林绿化考核比上年位次前移5位。组织2次造林督导。分别对造林成效进行逐县、逐乡督导，摸清底数，发现问题，制定整改措施，指导基层工作。

（张建国）

畜牧业

【概况】 2009年，全市畜牧业实现由分散饲养向规模养殖、单纯生产向产业化经营、数量型生产向质量型生产转变。全市主要畜产品肉、蛋、奶产量分别达到28.2万吨、17.8万吨和109.2万吨，同比分别增长13.1%、13.2%和9.2%，牛、羊、猪、禽分别发展到98.5万头、506万只、403万头和4940万只，同比分别增长2.6%、5.9%、持平和15.9%。奶牛存栏35.14万头，同比下降10.5%，生猪出栏215.8万头，同比增长1.68%；专用型蛋鸡存栏1641.7万只，同比增长11.0%；专用型肉鸡出栏1004.2万只，同比增长28.8%。

【奶业振兴】 奶业生产摆脱2008年“三鹿事件”和金融危机的影响，全市奶牛发展到35.14万头，鲜奶产量达到109.2万吨，奶牛养殖规模及鲜奶产量均位居河北省第二，乳业产业化经营已经形成，塞北蒙牛3个万头奶牛现代牧场和有机高端奶加工项目已完成2个万头牧场和高端奶生产线建设；察北蒙牛现代牧场已完成首个现代牧场建设任务；塞北蒙牛2个万头合作牧场和塞北华顶乳业4个单体存栏2500头奶牛牧场已完成选址工作。

【奶牛规模养殖】 全面落实国家、省、市促进奶业振兴各项政策性补贴，整合各类相关资金用于奶牛规模养殖场（区）建设。全市规模养殖场（区）发展到309个，规模饲养奶牛28.94万头，规模养殖率达到82.4%，较上年提高69个百分点，实现重大突破。

【奶站整治】 按照国家、省、市有关文件要求实施奶站专项整治，严格规范奶站管理。累计取缔流动及散收奶站397个，剩余424个全部达到国务院《乳品质量安全监督管理条例》规定的“五有一符合”标准，发放生鲜乳收购许可证，奶站持证率达到100%，乳品加工企业经营管理奶站424个，合格奶站实现全部由乳品加工企业监管。

【重大动物疫病防控】 围绕高致病性禽流感、口蹄疫、高致病性猪蓝耳病、猪瘟、布病等5大动物疫病完成强制免疫，免疫率达到100%。在全市规模养殖场（小区）实行程序免疫，推进免疫程序化、制度化、经常化，散养户实行春秋两季集中免疫与常年补针相结合，建立清晰的免疫档案，做到免疫证、免疫耳标、免疫档案“三配套”，初步建起动物疫病追溯体系。全年未发生重大动物疫病。

【动物卫生监督】 开展产地检疫、屠宰检疫和市场检疫等动物卫生监督工作。以兽医实验室及动物疫情测报站为依托，进行免疫监测，对抗体效价低的及时进行强化免疫。

【畜产品质量安全管理】 年内开展生鲜乳、饲料、兽药及兽药残留、认证畜产品、农资打假、水产品等6项专项整治行动，制定《〈2009年全市畜产品质量安全整治暨畜产品质量安全执法年活动〉实施方案》和“张家口市畜产品质量安全整治暨畜产品质量安全责任分工监管图”。市与县（区）、县（区）与监管对象均签订质量安全承诺书。全年共监测生鲜乳、饲料、水产品1451批（次），监测各类动物产品4314吨，合格率全部为100%，连续11年保持“瘦肉精”零检出率。全年未发生一起畜产品质量安全事故。

【畜禽改良】 全市畜禽改良站（点）建设发展到567个，其中牛改良站（点）417个，猪改良站（点）22个，羊改良站（点）128个，牛改良实现了全覆盖。完成争取国家补贴奶牛优质冻精41万支，共计615万元的招标工作。市财政列入30万元引进德系西门达尔乳肉兼用牛（弗莱维赫）优质冻精1.25万支，对本地肉牛及低产奶牛进行改良。全市猪、鸡、兔基本实现良种化，奶牛、肉羊的良种覆盖率分别达到80%和82%。

【饲草饲料基地建设】 全面完成总投资7473万元的京津风沙源草地治理各项任务，其中完成人工种草0.3万亩（200公顷），围栏封育31万亩（2.07万公顷），基本草场建设15万亩（1万公顷），草种基地建设0.7万亩（466.67公顷），圈舍建设24.5万平方米，配备饲草机械4930台。重点扩大以紫花苜蓿为主的豆科牧草的种植面积，全市牧草及饲料作物种植面积250多万亩（16.67万公顷），其中多年生豆科牧草32万亩（2.13万公顷），豆科牧草中紫花苜蓿17万亩（1.13万公顷），使苜蓿保留面积达到140万亩（9.33万公顷），青玉米种植面积169万亩（12.27万公顷），由原来替代品种调整转化为专用和兼用青玉米品种，如中原丹32、巡青518、青贮2号系列等。全市加工生产饲草能力达到50万吨。针对2009年特大旱情，组织从坝下及外省、市向坝上缺草县（区）调运救灾饲草23.14万吨，其中各县（区）政府组织调运饲草12.05万吨。

【草原灾害预防】 不断完善草原灾害应急反应机制，积极开展防灾减灾演练和预案演习，增强重大灾害的扑救能力，全市无一例重大草原火灾和鼠虫害发生。

【良种繁育服务体系建设】 进一步巩固完善市、县、乡、村四级动物良种繁育体系建设，以市畜禽良种繁育中心（市畜牧技术推广站）为中心，各县（区）畜牧站（畜禽良种繁育中心）、乡镇畜禽改良站及村级（规模场）改良点为依托的四级服务体系得以进一步充实，新建各类改良站（点）121个，累计达到635个。

【动物防疫体系建设】 在市、县、乡、村四级动物疫病防控网络（市动物疫病预防控制中心，县级动物疫病预防控制中心，乡镇兽医站，村级协防员）的基础上，以提升质量、扩大辐射为重点，完善101个县级兽医工作派出机构——基层动物防检分站软硬件建设；中央投资动物防疫体系建设项目，2009年已累计完成投资509万元，144个乡镇兽医站仪器设备采购、人员到位工作已基本完成。

【畜产品质量检测体系建设】 全市13个养殖大县的基层质检站已建成10个，初步形成市、县二级畜产品质量安全监测检验体系，对畜产品、动物投入品质量的检测具备较为独立的能力和资质。

（郭　祎）

渔　业

【概况】　2009年，全市渔业工作围绕“用活水资源、做强水产业”主题和促进渔民增收和可持续发展的根本目标，加快渔业科技应用和创新步伐，发展健康生态型特色渔业，加强标准化示范区建设，抓好大水域增殖，冷热水特色渔业和水产品加工。调整和优化渔业经济结构，推动水产业增长方式，提升渔业综合效益和竞争力。全市水产品总产量1.06万吨。其中大水域产量8581吨，池塘产量2029吨。

【渔业增殖放流】　争取省级财政资金渔业资源增殖放流项目。对官厅水库实施净水放流方案，通过人工增殖放流滤食性、杂食性等鱼类，达到净化水质和修复水域生态环境。从2003年始连续7年在官厅水库实施池沼公鱼、鲢、鳙、草鱼增殖放流，2009年争取省级财政扶持35万元，4月3日在官厅水库增殖放流池沼公鱼5.5亿粒；10月18日增殖放流鲢、鳙4.17万千克。蔚县壶流河水库、沽源闪电河水库和囫囵淖、赤城云州水库大水域进行大规格扣蟹增殖放流，年产商品蟹599吨。

【新品种引进推广】　涿鹿水产良种场进行水产良种繁育项目《鲤鱼良种亲本引进更新》，争取省财政补助资金5万元，引进鲤鱼良种散鳞镜鲤。5月，从辽宁省级鱼种场辽河鱼种场调入散鳞镜鲤亲本2500千克。

【池沼公鱼深加工】　池沼公鱼这几年已成为张家口市大水域增殖一条重要小型经济鱼类，以怀来县冷冻加工厂为龙头，以官厅水库、云州水库为基地的池沼公鱼产加销一条龙已形成特色产业。怀来县冷冻加工厂几乎全部包收全市大水域生产的池沼公鱼。该厂在内蒙古多伦岱海水库设置加工厂，就地生产加工，年出口池沼公鱼1600吨。

【冷热水特色渔业】　坚持利用丰富的冷热水资源优势，发展特色渔业。冷水鱼养殖规模不断扩大，年末发展到14家养殖场，冷水流水养殖池达到200余亩（13.33公顷），其中赤城7家，涿鹿6家，蔚县1家。养殖品种也不断更新，除原来的虹鳟、金鳟、鲟鱼外，又引进新品种哲罗鲑进行养殖，经济效益、社会效益均十分显著；阳原三马坊水产良种场充分发挥当地温泉资源特色，在抓好250亩（16.67公顷）罗非鱼池养殖生产的同时，大力发展休闲渔业，修建一座温泉游泳池，一处温泉疗养浴池，以及以罗非鱼为特色的“罗非鱼宴”餐饮，形成颇具特色的综合休闲温泉渔业，促进罗非鱼生产和销售，罗非鱼售价达到30元/千克以上，经济效益十分可观。

【标准化示范区创建】　从2007年开始，赤城县承担河北省水产局下达的省级财政补助项目《河北省赤城县冷水鱼标准化示范区》建设，示范区面积1.56万平方米，示范区全面完成了项目各项计划指标任务。2009年7月通过省水产局验收，正式挂牌“河北省赤城县冷水鱼养殖标准化示范区”。罗非鱼养殖标准化示范区面积600亩（40公顷），其中阳原三马坊水产良种场250（16.67公顷）亩，宣化县洋河滩商品鱼养殖基地350亩（23.33公顷）。

【建立疫病防控体系】　积极推进集成水产技术推广体系改革和建设，建立基层水生动物病害测报点。以预报和防治鲤春病毒病、鱼类腹水病等重大疫病为重点，监测水生养殖动植物病害的发生。在赤城、阳原、涿鹿、宣化县、宣化区5个县（区）设立水产养殖病害测报区，下设15个测报点；测报面积2303亩（153.53公顷），测报员20人，监测品种包括虹鳟、罗非、鲢、鳙、鲤、草、鲫等鱼种。

【渔船年度检验】　2007年成立“河北省渔业船舶检验局张家口检验处”和“河北省张家口渔港监督处”以来，开展渔业船舶检验和渔业船舶安全及水域监督管理工作。2009年，对2008年度领取登记、检验证书的23条机动渔船进行常规检查。对经检验合格的13条机动渔船签发内河渔业船舶签证记录；淘汰报废10条机动渔船，取消其2009年度下半年机动渔船柴油补贴资格；新增机动渔船13条，发放船舶检验证书。对年检机动渔船和新增机动渔船的文字材料、声像材料进行整理，按照县（区）逐船划分归档，规范了渔船档案管理。

【水产品质量安全监管】　对全市5家苗种生产场家的苗种生产许可证、3项记录、饲料和渔药、生产过程、苗种质量管理、有关规章制度等方面进行检查，均符合苗种生产条件，100%持有苗种生产经营许可证，100%建立健全生产、用药和销售3项记录，库房没有违禁药品和不合格饲料。加强水产养殖执法监督检查力度。对全市范围内无公害生产基地、苗种生产场家、规模化养殖场以及零散养殖户进行拉网式彻底检查，重点是标准化健康养殖示范区在养殖过程中违规使用硝基呋喃类、孔雀石绿、氯霉素等禁用药物和添加剂行为。2009 年 8 月、12 月两次对怀来、宣化、赤城、沽源、阳原 5 县（区）大型水产品批发市场、农贸市场和超市进行药残超标抽检，共抽取 56 个样品。

【渔政管理】 在鱼类产卵季节和产卵区域划定禁渔期与禁渔区。4～6 月，组织市、县渔政部门联合执法，严格巡查力度。共开展执法检查 56 次。尤其是对跨界水域官厅水库，在渔业资源增殖放流期间，市与怀来县渔政检查站成立渔政联合执法检查组，加大渔政检查力度，举行 2 次代号为“两点执法行动”联合执法检查，计时 60 小时，出动渔政检查艇 4 艘，检查车 6 辆，执法人员 40 多人次。在官厅水库进行拉网式巡查，查获非法捕捞渔船 5 艘，清除销毁大型定置网具 6 盘、地笼网 20 条、三层流刺网 30 多条。

（侯海翔）

农业开发

【概况】 2009 年，张家口市农业综合开发项目总投资 1.39 亿元（其中各级财政资金 9515 万元），比上年增长 15%。中低产田改造 9.71 万亩（6473.33 公顷）。新上产业化财政补贴项目 6 个，中央财政贴息项目 8 个。个数和资金规模均高于往年，实现历史性突破。部门项目突破 2008 年空白，争取到 4 个。新上喷灌 1.29 万亩（860 公顷），膜下滴灌 0.36 万亩（240 公顷），管灌 7.09 万亩（4726.67 公顷）。

【土地治理项目】 以抓亮点，抓示范，突出高效节水为主。按照科学治水，科学用水，实现可持续发展总体思路安排项目。充分开发地上水，高效利用地下水，大力推广节水新技术。加大管道输水、推广膜下滴灌、扩大喷灌面积。节水灌溉有突破性进展。打新井与上年相比减少 50%，比 2006 年减少了 85%。农业开发土地治理项目全部实现节水化。推出尚义、沽源、张北膜下滴灌示范区，察北、塞北、沽源马铃薯大型喷灌示范基地和怀安左卫、蔚县白乐、宣化江家屯、怀来狼山、涿鹿东小庄、赤城马营等一批典型亮点工程。全年总投资 10063 万元（其中财政资金 7545 万元，群众自筹 2518 万元），改造中低产田 9.71 万亩（6473.33 公顷），其中新建喷灌面积 1.1 万亩（733.33 公顷），膜下滴灌 0.36 万亩（240 公顷），农田防护林 1800 亩（120 公顷），建排灌站 3 座，新打机电井 51 眼，修复配套机电井 225 眼，输变电线路配套 15.06 千米，衬砌渠道 68.49 千米，埋设管道 259.18 千米，修建渠系建筑物 649 座，修建机耕路 253.19 千米，购置农业机械 2 台，仪器设备 30 台（件），组织技术培训 2.64 万人（次）。实现新增灌溉面积 6.83 万亩（4553.33 公顷），改善灌溉面积 2.75 万亩（1833.33 公顷），新增节水灌溉面积 9.44 万亩（6293.33 公顷），年节约水量 794.9 万立方米。增加农田林网防护面积 9.27 万亩（6180 公顷），新增农机总动力 100 千瓦，扩大良种种植面积 3.27 万亩（2180 公顷），增加机耕面积 0.3 万亩（200 公顷），优质农产品种植面积达到 3.99 万亩（2660 公顷），其中优质粮食种植面积为 3.04 万亩（2026.67 公顷。）新增粮食产量 848.80 万千克，蔬菜及其它农产品 3155 万千克。项目区年直接受益农户 1.08 万户，直接受益农业人口 7.22 万人，项目区直接受益农民年纯收入增加总额 3450.50 万元。建成一批旱涝保收、高产稳产、节水高效农田。解决生态环境脆弱问题，改良草场 0.30 万亩（200 公顷），人工种草 0.30 万亩（200 公顷），造林 1.03 万亩（686.67 公顷），治理沙化土壤 0.36 万亩（240 公顷）。

【产业化经营项目】 着力扶持对农民增收致富带动强、对全市主导产业升级起重要作用的蔬菜、优质杂粮、马铃薯、畜牧、草业、葡萄、杏扁等优势产业，大力推进蔬菜、畜牧业、农副产品加工产业。2009 年，张家口市共承担国家农业综合开发产业化经营项目 14 个，其中财政补贴项目 6 个，总投资 2394 万元，财政补贴资金 771 万元，项目分别是万全县 100 万千克甜玉米粒加工新建项目、阳原县 4.5 万只良种獭兔繁育养殖基地扩建项目、怀安县 3500 吨蔬菜储藏保鲜项目、尚义县 1 万吨蔬菜保鲜扩建项目、涿鹿县 600 吨杏扁深加工项目、康保县 5000 吨腌渍菜加工扩建项目。完成土建 2.70 万平方米，带动基地面积 3.6 万亩（2400 公顷），生产鲜食玉米 100 万千克、杏扁 150 万千克、腌渍菜 500 万千克，购置设备 162 台（套）、生产线 1 套，加工农产品转化 660 万千克。年新增产值 5331 万元，年新增增加值 1257 万元，年新增利税 954 万元，年新增农村劳动力就业 259 人。受益农户 12496 户，受益农民 4.37 万人，直接受益农民增收 2923 万元。中央财政贴息项目 8 个，涉及贷款 1.62 亿元，中央财政贴息资金 581 万元，企业自筹 1623 万元。项目分别是张家口塞北管理区现代牧场有限公司、康保县飞龙粮油有限公司红芸豆出口基地、阳原兴盛皮毛收购有限公司、万全县河北亚雄现代农业有限公司、怀安县张家口长城乳业有限公司、察北管理区张家口圣元乳业有限公司、张北县坝上蔬菜产业有限公司、张北县宏鹿乳业有限公司。

【农业科技推广】 坚持开发与科技同步，大力示范、推广新品种，加强农民培训。全年科技推广项目共7个项目12个子项目，分别为康保忠义乡配方施肥及保护地蔬菜土传染病害生物防治技术示范推广；沽源县闪电河村、头道梁村绿色蔬菜生产技术示范推广；尚义县八道沟乡、七甲乡、套里庄林场马铃薯膜下滴灌生产技术示范推广；万全县七屯村玉米新品种先玉335生产技术示范推广；察北管理区白塔管理处褐鳞蘑菇草地半野生栽培生产技术示范推广；张北县战海村、小二台村、兴隆村脱毒马铃薯新品种及蔬菜节水技术示范推广；塞北管理区马点村马铃薯无公害生产技术示范推广。投入科技推广费133万元，引进新品种24个，推广示范最新种植栽培技术12项，示范面积2276亩（151.73公顷），推广面积9500亩（633.33公顷），技术培训8350人（次），涉及12个乡镇和行政村。

【资金管理】 实行农发资金由财政部门统一管理制度。实行专人、专账管理。建立项目资金审核制度。把项目实施、工程验收与资金拨付相结合，确保资金发挥最大效益。实行农发资金县级财政报账制度。根据项目工程任务、进度，先预拨部分资金，待工程竣工验收合格后，凭有关合法票据核销全部农发资金。严格农业开发物资政府采购制度。对工程所需水泥、机泵、塑管等由市统一招标采购，保证工程主要物资质量，降低工程成本，同采购办协调及时拨付采购资金665万元。狠抓到期农发有偿资金回收工作，按时完成省下达的回收任务，上缴省资金499.7万元。强化部门项目资金管理，深入部门项目单位调研资金报帐情况，预拨市直部门项目资金105万元。

【崇礼县正式列入开发县行列】 在国家压缩开发县形势下，反复跑省农开办、国家农开办，在2008年将涿鹿县列入开发县基础上，2009年又把崇礼县列入国家农业开发县序列。至此全市所有县都被列入开发县，在河北省首屈一指。

（丁久生）

农业机械

【概况】 2009年，全市农机总动力达到279万千瓦，比上年增长2.9%；农机原值达到15.1亿元，增长11%；拖拉机拥有量达到7.9万台，增长1.4%；拖拉机配套农具达到11.4万部，增长2.7%；机耕达到775万亩（51.67万公顷），增长6%；机播达到561万亩（37.4万公顷），增长6.3%；机收达到269万亩（17.93万公顷），增长10.7%；耕、种、收机械化水平分别达到75%、54%、26%，全市农机化水平显著提高。

【农机购置补贴】 全市共争取到农机购置补贴资金3706.082万元（其中中央补贴资金3675.553万元，省级累加补贴资金30.529万元），项目覆盖18个县（区）。为保证这项政策全面落实，成立农机购置补贴工作领导小组，下设补贴工作办公室，加强对项目的组织领导。及时召开全市农机购置补贴培训会议，全面安排部署农机购置补贴工作，并就补贴政策有关说明和要求对各实施县（区）进行培训。制定并印发一系列加强农机购置补贴管理工作的文件和要求，规范项目操作程序，加强对项目实施工作监管和协调，开展对项目运作关键环节定期审计检查，确保补贴工作顺利实施。充分利用农机系统的信息优势，为购机者提供组织、技术和信息服务，做好购机手续、补贴目录等相关信息的问题解答，协调、督促供货方及时供货，搞好售后服务。截至10月底全部完成购机补贴任务，全市累计购买各类补贴农机具3747台（套），共涉及8大类29小类，引导农民和农业生产经营组织投入8309.17万元，受益农户达2709户。

【农机化技术推广】 （1）保护性耕作。沽源县为部级保护性耕作项目县，国家财政安排资金20万元。该县农机局制定以秸秆残茬覆盖、免耕播种施肥、杂草病虫害防治、深松为核心内容的技术方案，引进13台免耕播种机，建立平定堡镇、黄盖淖镇、小河子乡3个示范园区，全年完成作业面积1万亩（666.67公顷）。（2）节水精播。崇礼、尚义、沽源、阳原、涿鹿5县为省级项目县，省级财政安排资金55万元，引进节水精播机110台，完成作业面积10万亩（6666.67公顷）。经试验测算，节水精播与造墒相比，出苗提前2天，出苗率高5.8%，亩降低成本23元，平均亩节水50立方米以上。（3）秸秆综合利用。塞北管理区利用机具补贴引进3台北京现代农装大型青贮收获机械，秋季青贮作业5000亩（333.33公顷），蔚县成功进行秸秆压块燃烧试验，怀来、涿鹿等县向省农机推广总站提交秸秆压块示范推广项目可行性报告。全市在重点推广秸秆机械化青贮技术的同时，加大力度，积极开辟秸秆综合利用新途径。（4）玉米机收。市、县各级农机部门充分发挥农机购置补贴政策带动和激励作用，调动农民购买使用玉米收获机械积极性，全市玉米收获机保有量有较快增长，达到70台，2009年，玉米机械化收获面积达到8万亩（5333.33公顷）。（5）马铃薯全程机械化种植。重点解决机组配套问题，逐步形成大、中、小型3种机组机械化生产模式，全年完成作业面积30万亩（2万公顷）。

【农机维修和教育培训】　（1）农机维修。各县（区）农机管理部门以贯彻落实《农业机械维修管理规定》为契机，加快《农业机械维修技术合格证》审批发放进度，消除无证经营现象，保障农机安全生产，全年共发放合格证900份。依法对农机维修网点实行分类、分级管理，加强与工商行政管理部门配合，加大执法力度，净化农机维修市场，维护广大农机用户权益。（2）教育培训。市、县（区）农机部门围绕新农村建设，扩大职业资格证书制度覆盖面，全市共建立农机培训学校13所，全年培训农民2万人（次），发放技术等级证书500份。利用科技下乡、现场会、座谈会等形式，向农民广泛宣传党的惠农政策、农机实用新技术，全年累计发放资料和明白纸3万多份。

【农机安全监理】　深入贯彻落实《河北省农业厅关于切实做好农机监理工作的通知》精神，做好农用车及驾驶员档案移交工作，全市共移交农用车档案44616份，农用车驾驶人档案33158份，接收拖拉机档案1945份，拖拉机驾驶人档案473份，在全省第一个完成档案移交工作。贯彻农业部《农机安全监理机构建设规范》和《农机安全监理人员管理规范》，加强农机监理机构和队伍建设，共建县（区）级农机安全监理站8个，开展业务培训65人次，组织29人参加省站组织的检验员、考试员培训考试，并全部取得考试员、检验员资格。全面落实农机安全生产责任制和牌证业务目标管理制，与全市16个县（区）农机安全监理站签订“农机安全生产目标管理责任书”和“牌证业务目标管理责任书”共32份，还分别与单位每位职工签订“个人岗位目标管理责任书”。组织开展拖拉机、联合收割机检验和驾驶员安全教育工作，全市共检验拖拉机1639台，联合收割机32台，完成驾驶员安全教育6180人，拖拉机注册登记947台，考核合格驾驶员477人。结合“创建平安农机”活动开展农机安全生产执法行动、治理行动和宣传教育行动（简称农机“三项行动”），全年排查一般隐患536个，接受安全培训2210人（次），播放“农机安全生产”光碟100余次，发放宣传资料2.77万份。全年共上报农机事故2起，直接经济损失0.18万元，无重特大农机事故发生，农机安全生产呈现良好态势。

（陈　菲　杜全喜　杨月桂）

农业科研

【概况】　2009年，市科技局坚持以“惠民生”为出发点和落脚点，组织实施农业科技创新和科技示范工程，开展科技服务工作成效显著。争取到国家科技部和河北省科技厅农业项目资金770万元，比上年增长3倍多。在“科技服务年”活动中，建成宣化县义合庄村等6个村为新农村建设科技示范村，其中义合庄村加强科技基础设施建设，把推广杂交谷子作为主导产业，平均亩产量达到337.6千克，引领全市推广杂交谷子20万亩（1.33万公顷），实现直接经济效益9000万元（增产150千克/亩、3元/千克），成为全市各种农业现场会观摩点。在全国县（区）科技进步考核活动中，有12个县（区）通过科技部考核和验收，3个县（区）被科技部评为“全国科技进步先进县”，9位从事科技管理工作个人被科技部评为“全国县科技进步工作先进个人”。科技特派员工作深入开展，270名科技特派员中有3名获得科技部表彰，30名被市委、市政府表彰。开展典型村科技帮扶工作，市局在康保县永旺村扶贫工作成效突出，被市委、市政府评为“张家口市扶贫开发工作先进单位”，成为康保县20多个帮扶单位学习的典型；帮扶民族村开展工作取得实效，被市委、市政府评为“张家口市民族团结进步模范集体”。

【积极争取各级各类科技项目资金支持】　争取国家和省厅项目资金770万元，其中国家农业成果转化资金项目2项，分别是张家口市农业科学院承担的“光（温）敏两系杂交谷子‘张杂谷5号’示范与高产节水栽培技术集成”和中国长城葡萄酒有限公司承担的“长城庄园霞多丽香槟法起泡葡萄酒的中试”项目；国家和省科技富民强县项目各1项，分别是怀来县科技局承担的“葡萄产业化关键技术集成与推广”和万全县科技局承担的“万全县鲜食玉米产业优质高效关键技术开发与示范”项目；省农业成果转化资金项目1项，是河北省万全县华穗特用玉米种业有限责任公司的“鲜食玉米纯白超甜‘万甜1826’和高抗优质‘万糯6号’中试与示范”项目；省重大项目1项，是张家口市农科院承担的“谷子杂种优势利用技术研究与良种示范基地建设”项目；省两山工程开发项目3项；省支撑计划项目9项；玻璃钢沼气池示范项目；省小二台试区项目。2009年实施国家和省农业成果转化资金计划项目7项，总投资1239万元，示范推广15个农业新品种新技术，面积达125.28万亩（8.35万公顷），实现农民增收1.08亿元。

【开展农业科技服务活动，提高科技惠民力度】 开展以“万亩杂交谷子高产示范区建设”和“张家口市新农村科技示范工程建设”两项工程为主要内容的科技服务年活动。3月15日，在宣化县赵川镇举行张家口市“科技服务年”暨“万亩杂交谷子高产示范区建设”启动仪式。来自市农业局、市林业局、市畜牧水产局、市农科院、市科协、市科技局、河北北方学院以及宣化县农口部门42个单位共135名专家和科技人员为本次活动提供科技咨询服务。咨询服务内容涉及种植、养殖、林果、农机、农村新能源、农业信息、农业执法、科普知识、知识产权等12个方面内容，共设置科技展牌103块，挂图30幅，图书资料5000册，技术宣传册1.2万份。有1000多位农民朋友到场参加咨询活动。

“万亩杂交谷子高产示范区”建设。在“万亩杂交谷子高产示范区建设”落实上，重点支持杂交谷子研发体系建设，加快杂交谷子推广速度。市农科院杂交谷子首席专家赵治海现场为赵川镇广大农民朋友讲解杂交谷子种植方法和需要注意的关键技术问题，为农民朋友解惑答疑。为宣化县赵川镇10个杂交谷子种植重点村颁发“张家口市杂交谷子高产示范村”牌匾，向赵川镇、李家堡乡杂交谷子重点推广村提供1.2万千克杂交谷子、玉米种子及菜籽1200袋。编辑出版张家口市“科技服务年”培训教材并在活动现场分发给参会农民。通过示范区建设，使张杂谷生产技术更加成熟，实现了平均亩产250～500千克的重大转变，生态和社会效益显著。

张家口市新农村科技示范工程建设。从2009年到2011年，全市将重点建设20个新农村建设科技示范村，2个新农村建设科技示范乡镇和1个新农村建设科技示范县。2009年重点建设6个示范村，分别是宣化县义合庄村、怀来县蚕房营村和东八里村、张北县大西沟村、阳原县北关村、沽源县闪电河村。9月17日，宣化县义合庄村挂牌成为新农村建设科技示范村，标志着全市新农村建设科技示范工程全面启动，市委常委、宣传部长郑丽荣，市人大常委会副主任张秀发共同为该村揭牌，成为新农村建设科技示范村样板。该村把推广杂交谷子作为主导产业，加强科技下乡基础设施建设，为科技三下乡，加快科技成果转化，提供绿色通道。由于该村成效显著和极具代表性，受到全市乃至全省多家新闻媒体关注和系列报道，成为全市各种农业现场会观摩点。

【开展科技特派员活动】 根据市政府《张家口市推行农村科技特派员制度的实施意见》精神，为突破科技成果下乡难，农民缺乏有效科技指导问题，结合社会主义新农村建设，从市、县农口、科技部门、科研单位、高等院校等单位抽调270名科技人员，继续派驻200个社会主义新农村建设示范村及企业、园区，开展村级科技工作规划和措施落实，推广新品种和实用新技术，创办科技示范基地，开展农业技术培训和农村所需技能培训，为派驻村提供种植业、养殖业和市场营销方面信息，为乡（村）专业大户、企业提供科技服务。2009年全市科技特派员共下乡7000多次，培训农民达3万多人（次），发放宣传资料2万多份，示范新技术115项，新品种38个，示范推广面积达1200多万亩（80多万公顷），可为农民增收8000多万元。活动开展以来，受到科技部和省科技厅高度重视，科技部和省厅的领导专程来张家口市考察，并给予充分肯定和高度评价。6月5日，在科技部召开的“全国特派员工作会议暨农村科技创业行动启动仪式”上，市科技局穆军、市农业局高华山和河北北方学院张红杰被授予“全国优秀科技特派员”荣誉称号。

【突出山区特色，做好山区开发】 5月22～23日，由河北科技师范学院副院长王同坤教授带领的《河北省燕山山区特色产业科技发展规划》编制组到张家口市就山区特色产业发展情况进行调研。调研组分别到万全、阳原、蔚县、康保等县对鲜食玉米、特种动物养殖、皮毛加工、杏扁、食用菌和错季蔬菜等产业进行考察调研。分别把全市14个龙头企业、7个山区科技平台建设、2个示范基地和园区、31个科技示范村、13个燕山特色产业列入省“两山科技工程”，极大增强了科技对于山区农村经济发展的支撑和引导作用。支持山区开展科技研发活动，组织专家对全市申报河北省山区创业奖项目进行材料审查和项目包装，提高项目科技含量和竞争力，2009年获得河北省山区创业2项三等奖。

【加强科技宣传工作】 充分利用各种媒体扩大科技宣传，树立科技引领经济发展新形象。2009年分别在中央电视台第七套《农广天地》栏目播出由市局协助拍摄的电视片《亚麻高产栽培技术》和《燕麦高产栽培技术》；在《中国农村科技》、《河北科技报》、《张家口日报》等报刊杂志发表多篇报道。

（祁海燕　杨为廷）

张家口市农业科学院

【概况】 张家口市农业科学院是张家口市委、市政府直属事业单位，是张家口市唯一一所集农、林、牧、工程等多学科为一体的综合性农业科研机构。2005年4月由原张家口市坝上农科所和坝下农科所合并组建而成。其前身最早成立于1940年。该院现设马铃薯、谷子、燕麦、作物、油料、豆类、园林花卉、蔬菜、果树、畜牧兽医等10个专业研究所，研究领域涉及相关作物育种、栽培、植保、加工等20多个专业，其中杂交谷子和莜麦育种研究在国际上处于领先水平，马铃薯、亚麻和花卉育种及栽培技术等方面处于国内领先水平。设9个管理处室和3个技术开发部门。是“农业部薯类产品质量监督检验测试中心”和“国家杂粮加工技术研发分中心”依托单位；同时挂牌“河北省高寒作物研究所”和“河北省农林科学院张家口分院”。

全院有在职职工218人。各类专业技术人员121人，有高级技术职称人员57名，其中研究员17名。全院现有享受“国务院特殊津贴”人员6名、中共“十六大”代表1人、十一届全国人大代表1人、“全国五一劳动奖章”获得者2人、全国先进工作者1人；省管优秀专家1名、省有突出贡献中青年专家5名、河北省“333人才工程”第二层次人员4名、“河北十大新闻人物”1人、“河北省三八红旗手标兵”1人、“河北省三八红旗手”1人、“河北省优秀青年”1人、“河北省优秀青年星火带头人”1人；谷子专家赵治海入选“新中国成立60周年——河北英模60人”；“张家口市杰出人才”1人、“张家口市十大女杰”1人、河北省“333人才工程”第三层次人选54名、市拔尖人才9名、市优秀人才6名。该院是全市优秀科技人才最集中的部门之一。

【科技创新】 杂交谷子研究引起全球关注。育成光（温）敏两系谷子杂交种8个，开创了谷子育种史上的里程碑，受到联合国粮农组织和社会各界极大关注，成为中国农业科技新亮点。杂交谷子最高亩产达到832千克，2009年在全国11个省（区）推广面积达到100万亩（6.67万公顷），全市推广杂交谷子20万亩（1.33万公顷）。在全市50年不遇的大旱之年仍取得较好收成，杂交谷子平均亩产151.8千克，高出常规谷子近3倍，比粮食作物平均增产30.5%，杂交谷子与玉米、黍子、常规谷子等旱地作物相比，增产、增收与节水优势明显，媒体称之为“南有杂交稻、北有杂交谷”。2009年9月16日，袁隆平先生热情接待了院长张进京和谷子专家赵治海，并题词“祝贺两系法杂交谷子研究成功”。6月1日联合国粮农组织总干事雅克·迪乌夫亲临张家口考察杂交谷子，表示希望成立“国际杂交谷子培训中心”，把杂交谷子作为“南南合作”的核心项目推广到全球其他国家。继2008年之后，杂交谷子第二年在埃塞俄比亚试种成功，引起该国农业部极大重视。副省长张和带队赴非考察，就杂交谷子开发项目达成一系列合作协议。多学科研究跻身国家队。该院是国家现代农业产业技术体系6个专业中5位岗位科学家和5个综合试验站的技术依托单位，在全国1000多个地市级农科院（所）中综合排名第一，占全省地市级农科院（所）岗位科学家的5/6和综合试验站的5/13。8个专业参加科技部“十一五”科技支撑计划项目。承担国家级科研项目27项、省级16项。主持国家发改委高技术产业化专项，主持科技部国家高科技马铃薯“863”重大专项、国家“十一五”科技支撑项目及科技成果转化资金项目，主持农业部国家现代农业产业技术体系、国家“948”项目及公益性行业科研专项，承担财政部国家支农资金项目及国家农开办谷子专项等；主持河北省杂交谷子重大项目、工程中心、自然科学基金、国际科技合作、科技支撑等项目。筹建“河北省杂交谷子工程技术研究中心”，筹建中的“国际杂交谷子培训中心”项目，是联合国粮农组织“南南合作”的核心项目。科研成果取得历史性突破。“北方抗旱系列马铃薯新品种选育及繁育体系建设与应用”获2009年国家科技进步二等奖，是张家口市历史上获得的第3个国家科技进步二等奖。马铃薯科技进步带动全市马铃薯产业发展，该院6000亩（400公顷）机械化农场年繁育脱毒瓶苗2500余万株、假植苗100多万株、微型薯1000多万粒、原原种40多万千克、原种370多万千克、专用加工商品薯300多万千克。河北省自然基金项目“莜麦显性核不育材料的研究与应用”通过专家鉴定，达到同类研究的国际领先水平。仙客来盆花在“第七届中国花卉博览会”上获得20多个奖项；莜麦项目获河北省科技进步三等奖；谷子和甜菜项目分获市科技进步一等奖；莜麦项目获市科技进步二等奖；玉米和食用菌项目获市科技进步三等奖。新品种选育领先国际国内水平。2009年，全院审（认）定新品种7个，“张杂谷10号”通过全国农技中心品种鉴定；“张杂谷10号”被评为国家一级优质米，“张杂谷8号”被评为国家二级优质米；“冀张蚕2号”蚕豆与春小麦系列新品种“张春6号”、“张春7号”、“小山8645”和“小山9659”通过了河北省农作物品种审定委员会审定；“坝豌1号”豌豆在宁夏自治区通过审定。

【对外合作】　FAO有关专家官员先后两次来院考察。与北京辛普劳公司继续合作生产马铃薯商品薯；朝鲜国家农科院专家考察马铃薯脱毒技术；与国际干旱地区农业研究中心（ICARDA）合作开展食用豆科研工作；与瑞典奥特利燕麦公司合作建设有机燕麦生产基地。该院7名专家先后赴秘鲁、墨西哥、加拿大、挪威、埃塞俄比亚、约旦、印度等10多个国家考察学习。为商务部援外项目培训班非洲12国21名学员进行杂交谷子培训；与深圳华大基因合作开展杂交谷子基因测序工作。中国工程院院士董玉琛、范云六称赞杂交谷子是一项为河北争光、为国家争光的重要成果，应该在国内外大力推广。农业部、科技部等有关部门领导也分别亲临该院考察指导。2009年是现代农业产业技术体系的关键起步年，全国5位首席专家和19名岗位专家先后到该院考察试验基地并开展技术培训。同时积极与中国科学院、中国农科院、省级农科院、各大农业高校和国内知名农业企业广泛联系，开展技术交流与合作，先后有100多位国内外农业专家到该院考察指导；该院30多位专家参加全国性学术交流活动达100人（次）。

【科技服务】　以农作物良种育繁体系建设项目为纽带，深入乡村开展科技服务，服务范围达到全市50%乡镇，拥有百村科技示范点，千家科技示范户。开展技术培训69期，培训技术人员1.5万余人（次）。以市农科院为主体，市、县良种推广部门配合，建立农作物良种育、引、繁、试、推一体化体系。与6家企业联合开展“院企合作”项目，与4个乡镇联合开展“院乡合作”项目，建立农业科技综合示范基地4000多亩（266.67多公顷）、良种繁育基地1.6万多亩（1066.67多公顷），为联系点提供优良种子2万多千克。试验示范基地以现场鲜明对比增强了对农民的说服力，良种繁育基地为优势作物优势产区提供了优质放心种子，为全市种植结构调整提供了有力的科技支撑。

院长、党委书记：张进京

（任全军）

综　述

2009年，张家口市工业战线积极应对金融危机，着力调整工业经济结构，加大项目建设和招商引资力度，全力推进全民创业，积极推进两化融合，圆满完成了全年的工业目标任务，全市工业生产、经济运行质量和效益明显提高，发展活力不断增强。

全市工业企业完成工业增加值285.53亿元，同比增长9.5%，其中457家规模以上企业工业增加值完成235.43亿元，同比增长10.1%，确保了10%增幅目标实现；工业固定资产投资完成235.6亿元，同比增长62.8%；实现利税79.3亿元，同比增长9.8%；实现利润22.99亿元，同比增长26.46%。

工业运行特点。一是工业生产增速逐步加快。在一季度工业增速仅4%和上半年增速4.13%的严峻形势下，8~12月连续5个月实现两位数增长，12月增幅达到19.6%，回升态势十分明显。二是经济运行质量和效益回升态势明显。下半年，单月实现利税呈大幅增长之势，全年实现利税79.3亿元，是2007年后的第二个历史最好水平，同比增速达9.8%，比上半年净回升35.8个百分点；实现利润22.99亿元，同比大增26.46%，利润指标从8月起连续5个月实现正增长。亏损企业减亏形势逐月向好，全市亏损企业190家，同比增加22家，但比上半年减少53家；亏损企业亏损额8.03亿元，同比减亏9.77%。三是工业固定资产投资大幅增长，结构调整效应正在显现。全年完成工业固定资产投资额235.56亿元，同比增长62.8%。工业投资结构出现积极变化，连续几年投资不振的制造业完成投资60.34亿元，同比大增105.1%；连续几年投资热点电力热力业投资继续增长，完成投资159.03亿元，同比增长72%；采矿业完成投资16.19亿元，同比下降29.1%。四是工业重点项目数量和规模创历史新高。列入省两批重点工业项目87项，总投资792.5亿元，其中新开工项目43项，总投资250.5亿元。项目结构进一步优化，新型能源项目发展迅猛，机械装备制造项目投资力度加大，高新技术项目明显增多，对于全市工业产业结构升级、提高工业经济实力意义重大。五是骨干企业带动作用明显。宣钢在上年市场跌宕起伏、部分产能受限的不利条件下，实现了铁、钢、材产量增长和利税增长，为全市工业目标任务完成做出了贡献；张烟努力调整产品结构，创造完成产品销售收入48.19亿元和实现利税28.5亿元的历史最好水平；张电抓住国家调高电价有利时机，创造实现利税10.47亿元、同比净增2.7亿元的优良业绩；张煤机大力加强企业自主创新能力建设，生产效益大幅增长；宣工、斯必克、福田重机抓住2008年下半年市场回升机遇，实现满负荷生产，效益快速回升；长城葡萄酒、蒙牛塞北乳业努力拓宽市场，销售收入均突破10亿元，利税分别达3.5亿元和1.9亿元。六是民营经济持续稳步发展。截至年底，全市民营经济累计完成营业收入1030亿元，同比增长15.1%；实现增加值336亿元，同比增长12%；上交税金54亿元，同比增长5.1%。全民创业形势良好，全市民营经济单位数达10.8万户，同比净增7800家，其中新增民营企业337户。民营工业的支撑地位日益凸显，全市民营工业企业累计实现增加值173亿元，占到全部民营经济增加值的42.3%。

主要工作。经济运行监测和调度体系进一步完善。根据外部环境以及张家口市工业经济运行情况的变化，及时研究出台《关于切实抓好当前运行工作确保工业经济持续稳定增长的意见》等5个指导工业经济发展的重要文件，召开4次工业调度会议，建立4项监控调度制度，及时把握运行趋势和特点，通过强化政策引导、要素协调、优化服务，确保全市工业经济平稳运行。

项目工作取得突破性进展。围绕市委九届六次全会确定的“4+3”重点产业发展振兴规划，重点加强新型能源、食品加工、装备制造，电子信息产业、矿产品精深加工业产业结构调整和优化升级，抓好项目谋划和包装，明确招商引资重点，加强调度和协调，取得明显成效。2009年全市工业固定资产投资大幅增长，结构调整效应逐步显现，投资结构得到进一步优化。全市新型能源项目发展迅猛，总投资200亿元以上的国家“首个双百万千瓦”风电示范基地项目进展顺利，全市风电装机容量将达到190.6万千瓦，成为全国风电第一地级市；投资200亿元的国家风光储示范项目落户张家口市。机械装备制造项目投资力度加大，总投资80亿元的三一集团风力发电装备制造项目、总投资23.6亿元的中煤张煤机搬迁改造扩能项目、总投资6亿元的席勒小型直升机项目已开工建设。传统优势产业项目调整步伐加大，投资95亿元的宣钢淘汰落后、装备升级、节能减排、调整结构综合技术改造项目，总投资103亿元的盛华化工搬迁升级改造项目，总投资8.5亿元的涿鹿新型干法水泥项目加紧建设。高新技术项目明显增多，涿鹿京仪单、多晶硅项目，宣化正大硅锗合金，高新区无油空压机，万全柴油机尾气后处理，保胜能源光伏蓄电池，怀来高速光电双发元器件等高新技术项目加快推进。积极争取省重大产业支撑项目，张煤机煤炭机械基地、宣工工程机械装备基地、盛华北方氯碱化工基地3个项目有望进入省重大产业支撑项目。主城区工业企业搬迁升级改造项目取得明显进展，2009年主城区搬迁企业目标任务31家，其中双星制鞋、中煤千斤顶等6家搬迁企业可竣工投产，张煤机搬迁西山产业集聚区、盛华化工搬迁望山产业集聚区等16家搬迁企业项目已经开工建设。

制约工业发展的突出问题得到进一步解决。深入开展“进企业、送服务、解难题、促发展”活动，建立重点企业联系制度，市领导分包36家重点企业，市直94个部门联系282家规模以上工业企业，为企业协调解决资金、技术、土地等实际问题和困难。组织项目与本地产品产需衔接工作。组织全市重点建设项目与主要工业产品产需衔接洽谈会，组织企业参加全省洽谈会，重点推荐50个重点项目建设单位58家的主要工业产品，协调对接资金6.8亿元。积极开展融资担保。全市担保机构已累计达到42家，担保资本金达到4.7亿元，累计提供贷款担保1788笔，担保总额6.8亿元，其中本年度共提供担保贷款21笔，担保贷款8033万元，累计增加就业8804人，增加销售收入6.77亿元，增加税收3321万元。积极推进银企对接工作，市发改委、市工信局、市金融办、张家口银监分局、市人民银行等部门共同组织开展“2009张家口市中小企业融资对接会”、西山产业集聚区银企合作座谈会等对接活动，促成市商业银行、华夏银行河北省分行对宣化冶金、长城液压油缸有限公司、钟楼啤酒公司、宣化正大公司2.8亿元的信贷支持。邀请省中小企业信用担保中心主任到张家口市进行实地考察，与建设银行张家口分行达成共计约5300万元担保贷款意向，使一些急需资金支持的企业获得担保贷款，缓解了燃眉之急。年末，全市各金融机构工业短期贷款余额达48.57亿元，比年初净增13.5亿元，增长38%。成立张家口市创业指导中心，实施“小额贷款扶持创业工程”，通过“一县一基地”、“园区设基地”等方式推进中小企业创业辅导基地建设，开展“中小企业全员素质年”活动，推动了全民创业战略实施。

项目和资金争取工作成效显著。争取国家新增国债项目资金取得进展，宣工技改项目、盛华化工特种功能合成新材料和宣化橡胶废弃橡胶利用项目已通过国家发改委组织的论证，获得中央财政1.2亿元资金支持；争取国家、省节能技术改造奖励项目取得成果，为张煤机等5户企业争取国家节能技术改造奖励基金5500万元；为宣化一瓷等3家企业争取省级节能专项资金160万元；为张家口弘基矿业、崇礼紫金矿业争取国家黄金地勘项目资金260万元；为宣化电器等5家企业争取中小企业项目国家补贴资金640万元；为张家口佰汇医药有限公司争取到省级医药储备单位资格，每年可获得省财政省级医药储备补助资金50万元；为张矿集团涿鹿矿业等7家企业争取电力需求侧项目专项资金280万元。

信息产业的发展基础进一步夯实。受国际金融危机影响，张家口市信息产业特别是单晶硅行业产品出口锐减，企业经营困难，导致整体经济运行趋势下行。通过积极研究制定和落实优惠政策、加大招商引资力度、狠抓项目引进和建设、重点扶持产业园区和支柱企业等一系列措施，到下半年全市信息产业运行逐步好转，各项指标同比逐月回升。年内，入统的21家信息产业企业主要经济指标同比均略有增长，累计实现营业收入8.53亿元，利税总额1.22亿元，工业增加值3.29亿元，同比分别增长0.2%、1.0%和0.25%。

品牌建设目标任务圆满完成。全市新增国家级、省级品牌62个，其中，新增国家级品牌2个，中煤集团张家口煤矿机械有限公司的“张垣”商标被评定为全国驰名商标；省级品牌已完成60个，其中，河北省著名商标完成27件，河北省名牌产品完成10个，河北省优质产品完成6个；河北省非物质文化遗产代表作完成17项。

信息化建设重点工作稳步推进。举办“无线城市”项目启动仪式，与中国移动河北有限公司张家口分公司签署《张家口“无线城市”合作备忘录》；“张家口企业信息化公共服务平台暨张家口企业网”于10月顺利投入运行；网络与信息安全保障工作扎实推进，先后组织开展基础网络、重要信息系统和重点网站以及全市范围的IC卡信息安全专项整治活动，集中力量开展“两会”以及国庆60周年安保期间网络与信息安全专项检查和保障支持工作，为确保全市网络与信息安全提供有力保障。

国防科技工业持续健康发展。在加强军工资产管理基础上，推进民口承制军品企业发展，组织全市3家军工企业通过武器装备科研生产许可证现场验收；环航机械制造有限公司和华威化工有限公司通过总装备部武器装备承制单位现场审查验收；同时，确保民爆行业安全稳定，开展以专项整治工作为重点的民爆安全整治行动，共检查民爆生产、经营企业14家，清理隐患4处，确保辖区民爆生产安全和仓储安全，做到防患于未然，为两会以及国庆安保工作做出积极贡献。

（马春云）

煤炭工业

煤炭工业是张家口主要工业行业之一，发展历史悠久，煤炭资源丰富。据有关资料，全市煤储量达29.37亿吨，初步估计保有储量19.5亿吨。2009年，张家口规模以上煤炭工业企业26家，从业人数2.58万人，完成工业增加值25.3亿元、销售收入46.4亿元、实现利税3.69亿元，分别占到全市规模以上工业的10.7%、7.5%和4.7%。全市原煤产量达到1124.72万吨。

张矿集团的前身下花园煤矿1949年组建，1955年蔚县老虎头煤矿成立，同时一些县（区）还分布着不少小型煤炭企业。1949年张家口原煤产量16.84万吨，1957年达到100万吨。20世纪60年代至80年代，发展规模较大的有蔚县老虎头煤矿和涿鹿煤矿，同时蔚县、阳原、尚义、康保等一些国有、乡镇煤矿也获得较快发展，1985年全市原煤产量达到220万吨。进入21世纪，张家口煤炭工业进入快速发展期，2003年蔚州矿业有限公司并入开滦（集团）公司，并投入资金扩建崔家寨矿、老虎头矿、新建单侯矿，生产能力达到600万吨，北阳庄矿建设已展开，德胜庄矿亦将投入建设；2004年盛源公司与邯郸矿业集团公司实施联合重组，通过新建宣东矿、长城矿、涿鹿牛西矿，扩能康保矿、涿鹿武家沟矿，整合八宝山矿，形成年产原煤400万吨的生产能力。

2009年，张家口市煤炭工业受蔚县“7·14”矿难影响，19家规模以上地方煤矿及上百家规模以下煤矿全部停产整顿。并按国家产业政策实施对地方煤炭资源整合重组工作，分别由蔚州矿业、张矿集团、山东肥城集团集中对蔚县等地方煤矿重组、整合、托管，必将使未来全市煤炭工业生产、技术、安全能力提高到一个新水平。

（马春云）

冶金工业

【概况】 2009年，张家口市规模以上冶金工业企业完成工业增加值72.11亿元，占全市（规模以上工业企业，下同）30.63%；实现销售收入237.14亿元，占全市38.55%；实现利税13.39亿元，占全市16.89%；实现利润4.04亿元，占全市17.55%。全市生产生铁601.07万吨、粗钢562.99万吨、钢材542.05万吨、产铁矿石3151.53万吨、铁精粉539.9万吨、黄金2107.56千克、白银12463.32千克、铅精粉2177吨、锌精粉42423吨。全市冶金工业实现产销率近95%。

【产业结构调整扎实推进】 市委、市政府将张家口市矿产品精深加工业（冶金为主）列为重点发展之一，使张家口市冶金工业产业结构产生重大调整。共备案冶金项目79项，项目总投资34亿元。宣钢烧结机系统技术改造（二期）及烟气脱硫工程、赤城宝龙炉料有限责任公司240万吨链蓖机——回转窑球团技术改造等项目开工建设，进展顺利；崇礼紫金矿业有限责任公司2500吨/日技改工程、沽源铀钼矿等一批项目建成投产。这些项目的实施对于优化张家口市冶金工业产业结构具有重要意义。钢铁行业整合重组迈出坚实步伐。在省政府大力推动下，河北钢铁集团成立，宣钢加入河北钢铁集团，实现大公司、大集团发展战略，企业竞争力和抗风险能力进一步增强。张家口市地方钢铁集团——张家口万隆钢铁集团已按照国家产业政策编制完成集团发展规划，拟通过实行等量淘汰方式建设符合产业政策要求的项目，计划分两批在赤城、宣化建设3座1260立方米炼铁高炉配套炼钢及轧材生产线，同时分批等量淘汰国家限期淘汰的落后产能。

【行业整体规模有所提高】 通过实施综合改造项目，已形成600万吨铁钢材综合配套能力，主导产品已形成棒、线、型、带四大系列，2009年，完成生铁590万吨、钢560万吨、材537万吨。铁矿开采严格控制选厂建设规模，提高项目准入条件，制定最低采选规模限制，新建矿山规模要达到最低占有储量和最低开采规模要求，铁精粉生产企业规模要达到10万吨/年以上，实现铁精粉项目规模建设。有色金属产业按照国家《有色金属产业调整和振兴规划》，围绕有效利用资源、提升冶炼水平、延伸产业链条、发展精深加工等进行技术改造，通过实施崇礼紫金矿业有限责任公司2500吨/日技改工程、沽源铀钼矿、河北华澳矿产开发有限公司二期技术改造等项目，进一步提高选矿工艺，提高产品附加值，利用方式开始由粗放型向集约型转变，实现资源的规模开采和综合利用。

【节能减排取得实效】 冶金工业是能耗和污染大户，也是国家淘汰落后产能的重点。按照国家相关产业政策，提出张家口市淘汰落后产能计划和实施意见，并严格执行。张家口市冶金工业淘汰拆除宣钢2台36平方米烧结机、宣钢1座300立方米高炉、河北盛达工贸集团有限公司1座318立方米高炉及一批小烧结和小竖炉设备。共计淘汰炼铁产能71万吨、球团产能84万吨，为张家口市钢铁产业发展提供了等量淘汰落后生产能力建设大型项目的空间。节能减排成为企业自觉行动。宣钢认真、积极履行企业所承担的节能减排社会责任和义务，投资5亿多元，在确保完成省节能减排“双三十”目标任务基础上，主动实施一大批节能减排项目：开工总投资3.6亿元的干熄焦余热发电、高炉煤气综合利用汽轮发电、余压发电等节能减排、循环经济项目；自筹资金1.2亿元实施3座大高炉出铁场和百吨转炉除尘项目；提前拆除2台36平方米烧结机和1座300立方米高炉，圆满完成省“双三十”节能减排年度责任目标。

【企业技术创新步伐加快】 全市工业企业组织实施“工业企业科技行动”，全面推进企业科技创新、科技开发和研发，企业技术练兵及技术比赛，企业对标、品牌建设等方面工作，指导和推动企业通过科技行动计划，全面提高创新能力、研发能力、产品知名度、管理水平以及全员素质。推动企业积极开发新产品，提高产品附加值，延伸产业链。2009年，宣钢加大科技创新和品种开发力度，开发生产冷镦钢22A、精轧螺纹钢筋HRB500、含硼盘条SAE1015B等10个系列43个新品种钢，在集团内率先开发出SWRH77B、82B盘条并成功占领市场，月销售量2万吨以上；以ER70S－6为代表的焊丝、焊线品种钢精品首次打入华东市场；在集团内部左旋精轧螺纹钢筋首次研发成功并打入市场，应用于京沪高铁等国家重点工程。焊接用钢盘条、热轧盘圆2个产品获冶金行业品质卓越产品荣誉称号，82B盘条获得“采用国际标准产品标志”，HRB400热轧带肋钢筋和热轧盘圆获省名牌产品荣誉称号，“龙烟”获得河北省著名商标。引导企业走科技创新之路，通过应用新技术、新工艺提升生产过程的管理水平，优化产品生产流程。宣钢2009年焦化工序通过合理应用配煤新技术，优化配煤结构，实现集团内全焦成本最低，年节约优质肥煤资源25万吨，创效6000余万元；全年工序成本硬碰硬同口径比上年降低12.8亿元，可比成本降低率6.17%；实现利税总额9.5亿元，经济效益逆势攀升；技术中心成为省钢结构用钢工程技术研究中心。

（马春炜　王　岩）

建材工业

【概况】 张家口市建材工业有非金属矿采选业和非金属矿物制品业2个行业。到2009年底，全市建材工业规模以上企业共有42家，其中，中型企业4家，其余为小型企业。主要企业有张家口金隅水泥有限公司、河北基弘水泥有限公司、河北省矾山磷矿、张家口市颐兴建材有限公司、河北龙凤山炉料有限责任公司、怀来方圆玻璃有限公司等，主导产业为水泥制造业。2009年全市规模以上建材工业企业完成增加值4.92亿元，同比增长10.09%，占全市2.09%；实现销售收入18.38亿元，同比增长8.05%，占全市2.99%；实现利税1.55亿元，同比增长41.58%，占全市1.95%；实现利润0.26亿元，同比增长195.48%，占全市1.14%。主要产品产量：水泥熟料65.35万吨、水泥260.14万吨，同比分别增长10.6%和13.76%，增加水泥产量约32万吨。销售保持同步增长，全市建材工业实现产品销售率94.2%，水泥生产和销售再创历史最高产销量。

【产业结构调整】 张家口市水泥工业继续按照国

家水泥产业政策要求，坚持以发展促调整、保持总量基本稳定方针，加速淘汰落后工艺；加快推进磷矿、熔剂用灰岩、水泥用灰岩、沸石、膨润土、硅藻土、萤石、白云岩等重点非金属矿产品的开发利用，发展精深加工，重点支持石灰石富集区（县）建设日产4000吨及以上新型干法水泥熟料生产线，将靠近市场、符合条件的小型水泥企业改造为单线规模符合国家和省准入条件（年产能力大于100万吨）的水泥粉磨站。共备案、上报省核准建材项目4项，项目总投资1亿元。其中，上报省核准项目3项，总投资9881万元。涿鹿永兴水泥有限责任公司4000吨/天熟料技改工程等项目开工建设，进展顺利；河北基弘水泥有限公司日产2500吨新型干法水泥熟料生产线等一批项目建成投产；张北恒泰水泥年产150万吨水泥粉磨站项目和赤城水泥有限公司年产100万吨水泥粉磨站项目已获省发改委核准。一系列大项目实施推动全市建材工业产业结构优化升级，实现建材工业规模化和大型化发展。

【资源整合】　推进规模化、集约化发展，推进地方企业实施跨地区、跨行业的兼并重组，使企业逐步向集团化方向发展，促进产业集中化、大型化、基地化，调整和优化产业布局。北京金隅集团收购涿鹿永兴水泥有限责任公司，投资8.5亿元兴建日产4000吨大型水泥生产线；收购张家口市最大的水泥生产企业——河北宣化黄羊山水泥有限公司。金隅集团已经成为全市规模最大、产量占全市大半的水泥生产企业，水泥行业整合重组迈出坚实步伐。

【淘汰落后节能减排】　水泥行业淘汰张家口盛源集团水泥制造有限公司Φ2.9×10米机立窑生产线、山西云冈水泥集团宣化县同华有限责任公司Φ2.35×8米机立窑生产线、河北省赤城县水泥制造有限公司Φ2.5×8.5米机立窑生产线和张家口市沙城铁厂水泥厂Φ2.5×9米机立窑生产线等。共计淘汰落后水泥产能40万吨。为全市水泥产业发展提供等量淘汰落后生产能力建设大型项目的空间。积极推广应用新型干法水泥窑纯低温余热发电等节能新技术。涿鹿永兴水泥有限责任公司和河北省基弘水泥有限公司水泥生产线已采用新型干法水泥窑纯低温余热发电技术，预计2010年上半年投入运行，运行后每年节约电4千万千瓦时、节煤1.03万吨，减排2.7万吨。积极帮助企业争取国家和省专项资金。张家口市通达水泥厂、山西云冈水泥集团宣化县同华有限责任公司（原为宣化县水泥厂）、河北省赤城县水泥制造有限公司等7家企业获得淘汰落后产能中央财政奖励资金666万元。

【企业技术创新步伐加快】　在全市工业企业组织实施“工业企业科技行动”，全面推进企业科技创新、科技开发和研发、企业技术练兵及技术比赛、企业对标、品牌建设等方面的工作，指导和推动企业通过科技行动计划，全面提高创新能力、研发能力、产品知名度、管理水平以及全员素质。按照市委、市政府《关于大力实施品牌战略的意见》，继续加大品牌建设工作力度，通过制定品牌培育计划、保护名牌和商标专用权、加强宣传、建立实施品牌带动战略工作的激励机制等多种方式，不断提高企业的品牌和商标意识，培育和创建了一批拥有自主知识产权的驰名、著名商标、名优产品。阳原县燎原水泥有限公司的“阳刚”获得河北省著名商标，河北宣化黄羊山水泥有限公司的“黄羊山牌通用水泥”获得河北省名牌产品。

（马春炜　王　岩）

化学工业

【概况】　化学工业是全市传统优势行业之一，主要行业有化肥、农药、氯碱化工及脂类化工，主要产品有氮肥、化学农药原料药、树脂、焦炭等。受国际金融危机影响，昊华宣化公司、双环化肥等4家企业处于停产半停产状态，农药产品出口同样受到一定影响。2009年，全市化学工业生产略有下降，全年实现工业总产值8.02亿元，工业增加值2.75亿元，分别下降5.16%、5.19%，占全市GDP比重1%。经济效益除农药工业外明显下滑，全年化学工业实现利税总额2755万元，同比减少1.13亿元；税金总额6307万元，下降3.05%；实现利润-3552万元，减少8217万元。其中化肥工业经济效益下滑明显，实现利税总额-7116万元，减少3600万元，税金总额636万元，下降64.92%，利润总额-7752万元，下降2423万元。按照省安监局指示，有5家化工骨干企业由于安全防护距离不够，需要搬迁，是致使河北粤华化工有限公司、张家口双环化肥有限责任公司等企业停产的主要原因。按行业对比，农药工业效益持续提高，全年完成利税总额7252万元，增长1499万元；税金总额807万元，增加55.79%；利润总额6445万元，增长1210万元。农药工业骨干企业河北凯迪农药化工企业集团效益增加显著，全年完成利税总额7331万元，增加1781万元；税金总额794万元，增加59.52%；利润总额

6538万元，增加1485万元。化学工业氮肥（折含N100%）全年生产量4.62万吨，下降45.9%。其中尿素（折含N100%）3.43万吨，下降52.79%。化学农药原药（折有效成分100%）5003.12吨，增长4.97%。初级形态塑料生产量11.46万吨，同比增长53.97%。焦炭217.72万吨，同比下降4.49%。化学工业全年完成产品销售收入23.87亿元，同比下降24.42%，其中化肥工业完成产品销售收入2.39亿元，同比下降64.35%；农药工业完成产品销售收入4.35亿元，同比下降42.22%。

【重点项目】 2项化学工业项目争取到中央预算内资金支持。河北盛华化工有限公司搬迁新建的北方循环经济氯碱基地——20万吨/年特种功能型合成材料项目，被国家列为“重点产业振兴和技术改造2009年新增中央预算内投资项目”，获中央预算内投资5520万元；河北天宝化工股份有限公司污水零排放综合整治节水技改项目列入国家发改委、工业和信息化部工业中小企业技术改造2009年新增中央预算内投资计划，获得中央预算内投资150万元。1项化学工业项目获国家财政补助资金。河北盛华化工有限公司清洁生产示范项目获国家财政补助1500万元。

（刘 元 李晓霞）

机械工业

【概况】 张家口机械工业起步较早，已基本形成以煤矿机械、工程机械、专用汽车、锅炉制造、地质钻探设备、采掘机械、空冷设备、液压油缸、环保设备、风电设备等为骨干的工业体系。其中煤矿机械、工程机械、地质钻探机械、采掘机械、专用车、液压件等系列产品的发展速度、规模、品种、贡献率均位居全省前列。拥有中煤集团张家口煤矿机械有限公司、河北宣化工程机械股份有限公司、河北福田雷沃重机股份有限公司、斯必克冷却技术（张家口）有限公司、大地专用汽车制造有限公司、张家口长宇液压油缸有限公司、宣化冶金环保设备制造（安装）有限公司、三北－拉法克锅炉制造有限公司、科普柯矿山设备公司等一批具备一定实力的装备制造企业。其中：中煤集团张家口煤矿机械有限公司、宣化工程机械股份有限公司列入省装备制造业20强企业。到2009年底，张家口市有装备制造企业400多家，其中规模以上装备制造企业126家，全行业从业职工近3万人。规模以上装备制造企业实现工业增加值24.85亿元，占全市规模以上工业的10.5%；实现销售收入77.61亿元，占全市规模以上工业的14.1%；实现利税3.69亿元，占全市规模以上工业的5.2%，其中实现利润3.41亿元。

【重点行业优势产品及重点企业】 全年共生产采矿专用设备9.41万吨，同比增加1.14万吨；生产挖掘、铲土运输机械1162台，同比减少218台；生产混凝土机械2347台，同比增加1105台；生产各类液压元件5.76万件，同比增加2.12万件；生产改装汽车136辆，同比增加111台。重点企业：（1）中煤集团张家口煤矿机械有限公司完成产值22.91亿元，同比增长33.99%；实现销售收入21.88亿元，同比增长28.67%；实现利税2.58亿元，同比增长43.2%。（2）河北宣化工程机械股份有限公司完成产值4.65亿元，同比减少16.9%；实现销售收入5.4亿元，同比减少0.09%；实现利税3471万元，同比增长137.7%。（3）斯必克冷却技术（张家口）有限公司完成产值12.46亿元，同比增长19.8%；实现销售收入6.24亿元，同比减少22.95%；实现利税1.83亿元，同比增长21.9%。（4）河北燕兴机械有限公司完成产值1.21亿元，同比增长25.11%；实现销售收入1.14亿元，同比增长26.97%。（5）河北福田雷沃重机股份有限公司实现销售收入4.34亿元，同比减少25.54%；实现利税17亿元。（6）张家口大地专用车有限公司实现销售收入5830万元，同比减少58.98%；实现利税213万元。

【重点装备工业项目】 全市续建、新建机械装备制造类项目22个，2009年完成投资10亿元。主要项目有：总投资23.6亿元的中煤张家口煤矿机械有限责任公司煤矿机械装备产业园项目；总投资18亿元的宣工发展有限公司大马力推土机、小型挖掘机技改项目（宣工工业园）；总投资80亿元的三一电气有限公司张家口三一风电产业园项目；总投资8000万美元（6亿人民币）的席勒（中国）飞机制造有限责任公司小型直升机制造项目；总投资3亿元的宣化冶金工业有限公司单螺杆水润滑空气压缩机生产项目；总投资3亿元的张矿集团张家口第一煤矿机械有限公司扩模改造项目；总投资2.8亿元的张家口百通环保科技有限公司柴油机后处理装置生产项目；总投资3.15亿元的河北福田雷沃重机股份有限公司泵车生产线技改项目；总投资2.8亿元的张家口长宇液压油缸有限公司大型液压油缸挖掘机用油缸生产线技术改造项目。谋划前期项目8个，主要项目有：总投资8亿元的张家口中地装备探矿工程机械有限公司张家口探矿机械产业园项目；总投资25亿元的宣化钻机工业园项目；总投资3亿元的河北宣采岩土工程机械装备有限公司岩土工程机械系列产品研发制造项目。

【张家口西山装备制造产业集聚区建设】　张家口市西山产业集聚区现已入驻装备制造投产企业69家，完成工业总产值5亿元，同比增长32%；完成增加值1.3亿元，同比增长62.5%；完成全部固定资产投资22.4亿元，同比增长411%；实现税金4484万元，同比增长224%。已签约和达成意向性项目31个，总投资201亿元，占地13000多亩(866.67公顷)，其中：签约落地项目19个，并有14个项目列入河北省重点项目，总投资186亿元。

（高卫东　冯建华）

医药工业

【概况】　医药工业是张家口市传统优势产业，2009年，规模以上医药生产企业5家，即张家口制药集团有限责任公司（含张家口吉斯特——布罗卡德斯制药有限公司)、张家口市云峰制药厂、张家口市凯威制药有限责任公司、河北国森药业有限公司、张家口长城药业有限责任公司。根据2009版《国家基本药物目录（基层医疗卫生机构配备使用部分)》，张家口市生产的基本药物中化学制品及生物制药类有61个品种，中成药有33个品种。全年实现工业总产值5.36亿元，工业增加值1.1亿元，分别下降35.74%、5.36%。全年医药工业实现利税总额-0.2亿元，减少1.09亿元；税金总额0.12亿元，增加123.85%；实现利润-0.32亿元，减少1.1亿元。主要产品化学药品原药全年生产量624.59吨，同比增加77.29%；中成药683.32吨，同比下降3.19吨。

【重点项目】　医药工业项目有序推进，3个项目被列为河北省医药行业调整和振兴规划实施意见重点项目：(1)张家口吉斯特——布罗卡德斯制药有限公司青霉素工业盐升级改造项目，总投资1500万元，达产后新增销售收入3500万元，利税合计450万元。截至年底累计完成投资1000万元。(2)河北新张药股份有限公司阿扑西林钠、头孢菌素改造项目，总投资5000万元。截至年底累计完成投资3200万元。(3)张家口制药集团克拉维酸无菌扩能改造，总投资2亿元。

（刘　元　李晓霞）

信息产业

【概况】　全市信息产业已形成以单晶硅太阳能光伏产业为主导，多种高新技术产品并举的产业集群，主要产品除单晶硅和锗硅合金单晶及晶片外，还有高速光电收发元器件、消防报警装置、矿用真空综合开关、矿用隔爆兼本质安全型真空电磁起动器、半导体致冷片、生化分析仪、太阳能光伏电池系列、纳米二氧化硅、智能静电除尘设备等产品。成立了单晶硅信息产业研发生产基地，硅产品跃为河北省第二大生产基地。2009年，全市入统的21家信息产业企业实现营业收入8.53亿元，工业增加值3.29亿元，利税1.22亿元。分别同比增长0.20%、-1.28%和1.74%。

【经济效益稳中有升】　一是光伏产业趋稳向好。全市共有10家单晶硅生产企业，单晶硅生产总量80吨，拥有单晶炉151台，占全省单晶硅、单晶硅炉总量的30%，主营收入已占全市信息产业主营收入55%以上。二是高新技术企业优势凸显。河北华美光电子有限公司是一家拥有自主知识产权的光通讯高新技术企业，产品技术含量高、品种全，其研发和生产的光通讯和光电子领域产品在全省属首家。企业基础管理工作扎实，运转体系完善，具备一定的抗风险能力，实现销售收入7600万元。河北北大青鸟环宇消防设备有限公司是继秦皇岛海湾集团之后省内第二家生产电子安防产品企业。市场占有率居全国第三。形成集消防、安防、监控于一体的安全服务报警系统，已成功应用于中南海、西山151等工程，实现销售收入1.69亿元，同比增长83%。

【项目建设取得突破】　全市共组织申报信息产业制造业项目41个，其中消防报警器、生化分析仪、锗硅合金单晶及晶片、智能除尘设备、盐浴炉自动控制系统、金属丝网织机自动控制系统、晶体生长控制仪、切削液、教学软件、三轴数控插齿机10个产品或技术为自主研发项目。41个项目总投资达38.73亿元，其中，投资上亿元项目9个，5000万元以上项目13个。全部项目完成达产后可实现销售收入58亿元，利税12亿元。

【产业园区快速发展】　以发展信息产业为主的东

山产业集聚区“十通一平”工程已基本完工，可满足入驻企业的建设和生产需要；怀来信息产业园区以华美光电子有限公司为依托，加大招商引资力度；涿鹿信息产业园区已有13家企业入驻，重点做好单晶硅产品深加工，延长产业链条；宣化区已形成以光电产品、智能型整机为主的信息产业园区。宣钢、长城葡萄酒、煤机公司、张烟公司、钟楼啤酒5家企业被评为中国企业信息化500强，长城葡萄酒被评为中国企业信息化500强特别成长奖。盛华化工、长城液压油缸等企业信息技术推进工作也取得明显成效。

（李昕英）

国防科技工业

【概况】 2009年，张家口市国防工业围绕武器装备科研生产，寓军于民体制建设，认真贯彻执行《中华人民共和国安全生产法》和《民用爆炸物品安全管理条例》等一系列安全生产法律法规和政策，开拓进取，扎实工作，保持了军工经济平稳较快增长，顺利完成武器装备科研生产任务，推进军民融合取得新突破，军工和民爆监管迈上新台阶，为全市经济又好又快发展作出积极贡献。

【国防工业不断壮大，发展形势喜人】 全市军品及民口军品协作配套企业共有5家，分别是河北燕兴机械有限公司（一三七厂）、中核沽源铀业有限公司、新兴纺织有限公司、环航机械制造有限公司、华威化工有限公司。列入省军工行业管理的2家民口承制军品企业，销售收入由上年8320.75万元、8125.75增加到1.13亿元、1.01亿元，同比增长26.3%和19.55%；特别是环航机械制造有限公司高速滑翔机进入试飞阶段，河北燕兴机械有限公司的新型武器装备配套系统已通过国家有关部门及军方考核验收。总投资6亿元的国家重点工程中核沽源铀业有限公司也将完工投产。

【军民结合，寓军于民】 为使民口军品承制企业尽快取得国家国防科技工业局颁发的武器装备科研生产许可证，市国防工业办公室按照省国防科技工业局的部署，推动各企业开展“二方认证”、“保密认证”和规范基础工作，创造条件通过“三方认证”进而申请许可证。全市3家企业的质量体系认证都已通过验收，环航机械制造有限公司和华威化工有限公司“保密认证”已通过验收，并取得国家国防科技工业局颁发的武器装备科研生产许可证。尤其是环航机械制造有限公司走出一条“机构+公司”和“科研+生产”相结合的路子，生产出科技含量高的系列产品，XX-XX-1滑翔靶标、地面立体靶标、挂吊弹车已投入生产并装备部队。另外地-空滑翔靶标，空中射击评估系统改造等项目作研发储备。华威化工有限公司专业生产硝酸异丙酯产品，用于配套新型武器装备。新兴纺织有限公司是由原总后新兴集团供销公司、张家口市大为纺织有限公司、迁安市宏源毛纺织品有限责任公司共同出资组建的股份制企业，产品为军用毛毯、军用帐篷、步兵携行具和军服，2003年通过了ISO9001—2000质量认证。五维航电科技有限公司特种金属符合材料产品保密认证工作正在积极申办中。

【依法依规进行资质审查，严把准入关】 环航机械制造有限公司和华威化工有限公司依据武器装备科研生产许可证取得的相关要求，于11月通过省保密认证委员会的审查，并取得保密资质。还通过了武器装备科研生产许可现场审查及总装备部武器装备承制单位现场审查验收。现已取得国家国防科技工业局颁发的武器装备科研生产许可证和中国人民解放军总装备部颁发的武器装备承制单位资格证。

【创新服务方式，争取项目和资金扶持】 全市3家民口军品协作配套企业获得全市中小企业发展专项资金资助，总金额达到35万元，争取国家国防科技工业局的项目资金支持也正在跑办中。

【沽源铀钼矿建成投产】 中核沽源铀业有限责任公司460矿床铀钼综合回收矿冶项目是原国防科工委批准的国家重点项目。2006年8月12日签约，2007年4月6日中核沽源铀业有限公司成立。2008年6月28日通过国家国防科工委批准开发。2009年1月试生产。9月16日试生产出钼酸铵产品。工程项目总投资6.34亿元，利税总额将达到6343万元。

【细化管理，确保军工资产保值增值】 落实冀军工计字［2002］第85号、86号和张军工［2004］11号文件精神，使军工设备363台（套），原值565万元；军工厂房4.92万平方米，原值518万元不流失。为配合市重点工程的顺利施工，在较短的时间内完成高家屯工办仓库资产置换，为全市三年大变样做出贡献。

【民爆行业安全健康发展】 全市有民用爆炸物品

生产企业1家（宣化化工厂），流通企业6家（蔚县民用爆破器材专营公司、崇礼县民用爆破物资供应有限公司、宣化县屹华民用爆破器材有限责任公司、涿鹿鹿原民用爆破器材剧毒品专营有限责任公司、怀来县隆昌民用爆破器材有限公司、赤城县安晟危爆化学品有限公司）。年生产各类民用炸药2万吨；销售各类民用炸药3.5万吨、各种雷管约2000万枚。按照河北省国防科技工业局冀军工安字［2009］第81号文件及冀军工爆字［2009］第89号文件的有关要求和安排，遵照“安全第一、预防为主、综合治理”工作方针，全市于4月28日开始对辖区内民爆器材生产、流通企业进行全面检查。检查内容为是否违反“四超”（超员、超管、超时、超能力）规定；防雷设施、消防设施是否经过检测并合格；是否存放非法物品，库存民爆器材是否过期失效；节日期间，是否明确有关规定和坚持领导带班制度；对重点部位，是否安排专人严密监控，严加防范，督促企业整改和清除各类事故隐患。按照河北省国防科技工业局《关于在全省民爆行业开展整顿活动的通知》（冀军工爆字［2009］第202号）安排，从10月20日开始，针对自查内容逐一对辖区内的民爆生产流通企业进行检查。检查活动至10月28日结束，共检查生产企业1家，流通企业10家（其中分公司4家）。检查中对购买手续虽系公安机关开具的电子购买证，但有的未加盖公安机关印；购买单位的营业执照、经办人身份证、银行帐户复印件等备查资料不完整；县、市外购买单位购买手续未到当地公安机关备案；因临时修路，钻井故障等临时爆破作业或银行帐户被查封等原因在销售民爆器材过程中以现金方式收款，但未发现坐支现象等问题提出整改要求并要求限时整改。通过整顿，进一步规范民爆企业销售行为，增强企业法律意识，发现问题的同时也堵塞了管理漏洞，促使企业健全相关制度，加强制度约束，也形成切实有效的管理制度体系。为确保建国60周年庆典期间全市爆炸物品的绝对安全，严防各类爆炸案件和事故的发生，切实维护社会治安稳定，对民爆物品库存进行彻底清查，摸清具体数目，做到帐物相符，心中有数。严格审查销售程序，弄清用户是否合法、爆炸物品是否用完，管好每个雷管、每两炸药的用途和去向。排查重点部位，清查重点人员，高度警惕、密切关注重点人员思想动态，做到防患于未然，万无一失。

市国防工业办公室主任：冯立平

（侯建峰）

电力工业

【概况】　2009年，全市电力装机容量648.6万千瓦，主要为火电、风电和光伏发电。全市电力系统实现售电量81.75亿千瓦时，同比降低0.98%。完成电网建设投资12.62亿元。截至年底，张家口供电公司共拥有35千伏及以上变电站155座，变电容量8133兆伏安，其中220千伏变电站12座、110千伏变电站36座、35千伏变电站107座。35千伏及以上输电线路共358条，6239千米，其中220千伏输电线路40条，1185千米；110千伏输电线路101条，2225千米；35千伏输电线路217条，2829千米。

【安全生产】　强化电网计算分析，合理安排运行方式。加强二次系统建设，完善220千伏环网保护双重化配置。全方位调整变电运行模式，完成“调控一体化”方案设计和主设备招标，启动集控楼建设。扎实推进状态检修工作，建立管理、技术、执行、保障、信息采集5大体系，完善辅助决策系统功能，顺利通过国家电网公司验收。加强检修预试工作安排，严格非计划停电考核，圆满完成检修预试任务。规范大修技改工程管理，强化过程控制和后期评价，完成500千伏万全站隔离开关返厂大修、万顺线防风偏改造等重点工程。截至年底，张家口供电公司未发生华北电网公司考核事故，实现安全生产2725天。

【电源建设】　火电：张家口市境内煤炭资源较为丰富，同时紧邻煤炭资源大省山西、内蒙古，发展热电火电条件较好。全市上网火力发电机组装机容量为458万千瓦，其中大唐张家口发电厂8×30万千瓦，大唐下花园发电厂1×20万千瓦，怀安热电厂2×33万千瓦，张家口热电厂2×33万千瓦，宣化热电厂2×33万千瓦。抓紧谋划和推进的有蔚州煤电路一体化——蔚县发电厂、沽源坑口电厂等项目。全市火电发展已初具规模，成为华北地区重要的电源支撑点。

风电、光伏发电：全市风能资源丰富，坝上地区被国家确定为第一个百万千瓦级风电基地和首个双百万千瓦级风电开发基地。全市建成、在建和批复前期工作的项目68个，总容量522.975万千瓦，建设容量190.6万千瓦，并网104.505万千瓦，荣升为全国风电装机第一市。

风电项目：张家口坝上地区百万千瓦级风电基

地项目，目前国家已安排两期，共29个项目，总容量330万千瓦。其中一期工程含张北单晶河特许权项目共15个，容量180万千瓦；国家能源局于2009年1月18日批复了二期工程开发方案，共14个项目，容量150万千瓦。

风光储输项目：国家电网所属的新源控股有限公司与张北县、尚义县签订开发建设全国第一个风光储能综合示范项目合作协议书，计划总投资200亿元。风光储能综合示范项目计划位于张北县和尚义县境内，占地面积200平方千米，开发规模为50万千瓦风电、10万千瓦太阳能光伏发电、7.5万千瓦化学储能。项目建成后将成为世界上最大的太阳能光伏发电场、最大的风光储实验中心、第一个超百万千瓦风电集中输出检测基地、世界上规模最大的风光储三位一体示范工程。风电、光伏发电研究检测中心实验基地位于张北县满井风电场南部区域，总投资约2.4亿元，占地面积24.8平方千米。该中心已于6月动工，将于2010年建成，项目建成后将成为世界一流水平的风电研究检测中心，具备从风电仿真研究、风电预测到风电调度控制的研究和试验能力，满足国际标准的风电机组认证和风电并网检测要求的检测能力。该项目建成后将实现4项世界第一：第一个具备电网适应性检测的风电试验基地；第一个具备低电压穿越特性检测的风电试验基地；第一个具备低频风电机组研发和试验能力的风电试验基地；第一个具备多种储能与风电联合运行研究和试验的风电试验基地。

【电网建设】 完成电网投资12.62亿元，开工110千伏及以上线路797千米、变电容量135万千伏安，投产线路406千米、变电容量79万千伏安。500千伏沽源变电站扩建工程，220千伏察北、义缘输变电工程，九龙泉、麒麟山风电场送出工程按期投运，坝上百万千瓦级风电基地一期工程具备条件的风电场全部并网发电。张家口热电厂、宣化热电厂送出工程提前投产。扩大内需农网完善第一批工程顺利完工，第二批工程快速推进，城市建设配套电力设施改造等47项配网工程建成投运。

【经营管理】 面对金融危机蔓延、售电量锐减的严峻形势，开源节流、降本增效，最大限度地保证公司经营效益。把握经济环境和用电形势，落实市场开拓增效方案，建立业扩报装绿色通道，推进能源替代项目，开拓市场增加售电量4.21亿千瓦时，市场占有率同比提高0.7个百分点。开展“三节约”活动，将成本控制措施落实到电网建设、生产运维、经营管理全过程，可控费用同比降低5.44%，总能耗同比降低5.7%。

【体制改革】 落实人财物集约化管理要求，圆满完成“五大”管理体制改革。“大生产”改革：完成500千伏输变电设备运维职责移交，调整细化220千伏及以下电网运维范围，实行输电、变电运行、变电检修专业垂直一体化管理；“大基建”改革：推行业主项目部管理模式，建立5个专业管理子体系，“三位一体”基建管理模式初步形成；“大营销”改革：撤销3个城市供电部，组建“一部四中心”，完成由分区管理向专业管理的转变；“大物流”改革：以“高效仓储、集中配送”为目标，成立物流服务中心，妥善安置集体员工；“大信息”改革：理清权责归属，设置应用专责，实现一体化职能管控。

【科技创新】 全力推进“5E”工程，ERP系统四期和EAM系统110/35千伏业务上线运行并有效整合。加强信息通道建设，光纤广域网络覆盖所有变电站和基层班组。开展智能电网研究，“变电站直流系统网络监测管理”项目取得积极进展。加大科技项目管理力度，7个项目获华北电网公司科技进步奖，4个项目获国家专利授权，7个项目获专利申请通知书。“导线防舞动相间间隔棒铰链式连接金具的研发”获得自主知识产权，“输电线路智能生产指挥系统”填补国内输电智能管理技术空白。

【社会责任】 配合地方政府节能减排专项行动，对高耗能和违法排污企业依法采取停限电措施。加强高危及重要客户管理，严格执行电力准供制度，协助客户开展自有设备安全检查。主动履行社会责任，全力服务坝上风电基地和生态宜居城市建设。实施“三新”农电战略，新建10个电气化乡、150个电气化村。

【优质服务】 落实《供电监管报告》，全面自查整改，进一步提高供电质量、提升服务水平、规范市场行为。加强供电可靠性管理，实施“零点工程”，开展配网带电作业。创新优质服务措施，“95598”客户服务热线实现集中管理，建成12个社区供电服务示范站，新增40个邮政代收网点，安装12台自助缴费终端。开展“迎祖国60华诞，展供电服务风采”等活动，张家口供电公司获得“河北省2009年服务质量奖”。

【国庆保电】 坚持“从政治上着眼、从稳定上着手、从和谐上思考”的工作方针，将电力设施纳入全市国庆安保体系，修编19项应急预案，建立17个保电防区，组织7080人的护线队伍。保电期间，变电巡视2670余次，线路特巡5.51万千米，开展2次联合反事故演练，圆满完成建国60周年庆典保电任务。

供电公司经理：曹　伟

（方发微　刘　峰）

烟草工业

【概况】　张家口卷烟厂有限责任公司，始建于1939年，其前身是张家口卷烟厂，隶属于中国烟草总公司河北中烟工业公司，2006年12月改制更名为张家口卷烟厂有限责任公司。目前在岗员工3184人，占地面积31.87万平方米，年卷烟生产能力500亿支（100万箱）。截至年底，拥有总资产29.23亿元。1992年，企业进入全国大型一档工业企业行列，曾连续7年位列中国500家最大工业企业，是全国烟草行业重点卷烟工业企业和河北省、张家口市的大型重点骨干企业。1949～2009年，企业累计为国家创造利税230多亿元。

公司生产的“钻石”品牌自2001年7月上市以来，成为河北省中高档卷烟第一品牌。由公司生产的拥有多项专利技术、中国首个高档超长滤嘴卷烟——“钻石”国嘴120，填补了国内超长滤嘴卷烟产品空白。2008年3月，“钻石”品牌被国家工商总局正式认定为中国驰名商标，实现张家口市驰名商标零突破。2009年“钻石”品牌销量增幅位居全国名优烟第2位。公司共生产卷烟405亿支（81万箱），同比增长4.52%；实现销售收入48.19亿元，同比增长10.81%，实现利税28.5亿元，同比增长10.34%。单箱利税3518.7元，创历史新高。

【品牌战略】　“钻石”品牌作为全国重点骨干品牌，产销量已居于全国30个重点骨干品牌第15位，销量增速居百牌号卷烟第5位、重点骨干品牌第2位，产品覆盖30个省份209个地市公司。

【企业管理】　公司提出“1121”管理思路，即以严格管理为前提，以精细化管理为主线，抓好贯标和对标两项重要工作，实现创建“优秀卷烟工厂”的目标；印发《关于进一步强化严格管理的决定》；编制《严格管理检查指导手册》。加强“精细六合”管理体系建设，开展“精细六合”基础知识培训，编制精细化管理执行手册，全面实施生产组织、工艺质量、成本费用、现场管理、队伍建设、安全环保等精细化管理，管理水平不断提升，“精细六合”管理体系初步形成。按照“从实际出发，把标准转化为行为规范”的要求，扎实推进质量管理体系建设工作，加强教育培训，组织内部审核，积极落实整改，企业规范化、标准化程度不断提升；高标准、快节奏、全方位开展对标工作，对照先进找差距，对照目标抓管理，突出关键指标，强化检查调度，制定改进措施，各项经济管理指标水平持续优化。有效分解“优秀卷烟工厂”创建活动评价标准，全面构建三级指标体系，建立指标563项，创建活动起步良好。加强全面预算管理，严格按照“三要、三不”原则开展工作，费用支出年度预算分月调整，优化“预算激励引导模型”，细化预算考核指标，预算的硬约束作用不断发挥。加大节能减排力度，开展节能减排宣传，细化指标，创新观念，强化考核，节能减排效果明显。公司万元生产能耗为41.73千克，同比下降16.1%；万支卷烟生产能耗为5.03千克，同比下降11.7%。

【科技创新】　张家口卷烟厂有限责任公司在河北中烟工业公司召开的河北烟草工业系统QC成果发布会上，选派11个课题参加，其中，《减少燃油烘丝机干头》、《综合利用锅炉废水》2项课题获一等奖，《减少燃油烘丝机潮头》、《减少YJ27接装机剔除缺滤嘴烟支的数量》、《实现车间空调系统一次回风》3课题获得二等奖。

【技改工程】　公司二期技改工程于2009年6月顺利竣工投产，全面建成2条4800千克/时制丝生产线，2条2000千克/时梗丝生产线，形成面积达1.5万平方米的卷包车间，基本具备年产100万箱生产能力。积极筹备、实施三期技改工程，全面论证技术改造方案；积极办理工程前期审批手续，招标确定施工单位、监理单位。扎实做好旧制丝线设备和供电设备的拆除、报废、销毁工作；有序实施餐厅装修改造、结构加固改造、办公区装修改造项目；加快成品辅料库技改项目进程，按期完成设备安装调试工作，机械手、AGV小车全面投入使用；实施中心广场建设，美化厂区环境。

张家口卷烟厂有限责任公司总经理：

师进辉（8月免）

胡自强（8月任）

（闫　东）

食品工业

【概况】 食品工业是张家口市传统优势产业，具有良好的发展基础。独特的自然、气候条件，为食品工业提供了富有特色的农牧资源，乳业、牛羊肉、无公害蔬菜、脱毒马铃薯、葡萄、杏扁、食用菌、杂粮杂豆等已形成一定优势，怀涿盆地－桑洋谷地气候条件适于食用和酿造葡萄种植，被誉为“东方波尔图”，有8个县被国家和省有关部门命名为“中国名特优经济林”、“葡萄之乡”、“杏扁之乡”、“无公害蔬菜生产示范基地县”。依托丰富的资源优势，经过近百年发展，张家口形成酒、糖、奶、薯、肉等为骨干的食品工业体系。全市拥有食品加工企业300多家，其中规模以上60家，从业人员近2万人。规模以上食品加工企业完成工业增加值51.1亿元、实现产品销售收入97.3亿元、实现利税28.5亿元，分别占全市规模以上工业企业21.7%、15.8%和46%。主要产品产量：成品糖3.66万吨、乳制品33.4万吨、白酒（折65度）621.3万升、啤酒1.16亿升、葡萄酒5451.3万升。

【重点企业及产品】 酿酒业有上百年发展历史，1673年，清康熙皇帝出巡张家口，行至怀来沙城尝酒，赞曰“酒甚佳”，并赐名“沙酒”。1905年巴拿马万国博览会上，产于沙城酒厂的“青梅煮酒”荣获国际银奖。20世纪70、80年代，张家口白酒在晋冀蒙市场独占鳌头。2009年末，规模以上白酒企业为长城酿造和涿鹿三祖龙尊酿酒2家企业。啤酒生产已有50多年发展历史，宣化新钟楼啤酒有限公司始建于1949年3月6日，自1958年起由生产白酒转产啤酒，目前年生产啤酒能力达30万吨，年销售收入3亿元左右，创利税6000万元左右，荣获中国驰名商标称号。葡萄酒诞生在“中国葡萄之乡”怀来县沙城。中国长城葡萄酒有限公司酿造的干白葡萄酒，被欧美专家誉为典型的“东方美酒”，已成为享誉中外的华夏第一品牌，现已开发出干、半干、半甜、甜、加香、起泡、蒸馏等7个系列100多个品种，年生产能力7万吨。在怀涿葡萄基地建起一批葡萄酒企业、酒庄，形成独特的产业集群。全市糖、奶、肉、薯亦具备一定优势，博天糖业、河北马利酵母拉动坝上甜菜产业壮大和发展，“雪景牌”绵白糖获中国名牌产品称号，“燕山牌”食用酵母获河北省名牌。乳品工业发展迅猛，以塞北蒙牛乳业、察北蒙牛乳业为龙头的乳制品业不断做大做强，产品向高端奶方向发展，促进全市乳品工业以40%增速增长，年加工能力突破100万吨；马铃薯、燕麦、杏扁等具有鲜明地方特色的食品加工业已形成较好基础。

（马春云）

商贸流通

【概况】 2009年，张家口市城乡市场实现社会消费品零售额274.40亿元，同比增长18.0%。全年市场运行主要有以下五个特点：一是城镇市场消费增长快于农村。城镇市场实现消费品零售额145.85亿元，同比增长18.6%；农村消费品零售额实现128.55亿元，同比增长17.1%，增幅比城镇低1.5个百分点。二是住宿和餐饮业继续保持强劲增势。群众餐饮消费趋向社会化，全市住宿和餐饮业实现零售额46.2亿元，同比增长18.9%，餐饮业对消费品市场贡献稳步提高。三是市场消费热点比较集中。食品、家电、金银珠宝、IT产品、住房及装修装饰材料、家具和汽车等依然是群众消费热点商品；四是旅游消费逐渐成为拉动市场的重要力量；五是居民消费价格小幅上涨。张家口市居民消费价格指数同比上涨0.6%，比全省平均水平高1.3个百分点，其中居住类、食品类分别上涨5.8%和0.8%。

（易宝山）

【酒类市场监管】 全市酒类监管机构认真贯彻执行《河北省酒类商品监督管理条例》和商务部《酒类流通管理办法》，加强酒类执法队伍建设，加强酒类市场监管，整顿和规范酒类流通秩序，维护酒类市场安全、繁荣。加强队伍建设，完善管理制度。制定《张家口市酒类监督管理局行政处罚自由裁量权量化标准》。做好酒类经营许可证和酒类流通随附单发放、管理。严格按照规定条件、标准、权限和程序办理。报经省局批准发放《酒类商品批发许可证》17个，市、县（区）发放《酒类商品零售许可证》136个。发放酒类流通随附单2000本。依法取缔无证经营13户，查处涉及随附单违规行为41起。加强酒类市场整治，规范酒类市场秩序。全市查处违法违规酒类经营案件52起，案值41余万元，查获假冒伪劣白酒5700余瓶、啤酒600余件。有力打击了违法活动，维护了合法企业和酒类消费者合法利益。继续开展创建“酒类诚信经营企业（店）”活动，2009年，又有13家酒类经营企业获此称号。

（吕占明）

【畜禽屠宰管理】 全年共屠宰生猪49.22万头，无害化处理病害猪1468头。强化定点屠宰监管，确保畜禽产品安全。市商务局会同有关部门采取联合行动对生猪定点厂和肉品市场进行大检查。精心组织、周密安排，开展“夏日骄阳”、“朔风吹雪”和重大节日畜禽产品质量安全专项整治行动，全年共出动执法检查人员2600余人（次）、出动执法车辆310余辆（次）、没收私宰肉0.6吨、检查肉类批发市场和肉类摊点1200余家、查处私屠滥宰5起、捣毁黑窝点1个，罚没款0.6万元，受理投诉举报2起。合理规划，推进全市屠宰企业向规范化、标准化发展。制定全市生猪定点屠宰厂（点）设置规划，组织相关企业申报材料，市定点办和环保畜牧等部门利用两个多月时间对申报企业进行检查验收，有14个生猪定点屠宰厂和33个生猪定点屠宰点达标。稳步推进牛羊鸡定点屠宰管理。经过企业申报，市局严格审查和实地验收，报省商务厅和市政府批准，批了8家牛羊鸡定点屠宰厂，3月按照省厅要求，为25家牛羊鸡定点屠宰厂制作标志牌，更换新的畜禽屠宰许可证。统一屠宰企业各项制度。为所有畜禽定点屠宰企业统一建立进厂验收、静养、肉品品质检验、病害肉无害化处理、肉品可追溯等16项基本管理制度，有力促进定点屠宰厂标准化、规范化管理。

（武友天）

【市场运行监测】 全市市场运行监测工作按照商

务部和省商务厅“准确监测、深刻分析、科学预测、快速反应、及时调控”总体思路，以商务部流通数据平台为载体，完善监测网络，扩大监测范围，加大监测工作力度。充分利用商务部生活必需品、重点流通企业、重要生产资料和应急商品数据库监测系统平台，对全市大中型商贸流通企业、重要生产资料经营企业实施动态监测，及时进行调控。利用监测数据，对全市消费现状以及制约消费因素分析，提出扩大居民消费应采取的对策及建议。春节期间，针对市区部分蔬菜、肉食品价格上涨较快的实际情况，动用政府补贴资金，对主城区蔬菜、猪肉、牛羊肉进行价格补贴，有效保障春节期间全市生活必需品市场供应和市场物价稳定。

（张丽娟）

市场体系建设

【概况】 从2004年提出“十大市场”建设项目以来，从政策出台、财税支持、资金扶持、体制改革、机制保障、环境优化、行政服务等多方入手，发挥当地区位、交通、资源禀赋、产业和市场基础等优势，以农村市场建设为重点，以提升市场功能为目标，以市场标准化建设为过程，以“十大市场”项目建设为牵引，全市市场建设个个有发展，年年有提高，探索出欠发达地区市场体系建设的一条好路子。

【传承历史底蕴，构建区域龙头市场】 张家口历史上曾是中俄、中蒙物资贸易重要通道和集散地，是古“张库大道”起点，素有“陆路商埠”之称，最早的边塞互市从秦汉时期发展萌芽到明清时期达到鼎盛，与南方的广州号称“陆水双码头”。新时期，张家口又是连接西北、华北、东北3大市场的重要物资集散地，是首都北京物资供应的战备大后方，因此，全市各级政府都把市场建设作为第三产业主要工作来抓，作为激活第一产业，服务第二产业动力源泉来对待。在思想认识上，做到高度统一，凝心聚力搞市场，上下一致谋发展；从实际行动上，市、县、乡三级形成合力，做到时不我待；在建设标准上，做到以“大市场”为核心，标准化市场为依托；在建设力度上，做到大投入、快投入；在建设方法上，采取分期分段、边建设边使用的办法。市场建设得到长足发展。截至2009年12月，全市各类市场总数达到300多个。其中，交易额上亿元市场40个，10亿元以内市场34个，10至20亿元市场6个。各类市场交易总额超过256亿元。怀来京西果菜批发市场、康保杂粮杂豆市场、阳原煤炭交易市场等一批现代化、标准化市场快速成长，产品覆盖京津，辐射晋冀蒙，连接东南沿海，走向东亚。

【发挥资源禀赋，积极发展特色市场】 张家口市光照充足，气候凉爽，昼夜温差大，是发展特色种植业、林果业和养殖业理想之地。全市充分发挥自然、气候、地理优势，推进农业结构调整，形成畜牧、蔬菜、脱毒马铃薯、鲜食玉米、杏扁、葡萄、杂粮杂豆等特色农业主导产业。牛羊肉、鲜奶、错季蔬菜等一批无公害农产品已形成规模化、区域化生产。各级政府发挥农产品特色优势，做足市场文章，发展各种特色市场，以产业促市场，以市场带产业，实现产业与市场良性互动发展。怀来县发挥坝下怀涿盆地水果丰饶、蔬菜业发达的产业优势，加大对京西果蔬市场投资，开拓京津市场，加强与南方沿海城市果蔬市场对接，该市场已进入全国百强市场，得到“双百市场工程”支持。张北县发挥地域和区位优势，在自发形成的规模和基础上，主动引导，建成华北地区最大的张北牲畜交易市场。阳原县根据本县“毛毛匠”特长和优势，建起阳原皮毛大市场，实现特色产业和特色市场互为依托，互为基础，互为发展。全市已成为华北地区重要的“无公害蔬菜生产基地”、全国命名的“中国葡萄之乡”、“中国杏扁之乡”、“中国鲜食玉米之乡”、“中国燕麦之乡”，成为京津地区及东南沿海城市粮食、蔬菜、果品、畜产品等重要特色农产品的主要产地。

【放大区位优势，大力培养专业市场】 独特的区位优势为张家口大力发展各类专业市场提供了条件，以坝上错季蔬菜批发交易市场、坝下煤炭交易市场、城市建材汽车交易市场为主的各类专业市场得到空前发展。坝上4县结合市委、市政府关于大力发展特色蔬菜、错季蔬菜的产业发展方向，以现代农业为目标，坚决走基地化、现代化、市场化科学发展路子，一大批农产品批发市场得到空前发展，市场营销、冷储、精深加工、信息能力提高，实现了坝上蔬菜“一季变多季、一品变多品”的根本性变化。坝下怀来县、宣化县、万全县、怀安县、阳原县发挥区位交通和资源优势，沿110国道、宣大高速、丹拉高速、京包铁路、大秦铁路线等东西大动脉通道，引导发展煤炭集散和交易市场，从土地、税收等方面给予支持，市场规模化、基地化和集约化不断提高，已发展为华北地区晋煤东运和蒙煤南下的最大集散交易市场，全市5大煤炭市场经营户近千家，除拉动就业外，煤炭交易市场所带来的税收已成为所在县（区）财政主要收入。

【依托市场工程，加快市场提档升级】 扶持重点市场。以“双百市场工程”牵引，在全市范围内经过申报和筛选，重点扶持一批农产品批发市场建设项目，作为全市市场体系建设重点项目，市、县、乡三级全方位给予重点支持，采取每月一次汇报、每季一次调度、半年逐个检查、年底联合验收的办法，市、县两级领导包干，部门责任制，集中一切财力、人力、物力，优先发展龙头市场，努力提升市场功能。发展标准化市场。在全市范围内推行标准化市场建设，出台《张家口市加快农产品批发市场标准化工作实施方案》，将宣化盛发蔬菜水产批发市场、北方蔬菜批发市场等13家企业列入重点培育对象，以点带面，使全市市场建设整体水平得到质的提高。着力“万村千乡市场工程”。做为欠发达地区，张家口市农村商贸流通网络基础薄、实力弱、功能低等问题较为突出，全市上下紧紧抓住“万村千乡市场工程”这个千载难逢的机遇，市委、市政府把这项工作做为全市“十大便民工程”，从各方面给予重点关注，截至年底，全市累计完成2020个农家店建设任务，确保“农家店”建设覆盖全市100%乡镇和50%行政村的目标，农村消费安全问题逐步改善，农民消费潜力得以释放，广大农村消费品连锁网络得到完善，新农村市场体系得以健全，社会效应全面显现。

【破解发展难题，优化市场发展环境】 市商务局把发展资金作为重点，辅助土地、税收等政策保障，坚持政策支持，分类指导；突出项目，重点保障。建立引导资金。市政府设立市场建设资金2000万元，以市、县两级资金支持为配套，市场融资为基础，以市场建设项目为内容给予支持。以康保杂粮杂豆市场为例，坚持以县里配套资金和企业筹资为主，市里前后共给予100多万元配套资金，市场规模、设施得到快速发展。市场由初期粗放型的季节收购、交易向专业定单、常年交易转变，由单纯产品交易向专业深加工批发交易发展，变单一品牌为系列化生产，开发出荞麦面、麦片、面条、方便面等十多个系列化产品，产品销往全国各地。加强政策扶持。为加快市场体系建设，市政府先后出台《关于加快十大市场、十大物流项目的实施意见》、《张家口市“万村千乡市场工程”实施意见》等，对于全市市场体系建设起到关键作用。针对宣化盛发蔬菜批发市场改扩建中的土地问题，市局多次协调宣化区政府，解决市场发展中土地、资金等问题，使该市场逐步发展到占地7.2万平方米，建筑面积5.9万平方米，集储藏、加工、信息、检测、运输、配送、交易结算的综合性大市场。分类重点扶持。针对在“万村千乡”实施过程中遇到的困难和问题，协调各方，分类分步进行扶持。针对农家店建设初期运行中遇到的行政收费多等问题，按照《张家口市“万村千乡市场工程”实施意见》有关精神，及时协调工商、税务、土地、电力等部门，在土地、水电使用、收费等方面进行减免，保证了农家店快速成长。根据农家店数量增加、配送中心规模有限、保障困难等实际问题，积极协调承办企业所在县（区），为阳原泥河湾酒业有限公司、万全福祥超市有限公司、赤城美佳超市等5家企业协调配送中心新建、扩建项目用地200多亩（13.33公顷）。

（白爱玲）

供销合作商业

【概况】 2009年，全系统商品购进总额完成16.47亿元，较上年13.17亿元增长25.07%，其中农副产品购进总额完成2.46亿元，较上年1.27亿元增长93.51%。商品销售总额完成17.97亿元，较上年的14.30亿元增长25.68%，其中消费品零售额完成9.44亿元，较上年7.56亿元增长24.90%。农业生产资料销售额完成4.11亿元，较上年3.76亿元增长9.43%。

【农民合作经济组织体系初步形成】 全市已有市、县级“农合联”16个，分会38个，入会会员13196个，“农合联”实体化建设逐步推进。市、县“农合联”强力推进“科技进农家”活动，与全市开展的农民素质大培训活动相结合，送科技下乡，兴办各类培训班80多期，培训会员和农民3万多人。沽源黄盖淖和亮甜玉米、赤城后城农产品、蔚县黄梅杏产品等90个专业合作社在工商部门登记注册，比上年增加20个。组织加工、销售当地特色农产品2.70亿元，实现助农增收2996万元。注册各类专业协会60个，入会会员4962个，沽源、康保、涿鹿、怀安等县社还在发展县级协会基础上发展乡镇分会。依托市北华果蔬公司组建张家口市果品协会，帮助当地农民推销果品价值3000万元。坝上康保县社和沽源县社，坝下涿鹿县社、怀安县社和蔚县供销社为全市供销社改革发展的先进县级社，制定了3年发展规划，初步形成改革发展示范“蘑菇圈”。各县（区）社推广学习怀安县社农村综合服务中心建设经验，高起点新建、改建22个农村综合服务中心。

【实施“新网工程”成效显著】 农村流通网络建设围绕“改造、整合、提升、优化”思路，采取以改造整合传统网络为主与重组新建并举的方式，依托龙头企业带动作用，加快建设现代流通服务网络步伐，全系统基本构建起以连锁骨干企业为龙头，物流配送中心、大型市场为依托，基层社、专业合作社、综合服务社为载体，信息化、标准化为支撑，县有配送中心、乡有综合超市、村有便利店的经营服务体系。（1）消费品网络。全系统现已建成消费品网点2877个、经营额达到9.44亿元。充分发挥“佳美”、“福隆”超市连锁经营品牌作用，日用消费品经营网络基本覆盖全市乡村。全系统日用消费品经营网点占全市4403个行政村的65%。截至2009年底，已建成3000平方米以上超市6家（市佳美1家、市福隆3家、涿鹿元丰1家、康保新合作1家），这些龙头企业触角延伸到各县（区）、省外以及市内繁华地段和居民区，经营2万多个单品。涿鹿县社强强联合建网络，在县内联合不同经济成分加盟建网络基础上，扩大网络建设张力，走与系统内大企业纵向联合之路，实现全国“新合作”资金优势与县社网点网络优势互补，增强了日用消费品网络建设综合实力，到2009年底在全县建成370个加盟店，日用品消费网点占到全县373个行政村99.2%，同时在县内先后建成7个总面积达到1万平方米直营超市，实现日用消费品网络的城乡全覆盖。（2）农业生产资料网络。在农资经营与网络建设方面，充分发挥市、县两级龙头企业优势发展直营，连锁加盟打造辐射全市经营网络，农资经营网点达到1310个、经营额4.11亿元。一是以市佳禾农业生产资料有限公司为龙头，大力推进农资连锁经营、物流配送等现代流通方式，积极发展农资“农家店”，在全市构建起以生产资料为主体的流通网络体系。通过产权连接和资源整合，建立起以市佳禾公司为龙头，以县属农资公司为骨干，以乡村农资超市、农资专业合作社、综合服务站等为终端的全市性农资连锁配送网络，在条件成熟县、乡发展农资农家连锁店，建设和改造直营店和加盟店62个。二是依托省农资公司建立配送中心，整合经营网络资源，改建村级农资服务站和农资“农家店”。涿鹿县社以县农资公司为龙头，在全县建起61个村级农资服务站和150多个农资“农家店”，统一配货，开展连锁经营，销售化肥2万多吨，占全县用肥总量的85%以上。三是由县社牵头，建立以县农资公司为龙头，基层社为中心店，门店和委托销售点为终端的农资网络化服务体系，适时将优质农资商品供应到农民手中，为农民让利。（3）农副产品网络建设。农产品经营服务网点572个，年经营额2.46亿元。农副产品网络依托各级供销社和农业产业化龙头企业，努力构建与农业产业结构调整和产业布局相适应，以产地批发市场为中心，形成上连城市物流配送中心，下连生产基地、龙头企业、行业协会、专业合作社的农产品网络。市北华果蔬市场果品蔬菜交易额1亿多元，有效沟通了城乡需求，促进了农民增收；尚义口蘑，张北莜面方便面，涿鹿葡萄、“卓侬”牌杂粮杂豆、杏扁产品，蔚县小米，崇礼、赤城山野菜等500多个品种进入超市和农家店，销售额达到2000多万元。沽源县社通过经纪人销售蔬菜就占全县蔬菜的80%以上。通过建立新型农村流通网络，改善了农村消费环境，降低了农村商品流通成本，提高了农村商品流通质量。（4）再生资源网络建设。再生资源经营服务网点384个，经营额达到5170万元。再生资源网络以市、县再生资源回收公司为龙头，组织系统内外收购网点进行整合，再生资源市场进一步拓宽。积极开展行业协会建设，截至年底，沽源、康保、怀安、涿鹿、怀来5个县社成立再生资源流通行业协会，共吸收团体会员79家，个人会员201人。

【盐政管理】 （1）食盐专营工作。食盐专营是市供销社仅有的政府委托职能。2009年，全市盐总量累计购进3.67万吨，完成年计划的98 %，其中食盐累计购进2.49万吨，完成年计划109 %，入口食盐累计购进1.34万吨，完成年计划76 %，工业盐累计购进9189吨，完成年计划88 %；总量累计销售3.98万吨，完成年计划106 %，其中食盐累计销售2.49万吨，完成年计划108 %，入口食盐累计销售1.4万吨，完成年计划79 %，工业盐累计销售1.22万吨，完成年计划116 %，各项指标完成名列全省同行业前列。市盐业总公司2009年初筹建市级食盐储备库，在十三里购置土地15亩（1公顷），建设标准化仓库3座，建筑面积1600平方米，办公楼3层建筑面积1000平方米。新建工程项目于2009年7月底完工并投入使用，项目投入使用将使全市盐业专营公司具备承储3000吨储备盐能力，在防止重大自然灾害和公共突发事件，稳定食盐市场，保障食盐供应方面发挥积极作用。食盐安全专项整治。根据河北省供销合作总社、河北省公安厅“冀供销2008［108］”号文件精神，在全市范围开展食盐安全整治专项行动。市盐政管理处和各县（区）盐政管理所于2009年1～5月、9～10月先后2次对全市的食盐销售网络、机关学校食堂、饭店、食品加工用盐户、畜牧用盐户、畜牧养殖重点村、工业用盐户、贩销私盐的重点人员进行拉网式检查，出动车辆515辆次、人员1652人次，检查零售网点3152个、加工用盐户326个、畜牧用盐户196个、工业用盐户159个，检查重点养殖村25个，并入户抽查，户碘盐合格率达95%。开展三项工作：一是市盐政管理处多次分批分期赴各县（区）调查了解盐渍盐市场供应情况，各盐政管理所对县（区）盐业公司盐渍盐的调入、分装、销售、碘盐检测、计量标准进行跟踪监督检查，发现问题立即纠正；二是检查日晒盐的供应价格，防止损害消费者利益现象发生；三是查处“私盐”，年内查处违法盐产品案件39起，没收违法盐产品40多吨。（2）食盐安全村创建。6月1日《食品安全法》实施，食盐安全也被提高到法律层面，市盐政管理处将食盐安全村创建列入食盐专营责任书，印发《张家口市开展创建食盐安全村活动实施意见》。7月中旬，由市供销社主管领导带队，深入各县（区）对食盐安全村创建工作进行现场调研和督导。各县（区）通过发放宣传材料、刷写墙体标语、入户检测等多种形式，宣传盐业法律、法规和碘盐知识，提高群众自觉食用合格碘盐、抵制私盐的意识，为实现2010年消除碘缺乏病考核营造良好社会氛围。截至2009年底，全市创建食盐安全村1310个，607个通过验收，并挂牌公示。普及合格碘盐，引导合理消费。张家口市是严重碘缺乏地区。食盐加碘是持续消除碘缺乏病最行之有效、简易安全的主导措施。市盐政管理处利用“3·15”宣传活动等形式组织盐政执法人员对城乡的市场、商场、餐饮店、代理批发用盐单位进行检查，开展宣传教育活动，全市出动车辆30多辆、宣传人员100多人、送发宣传资料5000余份，与大中专院校签定试用合格碘盐保证书，与畜牧用盐户签订使用合格畜牧用盐保证书，查处购进“违法盐产品”的商贩，纠正违法行为，对广大群众宣传盐业法律、法规、食盐专营政策。通过与各级政府、相关部门联合协作，加大盐政执法力度，加强盐业法律、法规宣传，打击各类盐业违法违规行为，保护消费者的合法权益。

【烟花爆竹安全经营】 全市销售额完成2978万元，占年计划1700万元的175.18%。市土产杂品总公司在王家寨兴建占地80亩（5.33公顷）全省一流的烟花爆竹新库，购置专用防爆运输车辆，确保储存和运输安全。联合公安、安监部门实行由市公司统一进货，严把进货关，直接送货到经过严格审批的销售部门，并将供销社土产公司经营主渠道职能与安监部门市场管理职能、公安部门查处涉爆违法案件职能有机结合，形成对走私贩私烟花爆竹的高压态势，为确保全市烟花爆竹市场安全、繁荣，共同打造商品符合行业标准、运输储存经营有序的张家口烟花爆竹市场奠定了良好基础。

【项目建设步伐加快】 坚持“靠大联强找项目，配合城市改造上项目，高起点、高标准抓项目，围绕经营网络立项目”原则，狠抓项目谋划、立项和运作。全系统抓在手的项目有23项，投资总额8.7亿元。现已完成8项，在建9项，筹建6项。市社积极争取市政府支持在商贸物流园区中专门规划“供销社物流园”。该项目规划占地1180亩（78.67公顷），分为日用消费品、农资、农副产品和再生资源4个区域，计划投资2.8亿元，建成集商品恒温库储存、深加工、物流配送、信息化管理为一体的大型综合物流体系。涿鹿县社与全国供销合作总社“新合作”商贸有限公司合作的涿鹿新合作河北北部区域配送中心，项目总投资4600万元，于2009年9月投入运营。这是全国供销合作总社“新合作”商贸集团总公司在河北省唯一的分公司，具有把全国各地优质消费品组织、供应到张家口，把张家口农副土特产品推销到全国各地的“双向流通”功能。市副食茶叶总公司筹资1100万元对位于高新区的玉宝墩仓库进行改造，成立天和农副产品仓储配送中心，年配送能力达到3000多万元；康保县社新合作购物广场、沽源县社供销商厦已建成开业，都是县城一流的商业设施。

【体制机制有所创新】 各级供销社积极稳妥推进社属企业改革与发展，积极创新供销社企业体制机制。县级社改革进一步深化。在巩固县级供销社改革成果基础上，继续推进基层组织创新，争取县（区）委、政府支持，实现县级供销社稳定。全市有12个县级供销社不同程度解决了机关转制、经费补贴问题，为供销合作社“聚精会神谋合作，一心一意促发展”提供可靠保障，从而激发市、县两级供销合作社奋发进取、以为争位的满腔热情，全身心投入供销合作社事业发展建设之中。社有企业改制稳步推进。怀来、万全等县社积极争取政府支持，采取因企制宜，分类指导，多策并举原则，加快推进社有企业改制步伐；阳原、崇礼县社争取政府支持核销欠缴养老金3400万元；市直完成市土特产品贸易货栈、供销宾馆改制，资产和人员进行双置换。市佳美公司与72名劳动合同到期人员解除劳动关系。沽源县社在完成企业改制后，按照现代企业制度重新组建9个基层社、6个直属公司。社有资产管理更加规范。市社和各县级社相继成立社有资产管理运营中心，加大对社有资产监管力度，使存量资产得以盘活，增量资产得到优化。

【张家口新合作区域配送中心项目】 由中华全国供销合作总社“新合作”商贸连锁集团总公司注资，涿鹿县供销社及其元丰商贸连锁有限公司共同出资，注册成立张家口新合作元丰商贸连锁有限公司。该项目于2007年3月正式签约，项目计划总投资1.5亿元，工程分两期进行。一期工程共征地50亩(3.33公顷)，建设“新合作”河北北部配送中心，即张家口新合作区域配送中心，被列为省、市、县的重点流通项目，于2007年9月在涿鹿县城奠基开工，2009年8月，累计投资5000多万元，建成总面积2万平方米，集超市、宾馆、饭店、商场、办公区为一体的多种服务功能的综合性服务中心，1.6万平方米新合作综合大楼及3000平方米配送中心正式投入运营。既繁荣市场经济，也为社会提供近400个就业岗位。2010年2月1日，中央电视台第一频道《朝闻天下》栏目，播出张家口涿鹿“新合作”公司配送中心服务农家店，实施“农超对接”解决农民买难卖难问题的惠农新亮点专题报道。通过“新合作”配送中心对农家超市实行“统一标识，统一价格，统一配送，统一管理”，增加新合作贴牌商品2000多种，价格比同类商品低20%左右，真正让农民买到放心实惠商品。“新合作”超市还和当地蔬菜专业合作社签订蔬菜供货协议，实现农超对接，解决农民种菜的后顾之忧。配送中心项目是全面服务社会主义新农村建设有效载体和充分发挥“双向流通”、全面实施“农超对接”的重要平台，为“四大网络”建设提供有力保障和支持，促进新农村现代流通网络的完善和提升。

（刘凤儒）

粮食流通

【概况】 2009年，是国内外粮食形势复杂多变，粮食工作面临诸多挑战的一年。全市粮食部门按照市委、市政府决策部署，确保了全市粮食供需基本平衡和粮食市场稳定，保障了粮食安全。粮食总产量达81.32万吨，比上年减少49.76万吨；全市社会粮食总需求量为150.19万吨，其中：工业用粮21.84万吨、种子用粮5.46万吨、饲料用粮40.06万吨、城镇口粮20.16万吨、农村口粮56.98万吨、其他用粮5.69万吨。全市纳入统计范围各类粮食经营主体发展到899家，其中国有及国有控股企业62家，职工1669人，总仓容97万吨；全市245家取得粮食收购资格的各类粮食经营主体共收购粮食59.45万吨，销售粮食63万吨，其中国有粮食企业收购12.87万吨，销售15.59万吨；地方粮食储备体系建设得到加强，市级成品粮油储备任务全部落实到位；粮食应急能力得到提高，粮食流通监管方式进一步规范；粮食产业化水平得到提升，粮食企业体制机制进一步转变，形成主渠道保稳定，多主体活流通的粮食市场新局面。

【增强粮食安全保障能力】 完善地方粮食储备体系，充实粮油储备规模。建立应急成品粮油储备，增强全市粮食安全物质基础。提高了储备粮管理水平，制定和实施《张家口市市级小包装成品粮油储备轮换（暂行）办法》和《张家口市市级粮食储备业务管理（暂行）规定》，与原有的《张家口市市级储备粮管理暂行办法》配套形成市级储备管理制度体系。建立信息化管理系统，实行集中管理，采用“电子测温、实时监控、环流熏蒸”3项科学储粮新技术，使地方储备粮全部纳入规范化、制度化管理。在全市承储中央及省、市、县各级储备粮的8家粮食储备企业，全面推行规范化管理，年底经过省、市验收，规范化管理全部达标，确保储粮安全。完善应急保障体系。全市18个县（区）出台粮食应急预案，4家省级和5家市级储备粮承储企业制定粮食应急出库预案；加强应急供应网络建设，完成77家粮食应急加工、储运、供应定点企业挂牌，与定点应急企业签定应急协议；建立粮食应急专家库，在市区成立3支粮食应急救援队伍，强化应急保障措施和处置能力。完善市场监测预警机制。加强粮食价格监测、市场趋势分析预测和大中成品粮油市场监测，在市区和县设立13个粮油行情监测点，建立市场粮油价格直报、粮食安全预警和粮油行情监测报告制度，为政府掌握粮情和科学决策提供了有效参考。完善军供保障体系。认真贯彻国家军粮供应政策，在全市8家军粮供应单位，以构建全天候、全方位军粮保障体系为目标，加强和推进规范化管理工作，圆满完成军粮供应任务。

【完成全国性粮食清仓查库任务】 2009年1～4月，按照国务院统一部署，市政府认真组织开展全市范围内粮食清仓查库工作。市粮食局切实履行市政府全市清仓查库领导小组办公室职责，组织协调9个部门认真开展县（区）级自查和市级普查，按时完成普查任务。清查结果，全市粮食库存帐实相符率达到99.49%，远高于国家要求的97%水平，主要粮食品牌宜存率100%。经省复查和国家抽查，给予“全市清仓查库工作扎实有效、粮食数量真实、质量可靠、管理规范、数据准确”的充分肯定。

【强化粮食依法行政】 扎实推进法制建设。制定《行政执法案卷评查办法》、《粮食流通监督检查工作人员行为规范》、《行政处罚审议工作办法》等执法规范，完善《行政执法责任制实施办法》、《行政执法证件管理制度》、《行政执法公示制度》等10余个规章制度，规范粮食行政执法行为。加强执法机构和队伍建设。全市17个县（区）经当地编制部门批准设立监督检查机构，有12个县（区）组建粮食行政执法队伍，积极开展监督检查活动，维护全市粮食流通秩序。完善粮食行政许可制度。加大粮食收购资格审核工作力度，主动改进服务方式，严格按照有关规定和法定程序进行《粮食收购资格许可证》审批办理，全年新审批粮食收购资格许可证21户，规范进行粮食收购资格许可证年检审核；开展《粮食流通管理条例》颁布实施5周年宣传活动，贯彻落实国家各项粮食法规和粮食质量标准，加强执法调研和实践。

【转变国有粮食经济增长方式】 市粮食局组织制定《关于促进全市国有粮食经济振兴和发展的指导意见》和《2009－2012年大力振兴和发展国有粮食经济实施方案》，组织实施粮食企业资源整合、联合重组，培育发展粮食购销集团、粮食物流中心、粮油配送中心等现代粮食流通产业，推进粮食产业化经营，促进粮食产业链延伸。组建涿鹿县、宣化县、怀安县、宣化区、下花园区5个粮食购销集团化经营龙头企业；14个仓储物流项目列入省发改委项目库；怀来京西粮油物流中心项目已开工建设；尚义县2个燕麦深加工项目和2个肉联蔬菜恒温加工项目建成投产，宣化县沙岭子日产200吨面粉加工项目完成设备安装；万全县、宣化区2家“军粮特供”连锁店超市建成开业。全年国有粮食企业共购销粮食28.5万吨，推进了粮食产业化经营。

【提升粮食行业建设水平】 区域粮食批发市场体系初步形成。截至年底，全市注册粮食批发市场5家，其中冀北粮油批发交易市场、康保和蔚县杂粮杂豆3家重点批发市场年交易量33.05万吨，交易金额9.32亿元；全市入统各类粮食市场主体899家，其中非国有各类市场主体831家，粮食购销量95万吨，占全市粮食总购销量78%，成为活跃粮食流通的重要力量。粮食产业化经营进一步发展。截至年底，全市市级以上粮食产业化龙头企业56家，其中规模以上粮油加工转化企业29家，年加工转化能力43.85万吨。粮油市场监测体系建设得到加强。全市各级粮食行业管理部门认真履行全社会粮食流通统计职能，建立健全粮食流通统计制度，纳入统计范围各类粮食经营主体达到80%以上；建立全市固定粮情调查网络，组织完成年度社会粮食供需平衡调查和年度新收获粮食质量调查与品质测报等工作；不断加强粮油市场信息监测，优化和充实信息监测网点，对部分重要粮油品种实行日监测报告制度，强化信息分析、反馈、沟通和报告制度，提升粮油市场信息监测和预测预警水平；认真执行粮油加工业、粮食仓储设施和粮食流通基础设施建设投资、粮食行业机构和从业人员统计制度，为整体提升粮食行业水平提供基础信息。推进“放心粮油”工程，建规范粮油市场。大力开展“放心粮油”进农村、进社区示范活动，组织指导全市40多家粮油骨干企业签署推进放心粮油工程确保粮油食品安全承诺书，截至年底全市获得省和国家行业协会命名的“放心粮店”、“放心粮油企业”9个。

（李全贵）

物资流通

【概况】 2009年，按照市委、市政府关于积极培育现代物流业，依托物流园区建设，以发展第三方物流为重点，扶持发展一批重点物流企业的总体目标，全市“十大物流”项目实现交易额130.8亿元，实现利税7.6亿元，交易额同比增长27.5%，利税同比增长10.9%。在“十大物流”项目的牵引下，全市已逐步形成以怀安、万全、阳原、怀来煤炭物流中心和以张北蔬菜城、康保杂粮杂豆等煤炭和农产品两大特色物流产业。

【加快物流基础设施建设】 随着全市经济及现代物流业的快速发展，催生一批市场和物流中心。包括：第三方物流龙头企业通泰物流集团，以及各类与市场相结合的物流中心；阳原煤炭物流转运中心、怀安煤炭物流转运中心、怀来土木煤炭转运中心、万全煤炭物流转运中心等煤炭物流服务设施；张北蔬菜城、冀北粮油批发市场、怀来京西粮油物流有限公司等农产品类物流服务设施；以及以建材、汽贸等为主的商贸物流服务设施。在现有物流服务设施的基础上，张家口市正在规划建设四大物流园区：南山物流园区、商贸物流园区、空港物流园区和京西物流园区。

【制定现代物流业发展规划】 积极邀请国家和北京物流方面的专家学者，在张家口市召开物流业发展与振兴研讨会，为全市物流业发展出谋划策，同时，还聘请北京中物联物流规划研究院，制定《〈张家口市物流业发展规划〉（2009～2020）》（征求意见稿），为全市物流业发展提供有力支撑。

【构筑公共物流信息平台】 张家口市把公共物流信息平台列入全市重点建设项目，平台由市政府主导建设，其所依托载体为张家口通泰物流集团有限公司。9月17日，“张家口物流综合服务信息平台”正式开通，该平台在全省物流行业尚属首个。平台的建立，将在最大限度发挥现有网络资源优势基础上，以物流电子网络信息化带动物流产业现代化，降低流通成本，提高流通效率，加速张家口市传统物流向现代物流转型。

【落实物流业调整和振兴规划】 为贯彻落实国务院《物流业调整和振兴规划》和河北省《关于贯彻国家物流产业调整和振兴规划的实施意见》，张家口市建立工作机构，制定具体工作方案，狠抓项目落实，下花园区煤炭物流工程、宣化工矿机械配件物流中心、张家口新合作物流配送中心、怀来县北辛堡铁路煤炭集运站、张家口卷烟物流配送中心、张家口空港物流园区、张家口通泰物流城、张家口通泰城市配送基地8个物流项目被列入全省100个物流重点建设项目。

（胡　强）

烟草管理

【概况】 张家口市烟草专卖局、河北省烟草公司张家口市公司成立于1984年6月，最初与张家口卷烟厂实行厂、局（司）为一体的经营管理体制，2000年初正式与张家口卷烟厂进行工商体制分离。现机关共设15个部门，下辖11个县级烟草专卖局（营销部）、1个区级烟草专卖局（营销部）、2个未上划县级烟草专卖局（公司）及1个蔚县烟叶经销总公司。全市共有从业人员509人，辖有卷烟零售户13754户。2009年，全市累计销售卷烟75.1亿支（15.02万箱），同比提高4.04%，比上年销量增幅提高2.72个百分点；其中销售一二三类烟3.45万箱，同比增长22.64%，销售结构进一步提升；销售“钻石”系列卷烟3.62万箱，同比增加7185箱，提高24.76%。实现“两烟”税利29011万元，同比增长17.14%。其中实现卷烟税利28958万元，同比增长17.21%。上缴税金1.67亿元，同比增长42.55%。

【以改革促发展，向创新要效益】 推进营销体制改革。推行按订单组织货源营销模式，真正实现由以前“烟草公司卖什么，零售户要什么”的营销模式向“零售户要什么，烟草公司卖什么”模式转变，营销策略更加尊重客户需求，符合市场规律。加强工商协同营销，联合工业企业共同抓好品牌培育和市场服务，营销工作能力和市场服务水平进一步提升，客户满意度和忠诚度不断提高。网络建设取得实质性进展。通过加强营销网络基础建设，全市已基本形成一个覆盖全面、功能齐备、经济适用、快捷高效、科学先进的现代化营销网络。在打牢网建基础上，借助信息技术平台，积极推进营销工作向信息化方向发展，努力实现营销工作由“传统商业”向“现代流通”转变。一方面，与移动公司共同研发“烟草通”项目，积极探索手机订货、互联网订货等模式，努力推动订货模式由“电话访销”向“网上订货”转变；另一方面，投资6000余万元新建卷烟物流配送中心。新物流投入使用后，年卷烟分拣配送高达50万件，提高了配送效率，为广大零售户提供更加优质、快捷的配送服务。卷烟市场秩序日趋规范有序。通过多年来大力整顿市场，特别是自2007年以来开始实施的专卖管理3年阶段性目标要求，到2009年底已基本根除了全市所有已发现的售假网络，实现市场管理由“遏制”向“根治”转变，卷烟市场净化率平均在95%以上，为卷烟销售营造一个良好的市场环境，真正将“国家利益至上和消费者利益至上”的行业价值观落到实处。

【查处涉烟违法案件】 全年共查处涉烟违法案件278起，查获假冒卷烟603.27万支，查获非法烟丝0.03吨，打掉贩藏假烟窝点8个，案值825万元。上缴罚没款9.51万元。移送公安机关涉烟案件17起，公安、司法机关依法刑事拘留23人，逮捕9人，判刑3人。共破获制售假烟网络案件12起，其中案值100万元以上网络案件3起，案值共计808.6万元。

【原料基地建设】 全市共种植烟叶1.9万亩（1266.67公顷），收购烤烟0.26万吨（5.2万担）。收购均价为6.07元/千克；实现烟农收入0.32亿元，同比增加717元。烟农户均收入3.08万元，同比增加1.12万元。投入2301万元（烟草行业补贴）用于烟叶生产及基础设施建设项目，其中修建沟渠43.66千米，管网38.1千米，提灌站1个，机井21眼，机耕路11.37千米。新建卧式密集型烤房400座。开展现代烟草农业试点面积1000亩（66.67公顷），与同地区大面积生产相比，试点区域亩产达165千克，提高28千克；亩均用工25.15个，减少10.59个，节约成本453.85元；亩产值2145元，提高364元。

（周　亮）

对外开放

对外贸易

【概况】 全市外贸进出口受金融危机影响，遭受前所未有的困难，进出口额大幅下降，上半年出口最高降幅达63%。到第四季度，国际市场有所回暖，对外订单明显增多，进出口工作止跌回升。全市外贸进出口总值实现5.2亿美元，同比下降36.6%。其中：进口实现3.5亿美元，同比下降21.8%；出口实现1.7亿美元，同比下降54.9%。

出口商品结构发生变化。机电产品出口4869万美元，同比下降71.9%；医药原料出口2998万美元，同比下降44.8%；化工产品出口2572万美元，同比下降73.6%，其中农药出口达到2283万美元，同比下降75.3%；农副产品和陶瓷制品出口分别为1556万美元和242万美元，分别下降5.5%和0.6%；而裘皮、毛皮制品出口3253万美元，同比增长66.2%。

与全球100多个国家和地区有贸易往来，出口市场以亚洲为主。2009年，全市出口市场对亚洲出口最大，累计出口达8262万美元，占全市出口总额将近一半，同比下降65.3%；对欧洲出口4175万美元，同比下降40.3%，其中对欧盟出口2718万美元，同比下降41.5%，对俄罗斯出口1341万美元，同比下降16%；对非洲出口1844万美元，同比下降26.5%；对美国出口1192万美元，同比下降51.9%。

民营企业出口占比最大。2009年，外商投资企业出口6347万美元，同比下降29.1%，占全市出口总额的37.7%；其它成份：国有企业出口3491万美元，同比下降74.2%，占全市出口总额20.7%。民营企业出口7012万美元，同比下降52.9%，占全市出口总额的41.6%。

大户出口大幅下滑。2009年，上千万美元的出口企业仅有4家，比上年减少3家，上五百万美元以上的企业有6家，比上年减少4家。其中：宣化钢铁集团有限公司出口实现1026万美元，同比下降89.6%；万全凯迪集团公司全年出口实现2283万美元，同比下降75.3%；张家口帝哈制药有限公司全年出口2705万美元，同比下降33.7%。以上3家企业合计出口6014万美元，比上年同期减少出口1.72亿美元，同比下降74.1%，直接造成全市出口大幅下滑。

进口第一年大于出口。2009年，全市进口实现3.48亿美元，大于出口1.79万美元，对外贸易逆差不小。宣化钢铁集团公司为进口大户，全年实现进口3.14亿美元，占全市进口总额的90.4%，同比下降19.8%，进口产品全部为铁矿砂，其它进口产品主要是机械设备和生产原料。

【采取措施应对金融危机】 起草《关于我市外贸出口情况分析及指导意见》，由市政府印发各级各部门。从形势分析到风险规避及业务技巧等方面都做了详细阐述，指导企业开展进出口业务。

针对近两年出口业绩小和年内新批的企业，于4月专门组织业务培训，从省经贸大学请资深教授为企业人员讲解业务和政策知识，使40多家企业60多人获益。

加大指导工作力度。7月组织由市政府牵头的大规模调研活动，用一周时间对全市34家重点企业进行调研，从商务、退税、商检、外管、金融支持等方面现场答疑，解决实际问题，并针对突出矛盾和问题，提出具体扶持措施和应对办法，即《应对国际金融危机促进全市外贸进出口健康发展的重要举措》。

解决中小企业融资难。10月由市政府出面搭建平台，市内各大银行和担保机构参加，40多家中小外贸企业参与的银企对接会，取得满意效果。

提高工作效率，方便企业办事。市商务局外贸处对所有审核、审批项目都取消限时工作日，做到随到随办。外贸经营者备案登记，原定5个工作日办结，现在只要材料齐全不出10分钟即可办结，全年共快速办批新企业20家，使全市获外贸经营的企业队伍总量达到156家，分布全市20个县（区、管理区）。

争取资金项目。全年共争取国家中小企业开拓市场资金100万元，推动企业积极开展境外参展，境外市场考察、认证、宣传推介等活动，有力地促进了国际市场开拓工作。争取国家农轻纺资金项目1个，争取省级外贸发展资金项目1个，并专门派人帮助企业跑办，获批资金共计45万元。

组织广交会参展，争取到摊位9个，取得历年来对外贸易最好效果，直接订单82万美元，意向订单202万美元，结识新客户上百个。

（王新玲）

招商引资

【概况】 全市实际利用外资8288万美元，同比增长30.1%，涨幅同比提高6.7个百分点，超额完成省下达目标任务的3.6%。其中，直接利用外资8053万美元，同比增长26.6%；间接利用外资235万美元，同比增长28.4倍。新批、注企业13家，同比增加3家；项目总投资8.99亿美元，同比增长2.3倍；注册资本3.17亿美元，同比增长2.2倍，其中外商注册资本1.66亿美元，同比增长2倍。重要经贸活动成果显著。全年举办和参加10多项大型招商洽谈会，项目成果丰硕。前来参观考察、洽谈项目的国内外客商明显增多。通过广泛宣传，多方面联络邀请，2009年来张家口市参加会议、参观考察的客商明显增多，仅第八届冀台经济合作洽谈会，到会台商超过400人。

外商投资以第二产业为主。全年新批第二产业项目企业9家，同比增加4家，合同外资额为6765万美元，同比增长2倍，分别占全市总量的69.2%和46.4%；实际利用外资到位6128万美元，同比增长24.9%，占全市总量的76.1%。第二产业中制造业仍为投资重点，在新审批项目中，制造业达到6个，电力、热力的生产和供应业2个，采矿业1个。新批第三产业项目4个，同比增加2个，合同外资额7815万美元，同比增长90%，分别占全市总量的30.8%和53.6%；实际利用外资1880万美元，比上年增长86.9%，占全市总量的23.3%，崇礼县密苑生态旅游度假产业项目成为投资热点，项目合同外资额6000万美元，实际到位1500万美元。第一产业吸收外商投资45万美元。

香港为外资主要来源地。2009年，全市新批企业共13家，其中港资企业7家，同比增加3家，占全市总量的53.8%；合同外资额9781万美元，比上年增长13.6倍，占全市总量的59%。从实际利用外资看，港资企业实际到位金额5345万美元，占全市总额的66.4%，比上年增长20%。

外商增资扩股比较活跃。随着全市投资环境逐步改善和政府部门服务意识不断提高，外商投资信心逐步增强，增资扩股项目显著增多。全年有9家企业办理增资项目，同比增加3家；合同外资额实现4416万美元，同比增长1.4倍。

外资项目履约率显著提高。全年新注册13家企业中，有7家企业实现当年投资，共到位3614万美元，占全部直接投资的37.4%，同比提高21.1个百分点。

各县（区）外资项目发展不平衡。部分县（区）能够依据优势谋发展，并取得可喜成绩。尚义、张北、崇礼县吸收外资一直处于全市龙头地位，3县利用外资分别实现3104万美元、1919万美元和1631万美元，合计达到6654万美元，占全市总量82.6%。

【举办京张民营经济项目合作对接恳谈会】 3月18日，张家口市在北京举办京张民营经济项目合作对接恳谈会，北京市工商联、发改委、农委等部门负责人及两地部分民营企业家出席会议。副市长何江海作市情和投资环境介绍，市商务局、发改委对三大产业集聚区、两大物流园区及怀来中国高档葡萄酒产区等10个重点招商项目进行推介发布。会上，市政府与北京市工商联签订《战略合作框架协议》。

【参加2009年河北省（香港）投资贸易洽谈会】

4月1~4日，副市长何江海率团赴香港参加2009年河北省（香港）投资贸易洽谈会。会议期间，成功举办“张家口市投资环境说明暨重点招商项目发布会”，香港金利来集团、香港金城营造集团、香港中华厂商联合会、香港《文汇报》、《大公报》等30多家企业和机构50余名客商出席会议。共发布招商项目54项，重点推介项目11个；签约项目1项，总投资2.75亿美元，合同利用外资2.75亿美元。

【参加中国·天津第十六届投资贸易洽谈会】 4月18日，副市长何江海率代表团赴天津参加中国·天津第十六届投资贸易洽谈会。会议期间，代表团举办张家口市（天津）民营企业洽谈会暨项目推介会。共发布招商项目120项，并为7月在张家口市举办“第十一届环渤海民营经济经贸洽谈会”进行前期邀商和宣传工作。

【参加2009廊坊国际经济贸易洽谈会】 5月18~21日，以市长郑雪碧为团长、副市长何江海为副团长的张家口市代表团近120人参加在廊坊市举办的2009廊坊国际经济贸易洽谈会。会议期间，代表团邀请浙江省工商联和温州商会等近30家单位和企业进行项目对接洽谈；参加全省产业园区、城建展，全市园区展获得5项大奖，城市规划展荣获省政府最佳展览奖。在省项目签约仪式上，全市有2个项目签约，总投资110亿元。在省政府举办的驻华知名商务机构合作恳谈会上，副市长何江海代表市政府与驻华知名商务机构签署《战略合作备忘录》。

【举办第十一届环洽会前期项目推介会】 6月18~20日，为确保第十一届环渤海民营经济经贸洽谈会取得圆满成功，由省工商联副主席常卫华率领张家口市招商团，赴山东省济南市、潍坊市、聊城市开展第十一届环洽会招商活动。其间，先后在济南市、潍坊市举办第十一届环洽会项目推介会，向近60位山东企业家介绍张家口市投资环境和第十一届环洽会筹备工作情况，并就相关事宜进行洽谈。

【参加第三届晋冀蒙商务经济区域合作会议】 7月24日，市商务局副局长刘爱军率代表团参加在内蒙古乌兰察布市举办的第三届晋冀蒙商务经济区域合作会议。会上，代表团与山西省、内蒙古自治区6城市代表就促进区域商务经济发展进行广泛深入的交流，并在招商引资、市场建设、商品流通、对外贸易等方面达成共识，确定第四届晋冀蒙商务经济区域合作会议在呼和浩特市举办。

【举办第十一届中国环渤海民营经济经贸合作洽谈会暨项目签约仪式】 7月29日，第十一届中国环渤海民营经济经贸合作洽谈会暨项目签约仪式在张家口市举行，全国人大常委会副委员长司马义·铁力瓦尔地出席会议，大会由河北省政协副主席王刚主持，河北省人大常委会副主任、省工商联主席黄荣致开幕词。会上，签约20个项目，总投资132.54亿元，涉及城建和房地产开发、农产品深加工、能源开发、医药化工、商贸物流、旅游开发、基础设施建设、机械制造等多个领域。

【举办第八届冀台经济合作洽谈会】 8月8~10日，第八届冀台经济合作洽谈会在张家口市隆重举行。会议由国务院台湾事务办公室、河北省人民政府共同主办，全国台湾同胞投资企业联谊会、河北省政府台湾事务办公室和张家口市人民政府承办，台湾电机电子工业同业公会、工商建设研究会、商业总会协办。会议秉承“开放、合作、双赢”宗旨，以“共祭三祖，同谋发展”为主题，先后举办冀台经济合作洽谈会开幕式暨项目签约仪式、项目推介会、张家口市情展、台商观光考察以及冀台同胞涿鹿共祭三祖大典仪式、三祖文化论坛、合符釜山大型历史剧演出等活动。出席会议的有全国政协副主席罗富和，国台办副主任孙亚夫，海协会副会长王在希，副省长杨崇勇，省政协副主席王刚，台湾地区新党主席郁慕明，工党主席郑昭明，全国台企联会长、巧集集团董事长张汉文，全国台企联常务副会长、系统电子科技（深圳）有限公司董事长黄明智，全国台企联常务副监事长王屏生，台湾工商建研会理事长、亚洲联盟集团董事长颜文熙等400多位领导和台湾嘉宾，会议总规模700多人。会上，张家口市发布重点招商项目56个，签约13个项目。

【参加第十三届中国国际投资贸易洽谈会】 9月4~11日，副市长何江海率代表团赴厦门参加第十三届中国国际投资贸易洽谈会，并在宁波开展招商洽谈活动。代表团与宁波台商投资企业协会、厦门台商投资企业协会、台湾东元电机集团、荷兰经济代表团等进行了对接洽谈，参加第四届两岸经贸合作与发展论坛、中国服务外包信息安全研讨会等大会高层论坛，取得一定成果。

【参加2009中国城市发展论坛暨第二届省城市规划建设博览会】 9月20日，市委常委、副市长唐树森率代表团参加在石家庄市举办的2009中国城市发展论坛暨第二届省城市规划建设博览会。张家口市有3个项目在城乡规划建设合作项目签约仪式上签约，总投资44.5亿元。

【俄罗斯车里雅宾斯克州商务代表团来访】 11月5日，由俄罗斯车里雅宾斯克州经贸厅副厅长加里那女士率领的俄罗斯南乌拉尔地区工商会商务代表团一行15人到张家口市参观访问，代表团主要由南乌拉尔地区矿山机械、建筑机械等行业负责人组成。市政府在宣化举办中国张家口——俄罗斯车里雅宾斯克州经贸洽谈会，副市长何江海出席会议，向俄罗斯客商介绍张家口市基本情况、产业布局、发展方向和发展优势。俄罗斯车里雅宾斯克州经贸厅副厅长加里那女士介绍车里雅宾斯克州和南乌拉尔地区的基本情况，双方就感兴趣的问题进行了对接洽谈。会后，俄罗斯车里雅宾斯克州商务代表团参观宣化工程机械股份有限公司、福田雷沃重机股份有限公司、宣化华泰矿冶机械有限公司等企业。

【参加第十一届中国国际高新技术成果交易会】 11月16～21日，副市长何江海率代表团赴深圳参加第十一届中国国际高新技术成果交易会。会议期间，代表团成功举办张家口市项目对接洽谈会，40多名客商应邀出席会议。何江海介绍张家口市投资环境、发展优势、产业布局、园区开发、招商重点等有关情况，参会客商与代表进行了对接洽谈。何江海还率领有关人员考察深圳海关，拜会深圳台商投资企业协会。

（陶丽君）

产业集聚区

【概况】 市委、市政府为贯彻落实科学发展观，加快推进工业化进程，按照产业向园区集聚，园区向城市集聚发展理念，以区位、交通、资源等优势条件为战略支撑，充分利用主城区周边浅山区荒山、荒坡等大量可以开发的未利用地，从2007年9月开始，规划建设总面积130平方千米的西山、东山、望山三大产业集聚区和南山、商贸、空港、京西四大物流园区，为加快全市经济发展构建良好载体和平台。

三大产业集聚区总规划面积80平方千米，起步区规划面积25平方千米。其中：西山产业集聚区总规划面积50平方千米，起步区规划面积16平方千米，重点发展机械装备制造、绿色食品加工等产业；东山产业集聚区总规划面积20平方千米，起步区规划面积4平方千米，重点发展电子信息等高新技术产业；望山循环经济示范园区总规划面积10平方千米，起步区规划面积5平方千米，重点发展精细化工和医药产业。西山、东山、望山三大产业集聚区总体规划分别委托上海同济城市规划设计院、北京清华城市规划设计院、天津大学城市规划设计院编制并通过专家论证。国家环科院和河北省环科院进行规划环评。2008年12月，西山、南山产业园区被确定为首批省级园区。

四大物流园区总规划面积50平方千米，其中：南山现代物流园区规划面积20平方千米，商贸、空港、京西物流园区规划面积都是10平方千米。南山现代物流园区以便捷通达的公路、铁路网为依托，重点发展以大型货物仓储、转运、配送、加工为主的现代物流业。商贸物流园区以110国道、京包铁路、张石高速、丹拉高速和西山产业集聚区为依托，重点发展第三方物流、工业加工制造物流、农业冷链物流和城市日用消费品配送等产业。空港物流园区以军民合用机场和东山产业集聚区为依托，重点发展高新技术产品以及小型货物快速转运等物流。京西物流园区以大秦铁路和张涿高速为依托，重点发展以农副产品检测、预冷、批发、配送为主的物流业。南山、商贸、空港、京西物流园区总体规划分别委托中国建筑设计研究院、美国维邦设计有限公司中国分公司、北京科技大学物流研究所、北京绿维创景规划设计院编制并通过专家论证。

【基础设施基本完善】 按照基础设施配套功能“十通一平”（通上水、通下水、通电、通路、通电话、通移动通讯、通网络、通有线电视、通燃气、通暖气、土地平整）的标准，从2007年9月11日开工建设，截至2009年底，累计投入基础设施建设资金14.96亿元，平整土地2.44万亩（1626.67公顷），完成道路路基35.95千米，道路铺油22.41千米，铺设供水管网24.98千米、排水管网50.34千米，砌井1208座，架设供电线路29.92千米，铺设供气管网17.3千米、供热管网9.25千米、通讯管线24.95千米。2009年产业集聚区共投入资金8.91亿元，完成土地平整1.02万亩（680公顷），道路路基12.14千米，铺设供水管网9.16千米、排水管网33.71千米，砌井707座，架设供电线路14.92千米，铺设供气管网17.3千米、供热管网9.25千米、通讯管线17.34千米，完成道路绿化9千米。其中西山产业集聚区2009年共投入资金6.09亿元，完成征地7138亩（475.87公顷），平整6933亩（462.2公顷），完成道路路基7.3千米，铺设供水管网4.46千米、排水管网27.71千米，砌井507座，铺设供气管网12.9千米、供热管网4.8千米、通讯管线10.68千米，完成道路绿化4.4千米。东山产业集聚区2009年共投入资金2.36亿元，完成土地平整50亩（3.33公顷）、道路路基2.5千米，铺设供水管网4.7千米、排水管网6千米、通讯管线6.66千米，为开工企业架设临时供电线路5千米，道路亮化4千米，建成高标准的入区景观大门及广场标志性建筑。区域供热锅炉房正在施工，铺设供热管网4.45千米，已购置2台旧锅炉作为临时热源。望山园区累计投资0.77亿元，完成园区起步区征地4200亩（280公顷），平整土地3200亩（213.33公顷），主干道路基2.34千米。各产业集聚区供水厂、污水处理厂、供电站、集中供热、供气等重点工程建设2010年10月将全部完工，基础设施建设基本达到“十通一平”标准，满足项目建设、生产需求。

【项目建设形成规模】 2009年，主城区26家工业企业搬迁入园，总投资82.26亿元。入驻西山产业集聚区搬迁企业21家，入驻东山产业集聚区1家，入驻望山循环经济示范园区搬迁企业4家。2009年产业集聚区新上项目15个，入驻西山产业集聚区的有河北宣工液压挖掘机及工程机械关键零部件制造项目、席勒民用直升机制造项目、张家口通泰国际建村博览中心项目、张家口通泰交通工程有限公司建设年产18万吨高速公路钢护栏项目、百通柴油机后处理装置生产基地项目、坤源兆瓦级风电叶片加工制造项目、国润连环工业园项目、张家口三源供热管道工程有限公司建设项目、三一张家口西山风电产业项目、张家口通泰建设开发有限公司西豪丽景项目、万全县全明中小企业创业园有限公司中小企业创业园项目，共计11个，预计投资总额139亿元。入驻东山产业集聚区项目4个，分别为中油应张天然气项目、河北瑞泰电器项目、张家口天宇钢构项目、河北建投新能源科研基地项目，预计投资总额为18.7亿元。

【物流园区基础工程启动】 南山、商贸、空港、京西物流园区总体规划基本完成，都已确定起步区一期用地。南山物流园区到2009年底累计投入资金1.72亿元，平整土地6800亩（453.33公顷），修建道路7.89千米，架设供电线路14千米，新打机井5眼，铺设正式供水管道4.67千米，其中2009年投入资金4500万元，新征土地1845亩（123公顷），完成道路绿化3.5千米，确定起步区5000亩（333.33公顷）土地的四至。商贸、空港、京西物流园正在进行开工前期各项准备工作，年底前完成土地平整和水、电、路等各项基础设施建设，入园项目陆续开工建设。

（郝永红）

海关

2008年10月17日，张家口市市长郑雪碧与石家庄海关连文生关长在张家口市迎宾馆共同签署“关于筹建张家口海关若干事宜的协议书”，协议书就张家口海关筹建工作相关事宜达成如下一致意见：

一、张家口海关设在张家口高新技术开发区内，占地约30亩（2公顷），主体办公大楼建筑面积6000平方米；附属建筑（包括职工食堂、车库、培训中心等）建筑面积1500平方米，海关职工宿舍建筑面积5000平方米，土地及地上建筑均由张家口市政府无偿提供。

二、张家口市政府负责海关办公区、监管场所设施及宿舍楼建设，办公家具、电、暖、水、天然气等必备设施配套。

三、张家口市政府根据建关实际需要，为张家口海关提供办公车辆、通讯及网络基础环境，多媒体关务公开查询系统以及必要的便携式计算机等，同时提供100万元开办费用。

2009年9月21日，国务院正式批准设立张家口海关，这是全市政治生活的一件大事，也是全市经济发展的一件喜事，张家口海关设置为正处级单位，人员编制30人，它的设立，对做大做强张家口市现代物流产业，提高全市对外开放层次和水平，加快与国际接轨等意义重大。

2009年11月10日，市政府召开常务会议，会议决定：加快张家口海关的建设速度，按照现有的运作模式，坚持整体开发的原则，由通泰集团全面负责海关大楼、职工公寓和海关监管区建设，高标准设计，高质量施工，确保2010年10月前竣工开关。

（李伯华）

商品检验检疫

【概况】 2009年，检验检疫出入境货物2628批次，货值1.76亿美元，同比分别减少17.33%和47.51%。其中，检验检疫出境货物2377批次，货值1.30亿美元，同比分别减少16.54%和55.14%。入境货物251批次，同比减少24.17%，货值4620万美元，同比增加0.75%。出口货值前10位的商品是：热交换器、瓷餐具、保鲜蔬菜、金属制品、汽车、牛筋串、裘皮服装、酵母、钙性饲料、速冻玉米。

【检验检疫执法把关】 圆满完成打击进出口领域违法添加非食用物质和滥用食品添加剂专项整治工作。对容易出现质量安全问题的、敏感的、高风险的出口热加工肉类产品、果脯、辣椒粉、油炸蚕豆、葡萄酒、酵母、酒石酸、甜菜粕、钙性饲料添加剂、盐渍菜、水果和进口葡萄原酒等14家生产经营企业进行重点检查。本着检查一个，完善一个，提高一个的原则，加强对企业指导和监督管理，提高企业的质量意识，规范企业的行为，使企业管理水平进一步提高。有效开展食品安全整顿工作。按照要求，开展“查企业、查产品、查区域、查自身”工作，坚持集中整治与建立长效机制相结合原则，制定《2009年度出口植物源性食品有毒有害物质监控计划》，并全面实施。扎实开展工业品集中监管整治工作。对辖区内45家工业品生产企业按照要求进行检查，并抽查进口零售包装的农用杀菌剂成药3种。高度重视监测，严防有害生物传出传入。2009年重点对实蝇、舞毒蛾、苹果蠹蛾及有害杂草进行监测。积极开展甲型H1N1流感防治工作，提前介入，完成进口苗木检验检疫工作。顺利完成从美国引进的67箱、38047株葡萄苗的检验检疫工作。

【服务地方经济建设】 积极帮扶出口企业应对金融危机带来的困难。一是开展“企业大走访”活动。市出入境检验检疫局共走访138家企业、20家政府及部门。二是听取企业意见。本着征求意见要“诚、实”的原则，认真倾听企业意见和建议，注重实效，不走过场。通过走访，征得意见和建议80条（次），其中，有代表性的意见14条。三是积极制定帮扶措施。征求到的意见和建议，大部分由带队局领导予以现场答复和解决。对现场不能解决的带回集体研究，先后召开3次业务协调会，将解决意见以会议纪要形式下发，逐步进行落实，并将结果一一反馈给企业。四是认真组织企业培训。根据大走访中企业提出的要求并结合张家口实际，市局共举办8次大的培训，受训企业达159家，受训人数达270多人。五是严格执行减免等政策，减轻企业负担，增强企业竞争力。市局认真执行国家对纺织品、农产品等实行的减免政策，共减免检验费34万元。六是加强认证认可工作，提高企业管理水平，帮扶食品农产品企业出口。共完成4家企业ISO9000、HACCP及1家企业GAP咨询认证工作。10家新注册登记（备案）企业、6家复查企业顺利通过卫生注册登记（备案）考核，实现7家新增企业当年建厂、当年出口、当年见效，康保县百绿肉类有限责任公司车间置换在日方验收中取得非常满意的结果。

【检验检疫业务改革与创新】 强协作，重落实，力推示范县建设取得成效。一是在尚义县创建河北省出口蔬菜安全标准化示范县取得大的进展。基本达到示范县现场验收条件。二是积极组织实施出口果品生产标准化建设工作。对在3年内建成5万亩（3333.33公顷）出口水果产品标准化基地做出了规划。

【科技实力建设】 实验室能力建设实现上档升级。一是继续加强人才培养培训。二是积极参加国家局、省局组织的各种技术验证活动。市局积极参加了国家局组织的茶叶中六六六、滴滴涕、毒化蜱、联苯菊酯技术检测验证，均取得满意结果和成绩。在省局组织全省出口日用陶瓷检测实验室进行的铅、镉溶出量检测能力验证中，包括市局综合实验室在内的4个实验室，均取得全部“满意”结果。三是通过国家认可委评审组对市局综合实验室监督评审。四是继续加大实验室仪器设备投入。先后开展食品、饲料及添加剂中重金属砷、汞检测；饲料、乳及乳制品中三聚氰胺检测；鲜食玉米、杂粮杂豆、油籽油料、饲料等农残及兽残检测；食品中微生物常规检测；服装、纺织品中甲醛检测。

（王玉满）

财政·税务

财政

【概况】 2009年，全市财政经济继续保持健康平稳运行，全部财政收入完成122.01亿元，同比增长6.4%，增收7.38亿元。其中，市级收入完成52.25亿元，同比增长12.53%；县（区）收入完成69.76亿元，同比增长2.29%。地方一般预算收入完成47.0亿元，同比增长12.9%，增收5.38亿元。完成非税收入41.39亿元，同比增长7.3%。全市耕地占用税、契税收入完成3.06亿元（含清缴以前年度欠款814万元），同比增长36.7%。全年返还县（区）财力3亿元。

【落实积极财政政策】 （1）向上争资，拉动经济稳步增长。全年共争取中央、省专项转移支付资金52亿元，较上年增加23.6亿元，增长83.12%；争取一般转移支付和缓解县、乡财政困难转移支付9.3亿元，争取坝上生态功能区转移支付、资源枯竭型城市转移支付2.6亿元，争取农村公路、农村饮水安全等财政申报项目建设资金1.47亿元。争取省财政超调度资金4亿元，重点支持蔚县、阳原、怀安、赤城、桥西等困难县（区），缓解部分县（区）因财力短缺造成的资金紧张压力，保证各类民生项目的支出需要。（2）向内聚资，增强经济内生动力。综合运用税收、资金等财政杠杆，促进全市经济结构调整。一方面，优先安排扩大内需配套。加快扩大内需项目审核、申报和资金分配进度，拨付中央扩大内需基建资金10.28亿元，落实配套资金6.49亿元，重点用于道路、水利等基础设施和保障性住房工程建设。另一方面，重点保障产业结构调整。坚持短期目标与长远发展并重原则，投入各类专项资金1.7亿元，重点支持重点产业、工业中小企业技术改造，节能环保，科技应用与研发项目。落实淘汰落后产能中央奖励资金666万元，完成7家钢铁、水泥企业淘汰落后产能项目。（3）向外融资，夯实经济发展基础。充分发挥财政在融资管理中的统筹作用，全市各融资平台共融入财政性建设资金88亿元，支持全市基础设施建设和“三年大变样”工程。同时，积极发挥财政协调职能作用，重点支持做大做强三大融资平台，为城投公司注入资金2000万元；帮助通泰集团完成贷款9.4亿元；再次向市商业银行注入资本金3亿元，壮大资本规模。通过承诺、收费权质押等方式，协助有关县（区）争取农发行等银行贷款48.69亿元，支持地方经济发展。

【树立民生财政理念】 加大向社会弱势群体倾斜力度，让群众共享改革发展成果。城乡低保实现应保尽保。安排资金5500万元落实城乡低保提标扩面政策，城乡低保最高标准分别比上年提高47%和28%，覆盖面分别扩大到13.95万人和24.87万人。安排资金1506万元，为市辖区30142户城市低保户发放取暖补助，确保群众温暖过冬。受灾群众得到及时救助。全市下拨救灾补助资金3856万元，对因灾造成无自救能力的17.69万户、32.13万人提前给予口粮、饮水等生活救助；市、县两级安排越冬取暖补助资金1251万元，对坝上及沿坝高寒地区无自救能力户实施救助。社会优抚实现保障到位。切实提高优抚对象抚恤补助标准，拨付各类优抚补助资金7500万元，对全市2万名重点优抚对象给予保障。城乡就业实现稳岗增人。积极协助社保部门制定刺激就业政策措施，全年拨付就业资金2.7亿元，新增就业37861人，下岗失业人员再就业19624人。

加大向重点领域倾斜力度，促进城乡统筹协调发展。促进教育优先发展。全市投资3.5亿元，撤并小学（教学点）369所（个），新建、改扩建校舍建筑面积33万平方米，乡村学校与城镇学校办学差距进一步缩小；对全市44.9万名农村和城市义务教育阶段公办学校学生全部免除学杂费；落实资金1730万元，免除农村义务教育阶段所有学生全部教科书费。促进公共卫生向基层延伸。建立由城镇职工、城镇居民、农民医疗保险为主体的覆盖城乡居民的三大医疗保障网络，从制度上实现全市城乡居民医疗保障无缝覆盖。全年共拨付市以上医疗卫生资金4.6亿元，支持新型农村合作医疗、城镇职工和城镇居民医疗保险、医院改扩建和设备更新等重大医药卫生项目，逐步实现基层公共卫生服务均等化。促进保障性安居工程建设。支持加快经济适用房和廉租房建设，全年下达廉租住房保障资金8908万元，全市廉租房入住1362户、经济适用房入住2310户；筹集拨付资金2270万元，新建、改建新民居26920户（套)。有效应对重大和突发事件。建立应急资金筹集机制，统筹调度应急资金，有效应对了国庆安保、甲型H1N1流感等重大和突发事件资金需要。

加大向“三农”倾斜力度，使公共财政惠及乡村。发挥财政资金引导作用，通过增加预算安排，综合运用贴息、补助、奖励等手段，引导社会资金投向“三农”，建立财政支农支出稳定增长机制。

现代农业投入加大。全市投入1.58亿元推动现代农业项目建设，促进蔬菜、葡萄等优势特色产业发展。争取、整合资金5865万元，引导社会资金9190万元，促进了崇礼蔬菜、万全鲜食玉米产业发展。

农业基础设施改善。整合省级补助、市级预算安排资金、水资源费等资金1200万元，引导带动金融资金、社会投资1800万元，集中投入节水灌溉项目。争取上级财政支农项目资金11.4亿元，利用省农业基础设施融资平台融资1.8亿元，支持农业基础设施和特色产业发展。落实奶牛规模化养殖财政补助政策，新建、扩建奶牛规模化养殖场108个，新增奶牛规模养殖能力8.87万头。

惠农补贴增加。通过涉农资金“信通卡”，发放落实各类补助扶持资金9.79亿元；发放家电、汽车下乡补贴3419万元；开展村级公益事业“一事一议”财政奖补试点，2457个行政村共投入各类资金1.18亿元，促进了农村公益事业建设。安排农村村级组织保障经费3000万元、村干部激励奖励资金100万元，推动了农村基层党组织建设。

【财政改革管理】 围绕推进财政科学化精细化管理要求，以财政综合考评为抓手，深化财政改革、完善财政管理、推进财政监督，财政科学化精细化管理水平得到全面提升。在省考核市的25项单项考评指标中，有17项名列各设区市第1名，财政综合考评成绩位列全省11个设区市第3名。

构建科学合理的财政运行机制。深化部门预算改革。将城市教育附加费、排污费等6项资金纳入市级财政预算统筹安排，集中财政支持重点项目和民生事业。推行项目预算，建立市级预算项目库，审核入库项目483个，申报资金30.4亿元。加快国库集中支付改革步伐。20个县（区）全部推行国库集中支付改革，市本级纳入集中支付的187个预算单位全部启动公务卡制度改革，实现了预算单位公务卡管理全覆盖。推行“管采分离”、“再答疑”、“采购项目绩效评价”等制度，政府采购规模扩大。全市共完成政府采购资金22.69亿元，较上年增长66%，节约资金2.81亿元。扎实开展投资评审工作。认真抓好招标前期、项目后期评审，全市当年审结项目送审资金19.41亿元，比上年增长78%，审减资金1.23亿元，较上年增长42%。

构建绩效优先的财政管理机制。深化工作考核体系建设，以财政综合考评为抓手，拓展考核深度和广度，对上落实考核责任制，抓好省厅财政综合考评工作；对下实施县（区）财政工作量化考核，有力提升了县（区）理财水平；对内制定处室年度考核方案，促进各项工作落实。完善资金管理体系。完善市级财政资金内部审核拨付程序，对预算追加、上级专款、预算外资金、专项收入等项目资金的拨付制定详细业务流程，认真查找清理业务工作风险点，相应制定了风险监控措施，确保资金安全运行。打造工作标准体系。坚持高起点谋划、高标准推进工作，制定标准工作流程298个，确定关键工作节点463个，减少不必要工作环节37个，有效提高了工作效率。构建技术支撑体系。强化信息化在财政精细化管理中的支撑作用，市、县财政专项资金即时分析监控系统建成运行，20个县（区）全部应用县级版软件，209个乡镇全部实现网络联通，为财政业务一体化奠定了基础。通过会计信息平台和国有资产管理平台，及时掌握财政资金执行情况和国有资产运行情况，更好地发挥了财政宏观监控职能作用。

构建安全高效的财政监督机制。严格内部监督，建立内部预防机制和自我纠正机制，探索财政全程监督、信息共享方式，加强内部审计和对履责情况的监督检查。强化外部监督，围绕落实中央积极财政政策、清理化解农村普九债务、行政事业性收费项目等内容开展重点检查，对查出的问题及时做出处理和处罚。完善专项监督，通过自查和重点检查，

"小金库"专项治理工作取得阶段性成果。推进派驻监督，充实壮大财政监察员队伍，安排正科级监督员8个，在全省率先实现派驻监督对县（区）的全覆盖。

（高文阳）

国家税务

【概况】 2009年，全市国税系统有在岗干部职工1813人，市局机关内设机构11个，直属机构2个，事业单位3个，下辖县（区）局20个。全市共有各类纳税人35736户，其中：内资企业12204户，涉外企业168户，个体经营者23364户；一般纳税人3945户，小规模纳税人31791户。省局和市政府分别下达全市国税收入任务为72.4亿元和71.1亿元（调整后的任务），按省局口径全年入库工商各税739768万元，完成省局计划102.18%，按市政府口径全年入库工商各税711850万元，完成市政府计划的100.12%。

【税收收入】 为应对国际金融危机影响，在组织收入工作中，重点采取以下几项措施。一是认真分析形势，提前精心谋划。从2008年年末开始，到占全市国税收入总量六成以上的29户重点税源企业进行调查摸底，对国家结构性减税政策给全市相关企业带来的影响进行评估测算，重点对煤炭开采和洗选业、黑色金属矿采选业、黑色金属冶炼及压延业、电力、热力生产和供应业、批发业等5个重点行业进行调研分析，同时下发《关于全力抓好2009年税收收入工作的紧急通知》。二是管好重点税源，把握收入主动权，完善税收监控管理机制。对纳入市局直接重点监控的年纳税1000万元以上的33户重点企业，健全税收监控5大类62项指标，基本涵盖企业生产经营、价格变动、税款抵扣和申报情况等生产经营动态和税收管理状况，增强收入工作主动性，加大收入调度力度。从11月开始，每5日上报收入情况。三是全系统组织1200多人，从7月开始连续3个月时间开展"千人会战"，并与省局后期提出的"百日会战"紧密结合，全面堵漏增收，采取了以下5项促收措施：深化纳税评估促增收，强化个体税收管理促增收，加强税务稽查促增收，清缴欠税促增收，落实新核定纳税期限促增收。

【税收管理】 从年初开始，全系统根据张家口实际情况，针对税收管理工作中存在问题，组织开展大范围税收管理基础性建设，使税收管理工作实现突破性进展。一方面通过实施税收管理标准化建设，使税收管理走上科学发展轨道。上半年，在宣化区、宣化县、怀来县分别就税收综合管理、流转税管理、所得税管理进行标准化建设试点。总结出《张家口市国家税务局税收管理标准化操作规范》，对包括户籍管理、资格认定管理、申报纳税等8大类82个事项141项工作流程进行规范和整合。下半年，又反复进行调研、测试、修改、完善，形成统一的"操作规范"纸质文本，在此基础上，顺利完成"张家口市国税系统税收管理标准化操作平台"，并于年底在全系统推行，解决工作流程不规范、工作标准量化细化不到位、相关工作衔接不紧密、协调不顺畅等瓶颈问题，得到省局充分肯定，《中国税务报》进行大篇幅报道。另一方面通过实行财税库银横向联网，税收征收方式实现重大变革。根据全省国税系统外部信息采集与交换综合服务平台推行工作安排，于8月1日成功上线财税库银横向联网工作。有效避免纳税人在税务局、银行、国库之间"多头跑"、"多次找"现象，减轻纳税人和办税服务厅的工作量，提高基层工作效率。到年底，全市累计成功扣税112642笔24.81亿元。同时，推行税源管理平台。从7月1日开始，平台将全部税源大量信息纳入网络管理，减轻日常税源管理工作量和管理难度。

【税种管理】 按照"信息管税"要求，全市狠抓计算机网络建设，有力强化税收管理工作。按照省局统一部署，顺利完成征管系统更新升级工作，确保系统平稳运行。全年共对征管系统进行7次升级，对涉及增值税、消费税、所得税等相关业务操作进行调整和明确。加强数据分析运用，提高数据利用率。制定《综合征管信息系统数据分析应用流程》，每月发布"逾期未修改监控数据"，通过运维网站、电话答疑等形式，及时解答和处理基层操作人员在应用工作中遇到的各种问题，根据问题研究对策。做好系统安全防护运维工作，保证系统安全运行。建立全系统补丁升级平台，全年系统漏洞比原来减少3万多个。

【规范执法】 加大稽查力度，税收秩序进一步优化。一是大力开展专项检查。按照省局《关于开展2009年税收专项检查工作的通知》精神，利用7个多月时间，对商业零售企业、大型连锁超市及电视购物企业、建筑安装业、葡萄酒生产企业等13个行业171户企业开展税收专项检查，查补税款5618.68万元。二是发动企业自查。在调查测算基础上，与有关企业进行约谈，责令自查自纠，全年共有695户企业开展自查，有问题334户，自查补税共计9522.98万元。三是积极开展专项整治。全年共查处12起发票违法案件（其中移送公安机关3起），协助公安部门端掉犯罪团伙3个，抓获犯罪嫌疑人6名，收缴各类普通发票22029份（其中真票26份，假票22003份），补税罚款13.34万元。四是认真做好协查举报工作。全年受理来函协查案件5起，其中：公安部和国家税务总局联合督办案件3起，外省协查案件2起。共涉及发票1733份，涉及税额4687.5万元。受理举报案件17起，查结15起，补税罚款8万多元。全年通过开展各项稽查活动，共查补收入15636.62万元。选案准确率由上年63.32%提高到89.76%，稽查质量和效率都达到历史最好水平。

开展执法检查和执法监察，规范执法行为。在行政管理权监督制约方面，对3个县（区）局领导班子及成员进行巡视检查，对5个县（区）局进行内部审计，对发现问题进行整改。在税收执法权监督制约方面，全系统全年共实施立项监督项目15个，开展执法监察21次，提出执法监察建议36条，协助建章立制19个。年初“税收执法管理信息系统”正式上线以来，通过系统检测出税收执法过错行为1093项，涉及18个考核指标，实际追究过错行为721项，涉及15个县（区）局269人次，经济惩戒金额7620元。此外，还通过人工考核通报批评68人次，经济惩戒金额4910元。二季度开展重大税务案件审理情况专项检查，共检查2008年度税务行政已结案件157件，未发现重大问题。对全系统实施税务行政许可和行政审批事项进行全面清理，市局保留不变的行政许可项目2项（对发票使用和管理的审批，对增值税防伪税控系统最高开票限额的审批）。保留非许可类行政审批6项，县（区）局保留非许可类行政审批10项。市局保留行政备案事项7项，县（区）局保留行政备案事项39项。

【优化服务】 于12月全面推行“一窗式”办税服务模式，服务水平上档次。首先在宣化区国税局办税服务厅进行试点工作，统一窗口设置、规范窗口职能、再造窗口流程，实现“一窗式”通办。12月23日在赤城县办税服务厅开通第一台自助办税终端（ARMI）。

实行“支持项目建设局长工程”，为全市项目建设提供良好税收环境。对全市列为县（区）政府重点项目建设实行县（区）国税局局长工程，并制定《张家口市国家税务局关于支持“项目建设”实行局长工程的管理办法》，对市、县（区）政府确定的新建项目，全面实行局长直接负责制。全系统全年累计支持建设项目69个，项目投资金额352.6亿元。

切实解决好“买票难”问题，强化为民务实作风。下发《关于进一步规范普通发票管理的通知》，明确规定：新办企业第一次买票可先供给1个月的用票量，随后再责成专人进行调查，补办有关手续，做到程序规范、传递及时、衔接紧密、运转顺畅。

落实税收优惠政策，支持地方经济快速发展。全年累计为出口企业、高新技术产品生产企业、三农企业、福利企业、用废利废企业、下岗职工再就业企业等各类纳税人减免退税近7亿元。

开展税法宣传，营造和谐征纳氛围。开展以“税企手牵手，春暖四月天”为题的一系列大型税收服务活动。在宣化区举行2009年张家口市税收宣传月活动启动仪式。开展“进企业、送服务、解难题、促发展”活动，宣传月期间累计组织国税干部深入各类企业2500多户（次）。

（祁占利）

地方税务

【概况】 张家口市地方税务局组建于1994年8月，由河北省地方税务局和张家口市委、市政府双重领导，以省地税局垂直领导为主。全系统共有各级地税机构303个，其中正处级单位1个（市局机关）、副处级单位1个（市局稽查局）；正科级单位44个，其中机关科室16个、市稽查局科室8个、区局5个、县局15个（含察北和塞北地税分局）；副科级单位96个，其中：县（区）稽查局18个，管理分局60个，征收分局18个；股级单位108个。全系统现有人员1333人，其中：公务员1291人，工人42人。机关人员480人、稽查人员255人、征收管理人员598人。共管理各类纳税户27243户，其中，私营以上12152户，个体15091户。2009年，全系统共组织各项收入65.89亿元，同比增收11.1亿元，增长20.34%。其中：税收收入39亿元，同比增收5.49亿元，增长16.37%，圆满完成省局调整后税收任务；社保费收入23.46亿元，同比增收5.28亿元，增长29.07%，超额完成省局下达的考核指标；其他税费收入7.22亿元。

【组织收入】 以加强重点税源、重点项目管理促增收。坚持分级监控纳税大户，对83户省级和500

户市级重点税源企业适时进行有效监控，监控面达到60%以上，稳固了收入支撑点。建立重点建设项目分类管理制度和监控台帐，从市发改委及时获取全市重点项目立项情况，对全市102个项目按照建设规模、建筑周期、开工日期和预期经济效益等逐项进行分解，对全年预计实现税收600万元以上重点项目实行专人监控，及时跟进管理措施，确保税款应收尽收。全年重点税源和建设项目共入库26.13亿元，占税收总收入67%。

以堵漏挖潜促增收。加大对保险机构代收车船税工作监管力度，定期对保险部门代收代缴工作进行政策辅导和查处，理顺代收代缴工作秩序，全年共入库车船税6295万元，同比增长30.79%；利用GPS先进设备和传统测量相结合的方法，开展核实土地使用税税源工作，全市共测量9915户，增加应税面积610万平方米，增加税源2021万元，同比增长39.22%；严格落实土地增值税分类预征制度，加强清算管理，确定全市各类房地产开发项目核定征收率，实行在预征环节一并征收入库，较好地解决了项目清算后补征税款难的问题，全年入库土地增值税7884万元，同比增长45.81%。与公安、工商、财政等部门联合，分行业划片编组，重点对个体户、集贸市场及出租房屋等，集中开展税收专项清理工作，共清理税费4583万元。

以大力清欠促增收。市局把清理欠税作为促进收入增长的重要措施，6月初召开各县（区）局局长、主管副局长、相关股室、分局局长参加的欠税专项清理视频会议，对清欠工作进行专题安排部署，在全系统打响清欠攻坚战。市局逐单位下达清欠计划，明确清欠目标，深入重点县（区）进行督导，每月将清欠情况进行通报；各县（区）局建立了班子成员、分局长、管理员三级清欠责任制，根据企业还欠能力，分类制定清欠措施，集中力量抓清欠。通过开展专项清理工作，进一步摸清欠税底数，有效控制欠税的增长。全年共清缴入库欠税1.3亿元。

以强化稽查促增收。为实现以查促收，市局大力推行查前告知，突出抓好对重点税源户检查，先后组织开展对建筑安装、采矿业、制造业和电力、保险行业的专项检查。推进分级分类稽查，结合实际，制定全市《上选下查管理暂行办法》，着力解决县（区）稽查工作中存在的选案范围小、程序不规范、重复检查、处理不及时等问题。全年累计实现稽查收入1.77亿元，查补比例达到4.53%，比上年提高2.58个百分点。

【税收征管】 深入开展征管质量考核达标活动。为切实解决征管工作中存在的责任意识差、管理不到位、执法不规范、工作效率低等问题，市局在总结过去征管考核工作实践、完善怀来试点单位经验基础上，创新工作思路，把深化征管质量考核作为强化依法治税、推进信息管税、增强干部能力素质、提高征管水平重要措施，在全系统开展征管质量考核达标活动。市局制定《征管质量达标考评办法》，下发《关于在全系统开展税收征管质量考核达标活动的通知》，印制《税收征管质量考核评价手册》发放到基层，人手一册。召开各县（区）局“一把手”参加的动员会进行专题部署。以《税收业务工作规程》为依据，把日常征管工作中户籍管理、申报征收、税务管理、发票管理、违章处罚等5个方面确定为考核内容，设定24个考核指标和26个评价指标，每个考核指标均明确工作要求、工作标准、考核区间、分值、考核路径、计算公式、考核方式和被考核单位等8项内容。采取市局、县（区）局、征收和管理分局、税务人员四级考核办法，以月、季、半年、年为考核区间，以利用征管应用系统、决策支持系统进行查询、比对、计算和实地检查相结合的方式，解决征管工作中存在的问题，以考促管。全系统大部分县（区）局和基层分局达到市局确定的考核指标，征管质量逐步提高。

探索建立规范执法长效机制。市局结合实际，集中开展执法检查和执法监察工作。制定“两查”实施方案，确定税务登记、税务管理、发票管理等10个方面46项重点执法检查内容以及廉政建设、“两权”监督两方面8项重点执法监察内容。各县（区）局对照检查内容，集中3个月时间，开展自查和整改，市局抽调21名业务骨干，成立3个检查小组，对8个单位进行复查。达到以“两查”促规范、促落实的目的。认真解决税收管理中存在的问题。建筑业和房地产业是主导全市税收收入的重要支撑点，针对两行业控管不到位、税收入库不及时等问题，从强化环节控管入手，细化管理措施，全面推行招投标环节清欠、开工前备案管理、预缴税收保证金等制度，有效防止欠税和漏税等问题的发生，全市建筑业和房地产业共入库税收14.45亿元，占全部税收收入37.05%；针对全市部分中小企业财务制度不健全，难以实行查账征收，所得税预缴管理不到位问题，市局依据有关政策，制定《关于预缴企业所得税管理办法》，除大型企业和年纳所得税80万元以上的重点税源企业外，一律按照应税所得率预缴企业所得税，规范了企业所得税管理；个人股权转让是个人所得税管理薄弱环节，为了规范管理，按照省局有关政策，结合实际，自行设计《股权转让纳税调整表》，对自然人股东申报股权转让价格明显偏低又无正当理由的，及时进行税额调整，确保税款足额入库。全年共入库股权转让个人所得税500万元。

制定《基建项目会计核算办法》。把抓好制度完善和创新，健全各项规章制度，作为规范工作程序，提高工作水平的重要措施，围绕机关内部管理中存在的薄弱环节，对一些制度进行修改、完善和补充。针对基建项目会计核算不统一、不规范，不能全面反映基建项目收支情况的实际，为落实基建财务管理制度，根据上级有关制度和规定，在深入基层调研，反复征求意见基础上，制定《基建项目会计核算办法》。此《办法》根据地税系统基建项目实施的实际情况，设计13个会计科目，对每一个会计科目使用及业务核算内容、方法进行详细说明，制作应上报的会计报表，为基层及时、准确地进行基建项目核算、结算、转帐等提供操作规范。

（柳成林）

金融·保险

人民银行

【概况】 中国人民银行张家口市中心支行是中国人民银行总行的派出机构。主要职责是传达、贯彻货币政策，维护地方金融稳定，组织管理相关货币发行业务，经理地方国库，履行外汇、外债管理职能等。内设16个科室，现有干部职工601人，其中中心支行干部职工213人。

2009年，张家口市中心支行坚持“解放思想、提升理念、强化措施、履职求效”的工作要求，以“促增长、保安全、争创新、建和谐”为工作着力点，认真贯彻执行国家各项金融方针政策，切实履行基层央行各项职责，多项工作获得上级行和地方政府领导肯定。开发的金融统计检查管理信息系统、残币复点管理信息系统等4个系统，上级行在全市分别召开现场会并推广。建立信用联合体、推行“信通卡”小额贷款，推动建立特色农业贷款风险补偿制度和中小企业贷款风险补偿机制等工作，市委、市政府召开现场会并在全市组织推广，并获得全市民族团结进步模范集体，包村干部李卫泽荣获“全国民族团结进步模范”荣誉称号。代市委、市政府起草10多项优化金融生态环境建设的政策性文件，协助市政府举办“2009·张家口金融经济发展高层交流合作恳谈会”，得到市委市政府肯定。

【支持地方经济发展】 搭平台、促对接。搭建信用建设平台，利用征信职能，采取“信用发现”、“信用对接”、“信用组合”等措施，使全市一批有信用的中小企业得到急需的贷款。搭建政银企合作平台，协助市政府举办“2009·张家口金融经济发展高层交流合作恳谈会”，10家省级金融机构与市政府签订合作项目99个，签约资金376亿元。各金融机构对87个项目累计发放贷款336.3亿元；搭建融资对接平台，举办“2009·张家口市中小企业融资对接会”；搭建政策服务平台，协调市中小企业局成立了张家口市金融专家服务中心。

谋创新、促发展。完善信用联合体各项制度，推动“利益共享、风险共担”的捆绑式融资平台建设，信用社向信用联合体发放贷款153万元，农户人均增收4255元，农村信用社贷款回收率、利息收回率均达到100%，取得信用社和养殖户双赢的效果。制定《特色农业贷款风险补偿办法》和《中小企业贷款风险补偿办法》，选择康保、张北、涿鹿3个县开展试点工作。康保县财政出资200万元建立特色农业贷款风险补偿资金，张北县、涿鹿县政府分别出资500万元和200万元建立中小企业贷款风险补偿资金。利用惠农卡扩大农户小额贷款，指导信用社开办“信通卡”特色业务。探索成立民营经济担保商会，形成“联社+商会+会员”的担保模式。在万全县成立民营经济担保商会，政府注入资金200万元，会员企业缴纳担保基金819.5万元，已入会中小企业25家，其中为23家企业办理担保贷款2700万元。《河北日报》以《张家口四项创新服务三农》为题，报道相关做法和效果。

重建设、优环境。代市委、市政府起草10多项优化金融生态环境建设的政策性文件，与市中级人民法院达成加强金融司法合作23项措施，制定《关于深化金融司法服务全面合作的实施方案》，成立金融司法培训基地，初步建立起张家口市金融司法信息服务平台。《金融时报》以《为了塞外山城美——张家口市倾力打造良好金融生态环境》为题给予报道。

重分析、强指导。按季分析形势，针对问题，研究对策，提出建议。张家口市中心支行抽调业务骨干成立形势分析研究小组，就金融经济形势、金融危机对地方经济的影响、拟采取的措施以及扩大融资的建议等进行专门研究。共向市委、市政府及有关部门报送信息、简报80条（份）。组织制定《关于加大信贷投入支持全市经济发展的指导意见》，该意见被市委、市政府批转。协调有关部门制定出台《关于加强域外金融机构引进工作的意见》。

【优化金融服务，提高服务水平】 实行集中办公。人民币结算账户核准、征信管理与服务、货币咨询与鉴定业务实行对外服务集中办公。强化征信服务工作。全年为企业提供信用报告查询73次，提供个人信用报告查询服务733人次。全辖办理贷款卡发放行政许可886张，办理贷款卡行政许可延续1919张。个人信用报告查询服务在县支行开通。加大人民币反假工作力度。全年共开展6次规模较大的集中反假人民币宣传活动，设立宣传点120余个，散发宣传资料4万多份，接受群众咨询10余万人次。国库核算积极推行收纳汇缴工会经费核算业务。开发国库资金风险分析系统，提高国库资金风险分析水平。强化支付结算和财务管理工作。电子对账系统成功上线运行。制定《张家口市支付清算监督考核评价办法》，开发并运行重要空白凭证监督检查系统，全年核准市区各类账户2019户，办理销户692户，变更账户587户。制定《张家口市改善农村地区支付结算环境实施方案》，推荐万全县成为首批河北省改善农村支付环境试点县之一，利用公共LED电子大屏幕和张家口日报进行支付系统业务宣传。财务综合管理信息系统正式上线运行。制定《中心支行经费核算操作规范》，规范全辖财务核算行为。开发运行的《集中采购信息管理系统》，在全省进行推广。加强科技信息服务。完成商业银行电子汇票系统直连V0.6、V0.8版接口开发验收、商业银行国库信息V2.1版开发测试、会计核算电子对帐系统上线和ABS、TBS系统、大额支付系统升级工作。对非法外联监控、防病毒等软件进行升级。组织辖内网络系统和机房环境应急演练。开展重点课题研究。完成重点研究课题31项，上级行采用13项，完成省行、分行重点研究课题7项。政务信息工作在天津分行和石家庄中心支行均排名第六。

【加强金融监管，维护金融体系稳定】 按照金融综合监管模式，对辖内93家金融机构进行存款准备金缴存、金融统计、征信制度执行情况、国库经收业务、代理支库业务、反洗钱、人民币银行结算账户管理、人民币管理以及外汇管理等9项业务进行现场检查，对存在违规问题的金融机构，依法进行行政处罚。在维护金融稳定方面，建立以金融风险监测月报、金融稳定形势季度分析和金融稳定年度评估报告为载体的金融风险监测评估报告体系。

行　长：曹建强

（杜桂林）

外汇管理

2009年，张家口市中心支局认真贯彻落实总分局“保增长、防风险、促平衡”的工作要求，认真谋划全年工作，以提升服务，保增长；完善内控，夯基础；加强监管，防风险；强化调研，出精品的工作思路，积极开展工作，并取得一定效果。

【支持地方经济发展】 在认真分析张家口市涉外经济发展的基础上，确定五个二措施（即：建立涉外部门联系机制和建立重点企业联系机制、放宽进口付汇名录管理审核和放宽贸易信贷结汇管理审核、进口付汇核销业务下放到宣化支局和出口收汇业务下放到各县支局、印制外资企业外汇业务操作手册和刻录贸易业务操作手册、予约服务和提示服务），支持地方经济发展。通过召开4次辖区涉外经济座谈会，与涉外重点企业多方沟通、预约服务层层推进、外汇业务下放、刊发外汇快报、新增企业进口名录、印制业务操作指南等各项措施的扎实落实，有效提高辖区外汇管理工作质量。

【提高统计数据质量】 加强外汇各系统基础数据的日常核查。下发《关于规范经营外汇业务金融机构报表的通知》，对经营外汇业务金融机构报表、信息报送工作进行规范，明确责任追究办法。积极推进金宏工程国际收支子系统在辖区的全面运行。建立《国际收支申报季度通报制度》。截至12月末，全市国际收支间接申报6442笔，总额59526万美元，同比下降40.93%，国际收支逆差13324万美元。

【做好进出口外汇管理工作】 认真落实经常性项目各项外汇管理改革政策，做好进出口工作，支持企业涉外经济发展。全年张家口辖区出口总额21891万美元，同比下降53.5%，进口付汇33148万美元，同比下降7.2%。严格执行进出口逾期未核销政策，对13家企业进行逾期未核销催核，向检查岗移交待处理逾期未核销企业3家。

【严格执行资本项目外汇管理规定】 采取措施开展外商投资企业以及境外投资企业年检工作。加强外商投资企业的审批和登记管理，不断提高利用外资质量。截至12月末，新设及增资外资企业14户（其中新设企业10户），新增注册资本25670万美元，外商投资资本金实际到位7606万美元，同比增长49.7%。积极推进贸易项下外债登记工作，确保短期外债管理到位。

【严密监测跨境资金流动】 对辖内5家涉及利润汇出和转股、清算的外商投资企业开展专项检查。对外汇指定银行个人结售汇业务进行专项检查。对中国银行2008年以及2009年前8个月外汇业务合规性进行现场检查。

【提升外汇管理工作实效】 全年张家口市中心支局编发上报外汇信息与调研61篇，其中被省分局《河北外汇信息与调研》采用18篇，被市政府研究室采用1篇。

【积极开展业务创新】 制定《国家外汇管理局张家口市中心支局简易办案程序操作规程》并依据该规程对1户企业、2家银行实施处罚。开发银行外汇从业人员考试考核系统，两次组织银行外汇业务人员进行外汇管理政策知识网上考试，进一步提高银行外汇业务人员对外汇管理制度和相关政策掌握水平和执行力。

【提高外汇管理政策的认知度】 编发信息专报12期、组织大规模政策培训3次、重点企业提示7次、宣传单散发5000余份、政策答疑400多次等多种形式，落实新政策。

（倪守斌）

银行业监管

【概况】 2009年，张家口银监分局被河北银监局授予2008～2009年度“文明单位”称号，评为2009年度绩效考核先进单位。截至年末，全市银行业金融机构各项存款余额1135.64亿元，比年初增加267.85亿元，增长30.87%，同比增加116.32亿元。各项贷款余额783.82亿元，比年初增加236.72亿元，增长43.27%，同比增加137.25亿元。银行业机构不良贷款继续保持“双降”，且全部实现盈利，实现账面利润12.36亿元，同比多盈利1.38亿元，保持稳健发展态势。

【支持地方经济，改进金融服务】 协助市政府召开“张家口金融经济发展高层交流合作恳谈会”，签订合作项目99个，意向性协议376亿元，辖区银行业机构累计投放项目贷款282亿元。加大涉农信贷支持，督促各银行业机构加大对县域“三农”的资金投入，支持县域经济发展，农村信用社小额贷款8.15亿元，增速为27.59%，辖区农业贷款137.6亿元，增速为26.12%。力推中小企业金融服务，设立“小企业金融服务专营机构”，配合市政府举办张家口市中小企业融资对接会，全市银行业机构为中小企业授信8349户，贷款余额227亿元，增长73%，比各项贷款增幅高30个百分点。改进优化金融服务，指导审批城市商业银行赤城、怀来两家支行顺利开业运营。积极推进宣化区农村信用联社组建宣化农村商业银行工作。

【非现场监测分析预警和现场检查】 按季召开监管分析例会，分析银行业运行特点，指出存在问题和风险，向各银行业机构发出非现场监管提示书11份。严守监管底线要求，张家口市商业银行各项监管指标好于全省城市商业银行平均水平，达到良好行标准。抓好农村信用联社达标升级，实行分类差别监管，促使农村信用联社主要风险指标实现全面达标，各项监管指标处于全省前列。积极探索村镇银行监管工作，提出标杆行监管要求，村镇银行监管工作得到河北银监局肯定。全年，分局派出37个现场检查组，完成15项上级立项和1项分局立项现场检查，检查机构178家，发现各类违规问题149项，下达现场检查意见书26份。

【高管人员履职监管制度化规范化】 分局从制度建设入手，制定张家口市银行业“高级管理人员考试管理办法”，开发高管人员网络版考试系统，实现全辖区各类机构高管人员考试微机化。制定“高管人员日常履职行为考核细则”和“主要高级管理人员年度履职监管评价实施细则”。强化高管人员责任落实，实现对银行业机构主要高级管理人员的量化考核。对农村信用社未交流高级管理人员加大监督力度，督促其实现全部交流。

【案件防控实现无案件辖区目标】 年初分局同各银行业主要负责人签订案件防控责任书，组织银行业开展“强化执行力制度落实年”活动，贯穿全年始终。深入银行业机构进行督导检查，对各机构自查、复查发现的问题分类汇总，建立整改台帐，实施后续检查。按照银监会要求督促各银行业机构按季进行风险排查，分局组织排查抽查。强化高管人员约见谈话，实现无案件机构无案件辖区目标。

局　长：赵万峰

（郭　耀）

工商银行

【概况】　中国工商银行张家口分行是隶属于中国工商银行股份有限公司的二级分行，下设一级支行15个，二级支行24个，储蓄所11个，分理处4个。在职员工1450余人。业务范围已扩展为本外币一体化、电子银行、自助银行、理财业务等多元化服务领域。

2009年，工商银行张家口分行坚持将“为客户创造价值、为社会创造财富”作为企业使命，各项工作取得全面发展和重点突破。全年共增加各项存款32.13亿元，同比增加11.24亿元，增幅21.18%；增加各项贷款56.54亿元，同比增加42.26亿元，增幅69.22%；实现中间业务收入1.45亿元，同比增加0.36亿元，增幅33.72%；全年实现拨备前利润3.96亿元，同比增加1.59亿元，增幅66.97%；实现帐面利润3.38亿元，同比增加1.47亿元，增幅76.57%。各项贷款、存款、中间业务收入等多项主要指标增量居同业首位，利润、贷款、存款、项目贷款、对公存款等多项指标增幅高于全省平均水平。经营绩效在全国工商银行系统二级分行中名列80位，较上年前进80个位次；绩效等级由上年的C－跃升至今年的B－，上升5个级次，创历史最好水平。

【支持经济发展再立新功】　坚持“服务山城、发展经济”经营理念，围绕市委、市政府“全党抓经济、重点抓项目”、“支持城镇面貌三年大变样”重要战略部署，积极跟进，主动作为，全力以赴为各项建设“输血”、“加油”。根据国家产业政策、总行信贷政策和全市资源状况，将政府关注、公益性强、带动作用大的电力、交通、城建等行业作为重点，集中全行资源，加大投入力度。全年项目贷款累计发放67.7亿元，新增43.85亿元，增幅93.13%，高于系统水平39.13个百分点。其中向张承高速公路投放银团贷款1.5亿元，向大唐张家口热电投放4.29亿元，向宣化热电投放3.82亿元，向通泰高速公路集团有限公司投放城建贷款5.18亿元，向张家口方正、张家口龙兴宏基、河北和昊、河北东南、河北康泰尔、河北华夏旅游等6家房地产开发公司投放开发贷款3.63亿元。努力寻求信贷政策与金融需求契合点，成功向高等级公路管理中心投放45亿元固定资产支持融资贷款，开创全国地市级城市固定资产支持融资贷款的先河，填补全省固定资产支持融资贷款业务的空白，并创造省行建行以来获批的单笔项目贷款最大金额记录。

【大力支持支柱企业正常经营】　2009年，利用流动资金贷款、国内贸易融资贷款、搭桥贷款等多种贷款品种，共向利税大户宣化钢铁公司、宣化工程机械股份有限公司、张家口市交通局、河北盛华化工有限公司、帝达购物中心、帝达购物广场、张家口三北·拉法克锅炉有限公司等企业投放贷款近5亿元，保障上述企业的正常生产经营，使其产品远销世界各地。

多方支持小企业发展。全面落实市政府中小企业对接会精神，积极探索和解决小企业融资难问题，成立小企业金融业务中心，实施专业化经营，举办中小企业暨国际业务推介会，积极为企业提供资金结算、财务顾问、现金管理等金融服务，有力助推了小企业发展，全年共为小企业投放贷款9800万元。

【金融创新能力持续增强】　全年代销基金30.22亿元，同业占比首位；销售人民币理财产品56.8亿元，同业占比首位；营销对公理财产品2160亿元，居同业和系统首位。累计销售品牌金24.82千克。代销保险3.15亿元，同业占比第二。对公理财业务系统与同业排名均居首位。电子银行业务实施“以重点项目开拓市场”营销策略，有效扩大规模优势。全年新增企网648户，新增个网4.08万户，新增WAP手机银行1.11万户。信用卡新增发卡5万余张，是历年发卡量的总和，全市首家突破10万张；消费额突破6亿元，居同业首位。加快灵通卡发卡速度，全年新发放灵通卡35万张，是上年的3.18倍。国际业务以扩户增容、做大规模为重点，实现国际结算7666万美元。

【履行社会责任积极主动】　在全力打造“幸福之家”个人住房贷款品牌的基础上，推出二手房贷款、个人商用房、个人经营贷款等新业务，满足山城百姓融资需求。全年个人贷款新增11.74亿元，累计发放个人住房贷款13.41亿元，净增10.03亿元，个人住房贷款存量、增量连续三年保持同行业首位，帮助全市部分居民圆了住房梦。

响应市委、市政府号召，积极参与全市“增绿添彩”、创建文明生态村等活动，重点对蔚县大水门头村、辛庄穷困村、北水泉镇城墙生态村进行对口帮扶，共投入帮扶资金20多万元。积极参加市委、市政府组织的赈灾救灾、送温暖献爱心、捐资助学等活动，共捐款50多万元，用实际行动履行大银行应尽的社会责任。在人员紧、柜口少的情况下，连续5年承接桥西区民政局近万户低保工资代发业务。

【服务质量大幅提升】 全年累计投入资金近2000万元，对18个营业网点进行装修改造、优化布局，其中购置4个综合性网点，网点功能更加完善。布放ATM、自助终端、银行通、POS机等设备近1000台，全面优化服务环境。积极打造网上银行、电话银行、手机银行等服务，在全市率先实现B2B网银缴税、网银办理定期存款、网银缴纳电费、网银小额购汇等功能，为增强核心竞争力、提升社会形象，实施优质服务提升工程，统一配置网点机具，对支行统一保洁与保安，改善服务环境。完善服务工作考核、客户投诉、视频监控等系列办法，编印《营业网点服务管理手册》，严格网点晨会制度，对网点进行达标管理，达标网点36个，达标率为67%，服务面貌有效改观。

【经营管理模式更富效率】 有序推进运营管理、扁平化及信贷集中管理三项改革。作为业务集中处理、远程授权两项改革试点行，如期投产业务集中处理系统和远程授权系统，优化人力资源配置，提高授权质量和效率，风险得到集中控制。遵循发展、内控、管理并重原则，圆满完成城区支行扁平化改革，增强城区网点竞争意识，为提升竞争力打开发展空间。积极推进信贷集中管理改革，将市内5个支行公司信贷业务集中市行管理，调整前后台职能，优化完善业务流程和制度办法，信贷管理水平有效提升，更富效率的经营管理模式初步形成。

行　长：赵吉国

（关　东）

农业银行

【概况】 农业银行张家口分行隶属于中国农业银行股份有限公司河北省分行。是资产多元化、业务多领域、经营多品种、服务多功能的股份制商业银行。2009年末，全行共有营业机构55个，员工1340人，下辖县级支行18个，二级支行1个，分理处35个，服务范围覆盖城市、集镇、乡村，服务对象囊括大多数行业和各类客户。除办理存款、贷款、国际业务、代理保险、代销基金、代理收费、代发工资等业务外，还相继推出“95599”电话银行、网上银行、手机银行、消息服务、转账电话、自助银行等高科技金融服务业务以及集存取款、转账、消费、透支等功能于一体的金穗信用卡和为广大农民量身定做的“惠农卡”业务。为高端客户提供“一揽子”理财服务，以满足不同层次客户的金融需求。分行贯彻落实科学发展观，围绕全市经济发展战略，牢固树立份额意识、进位意识，加快推进业务转型和“三农”战略及风险管理，坚持营销大项目、大企业、大客户与服务“三农”并重、县域业务与城区业务并举，在支持地方经济发展的同时，自身业务也得到长足发展。截至年末，各项存款余额为139.2亿元，比年初增加24.85亿元，各项贷款余额为58.33亿元，比年初纯增11.72亿元。发放银行卡18.54万张，其中发放惠农卡13.56万张，授信14945户，农户小额贷款余额18906.7万元。实现中间业务收入6183万元，同比增加888万元。

【积极转型，增强负债业务竞争力】 加快零售业务转型，实现总行提出的“建设国内最大的零售银行”的战略目标，形成“大零售”的经营管理格局，增强同业竞争力。开展“金钥匙春天行动”，促进首季储蓄存款和中间业务营销全线增长。通过理财咨询服务进社区、客户联谊等活动和调度、督导、监测、提示等措施，推动“金钥匙春天行动”业务营销。一季度存款增加11.82亿元，同比多增加1.56亿元。有7个营业网点在“春天行动”存款擂台赛中获得省分行表彰和奖励。实现中间业务收入1153万元，同比增加45万元。其中营销基金、贷记卡、个人网银、第三方存管等业务均超额完成了省分行下达的指标。全面推进网点转型。撤销4个低效网点，完成2个分理处的迁址改造，11个储蓄所改造升格为分理处。配备40名大堂经理，占网点应配备的72%。13个城区网点实行统一卫生保洁。60%的城区网点实现功能分区，网点全部开设VIP贵宾室或贵宾窗口。实施网点文明标准服务。通过建立“即时保洁、班前晨会、业务培训、大堂经理、规范服务、暗访检查”等六项制度，建设优质文明服务的长效机制，提高网点服务质量和水平。制定《个人贵宾客户管理与服务办法》。加大对高端客户的营销维护力度，变营销产品为经营客户，推进零售业务持续发展。

【加大信贷投放，为地方经济建设助力加油】 抓住国家实行宽松货币政策的有利时机，构建银企对接机制，开展客户营销。对全市重点项目和企业逐一分析，适时介入。支持钢铁产业发展和煤炭行业重组整合。为宣钢集团累计投放贷款17亿元，为冀中能源张家口矿业集团公司投放贷款3亿元，支持企业上规模、增效益。支持张家口主城区“三年大变样”工程。投放贷款5.24亿元，支持建设桥、新垣桥、纬五桥及集中供热项目建设。承办市金融恳谈会签约项目。签约的9个项目均获得上级行批复授信，投放贷款11.8亿元。积极做好后续优质客户及项目的储备。完成5户直管客户的授用信报批。

【努力发展电子银行业务，为客户搭建便捷服务平台】 大力发展银行卡和电子银行业务，营销借记卡16.23万张，增量列全省农行第7位。营销贷记卡11687张，列全省农行第5位。深入进行市场调研，筛选确定目标客户，加速推进电子渠道建设，提高电子银行产品的覆盖面和动户率，做大“消息服务”、转账电话、网银客户业务。营销“消息服务”客户52467户、企业网银客户163户、个人网银客户15922户、转账电话客户5825户、第三方存管2360户。加大电子自助机具的布放力度，满足不同客户群体需要。新布放ATM机18台、POS机182台。加强对使用机具的巡检和维护，定期对POS特约商户进行培训，提高POS机具的使用效率。提速发展保险代理业务和投行业务，分别完成代理保险手续费收入880万元、投行业务收入972万元、承诺类业务收入32万元。完成国际业务结算7312万美元，实现手续费收入37万元。

【全面推进“三农”业务，有效拓宽服务“三农”覆盖面】 “以诚惠农、以信立农”是党中央、国务院赋予农业银行的历史使命，也是农行股份制改革后自身发展的需要。创新服务“三农”管理制度体系。年初，研究起草《关于做好服务“三农”工作的报告》，提出服务“三农”工作更新制度、创新金融产品和服务流程，集中资源，突出支持重点，构建协调配合，上下联动工作机制。增设“农村产业部”和“农户金融部”两个机构，专司“三农”工作。制定《“三农”客户信用等级管理办法》、《“三农”信贷业务授信管理办法》等文件。对授信500万元以下的小企业、个体工商户和农户，单独设置评价指标和信用等级体系，降低“三农”客户信用准入门槛，对中小企业予以灵活授信。出台不进行信用等级评定和核定授信的小企业简式快速贷款、自助循环贷款。对贷款对象和条件、贷款要素、操作流程、贷后管理等方面进行了全方位的创新和改革。

创新金融产品，完善“三农”贷款担保方式，解决农户贷款难问题。以“惠农卡”为载体，为农民提供全方位金融服务。市县两级农行积极推进“惠农卡”的发放。通过发放“惠农卡”，使农户享受到“惠农卡”“三免一减半”（免收工本费、免收小额帐户管理费、免收交易明细折工本费、减半收取年费）的优惠政策，同时为农民提供小额农户贷款、代理支付和支付结算三大功能为一体的便捷服务，实现农民新型农村合作医疗缴费、医疗补助、身份识别以及财政支农资金直补入账等配套服务。更新和完善“三农”贷款担保方式。根据不同类型“三农”客户特点，推出农户多户联保、公务员担保、小企业多户联保、林权质押、农副产品抵押、“公司+农户”担保、信用担保公司担保、应收账款质押等灵活多样的担保方式，缓解农民贷款难问题。

集中资源，突出重点，全面推进“三农”业务。支持农业产业化龙头企业做大做强。根据全市资源优势和农业产业特点，突出支持对农户拉动作用大的葡萄种植和酒品加工、乳品加工、毛皮加工、种养业基地等八大产业龙头企业。推广“公司+基地+农户”、“公司+市场+农户”等经营模式，扩大产业优势，促进传统农业向现代农业的转变。支持县域中小企业，推进县域经济全面协调发展。共向中小企业投放贷款3.73亿元。根据不同类型中小企业，提供有针对性的金融服务。对产业集群中的中小企业，重点提供多户联保贷款、应收账款融资金融服务；对商贸型和专业市场中小企业，主要提供循环贷款、简式快速贷款等服务；对外向型中小企业提供出口贸易融资、出口退税账户托管贷款服务；对工业园区和产业园区内的中小企业侧重提供园区土地使用权抵押贷款等服务。支持农村基础设施建设和商品流通体系建设，对农村电网改造、通讯网络、广播电视、大中型水利枢纽工程和水利灌溉工程及农村公路交通建设等项目提供贷款服务，对大型农产品批发市场中的各类经营商户提供门店抵押贷款服务。发挥农行资金、网络、网点、品牌等优势，为县域社会公共事业提供金融服务，主动做好各项农口资金的划拨、兑付与管理，为涉农支柱企业提供财务策划、资源整合、资本运作、改制上市等全方位投资银行服务。

行　长：黄国栋

（金志云）

中国银行

【概况】 中国银行股份有限公司张家口分行是隶属于中国银行股份有限公司河北省分行的二级分行。下辖分行营业部1家，一级支行10家，二级支行23家，分理处1家，2009年底全行员工765人，是现代化股份制商业银行。主要办理人民币存款、贷款、结算、票据贴现、代理发行兑付政府债券、金融债券，代理收付款项业务；外汇存、贷款，外币兑换、国际结算、结售汇、外汇票据的承兑、贴现以及资信调查、咨询、见证和经中国银行业监督管理委员会批准的其他业务。

2009年末，人民币各项存款余额达到146.52亿元，较年初增加29.93亿元。其中公司存款余额达到59.68亿元，较年初增加14.92亿元；储蓄存款余额达到71.51亿元，较年初增加10.57亿元；金融机构存款余额达到15.33亿元，较年初增加4.44亿元。人民币各项贷款余额为152.56亿元，比年初增加60.47亿元。其中公司贷款余额108.01亿元，比年初增加44.61亿元；消费贷款余额23.55亿元，比年初增加9.07亿元；票据融资余额21亿元，比年初增加6.79亿元。各项外汇存款余额达到3172万美元，较年初增加181万美元。国际结算累计完成进出口结算量2.56亿美元。

【坚持科学发展观推动业务发展】 以科学发展观为指导，以业务又好又快发展为目标，把加快信贷投入作为着力点，把项目建设作为推动发展的主抓手，围绕省行与市政府签定的《银政合作协议》，强化项目工作负责制，加强沟通对接，加大信贷力度，加快重点项目的运作速度，全年各类贷款累计投放额达到131亿元，超过前两年投放额的总和，贷款余额较年初增长66%，支持全市重点建设项目的顺利推进。为保证资产业务的大发展，从拓展优质客户群入手，加快存款业务，不断提高资金自给能力。做好重点系统客户的维护挖潜工作，成功推出全省系统内首笔集合年金。加大中高端客户和大额代发业务的力度，开展发放“中银理财身份体验卡”和贵宾卡活动。扩大与金融机构的合作范围，在全省系统内率先推出信托理财产品。加大新产品的组合创新与推广力度，持续开展形式多样的重点业务和产品品牌宣传营销活动，成功办理全省系统内首笔国内融信达业务与融货达业务，中间业务实现全面快速发展。

【加快标准化建设提升服务水平】 经过三年多的IT蓝图建设全国试点行工作，新系统于10月8日成功投产，改善信息科技系统，增强了服务功能。按照上级行统一标准，结合全市城镇面貌三年大变样，积极开展网点标准化建设，两年来累计对27个网点进行标准化改造，营业网点平均增加营业面积200平方米，设置开放式低柜、封闭式高柜、大堂服务、理财、营销发布和自助服务等功能分区，增设残疾人便道在内的更加人性化的服务设施，在所有网点安装电子显示屏，统一网点便民设施，30家网点具备24小时自助银行服务功能，建设成外部形象统一、功能分区完备、设施配给一致、服务环境一流的现代化网点形象。全行进一步强化全员“服务创造价值、细节赢得客户”的服务核心理念，推广“六个一”标准化服务，即推广一套手势、统一一套用语、规范一个标准、坚持一个习惯、严格一套制度和推介一种产品。充实网点服务人员，所有网点配备大堂经理，选配理财经理，为客户提供专业化服务。加强服务礼仪培训和业务技能练兵。二级支行以上机构实行了每日晨会制度，推行柜员服务质量外评价。分行营业部获得全市“十佳文明窗口单位”称号。

【加强防控体系建设确保安全运营】 实施主动风险管理，加强贷后管理与授信风险预警，信贷资产质量实现持续改善。做好管理达标工作，开展评估验收工作，蔚县支行作为样本行评估成绩在全省系统内排名首位，全行所有营业机构全部达到合格等级，促进各项工作流程化、标准化、规范化。加强对重要业务、岗位、环节和人员的管控，组织开展各项业务检查工作、基层机构负责人监督巡查工作和员工八小时以外监督管理活动，加强对总行新版“双十禁”和省行禁止类行为规定的学习和落实，严格落实岗位轮换、强制休假、业务经理派驻、客户对账、录像查看等管控措施，解决了有章不循、屡查屡犯等现象。加强安全保卫工作，完善与落实各项安全管理办法与各类突发事件应急预案，强化廉洁从业教育与安保意识教育，对重点部位、重点设施、重点环节、重点时段进行监督检查，加强物防技防建设，突出抓好国庆六十周年安保工作。在全辖范围内开展“强化执行力、制度落实年”活动。严格落实案件防范责任制，提高全行的风险防范能力，及时消除各种隐患，确保全年无事故无案件。

【坚持以人为本加强员工队伍建设】 着力提升三

支队伍素质，打造政治素质好、执行力强、能经营会管理的管理人员队伍，塑造专业能力强、市场敏感度高、专才与通才相结合的专业技术人员队伍，培育合规意识强、技能水平高、文明优质服务好的技能操作人员队伍。着力打造过硬的工作作风，结合“作风建设年”活动，在全行开展“增强党员意识，实现提速发展”主题教育活动，组织党员到爱国主义教育基地和先进行部学习参观、组织“七一”歌咏大会、民主评议党员和表彰先进党员及党员示范岗，进一步发挥党员在各项工作中的先锋模范作用。热心公益事业，履行企业社会责任。为帮助受灾群众抵御50年一遇的严重旱灾，组织全行员工捐款3.92万元，向受灾较严重县区给予专项援助资金12万元，派专人到扶贫点开展专项扶贫慰问活动，并捐款资助四中“宏志班”毕业生大学读书。

行 长：刘 虹

（宋建忠）

建设银行

【概况】 2009年，建设银行张家口分行按照省分行统一部署，结合实际，科学谋划、凝聚实干、开拓进取，加强基础管理，确保安全运营，抢抓发展机遇，扩大业务规模，多项业务指标创历史新高，实现账面利润3.50亿元，同行业排名第一，同比增长978万元。实现拨备前经济增加值2亿元，同比增长1536万元。中间业务净收入1.24亿元，同比增长1366万元；市场占比30%，同行业第二。业务规模快速扩充。一般性存款余额172.5亿元，比年初新增44亿元，比上年多增16亿元，省分行奋斗目标计划完成率105%，余额同行业占比系统内第三位，比全省平均占比高1.7个百分点。新增同行业占比34.9%，同行业、系统内均为第一。各项贷款余额为122.7亿元，较年初新增36亿元，同比多增26亿元，增速系统内排名第四，同比提高五位，投放和新增额均创历史最好水平。资产质量持续优化。账面不良贷款额2817万元，不良率0.23%，不良贷款额、率分别比年初降低2660万元和0.4个百分点，超额完成省分行计划。全年实现安全运营，未发生案件和重大责任事故。

【经营实力明显提升】 引入等级行管理，对支行的综合贡献度和市场竞争力进行评价；加大对支行管理人员的考核激励力度，突出对市场份额的考核；以县域支行标杆管理为契机，鼓励县域支行实现超越进位。2009年，建设银行一般性存款、对公存款和储蓄存款三项指标新增同行业占比全部第一，是系统内唯一一家3项存款新增均同行业占比排名第一的分行，三项存款余额占比均比上年有所提高，且对公存款余额继续保持同行业第一。积极开展增存增户活动，全年新开对公账户1504户，其中基本户594户，对公存款新增市场占比达到35.9%，系统内第一。加强个人高端客户营销，个人高端客户较年初新增2584人，达8123人，增幅46.6%，个人高端客户新增余额22亿元，达63.7亿元，增幅51.7%。个人存款余额和新增额均居系统第四位。从储备项目中优中选优，纯新发放公司类非贴现贷款39.5亿元，贴现10.4亿元，并为固定资产项目办理银行承兑汇票7.1亿元，投放项目数量和金额均创历史新高，公司类贷款新增额是上年的3.8倍。发放1.52亿元中小企业贷款，提前半年完成省分行计划，计划完成率系统第二。个人贷款累计发放14.8亿元，本年新增10.7亿元，发放额、新增额均为系统第三。

【中间业务稳步增长】 实施巩固代理业务优势、大力拓展财务顾问业务、拓宽对私对公结算业务收入渠道、积极培育发展电子银行、国际业务、信用卡等新的业务增长点的经营策略，中间业务收入再创历史新高，在总收入中的占比达到21.8%，同比提高1.6个百分点，收入结构进一步改善。财务顾问和贷款承诺费收入4396万元，占全行中间业务总收入的35%，同行业第一，是建设银行中间业务收入的重要来源。代理基金和保险分别实现收入1089万元和1468万元，继续保持同行业第一。全行结算业务收入3181万元，增幅50%，同行业占比提升10.5%，保持了旺盛的发展势头。其中个人电子银行业务收入增幅416%，系统第一，远高于系统平均增速。中小企业、信用卡业务、国际业务分别实现中间业务收入698万元、606万元和453万元，增幅分别为325%、79%和52%，成为中间业务增长的有力支撑。房改金融、造价咨询等传统优势业务继续领先同行业。首次办理2笔保兑仓业务，丰富了分行小企业供应链融资产品，成为全省第二个经办此项业务的分行。

【管理基础更加稳固】 理顺公司类大中型项目平行作业流程，努力做好信贷资产风险监测和预警工作，积极做好信贷资产检查工作，切实提高信贷资产的风险管理水平。以“防控操作风险，确保安全运营”为目标，建立员工大额资金往来报备制度，完善柜员尾箱平移和会计操作风险等级评定办法，实施会计基础工作内部降级管理；继续加大委派主管的考核力度，强化委派主管的执行力，提高会计风险防控能力。以案件防范教育为补充，推行“合规人人有责，合规创造价值”的理念，开展“强化执行力制度落实年”、“抓服务、讲合规、促发展”等活动，并组织全行员工参观预防职务犯罪警示教育展览、有效提高全行员工合规操作意识。以创建“平安建行”为目标，认真落实安全保卫、营运、IT规章制度，提高规章制度和案件风险防控措施的执行力。

【社会形象有效提升】　投入资金5681万元，购置、装修网点13个，新增、搬迁改造自助网点18个，网点硬件设施明显改善，网点布局进一步优化。以行风建设促品牌提升，广泛征求社会和行评员意见建议，积极落实整改，群众满意度测评全市第一，民主评议行风工作全市第二。以广告和媒体宣传为手段，努力打造“蓝色银行”品牌，对外宣传工作获得全省系统优胜单位称号。通过金融知识展览、理财交流合作恳谈会、产品推介会、银企合作签约仪式、银企座谈会等活动，使建行品牌深入人心。履行企业公民义务，提升社会影响。认真落实总行“建设未来——中国建设银行资助贫困高中生成长计划”和“中国贫困英模母亲——建设银行资助计划”，扶助张家市20名品学兼优的贫困家庭子女高中就学，使6名英模母亲和妻子得到资助。2009年，被市政府评为“国庆安保先进集体”。并授予“信息工作先进单位”荣誉称号和“亮化工作三等奖”。

行　长：毕立民（2009年10月免）

齐光临（2009年10月任代行长）

（郭建军）

商业银行

【概况】　张家口市商业银行于2003年3月8日成立，是全市唯一的地方性股份制商业银行，下辖1家营业部、35家支行，分布于市区、宣化、下花园、赤城、蔚县和怀来八个县区。总行内设15个部室，现有正式员工808人，大专以上学历530人，占62%。2009年，张家口市商业银行坚持“服务地方经济、服务中小企业、服务市民百姓”的市场定位，秉承“规范、发展、高效、创新、特色”的经营理念，不断完善法人治理建设，深化体制机制改革，优化发展服务环境，推进科技产品创新，各项经营业务实现了历史性突破，呈现持续、快速、健康发展态势。截至12月底，资产总额达到191.7亿元，各项存款余额达到177亿元，各项贷款余额达到98亿元，存贷款分别较年初增长76亿元和33亿元，增幅在全市金融系统位居第一，总资产、总负债、存贷款余额在全省城市商业银行位居第二。

【科学管理，完善法人治理】　完善了董事会下设的风险控制与关联交易、提名与薪酬、审计三个委员会工作职责和议事规则，增强决策监督能力。全年召开了两次股东大会、十次董事会、八次监事会议，研究解决发展方向、经营管理、风险控制、增资扩股等重大问题。在市委、市政府的支持下，开展了增资扩股工作，市财政新增股本2.1亿元，原有股东新增股本0.5亿元，年末股本金总额达到7.7亿元，资本充足率达到15.58%，高于监管标准值7个百分点，为做强做大商行奠定了坚实的基础。

【定位市场，支持经济建设】　按照“三个服务”的市场定位，创新思路和举措，主动融入张家口经济建设，2009年累计投放贷款186亿元，助推企业腾飞、经济社会发展。支持基础设施建设。通过引进外埠资金等方式，积极参与城市“三年大变样”工程，为全市道路、清水河及洋河治理等重点项目和城市绿化、亮化工程提供了强有力的信贷资金支持。扶持中小企业发展壮大。确定了“专业化经营、高效率审批、多方式服务”的服务方针，采取专门机构管理、信贷规模、信贷产品的政策措施，支持中小企业发展。共授信中小企业2171户，授信总额达63.2亿元，占全部授信额的64%。深化县域服务。增设了两家县域支行，全力扶持了河北玉晶集团淀粉加工、穗康鲜食玉米开发等一大批农业产业化项目，支农贷款余额突破6亿元。

【强化内控，加强风险管理】　建立完善以《贷款管理办法》为核心、各项品牌贷款业务管理制度为主体的授信业务管理体系。制定《违规贷款行为处罚规定》等授信业务管理办法，建立贷款业务问责机制，加大对基层行部贷款工作的检查监督力度，组织业务大检查和百日大清查专项治理活动，对检查中发现的问题及时整改，增强风险管控能力，确保安全无事故。

【优化环境，提升服务质量】 狠抓硬件建设。对9家支行进行了统一形象改造和搬迁。为全行四分之三以上营业网点配备叫号机、更新电子显示屏，增加ATM自助服务设备。完善激励机制。推行柜面服务计件工资制，充分调动广大柜员的工作积极性和主动性。建立全行每日晨会制度，提高工作效率和质量。完善监督机制。聘请20名社会监督员，对服务工作进行明查暗访，提出合理意见和建议，促进服务水平提高。创建示范单位。开展创建文明规范服务窗口和文明规范服务明星评选活动，一家支行荣获全市行风建设民主评议公益经营类评议范围第一名，获全国文明示范单位，总行和15家支行分别获省市文明规范示范单位。

董事长：梅爱斌

行　长：梅爱斌

（任　德）

农业发展银行

【概况】 2009年，中国农业发展银行张家口分行，凝聚有效合力，开拓奋进，突出理性发展，严控信贷风险，强化内部管理，狠抓党风廉政和员工队伍建设，经营管理水平不断提高，各项工作呈现出良好发展态势。年末，各项贷款余额38.39亿元，比年初增加6.74亿元，增长21.3%；各项存款余额23.38亿元，比年初增加8.41亿元，日均存款余额24.13亿元，比上年增加7.32亿元，完成任务的383.25%（核定增加额19051万元）；实现帐面利润10099万元，比去年增盈772万元，增长8.24%，完成任务的190.62%，人均利润33万元，建行14年来首次突破亿元大关；中间业务收入95.17万元，完成任务的123.59%。不良贷款余额为零。利润、日均存款余额、中间业务收入三项指标均超额完成全年任务，其中利润和日均存款余额两项指标进入全国20强市级分行。

【积极支持全市粮油收购】 全年，累计发放贷款14.41亿元，其中：农村基础设施及农业综合开发中长期贷款11.74亿元，粮油收购储备贷款2.43亿元，农业小企业贷款2390万元。根据张家口市实际，按照“保收购、保优质企业、不保劣质企业”的原则，围绕国家储备库增储、轮换和移库计划，支持中央和地方储备粮体系建设，累计发放储备贷款7889万元，收购粮油6037万千克；支持优质粮食加工企业入市收购，投放粮食收购贷款（含流转）1.64亿元，收购各类粮油8715万千克，确保跨年度粮食收购任务的完成。

【重点支持非经营性项目】 市、县两级行加强与市政府、发改委及有关部门沟通联系，加大非经营性贷款项目营销力度，做到早谋划、早立项、早审批、早放贷、早见效。在非经营性项目信贷规模总体偏紧的情况下，扭住优质项目不放松，加大跑办力度，较快地投放西山农业产业集聚区5亿元续贷项目、高新区1.5亿元农村道路建设、宣化区财政管理中心3亿元城郊路网改造、张北县正和投资有限公司1.2亿元河道治理、怀来县财政投资管理中心1.04亿元公路建设的5个非经营性中长期贷款项目，累计发放贷款11.74亿元。

【审慎支持小企业发展】 为支持全市中小企业的健康发展，精选粮食深加工、果仁、制种、肉类加工等优势中小企业，在严防信贷风险前提下，谨慎支持9户有发展潜力、信用程度高、抵押担保充足的中小企业，共投放贷款2390万元。

【提高综合盈利水平】 2009年初，分行下发《2009年绩效工资与工作任务挂钩办法》和《四项经营指标量化考核办法》，将全员月、季、年绩效工资（奖金）分配与考核任务结合起来，强化考核激励机制。同时，市分行机关也出台《存款及保险任务考核办法》，从行长到一般员工都下达任务，市分行机关全体人员按季进行考核，并与30%的季度绩效工资挂钩，未完成任务的按比例扣减季绩效工资。全行超额完成全年存款和中间业务考核任务。市分行机关42名干部职工共完成中间业务收入8414元，吸收同业存款20亿元，仅同业存款一项就增加利差收入2820万元。完善县级支行费用开支报帐制管理，规范财务开支审批程序，严控各类费用开支，全年公共费用支出在物价较快增长的情况下，比去年增加78万元。全年各类贷款应计利息19818万元。

行　长：张国栋

（文庆丰）

农村信用社

【概况】 2009年，农村信用社以质量效益为中心，加快发展主题，紧扣管理主线，深化改革关键，围绕全市经济发展，抓规范、抢机遇、求突破，积极应对经济金融变化，业务规模平稳扩大，经营状况普遍向好，历史包袱有效化解，经营机制继续转换，较好的完成年度各项任务。截至年末，各项存款余额达到246.96亿元，比年初增加36.01亿元；各项贷款余额171.21亿元，比年初增加30.1亿元；拨备前利润达到了5.6亿元，全辖16家县级联社全部实现盈余。中间业务实现突破，收入1709万元，同比增加1294万元，增幅311.25%；全社共发放“信通卡”117万张，占全省发卡总量的36%。业务规模平稳扩大。

【优化资源配置，促进经营机制继续转换】 为适应县级联社统一法人后的管理要求，实现信贷业务规范化、集中化和精细化，防范信贷业务风险，从年初开始，按照先试点后推开的方法实施信贷业务改革。加快专业营销队伍建设，实现贷款当日审批，不良贷款专业清收，管理水平和工作效率同步提升；合理设置客户经理部、风险资产管理经营中心、公司业务部、个人业务部、风险监控部营业部、资金营运中心等机构。以组建宣化区农村商业银行为起点，积极推进产权改革，万全、下花园、张北、城郊、涿鹿、宣化等联社通过积极努力，将陆续达到组建农村商业银行的条件。

【积极推进信贷产品创新，增强营销意识】 制定《张家口市农村信用社发放农户“信通卡”（存折）柜台扣收小额贷款管理指导意见》，全面推广农户小额贷款“信通卡”柜台扣收业务；积极创建“信用联合体”贷款模式，巩固和拓展农村市场；稳步探索“民营经济担保商会贷款”新路子，初步解决中小企业“抵押难、贷款难、融资难”的问题。

主　任：陈建军（2009年8月免）

　　　　刘　强（2009年8月任）

（姚有峰）

证　券

【概况】 2009年，张家口市证券企业取得长足进步。共新增客户9274户，新增客户资产总值2.6亿元，较上年同期增加1.54亿元，新增客户交易量29.9亿元，较上年同期增加15亿元，新增客户产生佣金收入791万元，较上年同期增加392万元。12月末实现考核利润9611万元，创造营业收入12754万元。资产总值18.7亿元，较上年同期增长117.4%。截至12月31日托管市值为27.04亿元。

2009年，张家口市上市公司只有宣化机械工程公司。

【创业版开户】 根据证监会有关创业板适当性管理的文件要求，证券公司组织员工学习创业板的开户流程、上市规则等业务知识。通过张贴宣传资料，发放宣传页，悬挂条幅、电话彩铃等方式，向广大投资者宣传企事业板相关内容，开展创业板投资者教育工作。截至年底，全市创业板开户共8964户。

【青年就业创业见习基地】 2009年6月12日，广发证券张家口建设东街营业部“青年就业创业者见习基地”授牌。截至2009年底累计招收见习生16名。

【完成财达证券公司怀来服务部规范升级】 怀来服务部规范升级是财达证券公司今年的重点工作。通过选址、施工、选配人员、服务部与营业部数据的拆分等基础工作，11月，经财达证券公司和河北证监局顺利验收，证券业务发展到县一级。

（田素慧）

中国人民财产保险

【概况】 中国人民财产保险股份有限公司（PICCP&C，简称“中国人保财险”，下同）是经国务院同意、中国保监会批准，于2003年7月由中国人民保险集团公司发起设立的，目前是中国内地最大的非寿险公司，注册资本112亿元。中国人民财产保险公司张家口市分公司服务网络已遍布全市4区13县。保险服务不断扩大，业务覆盖社会生活各个领域，开办有各类财产保险、机动车辆保险、货物运输保险、工程保险、责任保险和人身意外保险等15大类485个险种。

2009年，实现保费收入3.62亿元，同比增幅18.2%；处理各类赔案3.5万件，支付各类赔款1.93亿元；实现利税3710.97万元，累计代扣代缴各类税金2835.23万元；累计承担风险总额786亿元。被省、市工商局评为守合同重信用企业，被市政府评为金融机构支持地方经济发展贡献突出单位。

【支持城建重点工程】 市分公司积极履行企业公民责任，为全市各类在建工程和保障企业安全运转提供近20亿元的保险保障。对全市城市建设的重点工程——张宣公路与丹拉高速东互通处至河子西段拓宽改造工程，进行资质验证和风险评估，根据工程方的保险需求，量身定做保险建议书，并最终承保该工程的建筑工程一切险，提供风险保障6928万元。为西山产业集聚区基础设施建设提供保险保障5000万元。

为积极响应张家口市建设全国首个双百万千瓦风电基地，确保各风电场建设和运行的顺利进行，市分公司全年先后为全市各大在建风电项目提供保险保障总额33.87亿元，其中，为国华（赤城）风电场提供3.33亿元的风险保障、为中节能港能风力发电张北风电场提供了8.82亿元的保险保障。在风电场建成投产后，根据各风电场风电设备运行情况又开发设计了专门针对风电设备的企业财产保险，保障总额近21.72亿元。

【支持传统、支柱产业发展】 全年，先后为张北马利食品公司、博天糖业公司、中粮集团长城葡萄酒有限公司、宣化钢铁集团、张家口卷烟厂、盛华化工股份有限公司、大唐国际张家口发电厂等一大批重点项目提供了一系列高标准的保险保障。

【贯彻国家惠农政策，增强农民抗灾能力】 市分公司充分利用服务网络近两百个代理、代办网点的优势，广泛在县、乡（镇）开展普及保险活动，大力发展政策性农业保险，支持服务三农，帮助农民尽快走上致富路。为提高农民的养殖积极性，稳定全市生猪市场的价格，继续为广大养殖户提供能繁母猪风险保障，全年承保能繁母猪7.3万头，提供保障7300万元，为能繁母猪因各类疾病等意外死亡而支付的赔款600万元。承保奶牛31897头，提供保障近1.60亿元，支付因疾病等原因导致死亡的奶牛赔款800万元。承保农作物玉米20余万亩，提供保险保障520万元，支付因各类自然灾害导致的损失150万元，有效地减轻了农民的损失。

【代收代缴车船使用税，增加地方税收收入】 市分公司严格按照中国保监会、财政部、国家税务总局等有关部门对代收代缴车船税的相关规定，开展代收代缴车船使用税工作，全年共代收代缴车船税2703万元。

总经理：崔庆欢

（张惠云　陈　伟）

中国人寿保险

【概况】 2009年，中国人寿保险股份有限公司张家口分公司按照“调结构、增效益、防风险、稳增长”的经营指导方针，通过实施积极进取的发展策略，充分调动各司部、销售队伍和合作渠道的积极性。实现总保费收入9.38亿元，同比增长25.76%，增幅排名全省系统第一；市场份额为44.08%，保持市场领先地位。长期险年保费6.28亿元，同比增长25%。10年期及以上期缴保费6191.76万元，同比增长3%。5～9年期缴保费2219.66万元，同比增长277%。短期意外险保费2152万元，同比增长58%。短期健康险保费1467万元，同比增长36%。

全年，累计支付赔（给）付款1.39亿元，其中死亡、伤残给付564万元，医疗给付710万元，理赔案件结案率高达98%，理赔时效明显提高。获得市“文明单位”、“支持地方经济发展贡献突出单位”等荣誉称号。

【销售渠道平稳发展，员工队伍建设加强】 分公司坚持以个险销售为主渠道，充分发挥银邮、团险、收展等其他渠道作用，各渠道发展平稳。截至年末，分公司仍是张家口市唯一一家在4区13县均设置分支机构的人寿保险公司，经批准设置县（区）级业务机构17家，乡镇营销服务部73家，拥有350人的高素质寿险管理专业员工队伍。分公司个险营销队伍在册人力达到2721人，持证率达到100%；团体保险队伍稳定在100人左右；此外，分公司还在全市范围内拥有325家分布在各大商业银行和邮政储蓄的代理销售网点，客户经理和理财经理队伍120人，同比增长20%。

【拓宽业务范围，增强社保功能】 分公司为全市25万多名客户提供各类人寿保险、意外、医疗等商业人寿保险服务，同时，市区城镇居民社保大额医疗保险业务由分公司承保。城镇居民大额医疗保险是在城镇居民基本医疗保险的基础上，妥善解决超过基本医疗保险统筹基金支付最高限额以上的费用。参保城镇居民可享受到在每一自然年度内，超过基本医疗保险支付限额以上、符合基本医疗保险政策规定报销范围的医疗费用，由分公司在7万元的最高支付限额内按照规定比例进行支付。分公司还承保了怀来、张北、万全等县区城镇职工和城镇居民大额补充医疗保险业务，以及沽源县城镇职工大额补充医疗保险业务。2009年，共计赔款支出410多万元，服务保障范围进一步扩大。

【开拓城乡市场，寿险服务“三农”】 分公司制定《2009年度农村营销服务部达标奖励方案》，加大发展力度，普及保险知识，繁荣城乡保险市场。在农村市场大力发展小额贷款意外伤害保险等符合农村保险需求业务，共为1万多名贷款人提供保险保障，一些县区还专门为农村外出务工人员优惠承保意外伤害保险。

【提高理赔时效，提升客户满意度】 保险公司理赔服务是社会关注热点问题。理赔服务关健是及时、准确。分公司严格执行新《保险法》对理赔时效规定，主动对影响理赔时效原因进行深刻剖析，从外部因素和内部因素两方面总结理赔慢的原因，提高对理赔时效的重视程度，加快理赔调查速度，履行理赔“绿色通道”，理赔案件平均处理时间从2008年的12天，下降为2009年的3天。

总经理：梁万生

（张建颀）

平安财产保险

【概况】 2009年，中国平安财产保险股份有限公司张家口中心支公司执行总、分公司的“聪明经营，健康超越”战略，实现占有率、赢利性及创新性等经营指标的全面超越，达到规模与效益双赢良好局面。全年财务保费完成7910万元，完成率为165%，创中心支公司年度最高保费纪录。累计支付各项赔款2540万元，结案率96.92%。保费纯增长2856.29万元，纯保费增长率为106.90%。责任险方面，保费收入为261.99万元，较上年增26.01万元。

【赔付承诺】 自3月底率先推出平安车险万元以下资料齐全3天赔付的服务承诺以来，平安车险的理赔时效明显提高，提升了平安保险在当地的品牌。

【重大项目承保】 2009年元月，以保额为1.28亿元，成功承保河北盛华化工集团股份有限公司的财产综合险。5月12日平安财产保险公司与其他两家财产保险公司竞标市政府车辆保险。最终，凭借着雄厚的竞争实力，良好的企业信誉成功中标。

【回馈社会，回报客户】 2009年4月，平安财产保险怀来公司开业时，将公司开业期间省下的费用5000元，无偿捐给怀来县穷困村水关村。9月，张家口市遭遇严重旱情，响应市政府号召，开展“送温暖、献爱心”捐款活动。9月12日，借助当地一年一度的“中国怀来葡萄采摘暨葡萄酒节”，邀请平安财产保险的客户，参加“品味葡萄文化，欢聚中国酒城”服务活动。

总经理：吴素霞

（高志刚）

平安人寿保险

【概况】 2009年，平安人寿保险股份有限公司张家口中心支公司实现保费收入13017万元，比上年增长23.3%；处理各类赔案601件，支付各类理赔款384万元。

【转变观念，促进业务，持续发展】 开展意外保险、医疗险、传统保险、两全保险、少儿保险、分红保险、万能保险，赢得众多客户。开办了包括保险代理人班、新人班、精英班、主任班、新产品培训班等各层级的培训班51班（次），参训人员达1080人次，代理人持证率达到100%。

【信守合约，提升理赔服务客户满意度】 公司推出“信守合约，为您寻找理赔的理由”服务承诺口号，旨在革新理赔理念和理赔实践，由过去的“让我赔”转变为“我要赔”，对所有投保平安人寿保险的客户，在合约范围内遵循“客户有利原则”主动帮助客户寻找赔付的事实及依据。为此，公司提出“拒赔更审慎”原则，优化理赔程序，确保每一起拒赔案件均由具有多年从业经验的资深核赔人审慎核查，处理争议案件时，在条款及法律规定范围内，公司作有利于客户的解释。客户可以通过理赔申诉绿色通道进行申诉，平安资深核赔人将对此负责到底，详细复核申诉理由及证据，协助客户补充收集资料，进一步寻找赔付的依据。

【按照要求，率先实施收付费零现金管理】　应保监会《关于加强人身保险收付费相关环节风险管理的通知》要求，最大程度保证客户资金安全。2009年3月1日起实现收付费零现金服务，有效地节约了客户时间，更加方便、安全地为客户服务。平安人寿保险公司已建立起覆盖银行转账、自助POS、电话、网络和手机的全方位电子化收付费平台，多种渠道提示广大客户实施收付费零现金服务的操作方法，最大程度地保证客户的资金安全。

【拓宽保全受理，推行E服务】　平安人寿保险公司除亲办、代办外还新增电话、传真、网络、信函等业务渠道。尤其在网络方面，公司大力推行E服务。客户只要通过电话、PA18网及亲自到公司开通E服务密码，就可通过PA18网上理财注册“一账通”，不仅可以查询到个人保单的各种资料信息，还可以查看个保单分红，享受18项保全项目，包括生存领取、保单借款、部分领取等。

总经理：杜　非（2009年12月免）
宋　超（2009年12月任）

（赵世军）

太平洋财产保险

【概况】　2009年，中国太平洋财产保险股份有限公司张家口中心支公司实现保费收入6607万元，完成全年计划的109.21%，同比增长22.08%。理赔立案8252件，上年结转1774件，共计10026件。累计赔款支出3763万元，综合赔付率56.96%，为全市人民提供人身和财产保障达200多亿元。在全市11家财产保险主体中位于第3位，保费收入在全市财产保险市场占比为10%。

【支持地方经济发展】　中心支公司围绕市十二届人大二次会议确定的目标任务，按照“保增长、调结构、强基础、惠民生”工作要求，针对张家口市各行业发展需求，在原有的机动车辆保险和企业财产保险业务基础上，积极续保和拓展校园责任保险、公共营业场所火灾责任险、建筑工程意外险等，其中在银行保险合作项目上，太平洋财产保产险张北支公司与察北区管委会一家企业签下全省“金农一保”第一单，为保险服务“三农”走出一条新路。2009年，公司新增重点项目实现保费300多万元，保险保障金额达到6.2亿元。

【充分发挥保险业的经济补偿职能】　中心支公司本着低收费、高保障，让利于社会，服务于学生的原则，对“乘运人责任险”和“校园方责任险”进行统保。其中，“乘运人责任险”在没有提高收费标准的前提下，将保险保障金额由原来的30万元提高至40万元；“校园方责任险”收费标准由原来的每人5元降至3元，而保障金额却由原来的20万元提高至30万元。

总经理：张　昆

（左桂林）

太平洋人寿保险

【概况】　中国太平洋人寿保险股份有限公司张家口中心支公司于1996年12月成立。下辖11家支公司、2家营销服务部，拥有100多名员工和近1500名营销员，建立了基本覆盖全市的销售服务网络。连续两年荣获张家口市委市政府颁发的“支持地方经济建设突出贡献奖”，是全市唯一一家荣获此奖项的人寿保险公司。

【经营业务稳步攀升】　中心支公司弘扬“诚信天下，稳健一生，追求卓越”的企业核心价值观，坚持以效益为中心的经营思想，围绕推动和实现可持续增长的目标，致力于产品创新和服务创新，满足客户多方面的需求，综合实力不断增强，经营效益稳步提高，连续几年实现跨越式发展。2009年，以“支持地方经济发展，构建和谐张家口”为发展方针，积极参与地方经济建设，努力为企事业单位和个人客户保驾护航，充分发挥企业公民的应尽义务，有效地实现了保险企业的资金融通、社会管理和保险保障三大职能，在风险转移、理赔给付和社会管理等方面发挥了积极的作用。

全年累计完成保费收入30095万元，预算达成率120%，同比增长23.98%；累计完成标准保费20634万元，预算达成率126%，同比增长58.8%。新增客户49706人次，理赔客户329人，理赔金额438.30万元，其中最高单笔个人赔款90万元；给付客户7302人次，给付金额1.7亿元。截至年底，已累计承保客户134268人次，累计承保保额51亿元。意外伤害险赔付率21.64%，健康险赔付率56.07%。

【队伍素质不断提高】 中心支公司在队伍建设内外勤以会议和培训来提高员工的素质，转变观念，扩大视野，完善管理体系，明确分工，明确职级管理，明确各层级的职责，做到自我管理勇于承担责任，树立主人翁意识。在干部队伍培养方面，对外招聘选拔，对内培养提拔，透明提拔机制，综合素质有所提高。公司在办险种150余个，覆盖人寿保险、健康保险、意外伤害保险等多个领域，形成营销、直销、银保、续收等业务销售渠道。公司致力于打造专业化、高品质的服务品牌，开展主动理赔、一站式服务，不断完善95500全国客户服务电话系统和“急难救助服务计划”。

总经理：王淳斌

（孙 刚）

重点项目建设

【工业结构调整】 经过近几年产业结构调整，全市已形成以装备制造、新型能源和食品加工为主的工业体系，为建立现代产业体系奠定了良好基础。全市重点项目中，新型能源73项，装备制造30项，食品加工27项，3个产业项目数占全部生产性项目的84%。

【产业集聚区建设】 西山、东山、南山三大产业集聚区起步区基础设施建设全年完成投资9.1亿元，基本达到“十通一平”标准，具备入驻企业的建设需要，承接项目落地的平台已初具规模。三一风电产业园、中煤张家口煤机搬迁一期、宣工机械制造基地、席勒直升飞机制造等26项重点项目已开工建设。

【新型能源产业建设】 引进国内各大能源集团，积极推进风电快速发展。全市风电装机121万千瓦，累计装机容量达到190.6万千瓦，成为全国风电装机容量第一市、全国首个百万千瓦级风电基地。世界上规模最大的风光储三位一体示范工程、总投资120亿元的国家风光储输示范项目落户张家口市。热电联产项目快速推进，张家口热电已有1台机组并网发电，宣化热电2台机组开始试运行，城区部分区域实现集中供热。

【旅游项目建设】 围绕文化和生态休闲两大主题，充分发挥地缘优势和资源优势，着力推进中华合符坛、怀来鸡鸣驿整治、泥河湾遗址群保护、崇礼密苑生态旅游度假产业示范区等旅游龙头项目建设，并带动一批地方旅游项目和相关服务产业快速发展，旅游产业水平有很大提高。

【交通建设】 全年京化高速二期、张承高速、张涿高速、张石高速二期、张石高速三期顺利建设，新增通车里程38千米，全市累计通车里程达555.4千米，位居全省第一、全国前列。张唐铁路、京张城际、军民合用机场等重大项目前期工作都取得积极进展，现代化交通网络正在形成。

【城市基础设施建设】 全力推进城镇面貌“三年大变样”，完成23千米清水河综合治理，张宣公路拓宽工程当年实现竣工通车，主城区3个集中供热项目快速推进，全长38.5千米的洋河综合治理和总面积106.67公顷的明湖公园建设全面启动，城市面貌大为改观，综合功能日臻完善，特色鲜明的塞外山水园林城市正在形成。年内，张家口市被评为“全国最具发展潜力品牌城市”。

【推进措施】 一是强化领导责任，加强调度考核。制定出台《关于切实加强重点项目建设工作的决定》，强化组织机构、工作机制、经费保障、督导考核等措施。实行市级领导包项目责任制，市四大班子领导对省重点项目进行包联，责任领导随时调度，主管领导随机调度，主要领导一季度一调度，及时解决项目建设中存在的问题。加大考核奖惩力度，对全市项目建设排名倒数第一的县（区），一年亮“黄牌”，全县（区）党政正科以上干部不得评先、不得提拔，取消第13个月的奖金；两年亮“红牌”，书记、县（区）长、主管项目副县（区）长和主管招商副县（区）长引咎辞职。强化经费保障，全年投入财政资金6000多万元，其中市财政投入2000多万元，项目前期工作得到进一步加强。二是完善工作机制，积极盯跑盯办。建立定期协商沟通机制，项目合作各方定期见面沟通，协商解决问题。对于超百亿元的重大项目，市委、市政府集中精力沟通跑办，千方百计争取项目落地。6月中旬，组织有关部门和项目单位，赴京集中拜访铁道部、中编办、北京铁路局等部门以及国家电网、国机、中煤、中化等集团公司，就京张城际铁路、煤机制造园、海关建设等重大项目进行洽谈，取得显著成效。特别是对国家风光储输示范项目，市委、市政府主要领导两次到国家电网公司汇报争取，最终在省政府领导关心支持下，首个国家大型风光储输示范项目落户张家口市，并列为省重点产业支撑项目。三是加强协调服务，破解资金难题。抓住国家扩大投资有利时机，积极争取国家支持，全年共争取中央新增投资11.1亿元。成功举办第八届冀台经贸洽谈会、第十一届环渤海民营经济经贸洽谈会、京张民营经济对接洽谈会，引进签约一批项目，全年共引进市外资金191.5亿元，比上年增长39.2%。积极推进银企对接，成功组织举办2009·张家口金融经济发展高层交流合作恳谈会，与10家省级金融机构签订合作项目99项，到位资金353亿元，保障项目建设需要。四是优化发展环境，打造投资“洼地”。以干部作风建设年活动为契机，大力推进行政审批制度改革，全市削减行政许可和审批项目171项，审批时限平均缩短14.38个工作日。全面推行行政审批职能归并和项目建设一卡通、一站式并联审批服务，行政审批事项办理集中度达到81%。出台《关于在主城区投资兴办重点服务业项目的优惠政策》、《产业集聚区项目准入、土地利用、鼓励发展和服务管理办法》等政策规定，形成一套比较健全的项目建设优惠政策体系。

（李常海）

城乡规划

【提升规划设计水平】 2009年，为进一步提高城镇规划设计水平，实现规划设计由封闭式向开放式转变，构建开放竞争、选优选佳的规划设计市场新机制，按照“高起点规划”要求，积极引进国内外著名高校、一流规划设计单位进入全市规划设计市场，敞开大门搞规划。先后引进美国惟邦规划设计公司、法国中欧路投资咨询有限公司等国外知名规划设计机构，以及清华、同济、中建院等国内一流规划设计单位参与全市规划修改和重大工程设计。不断完善规划论证决策程序，进一步健全规划委员会、专家评审会、规划建言团等运行机制，基本形成“部门把关、专家咨询、规委审查、政府决策、社会监督”规划评审管理体系，提升规划方案的民主性和科学性。

【做好规划服务】 充分发挥规划在城乡建设中的调控和引导作用，全力推进高速公路、城际铁路、机场、海关等重大项目建设。围绕治河蓄水、筑路架桥、荒山绿化、产业集聚、住房保障等重点工程，做好规划服务。专门成立重点项目办公室，对各类重点项目由领导牵头、专人负责，保证全程服务、及时审批。先后完成“文化居住、生态涵养、产业集聚、商贸和空港物流”四大功能区规划和总面积1280平方千米的城市远景规划等工作。

【完善城乡规划体系】 全面推进城乡一体化战略规划研究。为全面论证城市在区域中的特殊地位，进一步明确全市的功能定位，于2009年9月4日成功举办张家口城市发展前景展望高层学术论坛，中国工程院院士邹德慈等国内规划界知名专家用新思维、新理念、新观点，为探索新形势下全市的城市发展方向提供高层次指导意见。全力推进城市规划设计集中攻坚行动，弥补全市城乡规划欠账，从而进一步完善全市城乡规划体系。重点完善城市空间发展战略规划，启动城市总体规划修改，成系统编制城市专项规划、控制性详细规划、城市设计、城市容貌和环境整治规划等，城乡规划全覆盖工作稳步推进。年内编制完成张家口市空间发展战略规划、15个县（区）总体规划，全市总规修改申请报告已由省政府上报国务院。完成绿地系统规划、综合交通规划等专项规划36项，清水河两岸景观规划、五一路两侧城市设计等城市设计19项，产业区规划3项，其它规划6项。同时完成《中心城区规划管理技术规定》、《街景整治导则》等8个城市规划设计标准导则。

【编制新农村规划】 起草《新民居规划建设实施办法》等，指导全市农村新民居建设示范村的规划，并督导各县（区）完成新民居建设示范村的规划编制。有计划有步骤地推进重点镇和中心村规划，加强对重点镇基础设施和公共服务设施规划，促进重点镇向高标准的小城市迈进。围绕“城中村”改造，编制《张家口市主城区“城中村”改造总体规划》，对“城中村”改造工作进行宏观性指导。

【编制城市景观规划】 首次启动主城区风貌规划。委托中法合作规划设计单位——天津中欧路投资咨询公司，编制全市主城区风貌规划；聘请同济大学、重庆何方等规划设计单位，编制完成18条城市道路景观整治规划，以城市街道、建筑、绿地、游园、雕塑、色彩、小品等元素为主，强调城市区域的拓展和道路的延伸，重点塑造“快速路”、迎宾路等城市道路景观风貌和滨河景观风貌，为全市街道整治提供依据。

（徐　宝）

城市建设管理

【基础设施建设】　2009年，全市完成城市建设投资613.3亿元，其中主城区完成355亿元，分别比历史最好水平的2008年增长94.7%和32.5%。全年完成城市房屋拆迁面积405万平方米，比年计划增加16万平方米，比上年增加14.1%。主城区实施160多项建设工程，实施桥梁、污水、垃圾等10项城建重点工程，总投资5.6亿元，其中建设桥改造工程、主城区污水再生利用项目、污水厂一级A升级改造项目被省列为国庆献礼工程。一是治河蓄水。全面完成清水河上、下游13千米河道治理任务，蓄水总长度达到23千米，蓄水总面积达到270万平方米，蓄水量近500万立方米，治理后的清水河成为城市靓丽景观带。洋河综合整治工程全面启动，总面积106.67公顷的明湖公园完成年度工程进度。二是道路桥梁建设。完成张宣大道、钻石路、西坝岗路等“九纵六横”道路拓宽改造工程，新建和拓宽改造城市道路110千米，城市人均道路面积由2007年的11平方米增加到14平方米，提前一年超额完成省定目标任务。新建建设桥、新垣桥、纬五桥、清水河南桥、明湖桥5座跨河大桥，对清水桥、解放桥、纬一桥、纬三桥、纬六桥5座桥梁实施景观亮化和便道整治。三是园区建设。加快西山、东山、望山三大产业集聚区建设步伐，完成土地平整667公顷，道路路基12千米，铺设供水管网9千米、排水管网34千米、供气管网17千米、供热管网10千米、通讯管线17千米。产业集聚区起步区基础设施建设日趋完善，已有39家企业入园发展。四是治污工程。污水再生利用和污水厂升级改造工程如期完工。同时，加快推进主城区污水管网二期配套工程，完成污水管线铺设54.2千米。五是建筑垃圾和医疗废弃物处置工程。全市14个污水处理项目全部开工，并有7个建成投入运营；14个垃圾处理项目建成4个。工程进展顺利，并通过省厅验收。六是城市绿化。大力实施“增绿添彩”工程，绿化荒山2.33万公顷；城区内新建和改造游园10个，绿化主次干道20条，新建和改造绿地40块，新增绿地面积113万平方米，城市绿地率、绿化覆盖率、人均公园绿地面积分别由2007年的29%、35%、5平方米增加到2009年的33.5%、37.9%和8.6平方米。七是文化艺术设施建设。新建候车亭61个，设置交通标志、标识牌340块，新增垃圾废物箱1000个。此外，新建和改造便民市场4个、停车场30个。

【住房建设】　贯彻国家关于进一步扩大内需、促进经济平稳较快增长的决策部署，合理调整住房供应结构，加快中低价位、中小套型普通商品住房和经济适用住房建设，保持全市房地产市场健康稳定发展。一是商品房及经济适用住房建设。全市住宅开工面积（包括结转）620万平方米，竣工305万平方米，完成投资82亿元。其中经济适用住房项目开工（包括结转）27.95万平方米，竣工15.5万平方米，完成投资3.7亿元。城市人均住房建筑面积达到26.01平方米，较上年提高9%。二是廉租住房建设。全市共申请中央预算内投资廉租住房项目27个，获得中央预算内投资补助资金6931万元，市本级财政补助资金4383万元。新建廉租住房19万平方米，3824套。另外，通过购买改建筹集359套。对全市1.16万户符合条件的城市低收入住房困难家庭给予保障，其中发放租赁住房补贴6487户、补贴金额850万元，核减租金3720户、核减金额80万元，实物配租1362户，按时完成全年廉租住房保障责任目标。三是棚户区改建。省政府下达张家口市棚户区（危陋住宅区）改建面积40万平方米，市确定18个改建项目。年内18个项目全部启动，累计动迁6110户，拆除房屋面积40.77万平方米，超额完成省下达目标任务。四是旧住宅小区改善。对14个旧住宅小区进行改善，总面积43.34万平方米，涉及5503户。改善项目涉及地下管线修改养护、小区道路硬化、内外墙粉刷、屋顶平改坡、小区内配套设施改善等，完成总投资1026万元。五是重点工程回迁安置房建设。2008年，市区道路拓宽改造工程共拆迁房屋面积74万平方米，涉及9325户，其中需回迁安置住宅房屋3723套、商业房151套。截至2009年底，已竣工2480套，另外1394套正在进行主体施工。按照与拆迁户签订的安置协议，2010年4～10月，全部拆迁户均可按期或提前完成安置。

【县城建设】　2009年，各县（区）在立地条件不同、发展基础不同、经济实力不同的情况下，弥补“缺项”，强攻“短项”，延伸“长项”，全力开展城市建设工作，实施基础设施建设以及重点区域开发、园林绿化、河湖综合治理、廉租房建设等重点工程，县城建设迈出新步伐。在抓好上述重点工程的同时，市局对县（区）列入省、市考核的污水、垃圾处理项目给予高度重视，实施重点督导、检查。

【市容环卫管理】 围绕建设塞外山水园林城市目标，全面开展城市洁净工程、百日攻坚行动、专项集中整治活动，城市环境大为改善。一是市容集中整治活动。市局城管科发挥职能作用，配合全市“11247工程”（1条精品街、12条主要街道、4个交通路口、7个城市出入口）的实施，协调有关部门对新华街、公园路、胜利路、建国路、滨河路、西坝岗路等城市主干道进行“占道经营、穿衣戴帽、拆墙透绿、户外广告、门前三包、城市洁净工程”等6个专项整治活动。中心城区累计拆除违章建筑52.69万平方米，拆除临建32.49万平方米，清理违章占道经营摊点5000余处，取缔店外店1550处、露天烧烤200余处，粉刷楼体122栋，坡屋顶改造180栋，拆墙透绿1.37万延长米，整治各种广告牌匾4500块，清除和粉刷小广告40余万条。二是环境卫生管理。投入700多万元，购置垃圾压缩车8台、清扫车4台、人工运粪车及管道疏通车3台，城市机械化清扫率大为提高；落实环境卫生责任制，签订“门前三包”责任书1962份；开展环境卫生集中攻坚行动，全年累计清理积存垃圾万余吨；全年新建高标准公厕35座，城市所有公厕全部达到“六净一无”标准。三是城市防汛工作。按照“高度警惕、防患未然，严格责任、确保安全”防汛总体要求，加强组织领导、细化责任范围、明确防汛目标，全面落实各项城市防汛抗洪措施，保证城建重点项目顺利进行，确保城市防汛安全。

【住房公积金管理】 2009年，全市有3865个单位29.5万名职工参加住房公积金制度，覆盖率达到88%。归集住房公积金12.15亿元，比上年增长41.5%，比省考核标准值高31.5个百分点，累计归集住房公积金47.30亿元，归集余额30.65亿元。桥东区、桥西区、高新区和宣化区财政拨款单位缴存比例达到12%，宣化县等10个县（区）达到5%以上，国有大中型企业单位缴存比例有的已达到15%。发放个贷11.98亿元，比上年增长81.87%，比省考核标准值高61.87个百分点。住房公积金使用率达74.87%，比省政府要求高24.87个百分点，连续5年位居全省第一。累计发放个人住房贷款31.78亿元，全市34265名职工利用公积金贷款改善了住房条件。个人住房贷款逾期率为0.009%，低于国家规定。全年实现增值收益4800.74万元，增值收益率达到1.77%，比省考核标准值高0.57个百分点。计提贷款风险准备金2880.45万元，住房公积金贷款风险准备金充足率为3.97%，比省考核标准值高2.97个百分点。上缴市财政局1920.29万元，支持市廉租住房建设资金400万元。

【投融资体制改革】 为做大做强城建投融资平台，有效破解城建资金难题，3月底，正式组建成立“张家口市城建开发投资集团有限责任公司”。通过国有资产划转的形式，将市城建开发总公司、市鸿泽排水有限公司等12家企事业单位资产进行组合，全部纳入“城投集团”，并在全省范围内率先将市土地储备中心纳入“城投集团”管理，使“城投集团”成为集城市建设融资平台、城市建设投资主体、重大项目建设主体和城建资产运营主体为一体的大型集团公司。在经营主攻上，确立“做大做强、做到上市”和打造现代企业管理运作模式的发展总目标，开辟路桥、水务、环境、置业、土地、服务等“六大经营板块”。在融资方式上，综合运用“BOT”（建设－经营－转让）、“BT”、“BTO”等模式，在不改变原有用途前提下，分期有偿地将新建项目推向市场，将建设、经营、管理权转让给投资主体。在企业运行上，按照公司法要求，完善法人治理结构，引进现代企业管理方式，促进集团健康发展。截至年底，已实现收储土地0.14万公顷，直接融资15.74亿元。同时，还在土地储备、城中村改造及其他城建项目等多个领域，取得金融机构20多亿元贷款信用额度，缓解城建资金不足难题。

（李　隆　娄麦贵　高向阳）

建设市场管理

【建筑市场管理】 围绕整治和规范建筑市场秩序，推进监管工作标准化、规范化、程序化进程，完善工作机制，健全市场监管体系。严肃工程造价管理，规范竣工结算行为。强化建设中介市场管理，严格外埠建筑业、中介企业准入制度，有效遏制挂靠、转包、出借资质证书等违法行为。加大稽查工作力度，全年稽查在建项目523个，推动建筑市场健康发展。

【质量和安全管理】 一是突出科技创新。推广新型墙体材料、新型节能结构体系和绿色照明技术，限制和淘汰使用落后产品，提高建设工程科技含量。严格建筑节能标准，全市新建工程节能标准执行率达到95.8%，比省下达指标提高5.8个百分点；推广可再生能源应用，全市可再生能源利用面积达到

150多万平方米，比上年增长50%以上；推进建筑节能改造，完成建筑节能改造15万平方米，是上年的5倍，争取到上级建筑节能改造资金70.31万元，荣获2009年省建设科技进步一等奖一个，二等奖两个。二是强化质量监管。市质检站围绕城镇面貌“三年大变样”重点工程，完善质保体系，强化质量监督，科学组织管理，全程监督考评，努力提高工程质量总体水平。截至10月底，共竣工验收备案工程111项，建筑面积111.37万平方米，工程质量全部合格，一次验收通过率达到100%。三是狠抓安全生产。坚持“安全第一、预防为主、综合治理”方针，指导和督促相关企业，实现安全与生产协调，责任与权利统一，整治与防范结合，制度与落实对接，取得突破性成绩。四是规范行业管理。印发《张家口市建设工程质量检测信息网操作指南》，对相关业务人员进行培训，实现检测数据和信息及时上传，提高检测数据的真实性和准确性，使全市检测行业管理工作走上规范化轨道。

【房地产市场管理】 贯彻《张家口市人民政府关于房地产企业行政审批制度改革的实施意见》，及时取消项目资本金管理制度，改变项目手册备案制度为日常管理登记制度，促进全市房地产市场健康稳步发展；狠抓企业晋级审批工作，指导协助14家企业完成资质升级工作，并为42家新企业办理暂定资质；积极培育要素市场，房屋产权交易服务对传统的管理模式进行改革和业务整合，压缩工作程序，简化工作流程，缩短办事时限，全年办理商品房预售证43个，办理各类房屋交易1.39万套，交易总额31.26亿元，比上年增长7%；加强产权交易管理，实现房管产权交易一体化办公，全年完成各类房屋登记面积583万平方米，比上年增长50%，被评为全省房地产交易与权属登记规范化管理先进单位。

【城市房屋拆迁管理】 严把房屋拆迁许可审批关，主城区全年批准核发房屋拆迁许可证25件，批准拆迁各类房屋53.98万平方米；坚持依法处理拆迁纠纷矛盾，通过广泛宣传拆迁法规政策和耐心细致工作，减少拆迁矛盾纠纷产生，维护社会稳定，全年受理拆迁纠纷案件6起（涉及被拆迁人13户），调解26户次，经调解全部达成拆迁协议并完成搬迁，未出现因拆迁而集体上访事件，城市房屋拆迁管理做到法制化、规范化、标准化。

【住宅小区物业管理】 在抓好旧小区改善的基础上，着力抓好住房专项维修资金归集工作。主城区已建立商品住宅专项维修资金交存的小区达221个，总户数达2.8万户，缴存总余额1.1亿元。同时，严格物业服务企业资质管理，全年新核定暂定级物业服务企业10家，核准6家暂定级企业晋升为三级资质企业，对156家物业服务企业进行年检。

【推进公有住房出售】 全年共审核办理中心城区公有住房出售179个单位（批次），2887套，建筑面积12.66万平方米。其中核准成本价售房2407套，建筑面积10.31万平方米；标准价向成本价过渡480套，建筑面积2.35万平方米。共归集公有住房售后房屋维修资金1391万元。继续落实购房补贴发放政策，推进住房货币化进程，扩大职工购房补贴发放面，累计发放购房补贴11个单位，6217人，补贴面积23.84万平方米，发放金额8197万元。核准使用公有住房售后维修资金44个单位，267.3万元。

（李　隆）

市政公用事业

【城市供热】 2009年，全市供热面积达到2205万平方米，供热结构发生变化，原有使用分散燃煤小锅炉房采暖的用户，部分实现热电联产供热或区域集中供热，稳步推进集中供热设施建设和既有供热管网改造工作，加大集中供热网络建设。市中心城区组建4家大型热力公司，当年完成投资264825万元，建设桥东区2×63MW（MW—兆瓦）、1×29MW区域锅炉房，大唐许家庄热电厂2×300MW热电机组，完成城市供热主管网49.8千米，建设换热站13座，桥西区完成区域锅炉房主体施工和热源厂一期工程场地平整，共实现大型集中供热面积280万平方米。市中心城区形成大唐许家庄热电厂、桥东区东源热力公司大型区域锅炉房、桥西区恒峰热力公司大型区域锅炉房、河北盛华化工有限公司热电厂4大热源辐射的供热新格局。

2009年，市政公用事业管理局通过招商引资，引入天津建塑投资有限公司投资8300万元，河北大唐国际投资1500万元，并代表政府出资1.02亿元组建张家口市市政公用热力有限责任公司，这是张家口市唯一一个引入外来资金的供热企业。此外，市政府在“三年大变样”财政资金异常紧张的情况下，为减轻居民采暖费负担，解决好民生问题，2009～2010年采暖季，财政拿出5154万元用于市区居民用热补贴。11月2日，市物价局会同市公用局联合印发《张家口市供热计量收费暂行办法》，为推进全市供热计量改革，实行按用热量计量收费提供依据。

【城市供水】 张家口市城市供水主要由市供水总公司承担。公司占地面积26.49万平方米，拥有DN75（管直径75毫米）以上供水管网295千米，服务面积43平方千米，服务人口52万人，公司拥有3座水厂、3处水源，设计供水能力25万立方米/日。城市供水普及率100%，水质综合合格率99.92%。年内，完成售水量2105万立方米，比上年增长2.63%，主营业务收入完成4568万元，增长4.39%。

2009年，张家口市供水总公司配合市“三年大变样”工程建设，投入管网改造、设施建设资金2157万元，其中，投资470万元完成钻石路、西坝岗路、宣化大道管道铺设；投资150万元完成西苑路供水管线铺设；新铺设解放桥、建设桥、新垣桥3条过河管，投资92万元；为解决祭风台一带新区建设后水压不足问题，投资390万元建设加压泵站一座及铺设了DN300管线1.04千米；为解决纬一东路一带廉租房吃水问题，投资155万元建设加压泵站一座及DN200管线450米；投资450万元建设五一东路泵站及配套管线；投资300万元建设串窑街泵站；为保证安全供水，投资150万元完成西甸子在线浊度观察室建设；为大唐热电厂铺设DN700供水管线4393米。

【城市燃气】 截至2009年底，市煤气总公司拥有居民用户111078户，工业用户2户，商业用户166户。建成覆盖主城区辐射到郊区的煤气供气管网，长输管线32千米，中压管道51.76千米、低压管道137千米，建成投入使用的调压站95座，日均供气90301立方米。实现销售收入2686.37万元，入户安装收入2085.6万元，政策性经营亏损1162.41万元，完成户内通气7128户，商业用户22户。

配合“三年大变样”工程建设，新建和迁移改造煤气管网19.05千米，完成投资1692万元，其中，投资1000万元完成张宣公路（丹拉高速入口至河子西段）DN400中压煤气管道11.7千米；投资185万元完成宣赤路DN400中压煤气管道1.7千米；投资439万元完成市内西苑路、西坝岗、明德北街、教育学院至沁馨苑小区、五一东路、中兴北路共DN200煤气中压管道5.42千米；投资50万元完成解放桥DN300煤气管道80米；投资13万元完成滨河路DN350煤气管道70米；投资5万元完成钻石路DN100煤气管道40米。同时，配合城市廉租房、安置房的煤气配套工程，全年完成1197户煤气入户安装，新建调压站3座，安装中低压管道8299米，工程总投资487万元，其中煤气总公司直接投入80万元。

天然气具有洁净、高效、安全性高、资源丰富、方便储运等优点，是城市能源发展的主要趋势。2008年成功引进中油新兴能源产业集团有限公司投资12.5亿元建设应张天然气输气管道工程，2009年12月19日，采用压缩天然气供气方式实现对中心城区清河湾片区的天然气置换，主要置换范围包括清河湾小区和商检局小区共2000户煤气用户以及市一中和神农大酒店等2户公福煤气用户，涉及改造中压管道1.8千米，低压管道1.5千米，调压器4台。天然气的正式应用，标志着张家口市的清洁能源利用工作取得历史性突破。

【城市夜景亮化】 张家口市城市亮化工作由市市政公用事业管理局负责。主要设施由市夜景照明管理中心负责管养，同时市交通运输局、市水务局和高新区管委会负责本辖区或自建亮化设施的管养，社会亮化部分由各产权单位管养。

按照“分步实施、政府和社会共同建设”的夜景亮化建设原则，打造全市中心城区夜景亮化景观，形成以高层建筑物亮化为亮点、滨河两岸为亮带、市区主要街道为亮线、周围山体亮化为延伸的“点、线、面”相结合的城市多层次、立体化的夜景亮化格局。

全年夜景亮化建设项目共投资18846.83万元，其中，投资1585.23万元提升清水河两岸亮化，完成中心城区亮化集中改造、戏水广场亮化建设、桥梁功能性照明改造、“穿衣戴帽”楼体亮化建设、展览馆楼顶大字亮化改造、清水河两岸河坝栏杆亮化设施升级改造及新建栏杆亮化建设、沿河绿地亮化、解放桥原有亮化设施拆除、照明控制整改、清水河两岸桥头路口亮化建设、河坝护栏警示牌安装等工程；投资271万元新建市区路灯智能监控系统，完成控制中心建设及电器设备的安装，在建国路、五一大街、清水河两岸道路、胜利路、文化广场等重点区域安装40个控制点、20个视频点，实现重点区域的路灯智能监控；投资42万元改造20条背街小巷路灯；投资20.1万元改造解放大街霓虹灯；投资40万元提升八角台亮化；投资5800万元建设7个城市出入口亮化；投资1000万元对65座建（构）筑物进行夜景亮化建设；投资6840万元对16条新建、拓宽改造的主次干道进行路灯照明建设；投资38万元对4座主要高层建筑物顶部亮化设施进行升级改造；投资860万元改造快速路及14座桥梁路灯；投资50.5万元进行春节彩灯安装；投资2300万元对新、改建桥梁进行亮化建设。

截至年底，市区拥有照明设施200416盏（只、套），其中功能性照明设施29244盏，景观性照明设施171172盏（只、套）；另有太阳能灯570盏，照明设施的总功率达到8345.573千瓦。

【城市市政】 张家口市区市政设施实行区域管理，管养单位有桥东区市政管理处、桥西区市政管理处、宣化区市政管理处、下花园区市政管理处、高新区城市管理执法局和市鸿泽排水公司，具体承担市政设施的维修养护任务；市市政公用事业管理局是市级设施管理的行政主管部门，负责全市设施的宏观管理工作。

市区道路总长433千米，道路总面积1090万平方米，人行道面积311万平方米，桥梁67座，人均道路面积13.1平方米，防洪堤101千米，污水排放量7012万立方米，排水管道总长度577千米，排水管道密度7.21千米/平方千米，拥有污水处理厂2座，污水处理能力22万立方米/日，污水处理量5319万立方米，污水处理率75.86%。

年内，由市市政公用事业管理局直接承担的市政设施建设投资共387.7万元，其中投资337.7万元改造21条支路背街小巷道路和排水，硬化道路22515平方米，人行道5550平方米，铺设排水1010米；投资50万元改造191和189泵站。

（崔　鹏）

环境保护

【环境质量】 2009年，通过落实城镇面貌“三年大变样”环保行动计划，强化城市环境基础设施建设和综合整治，全市环境质量取得突破性好转。一是城市空气质量首次达到国家环境空气质量Ⅱ级标准。环境空气中主要污染物二氧化硫浓度比上年同期下降25.4%，城区可吸入颗粒物浓度连续3年处于全省最好水平；全年Ⅱ级及好于Ⅱ级以上天数达到336天，比上年增加5天，其中Ⅰ级天数达160天，比上年同期增加18天，优良天数占全年天数的比例为92.1%，高于全省平均水平；空气综合污染指数为1.80，比上年下降17.4%。二是水环境质量明显改善。官厅水库入库八号桥断面高锰酸盐指数浓度达到Ⅲ类标准，达Ⅲ类标准及好于Ⅲ类天数为300天；氨氮浓度为1.76mg/I，较上年同期下降66.3%；水质达Ⅴ类及好于Ⅴ类标准天数为269天，其中好于Ⅲ类标准天数为158天；白河出省断面水质均保持在Ⅱ～Ⅲ类标准，出境水质为全省最好水平。三是生态环境质量优良。经国家、省有关部门综合评定，由一般晋升为良，跻于全省最好水平。

【污染减排】 为确保完成省政府下达全市“十一五”主要污染物削减任务（到2010年化学需氧量、二氧化硫排放量分别控制在5.21万吨和12.88万吨，较2005年分别削减16%和21%），市环境保护局把污染减排作为年度首要工作来抓：一是市政府制定并印发《张家口市2009年污染减排重点工程计划》，并与各县（区）政府签订《污染减排和环境保护目标管理责任书》，将减排指标和具体工程项目分解到县（区）政府，并明确工作标准和时限，严格实行问责制和“一票否决”制。二是加强对已投运减排工程的调度督导力度，强化管理减排。三是加强服务和指导，协调解决企业减排项目实施过程中存在的突出问题。四是抓好工程减排项目落实，组织实施完成省政府下达的9个点源治理减排工程，按时淘汰关停2项结构减排项目，对全市不符合产业政策企业进行关停淘汰。五是按照市“4+3”产业定位，加快产业结构调整和优化步伐，对区域内高耗能、高污染项目实行限批。六是加大对分散小锅炉拆除步伐。七是遵循循环经济原则，对城区内73家重点污染企业通过优化升级、改造提高，统一搬迁到四个产业集聚区内，截至年底，大部分企业已搬迁入园，特别是将污染较大的盛华和张药集团列入搬迁计划，并在实施中。据环保部核定，全市化学需氧量比上年削减0.16万吨，完成“十一五”总任务的103%，二氧化硫削减1.73万吨，完成“十一五”总任务的113%，提前一年半达到国家、省下达的“十一五”控制指标。列入省节能减排“双三十”单位的宣化区、宣钢集团、张药集团有限公司也完成年度减排任务。全市污染减排工作始终处于全省前列，被省政府授予“减排工作先进市”。

【环境监控和应急处置】 为加强环境监控能力建设，实现污染源实时监控、动态管理，在洋河八号桥已建国家级水质自动监测站的基础上，又在洋河响水堡和白河后城等5个断面建立水质自动监测站，对主要断面水质进行加密监测，与八号桥国家级自动监测站相匹配，构成全市水质自动监控“主脉”，实现对永定河流域水质的监控，确保水质稳定达标。同时，对占全市主要污染物负荷85%的国控省控重点污染源强制安装在线监控仪，并注重对特征污染物的监测，实现排污状况、水质变化网上实时动态监控，在全市形成点面结合，相互响应，区域“网格化”环境管理新格局，提升全市环境监管水平和应对处置突发环境事件能力。市环保局与北京市环保局开展京张跨区域环境信息共享体系建设，已采购应急指挥、大型流动试验和应急物资保障三部车，并运用该项目建设成果，在环保部和省厅支持下，首次采用“实地模拟+桌面推演”的方式，成功组织了以崇礼紫金矿业有限公司尾矿库废水泄漏环境污染事件为背景的应急演练。

【项目审批改革】 为全力服务经济发展大局，积极进行项目审批制度改革。一是实行重点项目审批进京赴省领办制。对于全市重大经济建设、社会发展项目，组织专门力量，早介入、积极运作、跑省进京，使一批大项目顺利得到国家、省有关部门审批，如蔚县煤电路一体化项目、张石高速公路、京张城际铁路、望山循环经济示范园区规划环评及盛华系列项目、洋河综合治理工程等，确保项目顺利进行。二是将8个审批科室职能归并，成立综合审批科，在全市率先整建制进驻行政审批服务中心，项目审批效率高、速度快、社会效果好，被市行政审批服务中心推荐，作为该中心唯一一个窗口参加全市“十佳文明窗口”评比。三是将房地产项目、机械加工等对环境污染小、危害程度低的项目审批权限下放到县（区）。四是在环评、监测收费上降低收费标准，对房地产、省市重点项目减免收费。

【争取项目和资金】 一是争取到国家对全市6个县污水处理厂补贴资金比例由30%提高到70%的政策，即在已得到1.3亿元资金的基础上，再增加1亿元资金支持，已拨付张北县2000万元。二是上报城镇污水处理厂建设、企业污染点源治理、自然保护区能力建设、农村环境综合整治和监测能力建设等项目共43项，申请专项资金3亿元，同时，还上报以奖代补专项资金项目9个，项目计划总投资5.11亿元，申请以奖代补资金1.53亿元。三是争取中央环保专项资金760万元，支持万全宏宇化工有限公司污水治理等4个项目，共拉动项目投入8151万元。四是全市有9个项目已纳入中央、省农村环保综合整治“以奖促治”项目，已到位4项，到位资金600万元。五是争取到河北省污染治理“以奖代补”5个项目，已得到补助资金510万元，并争取到河北省县（区）级监测能力建设9个项目，得到支持资金540万元。六是争取到北京市环保局支持的环境能力建设资金1284万元，启动实施《京张跨区域水环境保护与信息共享体系项目》建设，新建三维地理信息系统和动态数据库，9个重点县（区）正在建设环境应急监控分中心。七是争取到日本援助中国分散型城镇污水处理项目10个中的2个，确定塞北管理区榆树沟管理处和怀来县鸡鸣驿镇为试点，项目预算已得到日本国会批准，该项目预计2010年9月底建成并通过验收，投入运营。八是开展国际间环保交流与合作。由环保部推荐，与瑞典国家环保局开展水源地环境应急机制的研究与合作，并签订具体合作项目；为察北管理区污水处理厂建设引进德国先进工艺技术和资金支持。

【环境执法】 一是开展环保专项行动。2009年，全市共出动执法人员3704人次，检查企业1296厂次，立案查处违法排污企业29家，其中现场纠正2家、限期治理2家、依法取缔关停4家，对其中18家企业进行行政处罚，对12件重点环境违法案件进行挂牌督办。二是加大对全市重点流域排查和整治力度。为实现流域的环境管理，市环保局专门成立张家口市环境监察支队永定河监察大队，强化对重点流域现场监察执法，对洋河、桑干河、清水河流域排污口进行排查和整治，在洋河流域宣化段共检查出9个入河排污口，整治工作基本完成；取缔洋河流域部分非法采砂选矿企业。涿鹿县在建的河北天宝化工有限公司和涿鹿玉晶淀粉有限公司，所排废水接入县污水处理厂的污水管网，建成后将减轻两家企业排放废水对入官厅水库八号桥断面的水质影响，同时实施跨界断面生态环境考核，对临界超标的县（区）进行预警，确保全市水环境质量实现质的飞跃。三是强化尾矿库环境整治工作。按照国家、省关于加强尾矿库环境隐患排查整治工作要求，组织各县（区）环保局对涉及矿山企业尾矿库进行拉网式排查，解决一批存在隐患的环境问题，并着手建立尾矿库动态管理数据库；编制《张家口市中心城区水源地保护规划》，调整中心城区水源地保护区划，宣化区、下花园区也编制了水源地保护规划；在市区南北水源地设立界标、警示标志和宣传牌；为加强对水源地监控，为北水源建设了二级标准化实验室。

（方　军）

铁 路

【概况】 张家口车务段隶属北京铁路局，共有职工3238人，管辖京包线84.500千米至117.903千米，丰（台）沙（城）大（同）线61.200千米至225.000千米，宣（化）庞（家堡）线0.000千米至29.942千米，张家口到张家口南线0.000千米至7.508千米。管辖车站24个，管内有货场4个、货物线42条，装卸设备44台；专用线65条、专用铁道1条。担当张家口至北京西4447/4448次、张家口至北京4415/4416次、北京西至银川K885/K886次3对旅客列车的客运乘务工作。固定资产原值1.38亿元。

【生产与经营】 2009年，张家口车务段运输收入9.96亿元，运输业劳动生产率4.75万元/人·年；装卸收入1954.8万元，装卸利润80.4万元；旅客发送量391.1万人，货物发送量1483.0万吨；日均装车630车，日均卸车574车。截至12月31日实现连续安全生产584天。

（李 羚）

公 路

【概况】 2009年，全市高速公路建设项目5个，其中续建项目4个、新建项目1个；干线公路改建项目1个，县道二级公路新改建项目3个，村村通建设项目242个。全市完成投资125.8亿元。全市公路通车里程达到1.9万千米以上，公路密度达到每百平方千米51.9千米，其中新增高速公路通车里程39.4千米，高速公路通车里程达到555.4千米，继续保持全省第一。

【高速公路建设】 京化高速公路二期工程2008年11月23日开工奠基。截至年底，土石方工程全部完成，大中桥完成桥梁下部工程，房建完成主体工程，全年累计完成投资25亿元，占项目总投资的34.36%。项目建设速度名列全省22条在建高速公路项目第一，并实现安全生产100%、工程优良品率100%。京化三期工程前期工作全面启动，目前线路方案基本确定。张承高速公路市区段于2009年6月28日竣工通车，完成通车里程17.5千米。巴图湾至终点崇礼县段25千米已具备通车条件。隧道工程，除大华岭隧道外其余3座已经贯通。全年完成投资18亿元。大华岭隧道全长5260米，是张承高速公路的主要控制性工程之一，是华北地区最长的隧道。张涿高速公路项目2009年7月22日获省发改委批复，9月份完成招投标，10月施工单位、监理单位全部进场，项目全线开工建设。黑山寺、煤窑山、分水岭3个特长隧道快速推进。2009年完成投资15亿元。张石高速公路二期化稍营至蔚县平原区56千米路段，提前于2007年11月竣工通车。山区段21千米建设任务于9月29日完工，进入试运营阶段。2009年完成投资8.89亿元。张石高速公路三期内蒙古三号地至张北段，2009年完成征地拆迁、压矿补偿等开工前期准备工作，截至年底完成投资1.2亿元。

【干线公路建设】 张宣公路拓宽改造工程是张家口市城镇建设“三年大变样”重点工程，被市委、市政府确定为向国庆60周年献礼工程。张宣公路丹拉东互通至河子西段拓宽改造工程全长15.55千米。工程建设标准为双向10车道一级公路，路基宽70米，其中主车道宽37.5米，两侧各设6米绿化带、6米辅道和4.25米的人行道，总投资4.5亿元。该工程于4月18日开工建设，9月16日全线竣工通车。公路养护工程完成大修50.689千米，中修

101.061千米，桥梁加固工程10座，合计284.49延米。完成投资1.7亿元。完成小修挖补280千平方米，恢复水毁路基4.8万立方米、21.9千米，修复路面2860平方米，修复涵洞17道，维修防护砌体1.8万立方米，清理塌方3.9万立方米。完成干线公路绿化、公路标志、标线设置等。完成投资0.6亿元。全年好路率平均达到80%，年终达到83%。

【地方道路建设】 康祁线二级公路是张涿高速公路卧佛寺连接线，建设规模65.06千米。已完成路基60千米，完成路面40千米，完成大中桥6座，除永定河大桥外，其它桥梁、隧道均开工建设。截至年底完成投资2.5亿元。牧闪线二级路大修改造工程冀蒙界到闪电河段建设里程28.826千米，完成投资0.9亿元，年底建成通车。康七线40千米二级公路建设规模40千米，总投资0.8亿元，主体工程竣工通车。乡级公路建设共27项264.1千米，总投资2.48亿元，其中2009年建设里程为197.6千米。已完成危桥改造工程共16项354.4延米，全年完成投资2.43亿元。村村通工程建设共涉及242个行政村，其中新增通油（水泥）路行政村165个，共计693千米；计划总投资1.73亿元，其中国家投资0.69亿元，地方自筹1.04亿元；实现全市82.2%行政村通油（水泥）路。共完成投资1.7亿元。

【运输行业管理】 加快客运市场发展步伐，新开通旅游客运专线44条，其中省级班线4条；新建农村客运四级站4个、五级站9个、简易站45个、候车亭305个、招呼牌638块，为1150部农村客运车辆发放燃油补贴；全年完成客运量2574万人次、旅客周转量16.61亿人/千米，比上年同期分别增长4.3%、3.6%。全年完成货运量3716万吨，货运周转量105.49亿吨/千米，比上年分别增长3.8%和3.2%；新增旅游车辆26部；调整改造班线16条，新增客运班线车辆99部。客货运市场管理不断规范，无照营运、超员载客现象明显改善，司乘人员服务水平明显提升。

【城区公交路网布局】 2009年2月，市公交总公司成建制正式划转张家口通泰高速公路集团有限公司。年末，市内公交营运线路共17条，线路长度222.05千米，营运车辆350部，其中新购公交车37部。全年营运收入5202.34万元，行驶里程1519.16万千米，客运量7332万人次。

2009年3月，市公交总公司运营全面实行GPS智能调度，转变传统公共交通管理模式。3月19日，开通11路，共设置22个站点。11路做为新的南北动脉主干线，行经纬三路、纬二路、胜利南路，贯穿建国路全程，它的开通弥补了市区南部区域公交线路空白，解决了建国路沿途市民出行难的问题。

【体制改革】 根据国务院税费改革实施方案和取消政府还贷二级公路收费站安排，2009年1月1日起，全市取消运管费、养路费、客货附加费等4项行政事业收费。4月30日起撤销境内9个政府还贷二级路收费站。组建路政管理处、高速路政支队、质量安全管理处。对养护处、地道处、工程处职能进行调整。实行行政事业和政企职能调整，理顺税费改革后行政事业职能和经费管理体制。

（魏占军）

邮　政

【概况】 2009年，全市实现业务总收入1.42亿元，收入绝对值列全省第9位，较上年前进1位；完成省公司下达计划的114.6%，完成进度列全省第一，较上年提前8位；收入同比增加32%，列全省第一，较上年提前6位。14个县（区）局中，除赤城局外全部完成收入计划，其中有8个县局收入增幅高于全市平均水平。

【通信能力增强】 优化邮运网路。根据企业经营发展需要，适时调整张京夜间快速邮路发运时间和张沽邮路发运路线，缩短特快邮件处理时间，实现张北县二台镇外埠报纸当日见报，进一步提升了邮路支撑能力。信息技术建设发展加快。配合省公司完成各类生产系统升级改造40余次，自主完成市、县网络优化改造、投递和农资连锁配送信息系统上线、速递综合信息平台建设等8项基础设施的工程建设项目。自行研发速递物流公司内部办公系统软件，优化局办公网软件结构，围绕生产经营发挥了较好支撑作用。营业网点标准化建设取得成效。根据省公司统一安排，投资700多万元，对38个营业网点进行标准化装修改造，使网点标准化建设和整体形象得到改善。深化投递网改造。通过新增投递站、扩充投递段道、增加社区服务点以及调整原有段道投递范围等措施，提升市区投递服务能力。市局筹资12万余元用于增配更衣柜、分拣作业格口，使投递人员生产条件得到改善。农村邮政便民服务站建设取得进展。根据省公司要求，市局认真贯彻落实国办42号和冀政办26号文件精神，争取市政府支持，联合发改委、财政局等6部门制定下发《关于进一步支持农村邮政物流发展的意见》，从9月开始着手在全市推进农村邮政便民服务站建设。已建成站（点）409个，其中搭载“缴费一站通”业务站（点）333个，加载乡邮投递站（点）57个。营销体系建设收到成效。专业营销和团队营销得到增强，全员营销方式得到扭转，对业务发展起到较好促进作用。全市组建营销团队42个，专职营销人员231人，占员工比例10%，其中外聘金融客户经理66人。全市量收系统实现大客户收入1797万元，较上年同期增长341%。团队业绩占业务总收入比例达到15%以上。提升服务质量。通过落实质量管理和质量监控岗的岗位履职考评工作，狠抓营业窗口和投递服务日常管理，开展“邮政窗口亮起来”和“双创”活动，促进营投服务规范的落实，社会满意度得到提高。2009年，获得全市行风评比优秀单位称号，荣获全国邮政用户满意企业称号，获得省公司质量管理三等奖。

（王　堃）

无线电管理

【概况】　河北省张家口无线电管理局是全市承办日常无线电管理事务的政府职能部门，主要管理辖区无线电频谱资源、无线电台（站）及维护空中电波秩序。具体职责是按照审批权限，审核无线电台（站）建设布局和台址，指配无线电频率和呼号，核发电台执照；对本辖区内各无线电台实施监督管理；负责本辖区内研制、生产、进口、销售无线电发射设备的管理；核收并上缴无线电管理相关费用。

截至2009年底，全市各类无线电台（站）已达283.1万余部。其中广播电视台（站）121座；短波电台37部；超短波1223部；230MHz数传台68座；无线接入基站2431座；2.4G、5.8G扩频台30部；MMDS微波站3座；气象雷达站2座；卫星地球站8座；公网GSM基站及直放站1599座，CDMA基站及直放站346座，3G基站582座，移动台273.5万部；13GHz、15GHz高频段微波230座；7GHz微波24座；导航电台1部；业余电台387部。这些台（站）广泛应用于通信、广播电视、国防、安全、公安、武警、政府应急联动、铁路、交通、航空、气象、森林、科学研究、新闻媒体、业余无线电等各行业各领域。

【设备检测与监听监测】　全局实现无线电频率台（站）数据库全省联网，技术上已具备对VHF/UHF频段进行实时监测和对非法电台进行测向定位等功能，随时可对航空导航、铁路列调、森林防火、抢险救灾等重点频率实施保护，为市委、市政府应对突发事件和组织大型户外综合活动提供无线电安全保障。

【台（站）审批与频率管理】　市局始终坚持强化服务和严格管理相结合，提高工作效率和提升服务质量相结合，行政许可事项全部当天完成受理，15天内办结，按时办结率达100%，审批效率明显提高。全年共审批、办理161件行政许可事项、512部（座）各类无线电台（站）设台手续，其中新增超短波中继台5部，移动台328部，MMDS微波站1座，业余电台130部；撤销超短波中继台1部、移动台40部，8GHz微波站2座，MMDS微波站1座；办理4部230MHz数传台延续使用设台手续。与此同时，加强对业余无线电台呼号的管理工作，全年指配呼号94个；严格对业余爱好者资格及所用设备进行审核和检测，控制台（站）审批，按照省局要求，对四级会员停止审批车载台。根据频率占用费收取要求，全年共计收取频率占用费60.30万元。

【排查干扰和执法检查】　全年累计监测达到3550小时，通过大量监测和数据比对，较全面掌握了张家口市电磁环境状况。监测站开展在用超短波无线电设备年度检测工作及新设台检测工作，全年共检测设备233部，完成电磁环境测试任务7项，排查干扰12起。加大执法检查和查处力度，按照法律程序，对各种扰乱空中电波秩序行为进行有力查处。全年共立案查处违章设台4起，罚款5000元，没收对讲机6部，卫星干扰设备2套，有效维护了本地区空中电波秩序。

【推进3G网络建设】　2009年是3G网络建设重要的一年，无线电管理局组织召开主要由通信运营商参加的民主恳谈会，了解重组后各公司基本概况、现有台（站）建设管理、3G网络规划及目前筹备建设等情况，共同分析3G网络建设推进工作中存在的困难和问题，为3G网络开通绿色通道，提供干扰查处、净化电磁环境等技术支持。

【清理违法使用对讲机】　无线电管理局与市公安局、市交通局、市建设局、市房管局等8个部门联合发文开展清理违法使用对讲机专项行政执法活动，并与各县（区）政府通力合作，对200家相关单位进行排查，清查出违规设台单位和个人45家，立案查处4起，没收非法设备6部，罚款5000元，纳入管理对讲机230部，补办电台执照143个，追缴频率占用费2.15万元，有效维护了辖区空中电波秩序。

【重大考试无线电保障】 在2009年的高考、研究生考试、司法考试、注册会计师资格考试、执业医师资格考试和选聘高校毕业生到村任职考试等8类考试的无线电保障中，市局共出动人员50余人（次），使用固定站11座（次），监测车15辆（次），各类监测设备51台（次），累计监测约220小时，先后确认作弊频率7个，查获利用无线电设备作弊案件5起，没收用于作弊的无线电设备5套（部），协助考务部门查获作弊嫌疑人13人，清理排查可疑信号63个，有效阻断可疑无线电信号6个，通过查处，无线电作弊势头得到有效遏制，维护了考试的权威性、公正性和严肃性。

【协助市军民合用机场建设调研】 按照市政府有关要求，无线电管理局积极配合开展军民合用机场建设调研工作，在坚持保密原则的前提下，对5个预选机场场址电磁环境情况摸底测试，开展服务调研工作，上报电磁环境测试报告和机场附近无线电台（站）有关情况说明的函，对可能给机场造成影响的大功率台（站）情况进行大致分析，就机场建成后对周边合法无线电台（站）可能造成的影响（包括对微波通道产生阻挡）进行分析，提出了合理化建议。

【国庆60周年无线电安保】 一是对北京周边大功率台（站）和高山设台进行实地核查和电磁环境测试；二是对广电系统、公众移动通信运营商（移动、联通、电信）等重点行业进行走访，排查安全隐患，建立联合应急机制，要求重点行业和部门一旦出现无线电业务异常情况，立即向无线电管理局报告；三是开展技术演练，在国庆前一个月，组织开展2次国庆保障技术练兵活动。国庆当天，主要领导带队到怀来县东花园布控，进行监测值守。通过多措并举，圆满完成国庆60周年无线电管控工作，其中2人被国家60周年庆祝安保小组无线电管控组评为先进个人。

无线电管理局局长：王海瑞

（刘华涛　宗　瑾）

中国移动

【概况】 中国移动通信集团河北有限公司张家口分公司于1999年8月16日正式挂牌成立。主要经营移动电话通信（包括话音、数据、多媒体等）、IP电话及互联网接入服务等业务。拥有“全球通”、“神州行”、“动感地带”等著名服务品牌，客户号码段包括“139”、“138”、“137”、“136”、“135”、“134（0至8号段）”和“159”、“158”、“157”、“152”、“151”、“150”、“188（3G专属）”，建成了完善的“三张网”。

【通信网】 建成全市覆盖最广、容量最大、技术先进、质量卓越的移动通信网，实现全市所有行政村和绝大部分自然村网络全覆盖，网络运行质量持续保持世界一流水平和业内领先。2009年，公司开始建设TD－SCDMA试验网，2010年将实现全市重点、热点区域TD覆盖，引领3G时代通信新潮流。

【营销服务网】 建成立体服务营销渠道网。在市区、所有县、乡（镇）共建立近600个实体营业厅（店），在全市所有行政村共建立3000多个中国移动通信服务站。与主要银行机构实现了合作收费，还开通网上营业厅、短信营业厅等电子渠道。服务、业务流程得到持续优化，主动营销能力加强。积极开展“便捷服务，满意100”活动，通过“服务冲刺”、营业厅“旧貌换新颜”等活动，服务短板得以改进，对客户感知产生了良好影响，客户满意度在全省位居前列。

【信息网】 建成服务于各企事业单位和广大农村的移动信息网。公司除为客户提供基本话音业务和来电显示、短信息、彩信、彩铃、随E行、手机上网、手机报等丰富多彩的新业务外，还致力于拓展移动信息服务，着力推广集团行业信息化和农信通、校信通、气象通、警务通、银信通、供销通、烟草通等重点行业应用业务，使广大客户通过手机即可方便地获得丰富的信息服务。

【提升管理见成效】 围绕企业中心工作，重点加强领导人员和关键岗位人员廉洁自律、党风廉政教育以及责任制落实工作。分公司荣获“2009年全国精神文明建设工作先进单位”和“河北省思想政治工作先进集体”荣誉称号。公司共有5个“省级文明单位”，市公司连续9年保持了“省级文明单位”

称号，13 个县级公司均进入“市级文明单位”行列。宝善街营业厅、大客户服务中心和张北东大街营业厅荣获省级“青年文明号”，其中宝善街营业厅被团省委选树为省级“青年文明号标杆”，2009 年又被张家口市评为“十佳文明窗口单位”。

总经理：贾东启

（李晓宁）

中国联通

【概况】 张家口联通公司是根据国家电信重组精神，于2008 年12 月由原张家口联通公司 G 网业务和原张家口网通公司合并而成，名称为中国联合网络通信有限公司张家口市分公司。经营固定电话、移动电话、互联网等各类基础电信业务和增值电信业务。按照省公司确定的框架，结合业务运营要求，公司内设职能部门和生产中心 38 个，下辖县级分公司 14 个。2009 年，新的联通公司大力开展网络融合和业务融合，积极推进 G 网普遍覆盖和深度覆盖，整合业务产品，完善支撑平台，信息化服务能力大幅提升。公司有 97 个农村营业部，维护网络分布最广；由 140 多家自有营业厅、3000 多家合作渠道构成的营销服务网络遍布全市。

【全业务经营】 两家公司的合并，使新的张家口联通公司拥有包括固话、2G、3G、宽带、信息化应用在内的完整、全面的网络结构、人才储备和业务运营经验，全业务经营成为公司的自然选择。按照以客户为中心的经营指导思想，公司先后推出了面向机关企事业单位的集团组网业务、面向农村用户的联通村业务、面向普通家庭客户的亲情 1 + G 业务等一系列固定、移动融合业务，受到了客户的欢迎，初步形成了独具特色的业务品牌。基础业务的完备，增强了企业“接入 + 应用 + 内容 + 服务”的一揽子解决能力，2009 年，公司为本地多家单位提供了基于固定网络和移动网络的语音业务、增值业务、信息化业务一揽子解决方案，将全业务经营推广到更广的领域。

【信息化建设】 公司加大对社会信息化建设的关注和支持力度。按照市委组织部的安排，新建农村党员教育网终端站（点）1268 个，如期完成全部建设任务。对信用联社等多家大客户网络进行升级改造，完成市到乡级的全区财政系统数据网络等一批计算机跨域组网工作，为全市财政、统计、金融等系统提供了优质的信息化服务。公司积极助力政府信息化建设和平安城市建设，以“信息魅力”、“宽视界”、“神眼”、“品牌建站”等业务为基础，努力构筑服务于中小企业信息化建设的平台。完成“张家口热线”网站改版工作，开通了 WAP 版“张家口热线”网站，进一步美化和拓宽了城市信息门户。

【3G 商用】 2009 年初，工信部向国内 3 家运营商颁发 3G 牌照，中国联通获得 WCDMA 运营资格，张家口联通的 3G 网络建设随即同步展开，一期规划覆盖市区、14 个县城区和全市重要旅游景点。工程于 2 月启动，7 月完成核心网建设。8 月 19 日，公司召开 3G 试商用新闻发布会，全市党政机关、企事业单位、张家口驻军及各县共计 200 多位嘉宾参加。联通 3G 采用的 WCDMA 是世界上使用人口最多、上网速度最快、手机终端类型最为丰富的 3G 制式，不仅提供语音业务，还可提供手机音乐、手机电视、手机互联网、无线上网卡、视频通话等众多新业务，测试阶段上网速度接近 2G 网络的 50 倍。WCDMA 制式 3G 的开通，对于移动业务进入数据时代形成有力的推动。10 月，联通 3G 业务正式商用。

【宽带提速】 2009 年 5 月启动宽带提速工程，对核心网及接入网进行全面改造。IP 城域网实现业务控制层 SR 的全面部署，进一步优化骨干层，下移宽带接入服务器；大规模部署接入层汇聚设备；传输网层面按照核心层、汇聚层、接入层进行整合，市、县数据业务实现 10G 平台 DWDM 承载。接入网主要采用 EPON 技术，升级城市接入网络，缩短铜缆接入距离。整个工程共分两期。到 10 月底全部结束时，联通公司已向 95% 以上用户提供 2M 以上的宽带接入服务，互联网出口带宽由 20G 提高到 40G。

【服务改进】 结合全业务经营的要求，公司认真落实省公司部署，全面推进“六项便捷服务”，即：营业受理免填单、等候时限 8 分钟、营业时间全天候、通话详单自助查、宽带故障一日通、宽带到期有提醒。到年底，公司通过各种技术手段和业务手段，六项便捷措施基本达到了预期的目标。同时公司加强服务管理和监督检查，大力开展行风建设工作，积极解决客户关注的热点、难点问题，取得明显成效。在年末满意度测评中，客户对各项业务的满意度均有所提高。

总经理：刘广平

（杨明勇）

中国电信

【概况】 中国电信集团公司张家口市分公司成立于2002年12月，是由中国电信集团公司投资设立的全资国有企业，享有“中国电信”服务品牌和商誉。2008年，根据业务发展需要注册成立中国电信股份有限公司张家口分公司，经营中国电信股份有限公司业务范围内所有电信业务。作为张家口市重要电信运营商，电信公司拥有国家长途干线光缆70%的资源，在张家口行政区域内开展基于固定电信网络的话音、数据、图像及多媒体通信与信息服务；基于电信CDMA2000移动通信网络的话音、短信、数据、无线宽带、移动办公及多媒体通信，包括网页浏览、电话会议、电子商务等多种信息服务，是一家大型综合信息服务提供商。电信拥有三大业务品牌，一是面向家庭客户的“我的e家”，二是面向企业客户的“商务领航”，三是包括3G业务的“天翼”。现有营业厅24家，指定代理店115家，缴费站673家。

【率先启动3G业务】 2009年4月，张家口电信在全市通信行业率先启动3G业务，CDMA2000是国际成熟的3G技术标准，网络具有上网速度快、互联网应用丰富、通话音质高、使用绿色环保、通信信息保密性强、网络覆盖完备等特点，网络速度较从前提升20倍以上。3G手机同时具备电脑、电视、导航仪、游戏机、信用卡等功能。2009年C网资本性支出完成1.24亿元，新建基站数量相当于原有站点的2倍，提高了网络覆盖质量，3G网络已覆盖市区及所有县城，实现无缝隙覆盖。

【提升网络质量】 公司开展全员拨测自查网络质量活动，对张家口市30多个重点乡镇全向基站进行定向改造，扩大现有网络的覆盖，提高了基站的利用率。对市区、重点县（区）、高速公路、国道进行定期DT网络测试及优化。与周边的北京、大同、乌兰察布等市和锡林郭勒盟沟通，交换边界基站数据，协商处理边界用户漫游投诉。通过整体优化，提升网络质量。

【提升服务水平】 公司进一步强化电信服务工作，把服务工作视为电信公司生命线，全体员工改后缀式服务为前缀式服务，力争做到服务找客户，而不是客户找服务。树立良好电信企业形象。公司本着“用户至上，用心服务”服务理念，为全市人民提供优质的24小时×7天“零距离服务”。并通过一系列制度建设，提升公司总体服务形象及服务水平，突出差异化及特色化服务，增强广大客户对电信服务品牌的信赖。2009年被省工商管理学会评为诚信守法群众满意单位称号。

总经理：陈永彬

（何立京）

综述

2009年，市委、市政府高度重视旅游业发展，政府工作报告提出加快旅游发展的“五个一”工程（打造一批精品旅游线路、推进一批重点旅游项目、提升一批旅游景区档次、培育一批知名旅游企业、办好一批旅游推介活动）。专门召开全市旅游工作座谈会，就进一步做强优势，做精产品，做优结构，做大产业，带动经济社会实现快速发展提出具体意见。在市委九届六次全会上，明确提出把旅游服务业作为发展振兴“4+3”重点产业的第一主导产业，出台了旅游服务业发展振兴纲要，进一步细化旅游工作目标和任务。全年在建旅游项目34项，项目总投资130.6亿元，到位投资19.9亿元。截至年底，全市形成一定接待规模的旅游景区（点）43处，其中A级旅游区（点）27个，位列全省第二位，包括4A景区5家，3A景区8家；建成全国工农业旅游示范点2个，国家级自然保护区3处，省级旅游度假村5处，省级森林公园6处，省级风景名胜区1个。各类旅游接待设施600多家，其中星级饭店36家，包括四星级饭店6家，三星级饭店17家；旅行社发展到63家，旅游生产销售单位30多个，旅游从业人员8万人，基本形成集休闲度假、观光避暑、运动康体和商务会议为一体的旅游产业体系。全年累计接待国内外游客690万人次，创收37.8亿元，同比分别增长28.5%和28.4%；接待国外游客4万人次，创汇740万美元，同比分别增长33.2%和39.0%。

主要旅游节庆活动

【第九届中国·崇礼国际滑雪节】 一年一度的中国崇礼国际滑雪节于12月5日举行开幕式，是由国家旅游局、国家体育总局、河北省人民政府共同主办的冬季大型节庆活动，也是华北地区规模最大、规格最高、会期最长、最具时尚色彩的冰雪盛会。本届滑雪节从2009年11月10日至2010年4月10日，共持续150多天。为进一步突出国际性、参与性和实效性，扩大崇礼滑雪的知名度和美誉度，滑雪节开幕当天，邀请国家部委领导、北京市领导、省领导、驻华使节、外国友人、嘉宾剪彩，并观看滑雪表演。滑雪节期间举办了一系列大型赛事和活动。所罗门国际滑雪大赛与所罗门公司联合，组织国内外职业滑雪运动员和雪友按照所罗门公司规定举行国际化赛事滑雪比赛；新雪季试滑周举行第九届中国崇礼国际滑雪节新雪季首滑仪式，并结合新产品推广，进行试滑和产品展示推介活动，组织滑雪爱好者免费滑雪；大学生滑雪月联合张家口市内各大高校，以激励学生超越自我、挑战自我、展示风采为主题，通过开展冬令营或组团形式进行滑学培训和拓展训练，进一步提高学生身体素质；圣诞滑雪狂欢节在各滑雪场组织开展狂欢夜滑、DJ表演、摇滚演出等圣诞节系列活动，吸引很多外国游客参与，掀起滑雪高潮。此外，还有全国大众双板滑雪系列赛、旅游地产展销会、滑雪烧包大会、台湾青年崇礼滑雪游等丰富多彩，具有较强观赏性、参与性和娱乐性的活动。

【2009年中国·张北坝上草原文化旅游节】

2009年7月1日到8月31日，张北坝上草原文化旅游节由河北省旅游局、张家口市人民政府主办。本届草原节以绿色、生态、文明、进步、和谐为主题，体现“地域性、群众性、艺术性、时尚性、标志性、实效性”特点，并开展了中国·张北坝上草原文化音乐节、北京王府井大街张北风光摄影展、北京“心连心”艺术团张北演出、中国·张北长城文化论坛、世界小姐大赛北京选区美女集中营主题活动、张北书画和摄影展、中国·张北元代“中都”论坛、中国·张北二人台艺术论坛、中国·坝上张北蔬菜节、中国·张北牲畜交易艺术观摩会、省市文化团体文艺演出、中国·张北燕麦传统食品工艺展、中国·张北县城广场文化演出等系列活动，其中中国·张北坝上草原文化音乐节被评为中国县域十佳节庆之首。

【第十届中国怀来葡萄采摘暨葡萄酒节】 第十届中国怀来葡萄采摘暨葡萄酒节于2009年9月12日在怀来县开幕，全国人大常委会副委员长、民革中央主席周铁农出席开幕式。本届葡萄酒节以“品味葡萄文化欢聚中国酒城”为主题，由张家口市人民政府主办，北京电视台、河北电视台、张家口市委宣传部、张家口市旅游局、怀来县人民政府、中国长城葡萄酒有限公司承办，河北华能京张高速公路有限责任公司、京化高速、冀中能源张矿集团怀来矿业有限公司、沙蔚铁路协办。活动期间组织了大型文艺演出、鲜食葡萄擂台赛、葡萄产业化研讨会、环京津旅游线路推介会、项目招商发布会等12项活动。依靠“葡萄采摘暨葡萄酒节”媒介平台，成功在国内乃至全世界叫响了“怀来葡萄”这一品牌，促进了当地经济发展和农民增收，实现产值30亿元，带动4万农户、10万职工实现增收。

【第三届鸡鸣山登山节旅游节】 2009年全国群众登山健身大会暨下花园区“冀中能源张矿杯”第三届鸡鸣山登山节旅游节6月26日在下花园区鸡鸣山旅游景区隆重开幕，本届旅游节持续4个月，于10月26日结束。由下花园区和国家体育总局登山运动管理中心联合主办。此次鸡鸣山登山节与全国群众登山健身大会联姻，进一步扩大了鸡鸣山的知名度和影响力。本届登山节实现了4个突破：一是与国家体育总局登山运动管理中心联合主办，提高了登山节的规格和档次；二是包括中央电视台在内的众多媒体相继报道了本届登山节盛况，扩大了宣传效果；三是举办了摄影展、书画展、项目招商会等活动，丰富了登山节内容；四是签约5个大项目，总投资22亿元，发挥了文化活动对经济发展的促进作用。

【2009年全国百家旅行社走进张家口踩线活动暨“京郊人”组团联合体第三届商洽会】 邀请了首家境外旅游批发商——韩国JCA旅行社、台湾中华两岸旅行协会理事长许晋睿赴张家口市考察踩线，全面推介张家口丰富独特的旅游资源、旅游产品和旅游线路，签订组团协议130多份。

【大好河山——2009魅力张家口游暨全国百城旅游宣传周现场推广活动】 派发旅游景区免费门票和优惠券12万张，总价值500多万元。全面启动张家口人游张家口活动，提升了旅游业发展信心。同时，先后参加了东南亚宣传推介活动、台湾旅游业联谊活动、大连国内旅游交易会等6次旅游博览会和展示会，组织参展百余人次，使张家口旅游品牌的知名度和美誉度进一步提升。

【六条精品线路】 分别是北京—张家口—崇礼—赤城的冰雪温泉游；北京—张北—尚义、康保、沽源的坝上草原蒙族风情游；北京—怀来—涿鹿—宣化—阳原的桑洋河谷葡萄文化休闲游；北京—涿鹿—阳原的中华文明溯源游；北京—宣化—涿鹿—蔚县—张家口的京西北民俗生态游；北京—怀来—宣化—张家口—张北的张家口历代长城游。

行业管理

【旅游规划编制】 2009年，委托河北省地理科学研究所编制完成《文化旅游规划纲要》和《张家口市中心城区旅游规划》。指导编制了《河北省（张承地区）滑雪旅游规划》、《沽源县旅游业发展总体规划》、《赤城摩天岭国际滑雪旅游度假区详细规划》、《赤城塞外仙都温泉度假区建设规划》等规划。组织评审了《涿鹿县旅游总体规划暨黄帝城控制性详细规划》、《蔚县旅游业发展总体规划》以及《崇礼密苑生态旅游示范区建设规划》等县域规划和重点景区规划，为推进项目建设，实现旅游产业结构调整奠定了坚实的基础。

【旅游行业管理】 鼓励支持民营、外资在张家口市办旅行社，按照有关标准，加强旅行社的建设与管理。进一步搞好旅行社从业人员的培训，全面提高人员素质和服务质量，加快旅行社质量等级评定工作。加强旅游行业协会工作，进一步增强旅游企业的自律意识。加快旅游法制建设，认真贯彻落实《河北省旅游条例》，探索研究制定张家口市旅游业管理办法及相关规定，逐步健全旅游法制体系。坚持以人为本、以法治旅，加强旅游执法队伍建设，保证旅游执法工作的顺利进行。努力培育有知名品牌和有较强核心竞争力的旅游集团，支持组建了通泰旅游集团。

【标准化建设】 全面推进实施行业质量标准，旅游行业管理开始步入法制化、规范化轨道。通过旅游饭店星级评定、复核，旅行社年检、考核，推行旅游服务质量标准和旅游从业人员资格考试、认证，持证上岗制度，提高了行业服务质量。以国家《旅游区（点）质量等级的划分与评定标准》为依据，结合创A工作，规范全市旅游景区点的管理。加强旅游市场整顿和对旅游安全管理工作的组织领导，旅游环境和秩序综合治理初见成效，重点景区（点）基本消灭了“脏、乱、差”等问题。根据《行政许可法》的要求，进一步明确行业管理的制度和程序，旅游企业经营环境得到进一步改善。

【旅游安全】 加强旅游安全管理。按照“安全第一、预防为主”的方针，真正摆正旅游发展与安全保障的关系，建立起“谁主管、谁负责”的安全责任制，建立起旅游安全专项治理的长效机制，切实解决好制约安全工作的突出矛盾和问题，保障旅游业的健康发展，形成“安全、质量、秩序、效益”的张家口市旅游新形象。市旅游局分别与市政府、省旅游局、20个县（区）局签订2009年度旅游安全责任书。组织开展节日安全、滑雪安全、消防防火等8次安全检查，整治安全隐患20多处。全年旅游安全形势平稳，未发生突发性安全事件。

【旅游队伍建设】 强化从业人员岗位技能培训。组织了导游员年审培训、《旅行社管理条例》培训、旅游服务规范培训等3次大型培训，培训32课时，培训人员近3000人次。指导星级酒店、旅行社开展10批次岗位练兵活动。组织举办了旅游统计人员培训班、旅行社管理人员培训班、行政执法人员培训班。认真做好导游员资格考试和证件办理工作。圆满完成2009年河北省导游人员资格考试（张家口考区）承办工作，受理、办理2008年导游员资格证书和导游证年审631人，1200余件。推荐河北北方学院和张家口教育学院为河北省旅游规范培训单位，指导市职业教育中心升级为二星旅游规范培训单位，进一步扩大旅游教育阵地。

基础设施建设

【市区休闲中心建设】 堡子里文化旅游区和大境门旅游区投资2000多万元，修缮古迹10余处，扩建了大境门文化广场。清水河沿岸景观进一步美化亮化，“三湖一河”（明湖、平湖、镜湖、清水河）工程进展顺利。市区以城市观光、文化游览、购物和娱乐、红色旅游和商务旅游为主的旅游产品体系逐步构建形成。

【冰雪温泉旅游区建设】 崇礼和赤城分别于5月18日和6月10日举行了重点项目开工奠基仪式。密苑生态国际旅游区项目投资2000万元承包土地1700亩（113公顷），投资2500万元建设13.5千米景区连接线，完成部分路基、桥涵及通信设施工程。多乐美地滑雪场、长城岭高原训练基地、万龙滑雪场和赤城摩天岭滑雪度假村累计投资1.3亿元，完善道路、引水等基础设施，建设高速索道3条，总长2000米；新开辟雪道10条，总长11000米；新增20台造雪机。赤城塞外仙都温泉度假村投资6000万元，完成人工湖整修、输电工程、机井给水工程和会议中心主体建设，预计2010年8月一期工程完工并投入使用。

【坝上草原旅游区建设】 仙那都国际生态旅游度假村投资1.3亿元，对酒店布局进行重新设计和装修；投资8000万元，完成酒店和国际会议中心主体工程，新建5万平方米冰雪运动中心并投入使用。中都原始草原度假村、沽源塞外庄园、沽水福源等景区投资4000万元，进行了景区升级改造。

【桑洋河谷旅游区建设】 怀来龙徽、丰收、中法，涿鹿神农、达华等葡萄酒庄园，发展休闲旅游产业，投资2亿元，加快葡萄酒庄园生产企业特色化、品牌化、国际化的发展进程。

【历史文化旅游区建设】 鸡鸣山和鸡鸣驿加快资源整合，推进山驿综合园区建设，鸡鸣驿城争取资金3.8亿元，加快古建筑维修。泥河湾遗址保护发展项目投资3000万元完成了泥河湾博物馆建设。蔚县投资3000万元，实施了暖泉镇、玉泉山等景区的开发建设。

全市著名景区介绍

【中都草原度假村（AAAA）】 位于河北省西北部、内蒙古高原的东南端，距北京230千米，总面积3万多亩（2000多公顷），是纬度最低，距北京最近，保护最完好的原始草原，是锡林郭勒大草原的组成部分和精华。张北县素有“坝上重镇”之称。修建于1307年的元中都驰名中外，是与大都（北京）、上都（蓝旗）齐名的元代三大都之一，被评为“1999年全国十大考古新发现”，2001年被列人全国重点文物保护单位，2009年申报世界文化遗产。中都草原度假村生态系统完整，素有“沙平草远望不尽”、“风吹白草天无际”、“深草卧羊马”的诗人咏叹。景区绿草、蓝天、白云，成群牛羊、声声驼铃、百鸟欢歌、蒙古包、奶茶、手把肉、羊肉蘑菇汤、莜面窝窝，一派塞外草原风情。2009年成为景区环境优美，娱乐项目多样，建筑风格别致，配套设施齐全，集文化观赏、餐饮娱乐、惊险刺激、休闲度假为一体的AAAA级旅游度假村。度假村现能同时容纳700人就餐、400人住宿，服务采用全套正宗蒙俗礼仪。

【万龙滑雪场（AAAA）】 位于崇礼县红花梁省级和平森林公园内，距北京市249千米，距张家口市50千米，距崇礼县城10千米，最高处海拔2110.3米，垂直落差550米，为国内首家开放式滑雪场，是首个以滑雪为特色的国家AAAA级景区。万龙滑雪场是由张家口市万龙运动旅游有限公司投资5亿元人民币兴建，到2009年已累计完成投资1.5亿元，开发初、中、高级雪道22条，全长3.1万米，其中金龙和银龙雪道通过了国际滑雪联合会（FIS）的验收。滑雪场以天然降雪为主，引进了国外先进的造雪系统，景区配置双人吊椅、4人吊椅索道5条，总长4780米，单位时间运力达到2000人次/小时；魔毯1条，长280米；引进了3000套国外最新型卡宾式滑雪板以及全新所罗门高级雪具，2600多平方米的接待大厅配置了先进的电子收费管理系统，1400多平方米的观赏型快餐厅可容纳400多人同时就餐。还设有雪地摩托、雪上飞碟、雪雕等观赏游艺项目。建筑面积7000多平方米的双龙（三星级）宾馆，可容纳300人住宿，并配有包括中西餐厅、酒吧、商务中心和会议室等在内的服务功能区；在红花梁山顶建有面积200多平方米的芬兰木屋，为游客提供中式和西式休闲餐饮服务。景区水、电、路、通讯等基础设施完备，最大程度的方便了游客。

【黄龙山庄（AAAA）】 地处河北省怀来县新保安，距北京60千米，平均海拔1868米，是该县植被最繁茂的原始自然风景区。黄龙山庄始建于2000年，经过多年的营建，山庄内具有多种风格的建筑。纵观整个山庄，既有百花齐放，翠绿欲滴的秀美；又有蒙古草原的辽阔；还有高山峻岭的雄奇。由南向北可依次观赏卧龙山、山神庙不老榆、柜子山、雨柳奇观、胡神洞、黄龙潭、云中草原、落鹰岩等22个景点；自山顶南下，依次有马鞍桥、象石山、险路天梯、卧佛石等8处自然景观。

【塞外庄园（AAAA）】 坐落在沽源县城东6.5千米处，东临金莲川，西依炭山，闪电河水库坐落在庄园南端，河水流经内蒙古草原注入滦河。庄园西端的炭山一直流传着辽代萧太后征战的传说。这里曾是北魏和辽、金、元诸代帝王避暑、狩猎之地，也是清代皇宫御马放养的地方。庄园休闲园区占地109.56余亩（7.2公顷），建筑风格以北方民居为主，辅以造型迥异的贵宾院、石牌坊、石桥、石像、蒙古包、楼台亭阁等，园区高雅而清幽，舒适而安谧。休闲园区内具有豪华、高、中档客房，500多张床位，另有可容纳200人的配有现代投影仪设备的会展中心、接待520人同时就餐的餐厅。娱乐区内有大型娱乐广场，众多的愉悦项目。其中有牧马比赛、牧牛赛、牧羊赛、啤酒广场、竹筏漂流、斗羊、狗吧、射箭、草原高尔夫球练习场、风筝苑、世界最大的成吉思汗战车、勒勒车、芦苇荡、越野车、绿色食品采摘、垂钓园、牧人村等各种游艺活动。

【安家沟生态旅游区（AAAA）】 位于张家口市区西北部，与素有“北方丝绸之路”之称的张库古商道和雄奇的关隘大境门相连，全沟由西向东延伸，沟长4625米，总面积4.25平方千米，共有大小12条支沟，26个景点，有“小桂林”的美名。安家沟风景秀丽、气候宜人，峻峰惊现、奇石林立，山野风情独具，令人流连忘返。

【翠云山度假村（AAA）】 坐落于距崇礼县县城11.6千米的省级和平森林公园内，地理位置优越，交通便利。该度假村占地1000多公顷，四面环山、空气清新、森林茂密、野花烂漫，一派迷人的欧洲田原风情。景区现已累计投资1000多万元，开发初、中级雪道3条，总长2500多米，配置拖牵式索道3条、森林小火车800米、雪地摩托车2辆、射箭器材300副及高山缆车、高空滑索、滑圈等休闲娱乐设施；还建起了具有独特情调的欧式别墅及浓郁现代气息的青年公寓，景区内住宿、就餐、娱乐等服务设施齐全，功能完善，是接待各种会议和休闲度假的理想场所。

【沽水福源度假村（AAA）】 地处坝上塞北草

原，位于沽源县城东8千米处。度假村北与内蒙古锡林郭勒大草原接壤，东临丰宁大滩，南靠滦河源，内有草原10余万亩（6700余顷），滦河源头水聚在万余亩（670余顷）的闪电河水库，度假村就建在风光秀丽的水库区畔。景区内现有遗存完整的元代墓葬梳妆楼。度假村中设有可接纳住宿500人的旅馆、400余人的会议室、餐厅，还有标准豪华蒙古包、高级林海木屋、林间吊床、林荫茶座、桑拿按摩等服务项目，可满足游客需要。

【飞狐峪——空中草原（AAA）】 又叫北口峪，位于河北蔚县城南20千米。该景区以山峰怪异、谷幽奇险著称。地形南北走向，神幻复杂，山谷逶迤蜿蜒20千米（俗称四十里黑风洞），最宽处达百米，最窄处不过十几米，历史上这里曾是南通华北平原，北去塞外大漠之要道。山上草木繁茂，山花烂漫，蝶飞鸟鸣；峪内松涛阵阵、凉风习习、异峰比势、鬼斧神工。有“一柱香”、“双箭孔”、“三仙思凡”、“四将守门”、“五狗望月”、“六郎柱”、“七女峰”、“八仙洞”等景观。

【长城岭滑雪场景区（AAA）】 位于张家口市崇礼县境内，占地面积15.3平方千米，海拔1800～2100米。年平均气温3.3℃，夏季最高气温不超过20℃，冬季最低气温不低于零下23℃，降雪量大（积雪超过一米），雪期长（达150天），风力小，雪质好，地形陡缓适中，地下水资源丰富。该滑雪场是由国家体育总局和省体育局投资建设的高标准、综合配套的河北高原训练基地和大型滑雪场，现有初、中、高级滑雪道4条，总面积16万平方米，最高海拔为2100米，垂直落地差为380米，它的雪量、雪期、雪质可与黑龙江的亚布力、吉林的北大湖等地滑雪场相媲美，而风速、气温等条件均优于东北地区的滑雪场，适合室外活动而不易冻伤，便于机械运转和室外作业，是集冬季滑雪、夏季训练、户外运动、休闲避暑为一体的全民健身活动场所。

【沽源县天鹅湖旅游度假村（AAA）】 位于河北省最北端，沽源县城北两千米囫囵淖湖畔处，这里是内蒙古大草原的腹地，天鹅湖天然淡水湖面，四周青山环绕，湖中碧波荡漾，良好的生态环境，吸引上万只天鹅、灰鹤、野鸭和各类水鸟在此栖息，故名“天鹅湖度假村”。天鹅湖度假村占地总面积25.8平方千米，其中湖面9.5平方千米，蓄水量3800万立方米，湖心海拔1375米，恰似一颗夜明珠镶嵌在碧玉般的草原上。历史上这里曾是辽、金、元三代皇室的避暑圣地，而今已成为人们避暑、休闲，疗养的最佳场所。

【宣化文化古城（AAA）】 宣化历史渊远流长，1991年经河北省人民政府批准并公布为省级历史文化名城。宣化城最初建于唐朝，当时城堡为土筑且矮小。洪武二十七年（1394年），展筑宣府城，边长“六里十三步”，周长达12千米。次年皇子朱穗受封谷王，就藩宣府，宣府成为边防重地。明正统五年（1440年），城垣包砖，6年后竣工，城高池深，气势雄伟。因宣化为北京城西第一座府城，人称“京西第一府”。在宣化众多古建筑中，位于古城中轴线上有3座古楼：清远楼、镇朔楼、拱极楼，它们是宣化古城的象征，曾为古城赢得不少赞誉。清远楼，又叫钟楼，始建于明成化十八年（1482年），建成于明成化二十二年（1486年），1961年被列为省级重点文物保护单位，1988年被列为全国重点文物保护单位。清远楼与镇朔楼、拱极楼坐落在一条南北纵向线上，遥遥相对，由于清远楼造型别致，结构精巧严谨，可与武汉黄鹤楼媲美，故有“第二黄鹤楼”之称。楼顶房檐下的木制匾额共有四块，南面的匾上写着“清远楼”三字，是由清朝乾隆年间的总督李伟书写的，东、北、西三面的匾上分别题写着“耸峙严疆”、“声通天籁”、“震靖边氛”，这三块匾都是由清朝乾隆年间的朝仪大夫、北口道兵备员吴炜书写。镇朔楼距清远楼200米，建于明朝正统五年（1440年），距今已有560多年的历史，1996年经国务院批准，镇朔楼被列为全国重点文物保护单位。镇朔楼的得名，源于明永乐七年（1409年）镇守宣府镇总兵佩“镇朔将军印”中“镇朔”两字。当时全国共有总兵62员，挂将军印者仅有8名，宣府镇因是北方军事重镇，镇守宣府镇的总兵被封为挂印将军，镇守北方。镇朔楼整个建筑是一座重檐九脊歇山顶式建筑，它外观古朴庄重，高大巍峨，是古建筑的瑰宝。楼内有面京鼓，高2.2米，鼓面直径1.4米，故老百姓又把镇朔楼叫做鼓楼。拱极楼又名著耕楼，是昌平门的城楼，俗称南门楼，著耕楼的名称来源于军队屯田法。著耕，就是命令耕作的意思，指屯田法的实施。到了清朝同治年间改称拱极楼，是保护北方边境的意思。拱极楼建成于明朝永乐年间，重建于清朝雍正年间，是一座重檐歇山式建筑，墩台下有南北走向的券洞，用于人马车辆通行，拱极楼在解放后多次进行维修，是省级重点文物保护单位。

（晏欣荣）

张家口市旅行社名录

名　称	地　址
张家口市国际旅行社	张家口市桥东区胜利南路2号蓝鲸大厦辅楼
张家口市长城旅行社	河北省张家口市桥东区宣化路8号
河北省张家口市职工旅行社	河北省张家口市桥东区五一路79号
张家口市春秋旅行社有限责任公司	张家口市长青路副10号
张家口市怡达旅行社	河北省怀来县沙城存瑞北路政府对面
张家口宾馆旅行社	张家口市长青路54号
张家口市迎宾馆旅行社	张家口市五一路72号
张家口园林旅行社	张家口市桥西区长青路10号
张家口市蓝天旅行社	张家口市胜利南路23号2号楼402室
张家口市草原恋旅行社	张家口张宣大道翟家庄南50米锡盟交通驻张办事处
张家口山水旅行社	张家口市桥东区工业中横街30号底商
张家口市鸿雁旅社	张家口市至善街新华大厦600
张家口市邮联旅行社有限公司	河北省张家口市桥西区明德南邮政支局一楼
蔚县龙马旅行社有限公司	河北蔚县蔚州镇人民路
张家口市假日旅行社	桥东区胜利北路69号
张家口市金桥旅行社	张家口市建设东街26号
宣化新华旅行社	宣化区新华旅行社宣化南大街56号
张家口华北旅行社有限责任公司	宣化区南关桥西34号
宣化天马旅行社有限责任公司	宣化牌楼西街19号
张家口市宣化区外长城旅行社有限责任公司	宣化区陵园路小二楼1号
张家口市察哈尔文化旅行社有限公司	张家口市胜利北路69号
怀来航远旅行社	怀来县沙城镇龙潭路1号
张家口海洋旅行社有限公司	张家口市桥西区长青路52号
张家口市万方旅行社有限公司	张家口市解放大街17号
张家口神舟旅行社有限公司	张家口市胜利北路30号平安办公大厦604室
张北中都旅行社	张北县张北镇工业路1号
张家口环宇旅行社有限公司	张家口市火车站园丰园宾馆316房间
蔚县安达旅行社	蔚县建设北大街
张家口康泰尔旅行社有限公司	张家口市高新区高新路付2号
张家口市东方旅行社有限责任公司	张家口市桥西区西河沿街52号

名　称	地　址
张家口市凯旋旅行社有限公司	张家口市桥西区西河沿南路19号
宣化天下游旅行社	张家口市宣化区九天庙街17号院1号楼12号底商
涿鹿轩辕旅行社	涿鹿县涿鹿镇人民北街农业局一楼
张家口纵横旅行社有限责任公司	张家口市桥西区长青路1号
张家口市行宇旅行社有限公司	张家口宣化区邮政局西侧（牌楼西街18号）
下花园区鸣山旅行社有限责任公司	张家口市下花园区花园路
张家口塞外明珠旅行社有限公司	张家口桥西区西河沿街1号
张家口友好旅行社有限公司	张家口市宣化路8号
张北县青年旅行社	张北县新世纪商贸街11号
张家口市宣化鑫龙旅行社有限公司	张家口市宣化区新兴街甲3号
张家口市宣化交通旅行社有限公司	张家口市宣化南关桥北15号
张家口中远教育旅行社有限公司	张家口市桥东区东安大街87号3号楼底商
张家口市金秋旅行社有限公司	张家口市桥西区南茶坊17号2号楼三层
张家口市宣化京西文化旅行社有限公司	张家口市宣化京西文化旅行社有限公司
张家口平川旅行社有限公司	张家口市四方台沟7号
张家口市升阳旅行社有限公司	河北省张家口市桥东区胜利路平安大厦513室
张家口中北旅行社有限公司	张家口市桥西区明德南25号二楼202
张家口市宣化四季旅行社有限公司	张家口市宣化区西二道巷县工会楼西单元101室
张家口市正大旅行社有限公司	张家口市桥东区建国路小学二层底商
张家口市北国之春旅行社有限公司	张家口市五一路大街84号
张家口市宣化林风旅行社有限公司	宣化区建国街21号楼3单元102室
张家口市阳光之旅商务旅行社有限责任公司	张家口市宣化区宾馆新楼一层
张家口市金三角旅行社有限公司	桥东区察哈尔世纪广场电子城东区二层A210号
怀来县和翔旅行社	怀来县沙城镇府前街国润商务楼B1－11号
蔚县幸福旅行社有限公司	蔚县蔚州镇前进路东盛街
张家口市中港商务旅行社有限公司	张家口市桥东区胜利北路平安办公大厦602室
张家口天翔旅行社有限公司	张家口市桥东区胜利北路30号平安办公大厦512室
张家口市下花园区和家欢旅行社有限公司	张家口市下花园区花园路60号
赤城县霞城旅行社有限公司	赤城县政府东街13号楼底商
张家口怡安旅行社有限公司	张家口市宣化区一中体育场底商6号
蔚县金色假日旅行社有限公司	河北省张家口市蔚县和平路烟叶公司东侧小楼075700
张家口市信天游旅行社有限责任公司	张家口市桥东区长安街60号

张家口市星级饭店名录

星　级	星级饭店	地　址	批复时间
四星	蓝鲸大厦	张家口市胜利南路 2 号	2007. 09
四星	张家口国宾东升大酒店	张家口市胜利北路 38 号	2007. 09
四星	新蔚州宾馆	蔚县蔚州镇	2007. 09
四星	宣化宾馆	张家口市宣化区牌楼西街 55 号	1998. 09 升三 2005. 09 重三 2007. 11 升四
四星	金凤大厦	张家口市桥西区清水桥西街副 1 号	2008. 11
四星	宣化世纪王朝酒店	宣化区中山大街路北 10 号	2009. 12
三星	张市迎宾馆	张家口市桥东区五一大街 72 号	2001. 06
三星	张家口宾馆	张家口市桥东区解放大街 13 号	2003. 09 2008. 12
三星	市新华大厦	张家口市桥西区至善街 33 号	2000. 10
三星	交通大酒店	张家口市桥东区胜里北路 80 号甲	2003. 09 2008. 12
三星	蔚州大酒店	蔚县城西大街	2003. 09 2008. 12
三星	蔚县正和大酒店	蔚县城前进路正和饭店	2004. 10 2009. 12
三星	怀来明珠大厦	怀来沙城镇京张东路西大街 1 号	2003. 09 2008. 12
三星	涿鹿轩辕大厦	涿鹿县轩辕路 22 号	2003. 09 2008. 12
三星	赤城紫电宾馆	赤城温泉度假村	2004. 10
三星	赤城温泉财政宾馆	赤城温泉度假村	2003. 09 2008. 12
三星	恒通商务酒店	张家口市建国路	2007. 10

星 级	星级饭店	地 址	批复时间
三星	神农大酒店	张家口市高新区清河南路	2007.10
三星	宣钢宾馆	宣化东升路4号	2008.07
三星	下花园聚仙楼大酒店	张家口下花园公路街1号	2008.07
三星	张家口国际花园酒店	张家口市长青路31号	2008.11
三星	张家口市金凤商务酒店	张家口市桥东区工业街副29号	2009.04
三星	怀来帝曼温泉度假村	张家口市怀来县桑园镇后郝窑村	2009. 09
二星	金桥宾馆	张家口市桥东区建设大街26号	2000.09 2005.09
二星	怀来县宾馆	沙城镇长城中路东侧	2006.09
二星	康保县政府招待所	康保县政府招待所	2004.11
二星	崇礼县政府招待所	崇礼县常清路	2005.09
二星	宣化区北方大酒店	宣化区建国街3号	2006.09
二星	宣化区华裕电力宾馆	宣化区财神庙街E区1号	2006.09
二星	蔚县飞狐饭店	蔚县九龙村旅游有限公司	2006.09
二星	尚义县麒麟宾馆	尚义县政府招待所	2006.09
二星	张北兴和楼	张北县花园街89号	2007.10
二星	张家口盛华宾馆	张家口市盛华东大街21号	2007.10
二星	下花园宾馆	下花园区市场街66号	2007.10
一星	赤城八达岭宾馆	赤城温泉度假村	1999.12

民营经济

综　述

民营经济健康发展。2009 年，全市民营经济单位总数 18.62 万个，比上年增长 8.3%。从业人员达到 74.88 万人，比上年增长 5.5%，新增就业人员 7.06 万人。拥有固定资产原值 386.64 亿元，比上年增长 20.1%。全年民营经济完成增加值 428.84 亿元，同比增长 13.8%，增长速度较全市 GDP 增速快 3.8 个百分点，占全市生产总值的 53.6%，比上年同期提高 2.6 个百分点。全年实现营业收入 1004.73 亿元，比上年增长 19.1%，实缴税金 48.22 亿元，比上年下降 6.1%，实现利润 118.84 亿元，比上年增长 12.2%。

管理服务

【表彰先进单位和个人】　召开全市优化发展环境推进全民创业再动员大会，市委、市政府对 12 个民营经济发展先进县（区）、14 个扶持民营经济发展先进单位、57 名扶持民营经济发展先进工作者、54 户先进民营企业、26 户先进个体工商户和 21 名全民创业先进个人给予表彰，在全市营造了良好的全民创业氛围。

【开展融资担保】　截至年底，张家口市担保机构累计达到 41 家，担保资本金达到了 4.95 亿元，累计提供贷款担保 1824 笔，担保总额 7.07 亿元。同时，积极推进银企对接工作，先后与市金融办、张家口银监分局、市人民银行等部门共同组织开展了“张家口市中小企业融资对接会”、西山产业集聚区银企合作座谈会等对接活动，促成市商行、华夏银行河北省分行对宣化冶金、长城液压油缸有限公司、钟楼啤酒公司、宣化正大公司共 2.8 亿元的信贷支持。与市金融办、工行张家口分行联合举办了中小企业融资推介对接会，并与 12 家企业现场签署了银企合作协议，总金额达 1 亿多元。邀请省中小企业信用担保中心主任到张家口市进行了实地考察，与建设银行张家口分行达成共计约 5300 万元的担保贷款意向。

【加快创业辅导基地建设】　2009 年，争取到 580 亩（38.7 公顷）的土地指标，用于支持怀来县、宣化县、万全县、怀安县、宣化区创业辅导基地建设。截至年底，全市在建、拟建创业辅导基地 28 个，规划总投资 183.4 亿元，现已完成投资 56.3 亿元；规划厂房面积 814.1 万平方米，实际完成 683.4 万平方米；累计入驻企业 1087 户，安置就业 3.7 万人；实现销售收入 44.5 亿元，上缴税金 1.8 亿元，完成增加值 12.7 亿元。张家口市东山中小企业创业辅导基地、张家口创业辅导涿鹿基地、张家口市创业辅导万全基地被评为河北省中小企业创业辅导示范基地。

【加大项目资金争取力度】　2009 年共争取到国家和省级专项资金 2800 多万元。其中为盛华化工有限公司争取国家清洁生产应用示范项目扶持资金 1500 万元，为张家口弘基矿业、崇礼紫金矿业争取国家黄金地勘项目资金 260 万元，为宣化电器、万全兴业煤机等 6 家企业争取中小企业项目国家补贴资金 740 万元，为张北县帽厂争取到国家第二批中小企业发展专项资金 50 万元，为宣化一瓷等 3 家企业争取省级节能专项资金 160 万元，为阳原县皮毛检测中心争取到省产业集群公共技术服务机构建设资金 19 万元，为张家口创业辅导涿鹿基地争取省中小企业专项发展资金 24 万元，为张家口佰汇医药有限公司争取到省级医药储备单位资格，每年可获得省财政省级医药储备补助资金50万元。

【人才引进和培训】 多渠道、多层次、多形式做好培训工作，努力提高民营企业家和管理人员及广大职工的素质。组织“2009河北中小企业发展名家讲坛——张家口行”培训活动，并在清华大学成功举办了“张家口民营经济发展高级研修班”，为民营企业提供强大的智力支持。组织开展了民营企业人才招聘会、大学毕业生招聘会，为民营企业引进了大量中高级管理和技术人才。各类培训和人才引进有效提高了民营经济从业人员的整体素质，促进了民营经济的健康发展。

【制定扶持民营经济发展措施】 相继出台《激活市场主体，推动全民创业，支持民营经济发展的实施意见》19条，《关于帮扶拆违拆迁经营者，促进全市城镇化建设的优惠政策》10条等一系列的优惠政策，并通过市内各大媒体进行了宣传。

【放宽企业登记条件】 企业登记实行审核合一。股东和发起人姓名或名称变更、有房产证明的企业住所变更、减少经营范围、营业期限变更、备案登记、补发营业执照等登记事项，由“一审一核”两个环节减化为“审核合一”一个环节，登记窗口受理人员一人即可办结。对材料齐全原来的限时办结改为当场登记。对申请材料齐全，符合法定形式的，不论登记程序属“一审一核”还是“审核合一”，均实行当场登记。对返乡农民工、大中专毕业生在农村从事不需前置许可流动零售活动的，无需办理营业执照，自主开展经营活动。在企业年检方面放宽期限。企业设立后超过6个月未开业或者开业后连续停业6个月以上的，经企业申请，可通过年检，暂不吊销营业执照。对于2008年7月1日以后出资期限到期的无违法记录的企业，因资金紧张无法按时缴付出资的，允许先通过年检，出资期限可放宽到2009年底。保留改制企业的经营资格。对因职工安置等原因确需保留营业执照的国有改制企业，实行企业主体资格延续制度，暂不吊销营业执照。允许企业先年检后变更。对于企业要调整经营方向的，除经营范围涉及前置许可外，可先予以年检再办理经营范围变更。

【优化服务，进一步方便企业】 开展网上预审登记。在互联网上开通企业登记网站，企业可以直接从网上报送登记材料，受理人员从网上对企业申请材料进行预审，企业通过预审后直接到登记机关当场办理登记。

开展代办营业执照、送照上门等服务。全年共办理从事个体经营户1487户，减免注册登记费合计179.99万元。对农民自产自销农副产品免于注册登记，对下岗职工、退伍军人、大学毕业生从事个体经营的，实行优惠政策，减免相关费用。对私营企业集团、国有、集体企业、股份有限公司实施巡回年检。市局和县（区）局巡回上门年检分别达到75%、85%以上。同时，各级采取预约年检、集中年检、委托年检等适合企业不同需求的年检方式，免去了企业往返奔波之苦。

【发挥管理职能作用】 发挥商标管理职能作用，促进品牌服务建设。市工商局把引导帮助企业争创著名商标、驰名商标作为服务地方经济发展的主要内容和重要措施来抓，加大对民营企业实施品牌战略做大做强的培育和扶持力度。先后在万全、蔚县、阳原、高新区等县（区）组织召开了提高企业商标意识研讨会，为全市150多家农业龙头企业负责人普及商标知识。邀请国内著名知识产权专家为600多名政府部门领导、企业负责人举办实施商标战略专题讲座。同时选择有发展潜力的企业，全力争创河北著名商标和全国驰名商标，选取河北盛华化工有限公司、张家口市穗康玉米开发有限责任公司等17家私营企业商标参加全省著名商标评选，张家口市被认定的13件河北省著名商标中，民营企业占了6件。为了打造张家口市第一件，全省第四件地理标志——“宣化牛奶葡萄”，主动与农工委、农业局、中小企业局等有关部门进行沟通，还多次到国家工商总局商标局进行汇报、协调，得到了商标局有关领导和工作人员的理解和认可。“宣化牛奶葡萄”地理标志证明商标成功注册。

发挥个私协会职能，做好为民营企业服务工作。充分利用个私协会组织中各类人才优势、企业优势和协会组织优势，协会出资聘请中国战略研究院首席代表刘红松和市委党校教授闫瑞作了“民营企业管理”、“公司法”主题讲座，为近700名民营企业老板宣讲企业管理知识。市个私协会还多次出资组织会员到南方等地学习参观先进企业，学习先进经验，进一步提升了全市民营企业家的经营理念、经营层次、经营水平以及综合素质。为了做好招商引资工作，按照“突出规模、突出民营”的要求，全市共收集项目103个，金额180亿元，上报省局重点项目10个，金额29.36亿元，包装及辑印项目53个，金额91.2亿元，共辑印100套200册，筛选出5个赴浙江正式签约项目，所有签约项目全部为浙江籍企业或自然人来张投资，分别为矿业开发、贸易流通、化工原料、棉纤维混纺、食用菌，总投资1.67亿元。全年多次组织为贫困会员募捐及走访慰问活动，总捐款额度达到25万余元。

引导、扶持大企业、龙头企业到农村发展。开拓农村市场，开发新的增长点，鼓励企业通过兼并、联合和资产重组，到农村建基地、办工厂。

【加强监管力度，保障民营经济健康发展】 积极探求，促进监管与发展同步和谐。制定《张家口市工商行政管理局行政告诫制度实施意见》，并下发县（区）局执行。通过报刊、电视、短信提示、电话通知、邮件通讯等方式，多渠道告知企业主动守法的事务提示制，营造了企业自觉守法的良好氛围；通过召开工作会议、举办工商联络员培训班等方式，使企业认识到违法违规的危害性，降低了企业违法行为的发生率；通过对违法行为轻微并能及时纠正，没有造成危害后果的不予行政处罚的轻微问题告诫制，给企业以改正的机会；对出现2次以上违法违规行为的企业，实行书面约定其法定代表人或相关负责人进行谈话的突出问题约见制，避免违法违规行为再次发生。在对民营企业和个体工商户实施监管中，强调监管与服务相结合，惩罚与教育互济，打击与保护并重，多运用说服教育、调节疏导等非强制手段。同时做到从重实体、轻程序，重形式、轻效果向实体与程序并重、形式与效果统一的执法观念转变。

严查产品和服务质量，提升民营企业经营水平。利用12315申诉举报网络系统和“一会两站”，引导民营企业自律。在民营企业中广泛建立“消费者投诉站”和“12315申诉举报监督联络站”，强化企业自律，引导他们把维权工作作为一种自觉行动。发挥消保部门对流通环节食品经营单位进行食品安全监督管理职能，促进民营企业走向规范化发展之路。通过督导和检查等措施，帮助企业把好食品质量关。市工商局系统还和市食安办联合评选了25家“流通环节食品安全示范单位”和7家“流通环节食品安全放心单位”，其中有12家是民营企业，通过评选和树立示范典型，进一步扩大和提高了这些企业的社会知名度和信誉度。

集中整治，为民营企业发展提供健康有序的市场环境。在全市开展了打击商业欺诈、治理商业贿赂、打击传销、清查严重仿冒违法行为和流通环节食品安全、安全生产、节能减排集中行动等专项治理活动。

2009年，加大了企业信用分类监管工作的力度，在市工商系统利用一个月的时间开展了企业信用分类数据质量大检查活动，完善了动态监管信息库的数据完整性，借助市场巡查、企业年检和个体工商户验照，加大对企业信用信息的征集和录入工作，并利用企业信用分类监管网络系统，确定其信用等级，对确定为A类的守信企业，1年内免于市场巡查；对失信企业、个体工商户采取警示、限制其经营行为、打入黑名单等加以限制，以此营造企业自觉守信意识。年内，全市90%的民营企业为A类企业。

结构调整

【推进产业集群发展】 重点抓机械制造、蔬菜、葡萄、杏扁、口蘑、皮毛、乳业和肉食品加工等加工型产业集群的行业协会、公共服务平台建设和集群内企业专业化分工协作的推进，加速了生产要素集聚和产业提升，促进区域特色经济发展壮大，增强集群竞争力。截至2009年底，全市形成10大产业板块，聚集12653家企业的34个产业集群，实现营业收入210亿元，完成增加值38亿元，从业人员20多万人，占县域经济比重达到32.6%，比上年同期增加1.4个百分点。其中，年营业收入超5亿元的产业集群11个，年营业收入超10亿元的产业集群9个，省级重点产业集群3个，市级重点产业集群11个。

【推进企业技术创新】 重点抓新技术推广和应用，指导民营企业加快结构调整和科技创新，引导民营企业更新设备、引进技术，提高自主创新能力和产品研发能力，引导民营企业走集约、集群发展之路。积极推进节能减排，大力发展循环经济，坚决限制淘汰落后产能，提升民营企业的核心竞争力。

【推动品牌建设】 截至年底，累计获得中国驰名商标4件（钻石、钟楼、宣工、张垣），省级著名商标61件，省名牌产品26个，省优质产品24个，有190家企业获得“河北省信用优良中小企业”的称号，9家企业获得省质量效益先进企业称号，特别是博天糖业有限公司“雪景”牌甜菜糖与河北宣工生产的“宣工”牌履带推土机一起喜获“中国名牌产品”，从而填补了张家口地区无国家级品牌的空白。品牌的增多，从很大程度上增强了张家口市民营经济的实力，提升了民营企业的知名度。

（乔晓月　杨国庆）

科技管理

【项目建设扎实推进，科技创新能力全面提升】 张家口市科技和地震局认真谋划项目建设，积极争取上级科技部门资金支持，2009 年，共争取到各级各类项目资金支持 2200 万元。重大创新项目建设保持了良好势头。争取到国家科技部科技支撑项目 1 项，获得资金支持 479 万元；国家科技富民强县项目 1 项，获得资金支持 170 万元；争取到国家科技部农业科技成果转化资金项目 2 个，获得资金支持 100 万元；首次争取到省级重大创新项目 2 项，获得资金支持 520 万元；争取到国家中小企业创新资金项目 6 项，省中小企业创新资金项目 4 项，获得资金 407 万元。科技计划项目立项坚持突出重点，择优扶强。组织筛选省级科学技术研究与发展计划项目 46 个，其中包含重大创新项目 2 项。组织 2009 年度重点科技计划项目专家论证会，对 18 项重点项目进行了专家论证。确定市级指令计划项目 52 项，涉及经费 1000 万元全部拨付到位，其中，科技创新平台能力建设项目 7 个，资金 406 万元，占总资金数额的 40.6%；工业领域安排资金 196 万元，占总资金的 19.6%，分装备机械制造技术、科技型中小企业技术创新、节能减排、新材料与电子信息技术 3 个专项、涉及 20 个项目；农业领域安排资金 279 万元，占总资金的 27.9%，分杂交谷子技术研究、示范、推广体系建设、市新农村科技示范村建设、动植物新品种选育、农业重大关键技术研究与开发、农业科技成果转化 5 个专项涉及 18 个项目；社会发展领域 3 个项目安排资金 15 万元，占总资金的 1.5%；科技管理方面 4 个项目安排资金 104 万元，占总资金的 10.4%。确定市指导计划项目 139 项。积极推进项目库和专家库建设。向国家科技部合作司筛选、推荐张家口市国际科技合作计划项目评价专家 14 人。组织更新、补充河北省成果鉴定、科技奖励专家库，使张家口市入库专家达 185 人。充实市级项目评审专家库，从清华大学、北京科技大学、中国机械工程学会、北京农学院、河北科技大学收录技术、管理等方面的专家 150 多人。项目库收集项目 330 多项，其中：国家级、省级 130 多项，市级 200 多项。完善科技计划项目管理制度，规范项目申报及管理。修订了《张家口市科技计划项目管理暂行办法》，对科技计划项目的预算、执行、监督及决算等各个环节加强管理。开发科技项目网上管理中心，全面实现科技计划项目网上管理。对 44 项 2009 年在研的省级项目进行了执行情况调查，提高了项目的结题率。

【实施自主创新能力提升工程】 做好政策对接，推动传统产业改造升级。积极谋划创建“国家级先进矿山装备高新技术产业化基地”和“国家级再生能源综合开发利用基地”。张家口市的“国家级先进矿山装备高新技术产业化基地”申报规划已通过科技部初审。组织宣化工程机械股份有限公司、中煤张家口煤矿机械有限公司等 26 家企业参加 2009 年高新技术企业申报工作，有 9 家企业通过高新技术企业资格认定。宣化华泰矿冶机械有限公司的“煤矿用全液压掘进钻车”和张煤机的“高效矿井 SGZ1000/3×700 型工作面刮板输送机成套设备”两项产品被纳入 2009 年河北省政府采购自主创新产品序列，在河北省境内政府采购过程中，按照相关规定实施优先采购。推进平台建设提升企业自主创新能力。重点推进“河北省钢结构用钢工程技术研究中心”、“河北省氯碱工程技术研究中心”、“河北省葡萄酒工程技术研究中心”3 家省级工程技术研究中心验收工作，均已通过专家组验收正式挂牌。开展市级工程技术研究中心认定工作，起草《张家口市工程技术研究中心认定管理办法》，已在东山产业集聚区落实土地40亩。强化科技服务，加强知识产权管理。资助和帮助企事业单位和非职务发明人申请省级专利资助。2009年，获省专利资助18项，资助金额20000元。市级专利申请资助140项，资助金额81400元。全市专利申请量290件，同比增长35%；发明专利72项，同比增长31%；授权总量168件，同比增长24%。

【努力提升县域科技创新水平】 着力加强对县（区）科技创新工作的指导和考核力度，实行市政府对县（区）政府和市科技局对县（区）科技局的双层分级考核制度。年内，各县（区）科技创新亮点显著增多，县域科技创新水平显著提升，逐渐形成全市科技发展合力。组织各县（区）参加全国县（区）科技进步考核，其中12个县（区）三项一票否决指标达到科技部科技进步考核要求，考核排位前6名的县（区）被授予“科技工作先进县（区）”称号。继续选派专业技术人员到社会主义新农村示范村、科技园区和农业科技型企业，推广新品种和实用新技术，创办科技示范基地，开展农业技术培训和农村所需的技能培训，建成一批科技进步示范户、科技示范村、科技示范基地、科技示范企业，培养一批致富典型。张家口市3名优秀科技特派员被国家科技部授予“全国优秀科技特派员”荣誉称号。对康保县永旺扶贫村、康保县台路沟生态文明村、赤城县塘子营民族村和沽源县大二号民族乡开展帮扶工作，围绕奶牛养殖，新品种选育及推广示范等开展培训和技术指导。

【积极争取各级领导的关注和支持】 国家科技部、省科技厅领导多次来张家口市视察指导工作，分别调研高新技术企业和张北县甜菜循环经济产业等。2009年全省科技工作会议在张家口市召开，对全市科技工作的顺利开展奠定了良好基础。

（祁海燕）

科技活动

【科技惠农服务】 支持杂交谷子研发及推广，协助市农科院申请“河北省杂交谷子工程技术研究中心”，列入市级重点项目支持中心建设资金100万元，申请省重大创新项目资金支持260万元。省科技厅组织专家对该中心建设情况进行实地考察，批准列入省工程技术研究中心建设序列，并同意申请国家级杂交谷子工程技术中心。启动“万亩杂交谷子高产示范区”建设，在示范区内分3个层次开展高产示范竞赛活动。成立技术指导小组，进行全程技术指导，确保技术入户率达到100%，关键时期和关键技术指导率达到100%。2009年，全市遭遇严重旱灾，但示范区内杂交谷子平均亩产达337.6千克，为农民致富作出了贡献。推动葡萄产业集群发展。重点推进怀、涿盆地葡萄产业建设。帮助怀来县争取到国家科技富民强县项目资金170万元，用于支持葡萄产业关键技术开发、示范与应用。同时积极争取省科技厅支持，长城葡萄酒公司作为葡萄产业龙头企业被立项支持。推进新农村科技示范工程建设。2009年，重点将宣化县义合庄村树立为新农村建设科技示范村的样板村。年内还重点建设6个示范村。构建区域创新体系，为新型农业产业发展提供技术支持。对市农科院、河北北方学院、葡萄研究所、林科所等科研院所及驻张高校在科技研发和成果转化方面不断给予支持。尤其是加大对市农科院的支持力度，支持其成为冀西北地区科研院所的排头兵，努力将其打造成为京、冀、晋、蒙交界区域农业创新体系技术研发核心机构。

【科技强企服务】 搭建融资平台。指导企业申报国家和省级科技立项，帮助企业争取到国家及省科技型中小企业技术创新基金407万元，省科技支撑项目160万元。张煤机获得省重大创新项目资金支持260万元。开设科技型中小企业投融资及创新扶持政策大讲堂，帮助科技型中小企业破解初创期资金紧张难题，为企业提供拓宽融资渠道的新思路。全市科技管理干部和科技型企业100余人参加此次活动。搭建技术对接平台。组织“863走进张家口”技术对接活动，32家企业参加座谈会，14个项目实现初步对接，达成签约意向。成功举办3届“高新技术项目投资沙龙”，部分项目达成转让意向。积极出谋划策打造产业名牌。组织宣化区岩土工程机械装备特色产业集群申报“河北省岩土工程机械装备特色产业基地”省级特色产业基地，被列入河北省第四批“高新技术区域特色产业基地”，成为张家口市第三家省级特色产业基地。拓展企业对外交流合作渠道。在省科技厅认定登记技术合同2份，交易额120万元。支持园区建设推动县域经济发展。加大对涿鹿科技园区支持力度，2009年，涿鹿科技孵化器被省科级厅命名为省级孵化器。

【开展“科技活动周”系列活动】 重点开展了“科技服务进企业，科技惠民进社区，科技支农进乡村”活动。集中开展科普知识宣传、健康义务诊疗及优秀科技产品展示，在建设桥社区组织科技惠民进社区活动，在各县（区）组织各具特色的农技知识培训、讲座等活动。

【优化科技创新环境】 2009年，重点加强科技管理制度的完善修订工作。一是结合实际对张家口市科技奖励办法进行修改、完善，修改意见已经市政府审议通过。二是起草扶持高新技术企业发展和提高主导产业自主创新能力的实施意见。三是出台新的管理办法，下发了《张家口市科技计划项目管理暂行办法》和《张家口市工程技术研究中心认定管理办法（试行）》。

（祁海燕）

科研成果

2009年，科技奖励工作经过组织、推荐和专家评审，共征集市级科技进步奖参评项目116项，其中医药卫生科技项目56项，工业科技项目39项，农业科技项目21项。最终62个项目推荐授奖，其中一等奖14项，二等奖23项，三等奖25项。筛选推荐16个项目参加2009年河北省科技进步奖的评审，其中，河北北方学院、河北建筑工程学院、张家口市农业科学院、河北宣化工程机械股份有限公司、解放军251医院5个单位的6项技术成果获省科技进步三等奖；两项获省山区创业奖三等奖。市农科院主持研究的《北方抗旱系列马铃薯新品种选育及繁育体系建设及应用》和张煤机参与完成的《年产600万吨大采高综采成套技术与装备》两个项目获国家科技进步二等奖。鉴定登记各类科技成果163项，其中达到国际先进水平26项，国内领先水平135项。

张家口市2009年科学技术进步奖授奖项目名单

一等奖

1. 锅炉除尘脱硫废水回用技术及设备开发
   完成单位：河北建筑工程学院
2. 23MnNiMoCr54链条钢国产化研究及应用
   完成单位：中煤张家口煤矿机械有限责任公司
3. 鉴伪与识别统计技术在涉及硬币收费系统中的应用研究
   完成单位：河北建筑工程学院
4. 煤矿三级事故隐患排查治理管控体系研究
   完成单位：冀中能源张家口矿业集团有限公司
5. SD8高驱动履带推土机
   完成单位：河北宣化工程机械股份有限公司
6. 全连轧系列角钢生产工艺研发
   完成单位：宣化钢铁集团有限责任公司
7. 春谷高产、抗逆、节水型杂交种选育及产业化技术
   完成单位：张家口市农业科学院
8. 肉鸡复合无公害饲料添加剂研究
   完成单位：河北北方学院
9. 高寒区彩椒与番茄棚室高效生产技术研究与应用
   完成单位：张家口市农业技术推广站
10. 甜菜产业循环经济体系及关键技术研究
    完成单位：张家口市农业科学院
    博天糖业股份有限公司张北分公司
    张北县农牧局
    河北马利食品有限公司
    张北瑞泰饲料有限责任公司
11. 大黄酚抗衰老作用及药代动力学研究
    完成单位：河北北方学院
12. COX-2选择性抑制剂对食管癌细胞作用机制研究
    完成单位：河北北方学院
13. 脑损伤超微病理，基因表达的变化及药物干预作用
    完成单位：河北北方学院
14. 骨髓间充质干细胞治疗缺血性心肌病的系列研究
    完成单位：中国人民解放军第251医院
    河北北方学院附属第一医院

二等奖

1. 重型刮板输送机中部槽机器人自动焊接设计制造工艺研究
   完成单位：中煤张家口煤矿机械有限责任公司
2. 6.0万吨/年离子膜烧碱工艺控制技术优化研究
   完成单位：河北盛华化工有限公司
3. 多用途乳化蜡的研究与应用
   完成单位：河北北方学院
   中国石化催化剂北京燕山分公司
4. 宣东风井寒冷条件快速建井技术的研究与应用
   完成单位：冀中能源张家口矿业集团有限公司
5. 高效工程菌处理特种工业废水的试验研究
   完成单位：河北建筑工程学院
6. 太阳能——空气源热泵系统研究及应用
   完成单位：河北建筑工程学院

7. 塞北乌骨鸡蛋用品系的选育
完成单位：河北北方学院
8. 奶牛胚胎移植技术应用研究
完成单位：河北北方学院
9. 饲料灌木胡枝子的引种与配套栽培技术体系研究
完成单位：河北北方学院
10. 系列专用裸燕麦新品种选育与推广
完成单位：张家口市农业科学院
11. 四黄汤对实验性糖尿病大鼠肾脏保护作用的研究
完成单位：河北北方学院附属第一医院
12. NES1、SKp2、COX－2andVEGF－C 基因在卵巢癌中的表达及临床意义相关研究
完成单位：河北北方学院附属第一医院
13. 应用侧孔针头减少静脉输液中橡胶塞微粒污染的研究
完成单位：河北北方学院附属第一医院
14. 中药干预微循环障碍性疾病的作用靶点与机制
完成单位：河北北方学院附属第一医院
15. 硬膜外间隙的最佳确认方法的研究
完成单位：张家口市第一医院
16. 急性局灶性脑挫裂伤对大鼠脑微循环及神经组织超微结构影响的实验研究
完成单位：河北北方学院附属第三医院
17. 甘草锌联合玉屏风散防治小儿反复呼吸道感染的临床研究
完成单位：河北北方学院附属第三医院
18. 臀肌挛缩症病因学及临床治疗学研究
完成单位：河北北方学院附属第一医院
19. 男性不良生育相关因素及机制研究
完成单位：中国人民解放军第251医院
20. 学龄期儿童手足口病的分析研究
完成单位：张家口市幼儿园
21. 基因过表达与乳腺癌生物学特性的关系及临床意义
完成单位：河北北方学院附属第一医院
22. 采供血机构实验室质量安全技术研究应用
完成单位：张家口市中心血站
23. 动眼、面、听神经显微血管供应与术后神经功能保留关系的研究
完成单位：河北北方学院附属第一医院

三等奖

1. 高效矿井 SGZ1000/3×700 型工作面刮板输送机成套设备
完成单位：中煤张家口煤矿机械有限责任公司
2. 宣钢 86m^2 烧结机易地改建及达产达效
完成单位：宣化钢铁集团有限责任公司
3. 离子膜蒸发装置节能减排新技术应用
完成单位：河北盛华化工有限公司
4. 小直径 N80 钢级 ERW 套管的研制与应用
完成单位：张家口海特钢管有限责任公司
5. 高线硬质合金复合再生辊环
完成单位：宣化盛龙冶金设备制造厂
6. 轧后控冷技术在小规格切分棒材线上的研究与应用
完成单位：宣化钢铁集团有限责任公司
7. 角钢无变形剪切技术开发与应用
完成单位：宣化钢铁集团有限责任公司
8. 怀涿盆地荒石滩种植优质酿酒葡萄技术的开发研究
完成单位：中国长城葡萄酒有限公司
9. 饲粮碘水平对肉兔生产性能的影响研究
完成单位：河北北方学院
10. 玉米新品种“张单206”选育及应用
完成单位：张家口市农业科学院
11. 野生杨口蘑驯化及菇类食用菌产业化研究
完成单位：张家口市农业科学院
12. 特种玉米品种及配套高产栽培技术推广
完成单位：张家口市农业技术推广站
13. 镍铬合金烤瓷冠修复后头发和血液中镍铬元素含量的检测研究
完成单位：河北北方学院附属第一医院
14. 丹参多酚酸盐对 PCI 患者血小板功能影响的临床研究
完成单位：河北北方学院附属第一医院
15. 甲状腺外科疾病血清胰岛素样生长因子－1的水平与病理特点的研究
完成单位：张家口市第一医院
16. 盐酸法舒地尔联合应用氯吡格雷治疗急性脑梗死对C反应蛋白水平的影响分析
完成单位：张家口市第一医院
17. 扩髓交锁髓内钉固定——骨皮质钻孔——自体骨移植治疗萎缩性骨干骨不连的临床研究
完成单位：张家口市第二医院
18. 护理安全措施对提高医疗质量的影响
完成单位：河北北方学院附属第三医院
19. 内置腰麻管治疗陈旧性泪小管断裂的临床研究
完成单位：张家口市第四医院
20. 口服氨酚羟考酮配合穴位注射氟哌利多用于人工流产的临床效果观察
完成单位：河北北方学院附属第二医院
21. 中药与介入术合用治疗解脲支原体性不孕症的临床研究

完成单位：河北北方学院

22. 六神祛腐汤治疗软组织感染和骨髓炎和临床研究
    完成单位：中国人民解放军第251医院
23. 抗血小板药物对合并2－DM冠心病患者的干预作用及其机制
    完成单位：河北北方学院附属第一医院
24. 布氏杆菌病患者血液变化的研究
    完成单位：河北北方学院附属第一医院
25. 彩色多普勒速度能量图对绝经后子宫内膜良恶性病变的诊断价值
    完成单位：宣化县人民医院

（祁海燕）

科技交流与合作

【开展国际科技合作】 在杂交谷子、燕麦、马铃薯、豆类、花卉等各方面开展与多个国家的技术交流与合作。支持市农科院同埃塞俄比亚等国家开展杂交谷子研究与示范推广，已在非洲9个国家推广种植。2009年，承办了商务部组织的国家援外项目“发展中国家旱作农艺技术培训班”，来自埃及等12个国家的21名学员在张家口进行了杂交谷子学习、考察。与国际干旱地区农业研究中心（ICARDA）蚕豆育种专家进行了食用豆学术交流与合作洽谈，达成食用豆研究、育种、生产、加工方面的合作交流协议。与瑞典等北欧国家在燕麦品种及深加工的合作与交流方面，继续向深度延伸。联合国粮农组织总干事雅克·迪乌夫来张家口市，就杂交谷子的研究和推广工作进行考察，决定在全球推广张杂谷种植，成立“国际杂交谷子培训中心”，推广张杂谷种植相关技术知识，并利用中国在一些非洲国家建立农业发展示范中心的机遇，将杂交谷子生产纳入中心项目建设内容。

【科技交流与合作稳步推进】 支持创新型领军人才干事创业。支持清华大学李义春博士到涿鹿县创办涿鹿科技园，并帮助争取国家、省科技经费，2009年为园内企业投入和争取科技经费250万。园区内太阳能光伏产业被省科技厅认定为河北省太阳能光伏特色产业基地。入住企业河北北大青鸟环宇消防设备有限公司、涿鹿华尔半导体材料有限公司和河北五维航电科技有限公司被认定为高新技术企业。助推县域经济加快发展。促进各县（区）和京津科研院所加强合作。推动怀来县与北京师范大学合作共建北师大重点实验室“怀来生态治理综合实验基地”。指导沽源县同中国农科院合作开展夏繁基地项目建设工作，已同中国农科院作物所签署合作协议，双方共建中国农科院夏繁基地，该基地将成为中国北方重要的小麦夏季繁育基地。同时，利用中国农科院中试基地和中国农大在沽源县建立国家野外生态试验站有力时机，为该县引进新品种，邀请科研人员到当地进行试验性种植并开展农业生产指导。拓展企业对外交流合作渠道。组织企业参加各类涉外洽谈会、博览会。包装了“新建多晶硅生产基地”、“新建年产3000台小型挖掘机生产线”等4个中英文对照高新技术项目，组织一家科技型企业参加了2009年香港投资贸易洽谈会，组织张煤机、宣工、百通科技发展公司3家科技型企业参加了北京第12届科技产业博览会，包装了“国内首套高效矿井工作面刮板输送机成套设备”、“柴油机后处理系统”等4项中英文对照的科技产业参展项目，发布了“张家口钻机工程技术研究中心建设”、“张家口市高新技术创业服务中心（科技企业孵化器）建设”等15项科技招商项目。其中3个重点项目被选定入河北展馆参展；6项编入河北省高新技术产业项目推荐册；其余项目网上发布招商。2009年省科技厅认定登记技术合同2份，交易额120万元。

【推动成果转化，加快产业结构调整】 积极推动京津高校科技成果转化和产业化。北京昕大洋公司在怀安县投资的微丸包衣植酸酶技术、赤城兴荣明胶饲料有限公司与中国科学院感光化学研究所合作开发的“逆流浸取提纯生物胶原蛋白”技术均具有良好的市场前景和发展潜力。为更好地支持两个企业的发展和高新技术的进步，帮助这两个企业争取到国家科技部和省科技厅中小企业创新基金150多万元，地方科技资金配套30万。

（祁海燕）

防震减灾

【加强震情分析，强化台站管理】 重新修定了《张家口市2008年度震情跟踪工作方案》，加大异常落实力度。开展了矾山水氡异常、下花园土氡异常、张北县油篓沟乡皮毛厂水井水位异常3次异常落实工作，及时向省地震局递交了异常落实报告。针对矾山水氡异常进行临时会商。对万全地震台、矾山台、下花园观测点等站点进行全面检查，完成了在宣化、赤城等县9个新增骨干观测点的布设工作。

【扎实做好震害防御工作，提升全市抗御地震能力】

推进审批改革，防震减灾行政许可工作扎实推进。规范审批流程，提高行政效能，审批时间由5天缩短为3天。全年共受理审批重大建设工程12项，一般建设工程55项，参与前置审批6项。参与20多项工程的竣工验收工作，并为8个项目补办了审批手续。指导崇礼、赤城等县完善审批制度，多次到现场进行指导。

加大执法力度，加强执法培训。开展地震监测环境和设施巡检工作，有效保护地震监测环境和观测设施。在城市快速路北环高速段选址过程中，与有关部门协调，努力保护张家口中心台的监测环境。根据张家口市法制办的要求，完成行政处罚自由裁量权划定工作。结合县（区）地震工作人员培训，加大县（区）地震工作人员的执法培训工作，在下花园区开展执法培训3次。

开展多层次、多角度的防震减灾宣传工作。组织开展“防震减灾宣传月”活动。在启动仪式活动中发放宣传资料2万余份，地震应急避险手册5000多册，制作、摆放宣传展牌42块；在张家口人民广播电台的热线服务栏目中连续15天播放防震减灾知识；通过电视台、报纸、网站等平台，开辟专栏，专题介绍地震科普知识和应急避险常识。在全省防震减灾知识竞赛中获得了一等奖的好成绩。深入开展防震减灾知识科普活动，到桥东区惠安苑社区、高新区前屯村等地进行深入宣传。

加强基层工作，纵深推进农村工作。基层防震减灾机构建设工作全面完成。以下花园区为试点，开展了基层地震工作人员培训工作，并进一步扩大培训范围，将各乡（镇）主管领导和防震减灾助理员均纳入培训范围，共举办培训班3次，培训人员97人次。依托防震减灾示范村和新农村民居建设，积极开展农村民居防震保安示范点工作，将高新区流平寺和桥东区东窑子村设为农村民居防震保安示范点，加大宣传力度，加强示范作用，提高农村的震害防御意识。为高新区流平寺小学和桥西区蒙古营小学申报了河北省防震减灾科普示范学校。

科学规划，提高城市总体震害防御能力。完成《张家口市防震减灾十一五规划》的编制工作，召开了3次论证会，提高规划的科学性。

【居安思危做好地震应急和紧急救援工作】　指导县（区）共同修订了《地震应急预案》。积极与人防、规划等部门协调、沟通，推进应急避难场所的建设，在“十游园”建设过程中，积极向有关领导汇报，努力建设功能齐全的应急避难场所。采取多项措施，努力保证数据库和GIS系统的正常运行。与团市委多次联系沟通，将张家口市青年志愿者队伍纳入应急志愿者队伍体系，为地震应急志愿者队伍增添新鲜血液和生机活力。及时调整了“三网一员”体系的人员构成，各县（区）、乡（镇）均成立了“三网一员”领导小组，所有工作人员的重要资料要素均纳入电子地图。

【积极开展地震科研项目，提高创新能力】　城市地下活断层探测项目稳步推进，浅层地震物探成果顺利提交。申报了张家口断裂应力测量项目，从中国矿业大学引进了2套滑坡摄动力远程监测系统，对张家口断裂进行24小时不间断应力测量。“坝上地震区活动断裂探测及未来地震危险性分析”项目科研成果顺利提交，正在进行验收中。“张家口断裂第四纪活动性和地震危险性分析”项目成功立项。在国家一级刊物上发表地震科研文章2篇。为将科研成果快速转化为实际工作能力，多次派出业务骨干到活断层探测现场参与实际工作，由尤惠川博士现场讲解野外工作方法和心得。通过实地学习，提高自身创新能力和业务水平。由于工作到位，效果明显，荣获全国市（地）防震减灾工作综合评比优秀奖，全国防震减灾法制工作单项奖；在全省防震减灾知识竞赛中，张家口市代表队荣获一等奖，并代表河北省参加了全国防震减灾知识竞赛。

（董　宇）

气　象

【概况】　2009年，张家口市气象局深入开展学习实践科学发展观和干部作风建设年活动，坚持面向民生、面向生产、面向决策，积极推进现代气象业务体系建设，切实提升气象服务能力，强化社会管理职能，各项工作稳步推进。2009年被中国气象局评为“全国气象部门庆祝建国60周年气象服务先进集体”，荣获“全省气象部门重大气象服务先进单位”。被河北省建设厅评为“河北省园林式单位”、被张家口市委市政府评为“三年大变样工作先进集体”。

【气象业务与现代化建设】　推进综合观测系统建设，年内按要求完成15座测风塔建设。完成宣化自动站建设，全市台站全部建成自动站。完成张家口L波段探空雷达站建设，新站址电解水制氢设备安装完毕。完成赤城GNNS站。基础业务工作扎实推进，业务质量全部达标。全市地面测报错情率0.16‰；农气测报错情率、沙尘暴测报错情率、酸雨观测错情率、高空探测错情率均为0.0‰，探空高度27358米，测风高度26354米，球炸率963‰，综合业务评分94分。业务质量均达到省定优秀标准。继续积极主动做好气象探测环境保护工作。高度重视气象探测环境保护工作，督促、指导新迁址的怀安、赤城站与当地政府签订《地方政府气象探测环境保护承诺书》。通过行政执法等手段使可能影响怀来县气象探测环境的建设工程停工，与当地政府沟通，力争妥善解决好怀来县气象探测环境保护问题。继续完善预报业务平台建设，完善灾害性天气短时临近预报预警业务系统，强化对新一代天气雷达、风廓线雷达及加密自动站、闪电定位资料的应用。为进一步加强数值预报产品及新资料、新产品的业务应用，通过引进和本地化“瑞万思集合天气要素分析系统”，积极开展精细化预报服务。建立NCEP、T639等资料的处理平台，对VIPS系统进行了本地化，并应用于气象预报业务中。

【气象服务】 气象工作努力为全市经济增长保驾护航。积极做好春播期间气象服务工作，加强气象条件监测，特别是旱情的监测，及时提供土壤墒情和雨情信息；全程监测、准确预报三次杏扁霜冻过程。在全市杏扁防冻害经验总结交流会上，派员进行交流发言；积极为城镇建设“三年大变样”提供气象保障服务，共发布气象服务材料320期。

2009年，市气象局继续完善农村气象服务体系，全力做好气象为农服务。与民政部门联合组建并完善遍布全市所有村镇6000人的气象灾害应急联系人队伍；组织全市所有天气监测设备，严密做好灾害天气监测，及时发布预警信息，全年共发布灾害天气预警信号51期，手机短信预警88次，电话预警通知300多次，为防御局部突发灾害性天气及时提供气象预警信息，有效地减轻了灾害损失和人员伤亡；建立手机短信气象预警信息发布平台，形成气象灾害预警发布网络。在3.23世界气象日，采取对外开放、上街宣传、播放专题片、发放宣传材料，邀请相关单位召开座谈会多种方式广泛宣传和普及气象知识。2009年5月12日，是全国首个“防灾减灾日”，市气象局在市文化广场进行气象科普宣传，以讲解展板、发放宣传品、广播气象灾害避险知识等多种方式普及气象防灾减灾知识和应急避险自救技能。在气候资源利用方面，市优秀人才贾文忠《建设城市集雨（雪）工程》的研究与建议受到张家口市领导和有关部门的重视，并获张家口市“建言献策”二等奖。

规范行政行为，做好气象行政审批工作，加大执法力度，查处破坏气象探测环境案件的违法行为。上半年对可能影响怀来探测环境的开发商进行执法两次，有效制止了破坏探测环境的行为。履行防雷、气球施放等社会管理职能。2009年取消房地产开发项目的防雷收费后，市、县防雷中心仍主动搞好服务，履行好防雷社会管理职能。

【圆满完成国庆60周年气象保障任务】 加密气象探测及时准确。张家口市气象局参加国庆气象服务加密观测任务的项目有：张北天气雷达和风廓线雷达；张家口探空站、14个常规自动站和232个区域自动气象站、2部闪电定位仪和1个GPS水汽监测站。国庆期间，市气象局承担18个作业点的消云减雨任务，组成由18部作业车共72人的作业队伍，9人组成分指挥中心。按照技术要求，严格执行指令，先后进行7次实弹保障，发射火箭弹156枚。

【人工影响天气】 抓住有利时机，开展人工增雨作业。2009年，全市经历大范围严重干旱，农业生产遭受严重影响。面对严峻旱情，市气象局认真谋划，全力做好防雹、增雨作业。5月16日~7月1日人工增雨飞机连续第四年进驻张家口机场，开展为期一个半月的增雨作业；共组织大规模火箭增雨作业13次，作业282个点次，发射火箭弹1162枚；积极指挥全市防雹作业点开展防雹作业，发射防雹炮弹4430发。

（贾文忠　苗志成　韩丽娟）

地质勘察

河北省地矿局第三地质大队（原地质部华北221队）是1952年全国首建的6个地质队之一，是集地质勘查、物化探、工程建设、水工环、矿业开发、城市地质、农业生态地质和地灾预警服务于一体的综合性地勘队伍，曾先后3次荣获“全国找矿功勋队”荣誉称号，获得各类地质和科研成果奖项37项，是宣龙式铁矿、小营盘金矿、蔡家营铅锌多金属矿、蔚县煤田、万全煤田等国家级大型、特大型矿床的发现和勘查单位，先后发现各类矿产50余种，矿产地200余处，累计提交114.43吨金矿、1483吨银矿、3.03亿吨铁矿、5.47亿吨煤矿、212.39万吨铅锌矿等各类矿产储量，此外，还进行了镇宁堡幅、下二间房幅等七幅半的1/5万区调工作，并长期担负着张家口地区地下水长观，首都西部地质环境监测治理，张家口地区地质灾害预报等多项职责。

截至2009年底，全队在职职工485人，离休人员10人，退休人员665人。在职职工中，专业技术人员178人，具有中级以上技术职称108人，拥有固体矿产勘查、地质灾害防治设计、勘查工程施工等3项甲级资质，水文地质、地球物理、地球化学、测绘等12项乙级资质。内设职能科室11个，下辖经济实体18个，其中一产业7个，二产业5个，三产业6个。拥有各类地质勘查、勘探施工设备仪器450台（套），资产总值1.6亿元。

2009年，围绕建设沿海经济强省对矿产资源的需求，突出煤、铁等重点矿种，大力加强地质找矿工作，全年完成岩心钻探进尺22839米。一是张北公会煤矿普查项目。现已通过钻探施工发现煤32层，可采6层，初步控制含煤区17.12平方千米，单层可采厚度1.53～10.92米，累计可采平均厚度3.11米，提交资源储量1.12亿吨，是近年来张家口市找煤工作的一个重大突破，填补了张北县中生界地层中找煤的空白，因此荣获省地矿局2009年度“局长特别奖”。二是张北县石头囫囵铅锌多金属矿普查项目。通过钻探验证，在6号矿带深部见到矿体，通过地表槽探结论发现了多条矿化蚀变带。三是黄土梁金矿地质详查项目。目前控制矿体长1200米，预计资源量在10吨以上。四是其他勘查项目。赤城县陈家窑磁铁矿补充勘查及外围地质普查已报送审核，新增储量470万吨。康保县田家营铜矿普查，经初步勘探，见矿4层，平均厚度1米，矿床远景良好。

队　长：何宇清

（葛立佳）

张家口市科技馆

【概况】　张家口市科技馆创建于1990年，总建筑面积3780平方米。当年8月竣工并投入使用，是全国地级市较早建设的科技馆之一，目前也是全省“三大科技馆”之一。聂荣臻元帅亲笔题写了“张家口市科技馆”馆名。建馆20年来，在国家、省、市有关部门的热情关心和大力支持下，张家口市科技馆做了大量科普宣传工作。2005年，河北省科技馆无偿捐赠价值100多万元的科普展品，建成“声光电常设科普展厅”，年接待观众能力5万人次以上。2009年，市科技馆已成为全市唯一的公益性大众科普阵地、中小学生开展科普实验的主要基地和全市新产品、新技术的展示推广窗口。

【加强科普资源开发】　市科技馆一直积极致力于探索科普资源开发，尝试有计划、有针对性地面向科普重点人群，开发内容生动、趣味性强的科普产品，推进科普资源共享。2009年，完成了省科协科普资助项目《领导干部科技史简明读本》（10万字）的编印，参与市科协《身边的科技新名词》（2万字）科普读本的编撰，编辑完成市科技局科普资助项目《建设社会主义新农村》科普挂图（8幅），开发《生物多样性与生态平衡》科普挂图、《法定传染病》科普读本和《飞机黑匣子》科普宣传片等科普资源项目。申请到省财政科普基础设施经费40万元并获得中国科协资助。

【组织青少年科普活动】　2009年，市科技馆组织3名贫困学生赴北京参加“让科技福祉全民共享阳光行动”为主题 的“走进科普的春天”活动。3月25～30日，来自下花园区农村的3名中学生和1名带队教师到北京，参观鸟巢和水立方、军事博物馆、东高地青少年科技馆（航天馆），听取科学家刘燕生的科普讲座，与北京中学生进行座谈，参加天安门升旗仪式，游览八达岭长城、颐和园，参观电影博物馆、天文馆、自然博物馆、中国科技馆等，使学生们树立爱祖国、爱科学的意识，增强了学习的动力。

组织中小学生参加中国科技馆新馆开馆活动——“我与科学家共话未来”征文，高嘉慧获征文一等奖，高森获三等奖。9月16日，高嘉慧被邀赴京参加新馆开馆仪式，征文被中国科技馆收藏。李梦月和张丹妮获河北省科技馆颁优秀征文奖。

【开展反邪教活动】　根据省委防范办和市委防范办关于举办反邪教警示教育展览活动的部署，在市公安局等有关部门配合下，市反邪教协会和市科技馆承接了展览的策划、设计、制作、布展和展出工作，精心组织筹备了《张家口市反邪教警示教育展览》。1月5日在市科技馆正式对外展出，随后在部分县（区）巡展，共接待13400多人参观。

组织美术工作者创作反邪教漫画开展反邪教斗争，有28幅作品入选《河北省反邪教漫画作品集》。与青少年科技教育协会联合举办反邪教知识讲座，为桥东区、桥西区、万全县的7所学校近700名学生和教师举办讲座7场。

（屈　云　史小青）

综　述

2009年，张家口市教育系统各项工作取得了突破性进展。年内突出抓了八项重点工作：大力发展职业教育；加快普及高中阶段教育步伐；加快义务教育均衡发展步伐；进一步加强校园文化建设；进一步加强师德建设；进一步加强校长、教师培训工作；进一步加强学校安全稳定工作；进一步加强教育捐赠工作。

张家口市教育局内设14个科室：办公室、干部人事科、组织宣传科、基础教育科、职业教育成人教育科、教育督导室、师范教育科、发展规划科、财务科、思想政治教育与体育卫生艺术教育科、法制与安全科、纪工委、行政审批科、老干部科。事业单位4个：现代教育技术装备管理站、教育科学研究所、电化教育馆、教育考试院。

全市有各级各类中小学、幼儿院、特教学校1219所，其中幼儿园310所，小学695所，初中163所，普通高中37所，特教学校14所。在校生596115人，其中幼儿园69384人，小学290591人，初中171707人，普通高中63525人，特教学校908人。全市共有教职工45672人，专任教师38444人，其中；小学22667人，专任教师20052人；普通中学19497人，专任教师16109人；特殊教育学校256人，专任教师185人；幼儿园3252人，专任教师2098人。专任教师学历达标率分别为：小学99.62%，普通初中99.11%，普通高中90.61%；其中，小学教师专科率为75.33%，初中教师本科率为56.59%。

全市小学学龄人口入学率99.58%，在校生巩固率99.97%，初中在校生巩固率98.38%。小学校均规模418人，初中校均规模1053人。全市高中阶段教育毛入学率80%，完成了年初既定工作目标。主城区（包括桥东、桥西、宣化、下花园、高新区）普及高中阶段教育顺利通过省政府评估组的验收，主城区高中阶段教育毛入学率86.1%。

张家口市职业教育实施主城区带动战略，加强职普教招生统筹管理，建立中等职业教育招生机制，招生工作创历史最好成绩。2009年，全市有中等职业学校52所，其中省属2所。市属中等职业学校中，县级职教中心13所（每县一所），民办19所。国家级重点7所，省级重点8所。2009年，全市中职招生25018人，在校生63771人，教职工3430人，建筑面积516263平方米，教学仪器、信息化设施投入4956多万元。中职学校相关专业毕业生“双证书”获取率95%以上，2009年就业率97.1%。全市中等职业学校共开设专业80多个，今年新增专业11个，基本覆盖一、二、三产业。

市属高校4所，其中：张家口职业技术学院、张家口教育学院、宣化科技职业学院为高职高专类，张家口广播电视大学以网络电视教学形式为主体。4所高校在校生共23611人，其中专科14295人，其他为中专层次。教职工1856人，其中专任教师1310人，理、工、医、经、师、服务等类专业120多个。

基础教育

【推进义务教育均衡发展】　市教育局在充分调研的基础上，明确提出利用三年的时间，全市义务教育基本实现均衡发展。均衡发展工作的重点是加强农村学校建设，难点是改造薄弱学校，核心是增加教育投入、改善办学条件、加强校长和教师队伍建设，落脚点是全面提高管理水平，全面提高教育教学质量，使每一名适龄少年儿童享受到优质的教育。同时，提出具体工作目标。桥东区、康保县分别作为城市、农村试点县（区），为推进全市义务教育均衡发展提供了经验。年底前，对桥东区、察北、塞北、下花园区、万全和康保县进行了义务教育均衡发展达标验收，如期完成全市30%的县（区）实现义务教育均衡发展的阶段性目标。

【巩固提高学前三年教育普及水平】 宣化区、桥东区、涿鹿县通过了省检查组的复检验收，张家口市有4个县（区）顺利通过了普三复检。有4所省级示范园顺利通过了省专家组复检验收。按照新颁《河北省城市幼儿园分类评定标准》和《河北省农村幼儿园分类评定标准》，对全市申报省级城市示范园、市级示范园、城市一类园和省级农村示范园的幼儿园进行评估和认定。万全县幼儿园被认定为省级城市示范园；赤城县第一幼儿园、怀安县幼儿园、宣化区胜利路幼儿园、宣化区滨河幼儿园、宣化区拱极楼幼儿园、宣化区观桥幼儿园、宣钢托幼公司第三幼儿园7所幼儿园被认定为市级示范幼儿园；4个县（区）的25所乡镇中心幼儿园被认定为省级农村示范园，6所城镇幼儿园被认定为城市一类幼儿园。

【推进中小学布局调整】 推广康保、张北等县将初中主要建在县城及周边的经验，创出一条在地广人稀、经济欠发达地区有利于农村教育长远发展的路子。康保县、万全县、崇礼县、下花园区、桥东区、察北管理区、塞北管理区、尚义县、沽源县、宣化县已基本完成学校布局调整任务。随着对教育基础设施建设投入的不断加大，下花园中学、宣化县二中、万全郭磊庄中学、张北三中、张北师范路小学、沽源四中、张家口七中、宣化区阁西街小学、万全县实验小学、察北小学、涿鹿实验小学等一大批上规模、上档次的学校相继建成。普通高中建设进一步发展，张家口市一中新校区一期工程基本完工；张北县规划投资3.7亿元、涿鹿县规划投资1.2亿元对本县一中进行异地新建。完成了920所中小学校舍排查鉴定任务，排查鉴定面积437.93万平方米，并为每所学校的每栋建筑建立了校舍安全档案。

【提升普通高中教育质量】 加强对普通高中的精细化、规范化管理。采取现场推动、包县（区）包学校帮扶和巡回视导等措施，快速提升普通高中教育教学质量。东方中学、宣化第四中学通过省级示范性普通高中验收。全市省级示范性普通高中达到22所，占普通高中的70%，居全省前列。普通高中教育实现了历史性的跨越，高考成绩再创新高，全市普通高考上线人数总量创历史最好水平，全市本科一批、二批、三批上线人数分别达到1439人、3894人、10483人，分别比上年提高122.05%、23.54%、10.02%；600分以上高分段考生由去年的136人增加到429人，增长率215.44%。张家口市一中、宣化一中、沙城中学等学校已经达到全省一流水平，成为省内公认的名校、强校。张家口市二中2009年高考26名学生取得中央美院专业合格证书，二本以上双上线人数达340人，一本录取率达到75%，居全省艺术类学校高考第一。6月15日，张家口市十中正式挂牌成立张家口音乐艺术高中。

【基本普及特殊教育】 2009年，张家口市8个县（区）顺利通过河北省普及特殊教育验收，比省规划提前一年实现普及特殊教育目标。组织开展了张家口市第二届特殊教育教师基本功大赛和“爱我中华”书画大赛，提高了全市特教教师的业务水平，丰富了残疾学生的业余文化生活。14名培智学生代表河北省参加在吉林举办的全国冬季特奥会，并获得5金、11银、10铜的好成绩，其中4名学生代表国家参加在美国举办的世界冬季特奥会，获得3金、3银、1铜的优异成绩。市特教学校先后被评为全国特殊教育先进单位、全国“残疾人之家”，校领导受到胡锦涛总书记、温家宝总理等党和国家领导人的亲切接见。

【加强学校德育工作】 坚持以德育为首位，加强和改进学生思想道德建设。组织开展了以爱国主义教育为主题的德育活动，广泛开展“了解新中国建立历程”、“感受祖国变化”、“我为祖国服务”系列活动，举办“祖国颂”庆祝中国共产党成立88周年暨新中国成立60周年歌咏比赛，开展“60年探索，60年辉煌”校园巡讲活动和“60年的辉煌成就书画展”活动。开展“城乡少年手拉手，争做有道德的人”道德实践活动，评选出10名“十佳未成年人道德模范”。组织开展“中小学德育工作创新奖”评选活动。加强校园礼仪教育，进一步整顿校园不文明行为，培养学生良好的日常行为习惯，创建文明校园。加强班主任队伍建设，全省第二届中小学班主任基本素质大赛中，张家口代表队总成绩全省排名第一，宣化区马建莉、桥西区田晓丹分别以总成绩第一、第二名的好成绩获初中组特等奖。

【加强教育技术和电化教育工作】 加强现代教育技术应用能力培训，举办全市中学阶段优秀电子教案大赛，促进了现代教育技术的应用。加强实验教学研究，组织全市首届初中理、化、生教师实验创新大赛，推广小学科学探究性实验，开展实验教学评选活动。5节优秀教学案例参加省级评选，其中2节参加全国评选，《剪纸文化》一课荣获全国一等奖。参加河北省第九届优秀自制教具评选，其中4件作品获一等奖，取得近10年来张家口市在省级自制教具参评史上的最好成绩。电化教育和教育信息化取得新发展。启动教师信息技术与远程教育能力全员培训工作，培训教师1.2万人。组织开展多媒体课件、优质课、优秀论文、优秀教案、中小学生电脑制作等评比活动，54节优质课参加首届中小学公开课电视展示活动，化学课《环境保护》获得全国三等奖。在全国“沿着光辉的足迹”国庆60周年大型网络活动展评活动中，市电教馆荣获中共中央宣传部、全国红色旅游工作协调小组办公室、中国教育电视台联合颁发的优秀组织奖铜牌。张家口市教育局教育信息网被评为“河北省优秀教育网站”，并获得一等奖。全市中小学计算机拥有量31818台，专用多媒体教室649个，1964个教学班实现“班班通”，校园网219个。

【加强教师队伍建设】　开展教师素质提高工程。实施农村教师素质提高计划，组织特级教师讲学团，开展为期一个月的送教下乡活动；组织高中新课程改革培训；208名教师参加了骨干教师省级培训，324人参加了不同项目的省级培训和优秀教师高层次研修；8000余人参加综合教育技术应用能力考核。2009年，有1179名各级各类学校校长接受了教育教学管理、任职资格等培训。加强人事制度改革，圆满完成20个市属事业单位4261个岗位的岗位设置工作；安排部署义务教育阶段绩效工资改革；顺利完成农村义务教育阶段学校教师国家特设岗位计划，1251名优秀高校毕业生到农村学校任教；全年新招聘教师877名。大力弘扬师德典型，2009年教师节，8名教师获得国家级表彰，42名教师获得省级表彰，583名教师、54个师德建设工作先进集体、20名师德标兵和213名师德先进个人获得市级表彰。

【落实义务教育经费保障机制改革】　全市所有农村和城市义务教育阶段公办学校学生全部免除了学杂费，共涉及学生44.9万人（农村37.2万人、城市7.7万人）。对农村义务教育阶段所有在校学生和城市义务教育阶段贫困生全部免除了教科书费，对义务教育阶段贫困寄宿生补助了生活费，受助面25%以上。截至2009年底，各级政府共落实保障资金27259万元，其中农村义务教育保障资金24877万元，城市义务教育保障资金2382万元。

【加强教育科研】　张家口市的教育科学研究工作位居全省前列。在首次河北省“十一五”课题立项中，张家口市有82项课题被省规划办、省教育学会确立为省级课题，其中6项课题被省规划办批准立项。形成了一批优秀的教育科研成果，在河北省第四届、第五届教学成果奖评选中，三项课题获奖。在河北省首次教育科研成果奖评选活动中，张家口市共有两项成果获一等奖，三项成果获二等奖，三项成果获三等奖。

（冀淑平）

职业成人教育

【改善办学条件】　县城内职业教育快速发展。涿鹿县职教中心征地58亩，兴建8000平方米实训楼和4000平方米实习车间，年内顺利通过国家级重点中等职业学校评估验收。尚义县投资1300万元为职教中心新建校舍12500平方米。蔚县职教中心投资301万元改善办学条件。阳原县职教中心争取中央财政资金300万元兴建3300平方米学生公寓楼。康保县职教中心争取到170多万元用于建设花园式校园及实训基地改扩建。怀安县投资300多万元装备电子、电工实验室15个。主城区职业教育进一步发展壮大，投资近1.8亿元的机械工业学校新校区正式开工建设。

【组织职业教育集团】　为发挥主城区职业学校的辐射带动作用，年内组建了5个职业教育集团，即：以市职教中心为龙头的现代服务职教集团和信息技术职教集团、以北方机电学校为龙头的数控技术职教集团、以市职业技术学院为龙头的交通运输职教集团、以市机械工业学校为龙头的装备制造职教集团。5大职教集团覆盖了14所职业学校和20个企业。

【创新职业教育办学模式】　按照省教育厅部署，2009年启动送教下乡，新农村建设“农村改革发展带头人”和“农村科技带头人”培养工程。确定康保、尚义、怀安、涿鹿和阳原5个首批试点县，开设种植技术、养殖技术、农村经济管理3个专业，择优录取学生3276人。11月，5个试点县相继开课。

【教师队伍建设】　组织开展国家、省、市级学科带头人和骨干教师培训，推荐20名教师参加旅游服务与管理等15个专业的省带头人培训，推荐19名教师参加数控技术应用等14个专业的国家级骨干教师培训，7名教师参加省级校园网络培训。有6名教师被评为首届河北省中职学校名师，阳原县职教中心教师刘继斌被中国职业技术教育学会评为首届中国职业院校教学名师。职业学校“双师型”教师比例52%。怀安县职教中心校长冀全明和涿鹿县职教中心校长董世洪被评为第二届“河北省职业教育优秀校长”。

【对口升学】 2009年，全市共有2350名学生参加对口高考及高校单招考试，248人上本科线，比上年增加28人；1845人上专科线，比上年增加189人；学前教育专业全省对口招收本科计划录取30名，阳原县职教中心23名同学达到本科线，其中毛雅琦同学夺得全省状元。天津大学全国单招考试中，全省录取12名，张家口市职教中心5名同学被录取。天津工程师范学院全国单招考试，怀来县职教中心29名同学中18名上本科线。机械工业学校28名考生中17名上本科线，其中，郝静同学夺得计算机专业全省状元。

【农村成人教育】 2009年，认真贯彻落实市委、市政府新型农民工培训实施方案，全市共完成农民培训216326人次，举办各类培训班1500多期，发放培训资料185042份。配合市委组织部对农村优秀青年高职班进行毕业考试，6822人毕业。

（李成贵）

高等教育

【改善办学条件】 2009年，张家口教育学院投入450万元，完成5270平方米的新食堂建设，新建800平方米浴池一座，完成5000平方米的庭院主题公园建设，完成后山二期景观建设和沿路5座主题建筑的亮化工程，投入150多万元，对医学影像实验室、计算机硬件实验室等8个实验室进行了改建和扩建，投资近100万元新增74个多媒体教室。张家口职业技术学院筹集1078万元，保证了校区扩建工程如期完工，塑胶田径场、球类运动场交付使用。校园绿化、美化、亮化工程中，铺设混凝土路面16433平方米，花岗岩广场987平方米，种植花草15400平方米，栽种常绿乔木100余株，安装了主题雕塑及主楼亮化工程。宣化科技职业学院投资800多万元，新建7000平方米学生宿舍楼，新建校门和广场。投资280多万元购买微机300台，装备8个多媒体教室。投资近20万元进行高压线路改造，并完成亮化工程。张家口电视大学新建2787平方米培训大楼一座，改造综合体育馆和学生宿舍楼。新增80台电脑，配置了价值30多万元的网络安防实训设备和9个多媒体教室。种植草坪1820平方米，种植树木2352株，硬化路面321平方米，建成了一条9米的文化休闲长廊和一座塑山景观。

【建设实训基地】 2009年，张家口教育学院与北京布卡动漫有限公司正式签订合作办学协议，联合打造动漫制作与设计专业。布卡公司将全程参与教学全过程，全程指导学生实训，学院作为布卡动漫文化有限公司人才培养及项目制作基地，公司成为学院动漫专业教学实训基地，双方合力推荐就业。职业技术学院走访了大唐集团、长城汽车集团、北京欧曼重型机械厂等企业，建立了资源库，与桥东机械厂行业协会建立了合作伙伴关系。

【建设精品课程】 2009年5月，河北省教育厅示范专业建设评估专家组，对张家口职业技术学院申报的《汽车检测与维修技术》、《机电一体化技术》两个专业进行评估验收，专家组成员对学院示范性专业建设工作给予了充分肯定，对两个专业分别采用“全程六步法，做学一体化”和“标准先行考核过程”特色教学模式给予高度评价，两个专业顺利通过验收，标志着学院在省级示范专业建设上实现零的突破。教育学院出台《精品课程实施方案》，确定15项校级精品课程进行重点建设。宣化科技职业学院，推进专业结构调整，在原有师范类专业的基础上，率先确定8个职业类专业开始招生，当年新上马的建筑工程专业也首届招生，而后又成功申报电子工程技术、艺术设计、新闻采编与制作、商务英语4个专业。

【深化教学改革】 各高校围绕基础工作过程的人才培养模式改革，不断修订专业人才培养方案，压缩整合部分理论课，提高实践课教学比例。教育学院开设专业技能训练周。职业技术学院重视职业技能训练，年内800多名毕业生参加职业资格技能鉴定，通过率为88%。电视大学2009年高职毕业生“双证书”率达100%。

【科研成果丰硕】 张家口职业技术学院年内完成22项课题的结题工作，其中9项论文获奖，课题“高职教育专业培养体系构建研究与实践”获2008

年度河北省教学成果二等奖，24项省、市级课题立项。发表省级以上论文135篇，出版专著、参编教材18部。张家口教育学院推进教学科研一体化建设，启动校级科研课题申报工作，全年实现科研立项53个，其中5项为省社科基金项目。发表论文252篇，学院自编《思想道德修养与法律基础学习指导》一书由中国人民大学出版社出版。宣化科技职业学院国家、省、市三级15个科研项目立项，其中国家级课题1项，省级课题9项。发表省级以上论文75篇。张家口电视大学发表论文16篇，其中国家核心期刊7篇，出版教材两部，科研课题立项7个。

【加强师资队伍建设】 各高校都重视师资队伍建设。张家口职业技术学院全年送出40名教师学历进修或参加教育部组织的教改培训。年内举办了学院第一届说课比赛，聘请韩醒田等7名享受政府津贴的“金牌技师”为兼职教授。张家口教育学院送出34名教师学历进修，现有146名专业课教师为“双师型素质”教师，占专业教师总数的71%。宣化科技职业学院组织开展了全校性的示范课、公开课和优质课评选。张家口电视大学先后派出53名教师参加课件制作、多媒体教学培训。

【抓好学生技能竞赛】 2009年，张家口教育学院在全国涉外护理专业学生英语技能大赛中，3名学生获一等奖，7名学生获二等奖，2名学生获三等奖。在首届“开元”杯全国旅游院校服务技能大赛中，教育学院获优秀组织奖，同时获一项第二名、三项第三名、二项优秀奖。在首届全市电子设计与制作竞赛中获三个一等奖，两个二等奖。张家口职业技术学院在首届全市电子设计与制作竞赛中11名学生分获一、二、三等奖。

【重视学生就业】 面对经济危机对大学生就业的严重影响，各高校进一步改进就业工作，就业率都有所提高。张家口职业技术学院全年举办各类招聘会40多场，其中大型校园双选会2场，学生一次性就业率93.6%。张家口教育学院举办大小招聘会10多场，同80多家用人单位实施对接，新增加59个实习就业基地，就业率90.08%。宣化科技职业学院为毕业生开辟就业服务专栏，发表就业信息100多条，联系就业岗位1400多个，还为毕业生举办了“2009届毕业生特岗教师、村官、大学生应征入伍、‘三支一扶’”咨询报告会，毕业生就业率92%。电视大学高职高专毕业生76人，就业71人，就业率93.42%。

【完善学生救助体系】 2009年，全市资助高校学生1853人，发放助学金185万元；为1028名高校学生发放临时生活费补贴20.5万元；全市新增申请生源地贷款学生2646人。张家口教育学院建立经济困难学生档案，设立勤工俭学岗位100多个，发放资金5.7万元，免除5名家庭经济困难学生的学费，初步建立起以学院专项资金和社会资助为主体、以勤工俭学、绿色通道、困难减免为补充的经济困难学生资助体系。张家口职业技术学院除提供勤工俭学岗位外，免除五年制专科班8名品学兼优贫困生学费和住宿费20万元。宣化科技职业学院全年资助贫困生25万元，惠及135名学生。

【扩大对外专业培训】 张家口电视大学完成全市专业技术人员创新能力培训2596人，保险从业人员继续教育培训6040人次，市委组织部第三批科学发展观村书记培训、选拔村官到村任职培训、社区干部培训3000人次，中小学校长培训430人，全年累计培训16600人次。张家口教育学院配合省继续教育中心、市人事局、教育局和建设局等单位，完成3期全省中小学骨干教师培训，2期东北师大中小学校长高级研修异地培训20余班次，完成各类培训13000多人次。

（李成贵）

张家口市2009年市属高等学校一览表

单位：人

学校名称	系	招生数	在校学生数	教工数	
					其中：专业教师数
张家口职业技术学院	机械工程系、电汽工程系、信息工程系、汽车工程系、土木工程系、经济管理系、应用外语系、艺术系	2218	6082	482	311
张家口教育学院	护理学院、财经学院、艺术系、中文系、数学系、化学系、外语系、地理系、计算机系、法政系、体育系、心理与教育系、电子科学技术系、临床医学系、医学影像系、生物与基础医学系	2385	9481	771	546
宣化科技职业学院	中文系、数学系、外语系、信息技术系、学前教育系、工程技术系、音乐系、美术系、体育系	1161	4116	527	420
张家口电视大学	成人教育中心、网络教育中心、职业教育中心、培训中心	1356	3932	76	33
合计		7120	23611	1856	1310

普通高校招生

【概况】 2009年，全市报考考生29892人，比上年增加842人，增幅2.9%。其中：全国统考考生27459人，增加514人；对口升学考生2355人。

统考考生中应届毕业生21211人、社会考生6248人。按报考类别分：文史类10834人（含艺术文史2517人、体育文史166人）、理工类16625人（含艺术理工175人、体育理工276人）。

对口类各专业报考人数：服装类33人、旅游类91人、财经类343人、机械类200人、电子电工类113人、计算机类676人、建筑类158人、农林类298人、畜牧兽医类289人、医学类52人、学前教育类102人。

不参加统考考生78人，其中：特教18人、体育单招60人。

文史、理工类考生上线情况：一本1439人（理工1243人，文史196人）比上年增加260人；二本以上3894人（理工3151人，文史743人），比上年增加742人；三本以上10483人（理工7830人，文史2653人），比上年增加955人。专科以上19307人，上线率79%，比上年增加313人。

专科以上录取考生20729人（2008年16954人），录取率69.35%（2008年58.36%）。录取情况如下：

提前批124人（2008年106人），其中本科70人（文史6人、理工64人），专科54人（文史10人、理工44人）。

本一1164人（2008年947人），其中文史165人、理工999人。

本二1986人（2008年1617人），文史448人、理工1538人。

本三3983人（2008年2970人），文史1218人、理工2765人。

专科9454人（2008年7885人），文史3856人、理工5598人。

艺术类1884人（2008年1712人），其中本科1023人、专科842人，单招19人。

体育类260人（2008年212人），其中本科36人、专科175人、单招49人。

对口类1693人（2008年1363人），其中本科

168 人、专科 1519 人、单招 6 人。

自主招生 181 人，其中：文史 79 人、理工 102 人。

【强化对高考工作的领导】　各级领导对高考工作给予高度重视，主管市长、招委、教育局领导对高考工作提出了明确要求，指出要把高考作为影响改革、发展、稳定大局和建设和谐社会的大事来抓，确保公平公正。在全市招委培训会上对主考工作都提出了严格要求，并亲临考点检查指导工作。各级纪检、公安、卫生、无线电管理委员会、工商、城建、环保、交通、宣传等部门在考试中协调联动，形成了全社会做好高考招生考试工作的合力。

【抓好考务工作的常规管理】　抓好高考考务管理是保证考试质量的关键。严格“二会、两制、两管理”。“二会”是开好全市考务培训会、考点主监考人员培训会。“两制”是考点选用制、监考教师选聘制。各县（区）、校之间全部轮换主监考，要求必须由责任心强的教师担任。“两管理”是加强考点管理和考场管理，考点必须设施齐全，考场必须做到规范化管理。

【从严治理考风考纪】　把严肃考风考纪，严格考试纪律做为一项重点工作，坚持落实好 5 种工作机制：领导责任机制、技术保障机制、考试评估机制、纪检监察机制、宣传教育机制。利用板报、新闻媒体、会议、考风考纪宣传月等形式，大力宣传考风考纪的重要性和紧迫性，提出严格要求。

【确保试卷保密工作万无一失】　创建“平安考试”，试卷安全保密是重中之重。高考前，与市公安、保密等部门对各考区的保密室进行了联合检查验收，查漏补缺，未雨绸缪。考试中，网络平台运行良好，全市 18 个保密室联网监控，为试卷安全保密提供了坚实的保障。修订完善规章制度，强化对试卷保密工作人员的纪律教育和保密意识教育，保证试卷保管、交接、保密各环节万无一失。

【提升服务水平】　考试招生录取中，坚持报名、体检、填报志愿确认制度，坚持优惠加分公示制度，对每一项涉及考生切身利益的具体工作严谨细致，确保公平。义务为考生提供高考填报志愿咨询。全市设立 19 个高考咨询服务站，高考录取期间，由专人值班，节假日不休息，及时发布普通高考录取有关信息，负责接待来访、来电、来人的咨询工作，解答考生有关普通高校招生的相关政策。另外通过《张家口晚报》、张家口电视台及时发布招生考试动态、信息及招生政策解答。

（布彦龙）

张家口市 2009 年高考录取情况一览表

单位：人

报名人数	29892	统招	27537（含：文史 10864　理工 16673）		对口 2355
本科文史上线情况	本科一批	196	本科理工上线情况	本科一批	1243
	本科二批	547		本科二批	1908
	本科三批	1910		本科三批	4679
专科文史上线情况	3258		专科理工上线情况		5566
本科文史类录取情况	本科一批	852	本科理工类录取情况	本科一批	1128
	本科二批	450		本科二批	1539
	本科三批	1502		本科三批	2791
专科文史类录取情况	4844		专科理工类录取情况		5909
对口类本科录取情况	168		对口类专科录取情况		1525
单独招生录取情况	21				
共计录取	20729				

省（部）属院校

河北北方学院

【概况】　河北北方学院是经教育部批准，由原张家口医学院、张家口师范专科学校、张家口农业高等专科学校合并组建而成的有硕士学位、学士学位授予权的省属综合性本科院校。学院占地面积10.91万平方米，校舍建筑面积47.87万平方米。图书资料140万册，教学、科研仪器设备总值9626万元。学校以本科教育为主，实行校、院两级建制。设有14个二级学院和2个教学部。93个本、专科专业，覆盖医学、农学、理学、文学、管理学、经济学、法学、历史学、教育学和工学10个学科门类。2009年，学校在岗教职工1440人。其中，专任教师854人，具有高级职称教师354人；具有博士、硕士学位教师484人；博士生导师2人、硕士生导师45人。全日制在校本专科学生17479名，硕士研究生102名，外国留学生262名。

【学科专业结构布局调整】　学校就学科专业结构布局调整工作充分酝酿讨论，进行了深入的调查研究，广泛听取各方意见，形成了更加合理的学科专业结构布局方案。新成立了信息科学与工程学院、艺术学院、法政学院，医学检验学院，原直属中医系、经济管理系分别改设为中医学院、经济管理学院，原医学技术学院撤销。

【专业建设】　完成了植物科学与技术、种子科学与工程、食品科学与工程、动植物检疫、音乐学、艺术设计、电子信息工程、通信工程和信息工程等9个新增学士学位授权专业材料的申报工作。组织完成2009年新上并招生的农林经济管理、日语、应用化学3个本科专业和工业分析与检验1个专科专业及电子信息工程专业培养方案修订工作。完成医学检验、英语、汉语言文学、历史学、思想政治教育、艺术设计、动物医学和动植物检疫等8个本年度举办专业方向专业的培养方案制定工作。

【科研工作】　2009年，申报科研项目344项，获准立项的纵向科研项目140项，包括国家自然科学基金1项，教育部教师科研基金项目1项。2009年共鉴定结题31项，其中自然科学20项，社会科学11项。获河北省科技进步三等奖各2项，河北省山区创业三等奖1项。

【学科建设】　2009年11月，药理学和作物栽培与耕作学两个学科参加省重点学科答辩，药理学科成为河北北方学院首个省重点学科，作物栽培与耕作学被列为省级重点发展学科。农学专业教学团队被列为省级教学团队。农业教育创新高地被评为省级创新高地。农学专业被评为省级品牌特色专业。

【专著译著】　张进顺教授主编、人民军医出版社出版的《检验与临床诊断——寄生虫病分册》被列入国家新闻出版总署“十一五”国家重点图书出版规划项目。王瑞祥研究馆员历经19个寒暑编写而成的《中国古医籍书目提要》正式出版发行。该书由中国古籍出版社出版，收录了从马王堆汉墓帛书至1911年中医古（典）籍10064种，共计430余万字。张丹参教授主译的大型医学参考书《维生素——营养与健康基础》由科学出版社出版发行，全书共22章，100多万字。

【招生工作】　对12个专业（10个本科专业，2个专科专业）加了专业方向。本科招生分数线：文史类507分，理工类528分；对口农林类631分，畜牧兽医类561分。专科招生：文史类423分，理工类375分；对口农林类548分，畜牧兽医类485分。新生总体报到率90%。

【就业工作】　建立完善的大学生就业指导与服务组织机构，切实落实就业工作“一把手”工程。培养优秀的就业工作队伍，建立健全就业工作制度，对大学生进行全程化就业指导，努力拓宽就业渠道，为毕业生提供更多就业机会，举办校、院两级就业双选会、小型招聘会，为用人单位和毕业生搭建平台。加强实习基地建设，把实习基地作为就业的重要渠道。加强就业工作投入，完善就业信息网络建设，充分发挥网络的快速、便捷功能。2009年本科就业率74.71%，专科就业率88.90%。

【研究生培养】　与北京等地具有较强科研实力的军队医院、科研院所开展联合培养研究生工作。外派2007级研究生2名、2008级研究生12名赴联合培养单位开展课题研究。

【新校区建设】　新校区二期建设工程如期完工，总建筑面积16万平方米。2009年11月18日，学校主校区顺利整体搬迁。

【国有资产管理工作】　南校区实验牧场土地权属问题得到解决，确权土地面积16.96公顷，比原测算面积多2.53公顷，土地证已经发放。原医学院校区有偿（1.5亿元）转让给河北北方学院第一附属医院。

【成立档案馆】　2009年5月，整合原档案室及组织部、人事处部分档案工作，成立河北北方学院档案馆。

（温一军　刘皓宇）

河北建筑工程学院

【概况】　河北建筑工程学院始建于1950年8月。初名为张家口技术学校，1951年定名为察哈尔工业学院，1952年12月改为华北工业学校，1954年5月改为张家口建筑工程学校，1958年6月以来，先后更名为张家口工学院、张家口建筑工程专科学校和张家口建筑工程学校。1978年经国务院批准，升格为普通高等学校，定名为河北建筑工程学院，是河北省唯一的专门培养建筑工程高级技术人才的普通高等学校。学院占地81.52公顷，校舍建筑面积21.6公顷，其中教学及辅助用房7.1公顷，图书馆3541平方米，藏书56.6万册（件），订有国内外期刊1300多种。学院设有9个系，两个教学部及成人教育学院，并有勘察设计院等校办企业，共设20个本科专业和9个专科专业。学院现有教职工686人，其中专任教师471人，有高级职称教师235人，中级职称239人，有硕士、博士、博士后学位的200多名，学院还长期聘请外籍教师来院任教。学院现有学生1.2万人，其中国家计划全日制在校生9000余人。

【教学工作】　教学管理进一步规范，对21个本科专业人才培养方案进行全面修订，编印成册，在2009级学生中全面实施。利用教学质量评价系统开展网上评教，组织学生教学信息员对教学状况进行评价，获省级教学成果二等奖1项，三等奖3项。评选出院级优秀教学成果一等奖5项，二等奖4项，三等奖5项。

【专业建设】　积极组织申报新专业。机械电子工程、工程造价两个本科专业和焊接技术及自动化专科专业开始招生。新增环境教育省级教育创新基地，建筑环境与设备工程专业列入省品牌特色专业；积极组织专业评估，土木工程和建筑环境与设备工程专业通过了住房与城乡建设部的专业教育评估，工程管理和给水排水工程专业的评估申请获住房与城乡建设部批准。

【实验室建设】　加快实验教学改革和实验室建设，促进全院优质资源的整合和共享。结构工程实验中心顺利通过评审，被评为省级实验教学示范中心。评选出电气工程实验中心、物理实验室、建筑环境实验室3个院级实验教学示范中心。

【学科建设】　结构工程、供热供燃气通风及空调工程两个省级重点发展学科顺利通过了省教育厅组织的重点发展学科评估，并积极争取省级重点学科和新增省级重点发展学科，结构工程升格为省级重点学科，新增建筑设计及其理论为省级重点发展学科。

【申硕立项】　2009年3月，经河北省人民政府批准，河北建筑工程学院成为全省唯一进入新一批硕士学位授予权立项建设的单位。

【科研工作】　全年共获准立项各类科研项目80项，到账科研经费93万元。其中省部级项目11项，厅级47项，其他22项。共鉴定科研项目24项，其中国际先进3项。获科技奖励8项，其中省科技进步三等奖1项，省建设科技进步一等奖1项、二等奖2项，张家口市科技进步一等奖2项、二等奖2项。

【师资队伍建设】　师资队伍不断加强，结构更趋合理。接收研究生6人、本科生4人，人才队伍总量基本满足了教学、科研等工作的需要。1人被评为国家级优秀教师，1人被评为省级优秀教师，5名教师为延续管理的张家口市拔尖人才，4名教师为张家口市优秀人才。

【学生工作】　建立了学生工作巡查机制、预警机制、安全保障机制和安保体系。获省大学生课外学术科技作品竞赛一等奖1项、二等奖4项、三等奖2项，并荣获优秀组织奖。获河北省暑期社会实践先进单位、张家口市优秀志愿者服务总队等荣誉称号，荣获河北省志愿服务优秀组织奖、无偿献血促进奖。

【困难学生帮扶工作】 加大困难学生帮扶力度，146名学生获生源地贷款，131人获国家助学贷款，17名学生获国家奖学金，260名学生获国家励志奖学金，1878名学生享受国家助学金。

【招生工作】 严格实施招生“阳光工程”，认真贯彻执行招生政策。2009年录取新生2400人。招生范围扩大到21个省、市，生源结构进一步改善。

【就业工作】 加强校企合作，探索就业新模式，与烟建集团、皇明太阳能集团、秦皇岛市政集团等企业达成校企合作协议。2009年毕业生就业率92%。

【成人教育】 2009年录取成教学生1926人，比上年增长6.88%，超过计划75.09%，成教在籍学生5267人。积极开展非学历培训，举办河北省建设执业资格继续教育培训班30期，培训人数9000人次。

（李书锦）

北方机电工业学校

【概况】 北方机电工业学校暨国土资源部张家口高级技工学校、河北省机电工程技师学院是国家重点中等职业学校，也是全国首批高级技工学校和技师学院。学校始建于1953年，原隶属国土资源部，2000年划归河北省地矿局管理，是一所融中专、中技、高级技工、技师培养、本科网络教育、社会培训、职业资格鉴定为一体的、面向全国招生的综合性技能型人才培养培训基地。

学校占地面积8公顷，建筑面积10万平方米，固定资产8千多万元。配有大型车床、数控钻铣床等机电设备1300多台（套），计算机500台，藏书10万册。建有国家级技能鉴定站3个，可鉴定44个工种。建有液压实验室、电子电工实验室等20个专业实验室，14个校内实习场，2个数控实训中心，1个电教中心，并建有校园网。以机电类为主，开设机械、电气、信息技术、地质勘查4大类20多个专业，现有中、高级职称教师112人，研究生学历教师占15%以上，在校生6000余人。学校被人力资源和社会保障部批准为首批国家高技能人才（机电项目）培训基地，被教育部等六部委批准为国家制造业技能型紧缺人才（数控技术应用）培养培训基地，被教育部批准为全国唯一一家国家地勘行业技能人才教育实训基地和全国第一批106所工学结合试点学校之一，被人力资源和社会保障部批准为首批国家高技能人才培养示范基地，牵头成立了张家口市首家挂牌职业教育集团——张家口市数控技术职业教育集团，被河北省工业和信息化厅、河北省教育厅评为电子行业职业技能鉴定先进单位，

【加强师资队伍建设】 每年选拔多人参加各类师资培训、学历进修、优秀课比赛，使教师的知识、技能、视野和教学水平有了明显提高。学校教科研成果显著。2009年，全校教师参与编写、编审出版教材30多种，在国家级、省级刊物发表论文50多篇，完成国家级课题2个，并获得国家二等奖。32名教师在河北省人力资源和社会保障厅和张家口市人力资源和社会保障局教研成果征文中获奖，18人在各级各类论文征文比赛中获奖，多名教师在教育教学方面获得省级以上荣誉，1人被评为全国教学名师，4人被评为河北省教学名师，1人被评为全国技工院校优秀教师。

【实行工学结合教学模式】 学校始终坚持以服务为宗旨，以就业为导向，对工学结合、产教结合办学模式进行了积极的探索与实践。一是充分利用校内实训基地的教学、生产设备及实习产品生产条件，强化学生技能训练；二是加强与社会企业的合作，建立校外实习基地，借助社会企业的生产设备和技术优势，组织学生顶岗实习，培养学生适应企业工作岗位的综合能力。在2009年河北省中等职业学校学生技能大赛中，荣获团体3个一等奖，1个二等奖，1个三等奖；荣获个人4个一等奖，5个二等奖，3个三等奖。并代表河北省参加全国职业院校技能大赛，荣获数控车工项目比赛二等奖，荣获数控铣工项目、加工中心/数控车工组合项目比赛三等奖和普通车工、普通钳工项目比赛优秀奖，取得学校参加全国技能大赛的最好成绩。

【推进顶岗和就业工作】 2009年，学校顶岗实习工作呈良好势头，全年安置顶岗实习学生1291人，在原有实习单位的基础上与天津高丘六和工业有限公司、中原绿能气体处理科技有限公司、海尔集团、华北长城汽车集团、航天材料研究所等30多家企业建立了合作关系，并和中信国安第一城、安德建奇签订了校企合作办学协议。2009年毕业生1828人，其中安排就业1801人。就业率和就业稳定率分别达到98.5%和96.8%。新开发了中国兵器工

业集团燕兴机械有限公司、鄂尔多斯巨鼎煤机制造有限责任公司、中国奇瑞汽车股份有限公司等就业基地，用人单位对毕业生的满意率达到90%以上。

【拓展办学新空间】 学校积极拓展办学空间，免费培养家庭困难学生100人，与内蒙古机械专修学校、崇礼县职教中心、北京铁路电气化学校签订了联合办学协议，联合招生267人。成人教育稳步推进，其中河北工业大学成人函授教育招生138人，武汉理工大学网络教育招生280人，天津工程师范学院高自考招生397人。

【改善基础设施条件】 学校继续抓好基础设施建设。投资近800万元，设计建筑面积近7000平方米、占地面积987平方米的综合实训楼工程启动。投资200多万元继续改善教学设施。新建600平方米的钢架结构实习车间，新建两个配置120台计算机的微机室，对普通车床、铣床等实习设备进行了部分更新。完成校园网和数据库的改版，实现了与河北省图书馆远程联网及资源共享。

（张晓湖）

市属重点中学和职业中学

张家口市第一中学

张家口市第一中学建校于1915年。1956年被确定为河北省首批24所重点中学之一。2002年，被省教育厅确定为“河北省普通高中示范性学校”。学校分南北两个校区，校舍总建筑面积13万多平方米，现有105个教学班，学生7000多人。有教工410多人，其中特级教师15人，国家级骨干教师2人，省级骨干教师35人，高级教师127人，中级教师110人。72名教师取得东北师范大学研究生进修班结业证，7名教师参加河北师大、北京师大硕士研究生班进修，6名取得硕士学位。近年来，学校获得国家级奖项5项，省级奖项30余项，市级荣誉上百项；参编、出版教师专著40余种；教师论文在国家、省级刊物上发表200余篇。全国优秀教师1名，省级优秀、骨干教师10余名，市级优秀教师、优秀教育工作者、优秀班主任50余名。教育科学“十五”规划立项，承担市级以上科研立项28项，其中国家级课题1项，国家级子课题2项，省级重点课题3项，省级一般课题1项，市级重点课题3项。参加各级优质课评比获得市级以上奖项72项，其中国家级一等奖2项，二等奖1项；省级一、二、三等奖9项。

张家口市第一中学以育人为根本，视教学质量如生命。近年来，学校高考成绩捷报频传，一批本科上线人数大幅增加，2008年高考，马欣然获得河北省理科状元。这是自1977年恢复高考以来，张家口一中第三次获得河北省高考理科状元（1988年为邹麟祥、1997年为蒋昌芸），三年来获国家级单项奖励3项，省级奖励6项，市级荣誉称号11项。学生参加各学科竞赛，获得市级以上奖励204人次。其中，国家级18人，省级82人。文体艺术各项比赛，成绩骄人：健美操队获省级奖励5项，市级奖励6项；在市中学生田径运动会上，男子田径代表队获十三连冠，女子田径代表队获三连冠。学校招收的第一批艺术生16人，参加专业考试全部过关，15人分别达到中央美术学院、清华大学美术学院、中国美术学院、中国人民大学等名牌大学的要求。近年来，在招收的各类艺术生专业类考试中达到中央美术学院、清华大学美术学院、中国美术学院、中国人民大学、南开大学、北京体育大学等名牌大学的专业录取分数线的考生超过50多人。

（吕国兴）

宣化第一中学

张家口市宣化第一中学始建于1902年，是张家口地区办学最为悠久的学校之一，是河北省首批示范性高中之一。学校占地面积164亩（10.93公顷），建筑面积92738平方米，建有逸夫教学楼、第二教学楼、图书馆、教工住宅楼、学生公寓楼、迎宾楼、科学楼、体育馆、塑胶跑道和人工草坪的标准田径运动场，配备了一流的多媒体语音微机室和多功能电化教室，硬件设施配备完全。现有59个教学班，3600余名在校生。拥有教职工264人，其中特级教师3人，高级教师70人，中级教师80人。

宣化一中全面贯彻党的教育方针，不断深化教育教学改革。“感恩、明责、励志、尚勤”是宣化一中的校训，“尊师守纪、勤奋好学、艰苦朴素、积极向上”是宣化一中的校风。学校坚持“以人为本，管理为先”的指导方针，实行“开放教育，封闭管理”，教会学生“做人，做合格公民，做高层次的人”。

学校领导不断学习，不断增强责任意识和服务意识，全力创建和谐校园。学校积极抓好思想建设、党风廉政和师德建设，本年度发展学生党员40名，教师党员4名；学校有机整合科研、教研和管理，充分发挥教师的主导作用，强化集体备课，强化业务测试。2009年高考又有突破性跨越。纯文化上本科一线（重点）人数473人；纯文化上本科二批1028人，本科二批以上上线人数继续位居全市第一。学校大力培养骨干教师，积极为骨干教师提供平台，全面提高教学水平。2009年，8位教师被评为省级骨干教师，37位教师被评为市级骨干教师，6位教师获得市级名师荣誉称号、15名教师获得市教学能手荣誉称号。学校关注学生心理健康，建设起先进的宣化一中心理维护中心，为学生进行心理调节疏导，多次组织大型心理拓展训练。2009年4月、5月，举办了趣味运动会和校园狂欢节。

2009年8月，宣化一中被河北省教育厅评为河北省教育系统先进集体；2009年7月，被张家口市教育局授予高中教学工作跨越式发展一等奖、完成目标任务奖；2009年8月，被河北省教育厅评为河北省教育系统先进集体；2009年8月，校园网站被河北省电化教育馆评为高中组三等奖；2009年12月，被中国教师发展基金会批准为国家教师科研基金重点课题“中学校园文化建设研究”先进科研单位；2009年12月，被张家口市教育局评为2009年度教学工作先进单位。

2009年，校长郭媛英被国家人力资源和社会保障部授予全国教育系统先进工作者、被中华全国妇女联合会授予全国“巾帼建功”标兵、被张家口市教育局授予“魅力校长”，高春海被张家口市教育局授予“优秀教学副校长”，杨和军被张家口市教育局授予“优秀教学副校长”，裴承燕被张家口市教育局授予张家口市教育系统先进工作者，韩继东被河北省教育厅授予河北省优秀教师。

（时小兰）

沙城中学

沙城中学始建于1952年。1983年成为河北省首批24所重点中学之一，2001年12月被评为河北省示范性高中。

学校占地总面积175亩（11.7公顷），建筑面积71730平方米，绿化面积20500平方米。学校布局合理，设施先进，先后建起办公楼、实验楼、教学楼、科技楼等20座楼房。装备了高标准的语音室、电教室、微机室、多媒体教室。理化生实验设备齐全。图书馆藏书丰富，18万册图书可供师生借阅，阅览室可同时容纳1000人阅读。校园环境幽雅，四季有绿色，三季有花香，是一个融学习、观赏于一体的文明生态校园。

多年来，学校认真贯彻落实党的教育方针，形成了“追求发展，追求超越”的办学理念。坚持“德育为首位，质量为中心，科研为动力，育人为根本”的办学思路，努力提高教育教学质量。

学校现有教职工300多人，30人研究生结业，中学特、高级教师90人，全国优秀教师3人。

学校教育教学成绩在张家口市名列前茅。2006年学校荣获张家口市“高中教学成绩重大突破奖”。2007、2008连续两年荣获张家口市“高中跨越式发展一等奖”。2009年高考，再创辉煌。本科一批上线197人，本科二批上线658人，本科上线1410人，体育艺术类本科上线12人。各批次上线人数再创历史新高。李靖同学以691分的优异成绩列张家口市理科排名第三，河北省理科排名第十二，考入北京大学。

学校在提升高考成绩同时，把教科研建设作为三大建设之一。教科研发展势头良好。学校承担的“十五”科研课题全部结题，并有多项课题获奖，其中语文组承担的市级重点课题“高中语文课堂教学民主化策略的研究”荣获河北省教育教学成果三等奖。学校承担“十一五”科研课题16项。

学校不断加快信息化建设步伐，监控中心、演播中心正常运转。校园联网，便于教师及时从网上得到教育教学信息，加强对外交流。各班教室都配备了多媒体设备。资源库建设成绩显著，为教师备课查询提供方便。学校每年分批次派教师到外地观摩、学习，吸收先进的教学理念和教学方法。多次邀请教科所专家来校做报告，以提高教师的综合素质。

学校历来重视体育艺术工作，是“全国中学贯彻《学校体育工作条例》优秀学校”，“河北省中小学艺术教育示范学校”。为国家培养了常玉斌、高敏等优秀运动员。近几年，学校招收体育艺术特长生，为他们创造更多的升学就业机会，每年为高等院校输送专业人才。2008年，张立国同学以优异的成绩考入清华大学美术学院。

学校以文体活动和社团活动为载体，构建高品位的校园文化。学校有学生会、青年业余党校、文艺队、体操队、田径队、文学社、校园电视台等社团，为学生的全面发展提供了广阔的空间。学校关注师生身心健康，设立了心理咨询室，刊出《心理健康专刊》、《校园餐饮》等，促进师生健康发展。

学校荣誉：“河北省教育系统先进集体”、“河北省依法治校示范校”、“河北省绿色学校”、“群众心目中的省级名校”、“群众最满意的五星学校”、“张家口市教学质量信得过学校”、“张家口市文明单位”、“张家口市先进基层党组织”、“张家口市师德建设先进集体”、“张家口市教师教育先进集体”。

（杨瑞琴）

张家口市职教中心

张家口市职教中心始建于1972年，1983年改办职业教育，1992年被首批确定为河北省重点职业高中，2003年成功晋升为国家级重点中等职业学校。

学校占地165亩（11公顷），总建筑面积71120平方米，有135个教学班，已发展成为一所学历教育8000多人、年短期培训3000多人的超万人职教中心。开设有信息技术、现代服务、影视动漫三大专业群22个分支专业，其中，计算机专业是全省唯一的国家级示范专业，现代服务专业和影视动漫专业是张家口市示范专业。学校建有配套设施齐全、功能完备的三大实训基地和两个标准塑胶运动场，有72个设施齐全、设备先进的专业实训室，高配置计算机2000余台，建有覆盖全部教学场所和管理科室的校园网，并与Internet互联。

改办职教以来，学校已为社会培养输送23000多名合格毕业生。3500多同学升入高校深造，38名同学考入天津大学，24名同学考入中央美术学院、清华大学美术学院。学校还先后与首都国际机场、清华同方集团、联想集团等60家国内外知名企业建有稳固的合作关系，学生就业层次不断提高，就业选择率300%，就业推荐率100%，成功上岗率95%以上。2008年，学校千余名师生参与服务北京奥运会、残奥会，圆满完成了鸟巢、水立方等主场馆安检以及奥林匹克接待中心志愿者服务工作，受到北京奥组委高度评价。

学校荣誉：“全国职业教育先进单位”、“全国教育系统先进集体”、“全国精神文明建设工作先进单位”、“群众最满意的五星学校”。校长汪秀丽被评为首届中国职业教育百名杰出校长、河北省教育专家，荣获全国五一劳动奖章，荣任第十一届全国人大代表。

（黄爱春）

文化工作

【概况】 2009年，张家口市文化局紧紧围绕全市中心工作，始终把文化建设的繁荣发展作为第一追求，把细化任务、明确职责作为第一措施，把风清气正、团结协作作为第一环境，各项工作取得可喜成绩，有40项艺术作品，19个单位和20名个人先后荣获国家级奖项9项，省级奖项59项，市级奖项11项。

【专业艺术工作亮点频现】 张家口市口梆子艺术剧院创排的大型历史剧《合符釜山》在冀台经贸洽谈会上作为唯一的文化交流剧目取得成功，展现了张家口市深厚的文化底蕴。市艺术团重点加强对“东路二人台”艺术的学习研究，创排的二人台音乐风情剧《魅力家园》受到好评；市文化艺术研究所创作的小戏《文化婚宴》、《轮椅上的女孩》分别荣获“中华颂”全国小戏小品曲艺作品大赛一等奖和三等奖。创作的大型现代戏《董存瑞》，丰富了精品剧目储备；尚义县艺术团坚持创新发展，在保留传统二人台优秀剧目的同时，推出一批新品剧目，演出收入连续8年突破90万元。全市组织5台剧目参加河北省第八届戏剧节，在已参演的两台剧目中，康保县的二人台小戏《十五块》荣获优秀剧目奖，蔚县晋剧团演出的《剪纸谣》荣获优秀剧目奖和编导奖等16个单项奖，市文化局获得组织奖。

【社会文化品牌活动精彩纷呈】 2009年，共组织举办各类大型、专题群众文化演出活动1000余场，服务群众360余万人次。“元宵节大型艺术灯展”、“百场大戏闹新春”等文化活动为节日增添了欢乐祥和的气氛；“基层大舞台”、“欢乐广场大家唱”、“社区文化艺术节”等传统品牌活动丰富了城乡群众的文化生活。各县（区）以“走进春天”为主题举办的各类形式和规模的联欢会、戏剧、电影、社火、灯展、焰火晚会等活动深受当地群众欢迎。此外，还策划推出了“群众文艺大联欢”、“优秀戏曲大展演”等一批全新品牌，培训业余群众文艺骨干1800余人，辅导各类节目2300余个，为社会文化品牌阵容增添了新的内容。

【农村文化建设步伐不断加快】 市县两级文化部门把农村文化建设作为重点工作着力推进，先后组织文化下乡服务队400余支，送戏下乡1000余场，送图书资料3万余册，帮助新建文艺表演队100余支，培训农村文化骨干3000余人，新建农家书屋88家，建立农家书屋领导帮扶联系点1000余个，位于全省前列，并作为典型在全省农家书屋建设会上介绍了经验，经验材料在全国农家书屋工程建设中西部经验交流会上印发。县（区）文化基础设施建设取得了新的进展。全市列入2009年国家资金支持的75个乡镇文化站建设任务已完成33个，其余42个也陆续投入建设；确立的9个信息资源共享工程分中心硬件设施建设全面完成。一批县（区）文化广场、图书馆、文化馆，以及村文化活动室相继建成并投入使用。

【文化遗产保护工作成果丰硕】 完成了宣化古城墙及时恩寺修复等多项工程；鸡鸣驿城抢修保护工程取得阶段性进展，城墙整体加固保护工程各标段总体施工进展顺利，得到了国家文物局专家的充分肯定；阳原泥河湾博物馆场馆主体建设任务全部完成，装修布展等后期工作渐次展开；张北元中都博物馆正式奠基；宣化区博物馆完成了馆址改造以及安防消防等基础性工作，并于国庆前对社会开放；涿鹿县成功承办了第二届冀台三祖文化研讨会，收获了新的学术成果；桥西区被国家文物局评为国家文物保护工作先进区。第三次全国文物普查张家口普查工作全面启动，新发现文物遗存3221处，居全省前列。积极申报第七批国保单位，全市共有47处文保单位通过省内初选。成功举办了第四届“文化遗产日”系列宣传活动。《张家口历史文物基本陈列》等三项主题展览正式对社会开放，获得多方好评。非物质文化遗产保护工作取得新的成果，普查非遗项目314项，20个县（区）全部完成了《非物质文化遗产普查成果汇编》；公布了市级第一批“非遗”保护名录，申报了第三批省级、国家级“非遗”保护项目，其中17项被列入省第三批“非遗”保护名录，第三批国家级名录申报工作正在进行中。

【文化市场、新闻出版监管和“扫黄打非”工作力度进一步加强】　坚持促市场繁荣与抓市场监管并举，切实把音像、出版物市场的侵权盗版、宣扬封建迷信和政治性非法出版物以及网吧超时经营、违规接纳未成年人等问题作为整治重点，市县两级文化市场监管部门发扬连续作战、攻坚克难的精神，多次协调公安、工商等部门联合执法，围绕年初“扫黄打非”工作重点，先后组织开展了“封堵查缴非法出版物”、“两节期间出版物市场专项整治”，以及文化市场“安全生产百日督查”、“国庆期间文化市场专项整治”等一系列集中整治行动，收到显著效果。全年累计出动执法车辆8891台次，执法人员16937人次，检查各类经营场所9969家次，收缴销毁非法出版物15900余册，盗版音像制品14800余张。市稽查队还在省级专门刊物上发表个案执法文章，执法文书不断规范，执法水平显著提升。各县（区）文化部门不断强化文化市场管理和稽查队伍的思想作风建设，进一步健全完善各项管理制度，加强属地文化市场的监管，切实维护文化市场的繁荣、健康、稳定发展。

【文化产业工作取得实质性进展】　进一步完善文化产业发展政策，起草了《张家口市推进文化产业发展的若干政策》和《张家口市关于进一步推进文化产业发展的实施意见》，并在全市文化产业推进大会由市政府颁布实施。《张家口市文化产业发展规划》论证稿已经有关市领导和各领域专家进行了论证，修改稿已初步完成，为加快全市文化产业发展奠定了基础。进一步充实完善了文化产业项目库，编制了《张家口市文化产业推介项目册》，其中“张家口文化艺术中心”、“新建张家口市图书馆”列入市重点建设项目，并通过国家文化部将张家口市的重点文化产业项目在国家文化产业网上进行发布。组队参加了“深圳文化产业博览会”、“5.18廊坊国际博览会”和香港招商引资会。积极搭建产业融资平台，协助7个文化企业向省信用联社申请贷款，推荐8个文化企业积极申请“河北省文化产业发展引导资金”支持。文化产业示范基地建设不断加强，上谷书院与十八怪文化旅游产品有限公司两个文化经营单位被确定为第二批“全省文化产业示范基地”。

（王　剑　王　刚）

艺术工作

【圆满完成各类重大文艺演出任务】　市属专业艺术团体和艺研所，围绕市委、市政府中心工作精心谋划、创排具有浓郁地方特色的、展现张家口经济社会发展成果、巨大变化和反映“快速路”精神的剧（节）目，在各类重大文艺晚会上进行演出，取得很好效果。成功举办“2009·春节军民联欢晚会”；“2009·张家口金融经济发展高层合作恳谈会”歌舞联谊晚会；“2009·环渤海地区民营经济经贸合作洽谈会”歌舞晚会；张家口市首届“名仕嘉苑”杯马拉松赛颁奖晚会；为2009·冀台（张家口）经济洽谈会演出新创排的口梆子大型历史剧《合符釜山》，取得成功。

【积极推进文化与旅游相结合】　市口梆子艺术剧院应邀参加了2009·怀安围棋文化节开幕式文艺演出和怀来葡萄节暨北京·张家口心连心大型文艺晚会。市艺术团为中国·张北草原文化旅游节举办了专场演出，对全市旅游业的发展起到很好推动作用。

【面向基层，服务群众】　精心组织市直专业剧团深入基层、社区、乡村举办“百场大戏闹新春”演出活动。组织艺术团先后到桥东区和桥西区建设工地，为工作在城建第一线的农民工进行慰问演出。组织两院团到康希燕麦食品有限公司为企业职工慰问演出，受到热烈欢迎。全年专业艺术团体演出2161场，观众人数450万人次，其中市直专业剧团演出471场，观众人数95万人次，县级剧团演出1690场，观众人数355万人次。

【参加第八届河北省戏剧节成绩优异】　精心谋划组织专业艺术团体，筛选创排了一批具有较高思想性、艺术性、观赏性的精品剧（节）目，参加了10月举办的第八届河北省戏剧节演出，参演的剧（节）

目有：市口梆子艺术剧院编创的大型口梆子新编历史剧《合符釜山》、市艺术团创排二人台音乐风情剧《魅力家园》、蔚县晋剧团创排的蔚县秧歌民间故事剧《剪纸谣》、康保县二人台艺术团创排的《二人台小戏专场》、尚义县二人台艺术团创排的《二人台小戏专场》。省文化厅组织的戏剧节专家评委观看了部分参演的剧（节）目，对演出给予高度评价。其中蔚县晋剧团创排的新编蔚县秧歌民间故事剧《剪纸谣》荣获本届戏剧节优秀剧目奖和16个单项奖，康保县的小戏《十五块》、《新农村的笑声》、《叔嫂情》、《刘干妈改嫁》、《农村喜事多》等节目，荣获1个优秀剧目奖和17个单项奖，市文化局荣获组织工作奖。

【艺术创作、人才培养有新的突破】 重点完成了大型歌舞剧《大好河山》的创排方案及前期准备工作，完成了口梆子大型历史剧《合符釜山》和二人台音乐风情剧《魅力家园》的创排。艺研所创作的小戏《文化婚宴》、《轮椅上的女孩》分别荣获文化部艺术中心和中国剧协艺术发展中心为庆祝建国60周年联合举办的“中华颂”全国小戏小品曲艺作品征集比赛戏剧类一等奖和小品类的三等奖。康保县二人台艺术团，参加了中国·呼和浩特“二人台”民歌大赛，荣获1金2银3铜。加强剧团建设和艺术人才培养，与乌兰察布市民族艺术学校采取联合办学，培养一批“二人台”专业人才，招收“二人台”专业艺术班定向委培学员50名。招收口梆子学员30名。

（李晓谊）

社会文化工作

【群众文化活动更加璀璨多彩】 春节期间，以“走进春天”为主题的各类形式和规模的文艺联欢会、社火表演、乡艺比赛、文艺汇演遍及全市城镇、乡村、机关、学校、厂矿、军营、社区等各个层面和角落。3万多支各类文艺队伍、20多个行业、40多万名专业业余文艺工作者广泛参与；歌舞、戏剧、曲艺、小品、电影、社火、乡艺、灯会、花会、焰火等40多个门类，200多种表演形式集中展现；30多个灯展、6万余盏艺术花灯、20多场焰火晚会、2万多枚礼花弹绽放天空，把塞外张垣装点得分外妖娆，直接受益群众达360多万人次。市文化局及各县（区）文化局分别组织近千人的20多支文化服务队，深入到农村、厂矿、社区、敬老院等地，开展送春联、送电影、送戏曲等慰问及送“百场大戏进农村”活动。送春联800多幅，送电影500余场，送图书5000余册，送戏曲280余场。从大年初三到初六，在市文化广场组织了“广场公益性电影放映”、“群众文艺大联欢”、“优秀戏曲大展演”等演出活动，受到观众欢迎。由500余人参加的三场“广场群众文艺大联欢”，更是把春节的“年味儿”，把“两节”文化活动推向高潮。四大宣传媒体播发各类稿件50余篇幅。30个县（区）及单位、9个优秀节目、241盏艺术花灯、14台春节晚会，受到市“两节”文化活动领导小组的表彰。

【公益文化服务体系建设进一步加强】 2009年，重点开展了“城市社区文化中心建设调查”、“关于农民自办文化情况的调查”；与市发改委联合对全市75个乡镇综合文化站建设情况进行了多次检查督导；加强了对“文化信息资源共享工程”建设使用情况的检查指导和管理力度；指导市群艺馆进一步加强对社会文艺骨干的培训和辅导，全年共组织培训和辅导50余次；全市共有10个单位和个人被省文化厅评为“农村文化之星”；根据全市群众文化发展的态势，组织全市文化系统开展评选“群众文化示范单位”。此项活动的开展，一是对全市社区文化中心建设和农民自办文化的现状、问题及有关情况有了全面地了解。二是对乡镇综合文化站和“文化信息资源共享工程”的建设使用情况有了更加深入的了解。三是社会文艺骨干总体水平又有了新的提高，为更好开展群众文化活动奠定了基础。四是推选“农村文化之星”和评选群众文化示范单位，为进一步引导和支持基层文化繁荣发展，完善和丰富农村基层公共文化体系建设，不断满足广大人民群众的精神文化需求，发挥了积极作用。

【非物质文化遗产保护工作又有新进展】 一是组织指导各县（区）开展“非遗”普查工作。收集整理了16个类别的179个项目，并建立了市级第一批保护名录44个大项（53个子项），县级第一批保护名录71项，申报工作的开展和保护名录的建立，推动了保护工作的实施。二是公布了张家口市首批非物质文化遗产保护项目。三是申报了国家级和省级第三批非物质文化遗产保护项目和省级“非遗”项目代表性传承人。在第三批省级非物质文化遗产保护项目申报中，13个大项的17个子项又被列入河北省第三批非物质文化遗产保护名录，从申报的项目类别和被列入保护名录的数量上，都位于全省前列。截至年末，全市已有国家级保护项目5项，省级保护项目24项（28个子项），国家级传承人3人，省市级传承人14人。市非物质文化遗产保护中心荣获全国非物质文化遗产保护先进单位。四是参加了在石家庄举办的“第四个文化遗产日”的系列宣传活动。在第二届河北省民俗文化节暨第四个文化遗产日，组织了二人台演出和蔚县剪纸、柴沟堡熏肉制作技艺、阳原木雕技艺等展示、展览活动，其中蔚县剪纸还被推荐参加国家在四川举办的第四个“非物质文化遗产日”宣传展示活动。

（张栋林）

文化体制改革

【建章立制，规范管理，努力加强队伍管理】 各单位都建立和完善各项工作制度、管理细则、考核奖励办法，出台了《关于对文化系统各类人员进行年度考核和行政奖惩工作的意见》。

【公开竞争，以人为本，努力完善行政领导任用制度】 经市委宣传部批准，市文化局党组研究决定，在部分单位科级干部任用中引入竞争机制，科股级干部的任用采用竞争上岗的办法，为文化系统各类人才展示才华提供了空间和平台，也得到了群众的广泛认同和理解。

【以事设岗，以岗定责，努力推行岗位责任制】 为了发挥职工的潜能和作用，结合工作需要按需设岗，以岗定责，以岗定人。按照《张家口市专业技术岗位设置管理实施意见》的要求，各事业单位都制定了实施方案，确立了岗位类别和岗位等级设置。

【效益优先，按劳取酬，努力改进分配方式】 为增强竞争激励机制，体现岗位贡献及业务水平的因素，在保证正常开支的情况下，因地制宜地建立了岗位津贴制度。

（薛继军）

文化市场管理

【概况】 2009年，全市已登记注册的文艺表演团体10个，演出场所经营单位11个，演出经纪机构3个，文化娱乐场所245家，音像制品零售出租单位223家，网吧594家。全市各级文化行政管理部门，结合文化市场管理实际，研究制定了切实可行的工作方案，加大对文化市场的监管力度，着力解决文化市场难点、热点问题，确保全市文化市场稳定、繁荣和健康发展。

【加强网吧市场监管，解决难点、热点问题】 先后组织开展了“保两会、促平安、铸和谐”文化市场专项整治行动、“整治网吧春季专项行动”、“文化市场集中整治行动”，配合公安、工商、消防等部门相继开展了“查处和取缔无证网吧专项行动”和“燕赵风暴”1～3号集中行动。严厉查处网吧违规接纳未成年人进入营业场所、锁闭门窗超时营业等行为。

【加强娱乐场所监管，规范市场经营秩序】 协调公安、工商等部门对全市娱乐市场进行“拉网式”检查，建立监管台帐，加大对市场的日常巡查频率，及时掌握市场态势，严格防止含有禁止内容的文化产品及服务内容进入市场流通，严厉打击娱乐场所违规接纳未成年人、超时经营、赌博等经营行为，取缔无证从事娱乐场所经营活动18家。

【加大巡查监管力度，净化演出市场环境】 制定了演出市场监管预案，实行演出监管责任人制度，对全市举办的300余场营业性演出活动，实施市场巡查和演出现场的监管，确保了演出内容的健康向上。

【加强音像市场管理，提高正版市场占有率】 针对市场经营中出现的新问题、新情况，加大了对音像零售、出租单位的日常检查和突击检查力度，并组织开展了“打击无证经营及游商、地摊违法经营音像制品专项行动”，重点对城乡结合部、农村集市、早夜市市场进行整治，清除盗版音像制品的销售终端，取缔无证摊点80多个。

（赵文章）

文化产业

【概况】 2009年，张家口市有文化产业企事业单位2675家。为促进文化产业发展，2009年4月24日，市委、市政府召开全市文化产业发展推进大会，对全市文化产业工作进行了安排部署，宣布了有关促进文化产业发展的相关政策。市政府先后下发了《张家口市推进文化产业发展的若干政策的通知》和《关于进一步推进文化产业发展的实施意见》两个文件，从土地使用、项目审批、税费优惠、领导帮扶等多个方面多个环节，为在全市投资发展文化产业的企业提供政策支持和工作保障。

【科学规划，为文化产业发展描绘美好蓝图】 聘请北京大学文化产业研究院为张家口市制定了《张家口市文化产业发展规划（2010～2020）》。

【积极谋划，以重点项目带动产业发展】 积极征集、谋划产业项目。2009年，累计谋划文化产业项目54个，涵盖了影视基地建设、戏曲教育基地建设、生态旅游、古城区开发项目等多项内容。其中张家口文化艺术会展中心、新建张家口市图书馆2个工程被列入张家口市2009年重点建设项目，并通过文化部文化产业网对外发布。做好文化产业示范基地申报工作，张家口市十八怪文化旅游公司、上谷书院两家文化企业被确定为第二批省级“文化产业示范基地”。至此，全市拥有省级“文化产业示范基地”的文化企业4家。

【积极帮助企业解决融资难问题】 2009年，省文化厅与省信用联社共同组织文化企业重点贷款帮扶意向调查，市文化局积极开展相关工作，共向省文化厅递交20余份企业贷款申请意向表，申请金额57795万元。

【文化产业协会为政府与行业间建起联系与沟通的桥梁】 2009年6月23日，张家口市文化产业协会正式成立。协会的宗旨是“促进全市文化产业的繁荣和发展，积极宣传贯彻党和国家的文化产业政策，研究、探讨文化经济及其产业发展规律，为全市文化建设和经济发展以及构建和谐社会做出积极贡献。”

（赵文章）

新闻出版

【概况】 2009年，全市有公开发行的报纸3种，公开发行的期刊（高校学报）5种，有连续性内部资料出版单位24家，出版一次性内部资料图书36种；有各类印刷企业207家，打字复印单位278家。有出版物批发单位18家，出版物零售摊点358家。市新闻出版局在出版行业日常监管、出版物市场“扫黄打非”和农家书屋建设等方面做了大量工作。

【做好对出版单位的日常监管工作】 召开报刊和连续性内部资料工作座谈会，做好对印刷业的年度审验，指导和协助市县两级文化市场执法部门开展对印刷和发行单位的违法检查、对侵权盗版行为的执法检查，协助查办大案要案。在促进新闻出版行业发展方面，成立了市文化产业协会，开展了对部门经营者的法律法规培训，组织印刷企业参加北京、承德印刷设备展销会和深圳文博会。

【做好出版物市场“扫黄打非”工作】 认真贯彻落实全国第22次扫黄打非电视电话会议精神，针对新中国成立60周年大事多、热点多、重要敏感日期比较集中的特点，将查缴政治性非法出版物和维护国庆节期间的市场稳定作为出版物市场“扫黄打非”工作的重点，积极部署开展好“扫黄打非”三个阶段、重要会议及节假日的专项行动，全年共安排部署专项行动10余次，开展集中检查行动70余次，出动执法人员5470人次，检查出版物经营单位4120家次，取缔销售侵权盗版制品的书店、音像店40余家，责令停业整顿的近50家，清理销售出版物的街头地摊游商200余个，收缴非法出版物15600余册（张）。4月22日，在市文化广场举办了“集中销毁非法出版物活动”、“世界知识产权日宣传活动”，共销毁非法出版物15000余册、违法音像制品13000张（盘），发放各类宣传材料9000余份。

【做好农家书屋建设和管理工作】 完成国家财政拨款和县（区）财政配套的85家书屋的建设工作，同时争取省局援建书屋3个，2009年共完成88家标准书屋的建设任务。建立农家书屋帮扶联系点1000余个，列全省前列。认真开展好农家书屋读书演讲比赛活动，2名选手参加全省农家书屋读书演讲比赛，并取得了第3名的好成绩。

（张淑兰）

文物工作

【张家口市主城区文物保护“一图一录”制作完成】

2009年2月，制作了“张家口市主城区历史遗存分布图”，在张家口市城区图上标注51处登记在册文物点，其中国保单位1处、省保单位6处（省级长城和张家口堡除外）、市保单位3处，未定级文物点41处。配合张家口市“三年大变样”的工作规划，组织12个县区上报、汇总“县（区）城区内不可移动文物名录”，涉及179处文物点。

【积极展开文物陈列展览工作】 2009年3月7日，在市展览馆大厅举办了“张家口历史文物基本陈列”展览开馆仪式。展厅面积2000平方米，展线1300平方米，共陈列700余件文物、106张图表、600多幅照片。陈列分为“远古回声”、“文明曙光”、“民族熔炉”、“辽元圣迹”、“塞外重镇”、“革命风云”6个单元，向社会各界展示了张家口200万年前远古人类活动信息，中华5000年文明起源遗迹和多民族文化碰撞以及近现代革命风云的见证。充实和完善爱国主义教育展览——察哈尔民众抗日同盟军专题展。年内三大展览共接待观众50万人次，受到社会各界的高度评价。

【行政审批工作进一步规范】 将涉及文物保护的行政审批工作进行了详细的梳理，目前文物保护的行政审批事项共三项，其中：1. 文物保护单位建设控制地带内建设工程设计方案审批；2. 文物保护单位保护范围内爆破、钻探、挖掘等作业和建设工程选址涉及文物保护单位迁移异地保护或拆除审批；3. 博物馆处理不够入藏标准无保存价值的文物或标本审批。同时，根据市政府的统一要求，涉及全市房地产开发项目，会同有关部门进行联合审图。

【积极推动全市第三次全国文物普查工作】 2009年4月10日，召开“河北省第三次全国文物普查张家口启动仪式暨动员大会”，配合省文物专业调查队，对全市7区13县尚未登记、公布和发现的不可移动文物点进行全面野外调查，至8月结束，共发现文物遗存点3221处。发现河北省海拔最高的明代寺院——蔚县小五台山明代弥勒院、被誉为清代《清明上河图》的蔚县财神庙《百工图》壁画、康保辽金遗址、尚义清真寺等具有较大价值遗存点，丰富了张家口市的文化内涵和历史积淀。

【强化文物基础性工作】 为全市14处第六批国家级重点文物保护单位、39处第五批省级文物保护单位制作标志说明，继续完善文物保护“四有”工作（保护范围和建设控制地带、树立保护标志、专人管理、专门管理机构）。

【不断提高文化遗产日宣传力度】 2009年6月13日，在第四个文化遗产日，以“保护文化遗产，促进科学发展”为主题，制定了“文化遗产日张家口系列宣传活动”方案，展出40块精美的文物保护单位宣传牌，发放文化遗产保护法律法规资料2000余份。向有关单位赠送《河北省实施<中华人民共和国文物保护法>办法》单行本500余册，免费向社会开放了国家级重点文物保护单位怀来鸡鸣驿城、蔚县玉皇阁、释迦寺、沽源梳妆楼、元代墓群和省级文物保护单位赤城鼓楼等。

【审核上报张家口市第七批国保单位】 认真制作51处文本，申报第七批全国重点文物保护单位，截至2009年，全市有49处文物点通过省专家组评审上报国家文物局。

（王春煜）

张家口市群众艺术馆

【概况】 张家口市群众艺术馆前身是张家口市民众教育馆，成立于1946年3月，是在中国共产党领导下建立的第一个城市群众文化机构。现市群众艺术馆是1993年张家口地、市合并时，由原地区群众艺术馆和市群众艺术馆合并组建的。建筑面积3500平方米，在职人员33人，其中专业技术人员28人（高级职称9人，中级职称13人，初级职称6人），设有文艺部、创作部、美摄部、调研资料部、设备部、办公室6个部门。

【精心组织，承办好各项群众文化活动】 2009年是新中国成立60周年，市群众艺术馆在开展各项群众文化活动中，注重活动的思想性和群众的广泛参与性。全年共组织策划、举办、承办和协办各类群众文化活动20余项。

【服务群众，积极开展基层培训、辅导工作】 完善社区文化辅导员制度，加大对市区社区辅导员队伍培训的力度。继续做好“结对子”工作，采取专业人员包活动点的办法进行辅导。5月，举办了群众歌咏培训班，市区12个办事处20余支社区活动队的50余名辅导员参加了培训。继续搞好各部门和社会各行业的文艺节目辅导，其中刘振祥为市供电公司辅导的小品《感恩》参加了华北电业诚信杯大赛。

【打造精品，群众创作成果显著】 注重抓队伍建设，着力在培养新人上下功夫，通过开办创作培训班，聘请专家对重点作品进行点评，召开专门作品研讨会等形式，培养发展了一批重点业余作者，创作了一批歌曲、曲艺、小品等文艺作品。组织选送了各类创作作品参加省级以上比赛。7件作品分获

一、三等奖和优秀作品奖。市群艺馆陈彪创作的歌曲《鲜花开在大地上》等两首歌曲被列入河北少儿歌手评奖必唱歌曲。群艺馆美摄部组织创作、征集的《延安颂》等13件书画摄影作品，参加了省文化厅组织的全省庆祝建国60周年群众美展，其中李宝林等的摄影作品《驰骋雪原》获一等奖，白秀华等人的4件书画作品分获二、三等奖。

【惠及百姓，阵地活动不断丰富】 充分利用现有优势，注重加强阵地建设，在原有活动的基础上不断丰富活动内容，吸引了越来越多的市民百姓走进群艺馆，部分退休的著名艺术家、戏曲工作者刘玉婵、蔡友山、牛学祯、张锦华等都来馆参加活动。

（程志涛）

张家口市图书馆

【概况】 张家口市图书馆始建于民国初年，前身为1922年察哈尔特别区设立的通俗演讲所。张家口第二次解放后，1949年4月1日正式建立张家口市图书馆。经过多年建设，市图书馆成为初具规模的综合性公共图书馆，连续三次被文化部评定为国家二级图书馆。现有馆藏图书47万余册，其中包括4万多册具有版本价值和历史研究价值的古籍善本图书。市图书馆设办公室、后勤部、网络部、资料室、报刊部、外借部、少儿借阅部、地方文献部、采编部、辅导部。

2009年，市图书馆围绕中心、服务大局，进一步优化服务环境，树立了良好的社会形象，被省质量监督局授予“全省服务优秀单位”称号。

【馆藏文献资源建设得到加强】 做好读者发展工作，全年共办理借书证3484个，全年读者22万人次，书刊文献外借19.5万人次，外借图书14.5万册次，参考咨询1650条。积极做好文献采购和征集工作，全年采购中文图书3900种11200册，订购中文期刊549种，报纸176种，电子文献12500种。地方文献入藏工作继续加强，全年共征集到各类图书323种607册。配合政府信息公开工作，全年共接收23家单位交送的政府信息60余册，为读者查阅提供了便利条件。

【读者服务不断深化，读者活动扎实开展】 以节庆活动和重大纪念活动为主题，年内先后举办了“迎新春少儿书签绘画作品展”、“老年读者纪念改革开放30周年暨图书馆建馆60周年书画展”、“纪念建馆60周年全市各界读者征文活动”、“迎国庆图书展”等活动。在“燕赵少年读书活动”中，组织全市小读者参加了“我和我的祖国”主题征文和“我可爱的家乡”主题绘画活动，市图书馆还获得由省文化厅颁发的“燕赵少年读书活动组织奖”。

【读者宣传工作继续加强】 精心制作了“庆祝建国60周年盛世辉煌”展牌34块，各部室制作的《万寿集锦》、《河北坝上野生花卉》、《晋察冀暨华北人民解放军征战图集》、《京张铁路》、《记忆张家口——老照片辑》图片展以及“新书推荐专栏”等受到读者关注，馆内还编印了《信息导读》，每月一期，定期向读者赠阅。

【阵地服务有新提升】 在做好日常接待读者工作的基础上，采取了农民工免证入馆阅览和开辟农民工服务网点等具体措施，充分保障农民工与市民同享文化阅读的权利。加强盲人图书室建设，争取上级和有关方面支持，为盲人读者增加了设备，积极做好对盲人读者馆外服务点博爱医院、市特教学校、宣化康复中心、新华街社区的送书服务，市图书馆荣获全市“二十佳服务单位”称号。

【馆外服务网点继续增加】 继续加强延伸服务，年内又在张北县馒头营乡大西沟村建立了2个农民图书书屋，在部分厂矿和建筑工地设立了馆外借阅服务点，定期为借阅点更换图书，满足了馆外读者的需要，扩大了服务的覆盖面。市图书馆还组织了全市文化信息资源共享工程业务培训班，33名学员参加了培训。在省古籍保护中心的指导下，市图书馆先后两次派员到省馆参加“古籍保护、编目培训班”，并着手对馆藏古籍进行普查，积极开展《河北省珍贵古籍名录》和“河北省古籍重点保护单位”的申报工作。

【开展建馆60周年庆祝活动】 为纪念张家口市图书馆建馆60周年，市图书馆组织力量编辑了《张家口市图书馆60年》一书，并在馆庆60周年前夕正式出版。3月31日，在市迎宾馆召开庆祝建馆60周年纪念大会。馆庆期间，组织了丰富多彩的读者活动，印制了《张家口市图书馆建馆60周年纪念文集》。

（武静平　党　宁）

文学作品

【文学创作璀璨纷呈】 2009年，市作家协会狠抓原创文学，取得很大成绩，全年出版长篇小说5部、文学作品集5部，发表中、短篇小说20余部，散文诗歌作品200余篇。长篇小说有吴志达的《昨日入城市》，祝凤潮的《钟鸣清远》，席满华的《泥河湾》，张美华的《好孩子从妈妈的好耐心开始》，海蠡、海若的《星耀崇岭》。出版的文学作品集有胡学文的小说集《在路上行走的鱼》，李林的中短篇小说集《塬上塬下》，韩仰熙的散文集《山里·海边·路上》，淮玉民的诗集《落雪》，海蠡、海若的作品集《紫塞星光》。塞汉的孔子研究专著《草上风》——也说《论语》，由中国文联出版社出版。海莲的长篇小说《恍惚》，赵晗的长篇小说《跨越生死边缘》均已脱稿。胡学文的中篇小说《向阳坡》在《当代》发表，又被《小说选刊》、《中篇小说》、《新华文摘》转载；《挂呀么挂红灯》在《北京文学》发表，又被《小说月报》、《小说选刊》转载；《虬枝引》在《中国作家》发表，又被《北京文学中篇小说月报》、《中篇小说选刊》转载；《柳絮》在《红岩》发表，又被《北京文学中篇小说月报》、《中篇小说选刊》转载；《谎役》在《十月》发表；短篇小说《谁吃了我的麦子》在《广州文艺》发表，又被《小说月报》、《中华文学选刊》转载；《燃烧》在《长江文艺》发表。郭刚的中篇小说《琐碎》在《长城》发表；短篇小说《老船谣》、《空船》、《一地鸡毛》、《陵园》等在《草地》、《牡丹》、《四川文学》等刊物发表。樊殿武的短篇小说《堵车》在《长城》发表；海莲发表了短篇小说《空杯》、《似梦非梦》等；韩仰熙发表了短篇小说《上铺下铺》；周贵亮的散文《大风起兮绿潮涌》在《时代中国》发表；安海的散文《诗意的喜鹊》在《草地》发表，《玉泉寻幽记》、《黄土中的重泰寺》在《辽河》发表；温国的散文、诗歌在《诗选刊》、《巫山文学》、《郴州潮》、《岷州文学》、《陕北作家》、《诗歌榜》、《赣州文学》发表。孙妍的散文在《散文风》发表；淮玉民的散文在《荷花淀》发表；周贵亮、郭中华的诗歌入选《中国2009最佳网络诗选》；韩仰熙的组诗《焚祭》入选《诗刊社》主办的《2008中国诗歌卷》；郭中华的诗歌在《浔湖》发表；白薇、李爱玲等在《张家口日报》、《张家口晚报》发表小小说、散文20余篇。另外，组织重点作者创作新中国成立60周年散文、诗歌、小小说作品200余篇。

【精品佳作获奖频频】 胡学文的中篇小说《逆水而行》获《小说月报》第十三届百花奖；海蠡、海若的《星耀崇岭》获全国电力职工第四届文学作品比赛（专著）优秀著作奖；杨杨的散文《美丽的察汗淖尔》获中国散文学会、中国纪实文学研究会首届“中华之魂”散文一等奖；《拓路的号角》获第九届“中国时代新闻人物”报告文学金奖。杨杨的《牵手》获“和谐中国”报告文学金奖；《一支唱不尽的歌》获第八届“中国时代新闻人物”报告文学金奖；《走近先生—缅怀文学宗师孙犁》获中华民族文化促进会、中国报告文学学会、中国散文学会、中国报纸副刊研究会等主办的第九届“中国世纪大采风”金奖。有7篇作品获第六届河北省散文名作奖：安海的《火车快跑》获一等奖；陈晓东的《大境门抒怀》获二等奖；张立国的《故乡的年集》、孙妍的《冷艳馨香三月雪》获三等奖；王新丽的《牵手》、李卫东的《一雨知秋》、李俊的《可爱的阿猫》获优秀奖。张春海创作的10首歌颂奥运会的诗歌获“北京奥运颂全球华人诗词大赛”一等奖，并被选入《北京奥运颂诗精粹》书中。淮玉民的散文《说牛》获中国散文学会主办的全国“新视野”杯文学征文二等奖。

（冀海莲、池维伟）

《长城文艺》杂志

张家口《长城文艺》杂志，是1958年6月郭沫若先生来张家口时倡导创办的，并亲笔题写刊名。当时，全国地市一级的文学刊物，还非常少。1959年7月，《长城文艺》创刊出版，由张家口地区文联编辑。创办后出版7期，国家三年经济困难时期停刊。

1972年《长城文艺》复刊，1974年停刊，1980年11月复刊。1987年与中国通俗文学学会联合主办，改为通俗文学月刊，每期发行量曾达到40万册以上。1989年12月为正式期刊，国内外公开发行，由张家口地区文联主办。主编先后由魏玉楼、赵维元、陈均、梅洁担任，副主编朱允祜、叶永辉。1990年以后，《长城文艺》为河北省新闻出版局批准的内部期刊，由张家口地区文联主办，赵维元为社长，梅洁任主编。1993年，张家口地、市合并后停刊。1995年《长城文艺》复刊，由张家口市文联主办。1995年至2009年期间，主编先后由赵维元、郑硕勇、唐占全、张润兰担任，副主编先后由刘根来、郭春晓、江卫东担任。2002年7月，《长城文艺》杂志社成立了编委会，主任由市文联主席黄建平担任。

2009年，《长城文艺》双月刊编辑出版1至6期。各期封面选用了反映张家口城建新貌的摄影作品，如《清水河》、《暮色快速路》、《工业南桥》等，受到读者好评。封二封三刊发了钱宗飞、李根茂、宁泓嶙、耿俊等新近创作的书画摄影作品12幅。第一、二两期，选载了吴志达长篇小说《昨日入城市》部分章节。第三期选载了祝凤潮以宣化为背景的长篇小说新作《钟鸣清远》的部分章节。第四期编发了顾建中、孟昭文反映养老院生活的电影文学剧本《死亡驿站》。第五期推出"国庆60周年专刊"，是从"新中国60年征文"150多篇来稿中，筛选出的30篇获奖作品。第六期编发了杜忠、梁挺爱、王有臣合写的大型戏曲剧本《董存瑞的故事》。此外，一至六期还选发了短篇小说7篇，14个组诗，散文30篇，评论文章5篇。

经过几代人的辛勤耕耘，《长城文艺》走过了50年的办刊历程。在不同阶段，以双月刊、月刊或季刊为出版周期，主要发表小说、诗歌、散文、剧本、评论、故事、曲艺、歌曲和美术、摄影、书法等文艺作品。

（江卫东）

广播电影电视

【概况】 2009年，张家口市广播电影电视局设置10个科（室），局属10个台、报、公司、影剧院。张家口人民广播电台开办新闻综合、综艺、农经和城市生活频率4套广播节目，自办栏目32个，年播出量19345小时；张家口电视台开办新闻综合、社会公共和文化娱乐频道3套电视节目，自办栏目22个，节目年度播出量13688小时；河北广电网络公司张家口分公司传输数字电视节目95套、数字广播节目20套、模拟电视节目6套，付费电视节目25套；712转播台（包括下属的横岭、下花园、凤凰山3个微波站）主要转播中央电台、河北电台和张家口电台四套调频广播节目，中央电视台一套，中央电视台七套，河北电视台经济、农民频道和张家口电视台节目及2个频道地面数字电视发射节目，并负责传输中央和省微波节目信号；109转播台设在宣化，主要负责利用中波转播河北电台一套广播节目，并作为相对控股单位与宣化几家企业以股份制方式经营有线网络；710中波台为实验台，主要负责利用省、市广播节目信号播出干扰频率；张家口广播电视报为周刊，4开44版，年发行量200多万份。张家口电影发行放映公司负责全市电影发行放映工作兼农村数字电影院线的经营工作；新新影剧院和庆丰影剧院已停业。全市7区13县中，除桥东区、桥西区和高新技术产业开发区3个中心区外，17个县（区）设有广电局。全市广播综合覆盖率达到98.28%，电视综合覆盖率达到97.41%。截至2009年底，全局固定资产总额13184.92万元，拥有广播中心大楼、有线电视网络中心大楼、2900平方米电视演播厅，摄录编播设备已基本实现数字化，整体技术装备在全省处于先进水平。

【着力"三大突破"，宣传工作水平有新提升】

按照全市宣传思想工作的总体布局，充分发挥广播电视的舆论引导作用，唱响主旋律，打好主动仗，先后组织开展了"学习实践科学发展观"、"大力推进作风建设年"、"推动城市三年大变样"、"庆祝建国60周年"等一系列规模报道和大型宣传战役，收到良好的社会效果。在把握正确舆论导向，抓好主题宣传的同时，注重民生，贴近百姓，民生新闻节目实现了新突破。市电视台于8月中旬推出了民生新闻栏目《民生630》，受到社会各界的关注和广大观众好评。市广播电台在积极改进《新闻夜话》、《市民热线》的同时，新推出了《马大姐三农热线》，受到广大农民群众欢迎。在做好本地宣传的同时，更加注重对上供稿、对外报道，外宣通联工作取得了新突破。全年共在中央人民广播电台、中央电视台上稿80篇，在河北人民广播电台、河北电视台上稿1197篇。在中央电台播发稿件19篇，在河北电台播发稿件456篇，全省综合排名蝉联第3位；在中央电视台播发新闻61条，在河北电视台播发新闻741条，全省排名总分蝉联第二位，联播单项第一名。2009年，努力营造大外宣格局，进一步加强电台、电视台、广播电视报各类节目、各类稿件通联统筹工作，全年各县（区）共在市两台一报上稿3483条（篇）。2009年底，经过听众观众、听评员视评员、专家评委三方投票，《张家口新闻联播》、《京西大茶坊》、《晓风有约》、《新闻夜话》等10个栏目进入市广播电影电视品牌节目行列，比上年增加了4个。两台一报共有《戏迷俱乐部》、《红红火火闹元宵》等5部作品获省级一等奖，《当好田保姆，为民喜耕田》等14部作品获省级二、三等奖。在张家口新闻奖及张家口广播影视节目奖评选中，市、县共有29件作品获一等奖，61件作品获二等奖，23件作品获三等奖。市电台创作的两集广播剧《风雪野狐岭》，相继在中央人民广播电台"中国之声”频率播出后，又参加了全省庆祝建国60周年广播剧展播，在河北电台和全省11家市级电台同时播出；市电视台与河北电影制片厂合拍的电视电影《骏马少年》已进入后期制作阶段。

【实施五项重点工程，事业建设有新进展】　一是实施广播电视设备数字化更新工程，积极筹措资金，用于基础设施建设和设备升级改造。投资585万元，建成广播电台音频媒资库，更新了市电台一套节目的主备发射机。对电视台播控机房进行了技术改造，增添了导视频道播控设备，更新扩展了演播厅LED大屏幕和效果灯光，更新了市电视台一套、二套节目的无线发射机，为广告中心配备了数字化摄录编辑设备。2009年，市电台、电视台已基本实现了摄、录、编设备全数字化。市中波台、712转播台、109转播台基本实现了发射设备全固态化。市网络公司投资30万元建立了智能客户服务系统。二是实施市级广播电视无线覆盖工程，初步解决了坝下部分县（区）农民群众收听收看市台节目问题。投资130万元在人头山、凤凰山新增转播设备，用于转播市电台城市生活广播和市电视台社会公共频道节目，扩大了市本级广播电视无线覆盖范围。三是实施有线电视数字整转工程，网络建设和用户发展、业务拓展同步推进。2009年，全市新铺设有线电视光缆电缆509千米。市县有线电视光缆总长达7046千米。投资85万元，完成涿鹿—蔚县—阳原的有线光缆架设，建成坝下10县（区）应急环网，实现了县县通有线数字电视信号。全面启动县（区）有线电视数字整转工作，全年整转139834户，整转率达60%以上。市区新增有线数字电视用户10139户，用户总数突破15万户。全市有线电视总用户达到44.17万户，比上年增加3.7万户。四是实施“村村通”广播电视工程，完成“村村通”无线覆盖试点工作。在崇礼县85个20～50户通电自然村，安装卫星直播接收设施3000套，建立用户档案资料，为下一步正式铺开取得试点经验。五是实施产业扩张和经营创收工程，收入水平稳步上升。两台一报广告创收3659万元，比上年增长14.9%，有线电视网络收入4178万元，比上年增长48%。作为新的经济增长点，CMMB多媒体数字移动广播（手机电视）试播成功，信号稳定，已入股省公司100万元，开始试运营。

【推进三项改革，完善内部机制有新举措】　完成了电影行政管理职能调整划转工作。3月，电影行政管理职能由市文化局正式划转市广播电视局，积极采取措施，初步理顺了全市农村电影院的管理体制。组织公益放映活动，落实农村数字电影放映场次。阳原县“田野农村电影放映队”被评为全国农村电影放映工程先进集体。市电视台推行栏目制片人制。赋予栏目制片人相应的节目运作权、用人选择权、经费支配权和考核奖惩权，扩大节目生产单位的自主空间。创新激励奖励办法。在市电台、电视台、广播电视报社实行创收任务目标完成进度与全员奖励挂钩的奖惩办法，解决了节目与创收“两张皮”问题。

【开展三项集中整顿治理，行业管理有新成效】

一是在全市广电系统开展了净化社会文化环境、抵制低俗之风专项整治行动，以整治不良广告、净化声频荧屏为重点，对涉性广告、违规节目进行有效治理，受到省委宣传部检查组充分肯定。二是在全市广电系统组织以安全稳定迎国庆为主要内容的百日会战，确保国庆期间宣传安全、播出安全、内保安全，做到万无一失。三是深入开展打击违法销售和私装卫星电视地面接收设施的专项行动，协调相关职能部门共拆除违法私装卫星接收设施900套，端掉经营卫星接收设施营业网点30处。

【深入开展三项活动，队伍素质有新提高】　开展学习实践科学发展观活动、作风建设年活动和实施素质教育工程，一批业务骨干和优秀人才脱颖而出。市电台杨利敏荣获全国首届广播电视生活类节目“百优人物”称号。712转播台胡彬参加全国广播电视技术竞赛获得三等奖，被授予“全国广播电视技术能手”称号。在全省技术评比和技术能手竞赛中，先后有7篇论文、5部作品、4个集体、11名个人获得一、二、三等奖。在年底组织的优秀人才评选中，有44名同志分别获得优秀编辑记者、优秀播音员主持人、优秀广告经营工作者、优秀技术维护工作者、优秀网络服务工作者称号。

（王　萌）

【《张家口广播电视报》】　《张家口广播电视报》创刊于1993年3月24日，是由张家口人民广播电台、张家口电视台主办，经国家新闻出版总署批准公开发行的报纸。

2009年，《张家口广播电视报》采编、经营、发行、管理等各项工作快步发展，显现出稳中提升、变革求新的良好态势。进一步确定广播电视报定位，按照市场需求实施版面调改。一是增减版面。增加了“娱乐热点”、“娱乐热评”、“明星八卦”、“星闻星事”等娱乐版面和“卫视热播”、“数字频道”节目预告；调整了“数字导视”、“央视剧情”和“央视栏目”的版面设置；删减了财经、数码、服饰等读者阅读率较低的版面。二是调动编采力量，办好精品版面，努力塑造“主打品牌”。在增强报纸娱乐性的同时，将社会版作为重头戏，全力办好“特别关注”、“法治天下”、“百味人生”3个专版。三是加强广播电视系统自身的宣传，尝试性与品牌栏目进行合作。开辟“十佳优秀新闻工作者风采”等专版，对电台、电视台节目改版、活动报道及节目评选等内容及时刊发，全年刊发系统内部稿件260余篇。与市电影公司合作，在“电影院线”版开辟“电影下社区预告”专栏，配合有线数字整转推出了数字电视相关内容。与电台“晓风有约”栏目联办“心灵驿站”版。四是满足县区市场需要，采取联办方式，开辟县区专版。与蔚县广播电视局合作，尝试性率先推出“蔚县专版”。积极组织广告创收，进一步挖掘广告市场。加强广告的组织领导和活动策划，提高广告经营水平层次；瞄准市场，千方百计扩大广告源；实现广告趋多效应，积极开拓广告消费专版；走广告品牌道路，谋划并推出《爱家》广告专刊；加强广告成本核算，严格广告监管和广告经营流程；举全社之力，保证广告任务完成。搞好报刊发行工。坚持“自办发行为主，邮发为辅”，多方拓展发行渠道；完善发行队伍，强力推进自办发行，桥东、桥西零售网点120家；紧密联系邮政，充分利用邮政资源优势加大邮发数量；利用系统优势，加强县区及部门合作，多方位建立征订网点，积极拓展蔚县、宣化、怀来、涿鹿及周边县区发行市场，开展“看数字电视，赠阅广电报”活动，提高报纸发行量；广告带动发行，形成编辑、发行、广告工作互动多赢；控制发行成本，对报纸发行进行严格核算。

（淮 征）

报业宣传

【概况】 张家口日报社隶属张家口市委，是市委直属新闻事业机构，实行社长负责制。主管主办的媒体有市委机关报《张家口日报》和《张家口晚报》、《星期8》周刊、《今日宣化》、《快乐成长》周刊和张家口新闻网、LED视屏文化传播中心。2009年，全社经营总收入完成4296.6万元，比上年同期增长22.7%，广告收入完成3009.7万元，比上年同期增长26.5%，上缴税费259.3万元，比上年同期增长36.3%。

【媒体简况】 《张家口日报》对开8版，周六刊，发行4.4万多份，下设9个编采校对出版科室，共有编采人员60人；《张家口晚报》4开24版，周六刊，发行近5万份，下设9个编采校对出版科室，共有编采人员68人；《星期8》周刊4开24版；《今日宣化》4开8版，周五刊；《快乐成长》周刊4开4版；“张家口新闻网”在全国192万个网站中排名5400位，网站总访问量已突破350万人次，总点击量达到1800万人次，日均点击量在4万人次左右，列全省12家报纸媒体网站点击率中游；2009年10月“LED视屏文化传播中心”成立，是新型户外电子传播媒体，建成在播的大型LED户外电子显示屏4块。

【技术状况】 编排校网络化办公，双网（局域网、互联网）运行。报纸双面彩色印刷，日报可以同时出6个彩版，晚报可以同时出12个彩版。

【新闻宣传】 2009年，张家口日报社主管主办的新闻媒体，对市委九届五次、六次全会、全市经济工作会议、农村工作会议、“人大、政协两会”、第十一届环洽会、第八届冀台经济合作洽谈会等全市性会议进行了全面的报道，两报一网围绕全市中心工作，相继推出了“抢抓新机遇、打造新优势、塑造新形象、夺取新胜利”、“保增长、调结构、强基础、惠民生”、“深入开展学习实践科学发展观活动”、“加强作风建设、优化发展环境”及“推进城建面貌三年大变样、打造山水园林生态城市”等栏目和特刊、网页，围绕市委提出的以项目建设为抓手和三农、基础建设、城建、民生等四项重点工作开展新闻宣传，统一全市干部群众思想，为全市营造良好的舆论氛围，推动各项工作顺利开展发挥了应有的舆论引导作用。

【《张家口日报》改版】 2009年11月2日，《张家口日报》进行全面改版，提出了“读者满意是我们永恒的追求”的办报理念，围绕市委、市政府的中心工作，把握正确的舆论导向，创新新闻宣传的内容、形式、方法和手段，创新版面设计模式，改革编辑出版工作流程，努力打造“有权威影响力的媒体”，致力于推出“有价值有深度的新闻”，注重从内容到形式上提升党报的思想价值、实用价值、服务价值、文化价值和审美价值，改进会议和领导活动报道的形式，注重从会议报道中提炼挖掘新闻，从每个重要会议中挖掘多个重点、亮点进行延伸报道，拓宽新闻报道的深度和广度。新开设了“政府与市民面对面”、“张垣时评”、“新闻解读”和“焦点”等栏目，使党报内容更加贴近百姓、贴近生活，切实提高《张家口日报》做为市委机关报的权威性和影响力。

【《张家口晚报》改扩版】 2009年12月21日，《张家口晚报》由4开16版扩为4开24版，以“服务民生，关注社会”为办报宗旨，通过百姓的视觉，积极宣传市委、市政府的中心工作和重大决策部署，反映百姓关心、关注的问题，扩大信息量，增强可读性，加大对民生和热点问题的引导力度。在原“市民热线”、“现场办公”、“新闻110”、“茶坊”等版面栏目的基础上，新开设了“新闻故事”、“张垣地理”、“市井故事”等版面栏目，使晚报内容更加贴近实际，贴近生活，贴近群众，努力创新新闻宣传的内容、形式、方法和手段，打造贴近百姓、贴近民生的品牌栏目和版面，致力把《张家口晚报》办成百姓喜欢、爱看、离不开的报纸。

【创办《星期8》周刊】 2009年9月25日，在《张家口晚报》原4开8版《生活周刊》的基础上，重新改版定位的《张家口晚报·星期8》周刊创刊，同时扩为4开24版，这是一份都市生活消费周刊，以休闲娱乐、消费服务为主旨，丰富市民假日生活，拉动假日经济。

【创办《今日宣化》】 2009年12月4日，把张家口晚报每周各一期的《宣化周刊》和《宣化时政》整合，创办每日8版的《张家口晚报·今日宣化》，努力打造宣化老百姓自己的报纸，提升《张家口晚报》在宣化市场的影响力和覆盖率。

【创办《快乐成长》周刊】 2009年12月23日，《张家口晚报·快乐成长》周刊创刊，旨在加强未成年人教育，培养中小学生健康向上的文化情趣，抵制不良文化对青少年的侵害，扩大《张家口晚报》在中小学生中的影响力。

【LED大型户外显示屏开播】 2009年10月1日，在市区主要街道和人口密集地建设的4块LED大型户外显示屏正式开播，开创了报业媒体传播和广告经营收入的新领域。

（韩凤满）

“蓝鲸”杯感动2009·张家口十大新闻、十大新闻人物评选活动综述

“蓝鲸”杯感动2009·张家口十大新闻、年度十大新闻人物评选是全市唯一一项全市性的年度新闻及新闻人物权威评选活动，自2007年起已成功举办了两届，产生了广泛的社会影响力，是展示张家口形象、弘扬新时期张家口人文精神的重要载体和品牌。它以新闻回顾的方式，梳理一年中对经济社会发展产生重要影响的事件和人物，推出了如赵志海、王永利、吕峰、汪秀丽、米伟英等一大批各行各业的优秀典型人物，弘扬了时代主流精神。

2009年的“双十”评选聚焦全市科学发展进程中最引人注目的新闻事件和最具影响力的新闻人物，从独特的视角反映张家口经济社会发展的新变化、新成就、新经验，记录全市更好更快发展的生动实践。活动的评选采取评委会与公众投票相结合的方式进行。成立了由市委、市政府及有关部门领导、业内专家、社会知名人士组成的评委会。市委常委、宣传部长郑丽荣担任评委会主任。

12月11日，举行了“双十”评选活动的评定会，评委会评选并正式向公众公布了候选新闻20条，人物20位。在张家口日报、张家口晚报、张家口电台、张家口电视台进行推介，同时，还开通了网上投票，市民可通过张家口新闻网参与网络投票。

2010年1月7日，在张家口演播厅举行感动2009·张家口市十大新闻事件、十大新闻人物颁奖典礼，宣布了十大新闻事件以及十大新闻人物名单，并由市领导为十大新闻人物每人颁发了证书和1000元奖金。

（刘永刚）

“蓝鲸”杯感动2009·张家口十大新闻事件

（以刊播时间为序）

1. 市委九届五次全会确定2009年全市工作主题。
2. 联合国粮农组织在全球推广张杂谷种植。
3. 全市重点项目工作实现新跨越。
4. 冀台经济合作洽谈会在我市隆重举办。
5. 张北县成功举办草原音乐节。

6.《大境门》电视连续剧隆重首播。

7. 主城区十大献礼工程全部竣工。

8. 市委、市政府确定发展振兴“4+3”重点产业。

9. 我市入选第六批“中国金融生态城市”。

10. 全市开展“我为张家口发展献一策”人民建议征集活动。

“蓝鲸”杯感动2009·张家口十大新闻人物

（以姓氏笔画为序）

特别感动奖：“红一师”：走在阅兵方队的前列。

1. 王昌本：捡到巨额现金归还失主。

2. 李仲玉：勇挑重担，挑战极限。

3. 李铁：身残志坚自强不息的网上俄语翻译。

4. 李祥娥：当今社会的道德典范。

5. 周建成：矢志不移为城市奠基。

6. 周海鹏：我要做妈妈一生的依靠。

7. 侯玉琢：世界跆拳道赛场勇夺金。

8. 高佃亮：背着蔚县剪纸闯市场。

9. 郭建仁：新型农民的“领头雁”。

10. 抗击甲流先锋——河北北方学院附属第一医院院长舒丽莎。

新闻媒体驻张家口记者站名录

2009年，中央和省新闻媒体在张家口共有9家驻张记者站，分别是新华社河北分社驻张通讯站（站长：王陶原）、河北日报驻张记者站（站长：王翠莲）、河北经济日报驻张记者站（站长：常世荣）、河北人民广播电台驻张记者站（站长：杨捷）、河北电视台驻张记者站（站长：王俊清）、燕赵都市报驻张工作站（站长：李彦宏）、河北工人报驻张记者站（站长：郑军）、中国新闻社驻张记者站（站长：任运通）、长城网驻张记者站（站长：李宏）。

（刘永刚）

张家口市新闻工作者协会

张家口市新闻工作者协会成立于2005年7月21日，第一届理事会选举赵军湛为主席；选举刘勇、刘军、项道寅为副主席。2007年，补选刘喜为副主席。张家口市新闻工作者协会（简称市记协）是中共张家口市委领导的全市性人民团体，是由张家口市各新闻单位自愿组成的行业性协会，是河北省新闻工作者协会的团体会员，接受市委宣传部的业务指导，是党和政府同新闻工作者密切联系的桥梁和纽带。协会的宗旨是：团结全市新闻工作者，高举马列主义、毛泽东思想、邓小平理论旗帜，以“三个代表”重要思想为指导，以科学发展观为统领，全面贯彻执行党的基本路线和基本方针，坚持新闻为人民服务、为社会主义服务的方向，加强新闻队伍建设，维护新闻工作者的合法权益，推进新闻改革，开展新闻业务交流与合作，为繁荣和发展全市的新闻事业，推进全市经济社会各项事业的发展而努力奋斗。

2009年组织完成《2008年度张家口新闻奖》评选工作，共评出获奖作品100件，其中一等奖31件，二等奖69件。同时组织各新闻单位向省推荐参评《2008年度河北新闻奖》作品30余件，其中3件被评为一等奖，12件被评为二、三等奖；组织召开张家口市新闻界学习实践科学发展观研讨会，研究探讨新闻工作改革创新的途径和方法；按照冀宣发（2009）13号文件精神，对三项（三个代表重要思想、马克思主义新闻观、职业精神和职业道德）学习教育活动领导机构进行调整，建立三项学习教育活动领导干部联系点制度；结合庆祝第10个记者节，组织全市新闻界开展“双十佳”新闻工作者（通讯员）和优秀新闻工作者（通讯员）评选表彰活动；为庆祝新中国成立60周年和第10个记者节，组织新闻界开展国庆60年征文活动和“增强政治素质，提升职业道德，做新时代优秀新闻工作者”演讲比赛，举办全市新闻界书画摄影展，展出作品89件，活跃了新闻工作者精神文化生活；完成会刊《张垣新闻界》（季刊）4期的编辑出版工作，全年共刊登各类稿件95篇，会刊内容围绕市委、市政府2009年中心工作，突出学习实践科学发展观、推动新闻改革创新、庆祝新中国成立60周年和第10个记者节主题；成功举行新一届市记协换届选举工作。

2009年11月6日，张家口市新闻工作者协会第一届理事会举行全体会议，选举产生第二届理事会常务理事33名，李义当选为第二届理事会主席；赵军湛当选为名誉主席；刘勇、刘军、刘喜、项道寅、张志明当选为副主席。张家口市新闻工作者协会第二届理事会共有团体会员42个，理事64名。

（马耀成）

档案工作

【概况】 按照2009年全省档案工作会议精神和全市档案工作要点，张家口市档案局强力推进“两个翻番”（到“十一五”末市县国家档案馆面积和国家档案馆馆藏档案分别比“十五”末翻一番）。截至年底，全市各级国家档案馆面积14067平方米，馆藏档案888791卷，分别比“十五”末增长61%和55%。市国家档案馆馆藏档案数字化工程列入《2009年张家口市信息化工作要点》，被指定为“历史公共文献数据库建设”实施单位。张北县启动传统载体档案数字化工程，完成了35万页档案的全文扫描。全市家庭建档总数31280户。为更好地服务全市工作大局，全市各级档案部门进一步加强建设项目和企业档案工作，做好民生档案工作，夯实档案业务基础，加强档案执法检查和法制宣传，为全市档案事业更好更快发展奠定了坚实的基础。

【兴馆工程】 张家口市作为经济欠发达地区，县级国家综合档案馆馆库条件较差。17个县（区）国家档案馆建筑面积总计7269.9平方米，平均不到430平方米。为改变县（区）档案馆基础设施的落后面貌，2009年省档案局紧急召开全省县级国家综合档案馆建设规划专项编制工作会议并会同省发改委下发《关于做好中西部地区县级综合档案馆建设规划编制工作的通知》，市档案局紧急部署，周密安排，督导全市20个县（区）完成了综合档案馆建设规划工作。万全县委、县政府把国家档案馆新馆建设作为当地向新中国成立60周年献礼工程来抓。建筑面积4000平方米的万全县国家档案馆新馆正式开工建设。万全县国家档案馆新馆是省档案局提出“四大工程”后张家口市开工建设的第一座符合国家标准和具备“四位一体”功能的县级国家档案馆，为全市全面启动“兴馆工程”起到了示范作用。

【档案接收工程】 市、县两级国家档案馆大力推进档案依法接收工作。怀来县国家档案馆全年接收档案10309卷、4769件，馆藏档案数量达到116550卷、12768件，成为全市县（区）中第一个馆藏量突破10万卷的县级国家档案馆。万全县国家档案馆努力做到应收尽收，全年接收各类档案42040卷，31887件，馆藏总量达到85800卷；比“十五”末翻了两番。张北县专门召开会议对档案移交工作进行动员和部署，制定下发《张北县档案资源建设实施方案》，并组成督查组，加大督查力度，推进了档案移交工作的开展，全年接收档案24159卷，馆藏档案达到53139卷。尚义县、赤城县、桥东区、宣化区国家档案馆都已实现馆藏档案数量翻番。

【档案数字化工程】 市档案局根据市馆馆藏实际，制定《传统载体档案数字化加工项目建议书》，该项目分三步实施：一是对馆藏纸质档案进行数字化转换；二是对馆藏音像档案进行数字化转换；三是建立全市档案信息数据库群，包括电子目录数据库、档案全文数据库、照片档案数据库、多媒体数据库四部分，整个项目计划用5年时间完成。张北县为县国家档案馆投资40万元购置档案数字化设备，完成了馆藏档案3.1万条目录（约占馆藏档案的10%）的录入和2813卷、202件档案及355张照片共约35万页的全文扫描工作。

【家庭建档工程】 市、县（区）档案局注重增强公民的家庭建档意识。通过印发家庭档案宣传材料、新闻媒体报道、举办展览、讲座、在主城区悬挂宣传条幅等形式，广泛宣传家庭建档的意义，介绍家庭档案内容和整理方法，全市共印发宣传材料9500多份，举办家庭档案展览3期，培训家庭成员2000多人，推动了家庭建档工作的开展。

【重点建设项目和企业档案工作】 加大对已完工的张石高速公路、宣化污水处理工程、市垃圾处理工程和市长城药业技改等项目的业务指导力度。年内，冀中能源张矿集团康保煤矿技改项目和宣化羊坊污水处理工程项目通过档案专项验收。重点帮助指导张家口供电公司赤城分公司和河北盛华化工有限公司加强档案目标管理工作，通过国家二级档案目标管理认定。张家口供电系统实现国家二级“满堂红”。

【民生档案工作】 市国家档案馆接收市劳动和社会保障局档案2556卷，为今后企业职工查找工龄、办理退休手续、领取养老保险以及维护群众切身利益和合法权益打下了良好的基础。2009年，市国家档案馆进一步完善民生档案数据库建设，完成全部知青档案人名索引的微机录入，并在《张家口档案信息网》公布知青档案案卷目录794条，为社会群众提供了方便、快捷的服务。同时，市国家档案馆还开展了《张家口市惠民政策文件选编》编辑工作，搜集改革开放以来涉及百姓切身利益的政策性文件200多个，编制了文件目录索引，为群众提供查阅服务。

【跟踪督导市直机构改革撤并单位档案整理移交工作】 市档案局提出各机构变动单位档案处置意见，要求切实做好各种门类档案材料的收集、整理、保管和移交等工作，确保档案的完整与安全。这次机构改革中，涉改单位共清理整理档案10839卷、17514件。

【举办“档案记忆”馆藏珍贵档案照片展览】

市国家档案馆在本馆爱国主义教育基地，完成“档案记忆”馆藏珍贵档案照片展览布展工作，并对外开放。该展览以历史时间为主线，展出馆藏珍贵照片600多张。展览面积270平方米，制作展牌77块，展柜10个。

【围绕全市重大活动开展档案整理、征集工作】

市档案局重点指导了“学习实践科学发展观”和“作风建设年”活动所形成的文件材料的整理工作，并组织业务骨干整理全市两项活动形成的文件材料1400多卷。怀来县国家档案馆将中共中央政治局常委、中央政法委书记周永康和省委书记张云川、市委书记许宁视察该县的照片以及本县召开第八届、第十届葡萄节的照片40余张征集进馆。

【档案法制工作】 全市各级档案部门充分利用各种媒体，采取多种形式广泛开展档案法制宣传活动，促进档案普法工作向广度和深度发展，对全市580多个单位进行了执法检查。

【政府公开信息接收、利用工作】 年内市国家档案馆接收全市2003～2009年59个政府直属部门公开信息目录、指南和相关文件320多册，在《张家口档案信息网》提供政府公开信息目录和指南的网上查询。

（王树安）

综　述

张家口市卫生局是张家口市人民政府主管全市医疗卫生工作的职能部门。内设行政办公室、党委办公室、人事科、计财科、纪检科、老干部科、医政科、中医科、疾控科、法监科、基妇科、应急办、招标办、科教科、爱卫办综合科、医学会、综合审批科、新农合办公室、卫生信息中心、保健科共20个科（室）。

2009年，成立张家口市卫生局医改工作领导小组，组织实施深化医药卫生体制改革工作，负责贯彻落实省、市医改工作部署，组织推进和统筹协调全市卫生系统医改工作。先后组织召开了新医改研讨会、全市推进医药卫生体制改革暨基层卫生工作会议等，组织开展医改政策学习培训工作，提高了广大医务人员参与医改的积极性。

张家口市实施农村卫生建设项目102个，中央补助资金1.4亿元，可建总面积15.32万平方米。2009年底，已完成建设项目83个，其它项目也已开工建设。实施市直医院建设项目4个，其中，市第一医院内科病房楼建设项目投资5000万元，建筑面积19300平方米，已投入使用；市第五医院综合病房楼建设项目建筑面积14200平方米，完成主体建设；市第二医院整体搬迁项目建筑面积15000平方米，完成地上5层；市中医院综合病房楼建设项目建设面积19000平方米。

按照省、市基本药物制度改革的有关部署，在怀来、怀安、万全和崇礼县实施了基本药物制度改革试点，4个县的乡镇卫生院按照《国家基本药物目录》（基层版），全部配备使用国家规定的基本药物，待补助政策到位后，实行基本药物零差价销售。其他各级医疗机构都配备了基本药物，并按规定优先使用。

甲型H1N1流感防控

2009年4月，全球发生甲型H1N1流感疫情，并呈迅速蔓延态势。市卫生局迅速制定并采取措施，开展了甲型H1N1流感防控工作。9月，国内疫情形势严峻，市政府成立了防治甲型H1N1流感指挥部，制定下发8个工作方案、14道指挥长令和22条防治工作意见，开展全方位防控工作，取得阶段性胜利。强化疫情监测。建立健全甲型H1N1流感疫情监测、预警与报告网络体系，全市设立甲型H1N1流感哨点医院21家，积极开展流感样病例检测工作，共采集检测标本1352份。各级各类医疗机构实行关口前移、重心下移，落实门诊预检分诊制度，保证了甲型H1N1流感病例的早发现、早报告、早隔离、早诊断、早治疗。市、县疾控机构立足于防大疫、防爆发、防重症，成立甲型H1N1流感疫情应急处置分队62支，24小时待命，为及时有效处置疫情提供了保证。强化疫苗接种。全市设立疫苗接种点279个，已接种近22万份，未发生接种事故。强化重症救治。整合全市医疗资源，组建了两支重症与危重症病例救治医疗队和三支重症救治巡诊指导组，完善重症监护病房设备设施，做好抢救设备、抢救药品、救治技术力量、救治医疗梯队的建设，为重症与危重病例的有效救治提供了有力的技术与物质保障。加强学校防控，强化重点区域。重新制定和完善了《全市教育系统甲型H1N1流感防控工作方案》和《全市教育系统甲型H1N1流感防控应急预案》，采取加强应急值守、严格晨午检制度、加强室内通风消毒、缩短室内学习时间、严控大规模活动、取消补课和晚自习、实行零报日报制度、合理安排国庆放假和开展科普宣传等9项有力措施，确保学校防控工作有序、有力、有效地开展。充实物资储备，强化物资保障。筹措防控资金2540万元，用于购置设备、防护用品、消杀用品、治疗药品、试剂材料等防控物资。强化宣传引导。在全市各媒体开设专栏，广泛宣传甲型H1N1流感各项防控措施和预防知识，进一步提高了广大群众对甲型H1N1流感的正确认识和自我预防能力。加强督导检查，强化落实措施。市甲型H1N1流感防治指挥部组织开展了三轮全面督导检查，针对重点区域防控、定点医院和后备医院建设、应急物资储备等进行了督导检查，保证了各项防控措施有效落实，疫情得到有效控制。

农村卫生

2009年8月，市政府在张北县召开推进医药卫生体制改革暨基层卫生工作现场会，并在全市开展标准化、规范化乡镇卫生院示范县活动，崇礼县、怀安县、宣化县、涿鹿县、万全县于2009年底通过省卫生厅验收。市卫生局公开招聘17名具有执业医师资格的大学毕业生充实到6个县17个乡镇卫生院工作。对全市210所乡镇卫生院管理人员，内、外科医师、内儿科师进行了专业知识培训和临床进修学习，对3627名乡村医生进行了内儿科专业知识培训。争取到222个空白村村卫生室的建设项目。各县区按照乡村医生考核办法，对乡村医生进行考核，完成了7000名乡村医生的换发证工作。2009年，张北县、康保县启动农村居民健康档案试点工作。截至年底，两县已基本完成农村居民基本信息的收集、汇总工作，为31.15万农民建立居民健康档案，建档率60%。制定下发《张家口市促进基本公共卫生服务逐步均等化实施方案》和《张家口市乡村医生承担公共卫生服务补助办法》等医改文件。对乡镇卫生院院长进行了新医改政策的学习培训。确定怀安、怀来、崇礼、万全县为实施基本药物制度省级试点县，在全市基层医疗机构推行国家基本药物目录。

新型农村合作医疗

【完善补偿方案，提高保障水平】 根据河北省新农合补偿方案基本框架，以提高住院补偿和大病补偿为重点，调整补偿方案，适度提高各级医疗机构住院补偿比例和封顶线，扩大特殊病种大额门诊的种类和补偿比例，先后有5个县开展门诊统筹工作。全市农民参合积极性和受益水平进一步提高。2009年，参合农民273.1万人，参合率为87.1%，累计补偿90.98万人次，总受益率33.3%，较上年增加7个百分点；支出基金2.67亿元，累计补偿超过1万元的有2602人，较上年增加近1000人。总基金使用率为95.5%，统筹基金使用率达97.8%。住院农民实际补偿比为42.3%，平均每位住院病人可获得补偿1363元，较上年增加93元。

【健全管理制度，提高监管能力】 重新修订《张家口市新型农村合作医疗定点医疗机构管理办法》、《关于进一步加强市级定点医疗机构监管的通知》，制定下发《张家口市新型农村合作医疗定点医疗机构考核评估标准》，转发省卫生厅有关新农合规范管理的一系列文件，进一步强化各级卫生行政部门在定点医疗机构准入、监管、考核等工作的管理职责，强化定点医疗机构在新农合管理工作的自律机制建设。加强监督管理，完善月报告、季分析、季调度制度，强化对大、中型设备和二三线药品审批制，住院患者身份确认和24小时内信息录入上传，进行网上监控以及单病种总额付费等一系列管理措施。为严厉打击诈骗、套取新农合基金违法违规和犯罪行为，与市公安局下发《关于严厉打击诈骗新型农村合作医疗基金行为的通知》，开展专项整治工作。全年发现违规违纪现象、套取新农合资金的12起，涉及补助资金近15万元。

【加强监管力度，确保基金安全】 为有效遏制医疗机构借新农合政策随意加价、滥检查、滥治疗等加重农民负担的趋利行为，防范挂床、开假处方、造假病历等违规违纪现象发生，要求各县区卫生局定期对辖区内的定点医疗机构进行督导检查。市级也成立督导检查组对各县区进行不定期的督查，促使其规范医疗服务行为，提高医疗护理质量，做到因病施治，合理检查、合理用药。

【加强信息建设，方便农民报销】 为简化报销手续，方便农民就医，完善县、乡、村新农合“出院即报”制度，继续推行“一本通”管理，实现县区域内的网上审核、网上监管。积极做好县级平台与省级新农合信息平台的连接工作，力争按时实现市、县、乡三级定点医疗机构“出院既报”的目标。

【开展门诊统筹，扩大受益范围】 为进一步提高参合农民的受益水平，按照省卫生厅的安排，在怀安县开展门诊统筹试点工作的基础上，根据各县区工作能力、管理能力、统筹资金测算使用情况，10月，在蔚县、涿鹿、怀来、崇礼县启动门诊统筹试点工作。

城市社区卫生

按照《张家口市城市社区卫生服务建设与设置规划》，完成宣化区建国街社区卫生服务中心、宣化区工业街社区卫生服务站、桥东区陵园路社区卫生服务站的建设任务。截至2009年底已建成社区卫生服务中心23个，社区卫生服务站28个，街道覆盖率达到100%，人口覆盖率达到89%，基本形成比较规范、方便、快捷的“十五分钟健康服务圈”。继续开展创建“省级标准化社区卫生服务示范机构”活动和在桥西、桥东区开展创建“省级社区卫生服务示范区”活动，工人新村社区卫生服务中心等5所社区卫生服务中心及桥东区、桥西区通过省级验收。落实社区卫生公共卫生服务补助资金1113.32万元；为全市42个社区卫生服务机构配备医疗设备1100多（台）件，共计资金450余万元。11月11日，在全市统一正式运行社区卫生服务信息软件。

疾病预防控制

【抓好手足口病防控工作】　市、县卫生行政部门都成立了手足口病防控工作领导小组，制定并启动防控预案，加强手足口病疫情报告管理，确定市、县定点收治医院，组成市级专家组负责指导诊断治疗。市县疾控机构开展主动监测预警，主动搜索病例，指导防控措施落实，有效控制了疫情的蔓延。

【开展免疫规划工作】　加强接种单位管理，完成了预防接种资格证审验工作。进一步推进儿童预防接种信息化建设，全市全部接种单位实现网络上报儿童免疫接种信息。儿童“五苗”免疫接种率以乡镇为单位达到95%，乙肝疫苗入院接种以县为单位达96%，新生儿乙肝疫苗首针及时接种率以县为单位达90%以上，住院分娩新生儿乙肝疫苗首针及时接种率达100%。保持无脊灰状态，无预防接种责任事故。加强结核病防治工作，发现肺结核病人2672人，其中涂阳肺结核病人1789人，涂阴病人864人，积极开展结核病防治知识宣传，发放结核病预防控制宣传资料3万余份，展出结核病宣传展板6块。积极开展艾滋病防治工作，对艾滋病患者全部给予免费抗病毒治疗，并定期对患者进行随访。地方病和慢性病防治工作顺利开展，各级疾病控制和地方病防治机构认真落实各项防治措施，各种地方病和慢性病得到有效控制。

妇幼卫生

【妇幼保健】　在全市实施了降低孕产妇死亡率、消除新生儿破伤风、农村孕产妇住院分娩补助、农村孕前3个月和孕早期妇女增补叶酸预防神经管缺陷项目，进一步强化了县级妇幼保健机构和孕产妇抢救中心服务能力建设。年内有28661名孕产妇获得人均400元的住院分娩补助，19010名孕前3个月和孕期妇女免费领取了叶酸药品。尚义县为10000名35～59岁农村妇女免费进行宫颈癌、乳腺癌检查。全市所有县区实现了《出生医学证明》微机化管理。各县区按照母婴保健技术服务机构和人员的准入标准，对符合助产技术服务、终止妊娠手术、结扎手术机构和人员进行考核和换发证工作。积极配合计划生育部门开展性别比专项治理工作。落实出生婴儿三级预防措施。及时转发《河北省产前诊断技术管理办法实施细则》、《河北省产前筛查技术管理办法》、《河北省新生儿疾病筛查诊治管理办法》，市妇幼保健院积极创造条件开展产前诊断工作，顺利通过省卫生厅产前诊断中心的评估验收，新生儿疾病筛查率达到80%以上。对全市县级以上助产技术单位的妇产科医生进行孕产妇预防甲型H1N1流感的防控培训工作，实行孕产妇甲型H1N1流感月报告制度。积极参与和督导托幼机构手足口病的预防工作，指导托幼机构落实卫生保健工作，继续开展托幼机构卫生保健达标园和示范园活动。开展“孕产妇死亡、婴儿死亡和出生缺陷妇幼卫生监测”项目，开展孕产妇死因评审。

【健康教育】　继续开展“亿万农民健康促进行动”，利用农村广播媒体宣传健康及防病知识。落实《中国公民健康素养促进行动工作方案》和《河北省执行中央2008年烟草控制与健康素养项目实施方案》，普及基本健康知识，提高农民健康教育普及率、核心信息知晓率、健康行为形成率，进一步加强健康促进与健康教育能力建设。

医政管理

【完善医疗机构管理制度】　一是逐步完成善医疗机构的分级分类管理制度。合理布局医疗资源，明确并落实各级各类医疗机构的功能，特别是不同级别医院的功能和任务。开展对医疗机构审批行为的检查指导，完善医疗机构管理信息系统。完善医疗机构管理的其他有关制度。二是启动医疗机构临床重点专科建设工作。在市120急救中心设立全市急救调度指挥系统。三是完善医疗机构科室管理。重点是急诊、重症医学科、病理、营养、麻醉、血液透析室、手术室等科室的设置和管理规范，并组织实施。四是继续做好医师管理工作。组织实施2009年度年度医师资格考试工作。参考人员3000余名。

【建立医疗质量管理控制体制】 逐步建立完善医疗质量管理控制体制和体系。一是建立完善医疗机构管理的法规制度。加强医师管理医疗质量管理和控制体制，完善医疗质量管理和控制体系，制定单病种医疗质量控制标准，制定重点部门医疗质量管理和医疗质量控制标准，如重症医学科、急诊科、手术室、临床实验室等。二是建立医疗技术临床准入和管理制度。按照《医疗技术临床应用管理办法》，逐步建立医疗技术分级分类管理和准入制度。对重点医疗技术实施国家级准入和管理，如神经血管介入、干细胞移植、人工关节植入等。对不具备资格的医疗机构和有关的医疗技术人员进行监督检查和清理整顿，进一步规范医疗行为，确保医疗安全。三是进一步规范医疗服务行为。继续完善医疗服务标准体系。推动《临床技术操作规范》和《临床诊疗指南》临床应用。四是进一步加强医疗机构药物临床应用管理。建立统一、规范的药物临床应用管理机制，推进临床合理用药。加强合理用药监测工作，建立覆盖二级以上医院的监测系统，建立覆盖全国的基层医疗机构抗菌药物临床应用抽样监测系统，完善药物合理使用和不良事件监测制度，增强对药物不良事件的敏感性并有效应对，实现安全、有效、经济的临床合理用药目标。继续推进“抗菌药物临床应用监测网”和“细菌耐药监测网”监测工作，促进抗菌药物临床合理用药。继续推进《处方管理办法》和《抗菌药物临床应用指导原则》的实施工作。开展基层医疗机构抗菌药物临床合理应用培训工作。

【继续做好重大传染病、突发公共卫生事件医疗救治】 一是完成组织三鹿奶粉事件患儿的救治。救治患儿957人。二是组织实施手足口病重症病例的救治。三是组织实施甲型H1N1患者的医疗救治的准备工作。健全组织领导机构和市县区领导小组和专家组，确定市县定点医院，完成重症患者的会诊和抢救。

【加强血液管理，保证临床用血安全】 一是继续推动无偿献血工作。注重自愿无偿献血队伍建设，提高献血服务质量。全年采集血液总人次22316人次。采集血液总量42808单位。二是贯彻落实《采供血机构设置规划指导原则》，逐步建立并完善采供血网络建设。力争做到血液供应横向到边、纵向到底。三是进一步完善血站质量体系建设，继续开展督导工作，提高血液质量，保证血液安全。继续贯彻《输血技术操作规程》。四是按照《临床用血管理办法》和《临床输血技术规范》，完善临床用血的评价体系，推进临床合理用血。五是贯彻落实《单采血浆站管理办法》和《单采血浆站质量管理规范》，促进浆站质量规范化的建设。

【促进护理事业健康发展，加强医院感染管理工作】 一是进一步贯彻实施《护士条例》和《中国护理事业发展规划纲要（2005～2010年）》的各项措施，组织开展实施情况的调研和评估。二是开展专科护理领域护士的专业化培训。根据《专科护理领域护士培训大纲》的有关要求，进一步开展并完善重点专科护理领域护士骨干的培训，逐步规范专科护理领域护士的培训，促进临床护理的专科化发展。三是加强护士执业注册信息系统应用管理，进一步规范并完善护士执业注册工作。换证护士4606人。四是进一步贯彻落实《医院感染管理办法》和相关技术性规范，加强重点部门、重点环节的医院感染控制工作，保证患者医疗安全。

【继续做好防盲治盲、戒毒和医疗康复、医疗事故处理等工作】 一是贯彻落实《全国防盲治盲规划（2006～2010年）》，加强统筹管理，落实工作任务并做好评估工作，全面推进防盲治盲工作。通过“中西部地区儿童先天性疾病和贫困白内障患者复明救治项目”的实施，继续开展中西部地区贫困白内障患者复明救治工作。二是做好《禁毒法》贯彻落实工作，根据国家禁毒委的统一部署，规范戒毒医疗机构服务行为，继续做好开展禁毒人民战争有关工作。三是加强康复工作的调研和指导，研究提出推进医疗康复工作的政策措施。加强综合医院康复科建设，提高康复医学发展水平。积极开展唇腭裂救治和防聋治聋等公益项目工作。四是按照《医疗事故条例》的规定，及时移交有关医疗事故的处理工作。受理了19例，其中9例定为医疗事故，10例未构成医疗事故。五是及时完成了涉及医疗管理方面的信访工作。

【继续做好万名医师下乡对口支援农村卫生工作】

根据国家卫生部的要求，2009年，继续开展医师下乡对口支援农村卫生工作。对3年来全市二级医院对口支援农村卫生工作的区县进行了调整。安排42家二级以上医院133名医师对口支援农村的县医院和农村的中心卫生院。截至2009年底，11家三级支援医院共诊疗病人13560人次；手术753例；抢救危重病人410人次；讲课198次；培训5100人次；开展新技术、新项目19项；开展巡回医疗16次；巡回医疗受益人数3340人次；帮助受援医院完善相关制度20项；免费接受受援医院进修人数13人；赠送医疗设备价值23600元；市卫生局安排的39家二级支援医院共诊疗病人6320人次；手术468例；抢救危重病人116人次；讲课210次；培训3250人次；开展新技术、新项目12项；开展巡回医疗23次；巡回医疗受益人数5600人次；帮助受援医院完善相关制度6项；免费接受受援医院进修人数8人；赠送医疗设备价值12000元。

卫生执法监督

【进一步加强卫生监督体系建设】　建立和完善卫生监督进农村、进社区长效机制，加强卫生监督队伍规范化建设，卫生监督网络进一步健全，卫生监督能力和执法水平进一步提高。

【加强食物中毒防范工作，消除食品卫生安全隐患】

认真开展“食品质量安全年”活动。制定张家口市餐饮业食品质量安全年行动工作方案，市、县（区）、乡（镇）三级建立全覆盖、无缝隙的食品安全监管体系，全市出动执法人员5600多人次，车辆1367台次，检查餐饮单位12701户。

【加强食品卫生监督量化分级管理】　全市餐饮单位食品卫生监督量化分级覆盖率达100%，食品卫生A级和B级单位达到餐饮业总数80%以上。

【加强法制宣传】　组织开展了《食品安全法》宣传咨询活动，出动监督员109人次，发放宣传材料7000多份。

【实施公共场所卫生监督量化分级管理制度】　按照省卫生厅的要求，对全市住宿业、美容美发场所、沐浴场所、游泳场所等公共场所实行量化分级，市住宿业量化分级制度实施率达到100%，美容美发场所、沐浴场所、游泳场所的实施率达到80%以上；卫生信誉度A级公共场所挂牌率达到80%以上，B、C级的挂牌率达到50%以上。

【加强国庆、中秋双节期间食品安全工作的督导检查】　各级卫生监督部门出动卫生监督员2597人次，监督车辆753车次，检查各类餐饮单位2149户。

【依法开展卫生许可工作】　全年共受理卫生许可2079件，按时办结率达到100%，无一例投诉。

卫生科教工作

【继续医学教育工作】　2009年，全市申报省级继续医学教育项目65项，经省专家评审，批准37项，申报项目逐年提高。对全市17个单位进行了继续医学教育验证，共验证2008个。继续医学教育的内容涵盖基础医学、临床医学、公共卫生、预防医学、护理学、口腔医学、卫生事业管理等学科。

【医学科学技术研究项目管理工作】　经市科技局鉴定批准2009年获市级医学科技进步奖共10项，其中二等奖4项，三等奖6项；市级医学科学技术研究与发展指导计划项目25个，指令性项目3个。获河北省医学科技二等奖1项。

【开展科技活动周活动】　按照省卫生厅及市里的安排部署，于5月16日，由主管领导带队，组织市第一医院、妇幼保健院、中医院、卫生监督所等单位，举办“关爱基层，服务百姓，携手建设创新型国家”专题科普宣传活动启动仪式暨宣传咨询活动。

【开展全科医师、社区护士及社区卫生服务人员岗位培训】　2009年，全市选派全科医师骨干19名，社区卫生服务管理人员45名，卫生技术人员63名到省统一接受培训；培训全科医师180名，社区护士200名；卫生适用技术进社区培训人员455人，其中医师254名，护士201名。培训合格率达100%。

【农村卫生技术人员培训工作】　2009年，通过好医生医学教育中心制作的视频课件和提供的视频教学管理平台，对全市210所乡镇卫生院的在职卫生技术人员进行培训，培训人数1451人。制定《张家口市乡镇卫生院卫生技术人员适宜技术实施方案》，召开乡镇卫生院卫生技术人员适宜技术培训启动会，邀请好医生网站的技术人员对各县、区负责乡镇卫生院适宜技术培训、农村卫生人员培训项目工作的科教科、基妇科科长及负责视频教学系统的工作人员进行了前期培训。考核及格率达到95%，通过补考及格率达到了100%。获得全省第一的好成绩。

【甲型 H1N1 流感防控知识培训】 制定印发了《张家口市防治甲型 H1N1 流感技术培训方案》，就培训目标、培训对象、培训内容、培训形式作了安排。在全市进行三轮系统化全员培训，包括各级各类医疗机构中的卫生技术人员、管理人员、急救人员、疾病控制和卫生监督人员，学校、幼托机构医务人员及乡村医生。分别按不同的类别进行相关知识的强化培训，共培训 18886 人，A 类试卷考试合格率100%。

中医工作

【加强农村中医三级网建设】 认真实施《农村卫生服务体系建设与规划》加强县级中医医院、乡镇卫生院中医科、村卫生室中医力量建设，完善农村中医药服务网络，为农村中医药发展提供坚实的组织保证和物质条件。加强农村中医药人才培养，全面提升农村中医药服务能力和水平。重点开展对乡村两级卫生技术人员的中医药知识与技能培训。继续对乡村中医开展了中医中专学历教育，提高乡村两级中医药服务水平。全年有120多人报名学习。

【加强中医专科建设】 根据《国家中医药管理局“十一五”重点专科（专病）项目建设管理办法》和《国家中医药管理局“十一五”重点专科（专病）项目建设目标与要求》的有关规定，对全市特色专科建设项目中医院进行指导。

【规范中医医院名称】 根据国家中医药管理局《关于中医医院名称、科室名称、人员配备等有关问题的通知》，为保持发挥中医药特色和优势，引导中医医院坚持以中医为主奠定了基础。

【完成中医执业医师报名考试和中医全科医师的师资培训工作】 全市有700多人报名并参加了中医执业医师考试。有10人参加了培训班。

【实施中医项目建设】 包括农村常见病多发病中医药适宜技术推广项目，安排3个中医药适宜技术推广项目县；中药房建设项目，6所县级中医院中药房为项目建设单位；专科专病建设项目，7所县级中医院特色专科为项目建设单位；急诊急救能力建设项目，6所县级中医院为项目建设单位；中药制剂能力建设项目，市中医院为项目建设单位。

卫生应急

【提高认识，加强组织领导】 专门成立甲流防控指挥部，严格落实24小时领导带班和值班制度，确保信息报告及时、准确和渠道畅通，确保一旦发生突发事件能有效快捷的得到处置。

【加强鼠防工作，确保工作万无一失】 各监测单位全部使用“鼠疫防治信息管理系统”上报鼠疫疫情信息。适时开展了春季灭鼠活动。灭后的鼠密度较灭前有了明显降低，有效控制了鼠密度。

【加强培训演练，提高应急处置能力】 结合实际，重点进行甲型 H1N1 流感防控培训和演练。专门针对甲流举办“全市定点医疗机构甲型 H1N1 流感防治知识培训班”，对甲型 H1N1 流感防治相关法律法规及预案、诊疗方案、个人防护、消毒处理、隔离控制等知识进行重点培训，进行了医务人员进出传染病区规范流程演练。

爱国卫生

【开展“清洁城乡、保护健康”活动】 发动群众5万人，出动车辆5136台次，清除垃圾36811吨，清除卫生死角1515处，规范治理农贸市场40个。先后3次对中心城区“门前三包”责任制落实情况进行专项督导检查，检查商户1200余家，责令整改361户，清除乱贴乱画、乱摆乱放1000余处，发放宣传资料482份，“门前三包”责任书签订率98%以上。

【开展重点区域消毒】 全年共出动7.5万人次，预防性消毒2.5万个重点区域，喷洒消毒液12.5万千克，累计消毒面积达2027万平方米。

【开展春季灭鼠活动】 投入灭鼠经费100余万

元，购买和配置毒饵103吨、毒饵盒约2.4万个、粘鼠板5800个和鼠夹6770个。全市外环境鼠密度由灭前的3.03%降至1.09%，公共场所的鼠密度由灭前的2.53%降至1.13%，居民区鼠密度由灭前的2.17%降至0.98%。创建省级卫生村23个，省级卫生单位16个。

（杨亚波　姚向前）

张家口市中心血站

张家口市中心血站是经河北省卫生厅批准的全市唯一专业性采供血机构，是不以营利为目的的公益性卫生事业单位。承担着辖区内近百家医疗卫生单位临床用血服务和指导工作，年采血量800多万毫升。建站以来始终坚持以"保证临床医疗用血需要与安全，保障献血者和受血者身体健康"为服务宗旨。认真贯彻落实《中华人民共和国献血法》、《河北省实施<献血法>办法》，严格执行新的《血站管理办法》、《血站质量管理规范》《血站实验室质量管理规范》等相关法律法规，进一步贯彻落实卫生部"QMS"标准，科学严谨、实事求是、依法办事，不断充实、完善和发展全市输血工作，推动张家口无偿献血事业的健康发展。

血站始建于1981年10月，占地5900平方米，建筑面积4200平方米，业务用房3600平方米。现有行政业务科室16个，在职职工103人，离退休职工37人。各类专业技术人员77人，其中高级职称10人，中级职称31人，初级职称36人。拥有国际先进水平血液检测设备——全自动血液样品处理系统及全自动酶联免疫系统、全自动血型仪、全自动生化分析仪、低温水浴血浆融化箱、医用病毒灭活箱、多功能血细胞分离机、大容量低温离心机、酶标仪、洗板机、PCR扩增仪、无菌导管连接器、大型进口储血冰箱等高精检测仪器和设备。有专业采血车5辆，送血车4辆，公务用车1辆。固定资产2824万元。血站可为七区十三县一百多家医院提供去白全血、机采血小板、病毒灭活血浆、悬浮红细胞、Rh（－）血等十几种血液产品，同时为临床提供疑难配血、疑难血型鉴定、新生儿溶血病检测等临床输血技术咨询与服务，并为无偿献血者提供献血咨询、血液采集、血液返还等献血服务。

2000年以来，血站先后获得省卫生厅、省红十字会"无偿献血促进奖"、省文明委"文明服务三星级单位"、市级"文明单位"、市文明委"示范窗口单位"等多项荣誉称号。连续13年在卫生部临床检验中心组织的"全国血站实验室室间质评"中获得优秀。

2009年，全市无偿献血总人数22316人次，临床供血量809万毫升，供机采血小板1147个单位，供血浆385万毫升，临床成分血使用率95.86%。供血科保证24小时不间断供血，确保临床用血安全，满足了全市临床医疗及抢救用血需求。

站　长：赵　锋

（王　侠　杜利树）

张家口市第一医院

张家口市第一医院是一所具有近70年历史，拥有固定资产2亿元的市直最大的集医疗、预防、急救、教学、科研、保健为一体，以心血管内科、内分泌、肾内科、老年病、神经内科、普通外科为特色的大型综合性准三甲医院。同时也是张家口急救中心、国际紧急救援中心网络医院。医院占地43.5亩（2.9公顷），建筑面积573420平方米，现有职工808人，其中卫生技术人员712人，高级专业技术人员83人，中级专业技术人员169人。2009年，医院完成业务收入13837.1万元，完成门诊量171120人次，住院人数5120人次，治愈好转率95%以上。年内荣获市扶贫开发工作先进单位，三八红旗集体，全市第三届护理技能竞赛团体成绩第二名，全市卫生工作目标考核优胜单位，全市基层医疗卫生项目建设先进单位。

"5.12国际护士节"表彰了前10名技术操作四项全能和前22名单项优秀人员，5名护士进行了事迹演讲；9月在全市护理技能操作比赛中市第一医院获团体第二名、个人全能第二名和第四名；连续两年在河北省卫生厅质量管理年及质量万里行评审活动中被评为省级先进集体。

心内科年内完成冠脉造影138例，PTCA＋支架植入术100例，率先在全市开展血栓抽吸术、主动脉气囊反搏治疗及先心病封堵术，心脏起搏治疗达到国内先进水平。外一科顺利完成多例高龄病人的重大器官植换手术，填补了全市的空白。

10月18日，投资4500多万元新建的内科病房楼和行政办公楼落成剪彩并投入使用，新增内科病区3个，床位数由400张增至600张，全院可开放床位800张；年内对旧病房楼进行改造，全院资产总额2.43亿元，固定资产1.85亿元，提高了医院的综合竞争实力；利用国际贷款180万美元购买64排CT、V7彩超等先进设备；新建PCR病毒检测实验室、组建肾内科、VIP（特需病房）病区，细化了五官科等专科，为眼科配备高档治疗设备；门诊楼增加抽血人员和固定场所，住院病区增加超声检查室，方便患者就医。

院　长：乔春友

（魏雅鸿　果　汁）

张家口市建国医院

张家口市建国医院建于1985年，是一所集医疗、预防、教学、科研、保健为一体的综合二级甲等医院。医院占地50亩（3.3公顷），建筑面积15000平方米，设置科室37个，病床300张，基础设施完善。现有职工420人，其中正高职称28人，副高职称51人，中级职称112人。拥有月亮神伽玛刀、美国GE16排多层螺旋CT、大型C臂血管造影机、德国西门子800毫安X光机、彩色超声诊断仪、CR数字化影像系统、中央心电监护系统、多功能心电图机、心脏除颤仪、生命体征监护仪、经颅多谱勒、日立全自动生化分析仪、雅培全自动化学发光仪、五分类血球计数仪、血液透析设备、腹腔镜及各种内窥镜等设备，已形成心血管、呼吸、神内、介入、肿瘤、骨外、颅脑外科等多个在社会上有一定影响的重点专科。

医院是省定惠民医院、市扶贫医院、是河北北方学院、张家口教育学院的教学医院，是河北省司法厅认定的张家口市法医鉴定中心，是医疗干预家庭暴力定点医院，是122交通事故急救合作单位。担负着对口支援、卫生下乡、意外灾害事故的医疗急救以及全市干部群众、大中专院校、中小学生健康体检任务。先后获得省示范医院、三星级医院、文明单位、实绩突出领导班子等60多项荣誉。

2009年，全年门诊人次为112389人次，住院人次4310人次，总收入达5893.79万元，比上年增长968.11万元，增长为19.65%。

在医疗方面，重点加强医疗管理，依法规范医师的执业行为，完善医疗质量管理体系；健全院、科两级病历质量管理缺陷管理机制；完善医疗质量控制方案、评价标准与奖惩措施；强化13项核心工作制度。狠抓继续教育培训，组建急救医疗梯队，规范了应急预案，做好应急工作。在护理方面，加强护理安全管理力度，保证患者安全。坚持定期组织开展专科知识和实际操作考试、新理论技术讲座、技能考试。加强质量检查，提高护理质量。

在开展新技术新项目方面，医院在全市独家引进体外电容场热疗机，为治疗前列腺等疾病开辟新渠道；呼吸科开展“蒸馏水激发试验”在支气管哮喘诊断中的应用，在全市亦属独家；骨科积极开展颈椎治疗新技术；护理开展PICC新技术，收到良好效果。

院　长：李　俊

（张　军）

张家口市沙岭子医院

张家口市沙岭子医院是一所以防治精神疾病为主的市属二级医院。1997年经省卫生厅批准为“张家口市精神卫生中心”，也是张家口市心理卫生、癫痫病治疗中心，是河北省精神卫生事业的骨干力量。设科室24个，其中职能科室10个：院长办公室、党委办公室、人事科、保卫科、财务科、总务科、伙食科、医务科、护理部、老干部科；临床、医技科室14个：精神一科（女病房）、精神二科（男病房）、老年儿童精神科、心理科、癫痫科、内（儿）科、外科、妇产科、手麻科、检验科、功能科、放射科、药剂科、门诊部。其中精神科、心理科为市级重点学科。为方便患者就医，在张家口市西坝岗设有心理分院。医院组建于1950年，总占地面积129000平方米，建筑面积18900平方米。编制床位502张，现实际开放床位350张，业务范围覆盖张家口全市及晋、冀、蒙周边40多个县（区、旗）1500多万人口，年门诊量45000人次，年收治住院病员2000余人次。

2009年，共完成门诊病人41535人次，住院病人1696人次。医院实现业务收入2428万元，较上年同比增加550万元，增长率29.3%，再创历史新高。

为落实“医疗惠民工程”，按照省卫生厅《关于设立“惠民医院”和“惠民病房”、方便贫困患者就医的意见》精神和要求，结合医院实际情况，制定关于建立“惠民病房”具体措施。在各科、各病区均设立了“惠民病房”，对贫、困、重、五保患者减免医药费用17359万元。圆满完成医疗对口支援，卫生支农工作。为怀安县左卫镇乔子沟村提供帮扶资金5000元，支援宣化县赵川镇黄土坡村道路硬化资金3000元，组织医疗队深入帮扶村开展义诊2次，免费检查300余人次，免费检查、免费发放药品价值近5000元。2009年，与市残联合作在医院建立了精神残疾人托养服务中心，托养20人。组织完成残疾鉴定3000余人次。

2009年，协助市救助站收治流浪乞讨精神病人44

名，派出出诊和义诊医务人员30余人次。完成司法鉴定案例23例。组织完成司法鉴定中心能力验证工作。

医院被授予“市级文明单位”，“市级安全生产管理先进单位”和“市级消防工作先进单位”。精神科米千林同志被授予张家口市卫生系统“十佳护士”和“全国医药卫生系统先进个人”称号。

院　长：赵振龙

（马瑞富）

河北北方学院附属第一医院

河北北方学院附属第一医院前身为张家口医学院第一附属医院，始建于1938年，现已发展成为一所集医疗、教学、科研、保健和康复为一体的大型省属综合性三级甲等医院。

医院占地面积10万余平方米，建筑面积14万余平方米，编制床位1300张。医院在职职工1283人，校编23人。其中，卫生技术人员占78%，高级职称200人，中级职称338人。硕士研究生导师15人，4位专家享受政府特殊津贴。医院设置临床科室30个，医技科室17个，职能处室32个；住院病区19个，30个教研室，3个科研机构，12个专业技术委员会。医院年门诊40余万人次，住院近3万人次，医疗服务覆盖河北、山西、内蒙三省区交界地区。医院同时也是河北北方学院第一临床医学院，承担16000多学时的课堂教学任务，接收硕士生、本科生实习、见习医师千余人次，接收省内外进修医师100余名，近年培养硕士研究生100余名。

医院投资新建62000平方米现代化、功能齐全、设施完备的新门诊大楼和住院楼。医院拥有西门子数字平板血管造影机、东芝64排螺旋CT、飞利浦IE33彩色超声诊断仪、日本阿洛卡α10彩色超声诊断仪及每小时4100测试的日立7600－110型大型全自动生化分析仪等各种先进的医疗设备1000台（套）。医院现已熟练开展冠脉搭桥、心脏介入、全髋关节置换、断肢（指、趾）再植、心脏瓣膜置换等体外循环直视下手术，成功开展亲属间活体肾移植手术，及普外、妇科、泌尿、儿外科等多学科腔镜手术等。

2009年，医院门诊急诊量38万余人次，住院人数较上年增加17.5%；手术较上年增加7.3%；平均开放床位数较上年增加79张；病床使用率122.82%，较上年增加9.8个百分点；床位周转39.5人次/床，较上年提高了18%；治愈好转率97.6%；危重病人抢救成功率95%，较上年提高了两个百分点；病死率0.88%，较上年下降0.12个百分点；平均住院日12天，较上年缩短1天。在继续实施原有30个病种临床路径的基础上，进一步扩大临床路径的实施范围。被省卫生厅确立为临床路径管理试点医院，妇科和耳鼻咽喉头颈外科成为试点科室。

做好医疗惠民及万名医生支援农村工作。2009年为49位患者减免医疗费19.8万元；选派医生对口支援康保县医院，对赤城和万全县医院进行多次走访和调研，根据需求制定有针对性技术指导计划，医院接收、培训县、乡进修医师124名。医院积极医疗卫生下农村活动，全年开展各种形式的义诊咨询活动10次，为2000多名群众提供免费医疗服务。

医院全年完成全日制学生理论教学及成教学院理论教学总计14375学时，承担临床医学本科教学高职授课率达到85%。完成河北北方学院各专业总计386名实习生的毕业实习教学并对2004级临床医学专业167名毕业生进行16项临床基本技能操作集中考核和点评，接受河北北方学院各专业的临床实习教学总计331人，接收其他院校实习学生66人。选派本院医护人员到北京及省市内8所实习医院实习。召开临床实践教学管理工作研讨会，特邀中国人民解放军总医院（301医院）等10所实习医院代表出席，进一步加强与各实习医院的友好交流与合作。

2009年医院在各级科研主管部门课题立项46项，其中省科技厅指令项目3项，张志华教授带领呼吸内科成功申请到国家“十一五”重大科技攻关项目子课题。全年获得各级科研奖项11项，其中张家口市科技进步二等奖7项，科技进步三等奖4项，在各级学术期刊上发表论文102篇，发表核心期刊占98.04%。5月22日，医院举行第六届科技大会，对2008年度医院开展的36项新技术、新项目及2008年取得市厅级一、二等奖的15名先进科技工作者予以表彰。

近年来，医院多次受到上级表彰，先后被授予国家级“爱婴医院”、全国百姓放心示范医院、河北省文明单位、河北省五一劳动奖状单位、河北省2008年度创建“诚信医院”活动先进单位、“省级医院文化建设先进单位”、“三星级文明服务窗口单位”、张家口市文明单位、医保群众满意单位、“3.15百姓最满意单位”、张家口市首届群众评选为“诚信医院”等荣誉称号。

院　长：舒丽莎

（张亚松）

中国人民解放军第二五一医院

中国人民解放军第二五一医院是全国首批三级甲等数字化医院，是各类医保定点医院、新农合定点医院、商业保险定点医院、工伤保险定点医院。连续四年以总分第一的成绩被评为张家口市“AAA级诚信医院”、连续两届被河北省消费者协会授予“消费者信得过单位”。2009年7月，被评为全国诚信文明示范医院。

中国人民解放军第二五一医院始建于1946年，其前身是晋察冀军区后方医院，先后参加过清风店战役、平津战役和抗美援朝战争。2009年门诊量60万余人（次）、收容量5万余人（次）、手术量1万3千余台（次）。展开床位1900余张，设有53个专业学科、35个护理病区，历经63年的不断发展，目前已成为集医疗、教学、科研、康复和预防保健等多项功能为一体的综合性医院。

医院现有先进的3. 0T双梯度磁共振、64排128层容积CT、德国Thessys椎间孔镜脊柱微创系统、直线加速器、伽玛刀、实时心脏三维彩超、数字平板减影机、绿激光治疗仪、胃食道反流病微量射频治疗仪、全自动生化分析仪、多功能体外冲击波碎石机等总价值近3亿元的高精尖医疗设备，为临床准确诊断、治疗、教学及医学研究提供了良好条件。医院人才济济，拥有一批成果卓著、医术高明、经验丰富的专家，先后创建了全国首个国家医院运行机制研究基地，成立了全国第二家胃食管反流源性呼吸困难诊治中心，目前医院拥有3个全军中心，7个北京军区中心和一大批优势学科群。医院综合实力不断增强，科技进步不断迈上新台阶，现已成熟开展了众多处于军内、国内先进水平的各类手术：经腹腔镜多脏器手术、经脐腹壁无瘢痕腹腔镜胆囊切除术、大动脉血管置换术、脑血管畸形切除术、椎体成型微创手术、绿激光治疗前列腺增生，胃食管反流病射频治疗、世界先进起搏器（三腔起搏+除颤）植入术等手术。凭借着精湛的技术、优秀的人才和先进的设备，2009年医院开展新业务新技术26项，发表学术论文749篇，获军队医疗成果二等奖1项、三等奖3项，军队科技进步三等奖和河北省科技进步三等奖各1项。与其它单位合作，获军队军队科技进步二等奖1项、军队医疗成果三等奖1项。

近年来，医院积极适应医疗卫生事业的发展和新医改政策的落实，坚持一切为了病人，为了病人一切，为了一切病人这一服务理念。以卫生部医院质量管理年活动为契机，狠抓医疗核心制度落实，确保医疗安全及环节质量的管理，提出了向质量要效益，靠创新求发展的管理理念。新建成集智能化数字化于一体的现代化内科病房楼，为广大军民提供了更加舒适、便捷的就医和住院环境；率先在驻地开通城镇医保、新农合医疗和驾驶员健康体检系统。满足患者服务需求，改变门诊布局，将挂号收费室调整至门诊大厅，实现医疗服务前移；巩固发展医院信息化建设，为病人提供方便快捷服务；开展医德医风教育，坚持合理用药，树立军队医院良好形象，为患者提供廉洁、合理、有效的治疗和服务；引入社会监督机制，面向社会公开招聘服务监督员，促进医院治疗和服务水平整体提高；积极开展双向转诊，成功推行159个单病种医疗限价服务，开通城镇医保和新农合医疗系统，与周边晋冀蒙62家联合体医院、驻地35家社区卫生机构签订新农村合作医疗和双向转诊协议，与地方联合开展“百岁寿星追访工程”、“童心救助工程”和“复明工程”，医院先后投资20余万元为先心病患儿和白内障患者实施手术103例，赢得当地群众的赞扬；面对甲型H1N1流感疫情，医院迅速成立甲流防治领导小组，完善发热门诊，改建标准实验室，购置药品、口罩及防护服，同时，医院还积极支持周边及下级医院甲型流感防治工作，下发了宣传手册、宣传画页、光盘等，被张家口市评为疾病防治工作先进单位。此外，医院还忠诚履行军队医院的职能使命，2008年12月至2009年6月，医院抽组47人执行首都国庆60周年阅兵卫勤保障任务，圆满完成了医疗保障任务，被北京军区联勤部评为首都国庆阅兵后勤保障先进单位。2009年7月医院抽组43人医疗队赴利比里亚执行维和任务，到达利比里亚后克服卫生条件极差，艾滋病、疟疾、霍乱等瘟疫肆虐的恶劣环境，出色地完成维和任务，联利团给予高度评价，全体官兵被联合国授予一级和平勋章。

中国人民解放第二五一医院将继续秉承“以病人为中心、以军队伤病员为重点，平时保健康、战时保打赢”的宗旨，以一流的技术、一流的服务、一流的环境、一流的设备服务于广大军民。

院　长：刘爱兵

政　委：朱护峰

（石德光　韩　霄　刘英玲）

综　述

2009年，全市体育工作在社会体育、竞技体育、体育产业、全民健身等方面取得较好成绩，在张家口市首届马拉松比赛、“8月8日”全民健身日展示活动、8月10日体彩燕赵行·走进张家口公益晚会、进村帮扶、协助举办崇礼国际滑雪节等专项工作中，圆满完成了任务。

完成了运动项目管理体制改革。结合张家口市体育工作的实际，采取自筹资金、市场化运作建设1个全民健身中心。举办教练员、裁判员培训班3次，近200人，集训基层运动员500人次。

在国内外重大比赛中取得优异成绩。张家口市优秀运动员在国际、国内重大比赛中，共获得2枚金牌、1枚铜牌，其中世界冠军1个。在第十一届全运会上，张家口市有14名运动员入选河北省体育代表团参加比赛，获得1枚金牌、1枚铜牌。

全民健身活动蓬勃开展。举办了张家口市首届马拉松比赛，178名长跑爱好者参赛，其中男选手148名、女选手30名。

加强高水平训练基地建设。张家口市第一重点少年儿童业余体校荣获全国2009年高水平训练基地称号。

体育产业迅猛发展。从2000年至今，利用体彩公益金安装了全民健身路径、全民健身示范工程、农民体育健身工程等惠民工程779个，配套器械3000件（套），总投资2712万元。体育产业有了较大发展，全年各项比赛共取得社会赞助36.8万元。2009年4月1日，张家口市全民健身中心正式开工建设，预计2010年8月底竣工并投入使用。依靠外力，全方位拉动，积极争取具有地域特色的体育品牌项目。崇礼滑雪体育旅游产业发展迅猛，基础设施建设，滑雪设施都有较大改善，各家滑雪场规模都有所提高。

社会体育

2009年，成立张家口市金辉乒乓球俱乐部、张家口市无线电协会。全市有单项运动协会14个，俱乐部5个，青少年俱乐部1个，共有各类会员2000余人。组织各类体育活动25项次，其中全国比赛3次，省级比赛1次，市级比赛21次。在第十一届全国运动会上，派出14名选手参赛，获得金牌1枚，铜牌1枚。全市有健身指导站（点）112个，常年坚持健身人员4528人。全市有国家级农民健身工程175个，省级农民健身工程106个。举办健身腰鼓培训班，对市区桥东、桥西、高新3区25个指导站近200名学员进行了培训。全市有国家级社会体育指导员6人，一级社会体育指导员93人，二级社会体育指导员1232人。对全市党政机关单位干部、职工500余人进行了大众广播体操培训。

竞技体育

全年有223人考取国家二级以上裁判员，其中国家一级裁判员10人、国家二级裁判员213人。2009年9月，跆拳道运动员侯玉琢在山东省滕州市举行的第十一届全国运动会跆拳道女子57公斤级比赛中获得1枚金牌，10月，在丹麦哥本哈根世界跆拳道锦标赛女子57公斤级比赛中，获得1枚金牌。承办、协办的赛事有全国肯德基三人制篮球赛、省公路自行车比赛、省女篮乙组锦标赛、大众高山滑雪、男足乙组比赛共5项，举办市级竞赛9项。2009年，通过全省年度比赛选拔371名优秀运动员组队参加2010年在廊坊举办的十三届省运会。张家口市优势项目有：女子举重、跆拳道、武术、女子柔道、排球、女子足球、拳击等。全市共有3名运动员在国家、省、市各类比赛中达到国家一级运动员等级标准，75人达到国家二级运动员等级标准。张家口市第一重点少年儿童业余体校被国家体育总局命名为“国家高水平体育人才训练基地”称号。

体育产业

全市有建设项目4个，其中万龙滑雪场投资2000万元，建设4人吊椅式索道1条，总长1100米；完善总长度2000米的造雪管线系统以及附属配套设施工程，新增10台造雪机。多乐美地滑雪度假山庄投资2000万元，新建2条雪道，总长2000米，增加10台造雪机，1台压雪机。长城岭滑雪场投资1800万元，新建1条雪道；1条4人吊椅索道，长1200米；魔毯1条，长150米。崇礼密苑生态旅游产业示范区投资2亿元，建设滑雪酒店、雪道、索道及附属配套设施。

全市全年体育彩票发行销售额9700万元。

群众体育

【张家口市首届马拉松比赛】 6月5日，由市体育局、市广播电影电视局、市文化局和张家口日报社共同举办、河北铭智房地产开发有限公司提供赞助的张家口市首届“名仕嘉苑”杯马拉松长跑比赛在环城快速路举行。137名参赛队员跑完42.195千米全程。市公交公司王建东获男子组冠军，胥红军、唐汉东分获亚军和季军。获得女子组马拉松赛冠军的是市公交公司张利红，陈凤娥、霍秋月分获亚军和季军。年仅18岁的宣化四中学生贺腾取得第9名，成为取得名次年龄最小的选手。

【全民健身展演】 8月8日，是全国第一个“全民健身日”。由张家口市体育局主办的“张家口市全民健身展演”活动在五一广场举行。来自全市社区和健身站点的38支参演队伍，近2000人参加展演活动。展演内容有：威风锣鼓、中老年柔力球、二十四式太极拳、健身腰鼓、中学生第三套广播体操、青少年儿童团体操等6个群众体育项目。

主办（承办）赛事

2009年7月17～23日，由河北省体育局足球运动管理中心主办，张家口市体育局承办，张家口市足球协会协办的2009年河北省“世达杯”少年乙组男子足球锦标赛在张家口市第一中学举行。来自张家口、邯郸、邢台、石家庄、保定、秦皇岛、唐山、沧州、衡水9个城市158名运动员参加了比赛。

8月3～5日，由河北省体育局自行车运动管理中心主办，赤城县人民政府协办的河北省青少年公路自行车锦标赛在赤城县举办。来自张家口、石家庄、秦皇岛、邢台、沧州、唐山、邯郸、保定、廊坊9个城市140名运动员（女44人，男96人）参加了比赛。

8月6～12日，由河北省体育局篮排运动管理中心主办，张家口市体育局承办的河北省少年乙组女子篮球锦标赛在张家口市体育局训练馆举行，来自张家口、邯郸、邢台、石家庄、保定、秦皇岛、唐山、沧州、廊坊9个城市102名运动参加了比赛。

12月19日，由河北省滑雪协会、张家口市体育局、张家口日报社、崇礼县人民政府主办，河北省体育局崇礼高原训练基地、北京冰雪游体育器材有限责任公司承办的河北省首届中国体育彩票沃克杯大众高山滑雪比赛在省体育局崇礼高原训练基地长城岭滑雪场举办。来自北京和张家口的48名运动员参加了比赛。

2009年获奖情况

河北省人民政府授予张家口市“第十一届全运会突出贡献奖”；跆拳道运动员侯玉琢被授予河北省五一劳动奖章、河北省新长征突击手和河北省三八红旗手荣誉称号；市运动员参加“第十一届全运会”，取得1金1铜两枚奖牌。

2009年全国体育先进单位：张家口市体育局、桥东区东风小学、桥东区工业路街道惠安苑社区、中煤能源集团公司张家口煤矿机械有限责任公司、赤城县文化体育管理办公室、张北县文体广电局。

全国优秀青少年体育俱乐部：宣化区青少年体育俱乐部。

全国全民健身活动优秀组织奖：张家口市体育局。

全民健身活动先进单位：下花园区文化体育旅游局。

全国高水平训练基地：张家口市第一重点少年儿童业余体校。

河北省体育城市先进社区：桥西区新华街道办事处金鼎社区，高新区马路东街道办事处纬一路社区。

全民健身活动优秀组织奖：怀安县文体旅游广电局，宣化区体育局。

河北省先进体育社会指导站：张家口市人民公园晨缘太极队。

（李达强　刘文仲）

大境门骑行俱乐部

2009 年，大境门骑行俱乐部在推动全民健身、快乐骑行、节能环保以及让外界了解张家口、宣传张家口等方面起到很好作用。骑行活动丰富多彩，随着自行车运动不断普及，越来越多的自行车爱好者加入到骑行队伍中。

全年，俱乐部组织 67 次集体活动，累计出行 6640 多人次，人均累计骑行 1000 多千米。4 次较有影响的骑车活动：3 月，7 名队友骑车下海南，是俱乐部成立以来最大一次远征骑游；7 月中旬，参加了全省“百万网民筑长城”活动，与来自全省 11 个城市近百名骑行队员在金山岭长城脚下会师；7 月下旬，俱乐部 3 支小分队参加在内蒙古多伦市举办的内蒙古第三届自行车公路赛；国庆节，俱乐部成员 17 人骑行到北京，与首都人民共庆新中国成立 60 周年。

其他主要活动：一是 4 次到山区农村“访贫问苦献爱心”，向村民捐献 100 余件衣物；二是 25 人攀登河北最高峰——蔚县小五台山；三是 40 多人参加了旨在宣传张家口城市巨大变化，展示城市“三年大变样”成果“迎国庆摄影”活动；四是 12 名队员参加“下花园登山节”活动。

2009 年，俱乐部在对外宣传方面取得进展。越来越多的队员在张家口热线论坛户外板块发帖，利用网络平台，把骑行活动的精彩图片发布在网络中，扩大了影响力，让越来越多的人通过“大境门骑行俱乐部”了解张家口。通过网络和张家口电视台、张家口日报、张家口晚报等媒体的宣传，俱乐部在全省都有了一定影响力。“七位老人下海南，低碳环保中华行”，在全省自行车运动活动比赛中荣获第二名。

（孟毅民）

城乡居民生活

【城市居民收入】 据市统计局调查队2009年对全市200户城市居民家庭抽样调查资料显示：城市居民人均可支配收入为13426元，同比增长9.9%。居民收入呈现如下特点：

工资性收入增速趋缓，经营性收入有所下降。城市居民人均工资性收入为9060元，比去年同期增长6.7%，增速较去年下降33个百分点。人均经营性收入为466元，比去年同期下降9.2%。

利息收入增势强劲，投资理财日趋谨慎。人均财产性收入52元，比上年同期增长111.9%。由于受国际金融危机影响，股票、基金、债券等投资理财产品的不稳定因素增强，居民投资理财更趋谨慎。银行存款在居民家庭理财中占据绝对优势，利息收入比去年同期增长340.1%，对财产性收入的增长贡献率为105.3%。另外，出租房屋收入较上年增长8.7%。

社会保障力度进一步增强，转移性收入稳步增长。2009年1月1日，全市城市低保标准由月人均180元增加到265元。企业离退休人员养老金从2009年1月起平均增加10%。年人均转移性收入比去年同期增长21.5%。其中，养老金或离退休金增长26.1%，社会救济增长24.0%。

【城市居民生活质量】 城市居民人均消费性支出为8908元，同比增长6.7%。支出呈现如下特点：

恩格尔系数继续下降，饮食理念悄然转变。城市居民家庭人均食品支出3359元，比去年同期增长4.6%。恩格尔系数为37.7%，比去年同期下降0.7个百分点，达到40%以下的小康监测标准。城市居民食品消费中融入了营养健康的新理念。其中，干鲜瓜果、水产品类、糕点、奶及奶制品支出分别比去年同期增长4.7%、9.1%、6.6%，绿色食品、保健食品更为广大居民家庭所重视，一些价格较高的滋补食品也逐渐走入了寻常百姓家。人均饮食服务359元，增长11.0%，占食品支出比重达10.7%，在外用餐达到2.8人次/户。

家庭设备用品支出稳步上升，家政服务成为消费亮点。人均家庭设备用品及服务支出为505元，比去年同期增长19.8%。大屏幕彩电、大冷冻室冰箱、全自动洗衣机、环保型空调、新样式家具以及各种先进的厨卫设施，甚至多功能电脑，开始稳步进入居民家庭。人均耐用消费品为217元，比上年同期增长24.0%。12月末彩电、冰箱、洗衣机、电脑的百户拥有量分别达107.5台、91.5台、88.5台和34.5台，淋浴热水器、微波炉的百户拥有量分别达49.5台和38.5台。随着人民生活水平进一步提高，全市家政服务业方兴未艾，城市家政服务对象已经进入中等收入普通家庭，成为普通家庭日常需要。2009年，人均家政服务支出49元，是上年的1.3倍。

医疗保健意识增强，健康消费备受关注。全市城市居民人均医疗保健支出为1261元，比上年同期增长36.9%。其中：人均保健器具支出21元，比上年同期增长54.8%；人均滋补品支出70元，比上年同期增长5.1%；人均药品费支出748元，比上年同期增长40.9%。人均医疗费支出389元，比上年同期增长46.2%。医疗费、药品费仍是居民医疗保健支出中的主体，所占比重和增速都较高，部分居民医疗负担过重的问题仍未得到缓解。

文化娱乐支出快速增长，教育支出有所下降。随着消费水平提高，居民消费结构中用于文化教育消费的部分越来越大。全市人均文化娱乐用品支出达186元，同比增长34.2%。人均教育支出424元，比去年同期下降14.0%。

【城市居民生活中应关注的问题】　城镇居民收入结构不尽合理。全市城镇居民的收入主要以工资性收入为主，占到可支配收入的68.4%，其收入增长主要取决于国家增资政策和企业经济效益。而经营性收入和财产性收入所占的比重相对较小，分别只占到可支配收入的3.5%和0.4%，居民收入过于依赖就业者的工资性收入，而作为收入渠道中的非工资性收入，对可支配收入的贡献率明显偏低。

低收入家庭收入增长缓慢。工资改革使城镇居民收入得到了较快增长，但低收入家庭由于收入来源狭窄，工资改革政策受惠不多，生活仍较艰难，和高收入群体之间的收入差距不断加剧。2009年按相对收入不等距九组分组，10%的最高收入户人均可支配收入为31713元，是10%最低收入户的5.7倍，与上年同期相比收入差距增大了0.7倍；10%的最高收入户人均消费支出为19411元，是10%最低收入户的4.4倍，与上年同期相比支出差距增大1.5倍。

居住支出对中低收入居民家庭生活影响较大。虽然积极的住房政策不断出台，但房价的不断攀升，使低收入家庭住房条件还没有切实得到改善。

【农村居民收入】　据市农村社会经济调查队对全市1490户农村住户调查资料显示：2009年全市农民人均纯收入3559元，比上年同期增加274元，增长8.3%。农民人均纯收入呈现以下特点：

工资性收入支撑明显。全市农民工资性收入人均1585元，同比增长15%，增长额达到203元，占到全市农民人均纯收入增长额的74.9%。农民在非企业组织中劳动得到收入228元，增加21元，增长10%；在本乡地域内劳动得到收入962元，增加89元，增长10%；而外出从业得到收入396元，增加93元，增长31%，其中：在省外国内务工得到的收入达到人均180元，比上年增加57元，同比增长47%；在县外省内务工得到的收入达到人均120元，比上年增加32元，同比增长36%。

家庭经营纯收入微幅下跌。全市农民家庭经营纯收入人均1468元，同比下降0.02%。其中第一产业纯收入人均1176元，同比下降2%。虽然2009年农业灾情严重，但由于对蔬菜生产影响较小，产量仍达到477.7万吨，同比增长1.4%，加上蔬菜价格和销售情况好于上年，农民从蔬菜生产中得到的收入达到人均235元，比上年增加101元，同比增长45%。使农民从农业中得到的纯收入比去年增长2%。牧业纯收入人均303元，比上年下降11%。主要是由于饲料价格上涨，导致农民养殖成本费用比上年增长8%，直接影响了农民在牧业中的收益。二、三产业纯收入人均292元，比上年同期增加22元，增长8%。第三产业中增长最快的是批零贸易业、饮食业收入，分别增长38%和14%。建筑业纯收入达到人均20元，比上年增长42%。

财产性纯收入实现增长。全市农民财产性纯收入人均87元，比上年增加22元，增长33%。转移性纯收入快速增长。随着全市农村社会保障体系全面建立和支农惠农政策的进一步落实，农民转移性纯收入增长加快。全市农民转移性纯收入人均419元，增加50元，增长13%。其中，报销医疗费和救济金增长最多，分别增长458%和158%。

2009年，全市遭受了50年一遇的严重旱灾，给农业发展带来了极大影响。市里及时启动市级自然灾害救助应急预案，成立由民政、财政、气象、统计、农业、水利等11个市直灾害信息管理部门参加的灾情会商评估领导小组，研究制定救助措施，加强灾情监测和统计，积极寻找解决问题办法。同时，加大有组织劳务输出和蔬菜销售等工作力度，抓好食用菌的栽培、饲草的收获和调运等工作，积极进行生产自救。做到“确保受灾群众有饭吃有水喝有衣穿不受冻；确保明年耕播籽种有保证；确保牲畜饲草有着落”，全力以赴把旱灾造成的损失降到最低限度。

尽管灾情严重，农业受损，但蔬菜产业却独放异彩。7~9月3个月，全市蔬菜占据北京市场40%的份额，占到全市种植业产值的80%。张家口属于多旱地区，为减轻旱灾困扰，正逐年加大农业结构调整力度，推广蔬菜种植。同时，大力培养和扶持发展农民专业合作社，引导龙头企业与贫困村建立联系或包扶制度，依托龙头企业建立扶贫专业合作社，形成“龙头企业+专业合作社+互助社+农户”的产业链条。

2009年，还积极推进农村最低生活保障制度、农村新型医疗保险制度、农村社会养老保险制度及农村土地流转政策，加大了对农村低收入户、贫困户等困难群体的扶持力度，直接增加了农民财产性收入和转移性收入。

（王同军）

社会保障

【概况】　2009年，全市企业基本养老保险参保人数55.86万人，完成55.4538万人任务的100.7%；全市城镇职工基本医疗保险参加人数53.7

万人，完成52.43万人任务的102.4%；失业保险参保人数37.91万人，完成37.9万人任务的100%；工伤保险参保人数39.0038万人，完成39万人任务的100%；生育保险参保人数11.88万人，完成11.8万人任务的100.7%。

【加强社会保险基金和各类政策性资金的监督管理】 年内围绕基金收支、管理、运营的各个环节，开展了一系列社保基金检查。检查社保基金监管制度是否执行到位，内控制度是否健全，管理是否规范，有无违规操作甚至侵害基金等问题开展了一系列社保基金专项治理工作，努力构建经办、监督为一体的社会保障基金管理体系，深化内控制度管理，从源头上防范基金风险。

【社会保险关系的异地转接上实现创新】 根据全省统一安排，努力实现社会保险关系的异地转接。从解决医疗保险异地转接入手，只要是同类的医疗保险险种，就可以在市、县之间转接，基金不转，但视同缴费，可以连续。逐步完善养老保险的异地转接政策。

【启动农村社会养老保险制度试点工作】 研究新型农村社会养老保险试点方案，稳步开展试点工作。建立被征地农民社会保障工作协调机制，全面落实被征地农民社会保障政策，做到即征即保，建立健全被征地农民社会保障审核制度，加强对被征地农民社会保障工作的监督，配合有关部门加大对违纪违规行为的查处力度。

【企业养老保险扩面、征缴取得实效】 全市企业养老保险参保人数达到562326人，新增参保人数38454人，完成省下达新增参保34000人的113.1%。共有3.76万人次补缴了基本养老保险费，补缴金额41633.61万元。全年企业养老保险应收养老保险费154417.8万元，实收养老保险费134504.6万元，比上年同期增长13.3%，征缴率为87.1%。补缴上年以前欠费34141万元，一次性补缴27649.8万元，省调剂金7.02亿元。为全市168260名离退休人员发放养老金240321.4万元，比上年同期增长19.1%，发放率达到100%。

【扩大医保全覆面，强化医保基金管理】 继续加大城镇居民基本医疗保险扩面工作力度，着力推动县区启动居民医保工作，加强与教育部门和大中专院校的联系，强化对社区居民医保工作人员培训和督导力度，城镇居民基本医疗保险取得了较好成绩，全市20个县（区）已全部启动城镇居民医保工作，参保人数达到52.57万人，完成省下达全市目标任务516381人的101.8%。居民医保统筹基金支出住院和特殊病门诊费共1435万元，其中住院6045人次，统筹基金应支1399万元，门诊特殊病统筹基金应支36万元，基金累计结余1270万元。为进一步规范医保定点医院，恪守诚信，规范运作，逐步提高自我约束、自我管理的积极性，促使协议落到实处，组织对定点医院信用等级情况进行全面评定，公布信用等级评定情况报告，评定工作不仅得到各定点医院的认可，而且还丰富和完善了对定点医院的管理手段。同时，加大对定点医疗机构的稽查力度，采取常规检查与突出检查相结合的办法，追回违规资金135.74万元，其中病历违规金135.08万元，定点药店违规金0.66万元，确保基金安全运行。

【社保扩面、征缴和确保发放取得明显效果】 各项保险参保人数增加。企业职工基本养老保险新增3.85万人；职工基本医疗保险新增10.31万人；失业保险新增1.1万人；工伤保险新增2.0979万人；生育保险新增4.43万人。各项保险基金收入稳步提高。企业职工基本养老保险基金收入201025.4万元，增长28.98%；职工基本医疗保险基金收入10543.5万元，增长69.9%；失业保险基金收入16000万元，增长51.3%；工伤保险基金收入4867.8万元，比上年下降3.4%；生育保险基金收入1740万元，增长347%。各项保险金做到按时足额发放。全年支付企业职工养老金240321.4万元、机关事业单位养老金30430.8万元、城镇基本医疗保险金50816.9万元、失业保险金12046万元、工伤保险金3145.4万元、生育保险金634.1万元。

（付立平）

新农村建设

2009年，全市组织开展了“六个百村示范”行动，对新农村建设进行全面部署和重点推进。市委、市政府下发《关于开展“六个百村示范”行动的意见》，筛选确定600个基础条件好、群众热情高、辐射作用大、带动能力强的村作为试点村开展示范行动，取得显著成效。据统计，自示范行动开展以来，全市各类专业村发展到2646个，占行政村总数的63.36%。突出抓好100个农村新民居示范村建设。

通过积极探索，总结了产业拉动型、城镇带动型、生态友好型、旅游服务型、村庄整合型、塌陷区治理型、历史文化型、城中村改造型、改善提高型和规划新村联建型等10种建设模式，60个省级新民居建设示范村实际完成投资27.7亿元，新建住房9975户（套），改建14237户（套），节约土地10058亩（670.53公顷），圆满完成了省定建设任务，改善了农村居住条件。通过抓试点示范，引领和推动新农村建设深入开展。涌现出宣化县赵川镇义合庄村调整农业结构，发展旱作农业的粮食高产示范典型；康保县赵家营村实施冬暖式大棚蔬菜园区建设，提高蔬菜品质的蔬菜优质示范典型；阳原县揣骨疃、东井集等10个乡镇推广樱桃谷鸭养殖加工一体化项目，发展养殖基地的畜牧高效示范典型；蔚县北水泉乡发挥传统优势，提高杏产业规模和质量的林果特色示范典型；高新区沈家屯镇腰站堡村推动土地流转，发展设施农业的新型农民专业合作组织示范典型等一批典型经验，开辟了新农村建设新途径。

（焦　磊）

农村基层民主政治建设

2009年，按照省统一部署，全市在所有行政村全面铺开第八届村委会换届选举工作。全市共登记选民252.43万人，225.4万选民参加了投票选举，其中参加直接投票204.1万人，委托投票21.3万人，参选率达到89%。共选举产生新一届村委会成员13049人、村民代表7.12万人、村民小组长1.5万人。本次换届，全市一次选举成功村4094个，占98%。全市选举工作严格依法进行，在全省率先完成，得到省人大、省民政厅、市人大的充分肯定。这次换届选举，全市还积极探索村委会换届选举的新方式，开展“自荐直选”试点村99个，“女性候选人定位产生”试点村1736个，“候选人任期目标承诺制度”村3695个，大学生村官竞选村干部村47个。另外，还按照中央、省有关要求，提倡书记、主任“一人兼”和村“两委”成员交叉任职。这次换届，全市村党组织书记和村主任“一人兼”的村3447个，占行政村总数的82.5%，比上届提高22.5个百分点；村“两委”成员交叉任职的有9120人，占村干部总数的69.9%，比上届提高19.6个百分点。

稳步推进村务公开民主管理“难点村”治理工作。按照中央、省、市安排，从2009年开始对村务公开和民主管理“难点村”集中进行专项治理。5月5日召开了全市村务公开和民主管理“难点村”治理工作会议，对“难点村”治理工作做出了全面部署，各县区按照会议要求，结合本地实际，认真谋划部署，精心制定方案，“难点村”治理工作扎实推进。通过排查，全市共确定了231个“难点村”，占全市行政村总数的5.5%。其中158个村列入2009年进行重点治理。为确保治理效果，各县（区）建立了“难点村”治理工作责任制，从县（区）直部门和乡镇，抽调农村工作经验丰富的干部，到村帮助村两委集中开展治理工作。市县两级强化了工作督导和调度措施。6月中旬，市里组织10个督查组，分赴各县区，对全市“难点村”治理工作情况进行全面督查，9月，起草下发“难点村”治理评分验收标准。10月中下旬，在全市范围内又组织开展了一次对“难点村”治理工作的督查活动。11月上旬，召开了全市村务公开和民主管理“难点村”治理工作调度会议，市领导对治理工作进行调度，并对下一阶段的治理工作作了安排部署。在这次治理中，全市把村务公开和民主管理制度建设作为重中之重，加大落实力度。同时，着力解决“难点村”存在的突出问题。年底，县区逐村开展评分验收，市检查组开展抽查验收，全市158个“难点村”均实现了治理目标，治理活动取得了阶段性成果。省厅还编发了张北县馒头营乡开展“难点村”治理注重解决突出问题的简报。

（郑　军）

扶贫开发

【概况】　2009年，是张家口市对11个扶贫开发工作重点县（区）第三批340个扶贫开发重点村倾力扶持的第二年，也是关键一年。全市以创新为主题，紧盯农村贫困群体，全力实施“一体两翼”（以整村推进为主体，以产业化扶贫和劳动力转移培训为两翼）扶贫开发战略，树立“抓农业必须抓产业，抓产业必须抓产业化，抓产业化必须抓龙头，扶持龙头企业就是扶持农民”的发展理念，把扶持贫困乡村产业发展放在突出位置，立足规模化开发，重点扶持发展优势特色产业，不断加强产业片区建设，培强、壮大扶贫主导产业；切实引导贫困群众转变生产方式，不断创新扶持思路与工作机制，加强贫困村基础设施建设，优化扶贫资金使用模式，健全扶贫资金长效监管机制，强化扶贫系统干部队伍建设，坚持走可持续开发式扶贫之路，扶贫开发工作取得明显成效。解决了全市5.87万农村贫困人口的温饱问题，超额完成省下达的5.2万人任务。

【争取扶贫资金】 全年共争取各类财政扶贫资金12733.5万元，比上年多增加3727.5万元。其中，第一批项目资金5665万元，第二批项目资金2810万元；以奖代补资金300万元，占全省20%；为赤城县争取到国家“彩票公益金扶贫项目”试点县，试点资金2125万元，占全省50%；争取成长型企业贷款贴息项目资金580万元，同比增加81.3%，占全省24.8%，争取到户贷款贴息375万元，项目贷款贴息资金291万元，分别占到全省的四分之一；争取灾后恢复生产资金100万元；争取到中央试点扶贫互助试点村20个，争取资金300万元，占全省33.3%。还争取到项目管理费106万元，绩效考评奖励资金78万元。住户抽样调查补助费3.5万元。

【产业化扶贫】 以提高贫困村和贫困农民发展为目标，坚持脱贫富民与推动县域经济发展相结合，实施培育贫困村产业项目与融入当地主导产业规模发展相结合，扶贫开发与农业产业化龙头企业建设相结合，扶贫整村推进与新农村建设相结合，不断强化产业化扶贫的带动力。实施了“扶典型带一般、扶技术带增收、扶龙头带基地、扶班子带整村、扶机制带农户”的“五扶五带”产业片区建设提质工程，万全县暖棚养猪片区被省扶贫办认定为“河北省扶贫开发产业集群片区”。加强扶贫专业合作社建设，引导农民建立专业合作社、专业合作社经济体，打造“龙头企业+专业合作社（协会）+农户”的产业链条，引导贫困农民由一产向二、三产业延伸实现增收。在全系统实行以奖代补、倾斜支持等措施，推动有积极性的乡村率先启动产业扶贫项目。投入资金7570.3万元，重点扶持了以扶贫龙头企业为依托的养猪、食用菌、温室大棚及蔬菜、杂交谷子等9个产业片区建设和暖棚种植与养殖、手工编织、碎皮加工等冬季增收工程的发展，其中，“细胞工程”入户项目投入资金3720.5万元，覆盖255个贫困村、15942户、49836人。

【社会帮扶】 不断创新社会帮扶模式，引导帮扶全市第三批340个扶贫开发重点村的由国务院办公厅、中国联通公司等8个中直单位、74个省派单位组成的11个省“四帮一”扶贫工作队和140个市直单位以及众多的县直单位等社会帮扶力量充分发挥作用，提高社会帮扶的质量和水平。结合贫困村实际和片区主导产业发展，以利益联结和项目合作的形式与贫困村建立利益共同体，通过经济、技术合作或在对口帮扶乡村建立生产、加工基地等方式，带动被帮扶对象持续发展。制定了《关于进一步做好定点扶贫工作的意见》，对定点扶贫工作的总体要求、组织领导、工作机制和定点扶贫干部的培养锻炼等方面做出明确规范，全力引导中、省直帮扶单位和帮扶挂职干部对经济社会在更宽领域、更高层次的发展给予支持和帮助，争取更多的社会帮扶力量加大对贫困地区、贫困群众的帮扶，促进更多的帮扶项目落地；建立帮扶工作台帐制度，促进帮扶单位落实扶贫帮扶计划。2009年，中直单位、省“四帮一”扶贫工作队、市直帮扶单位共落实帮扶资金10439.3万元，引进、实施项目296项。其中，国务院办公厅、中国铁建股份有限公司、中国联通公司等8个中直单位为全市25个重点村实施项目44个，帮扶资金1663万多元；11个省“四帮一”扶贫工作队为全市118个重点村实施项目120个，帮扶资金6780.1万元；市直帮扶单位实施项目132个，共帮扶资金1996.2万元。

【劳动力转移培训】 以增强贫困群众发展能力为目标，加强对全市现有的17所省、市认定的劳动力转移培训基地进行经常性的督促检查，使其承担好对贫困村富余劳动力转移就业培训的工作任务，增强培训实效；狠抓“万人培训、万人输出、万户脱贫”工程，搞好订单培训、订单就业工作；坚持“实际、实用、实效”的原则，以贫困农户稳定增收为目标，深入开展了农民需求的实用技术培训和创业培训，广泛开展温室暖棚技术种植、养殖等实用技术培训；开展了扶贫系统干部职工、贫困地区干部的培训工作，提高从事扶贫工作各级干部的政策水平和组织、实施项目的能力，选派扶贫干部参加国家、省组织的扶贫战略研究班学习20多人（次）。培训贫困农民8621名，输出就业8211名。其中，订单培训2150名，输出就业2121人；为国务院扶贫办贫困地区劳动力转移培训基地——承德技师学院和湖南长沙环宇职业技术学校选送“雨露班”学员95名。全年共举办农民实用技术培训班231期，培训农民41044人次，发放培训资料27892份，制作发放培训光盘5016张。

【扶贫资金的使用和管理】 为保障扶贫资金发挥出最大效益，创新扶贫资金使用机制，变分散为集中、变无偿为有偿、变救急为发展。

积极探索和完善扶贫资金委托经营模式。采取将扶贫资金折股到贫困户，然后按照自愿协商的原则，集股到扶贫龙头企业、协会、合作社，用股份合作或合作经营的办法，让龙头企业或能人管理和经营，获利后按股份分红或保息分红，确保那些无能力发展的贫困户受益。将扶贫资金由无偿投入变为小额信贷资金、抵押资金、入股资金等，实行有偿使用。在万全县旧堡村、太平湾村、田茂庄村进行试点工作，并逐步在全市推开。

建立以财政扶贫资金为依托，以农民参股为补充的扶贫互助资金合作社。在11个扶贫开发重点县（区）89个乡镇的140个重点村中开展了扶贫互助资金试点工作，其中2009年新增60个试点村，入社农户达6117户，投入财政扶贫资金1844.2万元，农户入社资金700.7万元，资金总额达2544.9万元。11月，全省贫困村级互助资金试点工作现场培训会议在张家口市召开，并将经验予以学习推广；黑龙江省大庆市的有关领导和同志专程到张家口市参观学习，《农民日报》、《河北日报》对此作了专题报道。

引导贫困农民依托财政扶贫资金、社会帮扶资金，探索设立贫困村种养小区建设项目基金。引导专业小区同步推行专业合作社经营模式，多渠道筹资发展种养小区，实现规模化发展。完善监管机制。实施了项目直通车制度，将省批复的项目，由市扶贫办及时把项目内容、资金、额度等直接通知到村，使国家扶贫资金置于群众的监督之下，实现公开透明；在所有贫困村实施村级扶贫档案“一本清”工作，完善项目公示制、验收制和报账制，从扶贫项目申报、审批到资金下达、项目实施及验收报账等整个过程，以“一本清”的形式进行统一规范管理。狠抓监控机制建设，加大对扶贫项目资金管理使用的监督检查力度，对2007～2009年省拨付全市27755.3万元财政扶贫资金的各个环节进行清查治理。

（李久德）

社会救助

【概况】 扎实推进城乡医疗救助工作，惠及范围和救助水平不断扩大提高。2009年共下拨城乡医疗救助资金7979万元，救助患病困难群众31.95万人次，其中资助城市低保对象2.02万人参加城镇居民基本医疗保险，资助农村低保和五保对象27.7万人参加农村合作医疗。同时，建立了大病医疗救助基金，市民政局直接对患有各种恶性肿瘤等医保部门规定的九大类病种的城乡低保、农村五保以及城市低收入人员273人给予救助，发放救助资金356.63万元，有效缓解了困难群众看病难问题。

【临时救助制度和城市低收入家庭认定工作稳步推进】 市民政、财政、统计、物价、房管、城建等13个部门联合出台《张家口市城市低收入家庭认定实施办法》，并指导各县（区）出台本地《城市低收入家庭认定实施细则》。根据经济和社会发展水平，统筹考虑居民年人均可支配收入，城市低保标准、最低工资标准以及住房保障和其他社会救助的关系等因素，以满足城市居民基本生活需求为原则，按照市统计局公布的2008年度城市居民年人均可支配收入12048元的0.5倍，确定2009年度市辖区城市低收入家庭认定标准为月人均502元，为低保对象和城市低收入家庭享受廉租住房、经济适用住房保障以及其他社会救助提供了依据。在越冬取暖和元旦春节特殊时期，加大城乡困难群众临时救助力度，全市安排专项资金1494万元，由市、县、乡各级领导对城乡各类困难群众4.69万户进行慰问救助；安排城乡专项取暖资金2758万元，对市辖区30142户城市低保家庭，20241户农村低保家庭、五保对象和受灾群众给予取暖补贴，确保温暖越冬；对主城区低保户18316户给予污水处理补贴26.38万元，水价补贴60万元，减免水资源费8.79万元，同时，对城市低保户、城市低收入家庭在住房、用电、用水、用煤气等方面给予减免或补贴，多方面保障了城乡困难群众的基本生活。

（郑　军）

救　灾

2009年，受异常气候影响，全市范围遭受50年不遇的特大旱灾，同时局部还发生低温、洪涝、风雹、雪灾等自然灾害49次，给人民群众生产生活造成极大困难。全市农作物受灾面积848万亩（56.53万公顷），其中绝收面积573万亩（38.2万公顷），受灾人口99.84万户、287.91万人，各种灾害造成直接经济损失26.67亿元，全年粮油总产7.29亿千克，全市平均年景为3.3成，因灾无自救能力受灾群众17.69万户、32.13万人，需政府救助。

面对严重的自然灾害，市委、市政府高度重视，适时启动市级自然灾害救助应急预案二级响应，成立抗旱救灾工作领导小组，先后召开市委常委会议、政府常务会议和全市抗旱救灾工作电视电话会议，安排部署抗旱救灾工作，提出确保受灾群众有饭吃、有衣穿、有水喝、不受冻，春播籽种有保障、牲畜饲草有着落的目标要求，开展向旱灾区送温暖、献爱心捐助活动。及时准确向省委、省政府，民政部、省民政厅汇总上报灾情和救灾开展情况，多方争取关注支持。全年共计争取各级投入救灾资金8329万元，社会捐赠资金1159万元，衣被6537件，受灾群众的吃、穿、取暖等基本生活得到妥善安置和救助，确保了大灾之年受灾群众生活安宁，维护了社会和谐稳定，救灾工作在全省作典型发言，介绍了经验和做法。

加大救灾应急体系建设推进力度。组建由市长为主任，主管副市长为副主任，民政、农业、水利等52个有关部门主要领导为成员的张家口市减灾委员会，在市民政局下设抗灾救灾综合协调办公室，成立民政局长任组长，农委、统计、农业等11个有关单位主管局长为副组长的张家口市灾情会商评估领导小组，建立信息共享、科学评估、集体决策机制。健全完善“纵向到底，横向到边”的市、县、乡、村四级灾害救助应急预案，规范灾害预防、应急响应、紧急救援、灾后救助等程序和职责，理顺救灾管理体制。建立和完善救灾款物分配管理和使用监督制度，提高救助的针对性。加强救灾物资储备，与生产厂家签订了方便食品、饮用水等生活用品供应协议，确保有备无患，救灾工作实现了科学化、规范化、制度化管理。并针对多发易发灾害风险，开展不同形式的预案演练。加强灾情信息员队伍建设和灾情信息统计管理，将县乡村3级灾情信息员资源实行联网备案，与市气象部门建立灾害预警平台，通过手机短信随时发布灾情预警信息，确保查灾迅速及时，报灾规范准确，增强救灾工作的时效性。开展“减灾宣传日”宣传活动，增强广大民众防灾自救意识，有效提升灾害紧急救援能力。怀来县嘉馨园社区被民政部授予“全国综合减灾示范社区”称号。

（郑　军）

双拥·优抚·安置

【全面落实优抚政策】 2009年，全市共有各类优抚对象22364人，其中：残疾军人（含伤残国家机关工作人员、伤残人民警察、伤残民兵民工）4087人、三属（烈士及因公牺牲、病故军人遗属）1287人、在乡复员军人10412人、带病回乡退伍军人1158人、参战退役人员2258人、参加核试验退役人员2841人。根据冀民［2009］139号河北省民政厅、财政厅《关于调整部分优抚对象抚恤补助标准的通知》要求，2009年再次提高各类优抚对象抚恤、补助金标准，并全部按标准落实了优待抚恤政策。全年全市共拨付抚恤补助资金6932万元、2009年春节优抚对象一次性补助资金340万元、优抚对象医疗补助资金889万元、优抚事业单位补助经费324万元。大力推进各县（区）优抚对象医疗保障制度的建立、实施，使各类优抚对象自2010年起按不同类别、等级分别参加城镇职工基本医疗保险、城镇居民基本医疗保险和新型农村合作医疗。各县（区）不断提高优抚对象医疗待遇，制定了针对优抚对象的医疗优惠、减免政策，积极推进医疗费“一站式”结算，尽力方便优抚对象看病就医，切实解决部分优抚对象看病难问题。

【加快优抚事业单位建设步伐】 全市建有察哈尔烈士陵园1所，市优抚医院1所，县级光荣院13所，县级烈士陵园14所。各级烈士陵园继续加强烈士纪念建筑物维护及基础设施建设，积极组织展览、瞻仰、祭扫等教育活动。全市光荣院共供养革命老人243人，确保按标准落实供养待遇，生活及医疗服务水平逐年提高。年内，申报的市察哈尔烈士陵园成为第五批全国重点烈士纪念建筑物管理保护单位，争取国家发改委专项建设资金430万元，开工建设察哈尔烈士陵园革命纪念馆，为进一步将烈士陵园建为城市爱国主义教育基地奠定了基础。

【积极开展创建双拥模范城（县）活动】 市民政局按照省双拥办的统一安排部署，组织开展以新一届省级双拥模范城（县）创建活动为主题的一系列活动。积极开展国防教育活动，组织发动全市党政机关、企事业单位干部职工和学校师生25万人参加了以“赞颂辉煌成就，建设强大国防”为主题的纪念建国60周年国防知识竞赛活动；组织22830人参加了由国家国防教育办公室、国家教育部主办的全国网络国防知识竞赛活动。两项竞赛均获得省国防知识竞赛先进单位称号。扎实开展慰问驻军官兵活动，市委、市政府、军分区主要领导带领有关单位负责人，先后看望慰问了66455部队国庆受阅官兵、193师赴利比里亚维和工兵大队、251医院赴利比里亚维和医疗分队、65集团军196旅驻训官兵和93767部队赴闽轮战官兵，共赠送慰问金70万元。协调开展支援驻地建设活动，驻张各部队为群众举办科技讲座29场次，举办文化补习班和专业技能培训班4次，为52个学校27826名学生开展了军训。出动官兵19000人次，车辆402台次。义务植树32万棵，绿化荒山34408亩，修水渠65千米，修爱民路26千米。向灾区捐款176080元，为群众义诊2008人次，开展便民活动786次。张家口市、怀来县、万全县、赤城县被命名为新一届省级双拥模范城（县）。6名拥军优属先进个人、3名拥政爱民先进个人、3个拥军优属先进单位、2个拥政爱民先进单位和1个爱国拥军模范受到省民政厅表彰。

【扎实推进退役士兵"阳光安置"】 全市退役士兵接收安置工作，根据国务院和省政府关于退役士兵接收安置政策和规定，精心组织，认真实施，城镇退役士兵就业得到妥善安置。全年共接收退役士兵2024人，其中符合城镇安置条件的退役士兵1666人（含转业士官175人），回农村安置的退役士兵322人，三级以上复员士官36人。中心城区重点安置对象按照档案考核排序、公示档案考核名次，公开年度安置计划，于3月1日召开重点安置对象自选单位安置大会，102名重点安置对象分别选择了单位，其中全额事业单位指标38个，差补事业单位指标32个，自收自支事业单位指标12个，中省直单位计划20个。4月6日，召开全市退役士兵分配大会，安置手续及档案已全部移交各接收单位，安置工作顺利完成。

大力鼓励和扶持城镇退役士兵自谋职业。在符合城镇安置条件的人员中，计划分配了1119人，为547人办理了自谋职业，自谋职业率33%。共投入自谋职业金1163万元（其中市财政投入747.5万元，县、区财政投入415.5万元），全部发放到位。采取以各级政府安置部门为主，与社会办学相结合的办法，指导各县（区）建立健全职业技能培训基地，为退役士兵提供多形式、多层次的就业技能培训，使退役士兵人人掌握1－2门实用技术。市中心城区确立了建兴技校、蓝翔技校两所职业技术学校作为培训基地。全市约有700多人参加培训。开展了汽车驾驶与维修、美容美发、烹饪、计算机应用、数控加工技术、农林牧技术、保安和会计等八项专业技能培训。

妥善做好退役士兵稳控工作。全市开展了城镇退役士兵遗留问题清理工作，对梳理出的问题逐个制定了解决方案。集中解决沽源县130人的自谋职业一次性经济补助费50万元。耐心细致地做好退役士兵接收安置工作有关政策的解释，积极协调有关部门解决退役士兵的实际问题，切实保障退役士兵合法权益。全市退役士兵上访人数、批次和规模较去年有了大幅度的下降。

（郑　军）

社会福利事业

开通七乐彩、排列7、排列5、20选5、好运彩、双色球、3D和中福在线及刮刮乐。截至2009年底，全市共有福彩投注站377个，全年销售量为1.37亿，比上年增长9.7%，在现有的玩法上增加网点即开票和开乐彩试点。

8月，开展第八届"福彩献爱心"的助学活动，共资助贫困学生173名，资助金共计55万元；12月，举办"福彩暖冬"活动，资助生活特别贫困的弱势群体共23名，资助金共计23000元。

（郑　军）

社会行政管理

【强化婚姻登记规范化管理】 2009年，在全市积极开展创建规范化婚姻登记处活动，指导各县区婚姻登记处对照民政部制定的有关标准，查漏补缺，加强规范化建设。有12个婚姻登记处达到民政部规范标准。依法做好婚姻登记工作，指导各婚姻登记处认真贯彻落实《婚姻登记条例》，严格按规范办事，只要当事人符合法定条件，证件齐全，当场为他们办理婚姻登记手续。积极开展节假日婚姻登记预约服务，满足部分群众在法定节假日期间办理婚姻登记的愿望。全年办理结婚登记、离婚登记、补领结婚证4.5万多对，办证的合格率、满意率均达到100%。为便于群众咨询政策和监督工作，向社会公布了婚姻登记热线电话和监督举报电话，做到有问必答，妥善处理每一起举报，受到群众的肯定。

【稳步推进救助管理、收养和殡改工作】 市救助站改变工作思路，变被动为主动，由过去不定期改为定期主动向救助对象提供服务。全市向街头流浪乞讨人员发放救助指引卡60余张。对一些职业乞讨人员，专门制作了宣传画摆上街头向市民讲解揭露。这些救助方式，提高街头救助的针对性和有效性。入冬以来，按照国家和民政部、省民政厅关于严寒天气下做好救助服务的通知精神，结合全市冬季寒冷的特点专门召开全站紧急会议，制定出全天上街救助的工作模式，把街头流动救助作为一项制度来执行，加大街头救助力度，每天派出工作人员上街主动实施救助。全年救助人数为4088人，从外省接回1225人，救助少年儿童220人。全年跨省救助耗费211573.23元。

继续贯彻《中华人民共和国收养法》和《中国公民收养登记办法》，简化手续，依法行政，热情服务。全年共办理收养登记150件。

继续做好嫔葬工作。全年火化率为71%，火化遗体16270具，市中心城区火化遗体2306具。做好祭祀节日期间工作，开展以“文明祭祀，平安清明”为主题的宣传活动，各殡葬单位利用媒体宣传殡葬法规、倡导厚养薄葬，引导文明健康的祭祀、丧葬方式。对全市公墓进行清理整顿，召开公墓清理整顿工作现场会，明确工作步骤，提出具体的实施办法和要求。制定殡葬惠民政策：一是主城区城市低保对象逝世后，凭《低保证》可免除基本丧葬费用（接运费、火化费、冷藏费）；主城区农村低保对象逝世后，凭《低保证》免除基本丧葬费用（火化费、冷藏费）。二是全国劳动模范逝世后凭《劳模证》免除基本丧葬费用，省劳动模范逝世后凭《劳模证》减免50%的基本丧葬费用。三是提供低价位殡仪服务：推出低价位殡葬用品，骨灰盒最低价为90元，花圈最低价为25元；公墓推出低价位墓葬和低价位树葬，分别为2712元和1500元；城市居民可享受895元套餐，包括运尸费、抬尸费、卫生棺、火化费、骨灰盒、卫生袋、消毒费、骨灰袋和一般整理；农村自送遗体的可享受595元套餐，包括火化费、骨灰盒、遗体袋、装尸费、抬尸费、卫生袋、消毒费、骨灰袋；四是殡仪馆“三大祭日”免收室外祭典管理费和香炉租赁费。

【依法开展民间组织登记、变更、注销工作】 全市民间组织变更登记的工作重点是教育类民办非企业单位民事主体资格变更，按照省民政厅要求由原登记为合伙和个体形式全部变更为法人形式。市民政局、教育局、劳动和社会保障局联合下发《关于民办学校民事主体资格变更有关问题的通知》，18家属于变更范围的市级民办非企业单位民事主体资格变更工作于11月底按照法定程序顺利完成。正式批准8个社会团体成立登记，准予9个社会团体筹备组开展筹备工作，1个社会团体不予开展筹备工作，准予22个社会团体变更登记，准予2个社会团体注销登记；正式批准9个民办非企业单位登记，准予1个民办非企业单位注销登记。按照市民政局《关于对全市民间组织进行年度检查的通知》要求，对在2008年6月30日前经市民政局注册登记的民间组织实行普遍年检。应接受检查的218家民间组织中有196家顺利完成年检，其中合格172家，年检基本合格24家，年检合格率为90%。其他未参加年检的22家民间组织中，均为年检不合格，同时实施行政处罚，其中责令停止活动进行整改15家，撤销7家。

（郑　军）

城市社区建设

全市5个城区，即桥东区、桥西区、宣化区、下花园区、高新区，共有街道办事处23个，城市社区148个。2009年，在推进城市社区建设中，紧紧抓住全市“三年大变样”工作契机，协调规划、建设部门，严格督导房地产开发单位在推进旧城改造和新区建设时，落实居民小区公共服务设施配套建设工程，使每个住宅小区同步规划、同步建设社区组织的工作用房和居民公益性服务设施，确保“每新建一个小区，同步建成一个高标准社区”的目标落实到位。全年有19个社区新建社区用房，全市新建社区“一站式”服务大厅17个，“一站式”服务大厅总数达到104个。优化社区干部结构，增强社区干部积极性。结合社区干部换届选举，起草下发《张家口市社区居委会民主选举指导意见》，对5个城区社区居委会选举工作进行安排部署，规范选举程序。彻底改变社区干部委任制，实现由居民代表、户代表或社区居民投票选举自己满意的社区干部，社区居委会干部队伍结构更加优化，社区干部为民服务意识得到增强。提高社区干部政治和生活待遇，市财政拨款800多万元，将每个城市社区居委会办公经费提高到每月1000元，主任、副主任、委员补贴分别提高到每月1200、1000、800元，调动了社区干部的工作积极性。积极组织参加全国和谐社区建设示范单位评选活动，在10月份召开的全国和谐社区建设工作会议上，桥东区被命名为全国和谐社区示范城区，桥西区新华街办事处被命名为示范街道，下花园区城镇街道办事处新花园社区被命名为示范社区。对纳入国家发改委、民政部“十一五”社区服务设施建设项目的桥东区胜利路街道办事处社区服务中心、服务站建设情况，进行了督查；指导张北县开展了农村社区建设实验全覆盖工作。认真开展廉政文化进社区活动。按照省、市有关部署，在全市认真推进廉政文化进社区工作。10月底至11月初，市民政局与市纪委等有关部门对这项工作进行联查。联查后评定，全年又有9个社区达到市级廉政文化建设示范社区标准。

（郑　军）

老龄工作

【概况】 2009年，全市60岁以上老年人口66万人，约占全市总人口的14.7%。各级老龄工作者，按照有关决策部署，围绕“六个老有”（老有所养、老有所医、老有所教、老有所学、老有所为、老有所乐）工作目标，勤奋工作，真抓实干，老龄工作取得新进展，老龄工作整体水平有较大幅度提高。

切实加强老年维权工作，广大老年人的合法权益得到有效维护。加大宣传贯彻老年法律法规和政策力度，深入开展维护老年人合法权益的宣教活动，多数县（区）相继成立老年法律援助服务中心，设立法律援助热线，建起为老年人及时提供法律和司法保护长效机制。全市免费发放老年人优待证2万多册。百岁老人长寿补贴制度全面实行。主城区有8400名老人办理免费乘坐公交车老年卡，各项老年社会优待政策全面落实。

扎实开展“重阳节”系列活动，全市尊老敬老助老社会氛围进一步浓厚。各级老龄办以建国60周年和联合国“国际老人节”10周年为契机，动员组织各种媒体和各方力量，努力扩大老龄工作社会宣传，不断增强全社会敬老、尊老、助老意识。老年人文体活动丰富精彩，各县（区）老龄办、各涉老部门，在“重阳节”期间组织开展形式多样、积极向上的老年文体活动，丰富老年人精神文化生活，展现老年人与时俱进、健康向上的良好精神风貌。慰问贫困老年人、高龄老年人活动进一步深入开展。据不完全统计，全市共投入资金50多万元，慰问贫困老人和高龄老人700多人，慰问养老服务机构10余所。贯彻落实全国老龄委《关于全面推进居家养老服务工作意见》，把养老服务业发展纳入全市老龄重点工作，市老龄办先后深入到宣化县、高新区等6个县（区），开展居家养老服务工作情况和农村老年人生活贫困状况专题调研。与团市委联合开展志愿者为老服务活动，组织青年志愿者与“空巢老人”签订“帮扶协议”，开展结对帮扶活动。桥东区在各街道相继建立居家养老中心，成立“天使陪护中心”满足有病需要护理的老年人陪护需求。惠安苑创建的老年宜居社区，华新园社区创建的“十分钟为老服务周”等为老服务活动，形成了品牌效应。

【开展“全市百岁老人走访入户体检”活动】 5月中旬会同251医院，开展“全市百岁老人走访入户体检”活动，深入到10个县（区）百岁老人家里，对他们的身体做全面检查，并设立健康档案。

【举办“助老健康御险”活动】 根据河北省老龄工作委员会办公室《关于开展“助老健康御险”活动的通知》文件精神，各县（区）老龄办配合当地中国人寿保险股份有限公司，在广大老年人自愿参加基础上开展“老年人意外伤害保险”。建立全市老年人意外伤害保险风险保障制度，解决老年人意外及意外医疗的后顾之忧，更好的为老年人健康生活提供保障。

【农村老年人生活贫困状况的专题调研】 根据各县（区）经济发展不同水平选取沽源县、崇礼县、高新区，对农村老年人生活贫困状况进行详细调研。深入到5个村，召开村委干部和村老年人代表座谈会，重点调研70岁、75岁、80岁以上老年人的家庭生活困难情况，听取意见和建议，深入到58名老年人家中查看其生活状况，提出解决农村老年人生活贫困状况对策和建议。

【居家养老呼叫服务中心建设】 吸纳社会资本投资100万元，在主城区建立“市居家养老呼叫服务中心”，使主城区老年人享受到“一键通电子保姆”服务。通过社区综合服务，自动呼叫系统和电子保姆自动呼叫器等手段，为老人提供各种生活帮助，实现同呼叫服务中心全天联网，真正做到老年人足不出户就可以得到医疗急救，健康咨询，家政服务，送餐送水以及各种生活帮助。

（杨志勇　谢占福　赵川洲）

慈善救助

2009年，张家口市慈善总会进行换届选举，起草了《张家口市慈善总会章程（草案）》、《资金管理办法》、《创始基金章程》等规范性文件，吸纳慈善总会个人会员82人，团体会员26个。成功召开张家口市慈善总会第二次会员代表大会。继续开展“权金城集团”爱心助学活动，上报了学生的基本情况，今年受助学生中有8名考入大学，活动开始受助的31名学生中已有18名受助学生考入大学并继续接受资助。

（郑　军）

消协工作

【开展3·15国际消费者权益日宣传活动】 为纪

念“3·15”国际消费者权益日，开展了形式多样的纪念宣传活动。一是召开常务理事扩大会议；二是在电视台演播大厅举办“消费与发展”为主题的“3·15”文艺晚会；三是组织编印“3·15”法律、法规和各行业服务承诺宣传专刊；四是在文化广场举办了一次大型的宣传咨询服务活动；五是组织召开“消费与发展”为主题的座谈会；六是录制播放了一期“名优企业”形象展示专题片。通过形式多样、丰富多彩的各种活动确实起到经营者受教育、消费者得知识、行政部门树形象、维权工作上台阶的效果，企业通过现场和专题片的展示，进一步提高自身产品的市场竞争力。据统计，全市共有20多个党政部门、14个行政执法单位和33家经营、服务企业参与系列活动，现场为消费者提供咨询服务7325人次；受理消费者投（申）诉227件，解决113件。散发各类宣传材料10万余份。

【认真实践“群众利益无小事”，全力处理消费纠纷】 2009年，全市各级消协组织共受理消费者投诉1352件，解决1285件，结案率95.1%。接待来人、来电、来访咨询6763人次。为消费者挽回经济损失294.75万元。各级消费者协会本着“群众利益无小事，带着感情做工作”的原则，使1000余件消费者投诉事事有着落，件件有回音。为了做好消费维权工作，构建大消保，实现大消协，创造性的开展了两项工作。整合维权资源，成立了维权调解中心。6月1日，市工商局、市消费者协会联合成立了“维权调解中心”，方便消费者投拆、举报、咨询，为消费者节省了人力、物力、财力；整合消费者协会和工商局的职能，集中优势力量，提高工作效率、节约工作成本。“维权调解中心”到年底共受理消费者投诉319起，成功解决消费纠纷310起，转立案3件。成功率97.18%。为消费者挽回经济损失12.74万元。创建了“四位一体”工作新模式。在“维权调解中心”这一平台的基础上将行政调解、仲裁服务、法律援助、媒体监督有机结合，使维权工作有保障，手段更加多元化。

【动员消费者对商品和服务进行社会监督评议】

组织万全、张北、怀安三县消费者协会分别对其辖区域家电下乡产品售后服务进行调查，三县共有家电下乡服务网点88家，涉及35个品牌，其中销售彩电、冰箱（柜）位居排行榜首，占销售总量70%。通过调查了解，暴露的具体问题是：品牌、型号少，货源不足；价格出现双轨，部分商品甚至出现“倒挂”；部分指定商品档次低；资料录入不及时；申领补贴手续繁琐，兑付慢；政策宣传工作有待加强；乡镇家电服务网点服务水平低等。

【开展市首届满意楼盘评比活动】 2月，由张家口市消费者协会牵头，市电视台、市住房和城乡建设局联合举办了“张家口市首届百姓满意楼盘”的评比活动，为全市打开房产市场，促进经济和谐发展起到了重要作用。

（董娅飞）

张北县

【概况】 县域总面积4219平方千米。总人口38.05万人，人口自然增长率5.4‰。地区生产总值完成40.64亿元，同比增长11.5%，其中，第一、二、三产业增加值分别实现12.94亿元、16.51亿元、11.19亿元，同比分别增长-6.2%、34.7%、11.9%。规模以上工业完成增加值8.55亿元，同比增长18.1%。全部财政收入完成3亿元，其中，地方一般性财政收入完成1.72亿元，同比分别增长4.2%和30.9%。全社会固定资产投资完成81亿元，其中，城镇固定资产投资完成68.7亿元，同比分别增长238.2%和223.9%。城镇居民人均可支配收入实现10924元，农民人均纯收入实现2954元，同比分别增长9.5%和6%。居民储蓄存款余额达23.95亿元，全社会消费品零售总额完成12.03亿元，同比分别增长30.6%和18.5%。

【项目建设实现新跨越】 招商引资和项目建设实现历史性突破。全县新签约项目69个，合同引资412.3亿元，实际到位国内县外资金31.7亿元，位居全市第一。实施投资100万元以上项目269个，总投资175.52亿元，全年完成投资100.36亿元，其中，亿元以上项目32个，列入省重点项目8个、市重点项目16个，不论是投资总额，还是省市重点项目数，均居全市第一。

【城市功能全面提升】 推进"东拓、南延、西连、北扩"战略。完成拆迁2700多户、69.9万平方米。实施林荫大道等40多项城区道路打通、新建、改造工程，建设总长度达40.3千米，拉开城市框架，县城建成区面积49.49平方千米，城镇人口增至13.3万人，构筑起"七纵八横、一环、一立交、两河、两园、一园区"的城市格局。创新经营理念，预征收储土地5423亩（361.53公顷），收购收储土地7954亩（530.27公顷），出让土地1192.3亩（79.49公顷），实现收益4亿多元。开工建设新一中、元中都博物馆、新汽车站、垃圾处理场和22个商住小区工程；完成师范路小学、污水处理厂和小街巷改造工程；开通三条公交线路和张家口至张北城际公交专线，市县同城化程度进一步提高。规划建设占地2334亩（155.63公顷）的"南山生态公园"和占地4100亩（273.33公顷）的"西郊森林公园"，对东洋河、玻璃彩河12.2千米的河道进行综合治理，城市品位大幅提升。对12条城区道路、4条干线通道、8处城区节点以及单位、小区进行绿化，引进新植20类树种100多万棵，绿化覆盖率达到40%，生态环境明显改善。

【旅游服务业实现历史性跨越】 举办长城论坛、中都论坛，确立张北元中都文化和六代长城文化的历史地位，本县被誉为是"解开长城之谜的地方"。"满城尽带黄金甲"项目，为观光农业的发展作出示范。风电观光塔、仙那都冰雪世界和野狐岭军事旅游项目建成运营，实现从"一季游"向"全年游"的历史性跨越。立体化宣传造势，《张北报》申请正式刊号，正规化发行，形成以电台、电视台、张北报、张北网四家媒体为主，集声、屏、报、网为一体的现代传媒框架。编写出版《无穷门外话张北》等书籍，借助中央电视台、新浪网、《南方周末》等强势媒体，营造热点效应，在京津等地打造出"旅游到坝上，最近最美是张北"的金字招牌，提升张北知名度。以节为媒，策划举办"2009中国·张北"草原文化旅游节，尤其是"张北草原音乐节"树立国内户外音乐节的新标杆，创下"五个之最"，被评为"全国十佳县域节庆"之首。全年共接待游客100万人次，实现旅游综合收入4亿元，被评为“全国最具特色休闲旅游强县”。

【产业化水平进一步提升】 新能源综合开发迈出历史性步伐。初步形成集风电开发、设备制造、运输安装、运营维护、旅游观光为一体的风电产业链，被评为“全国新能源产业百强县”前十名。特别是总投资200亿元的国家风光储输和风电研究检测中心项目已确定落户本县，建成后将创8个世界第一。矿产开发稳步推进。争取国家投资1440万元，实施地勘项目12个，蔡家营铅锌矿75万吨采矿扩模工程顺利实施。农业产业化进程明显加快。实施千万元以上产业化项目16个，总投资6.7亿元，全县农业产业化经营额达29.5亿元，同比增长31%。市场物流业进一步繁荣。华北牲畜交易中心、中国坝上蔬菜城建成运营，实施锦源财富建材广场、天宇五星级大酒店、九鼎商贸城等重点工程。全年专业市场成交额达14.2亿元，同比增长8%。

【各项社会事业全面进步】 完成省道、县道新建25.5千米，“村村通”160.5千米，乡村交通条件进一步改善。新增节水灌溉3.8万亩（2533.33公顷），解决2.4万人安全饮水问题。全面实行禁牧舍饲，完成城区道路绿化、工程造林等十大绿化工程，全县林草覆被率达到50%以上，被评为“中国绿色名县”。完成师范路小学等8所中小学校舍新建、改造工程，教育教学条件得到改善。完成中医院搬迁和8所乡镇卫生院的改扩建工程，在全市率先实现乡镇卫生院标准化建设。推进新型农村合作医疗，参合农民达26.1万人，参合率达到90.81%。

【主要负责人】

县委书记：李雪荣
副书记：戎均文 吴永亮（06月任）
姜玉琛（11月免） 刘河
孙晓函
县委常委：李雪荣 戎均文 吴永亮
刘河 孙晓函 韩国钰
邓春（12月免） 孙雨
靳彬 侯永龙
苏志明（11月任） 刘建平
张启宝 赵红革（12月任）
县人大主任：张贵祥
副主任：武玉娥 柴占聪 乔玉
李勇
县长：戎均文
副县长：孙雨 张凤翔 李品军
苏志明（11月免） 徐元斌
许要武 薛亮（12月任）
县政协主席：史崇森
副主席：穆继先 李树江 胡玉田
闫利艳

【张北镇】 总面积14177公顷，农作物总播种面积4397公顷；辖21个行政村，52个自然村，12个居民委员会；总户数39096户，总人口97740人，人口自然增长率4.29‰；农林牧渔业总产值46598万元；固定资产投资完成66743万元；财政总收入10000万元；农民人均纯收入5601元。

镇党委书记：刘志峰
镇长：单有高（08月免）
王利富（08月任）

【二台镇】 总面积32017公顷，农作物总播种面积10827公顷；辖29个行政村，88个自然村；总户数9437户，总人口26664人，人口自然增长率1.68‰；农林牧渔业总产值46819万元；固定资产投资完成23682万元；财政总收入7200万元；农民人均纯收入6200元。

镇党委书记：兰月（08月免）
常秀平（08月任）
镇长：王江山（08月免）
张占斌（08月任）

【公会镇】 总面积26033公顷，农作物总播种面积6699公顷；辖20个行政村，43个自然村；总户数4917户，总人口15728人，人口自然增长率0.98‰；农林牧渔业总产值5221万元；固定资产投资完成8850万元；财政总收入205万元；农民人均纯收入1800元。

镇党委书记：乔河（02月任）
镇长：方士武（02月免）
李光召（02月任）

【大囫囵镇】 总面积27782公顷，农作物总播种面积5947公顷；辖22个行政村，90个自然村；总户数5649户，总人口18349人，人口自然增长率2.08‰；农林牧渔业总产值9794万元；固定资产投资完成4985万元；财政总收入239万元；农民人均纯收入4735元。

镇党委书记：刘建光
镇长：赵晨云

【油篓沟乡】　总面积23307公顷，农作物总播种面积7736公顷；辖30个行政村，110个自然村；总户数9438户，总人口23929人，人口自然增长率5.93‰；农林牧渔业总产值5338万元；固定资产投资完成6601万元；财政总收入330万元；农民人均纯收入3099元。

乡党委书记：闫树林
乡　　　长：粟占海

【台路沟乡】　总面积17212公顷，农作物总播种面积3605公顷；辖22个行政村，54个自然村；总户数3494户，总人口10671人，人口自然增长率-0.43‰；农林牧渔业总产值6444万元；固定资产投资完成1300万元；财政总收入56万元；农民人均纯收入3022元。

乡党委书记：王保红
乡　　　长：王占星

【馒头营乡】　总面积19451公顷，农作物总播种面积6144公顷；辖23个行政村，59个自然村；总户数6231户，总人口15859人，人口自然增长率2.61‰；农林牧渔业总产值12290万元；固定资产投资完成8100万元；财政总收入223万元；农民人均纯收入3500元。

乡党委书记：郭　顺（02月免）
　　　　　　方士武（02月任）
乡　　　长：孙振明（08月免）
　　　　　　任彦林（08月任）

【郝家营乡】　总面积16229公顷，农作物总播种面积4120公顷；辖17个行政村，59个自然村；总户数5446户，总人口14367人，人口自然增长率1.73‰；农林牧渔业总产值7528万元；固定资产投资完成2100万元；财政总收入21万元；农民人均纯收入2327元。

乡党委书记：安亚平
乡　　　长：刘全计

【小二台乡】　总面积20147公顷，农作物总播种面积5513公顷；辖21个行政村，96个自然村；总户数5260户，总人口14885人，人口自然增长率0.7‰；农林牧渔业总产值5344万元；财政总收入1720万元；农民人均纯收入3392元。

乡党委书记：韩桂花
乡　　　长：张　炜

【白庙滩乡】　总面积21007公顷，农作物总播种面积3611公顷；辖16个行政村，80个自然村；总户数3930户，总人口13060人，人口自然增长率0.99‰；农林牧渔业总产值8700万元；固定资产投资完成1641万元；财政总收入107万元；农民人均纯收入3200元。

乡党委书记：郝朝斌（08月免）
　　　　　　韩秀富（08月任）
乡　　　长：乔　河（02月免）
　　　　　　刘彦平（02月任）

【二泉井乡】　总面积23282公顷，农作物总播种面积7647公顷；辖28个行政村，51个自然村；总户数7866户，总人口20198人，人口自然增长率3.06‰；农林牧渔业总产值7542万元；固定资产投资完成3221万元；财政总收入13万元；农民人均纯收入2618元。

乡党委书记：文　春
乡　　　长：张占斌（08月免）
　　　　　　董跃文（08月任）

【大河乡】　总面积22234公顷，农作物总播种面积4705公顷；辖20个行政村，76个自然村；总户数6352户，总人口18685人，人口自然增长率5‰；农林牧渔业总产值9340万元；固定资产投资完成2159万元；财政总收入25万元；农民人均纯收入2812元。

乡党委书记：张　君
乡　　　长：穆卷宝

【海流图乡】　总面积28423公顷，农作物总播种面积5632公顷；辖20个行政村，67个自然村；总户数7122户，总人口19567人，人口自然增长率2.82‰；农林牧渔业总产值5658万元；固定资产投资完成1708万元；财政总收入63万元；农民人均纯收入2900元。

乡党委书记：常秀平（08月免）
　　　　　　韩振中（08月任）
乡　　　长：韩振中（08月免）
　　　　　　李旭峰（08月任）

【单晶河乡】　总面积16126公顷，农作物总播种面积2992公顷；辖14个行政村，51个自然村；总户数5021户，总人口13444人，人口自然增长率2.14‰；农林牧渔业总产值1854万元；财政总收入15万元；农民人均纯收入2010元。

乡党委书记：董 启
乡　　长：刘聪林

【大西湾乡】　总面积21626公顷，农作物总播种面积4938公顷；辖18个行政村，45个自然村；总户数5756户，总人口14537人，人口自然增长率1.59‰；农林牧渔业总产值3454万元；固定资产投资完成1725万元；财政总收入18万元；农民人均纯收入2330元。

乡党委书记：尹世君（02月任）
乡　　长：叶晓东

【两面井乡】　总面积20283公顷，农作物总播种面积6983公顷；辖23个行政村，45个自然村；总户数6847户，总人口17911人，人口自然增长率3.39‰；农林牧渔业总产值9219万元；固定资产投资完成1783万元；财政总收入23万元；农民人均纯收入2188元。

乡党委书记：杜溢忠
乡　　长：臧建斌

【战海乡】　总面积17721公顷，农作物总播种面积4100公顷；辖13个行政村，45个自然村；总户数3945户，总人口11319人，人口自然增长率2.69‰；农林牧渔业总产值23192万元；固定资产投资完成159万元；财政总收入195万元；农民人均纯收入5100元。

乡党委书记：王生琪（08月免）
　　　　　　单有高（08月任）
乡　　长：常 海（08月免）
　　　　　闫启斌（08月任）

【三号乡】　总面积19271公顷，农作物总播种面积4428公顷；辖10个行政村，52个自然村；总户数4170户，总人口14897人，人口自然增长率1.75‰；农林牧渔业总产值12178万元；固定资产投资完成112万元；财政总收入34万元；农民人均纯收入4260元。

乡党委书记：胡学通（08月免）
　　　　　　常 海（08月任）
乡　　长：武 斌（04月免）
　　　　　李 军（08月任）

（董恒彬）

怀来县

【概况】　全县总面积1782平方千米，耕地面积25425公顷。总人口34.93万人，人口自然增长率5.94‰。2009年完成生产总值72.96亿元，同比增长12%，其中，第一产业增加值9.50亿元，第二产业增加值22.89亿元，第三产业增加值40.57亿元，同比分别增长12.2%、21.2%、7.1%。民营经济增加值48亿元，同比增长11.6%。全社会固定资产投资33.01亿元，同比增长44.3%。全部财政收入完成9.57亿元，同比增长19.5%；财政支出8.92亿元，同比增长27.4%。社会商品零售总额23.00亿元，同比增长18.5%。在岗职工平均工资24867元，同比增长19.8%。农民人均纯收入和城镇居民人均可支配收入分别达到6065元和12743元，同比分别增长12%和12.2%。年末城乡居民储蓄存款余额54.71亿元，同比增长19.3%。单位生产总值能耗下降5.11%。化学需氧量和二氧化硫排放量分别消减8.7%和2.3%。

【农业农村工作取得新成效】　全年粮油菜播种面积45.8万亩（30533.33公顷），食用菌种植面积20万平方米，新增葡萄种植面积1.5万亩（1000公顷），新增肉鸡养殖规模200万只，新开工建设葡萄酒庄、酒堡14个。完成北京市扶持的西榆林、南寨两个移民试点村建设项目。启动河道治理工程，完成水土保持治理面积10平方千米，完成生态造林工程面积3万亩（2000公顷），植树16万余株。

【旅游开发力度加大】　邀请80余家新闻媒体和150多家旅行社推介本县旅游资源，开展旅游宣传词及旅游标志征集活动。成功举办第十届中国怀来葡萄采摘暨葡萄酒节、第二届中国怀来海棠花节等活动。玉都苑四星级酒店完成主体工程，天漠影视城、桑园温泉葡萄观光园等一批景点基础设施更趋完善。全年共完成旅游投入2.2亿元，接待游客50万人次，旅游收入达1.5亿元。

【招商引资，项目建设实现新突破】　全年共启动实施各类项目245个，完成投资31.8亿元；争取国债资金支持项目50个，争取资金近亿元。45个县级重点项目得到推进，官厅风电二期、天皇山庄等13个项目建成投用，县医院迁建、盛唐葡萄酒庄等22个项目实现开工建设。4个省级重点项目和14个市级重点项目全部完成年度计划任务，对6个重点项目采取“五个一”工作机制，共落实上级支持资金7.1亿元。

【城镇面貌“三年大变样”工作获得较大进展】 县城建成面积达18平方千米，城镇化率达45%。39个城建项目完成投资25亿元，超年度计划18.7个百分点。新增住宅面积20万平方米；完成西部新区开发基础设施建设；旧城改造项目完成拆迁面积20.1万平方米。生活垃圾处理场、府前西街开通硬化、东沙河综合治理二期、文化广场改造等国庆献礼工程竣工投用。

【发展社会事业】 全年共计发放城乡低保、救灾救济、困难群体补助、退伍军人补贴等各类资金3000多万元。新增就业岗位2565个，养老保险参保人数达27243人，城镇居民医保参保人数达3.6万人，失业保险参保人数达到17803人。新保安镇、东花园镇等3所中心卫生院建设完工，全县新农合参合人数达23.5万人，参合率达到91%。对存瑞、桑园等3个乡镇5所学校实施改扩建工程，县职教中心扩建工程已启动，并新增葡萄酒专业。争取葡萄关键技术开发推广等项目专项资金400多万元，被评为全国科技进步考核先进县。“沙城老窖酒酿造技艺”和“九曲黄河灯”成功申报为省级非物质文化遗产。

【主要负责人】

中共县委书记：景庆雨
副书记：胡炜 李玉清
徐伟（挂职） 赵义忠
县委常委：李忠禄 王建军 肖生龙
田永富 张树敏 杨聚庭
刘建武
县人大主任：王建军
副主任：尤智全 姜海奎 柳凤和
王首鹏
县长：胡炜
副县长：王建军 张树敏
侯占芳（女） 朱群德
马凤鸣（回） 张振军
县政协主席：李英田
副主席：刘元 乔桂生 齐九星
于健 王中胜

【沙城镇】 总面积59.02平方千米；辖23个街村、17个街道居委；总人口8.9万人，其中，农业人口2.6万人，人口自然增长率4.44‰；全年农村经济总收入45.5亿元，社会总产值46.1亿元，较上年分别增长6.36%和25.73%；民营经济累计发展到3330户，总产值44.3亿元；全部财政收入1.78亿元；农民人均纯收入7500元，同比增长16.6%。

镇党委书记：常全利
镇长：任桂明（04月免）
孙桂权（04月任）

【大黄庄镇】 总面积46.3平方千米，耕地面积23196亩（1546.4公顷）；总人口17802人，人口自然增长率6.22‰；全年生产总值79789万元，第二产业增加值12300万元，第三产业增加值2055万元，同比增长130万元，其中民营企业总产值34890万元；财政收入191.27万元；农民人均纯收入6100元。

镇党委书记：王玉成
镇长：侯鑫（04月免）
胡云鹏（04月任）

【新保安镇】 总面积66.9平方千米，耕地面积1164公顷；总人口29004人，其中农业人口18404人，人口自然增长率4.57‰；全年农村经济总收入27.1亿元，社会总产值27.3亿元，同比分别增长13%和18%；民营经济累计发展达到1250户，完成总产值26.9亿元，总收入26.7亿元；全部财政收入4449万元；农民人均纯收入6980元，同比增长10.8%。

镇党委书记：王小顺
镇长：董建勋

【西八里镇】 总面积36平方千米，耕地面积21945亩（1463公顷）；辖8个行政村；总人口22005人，人口自然增长率为9.61‰；全年第一产业产值9165万元，第二产业产值5914万元，第三产业增加值11524万元；民营及个体企业营业收入57691万元；全部财政收入516万元；全社会固定资产投资达2705万元；招商引资到位资金1541万元；农民人均纯收入5955元。

镇党委书记：刘英玲
镇长：孙贵权（04月免）
侯鑫（04月任）

【鸡鸣驿乡】 总面积42平方千米，耕地面积11745亩（783公顷）；辖6个行政村；3139户8898

人，人口自然增长率为0.8‰；全年社会生产总值27841万元，其中，第一产业产值3966万元，第二产业产值13229万元，第三产业产值10646万元；营业收入13125万元；财政收入976万元；农民人均纯收入5761元。

乡党委书记：张海峰
乡　　长：赵海峰

【东八里乡】　总面积25.3平方千米，耕地面积18675亩（1245公顷）；辖6个行政村；共10481人，人口自然增长率为5.16‰；全年实现社会总产值51214万元，其中，第一产业增加值7739万元；民营经济增加值43475万元；农村经济总收入12196万元；农民人均纯收入5840元，同比增长18%。

乡党委书记：赵　亮
乡　　长：高胜明

【官厅镇】　总面积178平方千米；辖20个行政村；总人口1.2万人，其中农业人口1.1万人，人口自然增长率4.05‰；全年第一产业总产值9339万元，第二、三产业总产值1.9亿元；财政总收入243万元；固定资产投资完成2250万元；农民人均纯收入5290元。

镇党委书记：黄晓东
镇　　长：赵晓明

【桑园镇】　总面积121平方千米，耕地面积76953亩（5130.2公顷），其中水浇地面积54372亩（3624.8公顷）；辖31个行政村；8446户，总人口26210人，人口自然增长率4.17‰；社会生产总值79099万元，其中，第一产业增加值2919万元，第二产业增加值3891万元，第三产业增加值3700万元；财政收入342万元；农民人均收入7120元。

镇党委书记：武建勇
镇　　长：宋玉璟

【孙庄子乡】　总面积111.3平方千米，耕地面积17190亩（1146公顷），退耕还林面积3800亩（253.33公顷）；辖15个行政村；1655户4922人，人口自然增长率1‰；全年社会生产总值1778万元，其中，第一产业增加值1268万元，第二产业增加值376万元，第三产业增加值134万元；财政收入177.24万元；农民人均纯收入为3518元。

乡党委书记：任桂明（04月任）
乡　　长：高黎昀

【东花园镇】　总面积136.16平方千米，耕地面积23056亩（1537.07公顷）；辖21个行政村；总户数6332户，总人口17570人，人口自然增长率1‰；全年社会总产值3.87亿元，其中，第一产业增加值11421万元，第二产业产值13695万元，第三产业产值13948万元；财政收入500万元；农民人均纯收入6420元。

镇党委书记：王俊英（女）
镇　　长：王启兵

【小南辛堡镇】　总面积172平方千米，耕地面积24660亩（1644公顷），果园面积26000亩（1733.33公顷）；辖21个行政村；5038户16983人，人口自然增长率5.671‰；全年社会总产值达到35496万元；农村经济总收入达到14047万元；财政收入1470万元，同比增长340%；固定资产投资完成5350万元；农民人均纯收入6050元。

镇党委书记：韩志明
镇　　长：王利生

【狼山乡】　总面积54.8平方千米，耕地面积1370公顷；辖12个行政村；3722户11644人，人口自然增长率2.24‰；全年完成社会生产总值41973万元，其中，第一产业增加值3574万元，第二产业增加值6768万元，第三产业增加值10272万元；农民人均纯收入5800元。

乡党委书记：李茂军
乡　　长：王建军（04月任）

【土木镇】　总面积93.54平方千米，耕地面积6.2万亩（4133.33公顷）；辖23个行政村；总人口22584人，人口自然增长率为9.34‰；全年农村经济总收入13.7亿元；财政收入5665万元；固定资产投资6154万元；招商引资3806万元；农民人均纯收入6390元。

镇党委书记：孙天有（04月免）
　　　　　　牛义军（04月任）
镇　　长：牛义军（04月免）
　　　　　　师永乐（04月任）

【北辛堡镇】　总面积71.7平方千米，耕地面积491公顷；辖10个自然行政村；总人口16704人，人口自然增长率1.56‰；全年生产总产值达到8142万元，同比增加1300万元；财政收入完成903万元，完成任务的177%，同比增加454万元；招商引资到位资金1.5亿元，超额完成任务的5倍，同比增加1000万元；社会固定资产投资1.8亿元，完成任务的180%，同比增加2000万元；农民人均纯收入达到6080元，同比增长18%，增加920元。

镇党委书记：苇瑞宝

镇　　长：孔祥顺

【瑞云观乡】　总面积118.3平方千米，耕地面积805.23公顷；辖11个行政村；2001户5835人，人口自然增长率1.97‰；全年国民生产总值1.1亿元，其中，第一产业总产值5100万元，第二、三产业总产值5900万元；农民人均纯收入4050元。

乡党委书记：刘增光

乡　　长：张富贵

【存瑞镇】　总面积151.25平方千米，耕地面积38445亩（2563公顷），其中水浇地23700亩（1580公顷）；辖24个行政村；有8506户27762人，人口自然增长率0.04‰；全年社会生产总值15877万元，其中，第一产业产值8920万元，第二产业增加值9838万元；全镇总收入84256万元，其中农业收入7299万元；财政收入1790万元；农民人均纯收入4260元。

镇党委书记：张宏伟

镇　　长：李鸿飞

【王家楼回族乡】　总面积132平方千米，耕地面积1.7万亩（1133.33公顷）；辖16个行政村；总人口7733人，其中回族人口1881人，人口自然增长率3.32‰；全年实现农业总产值4138万元；完成全部财政收入1084万元，一般预算收入393.3万元；固定资产投资达到1262万元；实现民营经济总产值7884万元；招商引资900万元；农民人均纯收入达到3742元，同比增加542元。

乡党委书记：肖振君

乡　　长：季玉顺

（王占春）

宣化县

【概况】　宣化县总面积2057平方千米。总户数10.70万户，总人口28.31万人，其中农业人口24.21万人。全年实现地区生产总值40.28亿元，同比增长10%，其中，第一产业增加值10.99亿元，同比增长8.20%；第二产业增加值12.60亿元，同比增长11.20%；第三产业增加值16.70亿元，同比增长10%；农林牧渔业总产值到19.98亿元，同比增长9.50%。规模以上工业总产值完成15.06亿元，实现利税6542万元。财政收入完成4.8亿元，在扣除社保基金影响下同比增长1.80%，其中地方一般预算收入完成1.34亿元，同比增长26.1%。全社会固定资产投资完成25.95亿元，同比增长64.20%。农村固定资产投资完成9.11亿元，同比增长26.60%。引进县外到位资金11.52亿元，同比增长14.10%，其中引进市外资金9.42亿元，同比增长84.60%。城镇居民人均可支配收入11020元，农民人均纯收入3933元，同比分别增长12.4%和7.8%。

【农业经济】　围绕畜牧、蔬菜、杏扁、旱作农业“四大产业”，突出典型工程带动，建成一批综合种养园区。千头奶牛养殖小区发展到9个，万头猪厂发展到10个，设施蔬菜发展到1万亩（666.67公顷），杏扁发展到20万亩（13333.33公顷）。推广种植张杂谷2.8万亩（1866.67公顷）、大葱1万亩（666.67公顷）。市级以上龙头企业发展到7家，农业产业化经营率达34.4%。全县农产品注册品牌达到6个。完成“增绿添彩”绿化5万亩（3333.33公顷），小流域治理10平方千米，造林封育2万亩（1333.33公顷），幼林抚育24.2万亩（16133.33公顷），净增森林覆盖率0.58个百分点。

【城乡建设】　坚持“拆建并举、以建为主”，全力推进城乡面貌大变样。累计完成投资19亿元，创历年最高水平。完成洋河南新区总规、控规编制工作，洋河南安平大街、赵川中心街、沙岭子西环路竣工通车，张宣大道、清水河连接线、明湖公园、京化二期和应张天然气项目征地拆迁全部完成。6个村新民居建设竣工，新建、改造住房935套。宣化县4个省级新民居示范村进入全市前十行列，其中太师湾新民居位居全市第一。

全年争取中央投资项目38个，总投资2.45亿元，位居全市第一；新建、续建项目124项，总投资189亿元，其中16个项目列入省市重点。东山园区、望山园区，累计完成基础设施投资5.1亿元；总投资12亿元的5个大项目同时开工；总投资103亿元的盛华氯碱基地项目完成前期工作；沙岭子商贸服务区、庞大汽车城一期工程建成运营；投资3.65亿元完成沙岭子、胶泥湾变电站建设工程。

【社会事业全面发展】　全年新增城镇就业1276人，新增农村劳动力转移6880人，新增城乡低保对象8571人。城镇职工、居民参保人数4.5万人；新农合报销医疗费用1934.7万元，惠及参合群众8万人。投资163万元建设廉租房46套，发放廉租房补贴5.2万元。落实家电、汽车、摩托车下乡政策，农民享受补贴资金474万元。落实资金1253万元，免除义务教育阶段学生的学杂费；投资2600万元实施县职教中心综合实训楼、县特教学校新建工程；县二中进入全市示范性中学先进行列，县职教中心成功申报国家级重点学校。投资35万元铺设有线电视光缆28千米，有线电视用户6000户；新建8个乡镇文化站。投资2900万元，完成10个乡镇13个行政村通水泥（油）路工程，改造道路里程28.5千米。投资1500万元，新打、维修机井480眼，完成人饮安全工程27处，改善群众饮水条件。

【主要负责人】

中共县委书记：梁玉海
副　书　记：郝富国　冀连生
县　委　常　委：李国民　戴贵明　张　斌
张树银　王小军　孙国民
马　慧　李贵宝
县人大主任：宇清渊
副　主　任：池　海　蔡永朝　徐智清
汤　洪（女）
县　　长：郝富国
副　县　长：王小军
戴贵明（01月免）
李建成
何秀华（女）
马　慧（01月免）
刘贵平
冯仲君（01月任）
黄永亮（01月任）
莫德厚（挂职）
县政协主席：穆明光（女）
副　主　席：王天富　李向东
许贤玫（女，民盟）
王瑞新

【大仓盖镇】　大仓盖镇位于宣化县西北部，北长城脚下，土地面积105平方千米，耕地3064公顷，其中水浇地2894公顷、水田83公顷；辖20个行政村；总人口20211人，人口自然增长率7.43‰；全年实现生产总值127909万元，其中，第一、二、三产业增加值分别是24506万元、101900万元、1500万元，农林牧渔业总产值24506万元；粮食产量18100吨；财政收入1088万元；农民人均纯收入4026元。

镇党委书记：袁玉明（01月免）
张　华（01月任）
镇　　长：张国斌

【赵川镇】　赵川镇位于宣化县东北部，南北长21千米，东西宽11.2千米，辖区面积176.14平方千米，耕地4323公顷，其中水浇地2109公顷；辖27个行政村、2个自然村；全镇11119户、32218人；全年完成工农业总产值74000万元，其中农业总产值15200万元；财政收入4139万元；上缴税金完成4130万元；粮食总产量10045吨；引进新建项目9个，建成投产9个，实现招商引资到位资金17750万元；固定资产投资20825万元。境内荒山荒坡面积广阔，林业资源丰富，主要有金矿、铁矿、石英石等。

镇党委书记：冯仲君（01月免）
冀振军（01月任）
镇　　长：段　勇（01月免）
张晓琚（01月任）

【贾家营镇】　贾家营镇位于县境中部偏东，宣庞铁路、112国道东横穿镇境。土地面积186.9平方千米，耕地4203公顷，其中水浇地2252公顷、水田7公顷；辖24个行政村；总人口23751人，人口自然增长率3.28‰；全年实现生产总值84356万元，其中，第二、三产业增加值分别是13250万元、5150万元，农林牧渔业总产值15256万元；粮食产量13276吨；财政收入3406.2万元；共完成民营经济总收入34300万元（占年计划69100万元的49.6%）；固定资产投资完成15750万元（占年计划15238万元的103.4%）；合同引进县外资金1.3亿元，实际到位资金6273万元（占年计划3640万元的172.3%）；农民人均纯收入4218元。矿产资源丰富，主要有钼矿、铁矿、大理石、瓷石、石灰石、硅石、英石、高岭土、膨润土等。

镇党委书记：毛　飞
镇　　长：李占魁

【沙岭子镇】　土地面积41.4平方千米，耕地1340公顷，其中水浇地1276公顷、水田64公顷；辖6个行政村；总人口25667人，人口自然增长率7.04‰；全年实现生产总值337008万元，其中，第二、三产业增加值分别是36170万元、52450万元，农林牧渔业总产值19852万元；粮食产量8764吨；财政收入4012.47万元；农民人均纯收入5386元。

镇党委书记：秦　君（01 月免）
　　　　　　姚吕国（01 月任）
镇　　长：姚吕国（01 月免）
　　　　　　李　斌（01 月任）

【顾家营镇】　土地面积 45.3 平方千米，耕地 1714 公顷，其中水浇地 1611 公顷、水田 58 公顷；辖 15 个行政村；总人口 13979 人；全年实现生产总值 3.53 亿元，其中，第二产业增加值 2.2 亿元，农林牧渔业总产值 1.33 亿元；粮食产量 13151 吨；财政收入 2000 万元；农民人均纯收入 4905 元；城镇居民人均可支配收入 10013 元。

镇党委书记：赵　钢
镇　　长：田进刚

【洋河南镇】　洋河南镇位于县域中部，黄羊山脚下，镇政府驻地与县政府相距 4 千米，土地面积 142.6 平方千米，耕地 2618 公顷，其中水浇地 2606 公顷、水田 12 公顷；辖 20 个行政村、一个居委会；总人口 36126 人，人口自然增长率 10.37‰；全年实现生产总值 64490 万元，其中，第一、二、三产业增加值分别是 2927 万元、12480 万元、716 万元，农林牧渔业总产值 18570 万元；粮食产量 18702 吨；财政收入 2650.5 万元；农民人均纯收入 4900 元。

镇党委书记：朱　明（01 月免）
　　　　　　白明福（01 月任）
镇　　长：宇　蕾

【崞村镇】　崞村镇位于宣化城南部 15 千米处，总面积 271.76 平方千米，耕地总面积 4625 公顷，其中水浇地 1823 公顷；辖 42 个行政村；7025 户，农村人口 21867 人；全年税收完成 502 万元；社会固定资产投资完成 8400 万元；招商引资完成 5000 万元；民营经济营业收入 22000 万元，增加值完成 6100 万元；粮食产量 1.44 万吨，完成计划的 100.6%；油料产量 440 吨，完成计划的 183%；蔬菜、瓜类产量 12 万吨，完成计划的 200.7%；肉蛋奶总产量 5260 吨，完成年计划的 100.1%；农民人均纯收入 3500 元，同比增长 6.2%。

镇党委书记：白明福（01 月免）
　　　　　　牛军光（01 月任）
镇　　长：牛军光（01 月免）
　　　　　　张晓晖（01 月任）

【深井镇】　深井镇位于宣化县中南部，东连崞村镇，东南与涿鹿县接壤，南邻王家湾乡，西南与阳原县毗邻，西接怀安县，北靠塔儿村乡，是“三县两乡之中心腹地”。土地面积 323.3 平方千米，耕地 8550 公顷，其中水浇地 3431 公顷；辖 47 个行政村；总人口 33785 人，人口自然增长率 8.29‰；全年农林牧渔业总产值 17557 万元；粮食产量 14908 吨；农民人均纯收入 3497 元。

镇党委书记：王成贵
镇　　长：王志勇

【东望山乡】　东望山乡位于宣化县最北部，南北长 15 千米，东西宽 20 千米。辖区面积 186.8 平方千米，耕地 2990 公顷，其中水浇地 1757 公顷；辖 18 个行政村；5710 户，17106 人；全年实现工农业总产值 74133 万元，其中，农业总产值 10333 万元，工业总产值 63800 万元；粮食总产量 5662 吨；财政收入完成 2993.3 万元；固定资产完成 13115 万元；招商引资到位资金 10060 万元；农民人均纯收入 4310 元。矿产资源主要有金矿、铁矿、石英石等。

乡党委书记：史　正
乡　　长：王　爱

【李家堡乡】　李家堡乡位于县域东北部，西与赵川接壤，东、南、北分别与赤城县、宣化区庞家堡镇、崇礼县为邻。南北纵距 12.5 千米，东西横距 11 千米。土地面积 101.4 平方千米，耕地 1552 公顷，其中水浇地 1015 公顷；辖 12 个行政村；总人口 10603 人，人口自然增长率 9.07‰；全年实现生产总值 40400 万元，农林牧渔业总产值 6424 万元；粮食产量 2357 吨；财政收入 1393 万元；农民人均纯收入 4800 元。

乡党委书记：于先林
乡　　长：粟学军

【江家屯乡】　土地面积 118.1 平方千米，耕地 2792 公顷，其中水浇地 2547 公顷、水田 72 公顷；辖 23 个行政村；总人口 25882 人，人口自然增长率 0.70‰；全年实现生产总值 39130 万元，农林牧渔业总产值 15007 万元；粮食产量 15562 吨；财政收入 1220 万元；引进县外资金 17338 万元（占年任务 3640 万元的 476.3%）；完成民营经济收入 32000 万元（占年任务 34600 万元的 92.5%）；固定资产投资完成 13000 万元（占年任务 12438 万元的 104%）；农民人均纯收入 4051 元。

乡党委书记：李续新（01 月免）
　　　　　　杜　江（01 月任）
乡　　长：杜　江（01 月免）
　　　　　　康少明（01 月任）

【塔儿村乡】 北临江家屯乡，东临洋河南镇，西通怀安左卫镇，南临深井镇。土地面积168.9平方千米，耕地2020公顷，其中水浇地80公顷；辖19个行政村；总人口8572人，人口自然增长率3.71‰；全年实现生产总值13985万元，农林牧渔业总产值5906万元；粮食产量2614吨；财政收入205万元；农民人均纯收入3230元。

乡党委书记：冀振军（01月免）
吴继芬（01月任）
乡　　长：吴继芬（01月免）
王守正（01月任）

【王家湾乡】 北临深井镇，东与涿鹿县武家沟镇接壤，西通阳原化稍营镇，南靠蔚县。土地面积226.8平方千米，耕地2082公顷，其中水浇地1276公顷、水田64公顷；辖31个行政村；总人口7883人，人口自然增长率5.83‰；全年实现生产总值6060万元，其中，第一、二、三产业增加值分别是1680万元、1980万元、2400万元，农林牧渔业总产值19204万元；粮食产量11504吨；财政收入130万元；农民人均纯收入2100元。

乡党委书记：杨海岗（01月免）
王　峻（01月任）
乡　　长：王　峻（01月免）
刘旭龙（01月任）

（王金芸）

赤城县

【概况】 总面积5273平方千米，耕地面积53415公顷。辖18个乡镇，440个行政村，1318个自然村。总人口29.34万人，人口自然增长率11.1‰。全年实现地区生产总值36.27亿元，同比增长5.5%，其中，第一、二、三产业增加值分别完成10.11亿元、15.61亿元、10.55亿元，同比分别增长0.3%、6.2%、11%。全社会固定资产投资完成27.49亿元，同比增长51%。全部财政收入完成4.62亿元，财政支出7.54亿元，同比分别增长20.8%、10.82%，其中一般预算收入完成2.07亿元，同比增长14.56%。民营经济增加值28.8亿元，同比增长11.1%。粮食总产量4266.7万千克。社会消费品零售总额为9.71亿元，同比增长18%。农民人均纯收入2645元，同比增长6%。城镇居民人均可支配收入11312元，同比增长12.4%。职工平均工资11754元，同比增长4.8%。年末金融机构存款金额完成38亿元，同比增长14.8%。城乡居民存款余额过盛28.14万元，同比增长15.5%。金融机构贷款余额达到18.4亿元，同比增长33.3%。单位国内生产总值能耗累计下降16.37%。

【项目建设实现新突破】 全年实施重点建设项目53个，总投资42.8亿元，计划投资21.2亿元，实际完成投资16.55亿元。铁精粉出境量374万吨，实现税费收入3亿元。投资4.5亿元的赤城·宣钢百万吨球团建设项目完成股权重组。总投资4.8亿元的10个铁矿采选扩建项目，8家建成投产，全县铁精粉年生产能力达到700万吨。总投资1.1亿元的攀宝科技有限公司20万吨矿物质有机肥项目，建成年产矿物质有机肥5万吨生产线一条。投资3500万元，年生产白云岩产品50万吨的兆龙装饰材料公司二期工程，建成生产线一条。编制《赤城县风电开发规划（2010～2020）》。投资5.5亿元的国华·赤城一期冰山梁风力发电项目，已完成风机吊装15台。累计投资1.5亿元，在样田乡实施供京万亩蔬菜基地项目。

【城乡建设统筹发展】 全年城镇固定资产投资完成22.6亿元，同比增长47.3%。投资500万元，聘请中国城市建设研究院专家对县城总体规划进行修订。投资2000万元实施汤泉河综合治理二期续建工程，完成步游桥、二期蓄水段、水上公园等工程建设。投资800万元完成东关农贸市场建设。投资4299万元实施县城污水处理厂建设项目。投资1900万元的县城生活垃圾填埋场建设项目完成通场道路建设。投资810万元建设完成单套面积50平方米的廉租房94套，城市低收入家庭廉租房住房保障率达到80%。投资2000万元实施县城及周边绿化、亮化工程，县城绿地率达到14%，人均公园绿地面积达到0.45%。投资500万元，对县城主要街道景观进行综合治理。投资6000万元完成旧城改造拆迁4.8万平方米。完成14个村的新民居示范工程建设。

【生态旅游独具特色】 投资2100万元实施温泉度假村升级改造工程，完成庙区改造及南山观景休闲栈道等工程。投资5亿元实施张家口市摩天岭国际滑雪度假项目，完成两条雪道平整；投资1.8亿元实施汤子庙温泉开发项目，完成人工湖的挖掘和项目区道路修建，综合办公楼已投入使用。投资2.1亿元的京北水城建设项目，完成项目选址、土地转租、环评、地质勘察等工作。全年共接待游客41万人次，实现旅游收入2亿多元，旅游业对县域经济的支撑作用日趋明显。

【民生工程和社会事业】 社会保障支出1.29亿元，教育支出1.22亿元，“三农”支出4679万元，公共财政保障能力显著增强。实施涉及16个乡镇152.1千米的农村公路“村村通”工程。在18个乡镇实施数字电视工程。开通手机3G业务，移动信号覆盖率达到98%。加快教育基础设施建设，投资1920万元完成县城第一小学和第一幼儿园建设工程。投资365万元实施后城、东卯中学校舍改造工程。争取中央校舍维修资金65万元，完成第三中学食堂新建工程。落实财政扶贫资金510万元实施农业基础设施建设、“互助资金”项目、“双周转”、劳务输出等重点工程。投资615万元新建农村安全饮水工程44处，新打维修机井41眼，新打浅水井441眼，解决5000亩（333.33公顷）菜地浇灌及1.1万人的饮水困难问题。落实财政扶贫资金790万元，为9700户无救助能力贫困户解决冬季取暖用煤1046吨。争取“中央专项彩票公益金”项目资金2125万元。城镇新增就业924人，城镇登记失业率控制在4%以内。养老保险扩面净增155人，参保总人数达2498人。启动城镇居民医疗保险，参保居民达17623人。城镇职工医疗保险参保职工达13428人；生育保险参保人数达到4300人；失业保险月平均参保人数达9515人。城镇低保月人均补差标准达到148元，农村低保月人均补差标准达到52元，全年累计发放城乡低保资金1556万元。推进新型农村合作医疗，全县参合率达71%。

【主要负责人】

中共县委书记：赵占华
副 书 记：王 波
　　欧阳文捷（挂职）
县 委 常 委：赵占华　申全民　王 波
　　欧阳文捷（挂职）　孟来年
　　王崇辉　郭献林　白凤鸣
　　杨启旭　杨春霞　郭文奎
　　赵彦朝
县人大主任：郭万忠
副 主 任：白 宽　宋雪峰（女）
　　屈 军　徐占元
县 长：申全民
副 县 长：王崇辉　郭文奎　王秀冬
　　张晓燕（女）　郭瑞卿
　　李春坡
县政协主席：蒋瑞海
副 主 席：李 珍　包志忠　王海儒
　　刘英志

【赤城镇】 县政府所在地，总面积247.45平方千米，耕地面积2664公顷；辖33个行政村和4个居民社区；有1.9万户，4.16万人，人口自然增长率为8.89‰；全年农业总产值达4762.6万元，同比增长3.24%；畜牧业总产值达到4452.1万元，同比增长2.22%；农民人均纯收入3040元，同比下降0.52%。

镇党委书记：李志强（03月免）
　　马 军（03月任）
镇 长：马 军（03月免）
　　范正军（03月任）

【龙关镇】 总面积294.07平方千米，耕地面积4933公顷；辖35个行政村，4个自然村；有7853户26325人，人口自然增长率为10.21‰；全年实现社会总产值7.7亿元，其中工农业总产值6.2亿元；农村经济总收入1.3亿元，同比增长16.5%；农民人均纯收入2660元，同比增长14.6%；居民存款余额9800万元。

镇党委书记：郭树春
镇 长：郭耀文

【田家窑镇】 总面积194.49平方千米，耕地面积4688公顷，林地面积6316公顷，宜林荒山、草场面积4842公顷；辖24个行政村；6660户18772人，人口自然增长率为3.97‰；全年实现农业总产值5035.7万元，同比增长1.99%；农民人均纯收入2423元，同比增长0.12%；居民储蓄存款7800万元；粮食总产量2847.3吨，同比下降55.49%。

镇党委书记：冯 俊
镇 长：王 勇

【雕鹗镇】 总面积335.56平方千米，耕地面积3224公顷；辖30个行政村；有5351户1.55万人，人口自然增长率为4‰；全年实现农业总产值6190万元，同比增长5.9%；农村经济总收入4435万元，同比下降3.5%；农民人均纯收入1630元，同比增长3.2%；居民存款余额7880万元，同比增长17.6%；粮食总产量1390吨，同比减少68.5%。

镇党委书记：路太忠
镇 长：戴冰岩

【龙门所镇】 总面积235.35平方千米，耕地面积2387公顷；辖28个行政村，52个自然村；总人口15299人，人口自然增长率为5.05‰；全年实现农业总产值8323万元，同比增长20.2%；农村经济总收入12510万元，同比减少5%；财政收入720万；农民人均纯收入1720元，同比增长6%；粮食产量2850吨，同比下降62.9%。

镇党委书记：王志宏
镇　　长：李晓利

【白草镇】　总面积244.79平方千米，耕地面积2145公顷；辖16个行政村，47个自然村，1个移民管理区；有4036户12393人，人口自然增长率2.52‰；全年实现农牧业总产值5968.7万元，同比下降8.4%；农村经济总收入7092.3万元，同比下降5%；农民人均纯收入1780元，同比增长7.23%；粮食总产量3637吨，同比下降54.3%。

镇党委书记：郑　炜
镇　　长：李树新

【独石口镇】　总面积271.06平方千米，耕地面积2830公顷；辖12个行政村，48个自然村；有2525户6602人，人口自然增长率为6.86‰；全年实现农业总产值2015万元，同比增长22.7%；农民人均纯收入1888元，同比增长7.3%；农民存款余额3200万元，同比增长6%；粮食总产量691吨，同比下降61.2%。

镇党委书记：程　勇
镇　　长：王方友

【东卯镇】　总面积446.86平方千米，耕地面积2465公顷；辖25个行政村，164个自然村；有7018户23243人，人口自然增长率8.84‰；全年实现农业总产值7871.1万元，同比增长7.48%；农村经济总收入16038万元，同比增长5.41%；农民人均纯收入1605元，同比增长6.71%；粮食总产量1608吨，同比减少3757吨。

镇党委书记：田晓利
镇　　长：李　飞

【后城镇】　总面积374.68平方千米，耕地面积2624公顷；辖38个行政村，126个自然村；有7776户21829人，人口自然增长率为11.7‰；全年实现农业总产值8200万元，同比增长3.14%；农村经济总收入8433万元，同比下降0.85%；农民人均纯收入1610元，同比下降4.2%；粮食总产量2444吨，同比下降60.62%。

镇党委书记：苑建石（02月任）
乡　　长：谢春力（02月任）

【东万口乡】　总面积282.46平方千米，耕地面积1700公顷；辖22个行政村，36个自然村；有5273户16930人，人口自然增长率为5.59‰；全年实现农业总产值6516万元，同比增长7.6%；农村经济总收入2956万元，同比增长12.7%；农民人均纯收入1845万元，同比增长12.3%；粮食总产量3274吨，同比减产0.7%。

乡党委书记：薛智凯
乡　　长：王贵海

【炮梁乡】　总面积156.34平方千米，耕地面积1380公顷；辖17个行政村，24个自然村；总户数2427户，总人口6536人，人口自然增长率为4.68‰；全年农业总产值1890万元，同比增长73.4%；农村经济总收入77213万元，同比增长0.05%；农民人均纯收入2589元，同比增长0.97%；粮食总产量3261吨，同比减产40.8%。

乡党委书记：路桂成
乡　　长：李　辉（04月免）
　　　　　刘志强（04月任）

【茨营子乡】　总面积271.66平方千米，耕地面积1133公顷；辖13个行政村，60个自然村；总户数3262户，总人口10956人，人口自然增长率为5.53‰；全年实现农业总产值6980万元，同比增长4%；农民人均纯收入1802元，同比增长2.5%；粮食产量1041吨，同比减产60.5%。

乡党委书记：武耀锐
乡　　长：王海忠

【大海陀乡】　总面积290.44平方千米，耕地面积2400公顷；辖32个行政村，34个自然村；3376户9899人，人口自然增长率为8.82‰；全年农村经济总收入15217万元，同比增长32.2%；农民人均纯收入1480元，同比增长3.7%；粮食总产量1211吨，同比减少5.6%。

乡党委书记：邵德良（03月病逝）
　　　　　　马王海（04月任）
乡　　长：马王海（04月免）
　　　　　李继章（04月任）

【样田乡】　总面积189.79平方千米，耕地面积1809公顷；辖23个行政村；有3927户8961人，人口自然增长率为10.26‰；实现农业总产值2352.4万元，同比增长32.5%；农村经济总收入3230万元，同比增长5.1%；农民人均纯收入2098元，同比增长6.7%；居民存款余额3500万元，同比增长118.75%；粮食总产量1267吨，同比减少32.7%。

乡党委书记：宫　敬

乡　　　长：杨卫清

【镇宁堡乡】　总面积329.67平方千米，耕地面积3525公顷；辖26个行政村；有4651户13603人，人口自然增长率为8.46‰；全年实现农业总产值2233万元，同比增长29.7%；农村经济总收入4241万元，同比增长12.1%；农民人均纯收入1790元，同比降低7.7%；粮食播种面积1314公顷，粮食产量5943吨。

乡党委书记：李贵忠（02月免）

张　波（02月任）

乡　　　长：张　波（02月免）

郝　荣（02月任）

【马营乡】　总面积315.42平方千米，耕地面积3256公顷；辖23个行政村，84个自然村；有4569户11676人，人口自然增长率为3.6‰；全年实现农业总产值5836万元，同比增长6.65%；农村经济总收入6456万元，同比增长94.98%；财政收入354万元，同比增长55.9%；农民人均纯收入1300元，同比减少1.53%；粮食产量981吨，同比减少2485吨。

乡党委书记：武俊杰

乡　　　长：王爱国

【云州乡】　总面积520.34平方千米，耕地面积3127公顷；辖29个行政村，70个自然村；有5868户1.75万人，人口自然增长率为9.79‰；全年实现农业总产值6211万元，同比下降0.95%；农村经济总收入12578万元，同比增长3%；农村经济纯收入3831万元，同比增长4.75%；农民人均纯收入1780元，同比增长3.5%；粮食产量3647吨，与上年持平。

乡党委书记：郭光所（03月免）

杜笑飞（03月任）

乡　　　长：杜笑飞（03月免）

陈海军（03月任）

【三道川乡】　总面积337.58平方千米，耕地面积1747公顷；辖14个行政村，36个自然村；有2696户8793人，人口自然增长率为6‰；全年实现农业总产值7441.66万元，同比增长9%；农村经济总收入3060万元，同比下降67.98%；农民人均纯收入1538元，同比下降8.45%；粮食产量1127吨，同比减少27.7%。

乡党委书记：周成宝

乡　　　长：李春玲（女）

（王殿文　王金富）

崇礼县

【概况】　崇礼县总面积2323平方千米，耕地面积16393公顷。共设2个集制镇、8个行政乡。总人口12.49万人，人口自然增长率5.25‰。全年生产总值完成16.96亿元，同比增长9.8%，其中，第一产业增加值4.12亿元，同比增长2.9%；第二产业增加值8.03亿元，同比增长12.5%；第三产业增加值4.81亿元，同比增长10.2%。民营经济营业收入12.54亿元，同比增长16.2%。粮食总产量7031万吨，同比增长42.3%。财政收入2.28亿元，同比增长13.55%；财政支出5.73亿元，同比增长81.96%。固定资产投资23.02亿元，同比增长51.4%。社会商品零售总额4.55亿元，同比增长17.94%。职工平均工资23415元，同比增长4.30%。农民人均纯收入3106元，同比增长6.43%。城镇居民人均可支配收入11177元。年末城乡居民存款余额11.1亿元。

【农业经济扎实推进】　节水灌溉面积达到1.2万亩（800公顷），种植蔬菜12万亩（8000公顷），其中设施蔬菜1.38万亩（920公顷），蔬菜人均种植面积与设施蔬菜种植面积两项指标均列全市第一。柴鸡和奶牛分别发展到100万只和1.3万头。解决25个村9000多人饮水安全问题。实施设施蔬菜配水配电工程。生态建设力度加大，推进“增绿添彩”、清水河上游综合治理等工程建设，治理面积17万亩（11333.33公顷），特别是清水河上游拦沙坝建设工程，建成总长800米的拦沙坝6道，拦沙库容28万立方米。

【工业经济克难奋进】　全县工业增加值完成6.6亿元，其中，规模以上工业增加值完成3.6亿元，黄金、铁精粉产量分别达到1.2吨和85万吨，上缴税费1.21亿元，占财政收入的53%。清三营风电场二期投产。大唐国际风电场一期、国电风电场一期工程部分风机并网发电，累计装机容量11.5万千瓦。

【城乡面貌发生巨大变化】 全年共计投资13.8亿元，完成8大工程23个项目。完成拆迁1438户14.4万平方米。建成廉租房、回迁安置房、经济适用住房、商品房共计2895套25.2万平方米。

【“旅游立县”战略拉开帷幕】 景区档次不断提升，实施万龙滑雪场、长城岭高原训练基地、多乐美地滑雪度假山庄续建扩规及崇礼密苑生态旅游度假产业示范区、长城岭中心景区基础设施工程。服务配套设施进一步完善，容辰国际假日酒店、长城岭运动员公寓、爱雪国际酒店投入运营；崇礼鸿龙度假村、亚龙湾综合开发项目加快推进。坚持以节为媒，由国家旅游局、国家体育总局、河北省人民政府共同主办第九届中国崇礼国际滑雪节；旅游宣传力度明显加大，投入宣传经费600多万元，主攻京津市场，旅游知名度不断提升。

【社会事业全面发展】 教育事业不断发展。完成三中、西完小学教学楼主体及农村初中校舍改造工程；实行高中有条件就业招生优惠政策，有效遏制生源外流；高标准通过省政府教育督导评估验收。卫生服务不断完善。完成县医院、妇幼保健院、中医院住院楼及4所乡镇卫生院改造工程。交通事业取得新突破。实施二道沟道路改造、张沽线改造升级、108千米“村村通”、中马旅游道路等工程。社会保障水平进一步提高。完成养老、医疗、工伤、失业保险扩面任务；超额完成城镇新增就业人员、下岗失业人员再就业等目标任务；落实城镇低保1895户2887人，农村低保6124户7631人，覆盖率分别达到11.6%和7.7%。新农合医疗保险覆盖面进一步扩大。全县参保农民9万人，参合率达到90%；城镇居民基本医疗保险工作顺利启动，参保10323人，参保率达到74%。“民政事业服务中心”完成主体工程。残疾人工作成效显著，建成县乡村三级康复服务机构31所，被评为“全国残疾人康复工作示范县”。广电工作扎实推进。实施5000户数字转换工程，完成84个自然村有线电视“村村通”工程。

【主要负责人】

中共县委书记：褚国儒
副书记：白银海
县委常委：褚国儒 武占强 白银海 臧彦明 张明伟 吴凤翔 杜平 张军 刘瑞河 孟庆荣 张贵林
县人大主任：赵信
副主任：刘世河 徐光雨 杨建业 赵建设
县长：武占强
副县长：杜平 张军 白建军 杨学军 于有斌 冯志华
县政协主席：范振维
副主席：徐志立 张占森 渠林 江云青

【西湾子镇】 总面积22440公顷，年末实有耕地面积1176公顷，林地面积8019公顷；总人口29919人，人口自然增长率为5.7‰；农业总产值为5919万元，林业总产值为227万元，畜牧业总产值2006万元；财政总收入3511万元；农民人均纯收入3690元；农作物总产量412吨，油料作物总产量16吨，蔬菜、瓜类作物总产量51745吨。

镇党委书记：段福
镇长：尹志刚

【高家营镇】 总面积35106公顷，年末实有耕地面积1673公顷，林地面积4618公顷；总人口25775人，人口自然增长率为4.3‰；全年生产总值完成4.55亿元，同比增长12%，其中，农业总产值6005万元，林业总产值983万元，畜牧业总产值1921万元；财政收入590万元；农民人均纯收入3748元，同比增长12%；农作物总产量1105吨，蔬菜、瓜果作物总产量34291吨。

镇党委书记：武福
镇长：田永军

【白旗乡】 总面积15628公顷，年末实有耕地面积873公顷，林地面积3656公顷；总人口7865人，人口自然增长率为5.5‰；全年生产总值完成9267万元，同比增长16.3%；财政总收入完成290万元，同比增长9.4%；税收完成190万元，同比增长107%，完成年度任务的173%；全社会固定资产投资完成9746万元，同比增长64.8%；农民人均纯收入3480元，同比增长10%。

全乡新建项目4个：投资650万元完成奶牛养殖小区扩建项目；投资270万元完成白旗乡养猪场建设项目；投资230万元完成白旗乡土杂童子肉鸡养殖项目；投资80万元完成“退耕还林”地药材试种项目。续建项目中，投资2000万元对马家窑铁矿进行选矿工艺技改；投资850万元完成丰源萤石矿竖井、采矿、选场、尾矿库及其配套工程建设；投资200多万元，完成白旗华都种猪养殖基地二期工程。

乡党委书记：王福亮
乡　　长：董树军

【清三营乡】　总面积14009公顷，年末实有耕地面积1201公顷；总人口5794人，人口自然增长率为-4.7‰；全年地区生产总值完成3935万元，同比增长10.53%；完成财政收入130万元，同比增长170%；全社会固定资产投资1000万元，同比增长17.65%；农民人均纯收入2935元，同比增长10.34%。

项目建设奋力攻坚，全年外出争跑项目23人（次），实施招商引资项目3个，总投资829万元，已完成项目投资465万元。投资68万元完成梁东片区节水灌溉一期工程项目；投资67万元完成清三营蔬菜交易市场；新购高标准出租车30辆。

乡党委书记：郭润清
乡　　长：陈晓军

【石窑子乡】　总面积14223公顷，年内实有耕地面积1588公顷；总人口8385人，人口自然增长率为-0.2‰；全年生产总值完成6630万元，同比增长10.2%；财政收入完成125万元，同比增长98.4%；全社会固定资产投资完成2400万元，同比增长50%；农民人均纯收入3230元，同比增长10%。

在石窑子等村完成林业基地建设1460亩（97.33公顷）。全乡补植落叶松30万株，直播山杏核250千克，退耕还林成活率达90%以上。民生工程加速推进，修通村村通公路6.2千米；投资15万元为西纳岭、白旗坝新建水源，解决两村多年缺水情况。

乡党委书记：张建栋
乡　　长：杨伟祥

【石嘴子乡】　总面积30467公顷，年末实有耕地面积1514公顷；总人口9289人，人口自然增长率为2.2‰；全年完成农、林、牧区域生产总值3631万元，同比增长15%；完成地方税收210万元，同比增长38.2%；固定资产投资5453.8万元，同比增长10%；农民人均纯收入3325元。

全年共销售蔬菜4516吨，亩棚效益达2万余元，产值可达1170万元，农民人均纯收入增加1300元。召开设施蔬菜现场观摩会，并在全市推广。争取支付支农资金60万元，发放粮食直补资金及农资综合直补金22.63万元，受益人口3834人，落实家电下乡补贴305户，补贴资金26.83万元。新型合作医疗步入正规化，参合人数占全乡总人口的85%以上，低保发放分散供养经费13.65万元，发放社会最低保障金35.06万元，下放救灾粮2.45万斤，救灾款8.65万元，救灾煤40吨。

乡党委书记：霍满明
乡　　长：牛海虎

【驿马图乡】　总面积34191公顷，年末耕地面积2929公顷；总人口10786人，人口自然增长率为-1.3‰；工农业生产总值完成1.08亿元，同比增长22.3%；税收完成130万元，同比增长371.4%；全社会固定资产投资完成5780万元，同比增长108%；农民人均纯收入3280元，同比增长12.02%。

鸿盛生态养殖观光示范园区是集农业种植、畜禽示范养殖和农家生态旅游为一体的综合园区。项目占地面积75亩（5公顷），总投资600万元，风电建测风塔项目由北京绿风信达能源投资有限公司投资建设，总投资12000万元，年内预计投资8000万元，实际到位资金60万元，在上车牛沟、王山坝建测风塔2处。中心校改造配套项目建设，争取市教育局投资6万元，实际到位资金6万元，建学生标准餐厅1处，宿舍10间。

乡党委书记：李　芳
乡　　长：葛继冰

【四台嘴乡】　总面积37488公顷，年末实有耕地面积1964公顷，林地面积16116公顷；总人口10999人，人口自然增长率为2.4‰；农林牧总产值8962万元，其中农业7207万元，林业165万元，畜牧业1590万元；全年生产总值完成8.8亿元，同比增长10%；税收完成7364万元；农民人均纯收入3586元，同比增长5.8%。

在二道营村建立100亩（6.67公顷）架豆种植示范基地，在二道营、马丈子两村建成两处蔬菜交易市场。由大唐国际公司投资5.0357亿元建设的风电项目，完成投资3亿元，一期工程全部完工；由顺金隆铁矿、河阳沟磷铁矿、昌盛铁矿投资6000万元的技改扩建项目全部完工并投产运营，全乡铁精粉销售突破80万吨。全年实施项目8个，总投资6.5685亿元，完成投资4.5亿元。亚龙湾生态旅游度假村项目全年投资4600万元，完成宾馆、会议中心等工程的主体部分；多乐美地度假山庄续建工程投资200万元新建万吨蓄水池1个；总投资30亿元的密苑生态旅游度假区项目，全年投资2亿元完成房屋拆迁、土地租赁、坟墓迁移等前期工作。

乡党委书记：王　清

乡　　长：吴世海

【狮子沟乡】 总面积12032公顷，年末实有耕地面积1409公顷；总人口7644人，人口自然增长率为3.3‰；全乡社会生产总值完成6570万元，同比增长36%，农林牧总产值4611万元，其中，农业2458万元，林业158万元，畜牧业1995万元；财政总收入289万元；农民人均纯收入3650万元，同比增长25%。

全乡加大农业投入力度，推行“两茬菜”种植模式，在西毛克岭、东土城村发展“两茬菜”种植650亩（43.33公顷），亩均收入高达9000元。建立大碴底蔬菜种植专业合作社和三号蔬菜种植专业合作社。在西土城村建恒温库一座，解决周边东西土城、西狮子沟等6村的蔬菜打冷、贮存、销售难题。

乡党委书记：谭小恒

乡　　长：李　顺

【红旗营乡】 总面积17676公顷，年末实有耕地面积1455公顷；总人口8486人，人口自然增长率为0.6‰；全年生产总值完成1.3亿元，同比增长10%；财政税收完成122万元，同比增长73%；全社会固定资产投资完成4300万元，同比增长11.7%；招商引资工作新建项目5个，总投资2130万元，年内完成投资970万元；农民人均纯收入4260元，同比增长9.4%；举办农业培训班6期，培训农民3000多人（次）。

乡党委书记：高　瑞

乡　　长：温　成

（王韶棠）

怀安县

【概况】 总面积1698平方千米，耕地面积512738亩（34182.53公顷）。总人口24.66万人，人口自然增长率5.35‰。全年完成生产总值35.32亿元，同比增长10.0%，其中，第一产业增加值完成4.85亿元，同比下降16.4%；第二产业增加值完成11.24亿元，同比增长23.3%；第三产业增加值完成19.24亿元，同比增长10.0%。民营经济增加值完成25.11亿元。全部财政收入、地方一般预算收入分别完成3.85亿元、1.33亿元。全社会固定资产投资完成33.50亿元，同比增长39.06%。社会消费品零售总额达到9.78亿元，同比增长16.4%。城镇居民人均可支配收入10858元，农村居民人均纯收入3548元，同比分别增长11.3%、10.6%。年末城乡居民储蓄存款余额31.05亿元，同比增长12.2%。

【农村经济稳步发展】 克服50年不遇特大旱灾，农村经济继续保持健康稳定发展势头。生猪、奶牛饲养量分别达到28万口、1.02万头，规模养殖率分别达到70%和80%以上。蔬菜种植面积达7.5万亩（5000公顷），其中设施蔬菜1.5万亩（1000公顷）。重点谋划实施农业产业化项目11个，完成投资1.26亿元。市级龙头企业发展到6家，产业化经营总量达5.5亿元，农业产业化经营率达51.4%。改善水浇地和节水灌溉面积2万亩（1333.33公顷），水土保持60平方千米，新增各类林地10万亩（6666.67公顷）。实施各类扶贫项目120多个，投入各类扶贫资金2500多万元。推进新农村建设，重点建设新民居示范村5个。

【二、三产业效益提高】 工业经济运行平稳，11家规模以上工业企业累计完成总产值15.1亿元，实现工业增加值7.4亿元，完成税金8908万元，同比分别增长32.5%、20.7%和76.02%。第三产业稳中求进，煤炭企业稳定在200家左右，成品油经营网点达到3家，加油站发展到16家，标准农家店发展到99家。园区建设稳步推进，投资1.25亿元完成南山物流园区基础设施建设，柴沟堡、左卫、怀安城——头百户三个经济集聚区稳步发展，初步形成以能源工业为龙头，酶制剂、化工业为辅助，新型产品制造业为主干，物流产业为重点的“三园一区”经济格局。企业改制有序开展，啤酒厂、造纸厂、磷肥厂依法实行破产，医药公司通过股份制改革实现重组，化肥厂改制工作有序推进。县属集体企业全部进入改制程序。

【项目建设成效显著】 实施重点建设项目90项，完成投资29亿元。续建项目15项，总投资11.5亿元，年内完成投资4.3亿元；新开工项目24项，总投资15.2亿元，年内完成投资6亿元；前期项目45项，其中总投资54亿元的国电怀安热电厂二期工程通过华北电网公司组织的初可研审查。实施的41个项目全部开工，总投资6754万元，其中竣工29项，实际完成投资3501万元。引进县外到位资金6亿元，同比增长33%。直接利用外资250万美元。

【城镇建设实现突破】 围绕建设“山水园林型城市”目标，按照“南山、北水、西建、东改”的思路，完成各类建设项目40多项，新改建道路10.7千米，投入建设资金11.3亿元，是历年来城建投入资金力度最大的一年。新区建设步伐加快，总投资8100万元、全长3.9千米的县城文苑路建设项目竣工；投资1490万元，完成县城振兴大街东拓西延建设项目；投资1.5亿元的长胜大街10万平方米商铺建设，6080万元的文苑小区二期、6000万元的宏升庄园等项目顺利推进。旧城改造进展顺利，总投资1.06亿元的旧城道路改造工程全部完工；投资1.2亿元的原司令部拆迁改造工程、4800万元的东胜家园等项目全面开工建设。县城美化绿化加快，南山风景区投资5000多万元，完成标准绿化8000多亩（533.33公顷）；实施县域集中供热，供热面积88万平方米；县城污水处理厂投入运营，成为全市第一个实现集中供热、污水处理的县城。

【社会事业全面进步】 义务教育扎实推进，顺利通过省教学评估验收；职教中心创建省级重点技工学校通过专家评审；实施农村初中校舍改造工程，投资532万元，完成怀安城中学宿舍楼建设等项目；落实农村义务教育各类经费1400多万元，公开招聘教师55名，省安排特岗教师28名，已全部充实到农村教育第一线。科技工作全面提升，培训农民3万余人次，编制和申报科技项目10个，其中《新型包衣微丸耐高温植酸梅》项目被列入省科技厅中小企业创新资金管理中心重点扶持项目；柴沟堡镇和左卫镇尖台寨村被列入河北省新农村科技示范乡（镇）村。文化建设得到加强，成功举办“2009中国·怀安围棋文化节暨全国围棋之乡邀请赛”，“河北省青少年围棋训练基地”在怀海棋院正式挂牌，成为全省首家青少年围棋训练基地；实施“非物质文化遗产”保护工程，柴沟堡“郭玺”熏肉制作技艺等四个项目被列入全省第三批非物质文化遗产保护名录。实施“村村通”广播电视工程，新安装卫星接收设施4000套，推进有线数字电视整体转化工程，新增用户3000户；特色影视旅游基地建设进展顺利，拍摄《军旗飘扬》等多部电视剧。卫生事业稳步推进，11个乡镇卫生院全部达标，标准化村级卫生室达60%以上，新农合参合农民16.8万人，参合率81.13%，为14.4万人次报免医药费1800余万元；总投资4000万元的县级综合医院项目开工建设。交通事业全面发展，村村通工程完成126千米建设任务，投入资金2510万元。

【民生工作得到加强】 新增就业955人，下岗失业人员再就业517人，“4050”等困难人员再就业241人。农村劳动力向非农产业转6726人，劳务输出2702人。企业养老保险新增参保917人，机关事业单位养老保险新增参保171人。工伤保险参保总数达7098人，城镇职工基本医疗保险新增参保1.78万人，被列入全市唯一的省新型农村社会养老保险首批试点县。

【主要负责人】

中共县委书记：戈亮禄
副 书 记：李洪波
费再宏（回族）
陈云峰（挂职）
杨黎明（挂职）
县 委 常 委：戈亮禄 李洪波 费再宏
陈云峰（挂职）
杨黎明（挂职）
任继润 孙振海 王海滨
武 卿（08月免）
张根恒（08月任）
张志友 孙增杰 孙林山
郭景成 杜瑞明
县人大常主任：刘 平
副 主 任：陈 状
李汉林（党外人士）
刘爱国 赵永龙
县 长：李洪波
副 县 长：武 卿（08月免）
张根恒（08月任）
张志友
徐正成（党外人士）
张晓东 许志红
胡志荣（女，01月任）
县政协主席：张 彪
副 主 席：陈小友（党外人士）
胡献文

【柴沟堡镇】 总面积163.56平方千米，耕地面积55976亩（3731.73公顷）；城区设1个街道办事处，辖9个居民委员会，城外设25个村民委员会，辖38个自然村；总人口74903人；全社会固定资产投资完成57392万元；粮食产量9798吨；农民人均纯收入3928元。

镇党委书记：李春雷
镇 长：王 平

【左卫镇】 总面积254.41平方千米，耕地面积67259亩（4483.93公顷）；城区置4个村民委员会，城外设29个村民委员会，辖25个自然村；总人口37379人；全年实现固定资产投资6.2亿元；招商引资完成2.3亿元；粮食产量13575吨；财政收入完成4657万元，财政支出2514万元；农民人均纯收入达3863元。

镇党委书记：刘广钧
镇　　　长：赵乃和

【怀安城镇】 总面积161平方千米，耕地面积81860亩（5457.33公顷）；城区置11个村民委员会，城外置30个村民委员会，辖31个自然村；总人口32285人；全年粮食产量8682吨；固定资产投资实现1.05亿元；招商引资完成9806万元；财政税收完成1073万元；农民人均纯收入达2830元。

镇党委书记：王有军（03月免）
　　　　　　马瑞光（03月任）
镇　　　长：左瑞明（03月免）
　　　　　　郭明东（03月任）

【头百户镇】 总面积83.6平方千米，耕地面积52753亩（3516.87公顷）；辖23个村民委员会、26个自然村；总人口16669人；全年固定资产投资完成17729万元；招商引资完成4127.21万元；粮食产量7298吨；财政收入完成387.5万元，财政支出374万元；农民人均纯收入达3122元。

镇党委书记：姚立清（03月免）
　　　　　　王旭岩（03月任）
镇　　　长：郭明东（03月免）
　　　　　　张维荣（03月任）

【渡口堡乡】 总面积197.78平方千米，耕地面积43940亩（2929.33公顷）；辖27个行政村；总人口16884人；全年完成固定资产投资6924万元；实现财政收入1700万元；招商引资完成1550万元；粮食产量1212吨；农民人均纯收入达2900元。

乡党委书记：杨存山（03月免）
　　　　　　岳万全（03月任）
乡　　　长：岳万全（03月免）
　　　　　　孙恒秀（03月任）

【第六屯乡】 总面积76.06平方千米，耕地面积19870亩（1324.67公顷）；辖12个村民委员会、16个自然村；总人口10295人；全年实现社会固定资产投资8000多万元；财政收入600万元，财政支出442万元；招商引资完成980万元；粮食产量3119吨；农民人均纯收入3350元。

乡党委书记：郭瑞德（03月免）
　　　　　　李建军（03月任）
乡　　　长：孙　华（03月免）
　　　　　　李永安（03月任）

【西沙城乡】 总面积84.61平方千米，耕地面积22678亩（1511.87公顷）；辖11个村民委员会、11个自然村；总人口10569人；全年实现固定资产投资8066万元；实现招商引资1630万元；实现财政收入1395万元；粮食产量1438吨；农民人均纯收入达3263元。

乡党委书记：马瑞光（03月免）
　　　　　　李建国（03月任）
乡　　　长：李俊锴（03月免）
　　　　　　景惠武（03月任）

【西湾堡乡】 总面积108.95平方千米，耕地面积22197亩（1479.8公顷）；辖15个村民委员会、15个自然村；总人口8191人；全年实现固定资产投资8378万元；招商引资完成4690万元；实现税金270万元；粮食产量2016吨；农民人均纯收入2900元。

乡党委书记：贾　飞（03月免）
　　　　　　席雁军（03月任）
乡　　　长：张玉军

【太平庄乡】 总面积172.16平方千米，耕地面积36084亩（2405.6公顷）；辖17个行政村；总人口10587人；全年实现固定资产投资8035万元；实现招商引资7430万元；实现财政收入544万元，财政支出544万元；粮食产量1654吨；农民人均纯收入达2718元。

乡党委书记：胡　忠（03月免）
　　　　　　左瑞明（03月任）
乡　　　长：孙恒秀（03月免）
　　　　　　王玉荣（03月任）

【王虎屯乡】 总面积172.29平方千米，耕地面积53057亩（3537.13公顷）；辖26个行政村；总人口13650人；全年完成社会固定资产投资19870万元；完成招商引资1930万元；财政收入1133.4万元；粮食产量3386吨；农民人均纯收入3305元。

乡党委书记：张孟乔（03月免）
　　　　　　胡　忠（03月任）

乡　　长：李建军（03月免）
　　　　　李俊锴（03月任）

【第三堡乡】　总面积132.76平方千米，耕地面积56455亩（3763.67公顷）；辖34个行政村；总人口14411人；全年完成固定资产投资3771万元；财政收入369万元；粮食产量3810吨；农民人均纯收入3243元。

乡党委书记：李福军
乡　　长：李　峰

（田　鑫）

涿鹿县

【概况】　涿鹿县总面积2802平方千米，耕地面积30710公顷。辖1区、13镇、4乡、373个行政村。共34.32万人，人口自然增长率控制在5‰以内。全年地区生产总值达到46.25亿元，同比增长15.4%，其中，第一产业增加值14.21亿元，同比增长13.5%；第二产业增加值13.36亿元，同比增长24.3%；第三产业增加值18.68亿元，同比增长7.6%。民营经济增加值达6.85亿元，同比增长19.9%。粮食总产量15.86万吨，同比增长5.5%。财政收入2.71亿元，同比增长10%；财政支出6.47亿元，同比增长34.6%。固定资产投资完成42.37亿元，同比增长148.3%。社会消费品零售总额16.75亿元，同比增长17.9%。职工年平均工资20215元，同比增长17%。农民人均纯收入4106元，同比增长10.6%。城镇居民人均可支配收入11736元，同比增长12.8%。年末城乡居民存款余额48.6亿元，同比增长10.2亿元。

【京津对接成效显著，重点项目聚集壮大】　重新编制20平方千米的园区规划，年内投资8000多万元先后完善园区道路、排水、绿化等基础设施，完成园区11万千伏变电站主体工程、行政审批中心及16幢生活配套服务区别墅。入驻企业已达到48家，已达成投资意向的8家，全年总产值达到6亿元，入库税金2220多万元。共确定重点建设项目63个，列入省市重点项目11个，完成投资28亿多元。14家硅材料生产企业到位单晶硅炉达到120台；北大青鸟年产报警器部件260万支。引进京津项目已达32项，总投资达76.46亿元。县科技园区在中国产业园区发展模式高峰论坛上被评为“全国百佳科学发展示范园区”，被省政府列为全省百家重点培育产业聚集区。

【基础设施建设加快，城建惠民深入人心】　以张涿、京化高速公路和康祁线二级公路为重点的道路建设涉县总里程达93千米，总投资达到86亿元。县内交通建设完成省道宝平线孔涧至小河南段、鸡鸣驿支线涿鹿段、洋河大桥加固等4项干线公路大中修。4条乡道改造工程和9个乡镇21个行政村的村村通工程顺利完工，全县通油路行政村达到318个，占行政村总数的85%。电力方面，精心组织农网完善、技改、大修等14项工程。城区有线电视数字整转工作完成6200户。旧城改造拆迁面积33万平方米，城市改造普惠城市居民2000多户。15项三年大变样重点项目完成投资23亿元，占年计划的110%，城市建设新增建筑面积118.36万平方米。改善县内居民和吸纳县外群众居住1万多人，县城居住人口总量达7万人。

【特色产业增效增收，农村居住条件改善】　农业生产结构进一步优化。共建成奶牛规模养殖场达5个，规模养殖小区达19个，规模养殖率达到96%；推进全市“百万亩葡萄基地”建设工程，新发展葡萄2万亩（1333.33公顷），累计达到15万亩（10000公顷）；2万亩（1333.33公顷）玉米连片示范田平均亩产达到896.75千克，刷新河北省万亩连片玉米单产新记录；推广杂交谷子1.5万亩（1000公顷），农民每亩增收900元，被评为张承地区唯一全国粮食生产先进县。建成2万亩（1333.33公顷）无公害蔬菜生产基地、10万亩（66666.67公顷）无公害果品生产基地和以3个牧场为主的牛奶无公害生产基地。深入推进新农村和新民居建设，总投资24.2亿元的张家堡镇新农村建设试验区、矾山东关村改造、县城东关村新民建设、牛家场村整体改造项目已正式签约；完成4个文明生态村和6个新民居示范村的创建工作。农民生活条件得到进一步改善，被省委省政府列入全省10个统筹城乡发展试点县（市）之一。

【文化旅游品牌叫响，物流产业蓬勃发展】　以“三祖圣地、合符文化”人文历史旅游为核心，全力打造“千古文明开涿鹿”、“龙的诞生地”特色旅游品牌。年内投资2100多万元，完成康祁线至三祖堂景区道路连接线、泰子梅艺术馆连接线、蚩尤祠连接线及中华三祖堂给排水、大型龙雕等配套工程。黄帝城景区被省政府评为第三批爱国主义教育基地，蚩尤文化产业园成为北京电影学院影视基地。冀台同胞共祭中华三祖大典在中华三祖堂举行。举办“尊祖敬老·今又重阳”全国中老年歌唱祖国等一系列大型活动，新编剧目《合符釜山》上演。全年接待国内游客突破35万人次，国际游客3500人次，旅游产业产值近5000万元，占GDP的1%。在物流产业发展方面，全县新建日用工业品农家店42个，达到372个，日用工业品加盟店实现全覆盖。新合作连锁配送中心一期工程建成投用，成为河北北部唯一物流配送中心；投资2600万元的合符建材城和投资3000万元的客都购物广场相继建成运营，被商务部确定为全市唯一的“农超对接”试点县。

【主要负责人】

中共县委书记：王　江
副　书　记：任　元
县 委 常 委：王　江　陈　岗　任　元
　　邱平军　范玉江　王向明
　　封心青　李珍勇（12月任）
　　王兆祥　安　树　李建龙
　　田成明
县人大主任：刘效忠
副　主　任：杨生洪　王建国　吕桐舜
　　赵来亮
县　　长：陈　岗
副　县　长：封心青　李珍勇（12月免）
　　李建龙（12月任）　潘哲伟
　　忻　鸣　谢宝军　李　阳
县政协主席：伊世忠
副　主　席：闫仲会　王树祯　侯桂喜

【涿鹿镇】 总面积77.2平方千米，耕地面积1426.01公顷；辖30个行政村、6个居委会；总人口6.5万人，人口自然增长率8.24‰；全年民营和个体企业发展到2336家，实现营业收入17.23亿元，增加值5.13亿元，利润总额9038万元；完成税收任务3014万元，占年任务的104.7%，同比增长662.4万元；村级基础设施累计投资2100多万元；农民人均纯收入4679元。

镇党委书记：张大中
镇　　长：张春林（10月免）
　　侯志刚（10月任）

【张家堡镇】 总面积69.14平方千米，耕地面积26000亩（1733.33公顷）；辖13个行政村；共7651户，23529人，人口自然增长率5‰；全年实现民营经济营业收入80440万元，增加值23930万元；招商引资实际到位3000万元；财政税收1879万元；粮食产量20857吨，蔬菜12000吨；农民人均纯收入达4675元。

镇党委书记：李桂海
镇　　长：张满胜

【保岱镇】 总面积100平方千米，耕地面积6万亩（4000公顷）；辖22个行政村；总人口28477人，人口自然增长率为1.45‰；全年社会生产总值完成64967万元，其中，第一产业增加值1700万元，第二产业增加值800万元，第三产业增加值200万元；财政税收393万元；农民人均纯收入4226元。

镇党委书记：周云峰（03月免）
　　蒙建军（03月任）
镇　　长：蒙建军（03月免）
　　王大磊（03月任）

【五堡镇】 总面积59.78平方千米，耕地面积16294.35亩（1086.29公顷）；辖19个行政村；7241户，总人口24871人，人口自然增长率控制在3.93‰；全年社会生产总值完成46814.5万元；税收完成404万元，完成任务的158%；招商引资3110万元，完成任务的155.5%；农民人均纯收入4686元。

镇党委书记：闫仲山
镇　　长：张建东

【东小庄镇】 总面积58.23平方千米，耕地面积51426亩（3428.4公顷）；辖17个行政村；9361户，总人口30872人，人口自然增长率1.39‰；全年社会总产值完成64507万元，其中，农林牧渔总产值31547万元；全社会固定资产投资完成8673万元；财政收入完成229万元；农民人均纯收入达到5019元。

镇党委书记：齐　亮（10月免）
　　张春林（10月任）
镇　　长：王永平

【武家沟镇】 总面积270平方千米，耕地面积1594公顷。辖26个行政村、12个自然村。4776户16667人，人口自然增长率5.5‰。全年农业总产值完成3167万元，其中种植业188万元，养殖业6564万元。工业营业收入165万元，增加值42万元，利润50万元；个体营业收入43845万元，增加值13048万元，利润1488万元；农民人均纯收入4517元。

镇党委书记：郝金伦
镇　　长：张建国

【栾庄乡】　总面积145平方千米，耕地面积27615亩（1841公顷）；辖15个行政村、2个自然村；6659户19670人，人口自然增长率为9.46‰；全年社会生产总值完成12000万元；财政税收完成245万元；完成招商引资3160万元；粮食总产量4961吨；农村固定资产8341万元，同比增长18%；农民人均纯收入3749元，同比增长6%；新型合作医疗参保16539人，占总人口的90.3%。

乡党委书记：张美珍
乡　　长：朱桂禄

【辉耀镇】　总面积208.38平方千米，耕地面积7.6万亩（5066.67公顷），其中退耕还林面积5.7万亩（3800公顷）；辖20个行政村；总人口12376人，人口自然增长率1.15‰；全年社会生产总值完成23771万元；财政收入289万元；农民人均纯收入2504元。

镇党委书记：陈宝明（03月任）
镇　　长：陈宝明（03月免）
　　　　　孟志刚（03月任）

【温泉屯镇】　总面积76.6平方千米，耕地面积6769.8亩（451.32公顷）；辖10个行政村；总人口14009人，人口自然增长率1.75‰；全年工农业总产值完成32857万元，其中农业21497万元，工业11360万元；全年财政收入206万元，完成任务的130.38%；招商引资完成2570万元；农民人均纯收入4508元。

镇党委书记：王吉红
镇　　长：赵立军

【矾山镇】　总面积152.85平方千米，耕地面积30538.05亩（2035.87公顷）；辖27个行政村、1个居委会；总户数8159户，总人口21778人，人口自然增长率7.88‰；全年国民生产总值完成125644.89万元；财政税收完成283万元，完成任务的100.7%；招商引资完成5713万元；农民人均纯收入4366元。

镇党委书记：林建忠
镇　　长：庄广红（10月免）
　　　　　李国雷（11月任）

【大堡镇】　总面积267.12平方千米，耕地面积85087.4亩（5672.49公顷）；辖44个行政村；7112户18697人，人口自然增长率为9.84‰；全年国民生产总值完成9100万元；财政收入375.96万元；粮食总产量21736.73吨；农民人均纯收入2680元。

镇党委书记：张辉军
镇　　长：王晓黎

【黑山寺乡】　总面积71平方千米，耕地面积43583亩（2905.53公顷），其中退耕还林31429.3亩（2095.29公顷），水浇地面积15014.3亩（1000.95公顷）；辖10个行政村；总人口11200人，人口自然增长率11.31‰；全年社会生产总值完成19230.9万元；财政收入完成293万元；招商引资完成1591.2万元；农民人均纯收入3552元。

乡党委书记：任树春
乡　　长：谷万生

【卧佛寺乡】　总面积226平方千米，耕地面积28920亩（1928公顷）；辖23个行政村；总人口11074人，人口自然增长率3.5‰；全年社会生产总值完成23021万元；财政收入完成499万元；农民人均纯收入2900元，同比增长14%；矿产资源丰富，储量最多的石灰石矿储量1.4亿吨。

乡党委书记：郑卫成
乡　　长：杨春贵

【赵家蓬区】　总面积1020.8平方千米，耕地面积13771亩（918.07公顷）；辖3镇1乡、97个行政村；总人口34734人，人口自然增长率4.16‰；全年社会生产总值实现7.5亿元；财政收入完成2749万元；农民人均纯收入1620元。

区党委书记：王向明
区　　长：常瑞天

【大河南镇】　总面积266.43平方千米，耕地面积159.6公顷；辖19个行政村、50个自然村；总人口9794人，人口自然增长率为9.22‰；全年生产总值实现6562万元，同比增长15.8%；财政收入1181万元；固定资产投入5636万元，同比增长2.45%；完成招商引资3734万元，同比增长11.8%；营业收入完成16850万元，同比增长11.9%；利税完成1999.75万元，同比增长28.4%；农民人均纯收入1628元。

镇党委书记：董启栋
镇　　长：张树江

【河东镇】　总面积396.6平方千米，耕地面积

6855亩（457公顷）；辖40个行政村、8个自然村；总人口11371人，人口自然增长率5.6‰；全年完成工农业生产总值10640万元，其中农业总产值2841万元；财政收入完成784万元；粮食总产量650吨；营业收入10440万元；农民人均纯收入1640元。

镇党委书记：朱建明（10月免）

庄广红（10月任）

镇　　长：任晓东

【蟒石口镇】 总面积295平方千米，耕地面积8650亩（576.7公顷）；辖17个行政村；共2836户9449人，人口自然增长率3‰；全年生产总值实现12658万元，其中农业生产总值2598万元；财政收入140万元；农民人均纯收入1617元。

镇党委书记：李　德（03月免）

胥　伟（03月任）

镇　　长：董培成

【谢家堡乡】 总面积182.6平方千米，耕地面积1800亩（120公顷）；辖21个行政村；共1817户5216人，人口自然增长率5.32%；全年实现工农业总产值1.99亿元，其中农业总产值2500万元，工业总产值完成1.74亿元；财政收入594万元；固定资产投资4600万元；引进外来资金3600万元；农民人均纯收入1686元。

乡党委书记：包大智

乡　　长：赵存宝（03月免）

田云飞（03月任）

（冀常萍）

蔚　县

【概况】 蔚县地处河北省西北部，张家口市最南端，总面积3198平方千米，其中耕地面积78372.8公顷。辖11镇11乡、561个行政村。总人口47.69万人，人口自然增长率3.71‰。全年生产总值完成54.16亿元，同比增长1.1%，其中，第一产业增加值完成8.51亿元，同比增长1.9%；第二产业增加值完成18.64亿元，同比下降5.7%；第三产业增加值完成27.01亿元，同比增长6.5%。人均生产总值11513元，同比下降1.1%。民营经济增加值24.91亿元，同比下降13.7%。粮食产量55624吨，同比下降53.2%。全部财政收入完成4.49亿元，其中地方一般预算收入完成1.56亿元，同比分别下降8.3%、22.7%；财政支出8.42亿元，同比增长24.4%。全社会固定资产投资完成26.25亿元，同比增长36.6%，其中城镇固定资产投资完成21.92亿元，同比增长35.5%。农民人均纯收入、城镇居民人均可支配收入、城乡居民储蓄存款余额、全社会消费品零售总额分别达到2698元、12039元、71.2亿元、18.02亿元，同比分别增长3.9%、9.9%、4.2%、16.5%。

【农村经济稳步发展】 全年投入支农资金2.14亿元，是去年的2倍多，实现农业总产值15.01亿元，同比增长0.1%。农作物播种面积达到11.12万公顷，其中，粮食播种面积61057公顷，产量55624吨，同比下降53.2%；油料播种面积4499公顷，产量2166吨，同比下降41.9%；蔬菜种植面积4249公顷，产量155449吨，同比增长2.0%，是近十年来菜农收益最多的一年；药材种植面积278公顷，产量902吨，同比增长0.4%；杏扁种植面积39389公顷，产量5500吨，同比增长10.0%，成为近五年来产量最多的一年，产值达1.68亿元；烟叶种植面积1753公顷，产量2822吨，同比增长23.6%，烟农总收入3178万元，“冀蔚”牌烤烟被评为“河北省著名商标”。畜牧业稳步发展，实现产值8.31亿元，同比增长11.7%，成为农业的主导力量。果蔬精深加工等项目建成投产；“雪绒花”等6个农产品商标通过国家QS食品质量安全认证；全年完成造林面积5759公顷，生态建设、造林绿化工作取得明显成效。

【项目建设扎实推进】 以北阳庄矿井等6个省重点项目为引领，全力实施八大类30个重点建设项目，新型干法水泥熟料生产线等4个项目完工，甜玉米蔬菜速冻冷藏加工等16个项目开工建设，年产60万吨水泥粉磨站、新建人民医院等10个项目前期工作进展顺利，完成投资19.81亿元，同比增长28%。蔚县电厂项目已完成国家能源局“上大下小”机组核查工作，正式进入项目审批程序。全年共引进市外资金11.33亿元，同比增长35.8%；引进外资100万美元。

【煤炭整合成效显著】 地方煤矿托管、兼并重组方案率先在全省获得批复，开滦集团、冀中能源集团与39家地方煤矿签订托管、兼并重组协议，山东肥矿集团与6家地方煤矿签订并购协议，8家煤矿自愿退出整合，全县地方煤矿参整率达58.2%。全力支持崔家寨矿井、单堠矿井和长城煤矿等骨干煤炭企业升级发展，适时启动水西煤矿复工生产，原煤产量达到816.8万吨，实现产值19.3亿元，为有效遏制工业经济持续下滑发挥重要的支撑作用。

【城镇建设步伐加快】 以县城南部框架路工程为引领，实施道路畅通、古城保护、住宅小区、基础设施、增绿添彩五大类56项城镇面貌三年大变样工程，完成投资14.8亿元，是去年投资总额4倍。县城绿化量化水平明显提高，城镇配套设施日臻完善。

【民营经济健康发展】 在引导煤矿业主转型投资中推动民营经济发展，引导民营资本调整投资方向。全县民营经济固定资产投入达到8.4亿元。2009年，全县民营经济单位总数1.81万个，从业人员达到5.55万人。民营经济营业收入、增加值、入库税金分别完成52.71亿元、24.91亿元、0.78亿元，同比分别下降19.8%、13.7%、45.3%，民营经济增加值占全县生产总值的比重为47.3%。

【旅游业快速发展】 秉承“人与自然和谐发展”的理念，强力打造以“观京西山水，赏蔚州民俗”为主的二日游精品线路，建设和改造10条旅游公路，实施暖泉古镇、空中草原、金河口等景区基础设施建设工程。加大旅游宣传力度，拍摄《京西明珠·蔚州》专题片，投资15万元邀请旅游卫视拍摄《文明中华行——蔚州印象》，开播全省首家县级文化旅游频道，景区景点知名度迅速提升。全年旅游开发完成投资1.32亿元，是前五年总和的近2倍；接待游客24.5万人次，创造社会总收入9800万元，成为全县旅游基础设施投入最多、宣传促销力度最大、获得效益最好的一年。

【主要负责人】

中共县委书记：王志军
副书记：乔军
县委常委：王志军 燕旺林 乔军 邵秀学 于力 许建斌 江志刚 董旺 赵云峰 孙志勇 路国云 黄文雨（挂职）
县人大主任：温祥
副主任：李建立 刘富 周才 李树泉
县长：燕旺林
副县长：江志刚 董旺 杨丙英（女） 李斌 陈晓东 王旭明（挂职）
县政协主席：蔡德新
副主席：张世雄 袁文智 尹进富 韩炳

【蔚州镇】 全镇总面积37平方千米，其中耕地面积183公顷；辖29个村；总人口75753人，人口自然增长率1.93‰；全年地区生产总值28亿元；固定资产投资8.7亿元；完成国税504万元，地税1287万元；农民人均纯收入为5852元。

镇党委书记：张春民（04月免）
李富春（04月任）
镇长：杨希河（04月免）
张森（04月任）

【南留庄镇】 总面积73平方千米，其中耕地面积4073公顷；辖28个村；总人口26705人，人口自然增长率0.68‰；全年地区生产总值完成12亿元；固定资产投资3200万元；完成国税107万元，地税430万元；农民人均纯收入为3714元。

镇党委书记：王山
镇长：杜玺

【阳眷镇】 总面积137平方千米，其中耕地面积2823公顷；辖25个村；总人口17919人，人口自然增长率1.56‰；全年地区生产总值5288万元；固定资产投资2690万元；完成国税5万元，地税14万元；农民人均纯收入为2479元。

镇党委书记：唐智利（04月免）
镇长：刘建国

【北水泉镇】 总面积104平方千米，其中耕地面积2949公顷；辖22个村；总人口13272人，人口自然增长率0.90‰；全年地区生产总值18438万元；固定资产投资1000万元；农民人均纯收入为1353元。

镇党委书记：李建中
镇长：姚旺

【桃花镇】 总面积155平方千米，其中耕地面积5933公顷；辖38个村；总人口21566人，人口自然增长率5.88‰；全年地区生产总值62161万元；固定资产投资2717万元；完成国税38万元，地税55万元；农民人均纯收入为2940元。

镇党委书记：刘江海
镇长：王贵明

【代王城镇】 总面积69平方千米，其中耕地面积3335公顷；辖30个村；总人口29333人，人口自然增长率5.8‰；全年地区生产总值37649万元；固定资产投资7420万元；农民人均纯收入为2280元。

镇党委书记：贾昌亮

镇　　长：王东军

【西合营镇】 总面积140平方千米，其中耕地面积6889公顷；辖40个行政村；总人口50701人，人口自然增长率68‰；全年地区生产总值7.02亿元；固定资产投资2156万元；完成国税242.5万元，地税450.5万元；农民人均纯收入为2288元。

镇党委书记：李学军

镇　　长：高志宏

【白乐镇】 总面积67平方千米，其中耕地面积3634公顷；辖23个行政村；总人口20395人，人口自然增长率7.68‰；全年地区生产总值9800万元；固定资产投资1091.8万元；完成国税35万元，地税44万元；农民人均纯收入为1911元。

镇党委书记：任立功

镇　　长：杨　云

【宋家庄镇】 总面积305平方千米，其中耕地面积6533公顷；辖65个自然村；总人口25954人，人口自然增长率0.29%；全年地区生产总值22230万元；固定资产投资1270万元；完成税收466859元；农民人均纯收入为2675元。

镇党委书记：金湘民

镇　　长：张建华

【暖泉镇】 总面积57平方千米，其中耕地面积2300公顷；辖16个村；总人口16832人，人口自然增长率6.50‰；全年地区生产总值4029万元；固定资产投资2288万元；完成国税30万元，地税33万元；农民人均纯收入为2167元。

镇党委书记：刘玉武（04月免）

　　　　　　任　桓（04月任）

镇　　长：张文波

【吉家庄镇】 总面积135平方千米，其中耕地面积5691公顷；总人口24574人，人口自然增长率6.32‰；全年地区生产总值21587万元；固定资产投资900万元；完成国税41万元，地税51万元；农民人均纯收入为2121元。

镇党委书记：李　维

镇　　长：邵　科（04月免）

　　　　　王　东（04月任）

【白草村乡】 总面积123平方千米，其中耕地面积2199公顷；辖21个村；总人口7858人，人口自然增长率4.1‰；全年地区生产总值6290万元；固定资产投资522万元；完成国税280万元，地税295万元；农民人均纯收入为3074元。

乡党委书记：杨延宏

乡　　长：张　森（04月免）

　　　　　邵　科（04月任）

【草沟堡乡】 总面积487平方千米，其中耕地面积1857公顷；辖35个行政村；总人口12377人，人口自然增长率2.23‰；全年地区生产总值3000万元；农业基础建设固定资产投资200万元；完成税收15万元；农民人均纯收入为1245元。

乡党委书记：李　贵

乡　　长：李　贵（05月免）

　　　　　韩瑞峰（05月任）

【涌泉庄乡】 总面积79平方千米，其中耕地面积4507公顷；辖29个行政村；总人口23109人；全年固定资产投资350万元；农民人均纯收入为2906元。

乡党委书记：范　荣

乡　　长：吕明银（04月免）

　　　　　班文兵（04月任）

【南杨庄乡】 总面积103平方千米，其中耕地面积2573公顷；辖13个行政村；总人口14415人；全年地区生产总值完成1.1亿元；固定资产投资1.95亿元；完成国税153万元，地税33.9万元；农民人均纯收入为2304元。

乡党委书记：邓　明（04月免）

　　　　　　张智勇（04月任）

乡　　长：张智勇（04月免）

【常宁乡】 全乡总面积59平方千米，其中耕地面积2259公顷；辖14个行政村；总人口9986人，人口自然增长率3.3‰；全年地区生产总值完成7763万元；固定资产投资64.9万元；完成国税13万元，地税26万元；农民人均纯收入为1731元。

乡党委书记：张辉彬

乡　　长：梁　仲

【黄梅乡】 总面积77平方千米，其中耕地面积1565公顷；辖15个行政村；总人口10510人，人口自然增长率1.5‰；全年地区生产总值10044万元；固定资产投资800万元；完成国税20万元，地税24万元；农民人均纯收入为1835元。

乡党委书记：李　全（05月免）

闫　利（05月任）

乡　　长：高志刚

【陈家洼乡】 总面积104平方千米，其中耕地面积3250公顷；辖19个行政村；总人口8743人，人口自然增长率5.06‰；全年地区生产总值完成7629万元；固定资产投资450万元；完成国税18.5万元，地税27万元；农民人均纯收入为1354元。

乡党委书记：王建立

乡　　长：班文民

【南岭庄乡】 总面积73平方千米，其中耕地面积2611公顷；辖18个行政村；总人口13643人，人口自然增长率5.93‰；全年地区生产总值14万元；固定资产投资25.7万元；完成国税15.2万元，地税26万元；农民人均纯收入为1995元。

乡党委书记：余海彪

乡　　长：石韶颖

【柏树乡】 总面积237平方千米，其中耕地面积2200公顷；辖20个行政村；总人口12310人，人口自然增长率0.93‰；全年地区生产总值1711万元；固定资产投资150万元；完成国税4万元，地税14万元；农民人均纯收入为1561元。

乡党委书记：任　桓（04月免）

吕明银（04月任）

乡　　长：赵宏永

【杨庄窠乡】 总面积150平方千米，其中耕地面积4206公顷；辖29个行政村；总人口16617人，人口自然增长率7.64‰；全年地区生产总值完成8600万元；完成国税10万，地税28万；农民人均纯收入为2580元。

乡党委书记：李富春（04月免）

乡　　长：岳　宏

【下宫村乡】 总面积310平方千米，耕地面积4857公顷；辖29个行政村；8002户24320人，人口自然增长率为6.8‰；全年地区生产总值完成18327万元；乡村固定资产投资4886万元，乡域固定资产投资5500万元；农民人均纯收入为2504元。

乡党委书记：任利刚

乡　　长：范永胜

（王立梅）

阳原县

【概况】 全县总面积1839平方千米，耕地面积75万亩（5万公顷）。辖5镇、9乡、301个行政村。总人口27.68万人，人口自然增长率4.27‰。全年生产总值完成36.69亿元，同比增长8%，其中，第一产业增加值5.86亿元，第二产业增加值8.78亿元，第三产业增加值22.04亿元，同比分别增长8.2%、7.5%和8.1%。全部财政收入完成2.71亿元。完成固定资产投资13.87亿元，同比增长25.1%。社会消费品零售总额达13.95亿元，同比增长15%。农民人均纯收入达到2585元。城镇居民人均可支配收入10539元，同比增长10.3%。年末城乡居民储蓄存款余额33.06亿元，同比增长15.1%。

【农业经济稳步发展】 养殖业取得进展。重点发展蛋鸡、獭兔、奶牛等畜禽养殖，饲养量分别达到400万只、200万只、7300头；奶牛规模养殖达到82%。引进总投资3.6亿元的龙腾祥云肉驴养殖加工一体化项目，建筑面积1.5万平方米。

农业基础设施建设有力推进。完成人工造林补植补造8017亩（534.47公顷），辅助造林3000亩（200公顷），封山育林2万亩（1333.33公顷）；完成村庄绿化3643.9亩（242.93公顷），退耕还林补植补造3.8万亩（2533.33公顷），抚育经营1.5万亩（1000公顷）；完成水土保持治理20平方千米，水源工程40处，节水工程60处；完成中低产田改造8100亩（540公顷），新增和改善水浇地面积25690亩（1712.67公顷），被省政府评为“海河杯”农田水利基本建设二等奖。

【夯实发展基础，工业实力提升】 有效推进铁路煤台技改。抓好苏原煤站迁建万吨装车线、化稍营新建二万吨煤炭集运站两个项目，其中，苏原煤站迁建万吨装车线项目已通过铁道部和太原铁路局行政许可，中铁设计二院正在进行施工设计。扶持壮大皮毛产业。拨出专款20万元宣传皮毛产业，吸引260户皮毛商户入驻。发展振兴陶瓷产业。初步与唐山达鑫瓷业公司达成合作意向。整合扶植矿业。组织制定并上报《阳原县煤炭资源整合方案》，对11家煤矿进行清产核资；帮助协调贷款1300万元扶持三义庄铁锌矿改扩建，建成300米主井和210米风井各一座，尾矿库二期工程全部完工。

【项目建设成效显著】 全年共签定并执行各类经济技术项目47个，实际利用市外资金4.7亿元，完成任务的109%。18个3000万元以上重点项目完成年度投资7.58亿元，其中，泥河湾博物馆、污水处理厂两个续建项目主体工程完工；冶金辅料工程、木器综合加工、旧城旧房改造安置工程、禽类生产一体化、造林绿化工程5个项目完成年度投资计划；石灰石开发项目完成资源详查报告编制工作，并与多家大型企业进行合作洽谈；国道109养护改造工程已通过省交通运输厅批准。组团参加招商会和项目推介会5次，共签订亿元以上项目6个，其中，大唐国际20万千瓦风力发电项目已进入测风阶段。

【加大基础投入，城乡面貌改善】 城镇基础设施建设扎实推进。全年完成城镇建设投资6.1亿元，是年度投资计划的122.2%。完成拆迁总面积4.375万平方米，是年度任务的114.7%。完成泥河湾文化广场东侧与府后街24户土地置换；完成污水处理厂、城南街、华原路重点项目；完善光华路拓宽、南环街新建和西宁路配套工程；启动昌盛西街西延、龙泉路北延工程；对泥河湾文化广场和县城主要街道进行亮化、绿化，种植各类树木1000多株，完成绿化2.7万平方米，安装景观灯257盏。

规划管理工作不断完善。投资500多万元聘请国家规划设计部门知名专家，编制《阳原县县城总体规划》、《阳原县新城区控制性详规》、《夜景照明总体规划》、《绿化专项规划》、《南河公园规划》等一系列城镇建设规划。城区规划面积由原来的13平方千米拓展到26.7平方千米，新城区控制性详细规划覆盖面积达10.56平方千米。

新民居建设深入推进。6个新民居示范村完成建设投资740多万元，完成工程73项，村容村貌进一步改观。

【统筹协调发展，社会事业全面进步】 教育事业实现新提升。总投资1650万元，完成3所初中校舍改造项目、3所中心校新农村卫生校园建设项目、3所中心校校舍维修项目、职教中心学生公寓楼建设项目、二中标准化餐厅建设项目和春蕾学校项目。录用并安置特岗教师137名。落实义务教育保障经费2376.51万元。科技推广取得新成果。全年共申报争取扶持市级以上项目8个，其中省级3个，市级5个。引进新技术28项，推广适用技术12项。文化旅游业取得新进展。完成泥河湾大遗址保护规划前期工作和小长梁遗址群旅游景点建设规划；完成温泉开发项目地热资源调查和规划编制。公共卫生事业迈上新台阶。全县新型农村合作医疗参合农民18.3万人，参合率达90.85%。县医院新住院部和门诊楼完成主体工程，妇幼保健院、化稍营中心卫生院改扩建项目全部完工。

【坚持以民为本，民生工作有力推进】 扶贫工作扎实开展。全年共争取财政扶贫资金563万元，各级包扶单位捐资捐物折款246万元。先后发放周转牛396头，周转兔836只，调拨张杂系列谷籽1.02万斤，脱毒薯籽种15万斤，“金大地”生物肥100吨。为贫困户发放各类贷款贴息10多万元，扶持重点贫困村新打机井3眼，配套机井18眼，完成截潜、引水工程3处。全年实现5300人脱贫。城乡居民保障有力推进。全年共发放低保资金1970万元，农村低保、城镇低保救助人数分别达到22160和5500人，参保人员达16600人。东城镇、西城镇建设中心敬老院各1所。新增城镇就业886人，下岗失业人员再就业765人，公益性岗位援助就业困难人员405人。发放就业困难人员岗位补贴230万元，发放下岗失业人员再就业小额担保贷款200万元。组织实施农村劳动力转移培训900人，全年对外输出劳务6375人。

【主要负责人】

中共县委书记：朱　旗
副　书　记：谢海峰　张志峰
县 委 常 委：朱　旗　谢海峰　张志峰
陈　亮　陈茂禾　张存英
曹胜广　刘庆国　冀晓东
张建国　李红肖
刘志柯（挂职）
县人大主任：张　河
副　主　任：赵树民　祁桂梅（女）
武润卿（女）　安世邦
石宝锦
县　　长：谢海峰
副　县　长：冀晓东　薛培英
孙　莉（女）　赵爱民
刘　锋　郝迎光
张立华（挂职）
宋连奎（县长助理）

县政协主席：李树恩
副 主 席：李连福 李宏才 张栓师 闫润林（女）

【西城镇】 总面积112平方千米，耕地面积39735.9亩（2649.06公顷）；辖22个行政村、2个自然村、1个社区服务中心、6个社区；现有25482户60960人，人口自然增长率1.27‰；全年完成社会总产值12.8亿元；粮食总产量1843吨；财政收入563.76万元，财政支出563.76万元；完成税收743.7万元；完成固定资产投资2亿元；农民人均纯收入2850元。

镇党委书记：张多顺
镇 长：郭昌明

【化稍营镇】 总面积94.1平方千米，耕地面积43021.2亩（2868.08公顷）；辖22个行政村；总人口25949人，人口自然增长率3‰；全年完成生产总值3.84亿元，其中，第一、二、三产业增加值分别为83.7万元、-623万元、1693.5万元；民营经济增加值590万元；粮食产量1501吨；固定资产投资6400万元；社会商品零售总额2.5亿元；财政收入114.9万元，财政支出457.6万元；农民人均纯收入2451元；城镇居民人均可支配收入3500元；职工平均工资2.4万元；城乡居民存款余额815万元。

镇党委书记：张兴文（08月免）
王海斌（08月任）
镇 长：王海斌（08月免）
王玉峰（08月任）

【东井集镇】 总面积128平方千米，耕地面积5223公顷；辖26个行政村；总人口40040人，人口自然增长率7.84‰；全年社会总产值完成25104万元，其中，第一、二、三产业增加值分别为2050万元、3600万元、6225万元；民营经济增加值500万元；粮食总产量4345吨；财政收入380万元；农民人均纯收入2690元。

镇党委书记：张炳才
镇 长：常玉龙

【揣骨疃镇】 总面积281平方千米，耕地面积10万亩（6666.67公顷）；辖41个行政村、56个自然村；现有9721户26768人，人口自然增长率7.52‰；全年完成生产总值66600万元；全社会固定资产投资6000万元；农民人均纯收入2670元。

镇党委书记：苏学明
镇 长：郝守斌

【东城镇】 总面积167平方千米，耕地面积65265亩（4391公顷）；辖16个行政村、28个自然村；6826户18194人，人口自然增长率为0.3‰；全年生产总值为47198万元，同比下降11%，其中，第一、二、三产业增加值分别为2464万元、9300万元、2929万元；粮食总产量1623吨；财政收入334万元，财政支出334万元；社会商品零售总额5764万元；固定资产投资5320万元；农民人均纯收入2600元；城乡居民存款余额12031万元。

镇党委书记：黄戈平
镇 长：路长青

【井儿沟乡】 总面积126.3平方千米，耕地面积34570亩（2304.67公顷）；辖15个行政村；总人口12230人，人口自然增长率1.6‰；全年生产总值完成5031万元，其中，第一、二、三产业增加值分别为3393万元、570万元、1068万元；粮食总产量1691吨；财政收入279万元，财政支出279万元；社会固定资产投资4595万元；农民人均纯收入2080元；城乡居民存款余额2920万元。

乡党委书记：郝薪文
乡 长：王玉峰（09月免）
宋 盟（09月任）

【三马坊乡】 总面积57平方千米，耕地面积22515亩（1501公顷）；辖11个行政村；总人口10137人，人口自然增长率2.61‰；全年生产总值完成6459.7万元；粮食总产量1308吨；财政收入196万元，财政支出196万元；固定资产投资3109万元；农民人均纯收入2698.73元；城乡居民存款余额47403万元。

乡党委书记：宋新胜
乡 长：郭 兵

【高墙乡】 总面积181.3平方千米，耕地面积6.7万亩（4466.67公顷）；辖27个自然村；总人口16868人，人口自然增长率为0.2‰；全年完成生产总值14464万元，其中，第一、二、三产业增加值分别为7104万元、4048万元、3312万元；粮食总产量2166吨；财政收入778万元，财政支出778万元；固定资产投资4568万元；农民人均纯收入2237元。

乡党委书记：杨正贵

乡　　长：熊　义（05月免）
　　　　　张宏伟（08月任）

【大田洼乡】　总面积81平方千米，耕地面积16534亩（1102.27公顷）；辖18个行政村；总人口5755人，人口自然增长率2.4‰；全年生产总值完成2480万元；粮食总产量940吨；财政收入172万元，财政支出172万元；固定值产投资1600万元；农民人均纯收入2230元；年末居民存款余额2587万元。

乡党委书记：陈建义
乡　　长：郝世权

【浮图讲乡】　总面积153.3平方千米，耕地面积47570亩（3171.33公顷）；辖20个行政村、31个自然村；总人口11644人，人口自然增长率－2.99‰；全年农业生产总值8313万元；粮食总产量达1821吨；社会固定资产投资4220万元；引进外资2500万元；财政收入60.8418万元；农民人均纯收入2380元。

乡党委书记：高建武
乡　　长：张建虎

【辛堡乡】　总面积116.42平方千米，耕地面积51270亩（3418公顷）；辖26个行政村；总人口13598人，人口自然增长率7.38‰；全年生产总值完成10700万元，其中，第一、二、三产业增加值分别为3249万元、67.3万元、113万元；粮食总产量1967吨；财政收入290万元，财政支出290万元；完成固定资产投资2963万元；农民人均纯收入2135元。

乡党委书记：周永成（02月免）
　　　　　　李晓东（02月任）
乡　　长：李春江

【马圈堡乡】　总面积108.83平方千米，耕地面积47940亩（3196公顷）；辖17个行政村；总人口9073人，人口自然增长率1.43‰；全年生产总值完成17463万元，其中，第一、二、三产业产值分别为5738万元、566万元、11339万元；粮食总产量1195吨；全社会固定资产投资完成1625万元；农民人均纯收入2535元。

乡党委书记：刘　亮（03月免）
　　　　　　周永成（03月任）
乡　　长：李晓东（03月免）
　　　　　李志军（08月任）

【要家庄乡】　总面积106.6平方千米，耕地面积5764.15公顷；辖19个行政村；总人口20168人，人口自然增长率9.02‰；全年生产总值完成6730.6万元，同比增长7.83%；民营经济增加值1718万元；粮食总产量8800吨；财政收入12.79万元，财政支出42.24万元；社会商品零售总额1681万元；固定资产投资2689万元；农民人均纯收入2573元；城镇居民人均可支配收入10496元；年末城乡居民存款余额17779.6万元。

乡党委书记：白光星
乡　　长：苗春祥

【东堡乡】　总面积112平方千米，耕地面积2693公顷，水浇地412公顷；辖21个行政村、32个自然村；共2029户10522人；全年完成生产总值1.75亿元，同比增长8.7%，其中农业总产值达到3920元；财政收入完成267万元，同比增长17.1%；全社会固定资产投资完成2600万元；农民人均纯收入2082元。

乡党委书记：张淑芬
乡　　长：袁天河

（高　远）

万全县

【概况】　全县总面积1159平方千米，耕地面积33405.81公顷。辖11个乡镇、172个行政村。总人口22.40万人，人口自然增长率5.22‰。全年生产总值完成29.37亿元，同比增长20%，其中，第一、二、三产业增加值分别完成7.01亿元、10.17亿元、12.19亿元。全部财政收入完成3.01亿元，同比增长8.5%。全社会固定资产投资累计完成34.61亿元，同比增长142.5%。粮食总产量95111吨。全社会消费品零售总额11.2亿元，同比增长18.2%。农民人均纯收入3620元，同比增长10.3%。城镇居民人均可支配收入11873元，同比增长12%。

【推进新农村建设，“三农”工作开创新局面】

建成全市较有特色设施农业片区，种植总面积1230亩（82公顷），各类瓜菜大棚1344个。新建舍饲圈舍7.6万平方米，扩模2.1万平方米，建成养殖小区（场）192个，圈舍面积85万平方米。奶牛规模养殖场发展到20个，入住奶牛11050头，规模养殖率达到85%；生猪规模养殖场达到86个，年出栏生猪14万口；肉鸡养殖基地4处，年养殖量达59

万只，柴鸡养殖基地4处，年产鸡蛋7000吨，养殖业年产值达到5亿多元。争取落实各类资金9284.9万元，粮食直补127.29万元，农资综合直补1062.91万元，农业保险634.08万元。新建户用沼气池2233个，乡村沼气服务网点27个。新打机井55眼，新挖潜流1处，新建蓄水池13处，解决46个村3.72万人的饮水困难。完成防渗渠（管）5.71万米，新增节水灌溉面积2.43万亩（1620公顷），完成冬春汇地22.17万亩（14780公顷）。开展大三期“增绿添彩”工程，整地16329亩（1088.6公顷），挖坑82万个，栽植各类苗木230万株。全县森林覆盖率达到12.8%，同比提高0.89个百分点。新建、续建、扩建农业产业化项目19个，完成投资1.4亿元。各类农产品加工企业200多家，其中省级农业产业化重点龙头企业2家、市级19家、县级45家。通过无公害产地认证畜产品养殖基地10个，蔬菜种植基地5万亩（3333.33公顷）、鲜食玉米种植基地1万亩（666.67公顷）。农民专业合作社达到53家，其中示范性农民专业合作社省级3家、市级2家。组建“张家口禾久农业发展集团”，实现鲜食玉米加工产业集团化发展。全县农业产业化经营总额18亿元，产业化经营率达到58%。大力实施“文明生态村创建”和“百村示范行动”，全年投资近1亿元，开展6个村的新民居建设，文明生态村达到66个。

【推进工业立县转变进程，工业化水平稳步提高】

全县工业企业增加值完成8.3亿元，其中，规模以上工业企业增加值完成5.5亿元，实现利税总额12769万元。实现出口创汇6597万美元。新增民营企业168家，达到696家，同比增长21%；新增个体工商户798户，达到4043家，同比增长33%。全年完成营业收入48亿元，同比增长11.6%；完成增加值18亿元；完成利润总额4.2亿元；实现入库税金2.5亿元，占全部财政收入的75%。精细化工产业实现税收6475.7万元；机械铸造产业实现税收3073.3万元；煤炭物流产业实现税收1447.8万元；房地产开发产业实现税收2141万元。作为西山产业集聚区的补充中小企业，在五赐线两侧建设中小企业创业辅导基地，总面积4500亩（300公顷），先行开发1300亩（86.67公顷），争取用地指标280亩（18.67公顷），有39家企业达成入驻意向，8家企业签约并划定土地，其中5家企业已开工建设，总投资3660万元。

【推进集聚区建设，吸纳力显著增强】　全年工业增加值1.3亿元，同比增长62.5%；完成固定资产投资22.4亿元，同比增长411%；实现税金3600万元，同比增长160%。完成基础设施建设投资6.1亿元，其中，投资3.8亿元完成征地7138亩（475.87公顷），平整土地6933亩（462.2公顷）；投资9900万元，完成20千米道路修建工程和12.4千米道路铺油工程；投资7000万元，完成4.8千米供热管线铺设工程；投资2600万元，完成38.4千米雨污水管线铺设工程，新建检查井840座；投资1100万元，完成4.4千米5.1万平方米道路绿化工程。完成14千米供气管线、15.5千米通讯管线、14.3千米供水管线铺设工程，完成3.9千米空架线路架设和1.4千米排管铺设工程；完成2.44千米道路亮化工程。集聚区发布对外合作项目20个，总投资30亿元，邀请和接待来区考察投资客商3000多人次，签约重点项目18个，总投资184亿元；达成意向性项目13个，总投资18亿元。三一风电产业园、中煤机、宣工机械、席勒直升飞机、百通科技等17个项目全面开工建设，完成投资15.7亿元。

【推进项目建设，县域经济发展支撑稳固增强】

全年共争取上级投资项目四批82个，总投资6998.79万元，其中中央资金4850.7万元，目前已建成73个，在建9个，完成投资4386.7万元。全县共运作千万元以上生产性项目119个，总投资287.6亿元，其中，建成项目16个，总投资4.7亿元；续建项目27个，总投资26.2亿元；新开工项目30个，总投资146.1亿元；拟建项目26个，总投资46.4亿元；谋划争跑项目20个，总投资64.2亿元。全年列入省市第一批和第二批重点项目19项，位列全市各县区首位，其中，省重点项目16项，市重点项目3项，总投资209.49亿元，计划完成投资28.56亿元，已累计完成投资35.1亿元。

【强力推进“三年大变样”】　全年拆迁有碍观瞻建筑5500平方米，拆除违章建筑4400平方米、搬迁拆迁8200平方米，旧城改造开发拆迁57300平方米。县城新开发面积达到143万平方米，特别是投资3000万元建设2.7万平方米的经济适用住房和投资600万元建设3000平方米的廉租住房。城镇配套功能日益完善。集中供热工程，总投资2.5亿元，全年完成投资1.8亿元，完成一期供热面积169万平方米，成为全市自主集中供热面积最大的县；集中供气工程，总投资3000万元，完成管道铺设8000多米。污水处理厂工程，总投资4100万元，近期日处理污水1.5万吨，远期日处理污水3万吨，实现县城污水全处理；生活垃圾处理场工程，总投资4334万元，日处理能力150吨。新兴建材市场，总投资4000万元，占地150亩（10公顷），建筑面积达2.7万平方米。新城农贸市场，总投资3000万元，占地30亩（2公顷），建筑面积达2.16万平方米。卧龙山森林公园，规划面积5000余亩（333.33公顷），新造林1000亩（66.67公顷），植树10万株，架设输电线路1.43千米，安装100千伏安变压器1台，安装太阳能路灯51盏。投资6240万元，完成县城二孔桥、地道桥及其南北两侧道路拓宽改造工程；完成东环路至207国道连接线1.4千米310米灯光隧道工程；完成二孔桥北全兴路两侧LED景观数码彩灯装饰工程和建设路路灯改造工程；完成东环广场19.5亩（1.3公顷）绿化工程。全县城区绿化覆盖面积达到107万平方米，覆盖率达到15.2%，绿地率达到12.1%。

【社会各项事业协调发展】 投资2121万元，完成育才小学整体搬迁、新建孔镇二中宿舍楼、孔镇三中餐厅、川流中学餐厅。投资200万元，改扩建上营屯、北沙城、旧堡小学及孔镇一中校舍。新建东红庙特教学校，填补全县没有特殊教育的空白。争取"河北省农村义务教育阶段学校教师国家特设岗位计划"指标，安置本、专科特岗教师94名，投资800万元为各学校补充仪器设备。顺利通过省政府教育督导评估，被确定为"全国教育均衡发展试点县"。全年申报省级项目8个，其中，鲜食玉米产业优质高效关键技术开发与示范项目列入省科技成果转化项目。深入开展"科技三下乡"活动，发放涉农科技书籍、宣传单等15000余份，举办科技培训班5期，培训农民3000多人次。全年投资4535万元，完成7条公路建设，全长101.8千米。争取国家卫生基础建设项目6个，总投资2126万元。全县新型农村合作医疗参合率达到90%。引进中国人口福利基金会"关爱女性健康——乳腺健康宣教诊治中心"项目，免费为育龄妇女进行乳腺检查，减免费用80多万元。投资1660万元，建设县城文化活动中心。投资200万元，完成有线数字电视整转3500户。民间舞蹈"打棍"列入省非物质文化遗产名录，并申报第三批国家级非物质文化遗产保护项目。祥康生态园通过省农业旅游示范点评审。全县新增城镇就业982人，下岗失业人员再就业549人，新增农村劳动力转移6152人。筹集保险基金386.4万元。全县城镇低保对象达到2756户4820人，发放低保金738万元；农村低保对象达到11101户13305人，发放低保金761.4万元。新建郭磊庄中心敬老院，改扩建膳房堡、高庙堡中心敬老院，全县集中供养率达到40%以上。全年救助困难居民850人次，发放救助金162万元，为1350名重点优抚对象发放抚恤金、医疗补助费等各种优抚金261万元。全年破获各类刑事案件438起；调解民间纠纷504件；受理群众来信来访285件；协调有关部门完成中央、省、市"三级要结果案"22件，按期结案率达100%。

【主要负责人】

中共县委书记：李　敏
副　书　记：张淑梅　李昌盛
县 委 常 委：付立平　汪天忠　王　君
　　　　　　杨贵平　李日晨　赵小平
　　　　　　高云森　李奉楼
县人大主任：王成宝
副　主　任：张振昌　李秀珠　杨春森
　　　　　　刘成林
县　　　长：王聪著
副　县　长：汪天忠　方宝庆　王晓军
　　　　　　武峰奇　杨成奎　邹彦明
　　　　　　曹建新
县政协主席：田丰新
副　主　席：郑永香　龚晓河　张春霞
　　　　　　边庆富

【旧堡乡】 总面积66平方千米，耕地面积2385公顷；辖6个行政村；总人口11773人，流动人口近580人，人口自然增长率1.26‰；全年实现农业总产值8589万元，工业总产值4600万元；非国有企业收入7352万元，个体经营收入10652万元；财税收入128.54万元；农民人均纯收入3298元。

乡党委书记：范　斌
乡　　　长：王义成

【北辛屯乡】 行政区域总面积192平方千米，耕地面积20960亩（1397.33公顷）；辖26个行政村；总人口9476人，流动人口794人，人口自然增长率1‰；全年工农业总产值实现9004万元，其中，农业总产值11690万元；民营及个体企业收入4750万元；粮食总产量1596吨；固定资产投入达到487万元；完成税收96.91万元；农民人均纯收入达到3195元。

乡党委书记：刘永模
乡　　　长：方练兵

【膳房堡乡】 总面积176.95平方千米，耕地面积21860亩（1457.33公顷）；辖21个行政村；总人口12146人，人口自然增长率0.8‰；全年实现工农业总产值20140万元；民营及个体企业收入2278万元；农民人均纯收入2772元。

乡党委书记：冯海山

乡　　长：祁亚林

【宣平堡乡】　总面积为46.90平方千米，其中耕地面积21602亩（1440.13公顷）；辖8个行政村；总人口11537人，流动人口数935人，人口自然增长率4.09‰；全年实现农业总产值为5720万元；民营、个体企业收入为8562万元；农民人均纯收入为3416元。

乡党委书记：杨永峰

乡　　长：梁建广

【万全镇】　总面积89.02平方千米，耕地面积34035亩（2269公顷）；辖15个行政村；总人口18771人；全年实现农业总产值534万元；完成固定资产投资8441万元，同比增长185%；财政收入完成780万元，同比增长103%，占全年任务的162%；农民人均纯收入达到3500元。

镇党委书记：张崇毅

镇　　长：崔　举

【安家堡乡】　总面积101.38平方千米，耕地面积49062亩（3270.8公顷）；辖14个行政村；总人口24715人，流动人口数1631人，人口自然增长率7.11‰；全年实现农业总产值26671万元；民营及个体企业收入82717万元；农民人均纯收入4978元。

乡党委书记：王登星

乡　　长：孙斌国

【孔家庄镇】　总面积65.39平方千米，耕地面积41809亩（2787.27公顷）；辖17个行政村；总人口30722人，流动人口数1276人，人口自然增长率3.57‰；全年农业总产值4857万元；民营及个体企业收入196783万元；农民人均纯收入5500元。

镇党委书记：王鹏飞

镇　　长：李晨星

【郭磊庄镇】　总面积58.52平方千米，耕地面积3378公顷；辖13个行政村；总人口26253人，流动人口2049人，人口自然增长率2.52‰；全年实现农业总产值16149万元；民营及个体企业收入41228万元；农民人均纯收入4908元。

镇党委书记：武永祥

镇　　长：闫一峰

【北沙城乡】　总面积64.84平方千米，耕地面积38629.81亩（2575.32公顷）；辖11个行政村；总人口19570人，流动人口341人，人口自然增长率2.8‰；全年实现农业生产总值15549万元；民营及个体企业收入19955万元；农民人均纯收入3982元。

乡党委书记：李学宏

乡　　长：李占全

【洗马林镇】　总面积138.58平方千米，耕地面积14251.3亩（950.09公顷）；辖20个行政村；总人口10616人，人口自然增长率－0.89%；全年农业总产值完成389万元；民营及个体企业收入6180万元；农民人均纯收入3250元。

镇党委书记：陈会军

镇　　长：张　海

【高庙堡乡】　总面积134平方千米，耕地面积23198亩（1546.53公顷）；辖16个行政村；总人口13698人，流动人口700人，人口自然增长率－1.2‰；全年完成经济总收入1.4亿；农业总产值5029万元；农民人均纯收入3268元。

乡党委书记：孙海英

乡　　长：王学东

（刘志兴　吕鸿年）

尚义县

【概况】　总面积2601平方千米，其中耕地面积116万亩（77333.33公顷），草场面积145万亩（96666.67公顷），林地面积120万亩（80000公顷），森林覆盖率30.4%，林草盖度达66%。总人口19.53万人，人口自然增长率控制在8.58‰。2009年全县地区生产总值完成16.54亿元，同比增长6.8%，其中，第一产业增加值完成5.44亿元，同比降低3.4%；第二产业增加值完成5.09亿元，同比增长18.6%；第三产业增加值完成6.04亿元，同比增长9.7%。单位生产总值能源消耗由1.154吨标准煤下降到1.086吨标准煤，同比降低5.9%。民营经济增加值完成9.19亿元，同比增长40%。粮食总产量达到8369吨，同比降低264.85%。全部财政收入完成10556万元，同比增长20%，其中地方一般预算收入4689万元，同比增长23.6%；财政支出4.87亿元，同比增长16%。城市空气质量等级达到国家环境空气质量二级标准，全年达到和好于二级的天数330天，超省目标10天。全社会固定资产投资完成29.40亿元，同比增长42.9%。社会消费品零售总额完成5.3亿元，同比增长17.3%。城镇居民人均可支配收入10230元，同比增长10.1%；职工平均工资达到23705元，同比增长23.1%；农民人均纯收入达到2810元，同比增长6%。年末金融机构各项存款余额15.88亿元，贷款余额7.03亿元，城乡居民存款余额10.98亿元。

【农业生产条件进一步改善】 针对“十年九旱”的特点，发展抗旱节水农业。蔬菜种植在稳定面积基础上，推广节水种植，全县膜下滴灌面积达到5.5万亩（3666.67公顷），占蔬菜种植面积的1/3。耐旱作物马铃薯、张杂谷和大葱推广面积分别达到12万亩（8000公顷）、8000亩（533.33公顷）和6000亩（400公顷）。畜牧养殖业种植化、标准化程度进一步提高。现有奶牛养殖小区3个，入园奶牛5782头，奶站3个，暖棚养猪500户。牛羊育肥初具规模，全年育羊3万只，牛5000头；肉驴、野猪、柴鸡等特色养殖成为新亮点。农业产业化取得新进展。新建成龙泉源现代养殖场，小蒜沟和石井两个高端肉制品企业。农业生产条件得到有效改善。南壕堑水库和武家村水库除险加固相继完成，完成节水工程60处，新增加和恢复水浇地1300亩（86.67公顷），建设饮水安全工程60处，解决60个村2.24万人安全饮水和饮水困难的问题。

【项目建设成效显著】 坚持把招商引资、项目建设作为做大经济总量的主抓手，经济发展的内生动力不断增强。全年争取国家投资建设项目86项，总投资8.02亿元，其中中央新增投资项目25个，总投资8296万元；充分利用全县的产业、资源、区位等优势，在一产、二产、三产等领域，完成招商引资签约项目13个，签约资金43.4亿元。全县谋划运作重点项目91个，总投资124.3亿元；在建项目64个，总投资63.4亿元。全年完成投资25.3亿元，同比增长11.1%，其中引进县外资金23.8亿元，实际利用外资3104万美元，同比分别增长15.7%和228.8%。

【风电工程进展顺利】 七甲山风电场和麒麟山风电场工程全年完成投资12.44亿元，新增装机容量22.5万千瓦，年底全县风电装机容量累计达到55.2万千瓦，为“十一五”末实现全县“百万千瓦风电基地”目标打下基础；东山风电场一期工程、大苏计风电场一期工程，二工地风电场工程和韩家庄风电场一期工程4个风电项目得到批复；大青山风电场一期工程正在进行前期准备工作；风电设备维修、运输、安装等项目进展顺利。

【“三年大变样”成果丰硕】 全县围绕打造“山水型生态宜居县城”建设目标，全力推进“三年大变样”。全年累计完成投资3.2亿元，组织实施10个方面24项城建工程，是历年来投资最多，规模最大，效果最好的一年。旧城区改造实施福源小区、天宇购物中心，昌农宾馆、同利苑住宅小区，农牧局旧址开发、太平南路开发等项目，累计完成投资8400万元。秀水新区、河南新区建设继续推进、拆迁旧房屋3900多平方米，投资650万元新建府前大街、一中东路两条主要道路，排污、绿化等工程同步跟进，进一步拓展新区发展空间。市政工程设施得到加强，总投资650万元的鸳鸯河治理一期工程竣工，治理河道500米，绿化500亩（33.33公顷）；城镇污水处理厂土建工程基本完成，生活垃圾处理场、供水管理改造工程投入使用；总投资3500万元的“四路一桥”工程顺利竣工通车。县城品位得到有力提升，人民群众生活环境进一步改善。

【发展环境明显改善】 以改善生态环境为重点，扎实推进京津风沙源治理、农业综合开发等生态建设工程。争取投资2930万元，完成小流域治理35平方千米，草地治理4.5万亩（3000公顷），新造林7.5万亩（5000公顷），补植补造20万亩（13333.33公顷）。以改善基础设施为重点，争取投资1.5亿元，完成八道沟220千伏开闭站建设工程；争取投资3400万元，完成三工地35千伏变电站、农网完善和大修技改工程；争取投资6600万元，新建移动基站33座，并开通第三代移动通信网络；争取投资590万元，实施10个村21.9千米村村通油路工程；投资600万元，启动数字电视整转工程。基础设施日趋完善，县域形象明显提升。

【各项社会事业协调发展】 社会保障能力得到提高。狠抓就业再就业，全县新增就业1128人，实现下岗失业人员再就业554人，转移农村劳动力5200人，城镇登记失业率3.8%。全年共发放公益性岗位补贴180万元，社保补贴255万元，为下岗失业人员减免各类税费27万元，申请办理小额贷款550万元。吸纳灵活就业人员和农民工参保、养老、失业和工伤等保险覆盖面进一步扩大。民政救灾、五保敬老、优抚双拥、城镇和农村低保、保障性住房等工作取得新成果，特困群体生活得到基本保障。

【主要负责人】

中共县委书记：籍畝平
副　书　记：高　领
　　　　　　王志刚（05月免）
　　　　　　李鹏举（05月任）
县委常委：郭凡修　史汝江　王建平
　　　　　张守福　薛美花　赵永斌
　　　　　李桂忠
县人大主任：张桂梅（女）
副　主　任：张秀荣（女）　徐若飞
　　　　　　卢千林　田　有
县　　　长：高　领
副　县　长：王建平　王锐锋
　　　　　　郑素梅（女）　邢登顺
　　　　　　王鸿飞　刘凤云（女）
县政协主席：靳振高
副　主　席：任玉林　潘和荣　石　宝
　　　　　　苏　静（女）

【南壕堑镇】　辖区总面积247平方千米，耕地面积12.87万亩（8580公顷）；辖20个行政村、96个自然村、4个居委会；人口总数42259人，人口自然增长率7‰；全年生产总值57431万元，其中，第一产业7820万元，第二产业2799万元，第三产业2161万元；全部财政收入完成3702万元；农民人均纯收入2738元。逐步形成生态经济、畜牧养殖、民营经济、劳务经济四大主导产业。

镇党委书记：王福玉（09月免）
　　　　　　徐　明（09月任）
镇　　　长：徐　明（09月免）
　　　　　　乔　军（09月任）

【大青沟镇】　辖区总面积187.54平方千米，耕地面积14.4万亩（9600公顷）；辖14个行政村、55个自然村、1个居委会；总户数6979户，总人口20660人，人口自然增长率5‰；全年生产总值完成2.08亿元，其中，第一产业完成17454万元，第二产业完成5833万元，第三产业完成4840万元；全部财政收入完成130.39万元；固定资产投资完成5300万元；农民人均纯收入3104元，同比增长34.96%。重点培植商贸物流、绿色蔬菜、舍饲养殖、旱作高效农业等特色产业。

镇党委书记：樊桂元
镇　　　长：张凤其

【小蒜沟镇】　辖区总面积380平方千米；辖17个行政村、48个自然村；总户数4205户，总人口11226人，人口自然增长率为-0.7‰；全年生产总值完成5279万元；全部财政收入完成1119.8万元；农民人均纯收入大旱之年仍达1825元。重点发展商贸物流、矿业开发和养殖基地建设。

镇党委书记：侯福海
镇　　　长：张　爱（女）

【三工地镇】　辖区总面积109.6平方千米；辖10行政村、28个自然村；总人口9231人，人口自然增长率为6.8‰；全年生产总值完成4580万元，其中，第一产业4307万元，第二产业160万元，第三产业113万元；全部财政收入完成176.8万元；农民人均纯收入达到2420元。

镇党委书记：徐有富（04月免）
　　　　　　刘振江（04月任）
镇　　　长：刘振江（04月免）
　　　　　　徐受江（04月任）

【红土梁镇】　辖区总面积293.2平方千米；辖16个行政村、1个社区居民委员会、60个自然村；总户数4864户，总人口12401人，人口自然增长率2.92‰；全年生产总值完成8200万元；全部财政收入完成85万元；农民人均纯收入达到2230元。

镇党委书记：冯义勇
镇　　　长：王振宇

【八道沟镇】　辖区总面积206.7平方千米；辖14个行政村、67个自然村；总户数4720户，总人口15165人，人口自然增长率12‰；全年生产总值完成8480万元；全部财政收入完成178万元；农民人均纯收入达到3075元。蔬菜、畜牧、劳务是全镇农民增收的三大支柱产业。

镇党委书记：通晓宇
镇　　　长：付利军

【满井镇】　辖区总面积166平方千米；辖11个行政村、47个自然村；总户数5032户，总人口13561人，人口自然增长率为2.27‰；全年生产总值完成9326万元；全部财政收入完成299.3万元；农民人均纯收入为2562元；村民储蓄达到3100万元。重点发展马铃薯种植、肉牛育肥、奶牛养殖、食用菌种植。

镇党委书记：通文学

镇　　　长：闫成武

【大营盘乡】　辖区总面积257.5平方千米；辖6个行政村、41个自然村；总人口13999人，其中农业人口13641人，人口自然增长率为1.36‰；全年生产总值完成1.26亿元；全部财政收入完成31.4万元；农民人均纯收入达到2880元；村民储蓄存款达到2700万元。蔬菜产业成为全乡主导产业。

乡党委书记：樊力成

乡　　　长：冯占胜

【大苏计乡】　辖区总面积138.7平方千米；辖13个行政村、19个自然村；总户数3918户，总人口11585人，人口自然增长率1.27‰；全年生产总值完成5600万元，其中，第一产业5495万元，第二产业45万元，第三产业65万元；全部财政收入完成102万元；农民人均纯收入达到2600元；村民储蓄存款3176万元。

乡党委书记：张美龙

乡　　　长：黄治新

【石井乡】　辖区总面积128.2平方千米；辖13个行政村、44个自然村；总户数4635户，总人口14015人，人口自然增长率为8.12‰；全年生产总值完成5790万元；全部财政收入完成58.4万元；农民人均纯收入达到2340元；村民储蓄4000万元。全乡以舍饲育肥养殖为主，大力发展科技型、集约型、外向型畜牧产业。

乡党委书记：赵树成

乡　　　长：闫纲坤

【七甲乡】　辖区总面积77.2平方千米；辖8个行政村、22个自然村；总户数2491户，总人口7935人，人口自然增长率2.5‰；全年生产总值6000万元，同比增长11%；全部财政收入完成24.75万元；固定资产投资1亿元，同比增长25%；农民人均纯收入达到4200元。蔬菜、畜牧、劳务是农民增收的支柱产业。

乡党委书记：刘凤云（03月免）

　　　　　　徐有富（03月任）

乡　　　长：韩桂峰

【套里庄乡】　辖区总面积119.48平方公理；辖10个行政村、28个自然村；总人口8596人，人口自然增长率1.98‰；全年地区生产总值4475万元；全部财政收入完成216万元；农民人均纯收入达到1950元；村民储蓄3358万元。

乡党委书记：武清海

乡　　　长：张治龙

【甲石河乡】　辖区总面积143.3平方千米；辖13个行政村、28个自然村；总户数2887户，总人口7659口人，人口自然增长率9.04‰；全年地区生产总值完成5900万元，其中，第一产业完成4937万元，第二产业完成200万元，第三产业完成763万元；全部财政收入完成142.76万元；农民人均纯收入达到2300元。形成以暖棚养猪、杂粮杂豆、马铃薯、蔬菜种植及口蘑种植产业格局。

乡党委书记：邢万柱

乡　　　长：乔　军（09月免）

　　　　　　闫世珍（09月任）

【下马圈乡】　辖区总面积141.3平方千米。辖7个行政村、16个自然村。总户数1478户，总人口4518人，人口自然增长率8.25‰。全年地区生产总值完成1794万元，其中，第一产业902万元，同比增长45%；第二产业880万元，同比增长41%；第三产业12万元，同比增长20%。全部财政收入完成116.87万元。农民人均纯收入达到2470元。

乡党委书记：崔　军

乡　　　长：徐受江（03月免）

　　　　　　袁鹏飞（03月任）

（侯富美　丁海锋）

康保县

【概况】　县域面积3366平方千米，其中常用耕地面积9.67万公顷。辖7镇8乡，326个行政村。至2009年底，总人口28.02万人，人口自然增长率为3.54‰。全年完成国内生产总值20.97亿元，按可比口径计算，同比增长9.4%，其中，第一产业增加值完成8.55亿元，同比下降0.2%；第二产业增加值完成5.17亿元，同比增长14.4%；第三产业增加值完成7.24亿元，同比增长9.0%。单位生产总值能源消耗同比下降5.64%。人均生产总值9484元。民营经济增加值13.98亿元，同比增长11.7%，占全部生产总值的66.7%。粮食总产量5428万斤，同比下降65.1%。财政收入1.06亿元，同比增长21.1%；财政支出5.52亿元，同比增长50.9%。固定资产投资25.68亿元，同比增长70.2%。社会商品零售总额8.88亿元，同比增长18.2%。农民人均纯收入2792元，同比增长15.4%。城镇居民人均可支配收入10481元，同比增长12.8%。年末城乡居民存款余额12.21亿元，同比增长12.7%。全年实施引进项目105个，总投资256.9亿元，当年到位资金29.7亿元，同比增长59.7%，其中，投资在亿元以上的项目17个，总投资119.6亿元；3千万以上的项目24个，总投资52.05亿元；3千万以下的项目64个，总投资85.25亿元。

【以“畜”补“农”，态势平稳】 全县粮食播种面积87.4万亩（5826.67公顷）。牛发展数和出栏数分别达到10.10万头和3.35万头；猪发展数和出栏数分别达到24.54万口和15.16万口；羊发展数和出栏数分别达到64.10万只和36.87万只。由于遭受严重自然灾害，粮油作物大幅度减产，年景仅为3成，种植业增加值同比下降22.4%。在畜牧业强劲拉动下，农业生产仍保持平稳发展态势。

【工业经济触底反弹】 在扭转上半年规模以上工业下滑12.7%的被动局面后，全年规模以上工业实现总产值4.0亿元，同比增长26.1%，实现工业增加值2.28亿元，同比增长10.0%，增辐较上半年提高22.7个百分点。实现利税5659万元，同比下降3.1%。

【支柱产业不断壮大】 依托资源优势，重点培强风电、煤炭、非煤矿产、畜牧加工、特色农产品、生态旅游六大支柱产业。全年风电项目在建规模33万千瓦；原煤年生产能力70多万吨；板材、异形材加工能力分别达到100万平方米、1500立方米；百绿公司建成4000平方米熟肉制品加工车间，年产量3000吨；杂粮杂豆市场仓储能力达到20万吨，市场交易量、交易额分别为12万吨、3.2亿元；建成集住宿餐饮、休闲娱乐、草原风光、民俗景点为一体的康巴诺尔假日庄园。

【旅游文化资源丰富】 康保二人台参加十一届中国环渤海地区经济贸易洽谈会消夏文艺晚会、内蒙古民间文化艺术节和中国（呼和浩特）二人台民歌大赛，在大赛中取得“两金、三银、四铜”的成绩。年内完成向省申请“康保县入选中国文化城市”申报项目。照阳河镇、屯垦镇等处共发现旧石器时代遗址8处，其中化石遗址2处，旧石器遗址6处，最早的石器距今约一万年以上。作为“资政教化存史”重要文化资源——第二部《康保县志》送审稿顺利通过省、市方志专家审核。

【社会事业全面发展】 教育事业稳步推进。全年小学、初中入学率分别为99.9%、99.6%；康保县幼儿园成为张家口市示范性幼儿园；全县23510名中小学学生全部免除学杂费和教科书费共1132万元；多渠道筹集资金615万元投入到县二中、县三中和县特校基础设施建设中；筹措资金8万元表彰2008—2009年度取得优异成绩的81名教师；高标准通过“普及特殊教育”省级验收。

民生保障进一步加强。全年新增就业岗位886人，下岗失业人员再就业569人；按时足额发放“两金”、城乡低保金，全面推进城乡医疗制度建设；农村劳动力向非农产业转移6752人次，城镇登记失业率为4.3%；逐步完善社会保障体系和扶贫救困机制。

【主要负责人】

中共县委书记：罗利民
副书记：董峰　刘志勤（挂职）　李建国（挂职）
县委常委：罗利民　张锐　董峰　李德　田明　辛才　王建芳（女）　徐进海　陈录　范智　柳呈祥　翟海民（挂职）
县人大主任：郝永富
副主任：王财　李守海　张云　王秀忠
县长：张锐
副县长：李德　田明　段全宝　孙长胜　任一平（女）　李清
县政协主席：谷树明
副主席：翁占清　周瑞卿　任广（蒙族）　孙继才

【康保镇】 总面积320平方千米，耕地面积16万亩（10666.67公顷）；辖37个行政村、48个自然村和5个社区居委会；年末总人口54322人，人口自然增长率为6.08‰；全年完成总产值9.08亿元，其中，农业总产值2.3亿元，工业总产值3.03亿元；全社会固定资产投资完成5.1亿元，实际引进资金6500万元；完成财政税收1435万元；农民人均纯收入2947元。

镇党委书记：崔一层
镇长：闫纲飞

【闫油坊乡】 总面积246平方千米，耕地面积96712亩（6447.47公顷）；辖21个行政村、64个自然村；总户数7003户，年末总人口18648人，其中，农业人口18497人，非农业人口151人，人口自然增长率为2.21‰；全年完成总产值14276万元，其中，农业总产值6776万元，非农业总产值7500万元；全社会固定资产投资完成1045万元；完成财政税收107万元；农民人均纯收入2789元。

乡党委书记：田　林

乡　　　长：梁文宝

【丹清河乡】 总面积213.7平方千米，耕地面积105565亩（7037.67公顷）；辖21个行政村、43个自然村；总户数6295户，年末总人口16637人，其中，农业人口16321人，非农业人口316人，人口自然增长率为5.49‰；全年完成总产值7080万元，其中，农业总产值1800万元，工业总产值2690万元；全社会固定资产投资6260万元，实际引进资金3300万元；完成财政税收208万元；农民人均纯收入2448元。

乡党委书记：李　平

乡　　　长：周一新

【张纪镇】 总面积242.9平方千米，耕地面积11.5万亩（7666.67公顷）；辖30个行政村、56个自然村；总户数7042户，年末总人口20874人，其中，农业人口20687人，非农业人口187人，人口自然增长率为3.90‰；全年完成总产值2.19亿元，其中，农业总产值1.2亿元，工业总产值0.49亿元；全社会固定资产投资完成2250万元，实际引进资金3800万元；完成财政税收333.9万元；农民人均纯收入2892元。

镇党委书记：祁云飞

镇　　　长：姚智胜

【忠义乡】 总面积120.2平方千米，耕地面积5.8万亩（3866.67公顷）；辖14个行政村、25个自然村；总户数3542户，总人口11742人，人口自然增长率为2.41‰；全年完成生产总值5061万元，其中，农业总产值2461万元，其它产值2600万元；全社会固定资产投资完成4160万元，实际引进资金375万元；全年财政收入完成160万元；农民人均纯收入达到2989元。

乡党委书记：贾　悦

乡　　　长：薛志海

【处长地乡】 总面积151.33平方千米，耕地面积7.7万亩（5133.33公顷），其中水浇地2.2万亩（1466.67公顷）；辖17个行政村、28个自然村，其中回民村4个；现有农户4783户13105人，人口自然增长率为1.85‰；全年完成生产总值17950万元，其中，农业总产值8500万元，工业总产值9450万元；全社会固定资产投资8109万元，实际引进资金7600万元；全年完成财政税收480多万元；农民人均纯收入3300元。

乡党委书记：王儒渊

乡　　　长：盛守英

【二号卜乡】 总面积190.9平方千米，耕地面积85474亩（3898.27公顷）；辖26个行政村、34个自然村；总户数5455户，总人口17652人，其中，农业人口17328人，非农业人口324人，人口自然增长率为-1.63‰；全年完成总产值15740万元，其中，农业总产值11891万元，工业总产值3849万元；完成固定资产投资1680万元，引进项目资金360万元；完成税收136万元；农民人均纯收入达到3100元。

乡党委书记：王振文

乡　　　长：杨　帆

【李家地镇】 总面积150平方千米，耕地面积8.2万亩（5466.67公顷）；辖18个行政村、27个自然村；总人口14427人，人口自然增长率为2.15‰；全年完成总产值10980万元；社会固定资产投资完成1035万元，实际引入资金460万元；完成财政税收120万元；农民人均纯收入2860元。

镇党委书记：王　彦

镇　　　长：白银河

【芦家营乡】 总面积160.4平方千米，耕地面积5.5万亩（3666.67公顷）；辖15个行政村、22个自然村；总户数4560户，年末总人口12123人，其中，农业人口11931人，非农业人口192人，人口自然增长率为3.90‰；全年生产总值8920万元，其中农业总产值5500万元；完成固定资产投资1260万元，引进各类项目资金2052万元；完成财政税收166.4万元；农民人均纯收入2808元。

乡党委书记：果　宏

乡　　　长：贺清彦

【满德堂乡】 总面积222.67平方千米，耕地面积6.5万亩（4333.33公顷）；辖22个行政村、35个自然村；总户数5165户，年末总人口15364人，人口自然增长率为2.69‰；全年完成总产值1.15亿元，其中，农业总产值8140万元，工业产值1200万元；农村固定资产投资完成4150万元；完成财政税收250万元；农民人均纯收入2621元。

乡党委书记：刘　广

乡　　　长：张凤禄

【照阳河镇】 总面积243平方千米，耕地面积8.8万亩（5866.67公顷）；辖22个行政村、35个自然村；总户数4710户，年末总人口13178人，其中，农业人口12928人，非农业人口250人，人口自然增长率为1.10‰；全年完成总产值16791万元，其中，农业总产值13491万元，工业总产值1200万元；完成财政税收202万元；农民人均纯收入2538元。

镇党委书记：曲　伸

镇　　　长：池振军

【屯垦镇】 总面积354.9平方千米，耕地面积10606亩（7107.07公顷）；辖24个行政村、54个自然村；总户数9403户，年末总人口25457人，人口自然增长率为2.26‰；全年完成总产值24015万元，其中，农业总产值13873万元，工业总产值1408万元；全社会固定资产投资20044万元，实际引进资金2756万元；完成财政税收318万元；农民人均纯收入2930元。

镇党委书记：肖国成

镇　　　长：贺登飞

【土城子镇】 总面积204平方千米，耕地面积83250亩（5550公顷）；辖20个行政村、50个自然村；总人口16500人，人口自然增长率为7.06‰；全年生产总值达到2.46亿元，其中，农业总产值0.65亿元，工业总产值0.32亿元；全社会固定资产投资0.65亿元，实际引进资金0.63亿元；财政税收190万元；农民人均纯收入2851元。

镇党委书记：马占森

镇　　　长：胡启荣

【哈必嘎乡】 总面积180平方千米，耕地面积7.2万亩（4800公顷）；辖19个行政村、27个自然村；总人口12810人，人口自然增长率为2.57‰；全年完成生产总值15480万元，其中，农业总产值9354万元，工业总产值3100万元；全社会固定资产投资12360万元；完成财政税收196万元，其中，国税21万元，地税175万元；农民人均纯收入2980元。

乡党委书记：黄永成

乡　　　长：刘栋军

【邓油坊镇】 总面积150平方千米，耕地面积81105亩（5407公顷）；辖22个行政村、35个自然村；总户数6046户，年末总人口16629人，其中，农业人口14162人，非农业人口2467人，人口自然增长率为5.79‰；全年完成总产值1.6亿元，其中，农业总产值1.2亿元，工业总产值0.3亿元；全社会固定资产投资完成1131万元；完成税收163.48万元；农民人均纯收入2851元。

镇党委书记：高凤泉

镇　　　长：张国亮

（宇贵有）

沽源县

【概况】 沽源县位于河北省北部坝上地区，总面积3589平方千米，耕地面积8.19万公顷。辖4镇、10乡、1个街道办事处，233个行政村、703个自然村。总人口23.04万人，人口自然增长率4.7‰。全年生产总值完成17.04亿元，同比增长6%，其中，第一产业增加值完成8.05亿元，同比增长3.2%；第二产业增加值完成2.65亿元，同比增长18.6%；第三产业增加值完成6.34亿元，同比增长9.7%。民营经济增加值10.86亿元，同比增长11.7%。粮食总产量达2.68万吨，同比减少63.1%。完成财政收入8692万元，同比增长21.6%，其中一般预算收入完成4991万元，占全部财政收入的57.4%，同比增长37.8%；契税收入完成936万元，比2008年翻了一番，比2006年翻了四番；风电税收入库850万元，打破多年工业基本无收入的局面。全社会固定资产投资完成22.54亿元，同比增长58.6%。全年实现社会消费品零售总额7.05亿元，同比增长26.1%。在岗职工平均工资2.47万元，同比增长16.4%。城镇居民人均可支配收入9950元，同比增长7.5%。农民人均纯收入2649元，同比增长3.5%。金融机构各项存款余额16.8亿元，同比增长15.6%。贷款余额8.2亿元，同比增长12%。

【农民收入稳定增长】 全县马铃薯种植面积发展到1.33万公顷，食用菌栽培面积达10万平方米。蔬菜种植面积稳定在1.33万公顷左右，全年外销蔬菜51.6万吨，实现销售收入6亿元。奶牛、肉牛分别发展到4.6万头、4.3万头；出栏羊40万头，肉产量达8660吨，同比增长16%。草鹅、獭兔、柴鸡共发展到34万只。虽遭受50年不遇的旱灾，全县仍完成农业总产值14.7亿元，同比增长2.9%。完成农业增加值7.51亿元，同比增长3%。

【项目建设取得重大突破】 全年争取国债项目59个，国债资金1.55亿元，其中中央新增投资9771万元，位居全市第一。一批重大项目上马兴建：大脑包一期10万千瓦风电场、五花坪二期4.95万千瓦风电场共完成投资15亿元，实现并网发电；东辛营一期和黄花梁一期风电场完成投资5亿元，为2010年并网发电奠定基础；总投资2.32亿元的500千伏变电站二期工程竣工投运，为坝上风电输出开辟通道；总投资6.2亿元的460矿床钼综合回收矿冶项目实现试生产；榆树沟120万吨煤矿扩建项目已开展前期工作；投资1.5亿元的京源万头肉牛养殖加工、投资1.5亿元的现代化万头奶牛养殖场、投资1亿元的塞上源兔业和高科技节能照明设备生产项目顺利实施。

【“三年大变样”工程取得重大进展】 完成“草原水城”建设总体规划。投资3548万元，完成青年湖大桥拆迁改造、滨湖公园一期、音乐喷泉等建设工程；投资2875万元，实施桥东路、桥西路、人民中街拓宽改造、绿化、亮化工程；投资3500万元，完成文体广场一期工程。投资2628万元，启动县城污水处理厂、垃圾处理厂建设工程；投资230万元，实施县城33个单位亮化工程；完成拆迁建筑面积1.31万平方米；投资2.8亿元，实施融金广场等11个商住小区建设工程开工建设面积27万平方米，完成建筑面积19万平方米；平定堡镇西围子村新民居一期工程完成投资2000万元，西辛营乡三道沟等4个新民居试点工程全部完工。

【旅游业迈出坚实步伐】 全年接待游客突破50万人次，实现旅游综合收入4亿元；《梳妆楼揭秘》在中央媒体播出，提升沽源知名度，拉开全县发掘历史文化遗产的序幕；闪电河水库被水利部批准为第九批国家级水利风景区，闪电河国家湿地公园已获国家林业局批复，成为河北省第一个国家级湿地公园。

【社会事业全面进步】 改建半虎线、张沽线20千米；完成村村通水泥路97.3千米，全县行政村通水泥路率达到66.5%；为164名市级以上优秀教师发放住房补贴152.4万元，新建改建中小学校舍1.5万平方米，高考二本上线人数达到26人，创历史新高；完成县新医院主体工程、县城及4个乡镇计划生育服务站新建工程。解决8个乡镇37个自然村1.9万人的饮水困难问题。

【主要负责人】

中共县委书记：刘富成
副书记：赵满柱　王克成
宋小兵（挂职）
魏敬冬（挂职，12月免）
邱建辉（挂职，12月任）
县委常委：刘富成　赵满柱　王克成
宋小兵（挂职）
魏敬冬（挂职，12月免）
邱建辉（挂职，12月任）
侯文佐　张志清　白　晶
王　军　陈青山　张　虎
贾　斌　于海军
县人大主任：刘翠英（女）
副主任：李成武　王行成　张　瑞
卢元贵
县长：赵满柱
副县长：陈青山　王　军
弓爱萍（女）　吕　英
李秀军　周进海
县政协主席：刘宝库
副主席：刘春芳　张　昆　李凤鸣

【城镇街道办事处】 地处县城规划区内，耕地面积963.27公顷；辖3个行政村、5个居委会；人口4.57万人，人口自然增长率8‰；完成社会生产总值1200万元，其中，第一产业同比增长6.5%，第二产业同比增长3%，第三产业同比增长7.8%；粮食总产量800吨；农民人均纯收入2766元，同比增长7.2%；居民人均收入2500元，同比增长6.8%。西围子村肉牛养殖小区规划占地13.33公顷，每户肉牛存栏达到30头以上，被列为省级新民居重点示范村。

街道党工委书记：郭　富
办事处主任：杨光祥

【平定堡镇】 总面积371平方千米，耕地面积1.04万公顷；辖24个行政村；总人口2.13万人，人口自然增长率7.34‰；粮食总产量1189吨；财政收入完成420万元；农民人均纯收入2413元。蔬菜种植已扩展到20个行政村65个自然村，种植面积达到2066.67公顷；完成订单蔬菜800公顷；发展膜下滴灌、喷灌节水灌溉蔬菜666.67公顷；大旱之年，蔬菜喜获丰收，销售蔬菜3.8万吨，市场交易率达到90%，品牌包装销售达到30%，实现收入4000万元。

镇党委书记：王金山

镇　　长：杨金泉

【九连城镇】　总面积322平方千米，耕地面积7416公顷；辖30个行政村、72个自然村；总人口2.3万人，人口自然增长率2.06‰；农业生产总值达7148万元，同比增长1.06%；财政收入68.7万元；固定资产投资为3057万元；粮食总产量393.89吨；农民人均纯收入为2117元，同比增长6.5%。形成以绿园、高家营等15个村为主的奶牛养殖基地，成为蒙牛、圣元集团察北公司的奶源供应基地。

镇党委书记：宋晓平

镇　　长：尹海荣（女）

【黄盖淖镇】　总面积178平方千米，耕地面积5244公顷；辖19个行政村；总人口1.63万人，人口自然增长率1.04‰；全年完成生产总值9112.6万元，同比增长5.4%；财政收入完成215万元，同比增长12%；固定资产投资240万元；农民人均纯收入达到2232元，同比增长4.6%；由于受自然灾害影响，粮食总产量完成1458千克。投资100万元，新上马铃薯组培项目，培育繁殖微型薯。

镇党委书记：王淑华（女）

镇　　长：郭占库

【小厂镇】　总面积220平方千米，耕地面积6384公顷；辖15个行政村；总人口1.42万人，人口自然增长率4.59‰；全年实现国民生产总值7214万元；共引进投资1020万元，实际完成投资220万元；农民人均纯收入达到2800元；建设新城2.28万平方米，其中完工面积1.26万平方米；投资完成文化广场建设1.27平方米，硬化道路5条5.1千米，铺设自来水管道1500米，新输高压线路800米；新修水泥路6千米、砂石路10千米。

镇党委书记：李凤泉

镇　　长：王建林

【丰源店乡】　总面积300平方千米，耕地面积4674公顷；辖14个行政村；总人口1.06万人，人口自然增长率4.14‰；全年完成生产总值3950万元；固定资产投资692万元；财政收入237.2万元，同比增长32.4%；粮食总产量为1.94万吨；农民人均纯收入2663元。新建扩建项目7个，农业稳步增长，全年完成农业结构调整面积33.33公顷。举办农业科技培训5期，累计培训2000多人次。

乡党委书记：郑建中

乡　　长：高　峰

【长梁乡】　总面积230平方千米，耕地面积7118公顷；辖17个行政村、61个自然村；总人口1.41万人，人口自然增长率4‰；全年地区生产总值5266万元。全乡蔬菜种植面积775.33公顷，有架豆、芹菜、白菜、生菜等10多个品种，出口日本、韩国、东南亚等地。完成投资70万元的奶牛养殖小区改建改制项目、投资300万元的滦河源现代养殖场项目建设和投资100万元建设占地3.33公顷的蔬菜市场1座。投资200万元建设宝洲现代肉羊养殖场1座。投资100万元启动乡政府办公楼建设工程。

乡党委书记：闫占斌

乡　　长：王彦军

【莲花滩乡】　总面积219平方千米，耕地面积2690公顷；辖11个行政村、34个自然村；总人口7230人，人口自然增长率0.8‰；财政收入完成122万元；农民人均纯收入达到2160元。以架豆和错季大白菜为主的蔬菜种植面积增加到133多公顷。大田架豆亩均收入达到4000多元。坝上4个行政村实现蔬菜销售收入900万元。马铃薯种植面积达533.33公顷，年产量达1.2万吨。引进日处理10吨马铃薯的淀粉加工生产线一条，全年收购原料250多吨，给农民找到一条新的致富之路。

乡党委书记：郭　忠

乡　　长：李　敏

【西辛营乡】　总面积213平方千米，耕地面积4997公顷；辖23个行政村；总人口1.59万人，人口自然增长率1.8‰；全年完成生产总值1.43亿元，同比增长12%；农民人均纯收入2412元，同比增长2.6%。投资150万修建十字街，投资490万元进行小城镇改造。总投资6.2亿元的460矿床综合回收矿冶项目实现试生产。完成二十里村、三道沟村搬迁工作。新建多功能餐厅一处。

乡党委书记：段宝峰

乡　　长：闫有军

【小河子乡】　总面积344平方千米，耕地面积7314公顷；辖26个行政村；总人口1.88万人，人口自然增长率6.25‰；全年完成生产总值1.945亿元，同比增长20.2%；财政收入192.5万元，同比增长39%；粮食总产量完成2743.8吨，与上年持平；农民人均纯收入2820元，同比增长8.2%。引进重点项目6个，引进资金5450万元。投资1200万元兴建的亚美包装制品有限公司，是全乡第一个规模以上工业加工项目，年生产保鲜箱100万只。

乡党委书记：史文学

乡　　长：郭建林

【白土窑乡】　总面积287平方千米，耕地面积5553公顷；辖14个行政村、51个自然村；总人口1.67万人，人口自然增长率4.28‰；全年生产总值完成8837.10万元，同比增长16.8%；财政收入完成258.90万元，同比增长40.83%；农民人均纯收入2367元，同比增长6.7%。招商引资项目4个，协议资金3亿元，实际到位资金1亿元。成功引进总投资1亿元的新型养殖农业产业化龙头项目——塞上源兔业，该项目规划占地16公顷。特细菜种植达到25%，蔬菜种植面积突破1333.33公顷，其中大白菜1000公顷，精细特菜333.33公顷。

乡党委书记：聂　明

乡　　长：赵金茹

【高山堡乡】　总面积177平方千米，耕地面积4268公顷；辖10个行政村、32个自然村；总人口1.01万人，人口自然增长率8.16‰；全年生产总值完成1.52亿元，同比增长15.2%；一般财政收入实现144万元，同比增长3%；社会固定资产投资完成4220万元；农民人均纯收入达到2676元。全乡重点项目13项，其中开工在建项目5项，已实施完成8项，共完成投资1980万元。投资新建2000平方米加工车间一处，上3条蔬菜保鲜生产线（生菜、西兰花、白花生产线各一条），年加工能力达300个标准集装箱，实现交易额2600万元。

乡党委书记：杜宏儒

乡　　长：龚　成

【闪电河乡】　总面积227平方千米，耕地面积5898公顷；辖12个行政村；总人口1.29万人，人口自然增长率为8.3‰；全年实现农业总产值0.7亿元，同比增长18.9%；财政收入实现515.25万元；农民人均纯收入3104元。全年新建、续建项目3个，分别是投资1.5亿元的万头奶牛现代化养殖场、蔬菜市场改扩区、闪电河村286.67公顷膜下滴灌京张合作工程。全年完成农业结构调整面积466.67公顷。举办农业技术培训班3期，培训农民1200人次以上。

乡党委书记：于向东

乡　　长：李　立（女）

【二道渠乡】　总面积218平方千米，耕地面积5501公顷；辖11个行政村；总人口1.07万人，人口自然增长率9.31‰；全乡完成生产总值1.673亿元，同比增长20.2%；全部财政收入189.5万元，同比增长40%；粮食总产量完成1272.7吨，与上年持平；农民人均纯收入3084元，同比增长6.8%；蔬菜种植面积1986.67公顷，农民种菜收入9781.3万元。

乡党委书记：马　慧

乡　　长：张树云

【大二号回族乡】　总面积57平方千米，耕地面积1834公顷；辖4个行政村、7个自然村；总人口3071人，人口自然增长率11.68‰，其中少数民族居民占总人口的35%，是回、汉、满、蒙多民族居民聚集地；全年生产总值实现3839万元，同比增长9%；财政收入完成73万元，同比增长25%；固定资产投资完成274万元，同比增长200%；粮食总产量617.8吨，同比增长14.6%；农民人均纯收入2747元，同比增长19%。

乡党委书记：李　云

乡　　长：白锐华（女，回族）

（李玉梅）

宣化区

【概况】　宣化区总面积276平方千米，年末耕地总资源5475公顷。辖3乡1镇、7个街道办事处、54个行政村和47个社区。总人口31.30万人，人口自然增长率4.47‰。2009年，全区完成地区生产总值125.02亿元，按可比价格计算同比增长8.7%，其中，第一产业增加值完成2.12亿元，同比增长5.2%；第二产业增加值完成82.63亿元，同比增长7.6%；第三产业增加值完成40.28亿元，同比增长11.1%。单位生产总值能源消耗4.28吨标准煤，同比下降5.86%。民营经济增加值完成25.82亿元，同比增长18.3%。粮食总产量完成2.1万吨，同比增长45.8%。全部财政收入完成10.76亿元，同比增长13.5%，其中，地方一般预算收入4.11亿元，同比增长13.01%；一般预算支出8.88亿元，同比增长3.1%。空气质量二级以上天数累计达到287天，同比增加53%。全社会固定资产投资完成45.28亿元，同比增长38.5%。社会消费品零售总额36.4亿元，同比增长16%。在岗职工平均工资35075元，同比增长13.7%。农民人均纯收入5531元，同比增长10%。城镇居民人均可支配收入13419元，同比增长8.3%。年末城乡居民存款余额111.77亿元，同比增长23.3%。2009年，宣化区连续第三次跻身“全国最具投资潜力中小城市百强”，连续第二年跻身“全国最具区域带动力中小城市百强”。

【项目建设成效显著】 出台建立项目工作长效机制和鼓励招商引资优惠办法等政策措施。发布招商引资项目45项，签约经济技术合作项目15项，全年实际利用市外资金20.7亿元，利用外资178.3万美元，出口创汇2766万美元。实施重点项目63项，总投资124亿元，其中，49项开工建设，14项完工，年内完成投资49.5亿元，同比增长48.2%。锗硅合金单晶及晶片二期、风电设备制造等19项省市重点项目年度建设任务完成。热电联产项目累计完成投资24.6亿元，1号机组投入试运行。北山工业园区一期规划5平方千米获省政府批准。通过企业改制，引进北京、唐山等地战略投资者，实施投资12亿元的生产性项目11项。

【工商经济运行平稳有效】 企业发展能力提升。河北钢铁集团宣化钢铁集团有限责任公司启动投资100亿元的第三次跨跃发展项目。区内14家钻机企业联合注资成立河北宣采岩土工程机械装备有限公司，并启动实施投资3亿元的岩土工程机械系列产品总装和研发基地项目。45家规模以上工业企业中，民营企业发展到33家。淘汰河北钢铁集团宣化钢铁集团有限责任公司等企业落后烧结、炼、发电产能77万吨、75万吨和3600万度，拆除高耗能变压器11台；总投资2.89亿元实施节能减排项目19项。宣化万家生物SOD酶项目被国家发改委列入国家中小企业创新基金项目。

商贸流通活力增强。启动实施八大市场建设工程，总投资7.25亿元。阳光建材家居广场、大北综合市场建成开业，香河汇鑫家居城、大东门综合市场、鸿鑫建材市场开工建设。总投资9亿元的牌楼中心商业区改造项目全面启动，同盛大厦、百货大楼、兴英大厦开工建设，时代广场完成部分拆迁工作。英国乐购公司新建特意购连锁超市并签订合作协议。恒基大厦、永达帝景、伯居田园等集购物、休闲、餐饮、娱乐为一体的商务中心主体完工。全区各类专业市场发展到22个，年成交额26.2亿元。

【城乡建设进程加速推进】 城镇面貌“三年大变样”工作取得突破性进展。启动总投资110亿元的城市建设项目131项，完成拆迁63万平方米，拆违拆临1.4万平方米，年内完成投资82.6亿元，成为宣化区城建史上规模最大、投资最多、力度最强的一年。完成各类城市规划设计117项，控制性详规实现76平方千米全覆盖。拓宽改造6条城市主干道和10条小街巷30.8千米92.3万平方米。对南关桥、胜利桥、柳川河大桥、火车站广场进行综合改造，完成气、热、水、电等“五网”改造20.2千米。实施6个片区和18条道路绿化升级工程，完成4纵4横城市主干道两侧既有建筑景观整治任务。区廉租房一期工程1万平方米交付使用，二期工程2.6万平方米全面开工。全年新建、续建住宅小区35个，新增住宅面积65万平方米。

农业和农村经济建设持续进行。宣化葡萄研究所因宣化牛奶葡萄品牌被国家农业部、首届中国农产品区域公用品牌建设论坛组委会授予“中国农产品区域公用品牌价值百强”奖，被国家工商总局、2009年（第三届）中国商标节组委会授予“全国最具市场竞争力的地理标志”奖。蔬菜种植面积达到2.7万亩（1800公顷）。旭乐和鑫元等奶牛养殖小区扩建完工，全区奶牛规模养殖率达到80%。完成土地整理2.15万亩（1433.33公顷），新增耕地2750亩（183.33公顷）。庞家堡东方富民优质种畜选育被列入国家星火计划。积极推进农业产业化项目建设11个。在6个村实施新民居建设，新建村民住宅11万平方米。启动5个城中村改造和老虎坟村整体搬迁工程。实施京津风沙源治理、“增绿添彩”等生态工程，新增造林7574亩（504.93公顷），森林覆盖率达到25%。

【社会事业蓬勃发展】 文教事业发展有力。宣化区成功入选“河北十大历史文化名城”行列，成为全省60张极具河北特色的文化形象名片之一。时恩寺修复、小东门南侧和大东门北侧古城墙修复、“三古楼”（清远楼、镇朔楼、拱极楼）亮化、博物馆建设等重点工程全面完工；王河湾挎鼓被省文化厅列入全省第三批省级非物质文化遗产名录。举办周边城市互动游、“北京－宣化”旅游推介会等旅游市场营销活动。实施小学异地新建、就地扩建等6项工程；投资2700多万元，启动中小学校安工程；宣化一中高考本科上线人数居张家口市第一，跨入“河北省强校名校”行列。

民生工作和谐深入开展。新增城镇就业再就业人员3727人，安置下岗失业人员2450人，城镇登记失业率控制在4.29%以内。城镇职工基本养老保险扩面和基金征缴工作任务完成，全区参保人数达到6.05万人，同比增加5506人。城镇居民基本医疗保险参保人数9.99万人，新型农村合作医疗参合率达到91%；全区所有关闭破产国有企业职工医疗保险得以解决，养老、医疗、失业等保险金全部实现按时足额发放，总金额达3.77亿元。城乡低保人员达到2.18万人，发放低保及补助金4500多万元。庞家堡二星级敬老院主体完工，全区五保供养率达到100%。新建社区康复指导中心7个，城镇有劳动能力残疾人就业率达到95.1%，适龄残疾儿童入学率达到94%以上。组织开展抗旱救灾、金秋助学、圆梦大学、光明行动等献爱心活动，全区各项捐款300多万元。成立农民工权益维权中心，协调解决拖欠农民工工资案件35起730多万元。财政用于民生支出2.59亿元落实农民种粮直补、退耕还林补助、城乡义务教育“两免一补”、城镇低保住房补贴等一系列惠民政策。投资3000多万元实施区医院门诊楼、2所乡镇卫生院和3个社区卫生服务机构建设工程；宣钢医院综合大楼全面完工。投资800万元的全民健身活动中心主体完工。投资400多万元，新建改造街道社区用房3750平方米。

【强力确保社会秩序稳定】 深化企业改革，一瓷厂、二瓷厂基本完成改制任务，农药厂、庞钢等6家企业改制进入扫尾阶段，共安置职工1.3万多人。开展安全生产、食品安全等集中整治行动，连续第五年实现工矿企业安全生产零死亡。加强社会治安综合治理，集中开展打击“两抢一盗”和“打黑除恶”等专项行动，治安案件查处率达到95%以上，刑事案件发案率下降2.5%。开展大接访活动，全年办理群众来信来访1734件次，妥善解决群众反映的热点、难点问题。

【主要负责人】

中共区委书记：何亚星
副书记：岑万俊　马维山
区委常委：何亚星　岑万俊　马维山
李青春　王玉济　薛宝林
郭振川　席玉东　王亮
王亚军　徐忠贵
孙辉亮（12月任）
区人大主任：陈一诚
副主任：赵桂英（女）　王喜科
赵明江　贾民民
代区长：岑万俊（02月免）
区长：岑万俊（02月任）
副区长：王亚军　孔庆范　江志刚
治秀芳（女）　田锡滨
区政协主席：李进龙
副主席：张祥　李海清　李祥
段玉华（女）

【春光乡】 辖区面积36.78平方千米，耕地面积562.22公顷；辖15个行政村；总户数5718户，总人口14009人，人口自然增长率2.05‰；全年社会总产值6.58亿元；农村经济总收入7.01亿元，其中乡镇企业总收入6.15亿元，农业收入0.86亿元；完成税收1105万元；农民人均纯收入7761元。

乡党委书记：杨磊
乡长：王学东

【河子西乡】 辖区面积50.4平方千米，耕地面积1279.93公顷；辖12个行政村；总户数6213户，总人口15954人，人口自然增长率5.7‰；全年农村经济总收入3.097亿元；农村社会总产值3.562亿元，增加值1.214亿元；固定资产投资完成4457万元；农民人均纯收入6153元。

乡党委书记：姚兴和
乡长：赵春君（04月免）
左克平（04月任）

【侯家庙乡】 辖区面积40平方千米，耕地面积1333.33公顷；辖11个行政村；总户数4289户，总人口11028人，人口自然增长率3.45‰；全年农业总产值9080万元，增加值5448万元；民营经济总产值2.55亿元，增加值4061万元；农民人均纯收入5660元。

乡党委书记：李宏君（满族）
乡长：董文柱

【庞家堡镇】 辖区面积127.184平方千米，耕地面积4.3万亩（2866.67公顷）；辖16个行政村和2个社区；总户数10900户，总人口29312人，人口自然增长率3.25‰；全年农业总产值3496万元，增加值1539万元；乡镇企业总产值1.458亿元，增加值3370万元；实现营业收入8700万元，利润438万元；固定资产投资完成2426万元；社会商品零售总额120万元；财政收入733.4万元；完成税收3733.59万元；农民人均纯收入2688元。

镇党委书记：李军（04月免）
孙庆忠（05月任）
镇长：张栋

【大北街街道办事处】 辖区面积9.81平方千米；辖钟楼东、钟楼北、大北、北门外4个社区；总户数14057户，总人口34112人，人口自然增长率1.75‰。

街道党工委书记：易雪彬

办 事 处 主 任：李素凡

【皇城街道办事处】 辖区面积4.67平方千米；辖钟楼东、钟楼北、大北、北门外、炮院、沙电6个社区；总户数10666户，总人口26443人，人口自然增长率5.75‰。

街道党工委书记：李成江（04月免）

于永斌（04月任）

办 事 处 主 任：常兴利（女）

【天泰寺街街道办事处】 辖区面积2.1平方千米；辖西城、九天庙、牌楼西街、大东街、按院街、和平街6个社区；总户数15083户，总人口41418人，人口自然增长率1.57‰。

街道党工委书记：邵淑萍（女）

办 事 处 主 任：杜启才

【工业街街道办事处】 辖区面积6.5平方千米；辖朝阳街第一、朝阳街第二、红选路第一社区、红选路第二社区、幸福街第一、幸福街第二、工业街东、圃园街8个社区；总户数19623户，总人口51060人，人口自然增长率－0.27‰。

街道党工委书记：王作云

办 事 处 主 任：武廷英

【建国街街道办事处】 辖区面积12.5平方千米；辖长春路、中山大街、采掘、环保、新建街、建国街北、建国东街、宣赤路北8个社区；总户数26418户，总人口73397人，人口自然增长率1.70‰。

街道党工委书记：刘勇杰

办 事 处 主 任：赵金梅（女，04月免）

韩建华（女，04月任）

【南大街街道办事处】 辖区面积2.48平方千米；辖西马道、吕祖庙、西草市、玉皇庙、东马道、万字会6个社区；总户数10829户，总人口49910人，人口自然增长率2.8‰。

街道党工委书记：刁玉坤

办 事 处 主 任：周树伟

【南关街道办事处】 辖区面积6.65平方千米；辖顺城街、东土关、桥北、新兴街、车站街、演武厅、造纸厂7个社区；总户数23140户，总人口54621人，人口自然增长率4.25‰。

街道党工委书记：南迎军

办 事 处 主 任：段晓雁（女）

（孟玉荣　李　俊）

下花园区

【概况】 总面积311平方千米，耕地面积42420亩（2828公顷）。辖4个乡46个行政村、2个街道办事处11个社区居委会。总人口6.83万人，人口自然增长率1.51‰。全年地区生产总值实现21.36亿元，按可比价格计算同比增长9.8%，其中，第一产业增加值完成0.95亿元，同比增长7.8%；第二产业增加值完成14.48亿元，同比增长9.5%；第三产业增加值完成5.94亿元，同比增长11%。民营企业上缴税金0.71亿元，同比增长12%，完成增加值5.9亿元，同比增长8.4%。全部财政收入完成1.25亿元，同比增长3.02%，其中，地方一般预算收入完成5011万元，同比增长14.88%；财政支出3.95亿元，同比增长115.05%。粮食总产量2945吨，同比下降51.90%。社会商品零售总额4.23亿元，同比增长15.6%。全社会固定资产投资完成12.81亿元，同比增长100.46%。农民人均纯收入3353元，同比增长9.8%。城镇居民人均可支配收入12702元，同比增长12%。在岗职工年平均工资3.57万元，同比增长2.40%。年末城乡居民存款余额23.63亿元，比年初增加5.94亿元。单位生产总值能耗同比下降4.88%。

【招商引资，项目建设取得重大突破】 全年实施各类项目94项，总投资116.1亿元，13个项目列入省市重点，累计完成投资7.77亿元。投资1.2亿元实施玉带山产业园区基础设施建设工程，其中，投资4600万元对玉带山产业园区4.57平方千米一期起步区实施“两纵三横”10千米道路和市政设施配套及第二水源地建设。投资1亿元的旋挖钻机、投资10亿元的光伏发电等4个项目已经签约入驻园区，2个生产性项目正在进行基础设施建设。下广线下花园段一期工程如期完成。投资170万元完成西辛线鸡鸣山旅游路改造工程，京化高速公路完成征地1155.24亩（77.02公顷），拆迁16463.76平方米。京张城际铁路完成途经地红线以内南北50米地面附着物登记备案、121个探空钻探及GPS定桩放线工作。总投资2.4亿元的立轴式风力发电机组整装项目取得阶段性成果，第一台样机下线。总投资1亿元的旋挖钻机生产项目一期完成。总投资5亿元的2×11万千瓦生物核发电项目正式签约。

【抢抓机遇，资源枯竭城市经济转型项目申报成功】

下花园区被国务院确立为第二批32个资源枯竭型城市之一。从2008年开始，中央财政连续四年每年给予基数为5200万元的财力性转移支付，并逐年按上浮2000万元的比例支持，对符合国家产业政策，列入产业转型的后续项目，配套有资源基金贴息贷款，基础设施投资及项目布局倾斜等6条优惠政策。

【“三年大变样”，城市承载能力提升】 全年实施各类城建工程40项，总投资20.5亿元，同比增长2.75倍。戴家营河、洋河综合治理工程投资1.22亿元，治理河道7千米，城区新增景观水面70万平方米。实施小柳沟棚户区改建工程，完成投资1300多万元，83户居民迁入新居。实施旧小区改造工程，对发电厂西花园住宅小区7号楼及供电所住宅小区院面给排水进行改造，近350户居民受益。富祥园、水岸华庭、鸿翔家园等住宅小区投资7680万元，竣工住宅面积10万平方米。投资2816万元，改造花园街、菜园南路、北山街等5条道路。完成菜园南路等9个片区9.7万平方米拆迁工作。污水处理厂投入运行。投资2099万元，实施燕洞山、高速路出入口、城市广场等3个重要城市节点和20多条小街巷的绿化工程。城区绿化面积达到212万平方米，人均绿地面积为全市各辖区之首，在全市绿化净增量考核及全市庆祝建国60周年花展中分别取得第二名和优秀奖。城市建设实现一年一大步的目标，被市委市政府授予三年大变样工作“成绩突出县区”。

【科学转型，经济发展再上新台阶】 农村经济继续保持稳定发展。10万亩（6666.67公顷）杏扁基地已经形成，温室蔬菜大棚发展到800亩（53.33公顷），张杂谷子种植面积达到1万亩（666.67公顷），建成2个奶牛养殖小区，2个蛋鸡养殖小区，6个蛋鸡养殖专业村和67个规模化生猪养殖场。全区奶牛、蛋鸡、生猪存栏量分别达到1100头、85万只和1.05万口。民营经济活力不断增强。区财政向中小企业信用担保中心注入担保资本金200万元，担保风险补偿金87万元。担保公司和小额贷款公司为民营企业解决资金8000多万元。全区民营经济实体已发展到3127家，营业收入17.50亿元，同比增长20%。二、三产业协调发展。总投资10亿元的中关村节能环保产业联盟基地，总投资1.1亿元的镍钴新材料项目正在推进，总投资1.52亿元的铁路煤炭物流项目完成投资1.22亿元，实现43节车皮的装车能力。13家规模以上工业企业完成增加值14.63亿元，同比增长10.50%。商贸流通餐饮业多元化发展，形成新园商场、大方地下商城、乐佳购物、聚仙楼和小商品城集餐饮、购物、娱乐为一体的服务业发展格局。全年三次产业比例调整为4：69：27，服务业增加值完成4.18亿元，同比增长11.30%。文化旅游事业蓬勃发展。投资1000万元实施鸡鸣山庙宇群、道路、绿化工程。成功举办第十三届鸡鸣山民俗文化庙会和首届赏花节，接待游客5万多人次。成功举办全国群众登山健身大会暨下花园区“冀中能源张矿杯”第三届鸡鸣山登山旅游节，荣获国家体育局登山运动管理中心授予的“优秀组织奖”。组织“鸡鸣山”杯首届风光风情摄影展和“鸡鸣山”杯京城媒体足球赛，组织“彩色周末”、“社区居民趣味运动会”、“第二届跳绳比赛”、“围棋、象棋比赛”、迎新年“千人健步走”等活动，被评为全国群众体育活动先进区。

【关注民生，社会事业蓬勃发展】 改善办学条件，投资2827万元，对学校街小学，后堡街小学教学楼实施主体工程改造。落实各项经费215.7万元，为2916人免教课书费15.85万元。公开选拔优秀大学生38名充实教师队伍。中高考成绩创历史最好水平，中考上线120人，市一中录取32人，同比增加7人；高考本科上线25人，一本15人，外省学校10人，专科上线达100%。完成投资1400多万元实施廉租房建设，年内实现入住面积5000平方米，主体竣工面积5800平方米，在建面积500平方米，108户低收入家庭喜迁新居。实施4个新民居示范村建设，磁炮窑村被列为省级示范村。全年新增城镇就业1210人，安置下岗失业人员再就业721人，城镇登记失业率控制在4.3%以内，全区新增转移农村劳动力2010人。城市低保对象达到3361户6208人，农村低保对象达到2494户3551人，实现应保尽保。开展“送温暖、献爱心”活动，全年累计发放各种救助、救济资金2110万元。乡卫生院，村卫生室标准化建设得到加强，新型农村合作医疗农民参合率达到75%。投资130万元实施4个村的有线电视“村村通”工程、城区有线电视“串改并”改造和有线电视数字化工程。投资560万元，开通3G通讯网络。

【依法治区，民主法治建设不断增强】 全年办理人大代表建议和政协委员提案108件，办结率95%。努力拓宽依法信访渠道。全年办理群众来信、来访620件，办结率98%。国庆安保期间，对35件重点案件，全部实行区级领导包案。全年全区没有发生一起越级集体上访和非正常访事件，没有发生一起恶性刑事案件和安全事故，社会保持和谐稳定，被市委、市政府授予“国庆安保先进县区”。

【主要负责人】

中共区委书记：王忠富
副书记：黄海明
区委常委：王忠富　刘书锋　黄海明　徐天亮　吴复来　李建鹏　张春黎　闫海斌　李贵军　宋艳莲　郭　斌
区人大主任：郝成栋
副主任：刘　悦　贺建国　张恩顺　高　毅
区长：刘书锋（02月任）
副区长：李建鹏　张春黎（11月任）　肖　明　董清河　张万林　高炜东（01月任）
区政协主席：刘金泉
副主席：张建国　王敏娜　张金成　李贵兵

【花园乡】 总面积51.747平方千米，耕地面积10560亩（704公顷）；辖11个行政村；总户数4283户，总人口10480人，人口自然增长率1.83‰；农林牧渔业总产值完成6858万元，同比增长22.0%；农民人均纯收入4012元，同比增长12.3%；粮食总产量1167吨；发展蔬菜大棚480栋，蔬菜产量5410吨；大牲畜存栏1314头，羊1100只，蛋鸡37万只；蛋鸡养殖小区2个，奶牛养殖小区1个，有专业养殖户113户；各种农用运输机械341台，农机总动力达到9906千瓦。

乡党委书记：徐建斌
乡长：孙照东

【辛庄子乡】 总面积69.4平方千米，耕地面积13230亩（882公顷）；辖12个行政村；2025户6017人，人口自然增长率1.34‰；全乡经济以农为主，农林牧渔业总产值2410万元，同比增长25.7%；农民人均纯收入3120元，同比增长4.0%；粮食总产量878吨，平均亩产71.5千克；蔬菜产量达420吨，杏扁产值实现220万元。

乡党委书记：席满雄
乡长：李　伟

【定方水乡】 总面积104.6平方千米，耕地面积12030亩（802公顷）；辖16个行政村；3285户9090人，人口自然增长率0.83‰；农民人均纯收入3205元；经济以农为主，主要种植谷黍，玉米，高粱，马铃薯等粮食作物，全年粮食总产量803吨，平均亩产80.9千克，特别是张杂谷子，总产量达到2000斤；蔬菜面积扩大到1305亩（87公顷），总产量达到3020吨。

乡党委书记：戈撬珍
乡长：刘亚杰

【段家堡乡】 总面积64.2平方千米，耕地面积4635亩（309公顷），其中，水浇地1920亩（128公顷），占41.4%；辖8个行政村；871户2315人，人口自然增长率0.81‰；农民人均纯收入2786元；全乡以农为主，主要种植谷黍、马铃薯、西红柿、豆角等，面积1095亩（73公顷），产量1096吨，产值实现525万元，占农业收入的50%以上；粮食总产量97吨，平均亩产34.8千克。

乡党委书记：王孝忠
乡长：张志勇

【城镇街道办事处】 总面积1.5平方千米；辖7个社区居委会；全年出生人口171人，死亡人口80人，人口自然增长率3.39‰；辖区内驻有下花园发电厂、下花园电石厂等省市重点企业以及区街机械制造、化工、建材等民营企业。市场街为繁华商业区，北辰新区驻有中共下花园区委、区政府、区人大、区政协等党政机关和企事业单位，是全区政治、经济、文化的中心。

街道党工委书记：王志江
办事处主任：张小云

【煤矿街道办事处】 总面积12.55平方千米；辖4个社区居委会；年内出生人口73人，死亡人口94人，人口自然增长率-1.38‰；辖区内现已形成以新立街为主的街巷23条，并在主要街道设有金融、邮电、商业、服装、电器、食品等服务网点，驻街企业有建材、运输、制造、养殖、造林等民营企业；玉带山产业园区成功引进4个项目，并已签约入驻园区，其中，2个生产性项目正在进行基础设施建设。

街道党工委书记：张　江
办 事 处 主 任：张　江

（张晓雁）

桥东区

【概况】 全区总面积199平方千米，耕地面积261.84公顷。总人口27.71万人，人口自然增长率为6.38‰。全年完成地区生产总值92.42亿元，同比增长9.6%，其中，第一产业增加值0.05亿元，同比增长37.5%；第二产业增加值55.31亿元，同比增长8%；第三产业增加值37.06亿元，同比增长12.1%。民营经济完成值占全区经济总量的31.7%，同比提高2个百分点，实现增加值2.9亿元，同比增长19%。全部财政收入累计完成62603万元，同比增长8.54%；财政支出56359万元，同比增长24.01%。全社会固定资产投资29.86亿元，同比增长50.5%。在岗职工平均工资29748元。农民人均纯收入达到6245元，同比增长12%。城镇居民人均可支配收入13613.30元，同比增长10%。人均消费性支出10091元，同比增长8.4%。空气质量二级和好于二级天数达到336天。

【招商引资，项目建设步伐加快】 全年安排重点项目45个，开工建设27个，完成投资25亿元。在建楼盘19个，建筑面积100万平方米，建筑房地产业入库税收1.28亿元，同比增长32%，对财政的贡献率达18.35%。推动企业退出中心城区外迁到产业园区，年内落实用地12家。盛华与河北工业大学合作建设的省级氯碱技术中心通过验收。张家口制药总厂推行“改制+招商”模式，引进四川方向药业，盘活资产3500万元。国际商务中心、宝龙商务会馆、天鹅湖大酒店、城投大厦、五一广场大酒店5个五星级酒店项目基本落实，新建4个便民市场并投入运营。全区个体工商户达到1.2万家，注册资金2.7亿元，民营企业达到2090家，注册资金18.3亿元。全年列入中央投资计划项目11个，到位国债资金2044万元。引进区外资金11.1亿元，其中省外到位资金7.7亿元。

【经济发展上台阶】 全区规模以上工业34家，累计完成工业增加值47.09亿元，同比增长7.5%；全年完成工业总产值131.09亿元，同比增长6.66%，其中，轻工业完成产值55.05亿元，重工业完成产值76.04亿元，轻、重工业比重为42：58；实现销售收入128.12亿元，同比增长6.61%；实现利税总额33.15亿元，同比增长3.2%，其中实现利润4.68亿元，同比下降37.5%，产品销售率为98.67%。全年用电量127110万千瓦时，同比增长5.22%。建筑业实现增加值4.66亿元，同比增长30.2%。全年社会消费品零售总额累计实现30.91亿元，同比增长18.2%，其中，批发零售业实现零售额23.04亿元，同比增长13.6%，占全社会消费零售总额的比重为74.5%，拉动全区零售总额增长10.5个百分点；住宿和餐饮业实现零售额5.21亿元，同比增长39.5%，占全社会消费零售总额的比重为16.8%，拉动全区零售总额增长5.6个百分点；其他行业实现零售额2.66亿元，同比增长24.4%。全区限额以上批发和零售企业中，食品饮料烟酒类实现零售额1.72亿元，同比增长16.5%；服装鞋帽、针纺织品类实现零售额2.19亿元，同比增长8.4%；日用品类商品零售额实现3766.3万元，同比增长16.8%。汽车市场交易活跃，由此带动石油及制品的强势增长，其零售额达到6.64亿元，占全区社会消费品零售总额的比重为21.5%，占全部批发零售业零售额的28.8%。

【统筹城乡发展】 根据城市面貌“三年大变样”的总要求，总投资10亿多元的十项重点工程如期竣工。总投资5.08亿元，总供热面积316万平方米的东源热力公司集中供热项目按期实现点火供暖，首期工程落实资金2亿元，完成14千米一次网管道铺设和14个换热站改造，实现供热面积100万平方米，受益居民8000多户。推进市区主干道路网改造，钻石路、工业东街等5条道路6.8千米的拓宽改造工程，完成拆迁面积10.34万平方米。加大滨河路景观整治力度，新建景观3处、绿地18块，城区绿化面积达到18.35万平方米。完成“增绿添彩”大三期工程，绿化荒山面积达到2.38万亩（1586.67公顷），累计达到6.68万亩（4453.33公顷）。开展市容市貌集中整治“百日行动”，区财政投资200多万元，重点对帝达广场、林园路等周边便道进行硬化和修复，并拆违拆临4300平方米，拆墙透绿1200米，拆除违规广告牌匾2400块。实施楼房“穿衣戴帽”89栋，改善旧小区6个。

【发展社会事业】 教育工作跃居全市领先地位，中考取得历年最好成绩，上重点高中的录取分数线首次突破500人，被确定为全省义务教育均衡发展试点区。医疗卫生体系进一步健全，城镇居民医疗保险参保3.2万多人，新型农村合作医疗参合率达94.5%，高于全市平均水平14.5个百分点。成功打造“一刻钟”就医圈，社区医疗卫生服务覆盖全区。率先通过“省级社区卫生服务示范区”验收，社区卫生服务工作走在全省前列；全区投入2.67亿元帮助社区建设再上台阶，使得38个社区服务用房达到200—300平方米，占社区总数的84%。社区志愿者服务工作走在全国前列，被民政部命名为“全国和谐社区建设示范城区”，跻身于全国百个示范城区之列。充分就业社区达到24个，其中10个社区被评为省级“充分就业社区”。全年新增就业8229人，城镇下岗失业人员再就业3758人，就业困难人员再就业1207人。城镇职工基本养老保险参保人数达5.3万人，工伤保险1.9万人，机关事业单位养老保险1750人，失业保险1.8万人，全年发放保险金3.4亿元，发放最低生活保障金3278万元。12.38万平方米的回迁安置房，竣工5.02万平方米，主体完工4.7万平方米；廉租房当年交付使用3.42万平方米，603户住房困难户已按时入住。组织开展“桥东骄傲·百佳楷模”评选活动；开辟“秧歌腰鼓”、“消夏晚会”、“红色经典传唱”等群众性活动地点20多处，常年参加业余活动的居民达千人。办理人大代表建议和政协委员提案92件，按时办结率和规范化率达100%。

【主要负责人】

中共区委书记：张常喜
副　书　记：崔凤楼
　　　　　　田建国（满族）
区　委　常　委：张常喜　崔凤楼
　　　　　　田建国（满族）　李彦增
　　　　　　方　飞　席照平
　　　　　　靳春渊（12月免）
　　　　　　张小春　张怀宏　杨瑞辉
　　　　　　孟娅新（女）　闫克俭
区人大主任：刘献斌
副　主　任：房　宪　高建平　董富勇
　　　　　　杨青魁（满族）
区　　长：崔凤楼
副　区　长：席照平　杨瑞辉　李　宏（女）
　　　　　　苏建君　杨　桓
区政协主席：王桂海
副　主　席：原部明　王景琦　孙宏孝
　　　　　　贾丽云（女）

【工业路街道办事处】　总面积2.13平方千米；下设7个社区居委会；居民总户数14066户，总人口3.19万人，人口自然增长率为7.18‰。

街道党工委书记：马建功（03月免）
　　　　　　　　刘晓龙（03月任）
办　事　处　主　任：刘晓龙（03月免）
　　　　　　　　孙志强（03月任）

【红旗楼街道办事处】　总面积5.7平方千米；下设11个社区；总人口5.14万人，人口自然增长率7.98‰。驻街企事业单位68家，个体门店213家，主要购物场所有超市发、国美电器等，是桥东区乃至全市管辖区域较广、人口较多的办事处之一。

街道党工委书记：李进国
办　事　处　主　任：吉志刚

【五一路街道办事处】　总面积37.95平方千米；下设9个社区和口里东窑子村、人头山村2个行政村；总人口4.13万余人，人口自然增长率为10.96‰。

街道党工委书记：郭　池
办　事　处　主　任：殷昌福

【胜利北路街道办事处】　总面积4.29平方千米；下设11个社区；有20962户，总人口4.76万人，人口自然增长率11.41‰；直管党员1000名，驻街单位76个，大小门店369个，大中专院校及小学、幼儿园10所，医院3所。

街道党工委书记：戴文忠
办　事　处　主　任：刘芳华（03月免）
　　　　　　　　杨　军（03月任）

【花园街街道办事处】　总面积1.28平方千米；下设8个社区；有居民9700多户，总人口3.13万人，人口自然增长率6.66‰。

街道党工委书记：郭　胜（03月免）
　　　　　　　　刘芳华（03月任）
办　事　处　主　任：王锦峰

（赵海韬）

桥西区

【概况】　全区总面积104平方千米，耕地面积128公顷。人口总数23.81万人，人口自然增长率2.97‰。2009年全区完成地区生产总值41.10亿元，同比增长12.2%，其中，第一产业增加值完成0.28

万元，同比下降10.9%；第二产业增加值完成8.84亿元，同比增长14.9%；第三产业增加值完成31.98亿元，同比增长11.5%。民营经济增加值完成26.67亿元，同比增长20.9%。全部财政收入3.91亿元，同比增长3.4%，其中，地方一般预算收入0.95亿元，同比增长29.6%；财政支出6.23亿元，同比增长17.6%。全社会固定资产投资完成26.91亿元，同比增长45.3%。社会消费品零售总额完成31.87亿元，同比增长18.3%。城市居民人均可支配收入13025元，同比增长10.5%。农民人均纯收入4755元，同比增长8.2%。

【强基固本，全力强化优势产业】 装备制造业实现新发展。全区规模以上工业企业完成工业总产值17.51亿元，同比增长6.9%；完成工业增加值4.68亿元，同比增长6.3%。双星集团入驻西山产业集聚区；中煤千斤顶、然然机械、金垣公司等企业入驻中小企业创业辅导基地。

商贸流通业实现新推进。商贸项目实现投资4.7亿元，新增商业面积15万平方米。尚峰国际综合改造项目工程进展顺利；百盛街、秀水怡园项目开工建设；凯博风尚购物广场竣工运营；弘鼎五星级酒店开工；沃尔玛、苏宁电器、北人集团等国际、国内知名品牌达成入驻本区协议。

文化旅游业实现新突破。投资2500多万元对大境门外广场进行高标准亮化、美化，修建西境门等7个景点，完成西沟河蓄水工程。投资3600万元对张家口堡（堡子里）内8条街巷实施改造，修复文昌阁、抡才书院等4个重点院落和48处门楼雕刻。云泉禅寺景区新建山门、天王殿、观音殿、万佛殿及东西寮房。安家沟成为市区内首个国家4A级景区，并被评为省级森林公园。全年接待游客50万人次，被评为2009年度“全国文物保护工作先进县（区）”。

【招商引资，全面推进改革发展】 项目建设势头强劲，招商引资成果显著。全年重点建设项目32项，总投资86亿元，其中列入省市重点项目12项，全部开工。全年共引进区外资金14.14亿元，完成年计划的282.8%。新增中央投资项目10个，到位资金1872万元，并争取到融资贷款4.4亿元。

企业改制全面完成，民营经济持续发展。率先在全市完成国有企业改革任务，拨付改制费用1.9亿元，置换职工身份6596人，35户改制企业实现重组并建立新公司。全年民营经济增加值占全区生产总值的73.8%，实缴税金3.65亿元，占全区全部财政收入的93.3%，同比增长5.9%。

节能减排成效明显。全年化学需氧量、二氧化硫排放比上年分别减少290吨和107吨，全区空气质量保持二级以上天数达到336天。

【统筹协调，大力推进城乡建设】 全力推进城乡重点工程建设。全年累计完成投资15亿元，拆迁任务总量达60.19万平方米，居全市第一。完成5条道路总计10千米的改造任务，形成“四纵六横两环”、贯通南北、连接东西的现代城市路网框架。投资8.9亿元实施新营坊等5个棚户区改建项目，开工面积达33万平方米。2.5万平方米廉租房建设工程全部竣工，为498户特困居民解决住房困难问题。重点工程回迁安置房8个项目全面开工，13万平方米主体封顶。对清水河路、古宏大街等6条主干道既有建筑实施“穿衣戴帽”（外墙粉刷、楼房平顶改坡顶）、建筑亮化和拆除违规、临时建筑的市容整治工程，新建改建公厕16个。全面完成2.4万亩（1600公顷）大三期“增绿添彩”（城区周边荒山植树）工程。

继续加强文明社区建设。投资23万元完成白山北、白山南、北瓦一、南城壕4个精品社区建设。全区有20个社区构建起一站式办公服务体系。全年创建科普、环保社区学校15个，新增图书阅览室10个，开辟活动场所2000多平方米。

加快推进新农村建设。瓦盆窑、南茶坊两个城中村省级新民居示范改造工程竣工7万平方米，617户村民喜迁新居。作为城镇带动型市级示范村的五墩台村新民居建设用地手续已办理完毕并实现开工。生态涵养区一期治理工程、清水河上游水土保持工程分别完成3.3万亩（2200公顷）和8.08平方千米建设任务。“村村通”道路建设工程全面完工。筹资330万元解决6个村吃水困难问题。大力扶持城郊农业发展，蔬菜播种面积达1875亩（125公顷），栽培食用菌5000平方米。

【保障民生，统筹发展社会事业】 民生保障不断加强。全年新增就业岗位6341个，下岗失业人员实现再就业3478人，就业困难人员实现再就业1229人，分别完成全年目标任务的132%、158%、136%。城镇登记失业率为4.1%。为城乡低保人员发放低保金5276万元，发放义务教育保障经费1800万元，医疗救助、临时救助金119万元，农村救灾资金104万元，并为低收入家庭发放住房租赁补贴166万元、取暖补贴489万元，全年收缴残疾人就业保障金103万元。

社会事业稳步发展。第九中学初步完成扩模，第十六中学新教学楼开工建设，第十九中学完成规划设计等施工前各项准备工作。中考成绩连续18年保持全市领先地位。社区卫生服务体系进一步完善，成为全市首个省级社区卫生服务示范区。申报国家、省、市科技攻关项目11项，争取上级科研经费41万元，被评为“全省科技工作先进区”。

加强综合治理，全力维护社会稳定。深入开展“严打”整治等专项行动，全年共破获刑事案件730起，抓获各类刑事犯罪嫌疑人292人。共受理群众来访1332批（次）、2860人（次），确保国庆安保期间到市无序访、赴省进京集体访和非正常进京访“三个零指标”，被评为全市国庆安保工作先进集体。安全生产和食品安全连续4年保持零事故、零伤亡。地质灾害预防体系进一步完善，被国土资源部授予全国首批地质灾害群测群防“十有县”称号。

【优化服务，狠抓政府自身建设】 不断提升行政效能。政府机关依托政务门户网站，大力推行网络问政，扩展公众参政议政途径，打造网民留言办理的“直通车”和“快车道”，倾力解决民生诉求，群众满意率达95%以上。推行工商局首创的“顾问式免填单”等服务新模式，压缩手续办理时限。先后向市政府递交各类申请150件，与市直有关部门对接近百次。致力解决民生实事，全区各级各部门积极深入基层查民情、解民忧，累计解决群众生产、生活难题700余件。全年办结人大代表建议、政协委员提案154件，按时答复率、办结率均为100%。

不断加强党风廉政建设。全面落实《行政权力公开透明运行办法》，取消收费项目9项，建立承诺内容293项。深入开展专项治理活动，查出并纠正问题资金1332万元，收缴“小金库”资金175万元。区统计局被国务院第二次全国经济普查领导小组评为“全国经济普查先进集体”，区民政局被中央精神文明建设指导委员会评为“全国文明单位”，新华街街道办事处被民政部评为“全国和谐社区建设示范街道”，区建设局被省委、省政府评为“河北省第五届人民满意公务员集体”。

【主要负责人】

中共区委书记：陈晓明
副书记：孙海东 赵永鸿
区委常委：陈晓明 孙海东 赵永鸿 王建新 裴国忠 孙维成 安振兴 刘悦 宋乃忠 张佃山 王芳 付金林（12月任）
区人大主任：李忠
副主任：孟继贵 陈朝英 李贵平 赵悦
区长：孙海东
副区长：刘悦 刘泉 王众力 赵海滨 张照平
区政协主席：王建平
副主席：田洁 刘岩 赵惠英 迟国胜

【东窑子镇】 辖区面积90.6平方千米，耕地面积128公顷；辖19个行政村；总人口16193人，人口自然增长率3.91‰；全年地区生产总值6.39亿元；固定资产投资完成1.79亿元；完成国税598万元，地税1024万元。

镇党委书记：陈茂岳
镇长：贾玉军

【大境门街道办事处】 辖区面积2.45平方千米；街道辖西沟、西岔、西山底、黄土场、平门路5个社区；总人口17960人，人口自然增长率0.28‰；全年地区生产总值25173万元；固定资产投资完成363万元；完成国税1342.5万元，完成地税447.5万元。

街道党工委书记：张存风（05月免） 董炜（05月任）
办事处主任：董炜（05月免） 王海峰（05月任）

【明德北街街道办事处】 辖区面积1.23平方千米；辖附属医院、清河园、营城子、中学街、蒙古营、西沙河6个社区；总人口41659人，人口自然增长率3.59‰；全年地区生产总值52960万元；固定资产投资842万元；完成国税、地税共计264.8万元。

街道党工委书记：任延刚
办事处主任：刘进海

【明德南街街道办事处】 辖区面积2.2平方千米；辖长青路、明德南、元台子、永丰街、白山北、白山南6个社区；总人口4.5万人，人口自然增长率1.19‰；全年第三产业增加值19302万元；固定资产投资230万元；完成国税、地税共计4277万元。

街道党工委书记：寇强

办事处主任：路明进（05月免）
冀　军（05月任）

【新华街街道办事处】　辖区面积4.94平方千米；辖华新园、金鼎、新华街、新华苑、西豁子、南瓦一、南瓦二、北瓦8个社区；总人口39677人，人口自然增长率0.78‰；全年民营经济增加值计划10215万元，实际完成11000万元；固定资产投资计划220万元，实际完成230万元；民营经济上缴税金计划2275万元，实际完成2400万元。

街道党工委书记：卢金明
办事处主任：白青元

【堡子里街道办事处】　辖区面积0.88平方千米；辖北关街、鼓楼西、武城街、南城壕4个社区；总人口14216人，人口自然增长率2.47‰；全年民营经济销售收入实际完成102540万元，是年计划的102%，增加值实际完成19040万元，是年计划的105%；完成固定资产投资300万元，是年计划的150%；上缴税金4114万元，完成年计划的105%。

街道党工委书记：张佃山（05月免）
陈浩东（05月任）
办事处主任：成志顺（05月免）
张成相（05月任）

【南营坊街道办事处】　辖区面积1.98平方千米；辖教场坡、西坝岗、南茶坊、建设桥、天宝南苑5个社区；总人口38265人，人口自然增长率4.95‰；固定资产投资计划220万元，实际完成300万元；计划引进资金500万元，实际完成1080万元。

街道党工委书记：付天宝
办事处主任：魏风利（05月免）
李晨炜（05月任）

【工人新村街道办事处】　辖区面积2.38平方千米；辖北新村、南新村、新村南路、印台沟4个社区；总人口31030人，人口自然增长率3.89‰；全年第三产业生产总值30861万元；固定资产投资6296万元；完成国税74万元，地税3629万元。

街道党工委书记：梁继平
办事处主任：王　品

（冯　鸣）

察北管理区

【概况】　察北管理区位于河北西北部、内蒙古高原南端，地处张家口市坝上张北、康保、沽源三县交界处，平均海拔1400米，距张家口84千米，距锡林浩特330千米，距北京280千米，距天津420千米。“207”国道与张（张北）石（石家庄）高速纵贯全区，加之京张、丹拉高速公路等交通干线，察北进出快捷，物畅其流。

察北管理区总面积373平方千米，其中，耕地8.7万亩（5800公顷），草场23.5万亩（15666.67公顷），林地21.6万亩（14400公顷）。辖2个乡、5个管理处。总人口3万人，人口自然增长率3.84‰。全年完成地区生产总值9.38亿元，同比增长22.2%，其中，第一、二、三产业增加值为3.04亿元、5.38亿元、0.97亿元，同比分别增长13.9%、16.5%、22%。民营经济增加值为10.02亿元，同比增长17.8%。社会消费品零售总额为6993万元，同比增长18%。粮食总产量为5711吨，同比下降20.6%。全区实现财政收入4816万元，其中，地方一般预算收入完成1975万元，地方一般预算支出1.02亿元，同比分别增长7%、37.6%、30.9%。固定资产投资完成11.06亿元，同比增长71.1%。农民人均纯收入达到4611元，城镇居民人均可支配收入达到11419元，职工平均工资为22517元，同比分别增长5.3%、11.1%、27.2%。年末城乡居民存款余额达1.41亿元，同比增长16.8%。全年单位生产总值能源消耗1.89吨标煤，同比降低13.3%。空气质量等级为2级。

【抓项目、促开放的氛围更加浓厚，发展后劲显著增强】　上级项目争取力度加大。全年共争取上级坝上生态功能区及基础设施建设项目资金3895.6万元，其中中央扩大内需项目投资154.7万元。重点项目建设加快推进。20项重点项目有16项开工建设，完成投资10.25亿元，占总投资的24.91%。4个省重点项目积极推进，马铃薯产业化项目在前两年完成1.6亿元的基础上，又完成投资1亿元，完成一座恒温库和一条鲜薯生产线及其他辅助设施建设；现代牧业在去年完成投资1.8亿元的基础上，又完成投资6000万元，购置大型挤奶设备3套，入住奶牛达到8000头；中广核100MW风电项目，已完成93%的投资；10万吨生物有机肥项目，在完成投资3000万元的基础上，又完成投资4456万元，完成发酵、造粒生产线及车间、成品库建设，进入全面生产阶段，产品已投放市场进行试销售。基础设施项目乘势推进。全年完成投资1623.7万元，完成26.8千米的乡村公路、32米长的1座桥梁、2个4级农村客运站的建设。全区公路总里程达177.5千米（其中砂石路35千米），比去年新增26.8千米；公路密度为每平方千米0.7千米；二级公路达到13.5千米，结束全区无高级公路的历史。

全年累计完成城镇建设投资3.54亿元，完成建筑面积12万平方米，创历史新高。金农新天地示范小区、"草原之星"二期、丽华家园住宅小区完工交付使用，察北文化广场及其围合精品建筑工程全面完工，形成文化居住、产业集聚、商贸物流、行政集中办公四大城镇功能分区。加大基础设施建设力度，完成总投资6000多万元的污水处理项目申报工作，投资300万元对旧区集中供热管网及锅炉进行技改和整修；投资8000多万元，完成建筑面积65000平方米的新民居建设工程，改善群众居住环境。采取"政府引导、政策优惠、信贷支持"的创新工作方法，整合民间资金2500多万元，完成4200平方米的拆改任务。

【抓民生、促和谐的工作更加扎实，社会事业协调发展】 全面推行城镇居民医疗保险和农村新型合作医疗保险，覆盖面分别达到100%和80%以上，实现应保尽保。城镇新增就业再就业344人，发放救灾救助资金20万元，小额贷款74万元，帮助奶农追回奶款100万元，帮助农民工追讨工资近200万元。各项事业协调推进。总投资3000万元，完成医院住院楼工程、寄宿制小学、察北一幼建设工程和电视光缆联网工程；稳定低生育水平，出生率为7.94‰，符合政策生育率97.24%；举办各类大型文体活动20场次，群众精神文化生活得到进一步丰富；完成京津风沙源治理和一退双还补植任务，生态建设得到加强；单位生产总值能耗降低5.21%，节能减排达到预期目标。坚持区领导轮流大接访制度，全年共受理信访事件6起，均得到妥善处理。加强社会治安综合治理，全年共破获刑事案件18起，受理治安案件59起。

察北建起以乳业产业化为主、以肉薯菜等特色农产品为辅、以生态旅游和风电等新型产业为支撑的产业体系，成为张家口市最重要的奶业生产基地，被确定为"国家级农垦现代农业示范区"、"省级循环经济示范试点县区"、"市级现代农业高新技术示范区"。

【主要负责人】

党工委书记：刘海斌
副 书 记：安志鸿 王玉祥
党工委委员：刘海斌 安志鸿 王玉祥
马金平 胡 荣 张万林
王思周 王海军 张富春
张 林 张玉清
管委会主任：安志鸿
副 主 任：赵志臣（04月免）
胡 荣（04月任）
张万林
副调研员：王思周 王海军

【沙沟乡】 全乡耕地31825亩（2121.67公顷），其中水浇地16466亩（1097.73公顷），牧草地35613亩（2374.2公顷）；共2506户7080人；全年生产总值实现10356.7万元；9个行政村集体经济收入122.44万元；人均纯收入5081元；奶牛存栏7470头。

实行"菌苗直补"法鼓励和帮助村民种植蘑菇1240平方米，每平方米经济效益达50元左右，实现利润3万元。积极推进奶站整合步伐，全乡奶站共13个，其中蒙牛12个、圣元1个；积极为奶农追要拖欠奶款200多万元。合法流转土地（除雪川公司）3730亩（248.67公顷），使7个行政村通过土地流转实现集体经济的增长。共引进项目5个，分别是投资500万元的物流公司及二手车交易市场、投资800万元的汽车修理城及停车场、投资1000万元的编织袋生产项目、投资1000万元的塑料管PVC项目、投资500万元的防水材料加工项目，合同引资3800万元，实际到位资金3200万元。工业园区7个项目完成投资500万元，金农生物科技有限公司二、三期工程完成投资2000万元，坝泉水业有限公司二期工程完成投资200万元。全年实现招商引资5900万元，实现利税100多万元。

乡党委书记：张玉清（04月免）
施振清（04月任）
乡 长：施振清（04月免）
樊 辉（04月任）

【宇宙营乡】 宇宙营乡位于察北管理区东北部，东与张北乡三号乡、大囫囵镇接壤，南与张北县大囫囵和乌兰管理处相连，西与张北县二台镇和金沙管理处为邻，北与沽源县九连城乡红圪楞交界。东西10千米，南北14千米，总面积96.1平方千米，距管理区驻地左家营东偏北20千米；辖9个行政村、23个自然村；总人口6287人；社会总产值6040万元；人均纯收入4846元。

全乡9个行政村申报一事一议项目10个，村民自筹资金113160元，申请奖补资金113160元，项目主要涉及村内街道硬化及自然村与自然村之间的沙石路整修。农田水利设施建设得到加强，全年共发展水浇地6012亩（400.8公顷），完成土地流转2350亩（156.67公顷）。社会救助工作进一步加强，为388户453人发放低保资金28.27万元。

乡党委书记：赵志义（04月免）
孟　宝（04月任）
乡　　长：孟　宝（04月免）
班　明（04月任）

【白塔管理处】 白塔管理处土地总面积65.8平方千米，现有耕地4962亩（330.8公顷），其中水浇地2620亩（174.67公顷），退耕还林地1.2万亩（800公顷）；总人口1087人；全年实现生产总值8487万元，同比增长59%；人均纯收入8644元，同比增长9%；加大招商引资力度，先后招引4个亿元项目。

中共总支书记：周广文
主　　任：苏沛彬（04月免）
薛继东（04月任）

【石门管理处】 石门管理处地处察北管理区北部，东南、西南与金沙管理处和沙沟乡接壤；东北，西北与沽源县九连城乡接壤，石门管理处长13千米，宽7千米。总面积47.7平方千米，耕地面积21477亩（1431.8公顷），其中，水浇地3640亩（242.67公顷），退耕还林面积15707亩（1047.13公顷），林地面积3278亩（218.53公顷），草地面积6811亩（454.07公顷）；辖3个自然村；吸引澳亚建材有限公司新型防水材料项目落户，项目总投资3000万元；投资100万元的保温材料生产加工项目，已完成投资并投入生产。

中共总支书记：王富军
主　　任：张志永

【乌兰管理处】 乌兰管理处位于内蒙古高原南缘地，属阴山系脉。在张北县境内、海拔1500米以上的坝上地区、察北管理区的东南部。东与双合乡新一家村、张北县大囫囵镇格井村相邻，南接张北县土茂营村，西与张北县高家营、东滩村土地接壤，北毗双合乡朱家营，南临近张沽公路3.5千米。区域是东西长5.5千米，南北长4.5千米，总面积24.26平方千米，距张北县城45千米、市区95千米、察北管理区15千米；总人口843人，人口自然增长率为-3.56‰；全年生产总值完成1310万元；人均纯收入6470元。

中共总支书记：梁玉清（04月免）
殷天清（04月任）
主　　任：孙　宽

【金沙管理处】 金沙管理处位于察北管理区东北部，距管理区15千米，东与宇宙营乡、西与石门管理处、南与张北县二台乡相邻，北与沽源县交界。总面积57092亩（3806.13公顷）；辖有2个自然村；总人口949人；全年完成生产总值2085.79万元；人均纯收入8006元。

全处奶牛存栏2178头（成牛1310头，育成牛501头，犊牛367头），羊存栏1403只。全年产鲜奶2100吨，羊毛4吨，年生猪出栏近100口。共有指针式灌机11台，卷扬式灌机19台，机井43眼。全年引进并帮扶建成2个奶牛养殖牧场，其中，万圣奶牛养殖公司投资330万元，利源牧业合作社投资647.75万元。投入近4万元资金为村民修缮砂石道路1.2千米，为村民的出行提供方便。

中共总支书记：乔　青
主　　任：杨青田

【黄山管理处】 黄山管理处位于207线国道旁的左家营村，是察北管理区党政机关所在地，占地6800亩（453.33公顷）。辖社区居委会3个；常住人口4235人。

全年落户本处项目投资资金约7000多万，加大基础设施建设力度。为改善群众文化生活卫生环境，争取上级资金20万元建成面积达300平方米的综合文化站1座；在财政极其困难的情况下花费近3万元对旧住宅区的路灯、文化活动广场、健身器械、形象景物等进行维修改建；为居民区主要街道安装路灯36盏进行亮化，硬化道路500米，并在主街道修建垃圾池10个，207国道两侧配置垃圾箱30个，修建2个村民活动中心，配齐活动设施，为广大群众营造舒适的生产生活环境。

中共总支书记：黄锦富（04月免）
苏沛彬（04月任）
主　　任：郝　义

（曲金兰）

塞北管理区

【概况】 塞北管理区位于河北省东北部，地处冀蒙交界的坝上高原地区，平均海拔1400米，属温带大陆气候，年平均气温1.4℃，无霜期110天，年均降水400毫米。管理区是中西部资源区与东部经济带的重要枢纽，是京、冀、蒙地区物流供应链中重要的节点，距内蒙古太仆寺旗50千米、正蓝旗45千米、多伦县75千米、承德市丰宁县135千米、沽源县30千米，属内蒙古锡林郭勒草原的延伸部分，是蒙元文化走廊。

全区总面积267平方千米，其中耕地面积18万亩（12000公顷）、林地3.4005万亩（2267公顷）、草地13.9995万亩（9333公顷）。管理区下辖4个管理处、12个居委会（24个自然村）。总人口2.4万人，人口自然增长率为3.44‰。全年实现地区生产总值6.66亿元，同比增长45.2%，增幅位居全市第一，其中，第一、二、三产业增加值分别实现1.76亿元、4.42亿元和0.48亿元，同比分别增长59.5%、346.5%和11.4%。民营经济增加值为42840万元，同比增长40.4%。实现财政收入4094万元，同比增长71.4%，完成年计划的132.9%，其中，地方一般预算收入实现1388万元，同比增长15.19%；财政支出8958万元，同比增长52.5%。全社会固定资产投资完成10.85亿元，同比增长54.7%，其中城镇固定资产投资实现10.74亿元，同比增长55.3%。家庭农牧场人均收入4599元，同比增长6.5%。城镇居民人均可支配收入实现10598元，同比增长9.6%。职工平均工资为16487元，同比增长26.7%。粮食总产量为9700吨。全社会消费品零售总额为2594.7万元。全区能源消耗3.37万吨标煤，单位GDP能源消耗下降6.17%。城市空气质量等级优。

【项目建设成果显著】 全年共引进各类项目49个，合同引资117.71亿元，其中，3个项目被列入省重点项目（蒙牛塞北乳业有限公司高端奶项目、塞北现代牧场项目、弘基马铃薯全粉项目），1个被列入省调度项目。全年在建项目11项，其中亿元以上项目4个，3000万元以上项目5个，续建3项，新建8项；已竣工7项，在建4项。项目总投资11.58亿元，全年计划投资9.38亿元，实际完成投资11.15亿元，完成计划的118.9%，同比增长58.9%。列入市级以上重点项目8个，其中省重点项目2个，总投资59.81亿元，年计划投资7.31亿元，实际完成投资9.39亿元，完成计划的128.5%。重点组织实施塞北现代化有机牧场三期工程、华顶乳品加工厂及配套万头奶牛养殖牧场、塞北弘基万吨马铃薯全粉生产线及巴氏奶4个总投资12.01亿元的项目建设，实际完成投资10.85亿元，完成计划的115.7%，同比增长54.7%。

【主导产业走向强势】 全区奶牛存栏达到3.32万头，奶牛规模化养殖率达到82%，鲜奶产量达到9.78万吨，带动周边县旗万余农户养殖奶牛9万多头。乳业产业占到农业总产值的82.4%，奶牛业已占到区内家庭农场职工人均纯收入的85.6%。

以蒙牛塞北乳业有限公司和塞北现代牧业有限公司为龙头的乳业产业发展迅猛。塞北蒙牛现代化有机牧场项目总投资8.52亿元，奶牛存栏数达到1.8万头，年可为全市提供优质犊牛近2万头，生产优质鲜奶20万吨，每年可示范带动周边农民种植饲草收入3100万元。塞北蒙牛有机高端液态奶加工厂项目占地250亩（16.67公顷），总投资3.2亿元，丰富蒙牛产品品种，增加高端奶品质。塞北现代牧场三期工程项目主要生产巴氏奶和发酵型酸奶，形成新增日处理鲜奶320吨的生产能力，年产巴氏奶7.2万吨、发酵奶2.4万吨。该项目正常生产年可实现增加值3500万元，净利润1824万元，可提供就业岗位100个。由现代牧业集团投资4亿元的奶牛合作牧场项目，建设3万头规模的现代化牧场，采取“养殖户以奶牛入股，每年获取奶牛评估价20%”的回报。全区已有400多户奶农的2500多头奶牛“入住”合作牧场。

【特色产业蒸蒸日上】 饲草种植面积达到6.5万亩（43.33公顷），引进大型青贮收割机、打草机等先进设备进行机械化作业，为乳业发展提供强有力的饲草保障，所种植的优质高效饲草，年可产青干草4000万千克，当年生牧草1亿千克。全区发展种植饲草1000亩（66.67公顷）以上的专业大户达到11户，共种植饲草2.6万亩（1733.33公顷），占饲草种植面积的40%。马铃薯基地规模达到5.2万亩（3466.67公顷），总产量突破15万吨，共引进大型指针式喷灌机61台，卷盘式喷灌机58台，节水率达到95%以上，是美国百事、辛普劳两大跨国公司在国内面积最大、最稳固的马铃薯核心基地之一。由弘基实业集团投资4.5亿元的弘基万吨马铃薯全粉生产线项目一期工程，年可加工马铃薯14万吨、产马铃薯制品3万吨。与上海百事集团合作，引进优质燕麦新品种8个，利用马铃薯倒茬，发展优质燕麦基地2万亩（1333.33公顷）。辐射周边地区建设10万亩（6666.67公顷）有机燕麦基地，形成年产值20亿元的裸燕麦产业及关联产业，带动当地农民脱贫致富。由天津华明宇功国际贸易有限公司投资8000万元的澳鑫乳业项目，引进世界最先进的丹麦脱脂粉生产线，生产脱脂粉和无水奶油。该项目日处理鲜奶150吨，年产脱脂粉及无水黄油5000吨，是国内唯一一家无水黄油生产企业，产品全部出口欧洲市场，年可实现销售收入1.25亿元，利税1600万元。

【推进资源优势转化为经济优势】 全区自然资源较为丰富，尤以农牧资源、矿产资源、风能资源及旅游资源突出。辖区内榆树沟煤田总面积42平方千米，已探明地质储量3.37亿吨，可开采量1.5亿吨，煤质属低硫、特低磷的优质褐煤，由金牛能源集团投资75亿元实施榆树沟煤田煤电路一体化综合开发项目。根据测风数据显示，全区年均风速5.8—7.5米/秒，有效风速7900小时左右，每年可用于风力发电时间在4000小时以上，具备建立100万千瓦级大型风电场的资源条件。风电项目由华电国际有限公司投资30亿元，规划在西山、冀蒙边界、闪电河两岸等地开发建设，占地102平方千米，设计装机容量30万千瓦，分三期建设，2010年建设10万千瓦，2011年建设10万千瓦，2012年建设10万千瓦。

【加快城乡基础设施建设，提高惠民利民指数】

全年城镇建设共投资56460.3万元，完成拆迁面积1700平方米。启动以绿源大街和闪榆路两侧等重要地块1.5平方千米规划区内控制详细规划编制；引进广厦、鑫宏远等房地产开发商投资1743.9万元，开发建设绿源大街北侧、南侧，闪榆路西侧路段的沿街商业楼，实施自拆自建、廉租房、商业楼等一批旧城改造工程，实现开发面积1.57万平方米；投资3683.6万元，实施城镇集中供热、集中供水工程；投资147.6万元，完成闪榆路、蒙牛南北路等城镇主街道亮化工程，其中投资121万元，完成3千米主街道亮化工程，投资26万元，完成1.9千米的蒙牛南、北路，弘基万吨马铃薯加工厂道路及新民居街道亮化工程；投资30万元，完成主城区内五横二纵总长6千米的框架路建设。全力实施惠民工程。投资6600万元，完成榆树沟至沽源县闪电河路段“三改二”升级改造工程；投资760万元建成管理区4200平方米的区级中心医院，解决群众看病难的问题；实施前新房、后新房、大榆树沟3个自然村109户的整体搬迁，重新选址，整合建设新民居示范工程；投资314万元，完成榆树沟至东大门、大梁底，马点至大梁底共19.8千米的通村公路建设任务；投资140万元，完成全区24个自然村有线电视村村通及数字整体改造工程。

【以人为本，全面推进社会事业】 惠民力度全面提升，全年共发放养老保险、失业保险、城市低保、农村低保、救灾救济、医疗救助、优抚金共1700余万元；发放低保资金83.3万元，农村低保、城镇低保救助人数分别达到383和105人；新增就业326人，完成全年目标任务的102%；农村富余劳动力转移就业206人，完成全年目标任务的103%。全面改善办学条件，投资43万元购置图书、教学仪器设备；投资68万元，购置计算机、投影仪等教学设备；总投资324万元完成学校住宿楼、多功能餐厅建设、操场硬化和校园绿化工程，美化校园环境。公共卫生事业迈上新台阶，全区新型农村合作医疗参合农民达2132人，参合率90%以上，参合资金为21.32万元，其中，补偿总人数为96人，补偿金额14.8万；住院补偿总人次91人，补偿总金额13.85万元；住院正常产补偿人次3人，补偿金额0.03万元；特殊慢性病大额门诊补偿2人，补偿金额0.06万元；门诊补偿860人（次），补偿总金额0.86万元。全年贫困人口75人由民政资助全部参加合作医疗，参合率为100%。

【主要负责人】

区党工委书记：范亚平
副　书　记：李晓红
　　　　　　乔亚平（04月任）
区党工委委员：范亚平　李晓红
　　　　　　乔亚平（04月任）　赵守强
　　　　　　李　立（12月任）
区管委会主任：李晓红
副　主　任：赵守强　孙进福　张国俊
　　　　　　马　江
助理调研员：孟庆喜
副调研员：闫东升

【榆树沟管理处】 榆树沟管理处是塞北管理区政府所在地，辖区总面积66.47平方千米，其中耕地面积3.3万亩（2200公顷），林地面积2.5万亩（1666.67公顷）；辖3个居委会、9个自然村；总人口12190人，人口自然增长率为1.2‰；人均纯收入5800元；享受农村低保人数84人，城镇低保193

人，参加新农合医疗保险1173人，城镇居民医疗保险223人，职工医疗保险323人。

管理处工委书记：张瑞峰

管 理 处 主 任：张利平

【沙梁子管理处】 位于塞北管理区东南18千米处，辖区总面积为44.60平方千米，其中耕地面积28639亩（1909.27公顷），林地面积23100亩（1540公顷）；辖2个居委会、4个自然村；总人口4080人；当地居住人口以养殖奶牛为主业，种植蔬菜为副业，人均纯收入4316元。

管理处工委书记：刘喜清

管 理 处 主 任：刘喜清

【小城子管理处】 位于塞北管理区东北部，辖区总面积67平方千米，耕地面积54958亩（3663.87公顷），退耕还林用地3175亩（211.67公顷）；辖4个居委会、4个自然村；总人口4400人；全年农林牧生产总值完成5084万元；常住人口全部实行医保，享受农村低保人数13人，城镇低保69人；参加新农合医疗保险480人，城镇居民医疗保险106人，职工医疗保险110人。

管理处工委书记：王正英

管 理 处 主 任：王正英

【东大门管理处】 位于塞北管理区西部，辖区总面积66000亩（4400公顷），耕地面积2.8万亩（1866.67公顷），草地面积1.1万亩（733.33公顷），林地面积1.3万亩（866.67公顷）；辖3个居委会、6个自然村；总人口3330人，人口自然增长率是8.7‰；管理处居民以种养殖业为主业，人均纯收入4265元；实施惠民工程，为108户居民安装数字电视、解决吃水问题。

管理处工委副书记：温丽丽

管 理 处 副 主 任：温丽丽

（宋帝铭　蒋红梅）

高新区

【概况】 区域面积151.85平方千米，辖39个行政村，6个社区居委会，常住人口近20万人，其中农村人口8.5人，人口自然增长率6.09‰。2009年，全区实现地区生产总值29.82亿元，按可比价格计算，同比增长12.8%，其中民营经济实现增加值18.82亿元，同比增长22.55%，按产业分，第一产业实现增加值3.12亿元，同比增长15.9%；第二产业实现增加值9.41亿元，同比增长15%；第三产业实现增加值17.29亿元，同比增长10.6%。全区粮食总产量58858吨，同比增长2.3%。全部财政收入3.12亿元，同比增长20.5%，其中，地方一般预算收入7814万元，同比增长47%；财政支出2.94亿元，同比增长65.8%。完成社会消费品零售总额15.87亿元，同比增长21.2%。完成全社会固定资产投资45.36亿元，同比增长39.2%，其中，城镇固定资产投资45.05亿元，同比增长41.1%。单位生产总值能耗1.4吨标准煤，同比下降5.63%。全区在岗职工9647人，平均工资27788元，同比增长24.2%；城镇居民可支配收入12865元，同比增长9.8%；农民人均纯收入6019元，同比增长10.2%。

【城郊特色农业综合生产力不断提升】 新建、续建和扩建4个设施温室种植基地。一是“西榆林蔬菜园区”项目，该项目目前已流转土地107亩（7.13公顷），成立鑫泽旭专业合作社，计划投资300万元，已投资100多万元建成平均占地1.3亩（0.09公顷）的日光温室大棚27个，并建成一个国内首座索桥式全覆盖冬暖大棚；二是沈家屯镇腰站堡村大棚蔬菜种植基地，流转土地1000多亩（66.67公顷），总投资450万元，建设大棚180多间，主要种植西班牙“印第安”西红柿，亩纯利润达到1.5万元，合作社全年实现收入约600万元；三是姚家房镇姚家房村实用菌基地，实施一棚多层种植方式，亩均效益达12000元；四是在流平寺智能化温室基地扩建智能化温室2600平方米，引进并试种台湾兰花品种10万株，扩大兰花培育基地。

【项目建设取得突破】 全年实施重点项目38项，其中省市重点项目10项，总投资46.1亿元，完成投资22.5亿元。全年引进区外资金9.3亿元，实现出口创汇3500万美元。总投资4亿元的省重点项目时代金茂，全年完成投资1. 5亿元，部分主体已完工；总投资3. 8亿元的省重点项目财富中心，全年完成投资1. 3亿元，已完成工程量的50%；总投资1. 73亿元的宇恒建材城，全年完成投资7054万元，主体已完工；总投资1. 5亿元的省重点项目卷烟物流中心，明年将投入运营；总投资28. 78亿元的省重点项目张家口热电2×300兆瓦一期工程，全年完成投资15亿元，两台机组已合力发电；总投资1. 3亿元的省重点项目单螺杆水润滑无油空压机项目，全年完成投资3200万元；总投资3. 35亿元的省重点项目北方铸业关键铸钢件项目，全年完成投资1.

08亿元，一期主体完工。

【“三年大变样”扎实推进】 全年城建项目完成投资近20亿元，征地2万余亩（1333.33公顷），拆迁面积12.7万平方米。新建、改造道路6条13千米，完成清水河两岸10.9千米景观建设，完成12.77万平方米城市绿化任务。住房保障、街道整治和城市亮化任务全部完成。全力配合明湖、汽车文化城、海关、滨河南路、清水河南路、钻石路、机场路、热力和中水管线等全市重点项目征地5623亩（3748.87公顷）。

【“增绿添彩”工程取得新进展】 全年累计完成投资9175.94万元，绿化造林33113亩（2207.53公顷）；栽植火炬、侧柏、桧柏、花灌木等各类苗木521.2多万株，成活率高达98%；修建高位水箱5座，铺设供水管线近8万米，新（整）修道路8万多延米，硬化庭院1万平方米；建成拱形长廊、休闲广场、绿韵假山等24处景观，使昔日的荒山沟变成群众休闲健身的好场所。

【新民居建设迈上新台阶】 以新民居建设为龙头，强力推进城乡统筹发展。全年确定3个新民居建设示范村，分别是老鸦庄村、前屯村、高家屯村。老鸦庄村改造一期工程872户，年底已交付使用，二期工程拟建多层楼房7栋、高层1栋，可安置800多户。高家屯村改造一、二期工程已有204户村民入住，天秀小区三期进入征地拆迁阶段。前屯村改造工程已解决786户村民的住房问题。改造工程包括新园西区、新园东区、前屯新天地小区。前屯新天地工程用于安置村民的两栋180户住宅楼目前主体完成四层；新园西区共计396套住房进入内部装修阶段；新园东区共210套住房已封顶。

【社会各项事业全面发展】 保持就业稳定增长，全年新增城镇就业人口1207人，下岗失业人员再就业504人，开发各类就业岗位1800个，安置就业500余人，失业率控制在4.3%以内；深入推进城镇居民医疗保险、农村低保、企业养老保险、工伤保险扩面工程，全年发放城镇低保资金646万元、农村低保金96.8万元，发放价值44万元的慰问金，为72户大病家庭提供救助资金28.18万元；加快教育强区建设，全年中考市一中上线率达16%，为678名失地农民子女办理中考优惠加分手续，累计发放农村义务教育经费944万元；加强甲型H1N1流感疫情防控，累计投入防控资金130万元，形成区、镇、村多级防控体系。

【发展环境进一步优化】 打造项目建设“绿色通道”，削减行政许可和审批项目3项，取消收费项目8项，规范行政处罚自由裁量权5项，平均缩短审批时限2日，出台便民措施19项。窗口单位通过主动服务、全程服务、便捷服务、阳光操作、设置党员先锋岗等多种方式，形成“人人都是投资环境，事事关乎新区形象”的社会风尚。

【党的建设持续加强】 推行干部轮岗交流制度，共涉及15个区直部门和四镇两办41名科级干部，轮岗面达到在岗科级领导干部的45%。累计拨付各项党建工作经费212多万元；落实共产党员创业基金20万元；全年用于“两室”建设资金累计达到300多万元，39个村全部达标；“五个好”村党组织、镇党委分别达到80%和100%，“一好双强”型村党组织书记达到60%以上；统一公开招聘专职社区工作者36名。全区6个社区都已建立“一站式”服务大厅，建立社区服务队47支，有志愿者1249人；加强非公有制企业党工组织建设，规模以上工业企业党工共建组建率达100%。

【主要负责人】

党工委书记：张　彪
副　书　记：郭有和　高永瑞
党工委委员：张　彪　郭有和　高永瑞
刘玉梅　秦雪峰　范向东
乔　江　郭志龙　孙计申
代光仁　王玉明　李润斌
杜进明　于瑞军
管委会主任：郭有和
副　主　任：刘玉梅　秦雪峰　范向东
乔　江　郭志龙　代光仁
助理调研员：孙计申　王玉明

【老鸦庄镇】 老鸦庄镇位于张家口市南郊，西临清水河与沈家屯镇相望，东南与姚家庄镇接壤。总面积29平方千米，其中耕地面积12505.5亩（833.7公顷）；辖9个行政村；总人口29736人，人口自然增长率4.34‰；全年完成地区生产总值58086万元，其中，第一产业增加值12424万元，第二产业产业增加值15149万元，第三产业增加值30513万元；固定资产投资15亿元；财政收入45217万元；粮食总产量7829吨；社会商品零售总额63959万元；农民人均纯收入7808元。全年经济发展综合实力排名全市第一。

镇党委书记：秦　飞
镇　　　长：王　云（02 月免）
　　　　　　张　伟（02 月任）

【沈家屯镇】　沈家屯镇位于张家口市高新区西南，北邻桥西区，南至洋河与宣化县隔河相望，东临清水河，西接万全县。总面积 45 平方千米，其中耕地面积 2.53 万亩（1686.67 公顷）；辖 10 个行政村、1 个社区；总人口 2.9 万，其中农业人口 2.32 人，人口自然增长率 9.38‰；全年完成地区生产总值 42306 万元，其中，第一产业增加值 9399 万元，第二产业增加值 17541 万元，第三产业增加值 15366 万元；固定资产投资 208746 万元；财政收入 3887 万元；粮食总产量 9760.5 吨；社会商品零售总额 15018 万元；农民人均纯收入 5454 元。在全市 200 多个乡镇综合经济实力排名中位于第五名。

镇党委书记：马占祥
镇　　　长：李彤宇（02 月免）
　　　　　　李泽军（02 月任）

【姚家房镇】　姚家房镇位于高新区东南部，总面积 30.14 平方千米，其中耕地面积 28966 亩（1931.06 公顷）；辖 12 个行政村；总人口 21830 人，人口自然增长率 4.59‰；全年完成地区生产总值 35105 万元，其中，第一产业增加值 5383 万元，第二产业增加值 20249 万元，第三产业增加值 9473 万元；固定资产投资 32440 万元；财政收入 1665 万元；粮食总产量 12747 吨；社会商品零售总额 6695 万元；农民人均纯收入 5446 万元。

镇党委书记：李润斌（02 月免）
　　　　　　李　盛（02 月任）
镇　　　长：李　盛（02 月免）
　　　　　　李彤宇（02 月任）

【姚家庄镇】　姚家庄镇西邻张宣大道，东与宣化县接壤，南靠军用机场，茶榆公路贯通全境。总面积为 49.524 平方千米，其中耕地面积 14429 亩（961.93 公顷）；辖 8 个行政村；总人口 15641 人，人口自然增长率 11.22‰；全年完成地区生产总值 37369 万元，其中，第一产业增加值 4046 万元，第二产业增加值 20430 万元，第三产业增加值 15058 万元；粮食总产量 5783 吨；财政收入 710 万元，财政支出 710 万元；社会商品零售总额 28959 万元；固定资产投资额 59583 万元；农民人均纯收入为 5459 元。

镇党委书记：高凤平
镇　　　长：崔　晔

【南站街道办事处】　南站街道办事处北起纬一路，南接宁远堡，东至张宣路，西止清水河。总面积 7.02 平方千米；辖 3 个社区；总人口 16364 人，人口自然增长率 2.33‰；全年完成地区生产总值 40126 万元；固定资产投资 27000 万元；社会商品零售总额 7498 万元。

街道工委书记：杨冬瑞
办事处主任：陈瑞芬（02 月免）
　　　　　　沈　涛（02 月任）

【马路东街道办事处】　马路东办事处地处城郊结合部，东至王家寨小桥，西至胜利路，南至火石夭，北至纬一东路。总面积 8 平方千米；辖 2 个社区；常住人口 1.23 万人，人口自然增长率 2.71‰；全年完成地区生产总值 35415 万元；固定资产投资 27594 万元；社会商品零售总额 36003 万元。

街道工委书记：詹玉红（02 月免）
　　　　　　陈瑞芬（02 月任）
办事处主任：张明山

（赵　颖）

张家口市2009年县（区）主要经济数据一览表

县（区）	地区生产总值（万元）	全社会固定资产投资（万元）	农民人均纯收入（元）	城镇居民人均可支配收入（元）	城镇居民人均消费性支出（元）
张北县	406390	810062	2954	10924	8844
怀来县	729607	330077	6065	12743	8179
宣化县	402806	259455	3933	11020	6718
赤城县	362661	274896	2645	11312	7650
崇礼县	169637	230219	3106	11177	8165
怀安县	353210	335015	3548	10858	6285
涿鹿县	462496	423704	4106	11736	9482
蔚　县	541636	262457	2698	12039	7649
阳原县	366872	138700	2585	10539	7311
万全县	293715	346099	3620	11873	7402
尚义县	165404	293974	2810	10230	5676
康保县	209653	256804	2792	10481	9431
沽源县	170405	225440	2649	9950	6898
宣化区	1250214	452789	5531	13419	9155
下花园区	213645	128085	3353	12702	8772
桥东区	924218	298568	6245	13613	10091
桥西区	410953	269098	4755	13025	7592
察北管理区	93841	110636	4611	11419	5802
塞北管理区	66582	108531	4599	10598	6839
高新区	298193	453639	6019	12865	10392

2009 年全国五一劳动奖章获得者

郭　忠　河北钢铁集团宣化钢铁集团有限责任公司高级工程师
张元泽　中煤张家口煤矿机械有限责任公司工人
袁妙枝　张家口张北县张北镇农业服务中心林业助理

2009 河北省特等劳动模范

郭建仁　宣化县东望山乡常峪口联会党总支书记

2009 年河北省劳动模范（62 名）

职工劳动模范

韩　明　张家口市邮政局营业分局支局长
贾东启　中国移动通信集团河北省有限公司张家口分公司总经理
贾化林　张家口市第一建筑工程有限公司工人
迟桂友　河北钢铁集团宣化钢铁集团有限责任公司总经理
康晓春　张家口卷烟厂有限责任公司设备部主任
李明生　张北县煤机配件有限公司工人
李学农　河北宣化工程机械发展有限责任公司结构分厂组长
李忆亮　开滦（集团）蔚州矿业有限责任公司崔家寨矿包机电工组组长
李珍玉　崇礼紫金矿业有限责任公司营销办主任
刘山林　张家口长城药业有限责任公司部长
吕有玉　河北福田雷沃重机股份有限公司工段长
马洪喜　张家口市供水总公司工人
米伟英　（女）张家口市爱心豆宝宝饮食有限公司负责人
师进辉　张家口卷烟厂有限责任公司总经理
孙贵玉　赤城县龙宇矿业发展有限责任公司工程师
孙　俊　河北玉晶集团食品有限公司（高新区）车间班长
王翠英　（女）张家口桥东环卫处清扫三队队长
王海斌　冀中能源张家口矿业集团怀来矿业有限公司党委书记
邢静原　张家口供电公司生技处副处长
戴秀琴　（女）张家口市汽车客运总站站长
杜建国　宣化供电分公司助理工程师
毕立民　中国建设银行股份有限公司张家口分行行长
冯　红　大唐国际发电股份有限公司张家口发电厂副部长
高建炯　中煤张家口煤矿机械有限责任公司总经理
姚林燕　（女，侗族）张家口市联通公司设备维护中心副主任
张海峰　赤城县建筑工程公司项目经理
杜　生　张家口市宣化供水有限责任公司总经理
张洪海　河北钢铁集团宣化钢铁集团有限责任公司炼铁厂高炉区长
张鹏达　河北钢铁集团宣化钢铁集团有限责任公司工会主席
张全富　河北省怀来锣厂技术厂长
张永红　宣化煤气公司组长
郑志才　张家口市第四建筑工程有限责任公司组长
朱小林　城肥公司工人

先进工作者

白全凯　张家口市第一医院院长
班　冬　张家口市察北管理区财政局科员

陈苏明　张家口市桥西区建设局环境卫生管理处副处长
董存英　张家口市国家税务局局长
郝满银　张家口市社会福利总院院长
兰池军　张家口市人民检察院副检察长
刘阿珍　（女）张家口市桥东区地方税务局局长
罗　平　张家口市体育局教练
裴晓东　河北省地勘局第三地质大队大队长
史宏生　张家口市交通局养路费征稽处处长
苏　彪　怀来县市政建设管理处主任
田家琳　（女）张家口园林管理处主任
王洪利　怀安县水务局局长
王谡峰　涿鹿县中医院院长
武志亮　张家口市公安交通警察支队支队长
岳　微　张家口市塞北管理区农业局农艺师
张　华　（女）张家口市工商行政管理局商标广告监管处科长
张建海　张家口市高级技工学校党委书记

农民劳动模范

丁桂全　涿鹿县保岱镇保岱村农民
郭明东　万全县长宇工程机械液压油缸有限公司经理
康凯智　康保县丹清河乡小兰城村农民
李　忠　尚义县南壕堑毛忽庆村农民
刘志山　蔚县蔚志牧业有限公司经理
王文杰　阳原县西城镇北关村农民
薛　贵　沽源县西辛营乡羊库伦村农民
岳万金　张北县张北镇西关村农民
张怀永　涿鹿县涿鹿镇西关村农民
张　兴　怀来县土木镇土木村党支部书记、村委会主任
张玉德　（蒙古族）崇礼县红旗营乡老芽茬村蔬菜协会会长

张家口市发展和改革委员会

张家口市发展和改革委员会主任　王世光

王世光主任深入察北管理区调研

张家口市发展和改革委员会是张家口市人民政府的重要组成部门，是负责研究拟定全市国民经济和社会发展规划，优化经济结构，调节经济运行，指导总体经济体制改革，促进经济与社会全面协调发展的宏观调控和综合管理部门。主要职责是：

一、拟定并组织实施全市国民经济和社会发展战略、中长期规划和年度计划；提出全市国民经济发展和优化重大经济结构目标和政策的建议；提出运用各种经济手段和政策的建议；受市政府委托向市人大作国民经济和社会发展计划的报告。

二、研究分析国内外、省内外、市内外经济形势和发展情况，进行区域经济的预测、预警；研究涉及全市经济安全的重要问题，提出区域经济调节政策的建议，综合协调经济社会发展；负责经济运行的调节，组织解决经济运行中的有关重大问题。

三、研究分析财政、金融等方面情况，研究贯彻国家财政政策、货币政策以及其它调控政策的措施，组织实施产业政策，监督检查产业政策的执行；受政府委托对相关投融资机构进行宏观指导。

四、研究全市宏观经济体制改革和对外开放的重大问题，组织拟定综合性经济体制改革方案，协调有关专项经济体制改革方案；提出适应社会主义市场经济体制，以改革开放促进发展的建议，指导和推进总体经济体制改革。

五、研究提出全社会固定资产投资总规模，规划重大项目和生产力布局；安排市财政性建设资金，引导政策性贷款的使用方向；引导民间资金用于固定资产投资的方向；争取国家、省拨款的建设项目，安排市拨款的建设项目；申报省重点建设项目，安排市重点项目；按规定审批建设项目开工报告；指导协调全市招标投标工作；组织和管理重点项目稽查特派员工作。

六、研究提出全市利用外资和境外投资的发展战略、总量平衡和结构优化的目标和政策；负责全口径外债的总量控制、结构优化和监测工作；指导和监督国外贷款建设资金的使用，安排利用外资和境外投资重点项目。

七、推进产业结构战略性调整和升级；提出国民经济重要产业的发展战略和规划；研究并协调农业和农村经济社会发展的有关重大问题，衔接农村专项规划和政策；编报以工代赈扶贫规划和计划；指导工业发展，推进工业化和信息化；拟定工业行业规划，组织实施行业技术法规和行业标准；拟定石油、天然气、煤炭、电力等能源发展规划；推动高技术产业发展，实施技术进步和产业现代化的宏观指导；指导引进的重大技术和重大成套装备的消化创新工作。

八、研究分析区域经济和城镇化发展情况，提出区域经济协调发展的政策建议，推进城镇化建设；负责地区经济合作的统筹协调和指导；研究贯彻区域经济发展战略、规划及有关措施。

九、研究分析国内外、省内外、市内外市场状况，负责市内重要商品总量平衡和宏观调控；编制重要农产品、工业品和原材料进出口总量计划，监督计划执行情况，并根据经济运行情况对进出口总量计划进行调整；配合省搞好重要物资和商品的储备工作；研究提出现代物流业发展规划，协调流通体制改革的重大问题；规划和指导全市服务业的建设和发展。

十、做好人口和计划生育、科学技术、教育、文化、卫生等社会事业以及国防建设与国民经济发展的衔接平衡；提出经济与社会协调发展、相互促进的政策，协调社会事业发展的重大问题。

十一、推进可持续发展战略，研究拟定资源节约综合利用规划，编制生态建设规划，提出资源节约综合利用的政策建议；组织协调环保产业工作；负责冶金、建材等非煤炭矿产资源及工业行业生产许可的行政管理工作。

十二、研究多种所有制经济的状况，提出优化所有制结构和企业组织结构的建议，促进各种所有制企业公平竞争和共同发展；宏观指导和协调促进中小企业、非国有经济发展的重大问题。

十三、研究提出促进就业、调整收入分配、完善社会保障与经济协调发展的政策，协调就业、收入分配和社会保障的重大问题。

十四、参与国民经济和社会发展以及经济体制改革、对外开放有关政策、规定、意见的起草和组织实施。

十五、宏观组织、指导全市经济、技术交流与合作；负责市校合作工作。

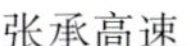
张承高速

张家口市中级人民法院

2009年，全市两级法院在市委的领导、人大的监督和政府、政协及社会各界的支持下，以党的十七大精神为指导，深入贯彻落实科学发展观，坚持“党的事业至上、人民利益至上、宪法法律至上”的指导思想，牢牢把握“为大局服务，为人民司法”工作主题，紧紧围绕全市工作大局，强化保障和服务意识，按照“建设过硬的班子，带出合格的队伍，争创一流的业绩”的工作目标，全面加强审判和执行工作，切实履行宪法和法律赋予的职责，各项工作都取得了明显成效。

市委书记许宁视察市中院诉讼服务中心

党组书记、院长崔存利深入市大型企业进行调研

市中院副院长陈延青深入企业调研

市中院认真组织开展“打黑除恶”专项斗争，图为开庭审理涉黑案件。

市委书记许宁视察市中院审判管理办公室

全市法院积极参与社会治安综合治理工作，图为法官街头开展法制宣传工作。

全市法院积极参与“三位一体”调解工作，全面推进案件调解，促进社会和谐。图为法官深入到乡间地头组织当事人进行调解。

市中院大力加强司法警察工作，通过装备、人员、技能等多种途径提高司法警察的业务素质。图为司法警察正在集训。

张家口市人民检察院

2010年1月28日，张家口市人民检察院检察长程元臣在张家口市第十二届人民代表大会第三次会议上向大会作工作报告。

张家口市检察院在张北县院召开全市反渎职侵权工作会议暨推广张北县院实行电子笔录经验现场会，市院领导亲临会场作指示。图为市院领导查看县（区）院干警运用笔记本电脑现场制作的会议记录情况。

2009年，张家口市检察机关在省检察院的正确领导下，认真落实张家口市十二届人大二次会议关于检察工作的决议，深入学习实践科学发展观，以干部作风建设年活动为契机，围绕“保增长、保民生、保稳定、保市委决策部署落实”工作大局和“强化法律监督，维护公平正义”的检察工作主题，忠实履行法律监督职责，各项检察工作取得了新的进步。

张家口市人民检察院检察长程元臣（中）在群众来信来访接待室接待来访群众

张家口市检察院党组成员、副检察长兼反贪局局长兰池军（主席台中）在全市检察机关反贪工作调度会上讲话

质量是案件的生命——公诉处干警对每一件出庭公诉的案件，都要反复研究，严格把关。

张家口市检察院侦查监督处干警和怀来县检察院干警一起走上街头，进行法制宣传，为人民群众解答法律问题。

张家口市国土资源局

10月19～22日，市国土局举办全市基层国土资源管理干部培训活动。全市20个县（区）局的主要负责同志和79个国土资源所所长共计98人参加了培训学习。

张家口市国土资源局是张家口市人民政府工作部门，其主要职责是：

一、承担规范全市国土资源管理秩序的责任。贯彻执行国土资源法律法规；执行国家和省土地资源、矿产资源管理的技术标准、规程、规范和办法，并制定全市的实施细则；负责有关行政复议；监督检查全市国土资源主管部门行政执法和土地资源、矿产资源规划执行情况，查处违法案件。

二、承担保护与合理利用全市土地资源、矿产资源等自然资源的责任。编制和组织实施全市国土规划、土地利用总体规划、土地整理复垦开发规划和其他专项规划；参与审核报国务院和省、市政府审批的城市总体规划；指导、审核各县（区）、乡镇土地利用总体规划；组织矿产资源调查评价，编制矿产资源保护与合理利用规划、地质勘查中长期规划、地质灾害防治和地质遗迹保护规划；组织编制地质灾害防治、矿山环境保护等有关专项规划并监督检查执行情况；参与审核报国务院和省政府审批的涉及土地、矿产的相关规划。

2010年2月26日，全市国土资源工作暨系统党风廉政建设和反腐败工作会议在张家口宾馆会议中心召开。市人大副主任明才、市政协副主席张辉出席会议，市政府副市长宋文玲出席会议并作了重要讲话。会议由市政府副秘书长张爱民主持。

三、承担全市耕地保护的责任。拟定耕地的特殊保护和鼓励耕地开发政策；组织基本农田保护，监督占用耕地补偿制度执行情况；拟定未利用土地开发、土地整理、土地复垦和开发耕地规定，确保耕地总量占补平衡；实施农用地用途管制、负责农用地转用和土地征收审核报批工作。

四、负责规范全市国土资源权属管理；提供全市土地利用的各种数据；依法保护土地资源、矿产资源等自然资源所有者和使用者的合法权益，组织调处较大权属纠纷；组织土地资源调查、城镇地籍调查、土地统计和土地动态监测；负责土地确权、城乡地籍、土地定级和登记、发证，承担各类土地登记资料的收集、整理、共享和管理工作；提供社会查询服务。

五、承担节约集约利用全市土地资源责任。管理和监督城乡建设用地供应、政府土地储备、开发和节约利用；组织实施土地使用权出让、划拨、租赁、转让、占用和交易等；拟定乡镇、村用地管理办法；实施农村集体非农土地使用权流转；负责临时用地管理；负责制定基准地价；负责土地一级市场的地价评估；审核土地评估机构资质；确认审核土地使用权评估价格。

六、承担规范全市国土资源市场秩序责任。监测土地市场、地价动态和建设用地利用情况，规范和监督矿业权市场，组织对矿业权人勘查、开采活动进行监督管理，规范和监管国土资源相关社会中介组织，依法查处违法行为。

七、负责全市矿产资源开发、地质勘查行业和矿产资源储量的管理；依法管理矿业权的审批登记发证和转让审批登记，组织编制实施矿业权设置方案，在授权范围内审批对外合作区块；对矿产资源开发、利用、保护实施监督管理；负责矿产资源储量管理；实施全市地质勘查行业管理；协助省厅审查确定地质勘查单位资质。

八、负责全市地质环境保护及地质灾害防治的监督管理；组织协调全市地质灾害防治、监测、监督，指导地质灾害应急处置；防止地下水过量开采与污染；负责地热、矿泉水勘查评价和监督管理；组织认定具有重要价值的古生物化石产地、标准地质剖面等地质遗迹，负责地质遗迹保护的监督管理。

九、依法征收矿产资源补偿费及其他有关专项经费并负责管理，协助上级主管部门和财政税务部门征缴有关税费；负责机关及直属事业单位年度经费预算的编审；安排市以上财政拨给的地勘资金、矿产资源开发资金、土地管理专项资金等，并监督检查使用情况。

十、组织制定全市国土资源科技发展和人才培养计划；指导、实施全市国土资源信息化建设和信息资源的公共服务；开展对外合作交流。

十一、贯彻测绘法律法规，制定本市测绘管理规定、技术标准，组织并管理基础测绘、行政区域界线测绘、地籍测绘；管理全市地图编制、基础地理信息数据、各类测绘成果和测量标志；组织指导基础地理信息社会化服务；组织测绘基础设施建设；依法审核测绘单位资质。

十二、按规定管理县国土资源局领导班子和领导干部。

十三、承办市政府交办的其他事项。

市国土资源局召开“三提升”（提升能力、提升标准、提升效率）活动动员会

2010年5月10日，市国土资源局举办了首届国土资源青年论坛汇报会，局领导班子成员及团市委志愿者工作部部长许剑出席。

张家口市交通局

机场奠基

2009年，是全市交通事业实现历史性跨跃的一年，是开拓创新的一年，是强化管理的一年，也是各项工作取得最大实效的一年。

一、公路建设实现了历史性新跨越。

二、综合交通运输体系框架基本形成，各项工作取得实质性进展。

三、通泰集团正在逐步做大做强，企业实力和经济效益实现了历史性提高。

四、在改革和管理上，上了一个历史性台阶。

五、在多方面的工作中，取得了卓有成效的业绩。

村村通工程便民路

通泰大桥

国省干线公路建设（省道宝平线）

国省干线公路建设（112国道）

国省干线公路建设（207国道）

国省干线公路建设（109国道）

张家口市住房和城乡建设局

张家口市住房和城乡建设局成立于2009年12月，为市政府工作部门，主要负责贯彻落实国家、省有关住房和城乡建设工作的方针政策、法律法规、改革方案和发展规划；对全市城市建设管理进行综合协调和指导；研究制定全市工程建设、城市建设、建筑业、房地产业、住房保障、勘察设计咨询业、建设材料设备制造业等有关政策、发展规划、具体实施意见和办法，并组织指导实施和进行行业管理。内设办公室、法规科、城市建设科等职能科室16个，编制人员76名，处级领导7名（含1名纪委书记）。科级领导职数40名（正科19名，副科21名），下设招标办、造价站等行业单位38个，拥有职工近万人。

2009年，全市完成城市建设投资613亿元，其中主城区完成355亿元，分别比历史最好水平的2008年增长94.7%和32%。全年完成城市拆迁面积405万平方米，比2008年增加14.1%。实施了四座桥梁建设和五座桥梁改造、污水再生利用和污水厂升级改造、建筑垃圾和医疗废弃物处置等10项城建重点工程，总投资5.6亿元。筹建廉租住房4183套（21万平方米），已竣工交付使用1270套（6.3万平方米），对全市1.16万户符合条件的城市低收入住房困难家庭给予保障。2009年投资总量和项目实施规模都创造了张家口城市建设的历史之最。

张家口市教育局

1月20日，教育部部长周济慰问全市教师。

国务院参事任玉岭参观市六中晋察冀军区司令部旧址

在市委、市政府的正确领导和社会各界的大力支持下，在全市广大教育工作者的艰苦奋斗、辛勤努力下，全市的教育事业一年一大步、三年大跨越，形成了各级各类教育全面协调持续发展的崭新局面，已经实现了三年时间达到全省中等以上发展水平的近期奋斗目标。其中，全市特殊教育、学前教育和主城区职业教育进入全国先进行列；全市义务教育、职业教育达到全省先进水平；普通高中教育连续五年大面积、大幅度提升，高等教育总体办学规模五年内翻了两番，均已进入全省中等以上发展水平。全市教育的跨越式发展和强劲势头，为全市经济社会发展提供了强有力的人力支撑和后发动力。

今后一个时期全市教育的总体工作思路和奋斗目标是：按照跨越式发展的总要求，利用三到五年的时间，使全市教育工作整体水平达到全省一流，努力走出一条各级各类教育协调发展、符合张家口实际的发展路子，创建一批国家级、省级名校，打造京冀晋蒙四省市交界地带教育高地，成为人民群众接受优质教育资源特别是高中以下优质教育资源的首选地。发展强劲的全市教育事业正乘风破浪、扬帆远航……

美国中小学校长代表团来张家口市访问

市长郑雪碧视察市职教中心

绿色文化进校园活动

主城区普及高中阶段教育接受省验收

舞蹈《盛世剪出幸福花》在中央电视台播出

全市义务教育均衡发展动员会在桥东区召开

花园式校园一景

张家口市广播电影电视局

张家口市广播电影电视局局长 郭 维

局领导班子凝心聚力，团结实干，带领广电事业跨越发展。图为局领导班子成员在春节团拜会上为全体干部职工加油鼓劲。

2009年，张家口市广播电影电视局及直属单位共有1066人，其中离退休258人，党员443人。局机关设置10个科（室），局直属张家口人民广播电台、张家口电视台、河北广电网络公司张家口分公司、712转播台、109转播台、710中波台、张家口广播电视报社和电影系统的三个影剧院共10个单位。开办新闻综合、综艺、农经和城市生活频率4套广播节目32个自办栏目，年播出量19345小时；新闻综合、社会公共和文化娱乐频道3套电视节目22个自办栏目，节目年度播出量13688小时；传输数字电视节目95套、数字广播节目20套、模拟电视节目6套，付费电视节目25套。基本实现了中央、省、市三级节目对全市各县区的系列覆盖和中央、省台节目对全市通电行政村的有效覆盖。全市广播综合覆盖率达到98.28%，电视综合覆盖率达到97.41%。市县有线电视光缆总长7046千米，有线电视总用户达到44.17万户，全市1751个行政村、684个50户以上自然村和85个20户以上50户以下通电自然村的“村村通”工程建设任务已经完成。全局固定资产总额13184.92万元，拥有广播中心大楼、有线电视网络中心大楼、2900平方米电视演播厅，摄录编播设备已实现全数字化，发射设备已实现全固态化，整体技术装备在全省处于先进水平。

2009年，全局广大干部职工团结一致，上下一心，凝心聚力，奋发图强，宣传工作、事业发展、队伍建设等各项工作均取得了好成绩。两台一报有5部作品获省级一等奖，14部作品获省级二、三等奖，广播剧《好人马二》、《风雪野狐岭》在中央电台《中国之声》播出，参加了全省广播剧展播并在几个电台播出，市电视台

800平方米演播大厅外景

广播电视采录编播设备和发射台站的发射设备

省广播电影电视局局长杨慧、市委常委、宣传部长郑丽荣到张家口市广电局视察

省广播电影电视局副局长何振虎到张家口市广电局视察

与河北电影制片厂合拍的电视电影《骏马少年》已进入后期制作阶段。市电台、电视台外宣工作全省蝉联第三、第二，电视台还首次占据全省新闻联播节目稿件播出量第一的位置。全市广播和电视综合覆盖率分别比2004年超出30个和26个百分点，覆盖人口达438.04多万人。全局在职员工大专以上学历占76.9%，有150人取得了高、中级专业技术职称，180多人取得了技师、高级工职称，编辑记者均取得了执业资格证，市电台杨利敏荣获全国首届广播电视生活类节目“百优人物”称号，712转播台胡彬获国家广电总局技术能手竞赛（监测系统）三等奖，并被授予“全国广播电视技术能手”称号。在全省技术评比和技术能手竞赛中，先后有7篇论文、5部作品，4个集体、11名个人获得一、二、三等奖。

《晓风有约》栏目

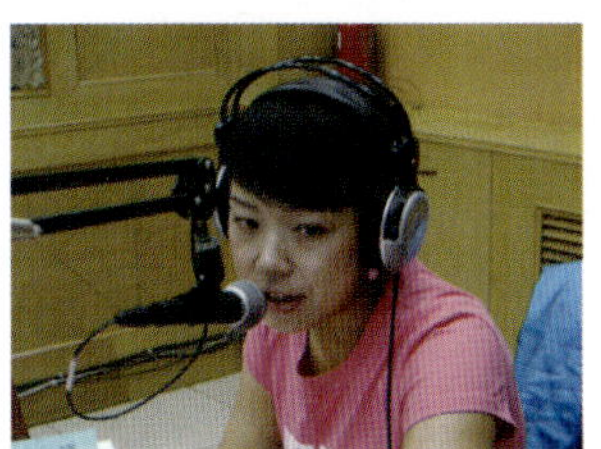

《市民热线》栏目

《周末故事会》栏目

《民生630》栏目

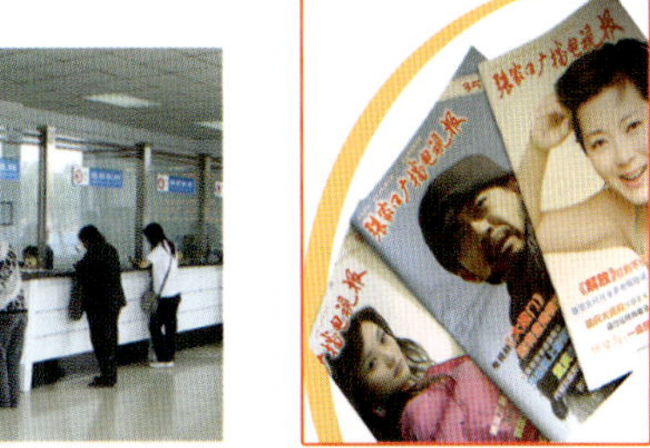

张家口广播电视报

感动2008・张家口十大新闻人物评选颁奖典礼

张家口电视台录制的特别节目“相约康保——走进东路二人台艺术之乡”在中央电视台戏曲频道播出

张家口市国有资产管理委员会

张家口市国有资产管理委员会主任　张俊明

张家口市国有资产管理委员会是张家口市人民政府的直属机构，按照市政府的授权，张家口市国有资产管理委员会代表市政府履行国有资产出资人职责，主要负责市属企业（含地方金融企业、国有资产运营机构）国有资产、市属行政事业单位国有资产和国有自然资源资产、无形资源资产的监管工作。

2009年，市国资委在市委、市政府的正确领导下，用市委九届五次全会、全市经济工作会议精神统一思想，紧紧围绕“保增长、调结构、强基础、惠民生”的总要求，以发展壮大国有经济、实现国有资产保值增值为目标，认真组织开展学习实践科学发展观活动和作风建设年活动，全力推动全市国企改革扫尾工作、力促京张合作有较大发展、认真履行国有资产监管职能，为张家口市经济社会实现跨越式发展、实现三年大变样做出贡献。

张家口市人力资源和社会保障局

部署大学生就业援助活动

市人力资源和社会保障局是负责全市人力资源和社会保障工作的政府职能部门。2009年9月，根据市委、市政府《机构改革方案》要求，将原市人事局、市劳动和社会保障局职责整合，划入市人力资源和社会保障局，并组建市公务员局。

主要职责：

拟订全市人力资源和社会保障事业发展规划、方案及具体规定，并负责组织实施；拟订人力资源市场发展规划和人力资源流动政策，建立统一规范的人力资源市场；负责促进就业工作，拟订统筹城乡的就业发展规划、政策、就业援助制度，拟订高技能人才、农村实用人才培养和激励政策。统筹建立面向城乡劳动者的职业培训制度。牵头拟订高校毕业生就业政策，负责中专以上毕业生的就业工作；统筹建立覆盖城乡的社会保障体系。统筹拟订社会保险相关政策、标准并组织落实。统筹拟订机关事业单位社会保险政策并逐步提高基金统筹层次；拟订全市机关企事业单位人员工资收入分配、福利和离退休政策；建立工资正常增长和支付保障机制；指导全市事业单位人事制度改革，拟定相关人员管理政策。负责全市人事考试工作。制定全市专业技术人员管理和继续教育政策，综合管理全市职称工作。负责高层次专业技术人才选拔和培养，拟订引进人才相关政策；会同有关部门拟订军队转业干部安置政策和安置计划，负责教育培训，负责自主择业军队转业干部的管理和服务；统筹拟订劳动、人事争议调解仲裁制度和劳动关系政策，组织实施劳动监察，协调劳动者维权工作。推动农民工相关政策的落实，维护农民工合法权益。

根据上述职能，局机关设立18个行政科室和4个内设机构，同时对市公务员局、市就业服务局、市社会保险事业管理局、市劳动保障监察支队、市职业技能鉴定指导中心等实施管理。

大学生就业招聘会现场咨询

农民工领到拖欠工资

社保政策宣传

参保单位正在为职工办理养老保险手续

社保局大楼

张家口市就业服务局

省、市领导参观劳动力市场

省、市领导参观再就业培训基地

张家口市就业服务局主要承担全市城乡劳动力就业与培训，人力资源市场建设及《劳动法》、《就业促进法》、就业再就业政策等劳动保障法律法规及政策的宣传、贯彻和落实等工作，具体研究制定全市人力资源市场发展、城乡劳动力就业与培训、失业保险申报与发放等工作规划。按照规定开展求职（用工）登记、就业（创业）培训、职业指导、职业介绍、劳务输出、社区就业指导、失业保险等就业服务；开展招聘洽谈活动，为用人单位和求职者双向选择，交流洽谈搭建就业服务平台；开展创业指导和小额担保贷款扶持下岗失业人员创业服务；开展档案托管、人事代理和劳务派遣服务；开展失业保险登记申报，失业保险金发放，失业职工管理并为其提供再就业服务等；管理和指导民办职业介绍机构；对公民出境就业和境外人员来张就业进行服务管理等；

再就业援助招聘会

市就业服务局坚持“以人为本”的服务理念和“市场调剂就业、政府促进就业、个人自主创业”的就业方针，不断改进工作作风，拓展工作思路，提升服务水平，为全市城镇下岗失业人员、高校毕业生、农村劳动者等就业群体提供全面高效的就业服务，有力地推动了就业和再就业工作的开展，多次受到人力资源和社会保障部、省人力资源和社会保障厅及市委、市政府的表彰，为全市的经济繁荣、社会稳定与发展做出了积极贡献。

用工招聘会

通过电子屏幕获取就业信息

新建的劳动力市场

张家口市地方税务局

张家口市地方税务局组建于1994年8月，由河北省地方税务局和张家口市委、市政府双重领导，以省地税局垂直领导为主。

全系统共有1333人，担负着全市27243户纳税人（其中私营以上12152户、个体15091户）的地方税收征管任务。从1994～2009年16年间，各级地税部门共组织各项收入303.8亿元，其中：税收收入达196.7亿元；社保费自2002年由地税部门代征以来，累计入库90.17亿元。

从地税收入的规模看，随着经济发展和税制完善以及征管水平的提高，地税收入逐年增长，特别是2009年，在金融危机不断蔓延加深、经济发展面临各种困难的情况下，全市地税系统坚定信心、攻坚克难，收入总量达到65.7亿元。其中：税收收入39亿元，同比增收5.49亿元，增长16.37%，其规模是1994年的13倍多，市、县级地税税收占地方一般预算收入达到57.69%，比全省平均水平49.54%高8.15个百分点；社保费收入19.67亿元，同比增收5.28亿元，增长29%。

张家口市园林绿化管理局

2009年，按照“城镇面貌三年大变样”确定的基本目标，认真落实各项目标任务，继续实施清水河通泰桥以北3公里、纬三桥至南环两岸绿化及洋河两岸绿化，并完善从通泰桥至纬三桥两岸园林绿化工程。绿化以乡土树种为主，乔、灌、地被相结合，突出植物造景，以绿为主，景观小品点缀，满足周边市民功能需求，营造生态宜人的绿色环境。

景观规划建设方案本着高起点、高标准，一次投入、一次到位的原则，聘请了中国城市建设研究院等单位参与规划方案设计，邀请北京林业大学、河北省建设厅知名专家及学者召开方案评审会，优中选优。

工程施工过程中，首次引入了园林监理制度，聘请北京燕波工程管理有限公司规范施工管理，严把工程质量，建立完善的工程管理体系，通过实行生产例会、样板引路、联合检查等一系列制度和措施，强化职能，科学规范，工程建设质量不断提高。完成乔灌木种植工程累计种植国槐、银杏、海棠等各类苗木30余个品种2万余株/丛，继续栽植萱草、鸢尾等地被植物，并完善景观建设，安置小品、座椅等休息设施，为市民提供良好的服务。

张家口市区三面环山，气候干旱少雨、风沙大，山体岩石裸露、植被稀疏。2003年，市委、市政府把改善生态环境作为加快发展、服务北京、为民谋利的重要战略举措，开始实施以共产党员先锋林建设为先导的“增绿添彩”工程，以“为山城增绿、为党旗添彩”为宗旨，强力推进市区周边荒山造林绿化工程，成立了“增绿添彩”工程总指挥部，负责工程的指挥领导、组织协调和督导检查。

2003～2007年大一期“增绿添彩”工程完成市区第一可视面10.5万亩（7000公顷）荒山的绿化任务，栽植苗木783万株（丛）；2008年大二期工程绿化荒山12.5万亩（8333.33公顷），栽植苗木1300万株（丛）；2009年大三期工程绿化荒山33万亩（2.2万公顷），栽植苗木3000余万株（丛），计划到2011年全部完成市区周边640平方千米（约90万亩）荒山绿化任务。在“增绿添彩”工程区域相继建成10大景区、40个生态公园，每天上山游人8万余人，成为广大市民休闲、健身、娱乐的好去处。

在工程实施过程中，坚持以下四点原则：一是引水上山，适时浇灌；二是客土造林，改良土壤；三是适地适树，科学栽植；四是长效管护，确保成活。

全国绿化委将张家口荒山绿化的成功经验，作为创新群众绿化模式的先进典型在全国进行推广。工程的成功实施为打造山水园林生态城市做出了突出贡献，特别是工程建设中锻造出的以人为本、科学求实、克难攻坚、艰苦创业的“增绿添彩”精神，已成为全市学习实践科学发展观的重要平台和促进作风建设的有力抓手。

张家口市行政服务中心

省政府检查组检查指导

市长郑雪碧在中心视察

办理申请人申请

张家口市行政服务中心成立于2004年12月28日。为优化发展环境，促进全市跨越式发展，“中心”强力推进以建立集中审批制度为核心的一系列改革，大力削减行政审批和收费项目，积极探索创新审办方式，使行政审批工作水平、质量和效率得到了大幅度提升。

全面实施了市级集中审批制度改革，市级共有35个部门的386个项目纳入“中心”集中审办。为进一步完善“一门受理、一次告知、一厅办结”的集中审批制度，组织实施了市直部门内设机构行政审批职能归并改革，全面推行并联审批方式，大力削减审批项目、审批环节，有效压缩了审批时限，使审批效率大大提升；按照“先盖章通过，后跟踪服务”的模式，开通了重点企业、重大项目“绿色直通车”，有效推进了全市重点项目的跑办和实施。全市一般建设项目审批时限压缩到50天，房地产开发项目审批时限为15天，产业聚集区建设项目审批时限仅为10天。

在房地产开发行政审批和收费制度改革中，“中心”将审批项目由91项压缩到28项；审批用章由百枚以上削减为26枚；收费项目从54项压缩到21项；审批时限由50天压缩到15天。通过实施前置服务、联合审图、联合验收、全程代办等改革新政，房地产开发项目审批改革取得了突破性进展，不仅使全市房地产业发展步入良性发展轨道，也在从理论到实践的结合上为深化行政审批制度改革开创了先河。“中心”还开展了清理规范固定资产投资项目行政许可和行政审批事项工作，有力地促进了投资环境改善和固定资产投资的较快增长。

在转变作风、提升服务过程中，“中心”率先在全国推出集中联合年检换证工作，使集中年检换证工作领域和内容逐年拓展，极大方便了各类工商企业和办事群众，赢得了普遍赞誉。此外，“中心”还设立和引进审批代办服务机构，积极主动为申请人代办各项审批和交费手续，全程负责与相关部门的审办联系及协调督办，实现了代办服务的创新。

外省参观团学习参观

与先进地市工作交流

张家口市工业和信息化局

张家口市工业和信息化局于2009年底正式组建成立，这是市委、市政府在当前全市工业化加速发展的时期，为加强对全市工业的统筹协调，推进信息化与工业化融合，加快走新型工业化道路而作出的重大决策；对于加强全市工业的整体规划、行业指导和综合管理，加快国民经济和社会信息化进程，实现工业化和信息化的快速提升，推动全市工业做大作强，实现更快更好发展的宏伟目标，都具有十分重要的意义。

新组建的市工业和信息化局肩负着光荣的使命，承担着繁重的任务，这是一个充满朝气和活力的新型的机关，全体干部职工正在以更加饱满的热情、更加严谨的态度、更加扎实的作风、更加创新的精神、更加高昂的姿态，为全市工业和信息化跨越式发展贡献力量。

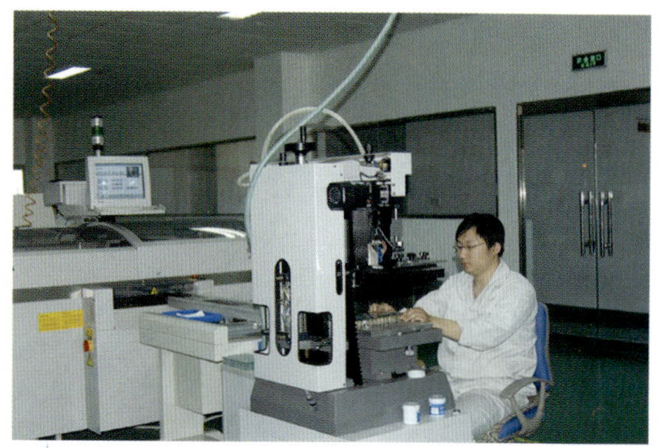

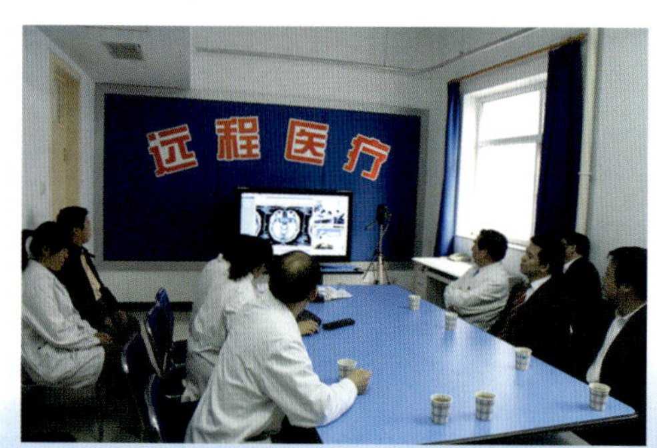

热电厂全景

张家口市邮政局

中国邮政

党委书记、局长 张国庆

张家口市邮政局现辖14个县（区）局，在岗职工1151人，全市邮政网点154处，邮政电子化支局（所）111个，邮政储蓄网点92个，服务面积36869平方千米，服务人口450.4万。全市有邮路53条，县内邮路7条，计 1700单程千米；农村投递路线206条，计20775单程千米。

张家口市邮政局在市委、市政府的正确领导和亲切关怀下，基础管理水平和服务水平显著提高，企业的竞争力和凝聚力进一步提升，各项业务保持了又好又快的发展势头，经营管理以及“创建”工作取得了可喜成绩。连续三届荣获“河北省文明单位”称号，全市邮政系统共创建省级文明单位6个、市级文明单位14个；青年文明号总数达到38个；129个营业窗口成为省公司规范服务达标窗口。全市邮政用户满意度达到90分以上，荣获国家、省级“邮政用户信得过单位”。

邮政储蓄利国利民

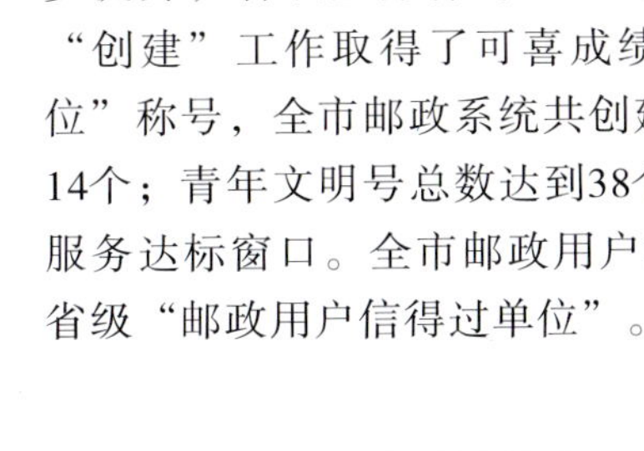

岗位练功强素质

邮政员工接受传统教育

服务军营

广大市民咨询邮政业务

邮政服务“三农”赢赞誉

企业文化建设方兴未艾

张家口市水务局

2009年，张家口市水务局坚持践行可持续发展治水思路，紧紧围绕市委、市政府中心工作，为促进全市经济社会更好更快发展提供强有力的水利支撑和保障。全市水利建设共解决了800个村、51.39万人的农村饮水不安全问题，解决人口数占年初市政府下达目标任务的257%，占省下达任务的100%；发展农业节水灌溉面积10.33万亩，占目标任务的103.3%；完成水土保持综合治理面积633.69平方千米，占年度任务的162%；正在实施除险加固的云州、石头城、闪电河、汤泉等18座水库完成了年度计划。实施了清水河上游拦沙坝修建及清水河上游水土保持综合治理100平方千米两项城建重点工程。加强水资源管理，优化水资源配置，节水型社会建设稳步推进。防汛抗旱两手抓，抗旱高峰期，共开动机电井14028眼，泵站87处，投入机动抗旱设备16556台套，解决了10.46万人的因旱临时饮水困难，有效缓解了旱情；对每座水库都编制落实了施工度汛方案和应急抢险预案，积极落实防汛抢险队伍和防汛物料储备，全市平稳度过汛期。

综合治理后的清水河为张家口市增添了靓丽景观

实施病险水库除险加固工程后的友谊水库

张家口市林业局

2009年，全市林业系统以构建现代林业四大体系、改善生态环境、增加农民收入、推进产业发展为目标，狠抓造林绿化、林果生产、资源管护、项目建设等重点工作。城乡绿化建设，按照“造林绿化由远山向身边增绿推进转变、由农村向城镇同步推进转变”的总思路，以“改善人居环境，治理重要区位，构筑城乡森林体系”为重点，构筑以中心城区、县级城区、乡镇村庄绿化为点，公路绿网、农田林网为线，重点生态工程为面，“点、线、面”结合的国土绿化新格局。林业产业发展，按照振兴“4+3”重点产业的发展思路，本着“基地做大、特色做优、产业做强”的原则，大力推行“龙头企业+合作社+农户”运行模式。重点打造葡萄、杏扁、花卉、森林旅游等产业，着力构建发达的现代林业产业体系。资源保护，加强对野外违法用火行为的集中打击，在重点时期、重点部位、重点时段做到严防严控，确保不发生较大森林火灾；林业有害生物防治工作，坚持“预防为主，科学防控，依法治理，促进健康”的新防治方针，实行“谁经营，谁受益，谁防治”的责任制度；森林采伐严格执行限额管理和计划管理政策，落实“伐前设计、伐中指导、伐后验收”制度，既保障重点工程建设的顺利实施，又有效的保护林地资源。项目建设，紧扣国家投资政策导向，站在全市产业发展和全民创业的高度，站在全市国土绿化的高度去谋划大项目，跳出林业抓项目。全年争取中央拉动内需第四批项目总投资1.8亿元，居全省第一位。

张家口银监分局

张家口银监分局局长 赵万峰

张家口银监分局对建行胜利路支行实施现场检查

张家口银监分局于2004年1月30日正式挂牌成立，为中国银行业监督管理委员会的派出机构，分局机关内设8个科室，县辖设13个监管办事处。根据授权，监管全国性银行业金融机构在张家口辖区设立的分支机构和地方性银行业金融机构，负责对辖区6类银行业金融机构743家网点的监管工作，负责查处辖区内银行业金融机构的金融违法、违规行为以及其他有关单位和个人的金融违法违规行为。

张家口银监分局深入贯彻落实科学发展观，以提高监管工作有效性为中心，突出风险监管，促进了辖区银行业持续健康稳健发展；以加强干部队伍能力建设为核心，坚持以增强银行监管能力为根本,提升干部队伍综合素质和开拓创新能力，为银行业监管工作提供了强有力的保障。

张家口银监分局一直把支持张家口市经济发展，化解金融风险，强化金融服务作为重点工作来抓。积极引领银行业改革创新，统筹规划，促进银行业不断提升资产质量、风险管控能力。在“三年大变样”和“4+3”产业发展中，引导银行业优化信贷结构，推动经济结构调整，支持城市建设，优化中小企业和“三农”金融服务，为张家口市经济又好又快发展提供了强有力的金融支撑，促进了经济金融互动双赢，协调发展。

张家口市气象局

张家口市气象局是河北省气象局和张家口市人民政府双重领导下的地市级气象局，以上级主管机构领导为主。根据授权承担本行政区域内气象工作的政府行政管理职能，依法履行气象主管机构的各项职责。目前已建成了遍布全市县，门类齐全、布局比较合理的、由地面观测、高空探测、天气雷达和卫星监测组成的立体气象探测网，气象探测能力有了很大提高，气象服务体系日臻完善。

张家口市气象局共设4个直属事业单位，分别为市气象台、市人工影响天气办公室、市气象科技服务中心、市防雷中心。下辖康保气象局、沽源气象局、张北气象局（国家基准站）、尚义气象局、崇礼气象局、赤城气象局、万全气象局、怀安气象局、宣化气象局、涿鹿气象局、怀来气象局、阳原气象局、蔚县气象局。张家口市气象局机关设办公室、人事教育科、业务发展科和计划财务科4个科室负责市局的行政和业务管理。

张家口市气象局坚持“公共气象、安全气象、资源气象”的发展理念，在市委、市政府和河北省气象局以及中国气象局的正确领导下，认真履行《中华人民共和国气象法》等相关法律规定、规章赐予的职能职责。负责张家口市气象行业归口管理，防雷设施、空飘气球施放综合管理和监督工作；承担全市天气、气候、生态与农业气象、雷电、人工影响天气、大气成分业务的观测、预报预警工作，承担上级气象主管机构和市政府交办的其它事项。

张家口市中小学生到市气象局参观人工增雨火箭发射装备

在军事演习中，张家口市防雷中心工作人员正在为演习场地装置避雷设施。

飞机增雨作业

雷达天线701

L波段雷达

张家口市气象局办公楼（效果图）

张家口检验检疫局

中华人民共和国张家口出入境检验检疫局（简称张家口检验检疫局）是国家设在张家口依法负责张家口进出口商品检验、鉴定、动植物检疫、卫生检疫等的职能部门。多年来，本着“严格把关，热情服务”的宗旨，积极推行“公信立检、从严治检、科技兴检、人才强检”战略，在上级部门的关怀与支持下，整体事业得到长足的发展，为张家口外向型经济的发展做出了很大贡献。135家进出口企业的产品涉及机电、轻工、纺织、食品、农产品等行业，年进出口量4400多批次，金额4亿多美元。为适应当地经济的不断发展需要，2005年建造新的综合实验楼，办公及实验条件得到极大的改善。其中实验室面积达800多平方米，拥有各种检查设备173台，总价值528万元，其中30万元以上的设备6台，价值323万元，已具备食品、饲料及添加剂中重金属检测；饲料、乳及乳制品中三聚氰胺的检测；食品、饲料等农残及兽残检测；食品中微生物常规检测能力；服装、纺织品中甲醛、P H值等的检测；进口皮张中炭疽检测；陶瓷中重金属检测；金属材料理化检测等能力。检测能力的提高，不仅严把了进出口商品质量关，而且解决了出口企业送样外检时间长、费用高的问题，极大地推动了张家口经济的发展。

张家口检验检疫局党组书记、局长 王铁林

检验检疫人员在3·15接受消费者咨询

检验检疫人员现场检验出口蔬菜

张家口检验检疫局综合实验楼

检验检疫人员检验出口酵母

检验检疫人员检验出口陶瓷

河北省张家口无线电管理局

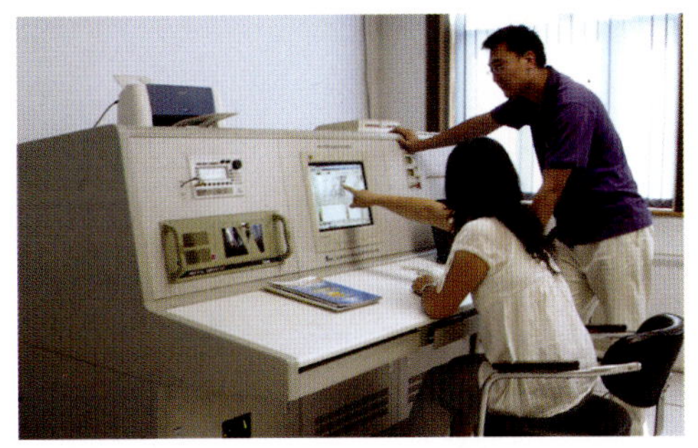

河北省张家口无线电管理局是承办日常无线电管理事务的政府职能部门，主要管理辖区无线电频谱资源、无线电台站及维护空中电波秩序。编制22人，内设综合科、业务科和监督检查科，下辖张家口无线电监测站。

在市委、市政府和省厅、省局的正确领导下，河北省张家口无线电管理局努力塑造团结创新、勤政务实、高效廉洁的机关形象，坚持以建设一支思想好、作风正、业务精、纪律强、水平高的管理队伍为目标，抓班子、带队伍、谋事业、求发展，各项工作年年都有新举措，年年都有新发展。

多年来，该局充分运用行政、法律、技术和经济的综合手段，以维护空中电波秩序为己任，以加强无线电管理为使命，扮演空中警察的角色，彰显空中卫士的忠诚，做了大量卓有成效的工作，确保了有限的频谱资源的科学利用，有效维护了空中电波秩序，保证了各种无线电业务的正常运行。并且各项工作在全省无线电管理系统都名列前茅，在技术监测、信息宣传、台站管理、执法检查、普法工作、档案管理等方面都取得过优异成绩，曾在全省首届无线电测向比赛中取得团体第一名。此外，该局还承担着各类重大活动、重要节日、各类国家考试及突发事件的无线电安全保障工作，多次受到过嘉奖，特别是在2008年奥运安保期间，全体人员恪尽职守，昼夜24小时监测，出色完成了北京周边无线电安全保障任务，其中两名同志被评为奥运安保先进个人，一名同志荣立三等功。

截至2009年6月底，全市各类无线电台站已达281.3万余部。其中广播电视台（站）121座；短波电台37部；超短波1223部；230MHz数传台68座；无线接入基站2431座；2.4G、5.8G扩频台30部；MMDS微波站3座；气象雷达站2座；卫星地球站8座；公网GSM基站及直放站1599座，CDMA基站及直放站346座，移动台273.5万部；13GHz、15GHz高频段微波230座；7GHz微波24座；导航电台1部；业余电台387部；另外，现在正在建设的3G基站582座。这些台站广泛应用于通信、广播电视、国防、安全、公安、武警、政府应急联动、铁路、交通、航空、气象、森林、科学研究、新闻媒体、业余无线电等各行业各领域。可以说，无线电业务已经全面融入国民经济和社会发展的各个领域，在沟通国内外通信、保障党政领导机关不间断指挥、抢险救灾、生产指挥调度、维护社会治安、丰富人民群众文化生活方面发挥了重要作用，产生了良好的经济效益和社会效益。

张家口市住房公积金管理中心

曹世平主任在深入开展学习实践科学发展观动员大会上作动员讲话

曹世平主任在运行监控机制建设推进会上发言

市中心领导为参加培训人员授课

市中心工作人员在市展览馆文化广场开展公积金政策咨询活动

市中心向怀来县辛庄子乡黄骆驼村捐款十万元整

市中心领导向红旗楼街道办事处工北社区赠送打印机、电脑等办公用品

张家口市住房公积金管理中心（以下简称中心）成立于2004年1月，机构调整前为张家口市住房资金管理中心。新成立的市住房公积金管理中心为直属市政府不以营利为目的的事业单位。内设7个科室，分别是办公室、公积金管理科、信贷科、结算科、审计科、计划财务科、信息科。2005年成立了4个公积金管理部和11个业务网点。

中心按照“房委会决策、中心运作、银行专户、财政监督”的原则，负责全市住房公积金的归集、支付、核算、使用和政策性住房抵押贷款等管理工作，对各县（区）住房公积金进行管理，并接受财政、审计、监察部门的监督。

市住房公积金管理中心从2004年初成立后，各项规章制度需要建立健全。为使管理规范化、科学化、制度化，使各项工作有章可循，有据可依，真正做到以制度管人，按制度办事。

住房公积金来之于职工，服务于职工，管好用好住房公积金，是管理中心的首要责任。今后，管理中心将进一步加强住房公积金的管理，扩大住房公积金制度覆盖面，大力发展个人贷款业务，定期向社会公布资金使用状况和财务状况，自觉接受社会监督，为实现全市经济社会跨越式发展贡献力量！

市中心召开“三提升”动员会，曹世平主任作动员部署

张家口市人民防空办公室

市委书记许宁发布防空警报试鸣信号

市委常委、军分区政委高六喜、副市长唐树森视察正在改建的市301指挥所

张家口市为国家一类人防重点城市。张家口市人民防空办公室是市政府工作部门，同时也是市国防动员委员会的常设机构。主要职责是：平时进行人民防空建设，并且承担相应的防灾救灾职责任务，战时防范和减轻空袭危害。内设秘书科、工程科、指挥通信科、执法监察科、财务科、审批科、机关总支、纪检监察室8个职能科室和指挥信息保障中心、平战结合管理站两个事业单位。现有在职干部职工68人，其中机关干部32人，指挥信息保障中心16人，平管站20人。自2000年以来，市人防办多次受到市委、市政府、军分区和上级人防部门的表彰。2000～2007年连续4次、8年被市委市政府评为文明单位。2004～2008年的五年间，有四年被省人防办评为有限目标管理一等奖。2006年，被国家国防动员委员会表彰为“十五”期间全国人防工作先进单位。2007年，被国家人防办评为“全国人防机关‘准军事化’建设先进单位”。2008年，被北京军区评为“人民防空建设先进单位”，被河北省国防动员委员会评为“河北省国防动员先进单位”。

市人防办主任范素根在人防宣传活动中接受记者采访

张家口市第四中学

高三级部教师教研活动

军歌嘹亮——高一新生开展军训活动

逸夫图书楼

青年教师基本功大赛

张家口市第四中学成立于1954年，省级示范性高级中学。现有占地面积95亩，建筑面积23512平方米。学校现有教学班63个，学生近4000人，学校教职工总人数254人，其中高级教师43人，中级教师74人，初级教师116人。

2009年四中教育教学各方面工作均获得健康、持续、稳步发展。被河北省教育厅授予“河北省校务公开示范校”、被市政府授予“张家口市文明单位”、被市教育局授予“教育系统先进集体”、“教育系统首批花园式学校”、“党建工作先进集体”等省、市级荣誉共23项。

全校大力开展了有效教学管理年活动，进一步加强了教学常规管理，开展了全员教师业务能力测试、青年教师汇报课与教研教改结合、从领导到老师的推门听课活动。开展了“百日岗位大练兵”、校内教学大比武、教学基本功比赛等，给中青年教师提供锻炼提高的机会。本学期评选、推举出13位老师参加了市语文、英语、历史、生物四科的优质课评比。有8人评为市级名师，市级教学能手和市级学科带头人。2009年高考，一本上线人数22人；二本上线人数156人，较2008年增长率为16%；三本上线人数617人，较2008年增长率为27%。刘恬静同学参加中央财经大学保送生考试和综合测试，并以优异的成绩考取了中央财经大学。

本学年，学校认真抓好德育队伍建设和德育内容开发，充分发挥学生的主体作用，广泛开展适合学生年龄特征、形式新颖、目的明确的德育系列活动，着力培养学生良好的思想道德。坚持抓好“国旗下讲话”重要德育阵地，帮助学生树立远大理想和抱负。组织学生参加了“中华魂”祖国在我心中主题教育活动，为庆祝新中国成立六十周年开展了《走进新中国》主题班会和“喜迎国庆六十华诞”师生诗文朗诵活动，组织学生观看《开学第一课爱的教育》，开展了“庆七一”红歌歌咏比赛，组织全校学生为我校患白血病学生靳志成捐款28000余元。组织学生参加高三年级数理化生四科全国奥赛和高一、高二年级全国语文、英语素质能力大赛，共有72人次参加了决赛。这一系列活动开展得有声有色，同学们在活动中体验生活，体会人生，由此促进了学校的校风建设。

学校投资1200万元，对学校操场进行改扩建，使用面积达两万平方米的塑胶操场2009年秋季正式启用。为近30名新教师购置笔记本电脑，完成了艺术楼教室的班班通工程。

张家口市残疾人联合会

5月14日，市四大班子主管领导、市政府残工委成员单位负责同志参观了市残疾人事业教育基地。

市残联领导班子

11月11日，省、市领导到福利工厂（张家口奥斯特不锈钢工程有限公司）视察。

2009年3月20日，在残疾人就业招聘洽谈会现场，市残联党组书记、理事长刘振山详细了解残疾人就业登记、就业意向等情况。

10月23日，张家口市隆重举办了庆祝市残联成立20周年暨“帝达杯”《爱洒人间》颁奖大会。

张家口市残疾人联合会成立于1989年10月，是市政府残疾人工作协调委员会的办事机构。内部设有计划财务部、教育就业部、康复部、组联维权部、宣传文体部、办公室和党总支，下属两个中心（劳动服务中心、康复指导中心）。

市残联忠实履行代表、服务、管理职能，以“弘扬人道主义精神、发展残疾人事业”为使命，认真贯彻落实《中华人民共和国残疾人保障法》，积极倡导“平等、参与、共享”的现代文明社会残疾人观，经过各级残联及残疾人工作者的不断拼搏进取和开拓创新，残疾人工作领域逐步拓展到康复指导、教育就业、扶贫解困、托养、组织联络、维权无障碍、社会保障、宣传文体等诸方面，残疾人事业得到长足发展，残疾人“两个体系”建设步伐逐步加快，残疾人社会保障和服务能力进一步增强。2009年7月，中残联张海迪主席亲临张家口市，就落实中央7号文件精神、推进两个体系建设和农村残疾人状况进行了视察调研，她的到来，进一步提高了各级党委、政府和社会各界对残疾人工作的重视程度，扩大了残疾人事业的影响。10月23日，市委、市政府召开了全市推进残疾人事业发展会议，出台了《关于推进残疾人事业发展的意见》，做出了加快残疾人五条保障线和六个服务体系建设的战略措施，建立了党委领导、政府负责、部门承办、社会参与的残疾人工作领导体制，全社会形成了切实理解残疾人，处处尊重残疾人，热情关心残疾人的良好社会风尚。

总投资达70亿元的洋河综合治理工程于11月13日奠基开工

张家口城市快速路北环线通泰大桥夜景

张家口通泰高速公路集团有限公司

张家口通泰高速公路集团有限公司成立于2007年4月13日，是经张家口市人民政府批准，由张家口市交通局投资组建的国有独资有限责任公司，注册资本3.8亿元。

集团主要经营：①高速公路、一般公路、桥梁、铁路、机场等建设、管理、融资、经营、维护、开发、收费；②公路、铁路、航空、城市的客货运输，公交、出租业、物流业、旅游业；③房地产开发，土木工程、园林绿化及通信工程的设计、咨询、施工及监理；建筑材料生产及销售；广告、能源、旅游酒店服务及其他第三产业的经营与开发；④各种矿产开采、加工、销售及新兴低碳产业、循环经济。

公司所属管理型单位3个，即民用航空机场建设管理处、地方铁路管理处和京西产业集聚区管理处；管理型子公司11个，即丹拉、张石、京化、张承、张涿、京尚、京蔚、张赛高速公路公司和城市快速路、洋河新区

2002年11月18日，京张高速全线竣工（官厅湖水库大桥）

改造一新的清水河滨河路成为市民休闲健身场所和城市景观长廊

开发建设公司与资产管理中心；全资、控股及参股经营型子公司近100个，并发展成为运输、物流、旅游、养护、绿化、公交服务、交通产业、公路材料、公路开发、路桥建设、项目管理和房地产12个集团型子公司。已建成高速公路350千米，在建高速公路257千米。截至2009年底，集团公司经营性资产总额145亿元，管理的高速公路资产250亿元。

通泰高速公路集团公司的宗旨是以高速公路建设管理为依托，综合开发，多方位发展，实现资源的高效运行和合理配置，公平竞争，信誉至上，全心全意为社会经济服务，为人民服务。

丹拉高速冀蒙界

张家口市城建开发

城投商业中心

清水河红旗桥

2009年，在张家口市委、市政府的关怀下，张家口市城投集团认真贯彻落实市委九届七次全会精神，坚持以科学发展观为指导，紧紧围绕城镇面貌“三年大变样”战略部署，努力践行城建融资平台、投资主体、建设主体、经营主体职能，解放思想、创新理念、扎实工作，在项目融资、城建重点项目建设等方面取得了显著的成绩。

高质量的组建了城投集团。按照省政府《关于推进城市建设投融资体制改革的意见》和市委、市政府要求，在市住建局的精心指导下，2009年3月，以城建国有资产整合和土地储备中心职能及资产划转的形式，顺利完成了集团公司的组建任务，成为全省落实省政府33号文件的示范典型。目前，集团公司拥有总资产23亿元，注册资本金5.1亿元。集团下属有房地产开发、路桥建设、污水处理、市土地储备中心等17家全资和控股子公司。拥有员工1500多人。集团成立之后，创新理念，超前谋划，确立了“做大做强、做到上市”的战略发展目标，并着力打造路桥、水务、环境、置业、土地、服务等“六大板块”业务，在城市化进程中发挥了旗舰作用。

建立了科学的集团化管控体系。为了使集团步入科学的管理轨道，集团公司聘请了外部咨询机构，量身设计了一套具有现代企业理念的集团管控体系。体系明确了集团与子公司的关系、定位，确立了集团的管控模式，同时，结合管控体系，配套制定了包括融资管理、财务管理、项目管理、经营管理、投资管理、人力资源管理等20多项管理制度。使集团的各项管理工作逐步向制度化、科学化、规范化方向迈进。

清水河纬一桥

投资集团有限公司

城投商业中心

圆满地完成了城建重点工程建设目标。2009年，根据市政府的决策部署，组织实施了主城区污水再生利用、污水处理厂升级改造等10项基础设施建设项目，项目总投资16.6亿元。通过集团公司的科学组织、奋力拼搏，项目如期完成，并打造了亮点，为提升城市形象、完善城市功能做出了积极贡献。

城建融资取得了好成绩。围绕城建重点工程项目，集团公司抓住国家扩大内需支持城市基础设施建设的契机，充分发挥“融资平台”的职能作用，加强与金融机构的合作联系，通过积极努力，全年实现项目融资15.74亿元，为城建项目实施提供了有力的资金支持。

土地收储注入了融资活力。自市土地储备中心相关职能和城市土地资产整体纳入集团融资平台后，集团公司强化了对主城区土地的经营权和开发自主权，不断加大土地收储力度。2009年，累计收储土地746亩。为融资平台注入了活力。

构建了廉洁自律保证机制。集团公司围绕党风廉政要求，认真学习《国有企业领导人员廉洁从业若干规定（试行）》，建立了干部廉政档案，完善了重点工程建设项目廉政风险监控机制和行政权力运行监控体系，从而保持了为政清廉作风，较好地维护了个人和集团领导班子的良好形象。特别是在城建项目实施过程中，始终坚持阳光运作，规范管理，杜绝暗箱操作，赢得了市委、市政府和社会各界的好评。

2010年，张家口市城投集团将在市委、市政府的正确领导下，结合城镇面貌“三年大变样”战略举措，围绕“做大做强、做到上市”的发展总目标，齐心协力，攻坚克难，创新思路，扎实工作，努力为推进城市化进程做出新的更大的贡献。

张家口市夜景照明管理中心

主任 赵鲲鹏

张家口市夜景照明管理中心是隶属于张家口市市政公用事业管理局的事业单位。主要承担着全市270余千米线路，18000余盏路灯、6万余盏景观灯饰、34台自有变压器、清水河桥梁及住宅楼体亮化的维修养护任务。

自全市实施城镇面貌三年大变样工作以来，在市委、市政府及市公用局的正确领导下，大力开展“三提升”活动，坚持以科学发展观为指导，以“服务群众，奉献社会”为宗旨，提出“城市照明景观化、景观照明艺术化”建设理念，克服重重困难，做了大量而卓有成效的工作。经过逐年建设和稳定均衡的投资，提高了夜景照明管理中心的设计水平和施工质量，改变了过去全市只有单一照明功能的状况，建成了现代化城市应有的功能性照明与景观照明相结合的多元化夜景照明形式。2010年，亮化照明设施已达8余万盏，较2007年增长300%，全部采用了低碳、节能、环保型灯具，形成了以清水河为亮带，桥梁和两岸建筑、周边绿地为节点，“一线穿珠”的夜景照明格局。2008、2009年被河北照明协会评为“优质服务窗口”；2008年获得中心城区夜景亮化建设优秀设计奖；2008年度获得“夜景亮化建设效果一等奖”；2008、2009年被评为全市城镇面貌三年大变样先进单位；2009年被河北省人民政府评为河北省先进集体；2009年被评为重点工程建设先进单位等荣誉称号，为张家口市城镇面貌三年大变样做出了突出贡献。

在“三年大变样”工作中，夜景照明管理中心主要负责设计、实施的工程项目有：

1. 清水河两岸、绿地及桥体亮化工程。清水河两岸亮化工程，是全市夜景美化亮化的最大亮点，在全长22千米的清水河两岸，共投资了1967万元，对清水河上的各类灯光载体河坝、栏杆、18座桥梁、以及两岸可视面上的建筑物等，实施了全方位的美化亮化，清水河上的桥体亮化实现了一桥一景的建筑和亮化特色。对嬉水广场、人民公园绿地实施了亮化提升建设工程。在设计过程中根据广场、绿地特点，在景观规划设计的基础上，按照景观序列的特点进行亮化设计，兼顾功能性和美观性，处处了体现人与自然的和谐。通过一系列工程的建设，中心的设计水平逐渐提高，获得了“夜景亮化建设设计优秀奖”，得到了各级领导和群众的认可。

2. 道路亮化、小街巷路灯改造工程。随着主城区的道路改造，累计投资1557万元，对胜利中路、红旗楼南街、工业南横街、商务北横街、杨家坟北路、建设东街、东兴街、工业西街、赐儿山街、建设西街、西坝岗路、古宏庙大街等78条主要街道，实施了照明亮化，并根据道路特点采用不同规格的灯具，使道路既满足照度和光度的要求，又美观大方；小街巷增灯工程，投资400余万元，对堡子里等110余条老街和背街小巷，实施了增灯改造工程，通过道路和小街巷的路灯改造建设，取得了“有路就有灯，有灯即成景”的亮化效果。

3. 山体亮化工程。张家口市三面环山的地貌特点为山体亮化提供了可能。根据三年大变样的总体要求，在近两年中投资200余万元，先后对八角台山、东西太平山实施了山体亮化。设计时全面考虑了城市地域环境、人文理念，采用不同灯具装点山体，在山脊线上安装太阳能景观灯，把城市平面亮化延伸并形成了立体式的夜景亮化形式。

4. 建成路灯智能监控系统。根据张家口市跨越式发展、现代化城市管理的需求，投资600万元，建成了集无线通信、光纤通信、高精度测控、城市地理信息、大屏幕指挥调度等现代化科技管理手段的照明亮化智能监控系统，共建有23个视频点、245个控制终端并成为全市数字化城市建设的重要组成部分。该系统投入使用后，能随时控制全市各路段路灯的开闭，满足了城市夜景照明管理的专业性和灵活性，改变传统落后的照明管理模式，缩短了故障的发现时间和维护周期，变被动管理为主动管理。

5. 为每根路灯杆编号，让灯杆成为“城市坐标”。随着智能监控系统的使用，对中心城区5000多根灯杆进行精确编号，让每根路灯杆拥有数字“身份证”，发挥“坐标定位”作用。这样不仅便于路灯的检查维护，还可以使每根路灯杆的定位数据，形成与政府相关部门的共享资源，避免了重复建设，为政府节约了大量的资金。如全市110报警指挥平台与夜景照明管理中心协作共享后，市民只要报出所在路灯杆的编号，即可得到公安部门的报警帮助。

6. 快速路亮化工程。投资1366万元，采用不同的灯具形式对快速路分段实施了照明亮化。

经过不懈的努力，全市夜景照明已形成了以纵贯市区22千米的清水河景观为亮带、高层建筑物及沿街建筑物亮化为亮点、主次干道道路照明为亮线、市区周围山体亮化为延伸的“点、线、面”相结合的立体亮化体系，实现了亮化总体水平争创一流的目标，美化了山城，提升了城市品位。

张家口市民用机场建设管理处

张家口机场为军民合用机场，已列入《全国民用机场布局规划》和《河北省“十一五”民航发展规划》，并于2010年4月9日经国务院、中央军委批准立项。军民合用机场项目位于距张家口城区东南9千米，飞行区按4C级标准设计，主要机型以B类飞机和新舟60等C类飞机为主，兼顾起降B737、A320等大型飞机。主要建设任务包括航站楼总面积5400平方米，航管楼550平方米，站坪13500平方米，同时还有综合办公楼、停车场等辅助生产设施，估算总投资3.8亿元。机场的建成将为张家口市增添一张靓丽的城市名片，同时，为张家口市实现立体化、网络化、现代化交通运输网络起到积极作用，为加快开放开发、提升城市综合竞争力、融入更多发展合作空间提供有力的基础保障。

军地领导共同为机场改造工程开工奠基培土

张家口供电公司

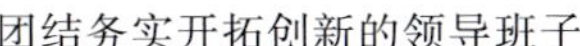
团结务实开拓创新的领导班子

张家口供电公司总经理曹伟（前左）、公司党委书记牛学峰（前右)深入生产一线检查指导工作

张家口供电公司始建于1917年，是华北电网有限公司直属直管的供电企业，担负着张家口市7区、13县的供电任务，负责张家口地区电网的规划建设和运营管理，供电面积3.7万平方千米，所辖区域内营业户数144万户。

张家口供电公司下设13个部门、34个基层单位，共有职工3901人。截至2010年6月底，维护35千伏及以上变电站155座，变电容量8133兆伏安，35千伏及以上输电线路共358条，6239千米，已形成以3座500千伏变电站为主供电源，220千伏呈双环网结构，110千伏辐射供电的结构合理、技术先进、安全可靠、运行灵活、经济高效的坚强电网。

张家口供电公司始终遵循“服务于党和国家的工作大局，服务于发电企业，服务于电力客户，服务于社会发展”的宗旨，全力支持张家口市经济社会发展。多年来，先后获得了全国五一劳动奖状、国家电网公司文明单位、全国创建文明行业先进单位、全国用户满意服务单位、全国模范职工之家等荣誉称号，连续17年保持省级“文明单位”，并连续多年获得张家口市民主评议行风优秀单位。

张家口供电公司强势启动塑文化强队伍铸品质供电服务提升工程

张家口供电公司大楼

中国石油天然气股份有限公司河北张家口销售分公司

心贴心的服务：为加油车辆提供简易擦车服务

优良的员工素质：加油员工岗前培训

方便快捷的消费方式：办理中国石油加油卡

中国石油天然气股份有限公司河北张家口销售分公司成立于2003年11月，是中国石油天然气股份有限公司在河北省张家口地区设立并负责成品油销售工作的专业化公司，隶属于中国石油天然气股份有限公司河北销售分公司。

中国石油张家口分公司坚持以张家口地区经济社会发展需要为己任，建立了布局合理的销售网络，为客户提供标号齐全的油品；宽敞明亮的营业厅、商品丰富的便利店、设施先进的洗车房，可为客户提供润滑油、洗车、加水及汽车用品、日用百货、食品饮料、烟酒、热茶等服务项目；诚信经营，心系客户，不断创新服务手段，中油IC卡、中油牡丹卡等多种结算方式，为客户提供高效便捷的贴心服务。截止目前，公司年销售能力20余万吨，近60座加油站遍布张家口市各县（区）。

中国石油张家口分公司始终秉承“奉献能源、创造和谐”的企业宗旨，在各级领导的正确指导和关心支持下，在全体员工的共同努力下，充分发挥中国石油品牌优势，认真履行中国石油的经济责任、社会责任和政治责任，以加油站黄金终端为依托，积极开拓销售市场，扩大营销网络，公司抗风险能力、市场竞争能力和盈利能力显著增强。近年来，公司先后获得“全国油品质量抽检合格单位”、河北省“安全生产先进单位”、张家口市“消费维权先进单位”、“消费者信得过单位”、“纳税先进企业”，河北销售公司业绩考核第一名，获得“金杯”，中国石油集团公司“先进基层党组织”等多项荣誉。所属各加油站也多次被评为中国石油集团公司“先进班组”、“先进团支部”，省公司“红旗加油站”、“先进班组”，市级“青年文明号”、“消费者信得过单位”。

谋划长远，放眼未来。中国石油张家口分公司将在上级公司的带领下，认真把握科学发展和构建和谐两大主题，围绕市场化战略，推进精细化管理，牢记使命、忠诚履职、攻坚克难，再创佳绩，努力打造一流油品销售公司，在推进公司战略发展、效益发展、绿色发展中，创造更加辉煌的业绩！

较强的油品配送能力：油库发油操作

城市的景区亮点：市区加油站一景

品牌资源优势：中国石油油库

张家口运输管理处

张家口市道路运输协会成立，进一步加强了经营者与政府部门的沟通

运政人员正在向货运司机进行治理超限超载工作的宣传

5·12汶川地震救灾物资运输车队

张家口市运输管理处隶属张家口市交通运输局，主要是对全市的道路旅客运输、道路货物运输、城市公交以及与道路运输相关的机动车维修、检测、运输站场服务、驾驶员培训工作实施行业管理。全处有干部职工52人，全市17个县（区）都设有运管所，共有运政工作人员756人。

2008年5月，四川汶川发生特大地震。市政府紧急下达了为四川省都江堰三坝村运送过渡安置房的任务。接到任务后，市运管处行动迅速、全力保障物资的及时运送。期间，共出动保障人员656人，运输保障车辆221台次，组织运输车队11个，运输车辆208台次，行程429660多千米，运送救灾人员900人，过渡安置房1443套。为此，运管处受到市委、市政府表彰，被市总工会命名为“抗震救灾、重建家园”工人先锋号。

2009年，全省新一轮货运源头治超战役打响，市政府提出了到年底全市车辆超限超载率明显下降，重点县（区）和超限超载重点货运站场治理取得明显成效，基本实现全市境内无超过55吨的非法超限超载货运车辆上路行驶的目标。张家口市运管处充分发挥行业职能作用，积极调整工作思路，不断创新工作方法，采取有效措施，重拳出击治理源头超载超限，进一步优化了道路运输环境。期间，全市登记造册各类企业1958家；出动宣传车55台（次），在公路路口、货源集散地散发宣传资料8000余份；出动巡查执法人员368名，查处违规行为9起，现场制止违法行为21起。

6月12日，经运管处积极筹备，交通运输协会成立。协会由交通运输行业及相关行业的企事业单位、社会团体和个人自愿组成，下设五个专业工作委员会。交通运输协会的成立将进一步促进全市交通运输市场公平有序竞争及全市交通运输业的发展。

7月，开通市区至张北101路城际公交车，该路城际公交班线由张家口通泰运输集团有限公司实行公司化经营，统一车型、统一标识、统一班次、统一服务。该班线共设9个站点，间隔40分钟发车，全程运行约120分钟。101路城际公交班车采用环线循环式运行，路线起点位于张家口汽车客运南站(火车南站)，终点位于张北县城，是张家口市首条城际公交线路。2010年7月，在去年改造7部车的基础上，又更新了11部车，目前18部高一级大型客车正式投入运营，全线实现城际公交化运行，日发班次由原来的49班增至126班，间隔时间由原来的30分钟缩短为13分钟，大大拉近了城市间的距离。

2010年1月9日，301公交线路开通，共投入了15部新购东风扬子江客车，车上全部配有电子路牌、内滚动式报站显示屏、监视器等，为使服务更加人性化，还配置了硬盘录像、加厚棉软坐席等设施。301公交线全长28千米，始发站通泰桥，终点站沙岭子监狱，途经24个停靠点。运营间隔为12分钟。票价3元，使用IC卡9折优惠。301线将实施公交运营，公司化经营，是张家口市第一条真正意义上的城乡公交线路。

从张北县发出的第一辆城际公交车拉近了城市间的距离

张家口市首条城乡公交线路301路开通

河北省地矿局第三地质大队

党委书记 吴兴民

七·一入党宣誓仪式

河北省地矿局第三地质大队始建于1952年，是全国首先成立的6个地质队之一，属综合型地质勘查单位。

建队近60年来，先后发现近50余种矿产，200余处矿产地，其中探明各类大型矿床12处、中型矿床20余处，提交各类地质勘探成果报告1300余份，仅在张家口市辖区内就探明黄金储量130余吨，特别是张北县蔡家营铅锌银多金属大型矿的探明，赢得了澳大利亚格瑞芬矿业公司的联合投资开发，为国家地质勘探事业发展和地方经济建设做出了突出贡献。地质队先后荣获全国地质找矿一等奖1项，地质找矿、勘查、施工、报告、科技二等奖7项，三等奖13项，四等奖13项，1980年被地质部命名为“地质找矿有重大贡献单位”，1992年被原地矿部授予“全国地质找矿功勋单位”荣誉称号，2008年荣获全国五一劳动奖状，连续多年荣获河北省、张家口市“文明单位”称号。

现有在职职工450人，各类专业技术干部186人，其中有中级以上职称技术人员92人，技师、高级工162人。各类地质勘查勘探施工设备仪器240台（套）、资产总值8447万元，取得了地质勘查资格证书，地质灾害防治设计、勘察、施工甲级资质证书、地基与基础工程施工二级资质证书、水文水资源调查评价乙级证书、工程勘察乙级证书等、并于1999年通过ISO9000国际质量体系认证，各项工作顺利与国际接轨，可承担固体矿产勘查、液体矿勘查、水工环地质调查、地质灾害防治、地球物理勘查、地球化学勘查、探矿工程施工、测绘、岩矿分析鉴定、矿石选冶试验、桥梁隧道工程、地基处理、工程勘察、非开挖管线铺设等工作。

高高耸立的钻塔

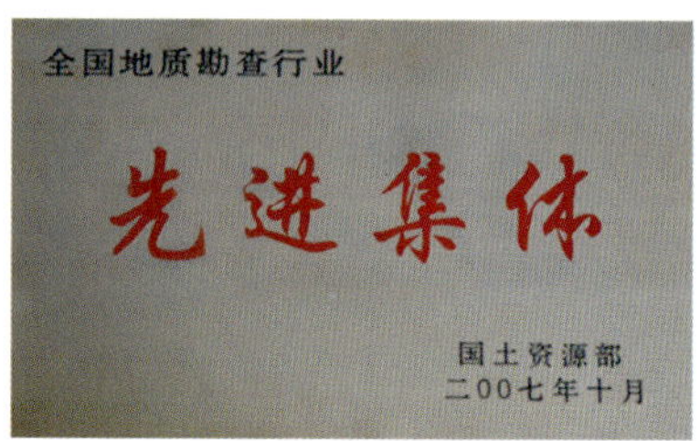

河北省煤田地质局第四地质队

队 长 袁东翔

在冀西北施工的钻机

在张矿集团宣东井田施工的钻机

河北省煤田地质局第四地质队成立于1975年，现有职工600余人，各类专业技术人员160余名，其中高、中级职称85人，是一支专业齐全、技术力量雄厚、装备先进的综合性地质队。先后荣获煤炭工业部"煤炭工业地质勘查先进单位"，河北省"地质勘查行业先进集体"、河北省"煤炭工业协会现代化地质队"、河北省"文明单位"，张家口市"先进企事业单位"、"劳动关系和谐三星级企业"、"文明单位"等称号。

河北省煤田四队持有国土资源部核发的矿产勘查甲级资质证书，2001年通过ISO9001国际标准质量体系认证。装备有JZ3000/1700B型、GZ-2600型等系列先进钻探设备，最大钻探深度4060米。主要从事固体、液体、气体矿产勘查；地球物理勘查；勘察工程施工；地质灾害治理工程勘察；地质测绘；地质勘查监理等。三十多年来，先后完成泰国、北京、山西、内蒙古、河南、陕西、湖北、山东、辽宁、青海及河北省内煤田地质勘查、地热勘查、石油地质勘查、煤层气勘查及工程地质勘察等多个重大项目。累计钻探工作量100余万米，提交各类地质报告300余件，探明煤炭储量40多亿吨，水资源储量6000多万立方米，石油储量2000余万吨。为国家地勘事业的发展，尤其是为河北省经济的发展做出了重大贡献。其中，河北省蔚县煤矿区北阳庄井田勘探项目，获国土资源部优秀地质找矿项目（大型）二等奖，并获全国煤炭工业协会优质报告特等奖。

近几年，新的一届领导班子带领全队职工团结一心、抢抓机遇、奋勇拼搏，连续取得产值翻番，经济效益翻番，职工收入大幅度提升的骄人业绩，实现了跨越式发展。

煤田四队的宗旨：诚信为本、质量第一、合作共赢、顾客满意。

全国地质勘查行业
优秀地质找矿项目
中华人民共和国国土资源部

张家口市公路工程管理处

宣左公路改建工程开工仪式

张家口市公路工程管理处隶属张家口市交通局，系正科级事业单位，是代表市交通局对全市公益性公路新改建工程进行综合管理的职能部门，主要职责为对全市公路新建、改建、养护项目进行综合管理，履行项目法人职责，根据市局授权，行使项目法人职权。组织实施全市公路新建、改建、养护工程项目的项目管理等。

2008年，管理处负责管理快速路南环线建设项目，该工程起点位于翟家庄北与张宣公路交叉处，向西途经东房子、姚家房、东辛庄、许家庄，终点至许家庄与西环线相接，全长11.18千米。工程采用半封闭城市快速路建设标准，设计时速为60千米/小时，路基宽40.5米，主线路面宽24.5米，两侧各设6米辅路，为双向六车道。

2009年，管理处共负责全市干线公路新改建工程4项，续建1项，完成投资5398万元。在全年的公路工程管理中，该处坚持认识到位，措施到位，领导到位，监督到位，牢固树立精品意识，重点体现“高、精、严、细”四字精神，严格奖惩，明确责任，在全市公路建设最为艰难的一年，变压力为动力，充分发挥人的主观能动性，使全市的公路建设任务不仅圆满完成，而且工程质量有了质的飞跃。

施工现场

2010年，管理处承管的宣左线一级公路改建工程，为全市本年度的一项重点工程，该工程的建设，对改善全市路网布局，缓解区域交通压力、促进经济发展、提升城市形象都具有相当重要的意义。工程路线起点位于贾家营镇西侧，终点位于左卫镇西3千米与洋新线交叉处，全线长56.219千米；连接线起于宣化西深沟村西侧,终于朱家庄村东侧与张宣公路平面交叉,路线全长19.665千米，共计长75.884千米。全线采用一级公路标准建设，设计速度80千米/小时，路基宽24.5米。总投资约13.2亿元。

张家口市建设工程质量检测中心

检测中心总经理 李军

张家口市建设工程质量检测中心成立于1984年，隶属张家口市住房和城乡建设局领导，是独立法人检测机构，事业单位。检测中心是经河北省建设厅审查批准的综合类检测机构。中心组织机构、技术力量、管理制度、仪器设备、检测环境均符合国家和行业的标准，并通过了河北省计量认证机构的计量认证，是张家口市规模最大的资深检测机构，连续多年被评为河北省检测先进单位。

检测中心现有办公用房2100平方米，固定资产400余万元。设有2个部（综合业务部、技术质量部）；5个室（检测一室、检测二室、结构室、环检室、办公室）。在岗人员75名。其中高级技术职称4人，中级技术职称10人，初级技术职称16人，技师5人，高级工4人，中级工4人，初级工7人，检测人员全部持证上岗。

检测中心在全省率先采用先进的计算机管理系统，实现了检测数据自动采集、自动网络传递、检测结论自动生成、检测报告电子签名等一系列自动化网络管理和远程控制。避免了检测过程中的人为因素，极大提高了检测工作的科技含量和检测水平。

面对全市三年大变样和城镇建设的飞速发展，检测中心坚持“科学公正、真实准确、热情快捷”的质量方针，实行无假日服务，强化内部管理，努力提高服务质量和服务水平，为张家口市的建设和发展作出贡献。

张家口桥东区市政工程管理处

拖挂式路面灌缝机效力“三年大变样”

铁路职工拆除旧枕木

路面铣刨机的上路使用，标志着城市道路养护水平进一步提高

“三年大变样”以来，桥东区市政工程管理处按照市区两级党委政府的指示精神，对市区近20条主干道进行了拓宽改造。对市区40余条小街巷进行拓宽改造。

桥东区市政工程管理处职工使用新购进的非开挖铺管钻机，在五一大街与北外环快速路交叉口处道路路面下横铺供电光缆38米，这是全市市政施工中首次在不破坏路面的前提下，成功铺设地下管线。

桥东区市政工程管理处新购进的全市首台路面铣刨机上路使用。该机将路面拥包等瞬间铣消，通过履带直接传送至自卸车，不仅节省了人力物力，而且开出的沟槽规则整齐，便于铺设沥青。

桥东区市政工程管理处新购进的全市首台拖挂式路面灌缝机上路使用，此举不仅填补了张家口市市政行业路面养护中，缺乏专业灌缝设备的空白，同时把“三年大变样”以来拓宽改造道路的养护工作摆上更重要的位置。

宝善街道路铺油

南口铁道口拓宽改造工程完工

钻石路改造（烟厂门前）

张家口路缘公路工程有限责任公司

市长郑雪碧、市交通局领导视察工地

市长郑雪碧、市交通局局长张富强视察洋河

董事长 张嘉林

张家口路缘公路工程有限责任公司于2002年2月5日经工商局批准正式成立，注册资金3040万元，主要从事公路工程施工二级总承包和铁路工程施工三级总承包资质范围内的公路、铁路工程施工。现拥有固定资产5114万元，各类大中型筑路施工设备43台（套），各类专业技术及管理人才128人，年产值近2亿元，是当前张家口市公路建设市场上一支实力雄厚、设备先进、技术过硬、质量可靠的施工劲旅。

公司发展8年来，始终坚持以“内抓质量、外塑形象”为宗旨，以“质量求生存、以信誉谋发展”为经营理念，按照质量、环境、职业健康安全一体化管理体系标准加强公司内部管理，依靠雄厚的经济技术实力和丰富的施工管理经验，先后承建了张家口市国省干线、大中修工程及“城市三年大变样”重点工程外环路、清水河治理、洋河开发等60多项公路工程项目施工，竣工并投入使用的公路建设里程达700多千米，砼路缘石（路肩石、隔离带缘石）工程达1800多千米，各项工程质量优良率达90%以上，受到了管理单位和社会各界的一致好评，打造了公司良好的企业形象。8年来，公司累计完成工程总产值84158万元，实现税收8587万元，企业发展规模逐年壮大，企业施工实力不断增强，为全市的地方经济建设和交通事业跨越式发展做出了积极卓越的贡献。

工商银行张家口分行

工商银行张家口分行党委书记、行长赵吉国为玉树地震灾区捐款

工商银行张家口分行作为全市资产规模最大的国有商业银行，20多年来，积极发挥金融主渠道作用，为全市经济腾飞助力加油，有力支持了宣钢、烟厂、宣工、煤机、帝达等大型骨干企业发展，支持了丹拉、张石、京张、京化高速公路及张家口热电、国电怀安热电、清水河治理等基础设施建设，支持了新华苑、容辰庄园、香江名城国际等住宅小区建设，支持了胜利北路改造和察哈尔世纪广场兴建项目，使3万2千余户市民的购房、购车梦变为现实。

2008年以来，该行积极投身全市“大好河山”的建设热潮中，重点支持电力、交通、城市基础设施等建设项目，成功向高等级公路管理中心投放45亿元固定资产支持融资贷款；全力扶持小企业发展，专门成立小企业金融业务中心，为全市中小企业打通了融资渠道。2008年以来，该行累计投放贷款150亿元，连续2年被市委、市政府授予全市城镇面貌三年大变样工作先进单位。

该行将经济效益与社会效益有机结合，积极参与全市“增绿添彩”、创建文明生态村等活动，2009年投入帮扶资金20多万元；积极参加市委、市政府组织的赈灾救灾、送温暖献爱心、捐资助学等活动，2009年捐款50多万元；连续5年承接了桥西区民政局近万户低保工资代发业务，用实际行动履行了大银行应尽的社会责任。

工商银行张家口分行贷款支持的正在建设中的河北大唐国际张家口热电项目现场

工商银行张家口分行贷款支持的张石高速公路是河北省高速公路布局规划“五纵、六横、七条线”公路网主骨架中“第五纵”的重要组成部分，图为竣工通车后的张石高速公路张家口段（一期）。

2008年4～5月，张家口市举办首届金融知识展览。市委书记许宁（右一）在工商银行张家口分行赵吉国行长（左一）的陪同下参观工行展区。

张家口金融生态与产业调整论坛上，工商银行河北省分行与市政府签署了贷款合作协议，重点支持电力、交通、城市基础设施等建设项目。图为签约现场，前右为工商银行河北省分行副行长史立军。

工商银行张家口分行贷款支持的风景秀丽的清水河

工商银行河北省分行黄纪宪行长（左三）在张家口分行赵吉国行长（左二）的陪同下到张家口卷烟厂有限责任公司进行工作调研。

工商银行河北省分行刘建民副行长（左二）在张家口分行赵吉国行长（左一）的陪同下实地考察在建的西泽园小区。

2010年7月，工商银行张家口分行联合工信局举办中小企业融资推介对接会现场，赵吉国行长致辞。

工商银行张家口宣化支行财富管理中心

中国建设银行股份

从改革大潮中逐步成长起来的中国建设银行股份有限公司张家口分行，多年来，在市委、市政府的领导和大力支持下，深入倡导和执行“中国建设银行，建设现代生活”的建设银行理念，积极投入到张家口市经济发展的大潮中，通过全行上下共同拼搏，取得了存、贷款余额在当地同业名列前茅，经营效益和资产质量第一的市场地位。迅速成长为一家业务品种多样、服务功能全面、服务手段先进、资产质量良好、经营效益显著，品牌、形象优良的股份制商业银行机构。

通过为广大客户提供优质、高效、快捷、方便的服务，兑现了向社会推出的承诺内容，满足了客户需求，便利了群众生活；同时，积极倡导履行企业社会公民义务，组织职工进行抗震救灾捐款捐物、“金秋助学”等一系列社会公益捐赠活动，社会形象显著提升。2009年，在市民主评议行风工作中，取得第二名的好成绩，并被河北省授予AAA级劳动关系和谐企业称号。

伴随着张家口市经济日新月异的发展，建设银行张家口分行将一如继往地秉承“不断创新、追求卓越”的企业精神，与社会各界同仁、朋友共同携手，以更新、更优、更全、更快的金融服务回报山城人民，开创山城美好明天！

中国建设银行股份有限公司张家口分行

2009年3月，成功办理了全市第一笔汽车分期付款业务。

有限公司张家口分行

张家口建行支持个贷

围绕市政府“改善人居环境”的发展思路，为广大市民提供住房贷款支持。2000年以来，使60000户居民乔迁新居。

张家口建行支持东外环路

积极响应市委、市政府“三年大变样”号召，继2008年5月8日向张家口通泰高速公路集团有限公司成功投放固定资产贷款1亿元后，又于7月8日向张家口东山开发投资有限公司投放固定资产贷款1亿元，有力地支持了山城城市基础设施建设。

张家口建行支持中小企业

高度重视中小企业业务发展，在2007年6月，在全市金融系统首设专业化组织架构——中小企业经营中心，通过专业化的运作，为中小企业发展提供了有力的金融服务支持。

张家口建行支持风电

随着风电产业的兴起，昔日坝上令人恐惧的“白毛风”，而今成了金风银风。目前，建行张家口分行正积极为打造百万千瓦风电基地贡献力量，已累计向张北、尚义、万全等风电项目投放贷款26亿元，成为全市乃至全省的风电行业龙头。

中国农业银行股份

黄国栋行长为涿鹿葡萄种植大户颁发惠农信用卡

多功能分区的营业厅满足客户多种的金融需求

中国农业银行股份有限公司张家口分行自1979年恢复成立以来，以支持当地经济发展、服务城乡百姓生活为己任，在社会各界的支持关怀下，不断发展壮大，成为资产多元化、业务多领域、经营多品种、服务多功能的股份制商业银行。全辖现有营业机构55个，其中县级支行18个，二级支行1个，分理处35个。服务范围覆盖城市、集镇、乡村，服务对象囊括大多数行业和各类客户。除办理存、贷款、国际业务、代理保险、代销基金、代理收费、代发工资等业务外，还相继推出“95599”电话银行、网上银行、手机银行、短消息服务、转账电话、自助银行等高科技金融服务业务以及集存、取款、转账、消费、透支功能于一体的金穗信用卡和为广大农民量身定做的“惠农卡”业务。为高端客户提供“一揽子”理财服务，以满足不同层次客户的金融需求。

农行张家口分行认真贯彻落实科学发展观，紧紧围绕全市经济发展战略，创新金融服务方式，履行服务“三农”的社会责任，在积极支持地方经济发展的同时，自身业务经营和精神文明建设都取得了长足发展。到2010年8月末，全行各项存款、贷款余额分别达到147.26亿元和66.03亿元。获得2008至2009年度省级文明单位称号。

构建银企对接机制，加大信贷投放力度，及时介入全市重点建设项目，去年以来，累计投放重点项目

投放贷款11.8亿元支持的张石高速公路项目

投放贷款12.2亿元支持的蔚县煤电路一体化项目

有限公司张家口分行

贷款54.32亿元，支持高速公路，热电联产、集中供热、风电、钢铁及“三年大变样”工程项目。承办落实市金融恳谈会签约项目，签约项目均获得上级行批复授信，投放贷款27.36亿元。

全面推进“三农”业务，制定《“三农”客户信用等级管理办法》、《“三农”信贷业务授信管理办法》、《关于做好服务“三农”工作的报告》等文件，降低“三农”客户信用准入门槛。推出不进行信用等级评定和核定授信的小企业简式快速贷款、自助循环贷款，对贷款对象和条件、贷款要素、操作流程、贷后管理等方面进行了全方位创新改革。根据不同类型“三农”客户特点，推出贷款多种担保抵押方式，有效缓解了小企业和农民贷款难问题。积极推进“惠农卡”发放，已累计发卡16.73万张，授信20789户，发放小额农户贷款余额达2.23亿元。16万多农户享受到“惠农卡”代理支付、结算、小额贷款三大功能为一体的便捷服务。支持农业产业化龙头企业做大做强，根据全市资源优势和农业产业特点，突出支持对农户拉动作用大的葡萄种植、酒品加工、乳品加工、毛皮加工、种养业基地等龙头企业，去年以来共投放贷款5.6亿元。推广“公司+基地+农户”、“公司+市场+农户”等经营模式，扩大产业优势，促进传统农业向现代农业的转变，推进县域经济全面协调发展。

贷款支持怀来、涿鹿两县农民形成葡萄种植产业规模优势

为10余家葡萄榨汁厂发放收购资金解决农民卖葡萄难

投放贷款5.2亿元支持三年大变样重点项目

张家口市商业银行

张家口市商业银行于2003年3月8日挂牌成立，是全市唯一的地方性股份制商业银行，下辖1家营业部、35家支行，分布于市区、宣化、下花园、赤城、蔚县和怀来8个县区。总行内设15个部室，现有正式员工808人，大专以上学历530人，占65%。

在市委、市政府的正确领导下，在主管和监管部门的大力支持下，张家口市商业银行坚持“服务地方经济、服务中小企业、服务市民百姓”的市场定位，秉承“规范、发展、高效、创新、特色”的经营理念，不断完善法人治理建设，深化体制机制改革，优化发展服务环境，推进科技产品创新，各项经营业务实现了历史性突破，呈现出持续、快速、健康的发展态势。截至2010年6月末，资产总额达到327.8亿元，各项存款余额达到198.3亿元，各项贷款余额达到110.7亿元。

张家口市商业银行正以科学发展观为统领，以打造张家口最好的银行、建设区域性股份制银行为目标，以服务张家口地方经济发展为己任，继续解放思想，深化改革，强化管理，优化服务，深入推进质量提升和企业文化建设，着力打造学习型、务实型、创新型和责任型银行，在全力支持市区经济发展的同时，加大对县域经济的支持力度，为全市经济社会发展做出新的更大贡献。

参加“送金融知识下乡”活动

商业银行参加“通泰杯”马拉松比赛

设立县域支行

商业银行业务大厅

中国邮政储蓄银行张家口市分行

中国邮政储蓄银行张家口市分行挂牌成立

中国邮政储蓄银行张家口市分行于2008年4月2日正式挂牌成立，所属37家分支机构也于同年6月全部挂牌成立。市分行现有14个一级支行，105个营业网点，其中85.7%的网点分布在县及县级以下地区，已经成为张家口市金融业一支重要的新生力量、一条沟通城乡居民个人结算的主渠道、当地社会主义新农村建设的重要经济支撑。

中国邮政储蓄银行张家口市分行，坚持“团结、和谐、奋进、高效”的企业精神，积极响应“邮政储蓄资金返还农村，支持当地经济建设”号召，克服各种困难，采取积极有效措施，加快业务发展，加强网点建设，提高服务水平，提升企业形象，促进金融事业的蓬勃发展，为张家口经济助力添翼。

召开信贷产品推介会

组织全员培训

新装修的邮储银行网点

开办业务种类

人寿保险公司总经理　梁万生

中国人寿保险股份有限公司

中国人寿张家口分公司是张家口市场上唯一一家在市区和各县均设置分支机构的寿险公司，公司经营历史悠久，服务网点众多，拥有300多人的高素质寿险管理专业人员和近3000人的寿险代理人队伍，保费规模从1996年分业经营以来的3300万元发展到2009年的9.38亿元，多年来深受山城百姓信赖。2009年，公司累计支付保险赔(给)付款1.39亿元，理赔时效明显提高。95519电话服务、国寿“1+N”服务受到广泛好评，公司整体服务水平进一步提高，充分发挥了促进经济发展助推器和保障人民安居乐业社会稳定器的作用。

相知多少，值得托付。中国人寿张家口分公司历获市“消费者信得过单位”、“守合同重信用企业”、“金融系统先进单位”、“民主评议免评单位”、“民主评议行风优秀单位”、“优化发展环境优秀单位”、“支持地方经济发展贡献突出单位”等荣誉称号，树立了良好的社会品牌形象，实现了公司与社会共生共荣、和谐发展。

“公司诚信我为先”宣誓活动签字现场

公司为特困学生捐赠学平险

节能减排户外宣传活动进社区

太平洋人寿保险股份有限公司

中国太平洋人寿保险股份有限公司是在1991年5月13日成立的中国太平洋保险公司开展人身保险业务的基础上，由中国太平洋保险（集团）股份有限公司控股设立。公司于2001年11月注册成立，总部设在上海。

中国太平洋人寿保险股份有限公司张家口中心支公司于1996年12月正式成立以来，大力弘扬“诚信天下，稳健一生，追求卓越”的企业核心价值观，坚持稳健经营、以效益为中心的经营指导思想，致力于通过持续的产品创新和服务创新，满足客户多方面的需求，坚持科学发展观，内涵价值持续攀升，综合实力不断增强，连续几年实现跨越式发展。

中国太平洋人寿保险股份有限公司张家口中心支公司在全市设有11家支公司、2家营销服务部，拥有100多名员工和近1500名营销员，建立了基本覆盖全市的销售服务网络，与一大批专业、兼业代理机构建立了良好的业务合作关系。公司在办险种150余个，覆盖人寿保险、健康保险、意外伤害保险等多个领域，形成营销、直销、银保、续收等业务销售渠道。公司致力于打造专业化、高品质的服务品牌，开展主动理赔、一站式服务，认真履行保险责任，切实保障被保险人利益，有效发挥保险的经济补偿、资金融通和社会管理功能，树立了良好的企业形象，并在2008、2009年连续两年荣获市委、市政府颁发的“支持地方经济建设突出贡献奖”。

理赔服务照片

关爱工程捐助贫困学生

太平洋营业大厅

中国电信集团公司张家口市分公司

张家口电信公司在本市同行业中率先启动3G业务

天翼“189”放号宣传活动现场

中国电信集团公司张家口市分公司成立于2002年12月，是由中国电信集团公司投资设立的全资国有企业,享有“中国电信”的服务品牌和商誉。2008年，根据业务发展需要注册成立了中国电信股份有限公司张家口分公司，经营中国电信股份有限公司业务范围内的所有电信业务。作为张家口市重要的电信运营商，电信公司拥有国家长途干线光缆70%的资源，在张家口行政区域内开展基于固定电信网络的话音、数据、图像及多媒体通信与信息服务；基于CDMA2000移动通信网络的话音、短信、数据、无线宽带、移动办公及多媒体通信,包括网页浏览、电话会议、电子商务等多种信息服务，是一家大型综合信息服务提供商。电信拥有三大业务品牌，第一个是面向家庭客户的“我的e家”，第二个是面向企业客户的“商务领航”，第三个是包括3G业务的“天翼”。中国电信张家口分公司本着“用户至上，用心服务”的服务理念，为全市人民提供优质的24小时×7天的“零距离服务”。通过一系列的制度建设，提升公司总体服务形象及服务水平，突出差异化及特色化服务，大大增强了广大客户对电信服务品牌的信赖。中国电信张家口分公司自成立以来，公司先后被评为张家口市2004年度“诚信·维权”先进单位，2005年、2006年连续两年被评为张家口市“守合同重信用”企业，2007年获得省“优秀服务质量单位”，2008年被评为“河北省消费者信得过单位”，2009年被评为“省市场诚信守法公众满意单位”，2010年获“省服务质量优秀单位”荣誉称号。

CDMA2000网络连接千家万户

“3·15”消费者权益日咨询服务活动现场

正在进行基站建设的施工人员

正在进行基站建设的施工人员

干净整洁的办公区

张家口市第一中学

张家口市第一中学建校于1915年。1956年被确定为河北省首批办好的24所重点中学之一。2002年9月，被省教育厅确定为“河北省普通高中示范性学校”。学校现分为南北两个校区，校舍总建筑面积为13万多平方米，学校现有105个教学班，学生7000多人。有教工410多人，其中特级教师15人，国家级骨干教师2人，省级骨干教师35人，高级教师127人，中级教师110人。有72名教师已取得东北师范大学研究生进修班结业证，有十多名教师参加河北师大、北京师大硕士研究生班进修并取得硕士学位。近年来，学校获得国家级奖项5项，省级奖项30余项，市级荣誉上百项；参编、出版教师专著40余种；教师论文在国家、省级刊物上发表200余篇。有全国优秀教师1名，省级优秀、骨干教师10余名，市级优秀教师、优秀教育工作者、优秀班主任50余名。教育科学“十五”规划立项，承担市级以上科研立项28项，其中国家级课题1项，国家级子课题2项，省级重点课题3项，省级

春花掩映的图书馆

艺术节——多才多艺的学生们

高三百日誓师大会

一般课题1项，市级重点课题3项。参加各级优质课评比共获得市级以上奖项72项，其中国家级一等奖2项，二等奖1项；省级一、二、三等奖9项。教育、德育、艺术、体育、卫生等工作捷报频传，荣誉称号纷至沓来。

张家口市第一中学以育人为根本，视教学质量如生命。近年来，学校高考成绩捷报频传，一批本科上线人数大幅增加，特别是2008年高考，马欣然获得河北省理科状元。这是自1977年恢复高考以来，张家口一中第三次获得河北省高考理科状元（1988年为邹麟祥、1997年为蒋昌芸）。

三年来获国家级单项奖励3项，省级奖励6项，市级荣誉称号11项。学生参加各学科竞赛，共获得市级以上奖励204人次。其中，国家级18人，省级82人。文体艺术各项比赛，成绩骄人：健美操队获省级奖励5项，市级奖励6项。在招收的各类艺术生专业类考试中达到中央美院、清华美院、中国美院、中国人大、南开、北京体育大学等名牌大学的专业录取分数线的人数超过50多人。

张家口市职教中心

9月22日，市长郑雪碧到校视察指导，参观了学校动漫游戏专业的师生们制作的全校实体模型，鼓励同学们做未来城市建设的栋梁。

1月20日，国家教育部部长周济在多位省、市领导的陪同下，亲临学校视察慰问。

张家口市职教中心是一所年学历教育8000多人，短期培训3000人的国家级重点中等职业学校。开设有信息技术、现代服务、动漫游戏三大类专业22个分支专业，其中计算机专业是河北省唯一的国家级示范专业。学校现占地165亩，建筑面积71120平方米，建有72个专业实训室。学校已为社会培养输送了24000多名合格毕业生，74人考入中央美院、清华美院、天津大学，4000多人对口升入大学，其余学生均分布在京津冀地区2000多家知名企事业单位，就业选择率300%，就业安置率100%，成功上岗率95%。学校还与北京首都国际机场等60多家高层企业建有稳固的联办关系。2008年，学校千余名师生圆满完成北京奥运会、残奥会主场馆群安检和奥林匹克接待中心志愿者服务工作；2009年，上海世博会礼仪人员选拔活动组委会到校海选，最终7名同学成为世博会礼仪服务人员。学校连年招生爆满，近3年年均招录2900多人。近5年，学校共荣获全国教育系统先进集体、全国职业教育先进单位等150余项奖励。校长汪秀丽被评为中国职业教育百名杰出校长、河北省教育专家，荣任第十一届全国人大代表。2009年1月20日，时任国家教育部周济部长亲临学校视察慰问，评价学校“为中国职业教育树立了榜样，做出了突出贡献”。

北京红精灵视觉数码科技有限公司、北京六丁动画设计有限公司与学校正式签约，联办动漫游戏专业。

12月，上海世博会礼仪人员选拔活动组委会到校进行世博礼仪人员海选，31名同学入围北京赛区初赛,最终7名同学成为上海世博会礼仪人员。

2009年学校新建了计算机芯片级维修实训室

张家口市第九中学

语文教研

现代教育培训

张家口市第九中学创建于1968年，校园占地面积 11541.5平方米。目前，学校有52个教学班，在校生3700名，专任教师177人，其中特级教师1人，高级教师36人，中级教师86人，有50多人是省市级的名师、骨干教师、学科带头人、优秀教育工作者。在长期的办学实践中，九中形成了“务实、进取、创新、奉献”的精神，创建了以“追求卓越、崇尚一流”品质为核心的校园文化。

学校全面贯彻党的教育方针，以“办人民满意教育”为宗旨，秉承“依法治校、质量立校、科研兴校、特色塑校”的治校方略，内强素质，外塑形象。学校从培养教师良好的教学习惯与学生良好的学习习惯入手，通过教学育人、管理育人、环境育人三位一体的育人模式，倡导“优质教学常规化，常规教学优质化”，以“名师培养工作室”、“优秀教师培养中心”为活动载体，全面启动名师行动研究，打造学科带头人品牌，实现“低耗时、高效益、轻负担、高质量”，强化课堂讲练结合、读练结合、学法指导。学校承担的国家级、省市级教科研课题研究取得多项成果，教师撰写教科研论文数百篇。

40年来，这所年轻的初级中学，经过全体教职员工的艰苦创业，扬帆奋进，步步拾级，日臻成熟。学校的教育教学质量稳居全市前列，赢得了社会各界的广泛赞誉，先后被授予“全国中语会读写训练研究先进试验基地”、“河北省青少年法制安全教育试点校园”、“河北省文明单位”、“河北省教工之家”、“张家口市文明单位”、“张家口市教育行风建设先进单位”、“张家口市德育工作先进单位”、“张家口市教学工作先进单位”、“张家口市现代教育技术试验学校先进单位”等荣誉称号。

艺术节

运动会

张家口市新区中学

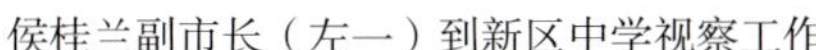
侯桂兰副市长（左一）到新区中学视察工作

王汝平校长（右一）爱心捐款

燕赵艺术团到新区中学演出

张家口市新区中学创办于2006年8月，是一所经市教育局批准，高新区属国办初级中学。

学校占地面积38668平方米，建筑面积16799平方米。在校学生1518人，教职工128人，专任教师108人，其中本科学历103人。随着学校的发展，2008年学校新建了建筑面积1470平方米的宿舍楼,512平方米的食堂和建筑面积9023平米的教学楼，均已投入使用。

学校按一类标准配备了图书阅览室、仪器实验室、多功能教室、计算机室等。基本达到了班班有多媒体，建成了校园网络和安保监控系统。

新区中学2007～2009连续三年中考和每学期期末统考成绩均名列全区第一。学校严格规范办学行为，确保义务教育法落到实处，坚持实施奖学金制度，4年来，为学生颁发奖学金6万多元，帮扶贫困学生70多名。学校多次荣获省企事业单位内部治安防范工作先进单位、市教育系统先进集体、文明单位、艺术教育先进集体、先进基层党组织、区教学质量先进学校、先进单位等荣誉称号。先进事迹曾多次被《张家口日报》《张家口晚报》和《消费日报》刊登报道。

学校坚持“科研兴校”。走出了一条以“科研领先，积极创新”为特色的教改之路。目前共有省、市级教研课题8项，形成了人人参与教育科研的良好氛围。历时两年实验、研究的市级课题《语文口语交际中障碍成因分析》，于2007年9月接受市专家组鉴定验收，顺利结题，专家组对实验结果评定为优秀。2009年度学校的《农村中学现代远程教育工程网络维护维修培训体系的研究》取得阶段性成果；同年《校园文化建设中学生书卷气养成研究》被市教科所列为市级重点课题，获得中期研究成果二等奖，正在申报省级重点课题；《初中英语阅读的最优实施》《初中学生数学阅读能力培养的实践与研究》《初中文综有效教学设计实施反思的研究》《构建艺术化体育教学模式的研究》《建家庭实验室促理化教学的研究》正在研究中。学校艺术教育特色突出，成绩显著。参加区教职工篮球赛获得第二名、自编安全教育“三字经”、实施值周班制度、学生王剑敏参加张家口市车模大赛获得金奖，校训：“博学 多思 敬业 创优”获2009年张家口市校园文化建设“十佳校训”评比二等奖。《新区中学校歌》获得河北省中小学音乐校园歌曲创作评比三等奖。

军训

篮球赛

张家口市海员培训学校

张家口海员学校是在河北省人力资源培训中心张家口海员基地的基础上，于2007年4月经张家口桥东区劳动局批准的海事学校，2009年2月6日，经张家口市教育局批准为张家口海事英语学校。承担船舶机工、水手、三管、三副，国际邮轮乘务，港湾工程，水运管理，物流与报关，秘书等航运企业各工种作业人员的定向委培招生招聘工作。

学校内设党支部，团委会，工会及政教处，教务处，办公室等机构。开设专业主要有大中专2+2连读的大连海事大学，武汉航海学院和北京市第二外国语学院航海技术，轮机工程，国际邮轮乘务定向委培专业。还有2+1学制的机工、水手、邮轮乘务专业。招收初中、高中、大专学生定向委培。毕业后到签约单位直接就业。

学校受教育部高等教育学会秘书专业委员会委托，承担中国秘书资格张家口考培工作站职能。

学校受中国农业大学北京方程人才中心委托，承担中国彩虹助学张家口工作站职能。具有中等学历的青年可以边工作边学习，到京完成中国农业大学的高等学历教育。工作期间签订正式劳动合同享受保险。可用自己的工资支付万元学费，积累了工龄，积累了万元发展资金。

学校受北京市第二外国语学院委托承担张家口留学预科工作。初中学生在海员学校学习两年，高中学生学习半年即可保送到北京市第二外国语学院深造，两年后就可以到美国、英国、瑞士、新加坡等国的国办大学留学。北京二外是美国、英国、瑞士、新加坡等国学历互认单位。

学校受河北物流协会委托承担物流师职业资格考培工作。

张家口职业技术学院

学生公寓楼

图书办公综合楼

博学楼

张家口职业技术学院是经教育部批准以培养高技能应用型专门人才为办学目标的全日制普通高校，由原张家口大学、张家口农业机械工程学校、张家口工业交通学校三所学校合并组建而成。学院现占地425.9亩，建筑面积14.2万平方米，固定资产总值3.1亿元，其中教学仪器设备总值2629万元，藏书96.34万册（其中电子图书70万册）。学院现有全日制在校学生6000余人，在编教职工447人，其中专任教师281人，具有硕士学位48人，在读博士研究生2人，在读硕士研究生42人，正高职称20人，副高职称135人，中级职称145人，兼职教师53人。

学院设有汽车工程、信息工程、机械工程、电气工程、土木工程、应用外语、装饰艺术、经济管理8个系和基础、社科两个部。目前开设专业28个，拥有汽车检测与维修技术等5个特色骨干专业，机电一体化技术等4个院级试点专业，其中《汽车检测与维修技术》、《机电一体化技术》两个专业为省级示范专业；拥有《数控加工编程及操作》等30门院级精品课程，其中《数控加工编程及操作》、《汽车发动机技术及检修》为省级精品课。学院建有校内实训中心8个、实训室26个、校外实训基地65个，拥有国家职业技能鉴定所、国家级汽修实训基地、中国汽车人才培养工程授权教学基地、河北省汽修实训基地、装备制造业实训基地，并于2007年在全市高校中（含省属高校）率先通过教育部首轮人才培养工作水平评估。办学至今，学院始终坚持以服务为宗旨，以就业为导向，以培养高技能应用型专门人才为己任，为地方经济发展培养了各类专业技术人才70000多人。

机电、汽修实训中心

学生实训

塑胶田径场

张家口市疾病预防控制中心

张家口市疾病预防控制中心成立于2005年初，主要职责为：

一、疾病预防控制：开展疾病监测，研究传染病、寄生虫病、非传染性疾病等疾病的分布，探讨疾病的发生、发展的原因和流行规律；提供制定预防控制策略与措施的技术保障；组织实施疾病预防控制工作规划、计划和方案，预防控制相关疾病的发生与流行。

二、突发公共卫生事件应急处置：开展突发公共卫生事件处置和救灾防病的应急准备；对突发公共卫生事件、灾后疫病进行监测报告，提供预测预警信息；开展现场调查处置和效果评价。

三、疫情及健康相关因素信息管理：管理疾病预防控制信息系统，收集、报告、分析和评价疾病与健康危害因素等公共卫生信息，为疾病预防控制决策提供依据，为社会和公众提供信息服务。

四、健康危害因素监测与干预：开展食源性、职业性、辐射性、环境性疾病监测，调查处置和公众营养监测与评价；对生产、生活、工作、学习环境中影响人群健康的危害因素进行监测与评价，提出干预策略与措施，预防控制相关因素对人体健康的危害。

五、实验室检测检验与评价：研究、应用实验室检测与分析技术，开展传染性疾病病原微生物的检测检验，开展中毒事件的毒物分析，开展疾病和健康危害因素的生物、物理、化学因子的检测、鉴定和评价，为突发公共卫生事件的应急处置、传染性疾病的诊断，疾病和健康相关危害因素的预防控制及卫生监督执法等提供技术支撑，为社会提供技术服务。

六、健康教育与健康促进：开展健康教育、健康促进；普及卫生防病知识，对公众进行健康指导；协同有关部门和组织，对公众不良健康行为进行干预，促进公众掌握自我保健与防护技能。

七、技术管理与应用研究：开展疾病预防控制工作业务与技术培训，提供技术指导、技术支持和技术服务；开展应用性研究，开发引进和推广应用新技术、新方法；指导和开展疾病预防控制工作绩效考核与评估。

通过“结核病知识进校园”活动，向学生普及有关结核病防治知识，提高结核病防治意识和防治能力。

4月15日，在市文化广场开展了以手足口病、流行性感冒、结核病为重点的传染病知识宣传活动。

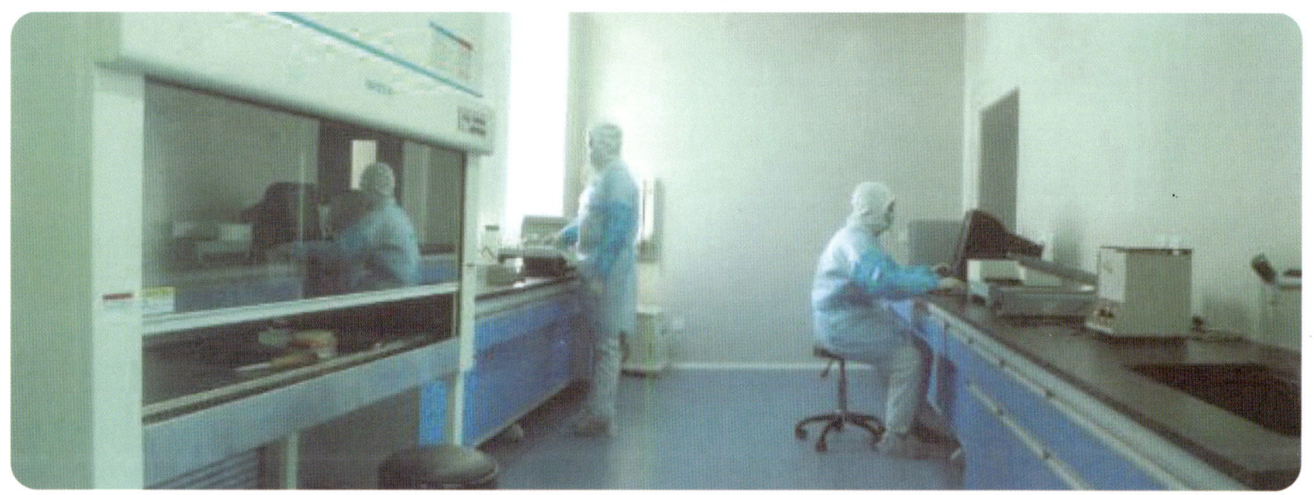

中心艾滋病实验室做为全市唯一一所确证实验室，担负着全市艾滋病初筛实验室的确证工作，图为实验室工作人员正在进行艾滋病抗体检测。

市疾病预防控制中心开展抗洪救灾应急演练，图为应急队员正在穿防护服，准备处理传染病疫情。

张家口市中心血站

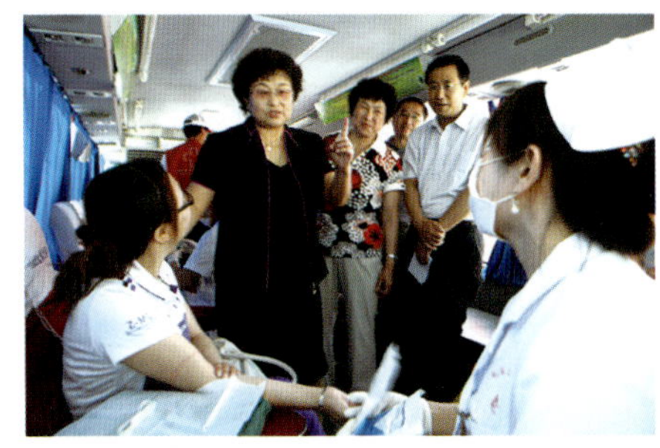

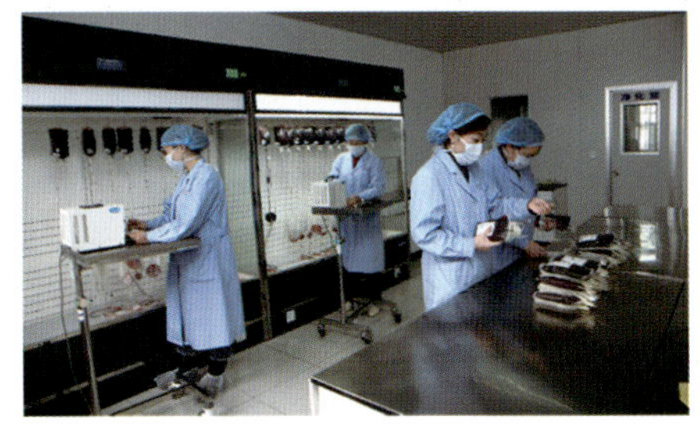

严格操作规程，确保血液质量。

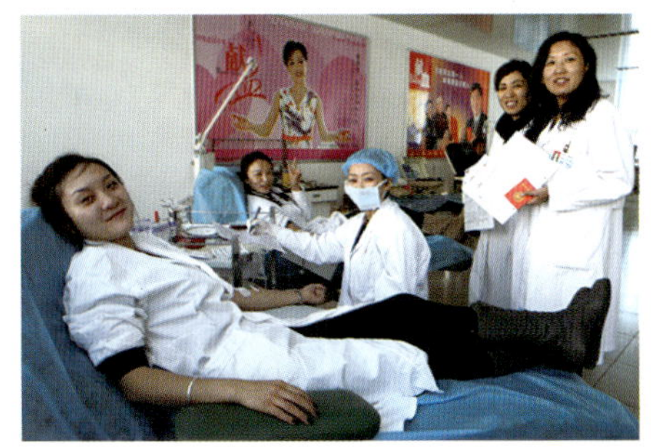

血站职工被誉为“应急血库”，危难时刻显身手。

血站青年志愿者经常进行公益志愿服务活动

张家口市中心血站始建于1981年10月，是经河北省卫生厅批准的张家口市唯一集采供血、科研、教学培训于一体的采供血机构。

中心血站占地5900平方米，建筑面积4200平方米，业务用房3600平方米。目前在职职工103人，其中，专业技术人员77人，高级职称10人，中级职称31人，研究生学历4人，本科学历28人，专科学历38人。设有行政、业务科室16个。拥有国际先进水平全自动血液酶联免疫检测系统、全自动血型仪、全自动生化分析仪、医用病毒灭活箱、多功能血细胞分离机、大容量低温离心机、大型进口储血冰箱等，固定资产2800余万元。中心血站可为全市七区十三县一百多家医院提供全血、悬浮红细胞、病毒灭活血浆、Rh(-)血、机采血小板等十几种血液制品，年供血量800余万毫升，同时为临床提供疑难配血、疑难血型鉴定、新生儿溶血病检测等临床输血技术咨询与服务。

中心血站建站近30年来始终坚持以“保障献血者和受血者身体健康，满足临床医疗用血需要与安全，”为服务宗旨。认真贯彻落实《中华人民共和国献血法》、严格执行《血站管理办法》、《血站质量管理规范》和《血站实验室质量管理规范》等法律法规，依据ISO19001-2008标准，科学严谨、实事求是、不断充实、完善和发展了全市无偿献血及输血工作，连续13年在卫生部临床检验中心组织的“全国血站实验室室间质评”中获得优秀，建站近30年未发生经输血传播性疾病。

张家口市中心血站正以全新的精神面貌、饱满的工作热情，向质量可靠、技术先进、服务优良的目标迈进，并为今后张家口市无偿献血事业和输血事业的发展作出更大的贡献。

坚持科学发展 实现历史跨越

——张家口市殡葬管理处打造行业第一品牌

张家口市殡葬管理处是市民政局直属的事业单位，肩负着主城区近60万人的殡葬改革、殡葬管理和殡仪服务的重任。下设殡仪馆、人民公墓、殡葬商品经销公司、殡改稽查大队四个中层单位，现有职工208名。长期以来，他们艰苦创业，锐意进取，殡葬事业得到了长足发展，多项工作在全国领先。

殡葬管理处自筹资金于2005年建起了新殡仪馆，新殡仪馆在造型设计、内外装饰、设施设备、服务功能、绿化美化等方面达到了民政部、建设部的规范要求，2006年被评为国家一级殡仪馆。殡仪馆正朝着环境公园化、管理标准化、服务优质化的方向发展。

管理处处长聂生作企业文化讲座

2010年2月1日，民政部副部长窦玉沛来殡管处慰问殡仪职工，窦玉沛说："张家口殡仪馆设计科学、布局合理、环境优美、管理规范、服务便捷，工作人员精神面貌良好，堪称殡葬行业的典范。"

把以人为本作为科学发展的核心内容来抓，把人的全面发展放在了第一位，开展了多种形式的文体活动，丰富了职工生活，陶冶了职工的情操。

人民公墓分东西两个墓园。人民公墓严格按照民政部园林化、艺术化的总体要求，狠抓环境氛围建设不放松，经过20年的不懈努力，建成了集安葬、祭祀、教育、游览为一体的多功能现代化公墓。（图为西墓园便民通道效果图）

张家口市第一医院

院 长　乔春友

张家口市第一医院建于1941年7月，位于桥西区新华街，西临市交通主干道西坝岗路，是一所具有69年历史，集医疗、急救、预防、保健、科研、教学为一体的以心血管内外科、神经内外科、内分泌科、泌尿外科为专科特色的大型综合三级甲等医院，是张家口市急救中心，国际紧急救援中心网络医院，还是河北北方学院、华北煤炭医学院、张家口教育学院的教学医院。

医院占地43.5亩，现有建筑面积573420平方米，有内科病房楼两座，外科病房楼和门诊楼，全院可开放床位达800张。2009年，完成门诊量171120人次,业务收入13837.1万元。医疗设备有西门子核磁共振仪、数字胃肠机、DR、CR数字成像系统、美国GE彩色超声系统、64排螺旋CT机、C型臂、日本松下、岛津影像增强型X光机；日本欧林帕斯全自动生化分析仪、美国贝克曼全自动生化分析系统、美国伯乐全自动梅标仪、德国拜耳血气分析仪、美国库尔特血液分析系统；24小时动态心电、24小时动态血压监护仪、美国全自动血液透析机、同位素化学发光检测仪、美国伯乐糖化血红蛋白检测仪、体外震波碎石机、日本欧林帕斯电子胃镜、十二指肠镜、结肠镜、膀胱镜、支气管镜；美国纽邦全自动呼吸机、美国欧米达全自动麻醉机及心电监护系统等大型医疗设备近百台（套）。

张家口市第二医院

张家口市第二医院是一所以骨科为重点学科的综合性二级甲等医院，是长城以北最大的骨科医院，是市医保、“新农合”和省工伤医疗定点医院。现有在职职工380人，其中在编职工298人，专业技术人员239人，具有高级职称39人，外聘82人（专业技术人员75人，具有高级职称6人）。医院年门诊量10万余人次，住院患者近4000人次，年手术2600余例。新建医院位于张市高新区市府西大街西端南侧，占地面积25亩，建筑面积28294.8平方米，设计床位500张，于2010年内投入使用。

新建医院设计为急诊、门诊、病房、医技、行政办公综合大楼（一主三辅），其中主楼和三个辅楼地上分别为14层、6层、3层、2层。医院设职能科室9个，医疗医技科室26个，设住院病区10个（其中包括：西医骨科5个、中医骨伤科1个、内科2个、外科五官科1个、妇产科儿科1个）。医院设备先进，拥有核磁共振、日本产东芝Asteion4多层螺旋CT机、飞利浦900MA多功能数字胃肠机、美国数字化650MA,DR摄影系统、柯尼卡CR拍片系统、飞利浦移动式数字C型臂、美国GE四维彩超、法国双能X线全身骨密度仪、全自动生化分析仪等一大批现代化医疗设备。西医骨科能开展各种骨折和骨病的治疗，能进行脊柱矫形、关节置换、显微外科、手外科等高难手术。中医骨伤科采用手法正骨复位治疗骨折、脱位、效果独特，应用推拿、按摩、牵引及内服外用药物等中西医结合方法，治疗颈肩腰腿痛疾病效果良好，在晋、冀、蒙一带享有极高的声誉。

多层螺旋CT机

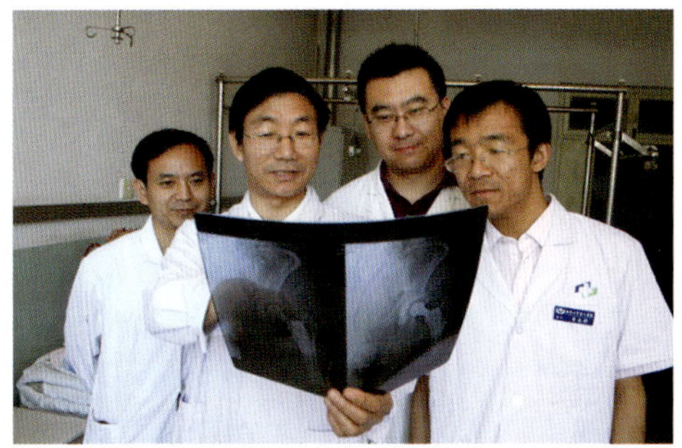

擅长治疗各种髋、膝关节疾患，可行单髋、全髋关节置换，人工膝关节表面置换，人工肩、肘关节置换及人工关节翻修术。单多发骨折脱位及四肢带骨骨折，严重复合伤的治疗。

在手显微外科方面优势明显，能够开展断肢（指）再植、各类营养皮瓣转移、异体肌腱移植、晚期手功能重建等手术。近年对骨感染、骨不连的治疗进行临床研究，采用抗生素药珠、植骨等方法，取得良好的治疗效果。

张家口煤机医院

张家口煤机医院创建于1951年，是一所综合性二级医院，医院总占地面积12606平方米，建筑面积6720平方米，是张家口市城镇职工保险、居民保险、新农合、生育补助定点医院，市工伤保险、省工伤保险及省职业病体检、老干部就医定点医院，2006年正式被卫生局批准为张家口手外科专科医院。曾先后荣获张家口“爱婴医院”、“百佳医院”、“诚信医院”、“市级文明单位”等光荣称号。

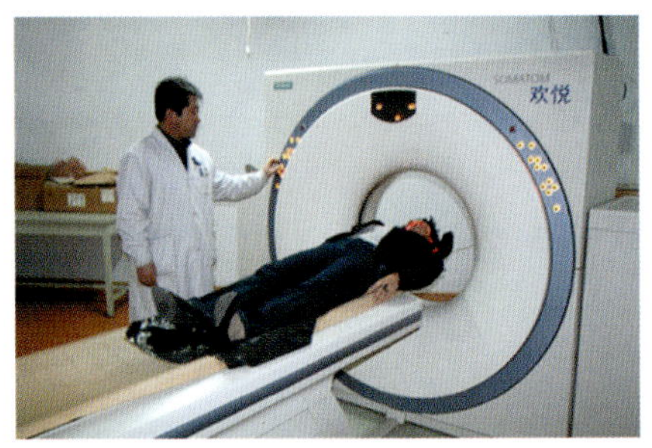

医院现有床位150张，开设手足显微外科、普外科、骨外科、内科、妇产科、儿科、急诊科、中医科、五官科、手麻科、血液透析科等18个科室、20个专业；现有职工158人，副高职专业技术人员13人，中级专业技术人员56人；医院拥有西门子单排螺旋CT机、柯达CR、全自动数字胃肠透视机、C型壁电视透视仪、500毫安X线机、彩色B超、心电监护除颤仪、经颅多普勒、血液透析机、全自动生化仪、五分类血球分析仪、尿液分析仪、纤维结肠镜、电脑肛肠治疗仪、24小时心电监护仪、特定蛋白分析仪、臭氧治疗仪、利普刀、阴道镜等各类医学专用设备120余台。病房拥有中心供氧设施。

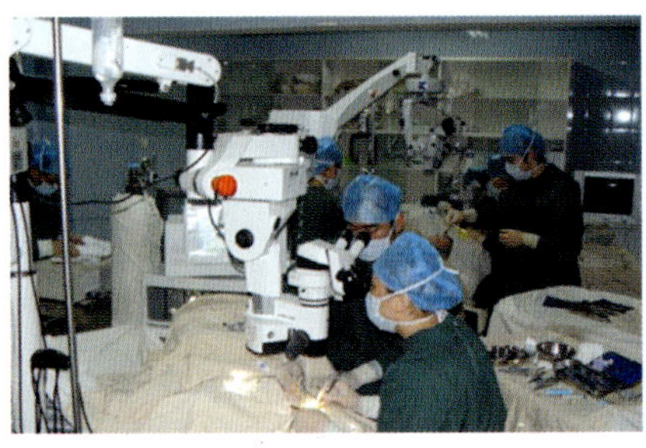

显微外科是该院的特色科室，自成立以来，共完成大小手术1200余例，其中断指、断肢再植500余例，成功率达99%以上。拇手指缺损再造、指甲指端缺损再造60余例，成功率达100%。大型游离股前外侧皮瓣、游离小腿内侧皮瓣修复四肢大面积皮肤缺损30余例，骨皮瓣、肌皮瓣等复合组织游离移植修复骨不连，骨皮瓣、肌皮瓣等复合组织游离移植修复骨不连、缺损10例，游离自体足趾第二跖趾关节移植再造手指掌指关节10例，桥式皮瓣修复全足皮肤缺损5例，以上在本地区属复杂罕见的手术，成功率达到100%。同时还开展了多种带蒂皮瓣修复手部皮肤缺损、烧伤整形的皮瓣修复、四肢骨折合并血管神经肌腱损伤的修复，正中神经、尺神经、桡神经损伤伴手功能障碍的显微外科修复，四肢血管损伤的修复，外伤后手部畸形功能的重建，手部肌腱断裂、缺损和粘连功能障碍和显微外科修复等。

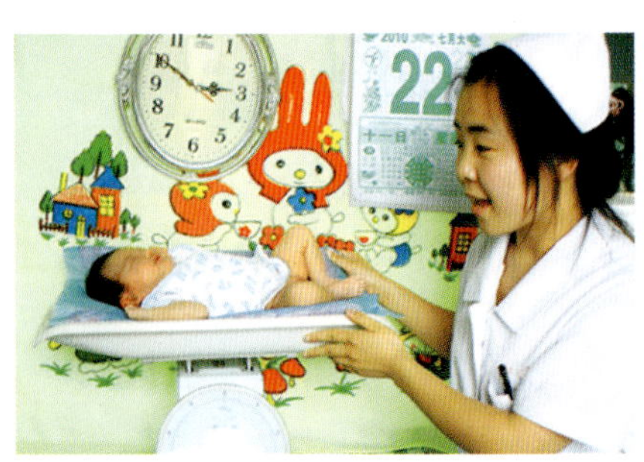

妇产科是另又一特色科室，设有住院和门诊两大部分。1995年被评为爱婴医院，现为市生育保险定点医院。妇产科病房共有50张，年住院人次700余人次，年住院和门诊手术1000余台次；妇产科门诊设有普通门诊、疑难疾病门诊以及专家门诊。专家门诊包括：妇科腔镜门诊、宫颈疾病门诊、围绝经期门诊、围产期保健等，年门诊工作量万余人次。

河北北方学院附属第三医院

把握生命之舟　信步健康之路——三附院真诚为您服务

张家口市建国医院即河北北方学院附属第三医院，该院内抓管理，外树形象,积极致力于“以病人为中心”的医疗服务与德医风建设，坚持长期开展“医疗扶贫”与“诚信惠民”，赢得了群众的普遍信任。在为病人解决病痛、保障人民群众健康的同时，取得了显著的社会效益与经济效益。

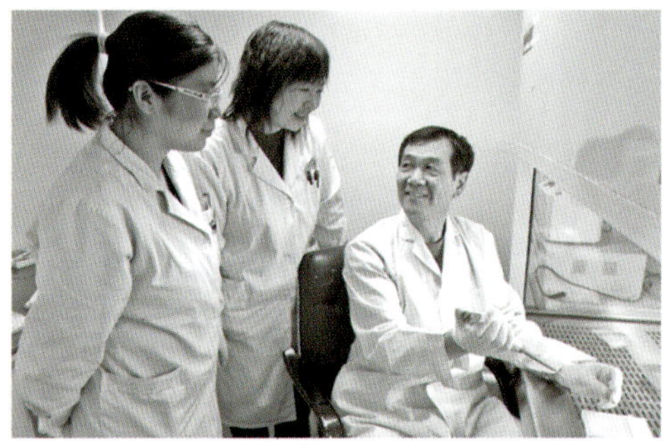

该院与美国克里夫兰医学基金善款的美籍华人王黎明、杨金波博士合作，引进国际先进的HPV基因分型检测技术，能够准确、快速、灵敏地对HPV进行诊断，对宫颈癌的早期发现及预防起到至关重要的作用。图为王博士指导三附院检验师工作。

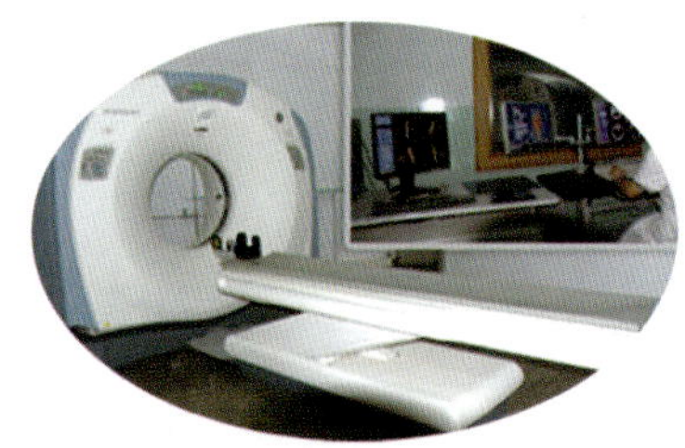

16排螺旋CT

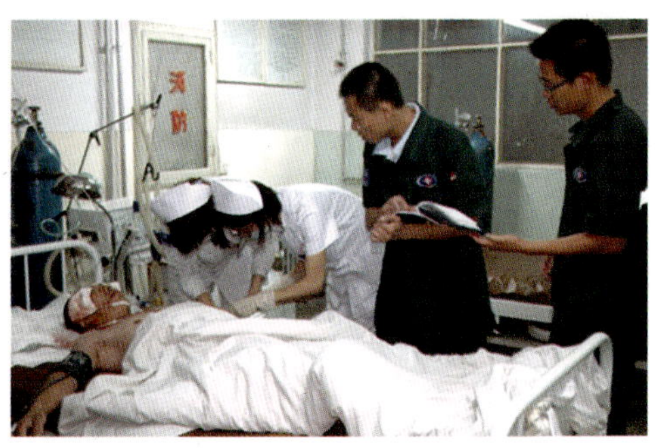

122事故急救人员将伤者紧急送到急诊科抢救

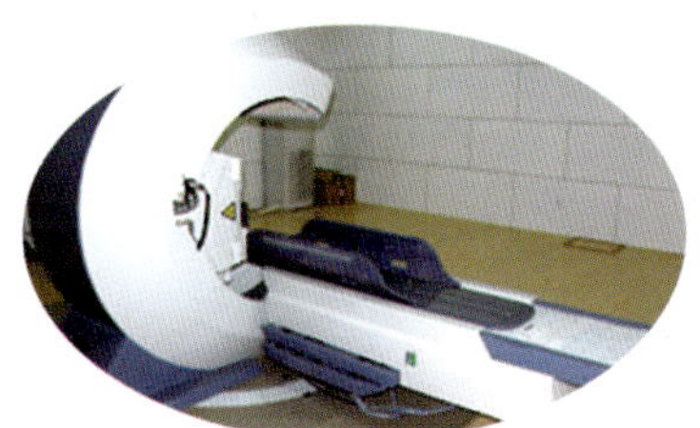

伽玛刀治疗中心

全自动生化分析仪

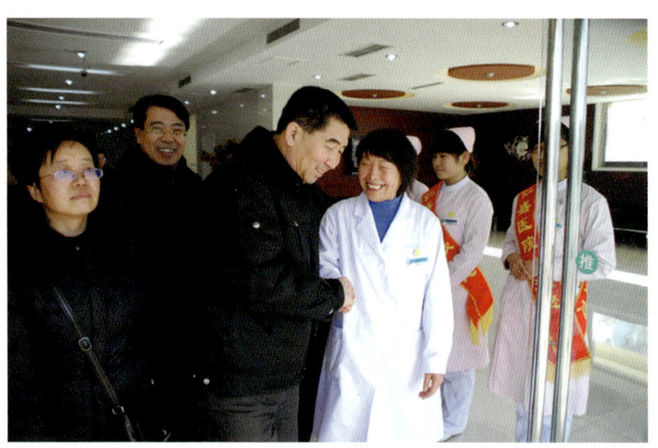

张家口市仁盛医院

仁盛医院是经市卫生局审批、省卫生厅审 核成立的市医保定点医院。设有体检中心、门诊部、住院部三个对外服务部门，拥有专业结构、职称结构、医护结构、医技结构合理的技术队伍，聘有三级、二级医院具有正高、副高专业技术职称、原学科学术带头人等专家。配有日本进口东芝全自动生化仪、动脉硬化检测仪、骨密度分析仪、鹰演全身健康系统扫描等高档设备。设有专门体检中心，不与门诊部、住院部交叉，不但有效防止了健康体检者与门诊部、住院部患者的交叉感染，而且减少了体检者的等待时间。体检中心男、女宾检区分设，不但有效保护体检者的隐私，而且使体检者在体检过程中更加放松和愉快。在体检服务中倡导星级宾馆的微笑服务，优秀的导医全程导检，提供免费营养早餐，对外地团检车接车送；具有先进的、专业电子化体检管理系统，全程无纸化操作，体检程序流畅，体检报告规范；检后派专家登门回访、解疑答难、宣传健康知识，指导健康的生活方式；对体检者逐人进行健康评估，提供健康管理方案、提出有效控制健康状态的意见建议。

张家口市汽车驾驶员学校

张家口市汽车驾驶员学校成立于1995年，是全市办学校早、规模较大、并经省运管局验收合格的驾校，本着“管理科学化，教育现代化、内容系统化、办学正规化、制度规范化”的教学宗旨为全市培养了200多期，几万名合格优秀的驾驶员，为交通运输业做出了杰出贡献。

学校地处市中心，交通便利，训练场地全部硬化，科目设置齐全，现共有大小教练车辆30多部，全部为崭新的东风和长城皮卡，车辆符合教练车技术状况要求，配有行驶和统一的教练车标牌，并且配备900平方米的停车场，场地全部硬化，能同时满足教练车停放，消防、安全、设施齐全。教练员全部为具有20多年驾驶经验的优秀驾驶员，教学经验丰富，全部持有《驾驶证》和《教练员证》。

学校还购置了无纸化理论答题机和驾驶模拟器，使学员在舒适，轻松的环境下学习驾驶。

设有180平方米的教室，可容纳80人就学。

在训练中，严格按照交通部颁的教学大纲施教，训练认真，要求严格，不缩减课时，学员毕业合格率高，驾驶技术过硬，受到社会一致好评，曾多次被评为省级先进驾校，取得社会效益和经济效益双丰收。

开滦（集团）蔚州

开滦（集团）蔚州矿业有限责任公司位于河北省张家口蔚县境内，是国务院批准开工建设的煤炭大型企业。为响应国家构建煤炭大基地、大集团的号召，原蔚州矿业有限责任公司于2003年3月整体并入开滦（集团）公司，成为开滦集团的全资子公司。2004年12月30日，张家口市属国有企业老虎头煤矿作为蔚州公司的全资子公司整体并入开滦（集团）公司。2006年12月，为了适应蔚县矿区煤、电、路一体化开发需要，老虎头煤矿完成了由子公司变为分公司改制任务，实现了扁平化管理。2007年7月，开滦集团、大唐国际、蔚州能源共同投资的新的开滦（集团）蔚州矿业有限责任公司正式组建，并对公司进行了专业化重组。至此，公司跨入了循环经济发展的新境域。

蔚县矿区是河北省仅剩的一块待开发整装煤田，煤种为长焰煤，不粘煤，煤田赋存较好，适合机械化开采。矿区已探明地质储量14.93亿吨，工业储量14.4亿吨，可采储量9.1亿吨。矿区总服务年限为86年，延续服务年限可达118年。蔚州公司现有员工11000余人，现有崔家寨矿、单侯矿、南留庄矿、西细庄矿、兴源矿、郑沟湾矿等六个生产矿井，待开发的矿井有北阳庄、南德胜、沙间堡等，2010年公司原煤生产将达到1000万吨。经过持续建设和发展，蔚州公司在产业结构、产量规模、科技水平、管理水平、综合素质等方面全面提升。

数字化矿井单侯矿

矿业有限责任公司

现代化调度室，用网络、视频、音频等数字技术建成的矿井综合自动化管理平台，可对主煤流、排水、输配电等系统实现地面键盘操控，图为单侯调度室。

现代化综机采煤，图为运转中的采煤机头。

现代化的采煤工艺，图为综采支架。

蔚州矿业公司办公大楼

开滦（集团）蔚州

矿业有限责任公司

冀中能源张家口矿业集团有限公司

张矿集团董事长、党委书记 董传彤

董事长董传彤（右二）视察宣东矿洗选项目

冀中能源张家口矿业集团有限公司是冀中能源集团的子公司，总部设在张家口市下花园区，现拥有8个煤炭生产矿井和10多个非煤单位；企业总资产38.1亿元，员工11000余人。是一个集煤炭生产、洗选加工、瓦斯发电、机械制造、物流产业为一体、具有巨大发展潜力的大型煤业集团。

2009年，张矿集团在以董事长、党委书记董传彤为班长的领导班子的团结和引领下，坚持“内做精强，外谋扩张，倾力打造冀中能源北方柱矿区”的发展战略，立足张家口，挺进内蒙古，不断加大煤炭资源整合力度，企业规模持续扩大，综合实力不断增强，经济效益稳步提升，管理基础逐步牢固，员工素质明显提高。2009年，张矿集团实现原煤产量702万吨、销售收入23.1亿元，其中煤炭生产、总进尺、销售收入、煤炭销售、企业利润等多项指标创历史最高纪录，整体工作实现了10个方面的新突破；2010年，张矿集团坚持以“发展的思想、创新的理念、做实的决心”工作方针为统领，明确了实现原煤产量1400万吨、销售收入50亿元的新目标。张矿集团董事长、党委书记董传彤正带领全体员工，以发展的气魄，创新的精神，高昂的斗志，务实的作风，向高产高效型、安全本质型、节约环保型现代化企业疾步前行。

张矿集团长城矿业公司

董事长董传彤（左一）慰问特困职工

董事长董传彤在全国煤矿三级事故隐患排查治理工作交流会上授课

高标准的煤矿井下候车室

康保矿31504大倾角综采工作面

职工体育锻炼

张矿集团涿鹿矿业公司

冀中能源张家口矿业集团有限公司

张矿集团与内蒙古特弘集团联合重组成功

张矿集团瓦斯电厂并入国家电网启动

现代化的调度指挥中心

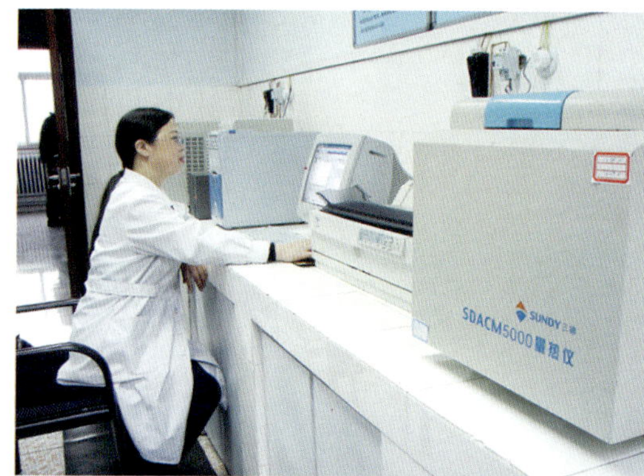

煤质煤量中心化验室

张矿集团宣东瓦斯电厂

张矿集团洗煤厂厂区

张矿集团康保矿业公司

张矿集团煤炭销售物流中心

张矿集团宣东瓦斯发电机组

张家口市制药集团有限责任公司

市委书记许宁视察张药集团，了解企业改制、产品研发和市场销售等情况。

张家口制药集团有限责任公司是国有独资公司，旗下6个子公司，其中控股公司3个，参股公司3个，中外合资公司4个。注册资本4202.7万元，现有员工1870名。2009年公司拥有资产总额12.102亿元，其中固定资产合计4.51亿元，实现销售收入6.59亿元，利润总额1.002亿元。

公司及其前身在四十多年的发展历程中，不断强化科技意识，从全国第一支马来酸麦角新碱获全国科学大会奖以来，生产能力和工艺水平逐年提高。公司立足高技术、高起点、高水平的发展战略，不间断地调整产品结构，先后引进外资2499万美元，得到了国际制药巨头荷兰DSM公司的青霉素工业盐、阿莫西林钠、6-APA等先进的生产技术。1997年以来，先后组建了4个合资公司，得到了当今世界最先进的青霉素生产技术，同时，也从根本上促进了企业的运做方式，初步实现了从经营产品到运营资本的巨大跨越。现已发展成为一个技术力量雄厚、加工工艺先进、管理机构健全、工艺检测完善，能够独立研制化学原料药及制剂的高新技术企业、国家医药工业重点企业。“九五”期间进入全国医药工业企业50强，居第31位，是省优强企业和龙型骨干企业。2002年全国1500家工业企业排名，本公司排在1262位。2009年度荣获河北省医药行业十大利税大户。

公司主要生产化学原料药、医药中间体、抗菌素粉针、口服制剂、淀粉及部分初级化工原料。化学原料药年生产能力1220吨，医药中间体年生产能力2000吨，粉针3.0亿支，口服制剂6亿片（粒），淀粉10万吨。

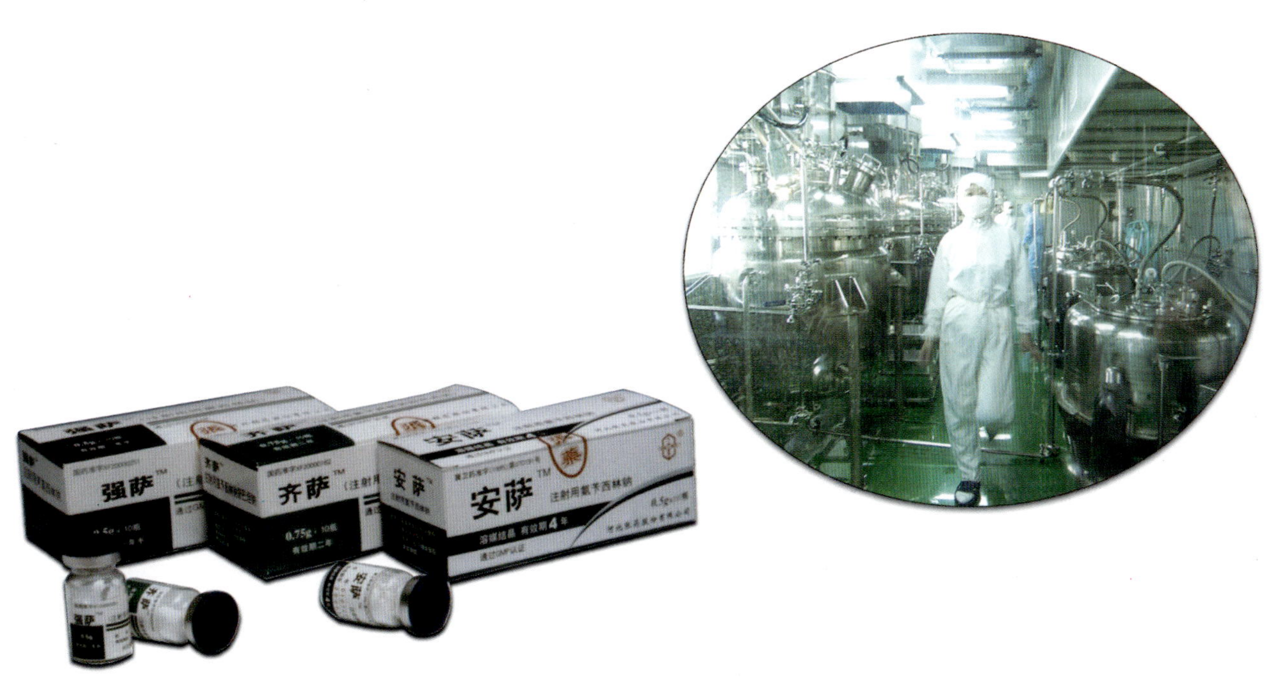

冀中能源张矿集团涿鹿矿业公司

冀中能源张矿集团涿鹿矿业公司的前身是张家口市涿鹿煤矿，2005年9月同邯郸矿业集团联合重组，更名为邯矿集团涿鹿矿业有限公司；2007年和张家口矿业集团有限公司一起并入河北金牛能源集团，并更名为河北金能张矿集团涿鹿矿业公司；2008年6月河北金牛能源集团变更为冀中能源有限公司，公司也相应地变为冀中能源张矿集团涿鹿矿业有限公司。

公司位于张家口市涿鹿县城西15千米的武家沟镇，距京包线下花园站京张高速公路29千米，大秦线涿鹿站17千米，毗邻涿下公路，交通十分便利。

公司在册职工1745人，年生产能力36万吨（其中黄土湾井15万吨/年，西山坡井15万吨/年，西寺湾井6万吨/年）。主要产品为优质长焰煤和不粘煤，具有低硫、低灰、烟少、易燃且蓄火的特点，发热量21～22.5MJ/kg，硫含量0.12%，灰份15%，灰熔点1300℃，挥发份30%，水份10%左右，是深受广大用户欢迎的汽化、动力及民用环保燃料。

国电电力河北新能源开发有限公司

河北新能源与涿鹿县签订开发协议

精心操作准备送电

国电电力河北新能源开发有限公司是国电电力发展股份有限公司全资子公司，成立于2009年8月。公司主要从事热电联产、大型火电、风电、太阳能等发电项目的开发建设、生产运营、销售和新能源技术开发咨询及技术服务等业务。

国电电力发展股份有限公司是中国国电集团公司控股的全国性上市发电公司，是中国国电集团公司在资本市场的直接融资窗口和实施整体改制的平台。截至2010年6月底，公司控股装机容量达到2189.85万千瓦，总资产1162.74亿元。

国电电力河北新能源开发有限公司按照中国国电“新能源引领转型”和国电电力“新能源引领转型、实现绿色发展”的战略部署，顺应电力发展趋势，始终坚持以科学发展为第一要务，在发展风电、太阳能等可再生能源的同时，注重发掘大容量、高参数火电机组的厂址储备。目前，国电电力河北新能源开发有限公司拥有康保县、尚义县、崇礼县、张北县、涿鹿县、唐山乐亭新区、山西代县等新能源开发项目；拥有国电崇礼和泰风能有限公司、国电天唯康保风能有限公司；储备可开发陆基风电容量3000MW、潮间带风电容量200MW、海基风电1000MW；储备大型滨海电站容量6×1000MW；储备热电容量4×350MW级；截至2010年6月，已开工风电项目6个，容量共计350MW；风电项目前期工作6个，容量共计350MW；正在收购、合资谈判的项目为5个项目，总容量380MW；已投产项目1个，崇礼红花梁风电场（49.5MW）项目已于2009年底并网发电，创造了风电项目建设周期最短记录；太阳能发电项目前期容量为210MW。到2012年公司可控装机容量将达到风电650MW、太阳能10MW、开工2×1000MW火电和2×350MW级热电联产项目。

国电电力河北新能源开发有限公司将牢固树立“永无止境、创造一流”的企业精神，贯彻落实中国国电“大力发展新能源、建设创新型企业”两大战略任务，突出“加快发展，提高效益”的总体要求，突出“抓发展、强管理、增效益”的中心工作，按照“更大、更高、更快、更强”的工作要求，大力弘扬“自觉做事，主动干事，超前谋事”的工作作风，实现“做大资源储备，做实项目前期，做优工程建设，做精生产运行，做细经营管理，做强核心竞争力，打造一流职业化团队，建设一流新兴能源企业”的发展目标。力争把公司建设成一流的创新型新兴能源企业。

风机

工程现场

河北燕兴机械有限公司

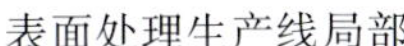
表面处理生产线局部

液压缸生产线局部

河北燕兴机械有限公司系中国兵器工业集团公司下属企业，地处张家口市高新技术开发区，与宣大、京张、丹拉高速公路及110国道相毗邻，拥有3千米自备铁路专用线，与京包、大秦等国家铁路干线接轨，地理位置优越，交通十分便利。

企业从事机械制造已有60多年历史，现占地面积77万平方米，拥有资产2.5亿元，现有员工1100余人，拥有各类设备1200多台（套），其中主要工艺装备450多台（套），包括2000吨大型水压机等各种锻压设备、精铸生产线、液压缸生产线、重车零部件生产线以及张家口地区最大的表面处理生产线；具备锻、铸、机械加工、热处理、表面处理、冲压、焊接、装配、机械大修等综合配套生产规模和能力。公司于2000年通过ISO9001质量体系认证，具有完善的质量保证体系和较强的质量保证能力、计量、理化检测能力。

改革开放以来，在“保军转民”方针的指引下，企业由始建初期单一的军工生产，发展成为集武器装备与民用产品科研、生产为一体的大型综合性企业，具有自营机电产品进出口权和轻型改装汽车生产资格。企业民品主要为液压缸、重车零部件、建筑机械产品、锻造、铸造产品等。公司坚持专业化经营、规模化发展之路，正在打造成为业内重要的机械装备制造企业。

重车零部件生产线局部

龙门式五轴联动加工中心

河北大唐国际张家口热电有限责任公司

4月8日，省委书记张云川在省发改委主任沈小平、市委书记许宁、市长郑雪碧陪同下到工地视察工作。

河北大唐国际张家口热电有限责任公司由大唐国际发电股份有限公司全资建设，2008年9月8日注册成立，注册资本金为4.58亿，规划建设4×300MW热电联产机组，一期建设2×300MW机组。该项目为河北省“上大压小”项目，是按照国家循环经济、节能环保理念建设的“绿色电厂”，是河北省重点项目、张家口市2009年1号工程。主要经营:热力、电力的生产与销售，电力咨询，服务及综合利用。

一期工程（2×300MW机组）于2008年7月14日获国家发改委项目核准，于2008年7月23日开工建设，动态总投资约29.88亿元，利用市污水处理厂中水作为生产水源，同步建设高效静电除尘、烟气脱硫和脱硝装置，是具有节约能源、减少污染、有利生产、方便生活的综合经济效益、环境效益和社会效益的民生工程。两台机组分别于2009年12月11日和2010年2月12日投入商业运营。年供热量为691.6万吉焦，可实现集中供热面积1206万平方米，占张家口市主城区总集中供热面积的70%。张家口热电项目的建设投产对保障城市居民供暖、改善大气环境质量、促进节能减排、加快张家口市经济发展发挥积极的作用。

张北运达风电有限公司

为适应不断增长的风电市场需求，配合张北百万级风电场建设，迅速扩大运达公司产品在北方市场的竞争和辐射能力，张北运达风电有限公司于2008年1月25日正式注册成立，注册资金4000万元，公司地处河北省张家口张北县经济开发区，公司占地面积137亩，建筑面积41000平方米，总投资2.25亿元，一期已建成投产，形成50万千瓦的生产能力。项目全部建成后将形成年产100万千瓦风力机组生产能力。公司主要产品为WD49（50）-750KW型、WD52-800KW型和WD77（70/82）-1500KW型风力发电机组。

运达车间

张北运达风电有限公司是浙江运达风力发电工程有限公司的全资子公司。其母公司—浙江运达风力发电工程有限公司是国内最早从事风力发电技术研究的单位，产品研发已有30年历史，自20世纪70年代成功研制国内第一台18千瓦风电机组至今，已完成十多种型号的并网风电机组，承担了自“六五”到“十一五”国家重点科技攻关项目和国家“863”项目。是省级高新技术企业和高新技术研发中心，并获得“全国机械工业先进集体”光荣称号。张北运达风电有限公司的竣工投产迅速扩大运达公司的规模和生产制造能力，为运达实现跨越式发展奠定了坚实的基础。

运达车间

2009年7月30日，张北运达风电有限公司一期竣工投产和机组批量下线，是运达公司历史性的时刻，它标志着以杭州总部为中心，以浙江德清（包括在建杭州钱江新基地）、河北张北南北两大基地为依托，面向东南沿海和西北腹地，辐射全国的战略发展格局的形成。机组的批量下线，又是张北运达公司新的历史起点的开始，总部领导的大力支持、社会各届的厚爱、全体员工的期盼，都化作一股强大动力，激励着张北运达公司和张北运达人要勇敢的肩负起历史的责任，站在新的历史起点，创造新的业绩，实现新的跨越”。

张北运达公司建设起点高、速度快，从项目开工到一期投产仅用了1年的时间，已建成1.5万平方米现代化生产车间，2500平方米办公大楼及张家口地区最先进的体育馆。张北公司投产至今，受到了各级领导的高度重视和社会各届的广泛关注，河北省委书记张云川、中央巡视组李传卿、张家口市委书记许宁、市长郑雪碧等领导来公司视察指导工作，央视财经报道、河北卫视新闻联播多次报道公司的生产经营情况。

运达外景

张家口市鼎力岩土治理有限公司

张家口市鼎力岩土治理有限公司成立于2004年11月，是张家口市唯一一家具有地基与基础专业承包施工资质的岩土治理公司，填补了张家口市在这个行业上的空白。

工程开工典礼

公司本着一切为用户服务的宗旨，自觉做到重合同，守信用，把企业效益和社会效益结合起来，制定和完善了一系列规章制度，有力地保证了工程施工的顺利进行。

公司自成立以来共承接各类岩土治理工程项目500多项，其中高层项目70余项，大型公建项目10余项，深基坑支护、边坡支护等复杂工程10余项。公司施工力量雄厚、技术装备精良、综合调配能力强，并有一支高素质的敬业的团队，先后承接了沙城建设局办公楼、宣化世纪王朝大酒店、张家口市欣盛宾馆、宣化世纪花园小区高层、宣化伯居田园小区、张家口市平安小区、解放军251医院内科病房楼、怀来怡锦家园小区、张家口飞达采橘住宅小区、张家口市奥林星城住宅小区、张家口市东升沁馨苑小区、张家口市金华怡园小区、张家口市汇嘉花园小区、张家口市同人创业园小区、张家口市金龙花园小区等一批具有影响力的高层建筑地基处理工程，为公司赢得了良好的社会声誉。

公司注册资金350万元人民币，为全额股份有限责任公司，现有在职技术管理人员38人，其中中职以上人员28人，初级职称5人，专业人才比例达到85%以上。公司下设5个项目部，1个设备部拥有大中型机型设备20余台，具有承揽各类工业与民用建筑软弱地基处理、土石方工程、地基与基础工程的施工能力。

企业近两年主要荣誉有：已连续两年被张家口市、区人民政府评为“纳税先进企业”、获得“重合同、守信用企业”荣誉称号。公司研发的《夯扩挤密干硬性混凝土桩工法》新工艺，被河北省建设厅鉴定为河北省建设行业科技成果。

本公司实力雄厚、技术力量充足、管理高效严谨，“打造超强实力、确保一流质量、树立服务意识、承诺优惠价格”是公司的经营宗旨。公司全体员工愿竭诚为您服务，给您“鼎力”相助，并为山城的建设贡献一份“鼎力”岩土人的力量！

聘请专家进行培训学习

敬业的施工团队

东升沁馨园

奥林星城

河北盛华热电

张家口国家粮食储备有限公司

以法人代表王德富为首的一班人团结进取，求真务实，争做粮食企业的领航人。

公司外景

企业铁路专用线站台罩棚

仓内是为国家承储的国家储备粮（玉米），质量良好，管理规范，确保国家需要时调得动、用得上。

张家口国家粮食储备有限公司是大型二类粮食仓储企业，占地面积16万平方米，现有在职职工200人，下设7个管理科室和4个经营单位。有仓容量11万吨，其中3座山洞库仓容1.9万吨，有半地下储油罐5000吨。目前储存中央和地方的各级储备粮油5.5万吨，年经营粮油16万吨，张家口地区生产的优质玉米深受用户的欢迎。公司有铁路专用线，交通运输十分便利。

公司多年来一直担负着中央和地方各级储备粮的管理任务，企业十分重视制度建设和规范化管理，认真执行《储备粮管理条例》和《粮食流通管理条例》的有关规定，储存的粮食全部数量真实、质量良好、粮情稳定、储存安全。连续被河北省工商局评为“重合同守信用”单位，被河北省粮油协会评为“放心粮油企业”，被市安委会评为“安全生产先进企业”，被张家口市粮食局评为优秀“一符四无”单位，被张家口市消协评为“消费者信得过”单位等荣誉称号。

一排排高大平方仓为2000年所建，全部储存国家和地方储备粮，公司地面硬化率达90%以上，院内干净整洁，路旁绿树成荫，为确保粮食安全创造了良好的储粮环境。

河北马利食品有限公司是一个现代化专业的酵母生产基地，注册资本1300.8万美元，占地面积4万平方米，总资产2.8亿元。

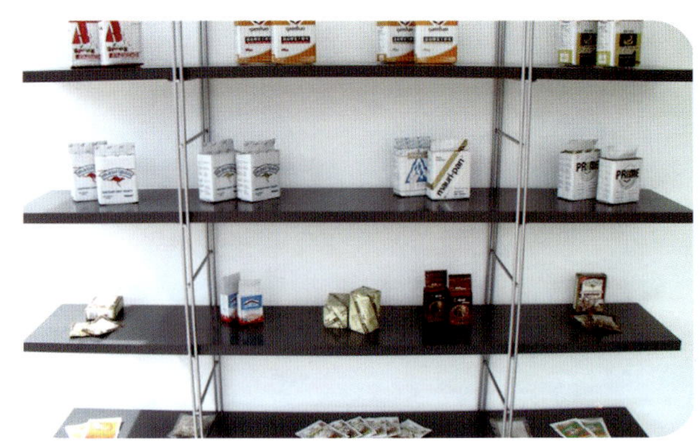
燕山牌系列产品行销全国各地，并出口东南亚、独联体等多个国家和地区。燕山牌酵母被评为“省名牌产品”，“燕山”牌商标被评为“省著名商标”。

河北马利食品有限公司

河北马利食品有限公司是一个以糖蜜为原料的酵母制造企业，主要生产“燕山牌”高活性干酵母和鲜酵母。公司合资成立于1994年，注册资本1300.8万美元。历经十多年的精心运作,现已发展成为拥有资产2.8亿元，职工270多名,技术与装备堪称世界一流的现代化工厂。目前公司为英国联合食品集团ABF旗下的一家英国独资公司，一个专业化的酵母生产基地。

河北马利成立以来，得到了各级政府及有关部门的大力支持与帮助，几年来，公司业绩一直保持着健康稳步的发展。2009年，公司圆满完成各项经济指标，实现销售收入18046万元，同比增长11%，实现利税6931万元，同比增长4%，实现工业总产值17426万元，同比增长6%。

酵母生产有力地带动了张北县及周边县区的甜菜种植，带动起了张北的糖业发展。依托龙头企业，农民种甜菜卖给糖厂制糖，制糖过程中生产的废糖蜜生产酵母，酵母生产过程中产生的发酵水用于浓缩生产动物饲料及草地追肥等一系列加工增值的甜菜产业化循环经济格局，推动了农业产业结构调整，为坝上地区农业增效、农民增收拓出一条新型循环经济产业发展之路。

2009年9月，省委书记张云川到张北视察并参观了河北马利，图为参观自动包装车间。

采用最先进YOKOGAWA 数控系统，工艺技术和产品质量达到了国际领先水平，图为从瑞典成套引进的OPEM自动包装机。

张家口中地装备探矿工程机械有限公司

张家口中地装备探矿工程机械有限公司隶属于中国机械工业集团公司，是中国地质装备总公司的全资子公司，为国内最大的地质装备制造国有企业。公司前身是清末著名铁路工程师詹天佑修建京张铁路后随之开办的铁路修理厂，始建于1910年。新中国成立以后，于1953年由铁道部划归地质部，是国家“一五”计划156个重点建设项目之一。

公司占地320亩，总资产值2.6亿元。现有职工926人，其中教授级高工4名、高级工程师17名、工程师49名、助理工程师74名、高级技师7名、技师40名。主要产品有地质岩心钻机系列、工程施工钻机系列、水文水井钻机系列、钻机车系列、石油机械产品（抽油杆及其接箍）一、二类压力容器和金属结构件等。其中：地质岩心钻机国内市场占有率在口中30%以上；石油机械产品抽油杆取得了美国石油协会API会标使用权许可，并通过美国石油学会ISO9001质量体系认证；DPP100系列钻机车已通过国家“3C”认证，是列入国建汽车公告目录产品。

作为国家地质装备工业的摇篮，公司经过近百年的发展和完善，已成为技术力量雄厚，加工能力强大，产品品种齐全，质量价格比优越，及新产品研究、开发、生产、贸易为一体的国有大中型骨干企业。1993年被评为全国500家最大机械制造企业之一。“张探”品牌的系列钻机、抽油杆产品行销全国各省、市、自治区的地勘系统及各大油田。XY5、XU1000岩心钻机是国家银牌和省部优产品。“张探”牌抽油杆产品远销美国、阿根廷、印尼等国家。随着市场经济的发展，张探公司在产品结构上将不断完善和创新，将以其雄厚的技术力量和高效优质的服务结成与国内外客商在互利的基础上建立长期的合作关系，以求共同繁荣和发展。

博天糖业股份有限公司张北分公司

种植合同签约会现场

博天糖业股份有限公司张北分公司位于风景秀丽的塞外草原张北县，是河北省唯一一家甜菜制糖企业。公司拥有员工518人，具有日处理甜菜3500吨、年加工甜菜50万吨、生产优级绵白糖7万吨的生产能力。

2009/10榨期，博天糖业股份有限公司张北分公司处理甜菜214615吨，平均日加工甜菜量2769吨/日，菜丝含糖17.63%，工艺总损3.17%，榨取率81.99%，产糖量31531.35吨，糖一次产品合格率99.57%，糖优级率94.40%，糖优A率85.48%，颗粒粕合格率100%。

一、通过技改扩模，实施品牌战略，提高企业竞争力。

公司的前身是张北县糖厂，于1980年建成投产，是一座日处理甜菜200吨的小型糖厂。当时，由于受坝上气候和种植技术的影响，原料供应严重不足，制约了公司的发展。1989年公司引进了“纸筒甜菜栽培种植技术”，并于1990年试种获得高产后，甜菜种植面积逐年翻番。从1990～2000年经过3次技改扩模，日处理甜菜能力从200吨达到了500吨、800吨、1000吨。并在1995年上了颗粒粕饲料生产线，使甜菜废丝得到了综合利用，进一步提高了甜菜制糖的综合效益。颗粒粕饲料出口日本、韩国等地，为全县出口创汇实现了零的突破。

2001年9月，企业改制组建了全县首家规模化民营企业“河北天露糖业有限公司”，依托坝上独特的经济资源甜菜，立足河北省张家口坝上地区拓展甜菜产业。通过实行“公司+基地+农户”的种植模式，大力推行“订单”农业，通过让利于民、科技扶持、籽种补贴等一系列便民措施，确保了甜菜产业的健康发展，使甜菜产业成为了当地农民脱贫致富奔小康的主渠道，成为地方经济的支柱型产业。凭借其强大的龙头带动作用，公司先后被评为“农业产业化国家重点龙头企业”、“国家级扶贫龙头企业”、“省农业产业化重点龙头企业”。

为了培强、壮大甜菜产业，推进坝上甜菜产业开发工作，公司通过多次技改扩模，引进国际一流制糖设备和改造传统生产工艺等措施，公司规模迅速扩大，甜菜产业链条得到迅速延伸，成为中国制糖企业的排头兵，主产品“雪景”牌绵白糖，荣获“中国名牌产品”，实现了张家口市在中国名牌史上“零”的突破。

二、通过资本积累，引进战略伙伴，实现对外扩张。

2004～2007年期间，公司通过对外扩张，先后在内蒙古、黑龙江收购、整合了内蒙古前旗糖厂、黑龙江望奎糖厂、黑龙江依安糖厂，组建了“河北天露盛世投资有限公司”。

2008年，为了加快中国甜菜制糖业的发展，河北天露盛世投资有限公司积极引进战略合作伙伴，与ABF英联集团旗下的英糖公司（BSO）合作，整合东北、华北地区制糖资源，合资成立了“博天糖业股份有限公司”。成为国内第一家中外合资的甜菜制糖企业、国内最大的甜菜制糖企业集团，旗下拥有张北、乌兰察布、

公司大门外景

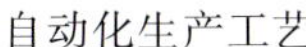
自动化生产工艺

自制甜菜起收机

乌兰浩特、赤峰、宝龙山、依安、望奎、肇州、肇源、查哈阳、扎兰屯11家分公司，产业基地横跨河北、内蒙古、黑龙江三省。

三、引进先进种植技术与机械，实现甜菜生产机械化。

新公司成立后，引进英糖公司的管理理念并结合中国实际，通过对现代农业和甜菜种植技术的推广、甜菜生产机械研制等一系列工作，逐步改变了坝上传统的甜菜种植方式。2009年8月份开始进行小农机研制工作，先后成功研制了纸筒移栽机、播种机、中耕机、除草机、喷药机、打叶机、起收机等小型机械。通过样板示范，典型大户带动，到位的产业服务，种植基地不断扩大，基地种植面积辐射周边七县区及内蒙古部分旗县，形成了覆盖66个乡镇、2300个行政村10多万种植户、20多万亩的原料种植基地。

四、提高制糖副产品利用率，实现甜菜产业化经营。

作为甜菜生产和加工的龙头企业，博天糖业张北分公司与当地酵母制造、饲料加工共同形成了“甜菜种植块根制糖副产品糖蜜生产酵母甜菜茎叶、甜菜废丝、酵母废液加工生产饲料”一系列多次增值的循环经济产业链，提高了产品附加值，带动张北县周边养殖业、流通运输业、餐饮业等相关产业的发展，有力促进了当地农村经济结构的调整，为农村富余劳动力转移就业做出了积极贡献，年甜菜产业化经营额达7.8亿元。

雪景牌绵白糖

中都牌颗粒粕饲料

河北张家口帝达集团有限公司

董事长吴东英检查节日供应情况

河北张家口帝达集团有限公司成立于1997年8月，位于张家口市桥西区冯窑厂前街25号，是迄今为止张家口市最大的商贸流通企业。现有在职员工1400人，离退休人员554人。注册资金2057.3万元，总资产3.1亿元。多年来，帝达集团公司在上级领导的亲切关怀下，在新老员工的共同努力下，集团公司领导励精图治，不断开拓创新、与时俱进、抢抓机遇、科学发展，销售利润同步提升，两个文明和谐发展，成为张家口市销售规模大、经营管理规范、两个效益具佳的商业窗口企业。

2007年10月，帝达集团由国有企业改制为股份制企业。帝达集团公司旗下拥有帝达购物广场、帝达购物中心、帝达陵园路店、帝达食品酿造公司、帝达饼业厂5家企业。形成了门类齐全、既有批发又有零售，既有生产又有加工，多种经营领域和多种经营业态参与市场竞争的新的流通格局。

1997～2008年帝达集团公司累计实现商品销售41.72亿元，上缴税金1.19亿元，实现利润1.08亿元。

多年来，帝达集团以“购物在帝达、风险等于零”的社会承诺赢得了广大消费者的信任，企业先后荣获“全国商务系统先进集体”、“全国文明单位”“河北省先进集体”、“河北省明星企业”、“国家级诚信单位”、“河北省优秀企业”、“河北省贸易系统先进单位”、“张家口市模范企业”、“张家口市流通系统先进单位”等多项荣誉称号。

帝达饼业厂生产糕点

帝达牌调味品

张家口龙兴实业集团有限公司

党委书记、董事长　马怀清

张家口龙兴实业集团有限公司成立于2006年10月，下辖12个成员企业，是“河北省工业企业300强”、“河北省民营企业100强”企业之一。

集团主营有色金属矿山开发、加工贸易及房地产项目开发，是国内两家特大型冶炼企业的华北原料供应基地，“龙兴·润城”小区已经成为张家口市最引人关注的高端住宅小区之一。获得了张家口房地产协会颁发的“生态宜居奖”、“优秀户型奖”和“高端项目奖”三项大奖。

龙兴集团坚持以“发展、创新”为主旋律，坚持“拓源战略”，坚持以人为本及互利双赢的经营原则，促进全员素质、产品质量及企业形象的全面升级。

龙兴集团牢固树立“责任”意识，大力推进清洁生产，发展循环经济。在力求发展的同时不忘回馈社会，积极参加“城市增绿添彩”、“金秋助学”等公益活动，开办龙兴敬老院，设立“龙兴助学基金”，为张家口市清水河三期治理清淤工程捐资300多万元等。

龙兴集团先后荣获“全国企业文化建设优秀单位奖”、“河北省明星企业”、“河北省AAA劳动关系和谐企业”等20多项荣誉。

“实现全员富裕的盛世龙兴”是企业愿景；科学发展、跨越发展、和谐发展是企业的方向。

桥东区委书记张常喜为集团党委授牌

集团高管带领安检人员对井下安全生产情况进行排查

集团中层以上干部参加清华大学提升执行力封闭式培训

智利开泰公司企业家帕布纽森应邀到龙兴集团参观考察

龙兴助学基金启动仪式

龙兴宏基房地产开发有限公司润城小区售楼处落成庆典仪式

张家口市远东实业有限公司

张家口市远东实业有限公司物流仓储中心是一家集商贸、物流、配送为一体的综合性民营企业。公司位于高新区机场路口，紧邻市外环路。公司经营范围：仓储、配送、加工、货运结算、公路运输、装卸搬运等。

公司现建有近20000平方米的大型现代仓储分拨基地，3000平方米的现代办公场所，还提供可供100多人就餐的餐厅，拥有各种型号配送车辆20多部，有技术精湛、责任心强的配送人员50多名，并配有现代化的物流信息系统及专业化的网络办公系统，是张家口市规模较大的综合性物流公司。

公司拥有高素质的专业人才队伍、严格的管理制度、雄厚的经济实力及可靠的资信，以发展成为华北及国内知名物流品牌为战略目标，通过整合运用名牌战略、人才战略及合作经营战略，不断拓展国内物流市场。

公司在如今市场需求的瞬息万变、日益激烈的竞争环境中。奉行“诚信、认真、高效、执着、创新”的经营理念，推行“准时供货”、“柔性供货”的科学化经营方式。坚持“诚信第一”的服务宗旨，执行5S管理制度，将“低成本、高服务”作为企业追求目标，协助客户在瞬息万变的市场竞争中走向成功。

远东实业公司库房

宣化巡天种业新技术有限责任公司

联合国粮农组织总干事参观巡天公司

杂交谷子在非洲种植成功，当地政府官员和农业专家大加赞赏。

宣化巡天种业新技术有限责任公司，自1999年成立以来，经过不断发展，现拥有固定资产3000万元，总资产规模5000万元，成为集育繁推一体化、产供销一条龙的大型种业集团。先后被评为“河北省农业产业化重点龙头企业”、“河北名牌产品”、“国家级农业标准化示范区”。“巡天”商标为“河北省著名商标”。

公司品种研发实力雄厚，通过连续多年的科研攻关和强大资金投入，现已育成“巡青”和“巡天”两大系列玉米品种19个，并通过全国11省（区）审（认）定，累计推广面积2000万亩。

公司在国内制种优势区域拥有固定育繁基地，已通过ISO9001-2000质量体系认证。销售网络遍及全国各地，在新疆、河北等地成立参股公司、销售分公司13个，石家庄、太原建有办事处，在其他玉米和谷子集中产区建立新品种推广服务商500多家。

公司与国家重大科技成果杂交谷子发明单位张家口市农科院成功合作，大力推广该院已育成的抗旱、高产、优质“张杂谷”系列品种，已在北方干旱、半干旱地区推广200万亩，增产粮食2亿公斤，节水超过2亿立方米，受到联合国粮农组织的密切关注和国家各级领导的高度重视！

巡天人以“凝聚实干、创新奉献”为企业精神，以“发挥潜能、创造价值、服务社会、造福百姓”为核心价值观，愿与国内外同仁一起、打造百年品牌，共创辉煌未来！

河北省农业产业化经营
重点龙头企业
有效期：2010年5月—2012年5月
河北省人民政府

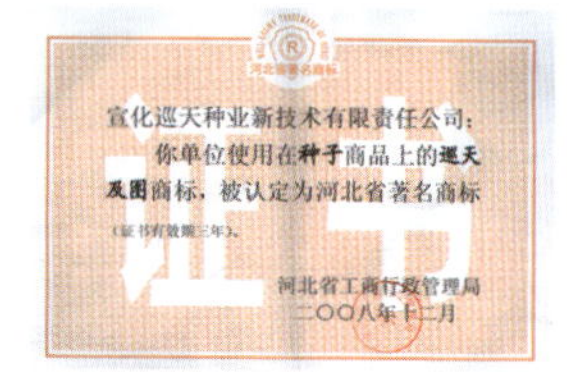

证书

宣化巡天种业新技术有限责任公司：
你单位使用在种子商品上的巡天及图商标，被认定为河北省著名商标（证书有效期三年）。

河北省工商行政管理局
二〇〇八年十二月

张家口市康保牧场

农业要发展，水利须先行，以喷灌为主的节水灌溉为该场的农业发展提供了水利保障。

正在收获牧草的农业机械

张家口市康保牧场原为1953年7月中国人民解放军华北军区后勤部马政处在此建立的中国人民解放军黄城子军马场。1957年1月，移交中央农垦部察北牧场，编为四分场，1961年9月，经国务院批准，恢复中国人民解放军黄城子军马场，主要为部队培养军马、军骡。1976年5月，经国务院、中央军委批准，移交张家口地区，因该场在康保县境内，故称河北省张家口地区康保牧场。1993年地市合并后改称河北省张家口市康保牧场，隶属张家口市畜牧水产局管理。2010年6月经市委、市政府决定，整体移交市交通局主管，为国营农垦企业。

康保牧场位于河北省西北部，康保县境内东北角。东、西、北分别于内蒙古自治区的太仆寺旗、化德县、正镶白旗接壤。地理坐标是东径114° 43′ ~ 114° 50′ ，北纬42° 00′ ~ 42° 08′ 。距张家口市170千米，距康保县城32千米，距白旗30千米。

康保牧场总面积17.5万亩，全部为国有土地。其中草场面积10万亩、耕地面积4万亩。现在节水灌溉水浇地2500亩。

现有总人口2672人，其中非农业人口720人，农业人口1938人。有职工636人、离退休人员192人。

康保牧场是一个集农、工、商于一体的农垦企业，具有自己独立的区域和经营特色。

青贮玉米的种植，为生态型畜牧业发展奠定了基础，也是畜牧业标准化生产的保障。

规模化种植是农垦企业农业发展的优越条件，为农业发展起到了很好的示范带动作用。

张家口市高新城建投资集团盛华热力有限公司

2006年公司成立揭牌仪式

张家口市高新城建投资集团盛华热力有限公司成立于2006年4月27日，公司由市高新城市建设开发投资集团有限公司和市盛华热力有限公司共同出资组建，注册资本1000万元。公司主要经营高新区集中供热、供热设施维修、物业管理、管道安装、设备与管道维修、管道防腐保温、水暖阀门、五金配件、涂料、建筑保温材料销售、供热技术咨询服务等。供热范围主要包括纬一路以南，纬四路以北，经一路以东，经五路以西的区域。公司下设工程部、市场运行部、财务部和综合办公室。从2006～2009年末，公司总投资1亿元，铺设主管网双向26.8公里，建热力站24个，现已实现供热面积200万平米，热用户共27个小区达2万余户。

公司坚持“科学发展，诚实守信，优质服务，温暖万家”的经营方针。坚持自主创新，不断提升核心竞争力。2008年进行技术改造，运用低真空分布变频直供技术，解决了地势复杂，高层低层用户交错，新旧住宅暖气承压能力不同所引起的供暖效果不均衡的技术性难题，该技术在节能环保的同时更好地实现了“人性化”供热。2009年5月，经专家评审鉴定，该科技成果被定为国内领先技术，现该技术项目已被列入河北省2010年中央政府储备项目。公司现已实现“三大信息系统”：（1）全部实现实时数据采集、无人值守、中央控制监控一体化系统。（2）实时视频监控系统。（3）现代办公收费系统。提高了企业信息化水平，降低了运营成本。企业的整体水平与全国同行业相比处于领先地位。

2010年和2011年分别将新增供热面积60万平方米，达到规划设计近期320万平方米的供热目标。

张萱公路热力管道焊接

瑞璘轩热力站

张宣公路热力管网铺设

公司热力站首站

豪园热力站

盛华热电厂

斯必克冷却技术（张家口）有限公司

公司生产的比利时布鲁日电厂1 X 46万千瓦空冷机组空冷设备

公司生产的我国第一座2 X 30万千瓦亚临界空冷电厂（山西漳山电厂）空冷设备

MRC管束生产车间

单排管生产车间

斯必克冷却技术（张家口）有限公司1995年成立，1997年投产，2005年变更为美国独资企业。投资总额2.462亿元，注册资本2.462亿元，现有员工600余名。最具代表性的设备是技术国际领先、斯必克集团独有的椭圆钢翅片管生产线，亚洲最大最先进的工频感应加热浸锌工厂成套设备，以及世界一流的空冷凝汽器组装生产线。是本省唯一同时具有中、美、德三国压力容器资格的生产厂，产品具备出口到全球任何地方的质量品质。先后获得国际ISO 9001、ISO14001、OHSAS18001认证，成为本市首家通过一体化国际认证的装备制造厂。也是河北省高新技术企业。

公司主要产品空气冷却器、电站辅机、其它各类换热器、压力容器和表面处理产品。主导产品多排管和单排管空冷凝汽器，已在国内外百余个空冷电厂投运。是斯必克冷却集团最重要的生产基地，是其在华投资企业中最大的实体。是国内外规模最大的空冷设备制造商。

公司遵循“遵规守法、追求卓越、成就全球的理念；至精至诚、持续改进、满足客户需求；节能减排、预防污染、改善人类生存环境；治理隐患、控制风险、保障员工健康安全”的企业方针，秉承“忠诚正直、爱岗敬业、以人为本、求实创新”的企业精神，已成为张家口市技术起点高、经营效益好、诚信经营、发展平稳、劳动关系和谐、具有社会责任、影响力和示范作用的外资企业。

公司生产的山西古交电厂2 X 30万千瓦空冷机组空冷设备

公司全景

董事局主席、党委书记 刘文

董事长 刘东升

河北金华升阳房地产开发集团有限公司

河北金华升阳集团获准成立于2008年2月15日，其前身是1997年10月组建的张家口市华升阳房地产开发有限公司。集团注册资本5650万元，资产达亿元。集团下设8个企业：1个母公司，即河北金华升阳房地产开发集团有限公司，是具有二级开发资质等级的房地产开发经营企业；4个子公司，即张家口市华升阳商城有限公司、张家口市华升阳工贸有限公司、张家口市华升阳日用化工有限公司、张家口市华升阳物业服务有限公司；2个参股银行，即张家口市商业银行、张北信达村镇银行；1个控股贷款公司，即张家口市桥西区华银小额贷款有限公司。

集团成立以来，始终发扬“高效、务实、和谐、创新”的企业精神，坚持“诚实守信、依法经营、塑造品牌、回馈社会”的经营宗旨，奉行“合作共赢、和谐发展”的经营理念，紧跟时代发展步伐，走出了一条立足自身、稳健提升、科学发展的现代企业发展之路。集团现承建了市政府、桥西区政府新华街“华新园”45万平方米旧城棚户区改造重点工程，并规划建设4座功能齐全的现代化商业大厦——华升阳商厦、华升阳青少年商厦、华升阳创业大厦、休闲娱乐健身大厦。“华新园”项目建成后，将成为张家口市区内规模最大的生活社区。建好的“华新园”住宅小区先后被评为“省节能省地型住宅规划理念示范项目奖”、“河北省优秀住宅实施项目奖”、“省节能省地型优秀户型实施项目”、“2009年中国楼市项目最具居住价值精品楼盘”、“2009年房地产优秀开发项目奖”、“燕赵广厦杯综合奖”，2007年经市地震局安全检测，将该项目列入“抗震设防示范工程”。凭借优秀的规划设计和过硬的工程质量，“华新园”社区在为业主提供更为丰富和人性化生活场景的同时，也提升了张家口市中心城区的城市品位。

集团在发展壮大中，坚持把勇于承担社会责任、造福广大人民群众，作为推动企业持续发展的一座永恒航标。十几年来，积极投身社会慈善事业、光彩事业和公益事业，深入灾区、社区，送温暖、献爱心达754户，累计捐款捐物达1576万元，用于资助贫困学生和残疾人，关心革命老区发展和汶川、玉树灾区家园重建，修缮改扩建清真寺、

“华新园”天仙苑小区景观图

云泉寺及新农村建设，支持市“增绿添彩”、“大清河治理”、“金秋助学”、“航标助学”、“城市建设”等工程。同时，遵循“指导金华升阳事业的理论基础是马列理论，领导金华升阳事业的核心力量是共产党人，管理金华升阳经营的运行机制是法律法规”指导思想，坚持党旗引领、依法治企、以人为本，深入实施企业党建、依法治企、引才增智三大工程，党组织的凝聚力、向心力持续得到强化，企业的依法经营、规范运营水平得到持续提高，员工的业务素质和综合能力得到持续提升，特别是集团中共党员比例占全部员工人数的86%以上，高级技术管理人才比例占到企业管理人员的82%以上，为集团的和谐发展、科学发展奠定了坚实的组织基础和人才储备。

集团经过十几年的经营发展，取得了非凡的企业荣誉，赢得了较高的社会声誉。先后被省房地产业协会评为2002年、2003年“先进单位”；被省住宅与房地产协会评为2006年“省房地产开发最具发展潜力优秀企业”，被中共河北省宣传部、河北省工商业联合会、中共河北省委统战部授予2006年度“河北省民营企业思想政治工作先进单位”；2007年度荣获省房地产开发综合实力企业“突出贡献奖”；2008年度获得中国最具竞争力500强企业、中国房地产最具诚信品牌企业、中国最具潜力知名商标品牌企业、中国房地产品牌价值企业100强、中国楼市项目最具居住价值精品楼盘，并被农业部乡镇企业局、乡镇企业协会、乡镇企业发展中心、人民日报社网络中心授予纪念改革开发30周年“全国优秀乡镇企业开拓创新奖”，被中国房地产业协会评为中国房地产诚信企业，被张家口市政府、桥西区委、区政府分别授予“项目建设先进单位”、“纳税先进企业”、“城建重点工程突出贡献奖”，被省建行授予“优质楼盘称心房”金字奖牌，被中共张家口市委、张家口市人民政府授予“增绿添彩”工程“突出贡献奖”，被张家口市消费者协会、张家口电视台授予“百姓满意楼盘”;2009年荣获中共张家口市委“先进基层党组织”、“先进民营企业”称号，荣获中华慈善总会“中华慈善突出贡献奖”、“张家口市职工五一劳动奖章”、“张家口市三年大变样技术创新成果奖”、第二届张家口市民满意小区“和谐社区典范奖”；2010年荣获“安全生产先进企业”、“2009年度纳税先进企业”、“2009年度商界社会公益事业奖”、“光彩事业奖”等上百个荣誉称号，受到上级部门、社会各界和消费群体的普遍认可。

金凤集团董事长 张国芳

集团综述：

河北金凤集团在董事长张国芳的率领下，经过十余年的市场拼搏，已由一个单一的房地产开发企业，逐步形成集房地产开发、生物制药、机械制造、商贸流通四大行业于一体跨地区、跨行业的综合型企业集团，实现了企业跨越式发展。金凤集团以先进的开发理念、超常的营销策略、诚恳的经营方式赢得了市场，得到了社会的认可，企业得以迅猛发展。由过去单一的房地产开发经营，发展成集多种行业于一体的企业集团。共注册资金人民币2亿元，员工2980多人。

金凤品牌：

近10年来，金凤集团一直把实施品牌战略作为推动企业迈向现代化进程的有力杠杆。以质量、信誉、服务立业、创品牌、保品牌、发展品牌，坚实地走品牌兴企之路，打造出享誉市场的“金凤”品牌形象。“金凤”商标被评为河北省著名商标。

河北金凤企业集团

办公楼大厅

金凤大厦大堂总台

金凤大厦夜景

凤翔山庄

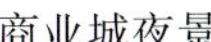
商业城夜景

金凤集团办公楼

回报社会：

金凤人所追求的崇高和幸福，是回报社会，强国富民。近十年来，无论是抗震救灾、抗击“非典”，还是资助失学儿童、吸纳下岗职工再就业等公益事业，集团累计捐款五百多万元。2006年8月的“希望工程圆大学梦”的活动，共资助198名贫困生；2007年11月，响应市委、市政府大清河治理改造的号召捐款，被评为“大清河治理功臣”；2008年为南方遭受雪灾的灾区捐款，在四川“5·12”地震中集团响应中央“一方有难，八方支援”的号召积极捐款捐物。

集团荣誉：

经受了改革风浪和市场大潮洗礼的金凤集团，其务实创新的精神，得到上级和社会各界的赞誉，2003~2005年，连续三年被河北省房协评为先进集体；“金凤家园”被河北省命名为“省星光计划先进社区”。2007年4月被市委、市政府评为“2006年度先进民营企业”；2008年元月被中共河北省委统战部、河北省工商业联合会、河北省光彩事业促进会评为“2003-2007年度河北省光彩之星”；2008年6月被河北省住宅房地产业协会评为“2007·河北省开发综合实力优秀企业”；2008年11月被张家口市桥西区委、区政府评为“2008年度桥西区廉租房回迁建设先进单位”和“2008年桥西区城建重点工程道路拆迁建设突出重点单位”；被评为“河北省中小企业（乡镇企业）理事单位”；2009年3月被中共河北省委评为“青年就业创业见习基地”。

集团董事长张国芳多次被省建设厅、市政府、市青联等单位评为“优秀民营企业家”；2006年6月被中共张家口市委评为“全市优秀共产党员”。2009年元月被评为“河北省个体私营经济杰出人物”。

集团总经理郝碧琳，2005年7月作为杰出青年代表被推荐为共青团中央十届青联委员，受到了胡锦涛总书记等中央领导的接见；2006年7月随团中央青联访问韩国；2006年5月被授予“河北省五四青年奖“荣誉称号；2007年9月荣获“河北省青联优秀委员”。河北省政协委员、河北省青年企业家协会副会长。2005年被评为张家口市“优秀人大代表”；2008年3月被评为张家口市“十大杰出青年”。同年也被张家口市评为“巾帼英雄带头人”，且担任厦门河北商会会长一职。2009年2月被市委宣传部评为“感动2008张家口年度十大新闻人物”。2010年被市委、市政府评为“张家口市劳动模范”。

紫玉山庄

凤凰山庄鸟瞰

经营城市 铸就辉煌

热烈祝贺河北广立房地产开发集团股份有限公司成立十二周年

在激情的七月，我们迎来了河北广立房地产开发集团股份有限公司12岁的生日。12年里，广立房地产经营着城市，也铸就了辉煌！这份辉煌印鉴了城市的繁荣发展，记录了公司的奋斗里程，更让每一个广立人慷慨激昂，为之骄傲。

河北广立房地产开发集团股份有限公司是经河北省人民政府批准设立，河北省工商行政管理局核准注册的综合性房地产开发企业。公司以出租车业起步，以房地产业为龙头，并逐步发展成为集地产、物业、餐饮、投资等多项业务于一体的综合性集团公司。

自2000年步入房地产，公司先后开发建设了广立家园一、二、三期工程，同人创业园一、二期工程，广立青青家园，广立家园明德苑等项目，正在建设“同人创业园”三期项目,开发总面积达30多万平方米。其中广立家园三期“天王星座、海王星座”项目则是张家口首个高层住宅项目，其拔地而起、巍然耸立的雄姿更使其成为张家口的地标性建筑。

风雨十二载，广立人共同谱写了光辉历程：

公元1998年7月，董事长孙煜创办张家口市广立出租汽车有限责任公司。

公元2001年1月18日，公司经河北省人民政府批准设立河北广立房地产开发股份有限公司。

公元2001年9月29日“广立家园”住宅小区北区正式破土动工。

公元2003年6月，“广立青青家园”住宅小区项目正式启动。

公元2004年9月29日，“同人创业园”特困居民经济适用住房项目破土奠基。

公元2005年5月，“广立家园明德苑”项目开始运作。

公元2007年1月16日，公司成立河北广立房地产开发集团股份有限公司。

公元2008年2月，成立北京立世家和国际投资有限公司。

公元2009年6月，“同人创业园”三期破土动工，6月30日，成立河北广立房地产开发集团股份有限公司物业服务分公司，同年9月“广立家园”三期天王星座、海王星座正式交付使用。

公元2010年2月，北京鲜美汇餐饮有限公司、北京醉茶香餐饮有限公司成立，两家餐饮店正式营业。

公元2010年9月，“同人创业园”三期项目主体全部封顶。

……

如今，公司在巩固原有产业的基础上，仍不断向新领域开拓，其中就包括正在组建当中的连锁超市项目。逐步发展壮大，引领产业潮流，科技发展上市，跻身世界列强，是我们始终追求的企业战略目标。

12年来，广立人始终坚持着“厚德载物、自强不息”的企业理念，“爱拼才会赢、团结就是力量”的企业精神，以及“敬业、忠诚、勤奋，一切为客户、终身服好务”的企业价值观，在各级政府的正确领导和大力支持下，12年的广立硕果累累。然而成绩只能代表过去，激情满怀的广立人将迎接新的挑战，艰苦奋斗的广立人将创造新的奇迹，开拓进取的广立人将铸就更加辉煌的美好明天！

公益事业：

在铸就辉煌的同时，公司更肩负着深深地社会责任感，多年来积极投身社会公益事业，向山城人民奉献爱心：

1．2005年建造10000平方米特困居民经济适用住房并以低于成本价格为张家口市特困居民提供住房150套。

2．2007年向张家口职业技术学院捐款50000元。

3．2008年在桥西区增绿添彩活动中植树500余棵，并捐款50000元。

4．2009年向张家口市教育局捐款20万元。

5．2009年为工人新村办事处南新村社区无偿提供1000平方米社区服务用房并出资20万元装修。

6．2010年9月协办“2010年河北省武术太极拳（器械）锦标赛”。

精品项目展示

天王星座 海王星座

现房入住，空中别墅，极品住宅
名街旺铺，投资理财两相宜与王者共分享
3、10、12路公交车二医院下车即到

同人创业园
TONG REN BUSINESS PARK

优越的地理位置，齐全的教学配套，让您的生活无忧无虑……
18路公交车同人创业园小区站

张家口市宏昌房地产开发有限公司

张家口市宏昌房地产开发有限公司成立于2003年7月22日，先后开发建设了宏昌馨无小区一期、二期和三期工程。共计10栋楼。工程合格率达到100%，其中馨园汴区三期工程获得河北省优质工程称号。

2008年，公司在张家口市纬一中路4号投资1302万元，无偿为政府建廉租房5163.6平方米，共计94套，现已投入使用。公司投资建设宏昌四期国际商务会馆工程和府东福源里小区2个项目，建筑总面积为80000平方米。

张家口艺海国际商务会馆为张家口宏昌房地产开发有限公司旗下全资子公司，总投资1.2亿元，建筑面积1.7万余平方米，南邻110米宽的市府东大街，南北两侧20米绿化带，是集商务、会议、餐饮、客户、洗浴、休闲于一体的顶级商务会馆，并由北京艺海商务国际酒店管理集团经营管理。

完善的设备、设施与艺海秉承之“全程跟班式服务”结合，体现在艺海商务会馆的每一个环节，制度化，标准化，流程化服务，就是一个全新的精细化服务的实施过程。张家口艺海国际商务会馆全心全意为顾客服务，全心全意为员工服务，全心全意为社会服务，提升了张家口地区服务业的服务品质，为商务人士提供了一个高品位，高层次的商务宴请及休闲养身场所。

张家口艺海国际商务会馆外景

张家口艺海国际商务会馆内景

张家口市金鑫房地产开发有限公司

张家口市金鑫房地产开发有限公司成立于2001年，是张家口市较早的房地产开发企业。企业现有员工38人，拥有一批高素质的专业人员和管理人才，其中大中专文化程度人员26人、具备各种职称人员19人，有资质的项目经理6人。公司下设四部一室，即开发部、销售部、工程部、财务部、综合办公室。

长期以来，公司在孙志照董事长兼总经理的带领下，坚持“质量第一、用户至上”的宗旨，注重内部管理，讲求社会效益。在近十年的成长过程中，曾先后参与了旧城改造、新区建设。开发了多个不同户型、不同品质、不同价位的楼盘及小区，如“山水人家”、“新街坊”、“府街庭院”等，在开发规划设计中不断地融入了企业文化元素，尽量满足不同消费群体对各类商品住宅的需求。

2009年，企业参与城市“三年大变样”、旧城中心区改造工作。克服了重重困难，收购搬迁了一家污染严重的老工业企业，在原址上规划新建了“鑫业家园”商住小区，设为旧城中心区改造，又增添了一道亮丽的风景线。

公司还连续多年被授予市级“重合同、守信用”企业、纳税先进企业、先进民营企业等荣誉称号。现已跻身于张家口市主流地产企业之行列中。展望未来，公司将继续为山城的建设发展努力奋斗，立志成为一朵永远绽放于山城房开企业中绚丽夺目的奇葩。

张家口市中惠房地产开发有限公司

总经理　曹承峰

鸿隆控投集团成立于2000年9月，集团秉承“诚实做人、诚信做事、诚爱社会”的三诚主义企业文化，在全体员工的共同努力下，坚持以“优异产品、优越效能、优质服务”的经营理念，成功开发和经营多个项目，在深圳市成功建立声誉并多次获奖。2005年末，“鸿隆地产”被评为25年深圳最具影响力的10大地产品牌；2007年2月，本公司在香港联合交易所主板上市。

集团公司成立以来，以珠江三角地区的住宅开发、写字楼开发和商业地产拓展为主要经营手段，通过旗下的鸿隆地产有限公司和鸿隆产业管理公司，切实贯彻以地产和商业相互搭配的多元化组合发展战略。集团在深圳、广州、惠州、梅州、沈阳等地区都成立了分公司，成功开发和租赁经营的物业分别在港湾丽都、鸿隆广场、鸿隆高科技工业园、宝润装饰材料城等；而正在开发的项目分别在深圳鸿隆·世纪广场、惠州东江湾；绿景花园、华府花园、半山花园、梅州紫荆花园、温馨花园、深圳英华等。

29#楼效果图

未来集团将继续以深圳为基地，进一步拓展集团在广东省以及华南其他城市的发展范围，持续专注开发住宅及商业物业，以创新的设计满足市场的需要，努力成为所属区域内具有竞争优势的主要房地产开发商之一。

香港利好投资有限公司系鸿隆控股集团旗下的一家全资子公司，从该公司完全收购张家口中惠房地产开发有限公司起，就预示着鸿隆控股集团成功迈出了开拓北方市场的第一步。面对新的投资环境、新的政府领导、新的消费群体，鸿隆仍将秉承“优异产品、优越效能、优质服务”的经营理念，将深圳特区的优点、创新点带到张家口，为张家口人民提供更多更好的优质产品，为张家口的市政建设做出贡献。

由张家口中惠房地产开发有限公司开发建设的大境门六号地块香江·名城国际小区位于桥西区古宏大街北侧。该小区背靠西太平山自然公园，南眺山城，东邻大清河，是张家口空气质量最高、风景最好，冬暖夏凉的养生社区。区内建筑简明俊朗，楼前庭院开阔秀美，是张家口市配套完善的高档优质小区。

中惠房开小区总体鸟瞰图

张家口正元工程项目管理有限公司

总经理 陆 军

张家口正元工程项目管理有限公司前身为张家口市正元工程建设监理有限公司，成立于2001年3月，为张家口市城建开发投资集团有限责任公司旗下子公司，是张家口市唯一的经国家建设部核准的房屋建筑工程和市政公用工程双甲级资质监理企业，是河北省建筑市场发展研究会会员单位。公司于2007年12月通过了GB/T190012000质量管理体系认证和GB/T280012001安全管理体系认证。公司主要业务范围包括：承担各类房屋建设工程、市政道路工程、给水排水工程、市政桥梁工程、垃圾处理工程、风景园林工程的建设监理及工程建设技术咨询、工程招标代理、工程建设项目管理、工程概预算编制与审定等业务。

公司2002～2009年连续被评为省级“守合同、重信用”企业，连年被评为省、市级优秀监理企业。公司拥有职工210名，其中具有高、中级技术职称的工程技术人员148名，国家注册监理工程师22名，国家注册造价工程师6名，国家注册建造师9名。公司注重员工培训，所有监理人员均经过正规监理培训上岗，在工作中配备了高精度测量仪器和检测工具，使用计算机进行信息处理和项目辅助管理。

历年来，公司始终以“高起点、高目标、科学化、现代化”为目标，初步建立了较系统科学的管理体系。本着“守法、诚信、公正、科学”的宗旨，高质量管理各项目监理工程，先后完成了300余项工业与民用建筑工程和150余项市政公用工程的建设监理。工程质量一次验收合格率达到100%，30余项工程被评为省优质工程，60余项工程被评为市优质工程，赢得了良好的社会声誉和客户信任。

张家口正元工程项目管理有限公司秉承科学发展的理念，坚持重信誉、保质量、高效率的工作准则，以“创建河北省一流监理企业”为目标，进一步完善经营管理机制，提升监理服务水平，为推进全市住建事业的发展做出新的更大的贡献。

省优工程交通局监控中心

建设桥

林业大厦

赵川镇党委书记 冀振军

赵川镇人民政府镇长 张晓琚

宣化县赵川镇

赵川镇位于宣化县域东北部30千米处。112国道、宣庞铁路横贯全境，张小线在小村村与112国道交汇，区位优越，交通便利。镇域面积177.5平方千米，耕地4322公顷。辖27个行政村，11119户、32218人。2009年，全镇实现工农业总产值7.4亿元，财政收入4139万元，农民人均纯收入4066元。有中央储备粮张家口直属库、坤源矿业有限公司、宣化县金燕矿业有限公司、馨仁医院等多家驻镇单位。义务教育达标，且有县级幼儿园1所。

全镇经济发展迅速，林果、蔬菜、西瓜、杂粮四大基地初具规模。盛产玉米、豆类，优质小杂粮和马铃薯。矿产资源丰富，主要有金、银、铁、煤、石英石等。企业多为采、选、球团等矿业，初加工企业计82家，个体工商户800家。打造了含有多项高科技成果的“张杂谷基地—秸秆发展食用菌—菌棒生产畜禽饲料—畜禽

赵川镇人民政府办公大楼

万亩杏扁基地

联合国秘书长行政办公室全球协议高级顾问Frek.Dubee和中科院院士等人到赵川镇考察张杂谷基地

赵川镇瑞达养殖厂（采用人工受精技术的种猪繁育基地）

赵川镇中学教学楼

粪便生产沼气和有机肥发展无公害蔬菜”农业生态循环链条，形成了以矿业经济为支撑，不断推进农业结构调整、商贸流通服务业全面协调发展的格局。

赵川镇城镇建设、文化事业、基层党建蓬勃发展。1989年被国家建设部命名为“全国村镇建设文明集镇”，1991年被省政府评为“村镇建设先进单位”，1994年在河北省小康村镇建设竞赛中被评为“河北省小康村镇建设优胜单位”，连续6年被市建委评为“先进单位”。多次被市委评为“先进基层党组织和先进集体”荣誉称号，2009年被评为市级文明乡镇。

赵川镇全景图

宣化县沙岭子镇

沙岭子镇党委书记 李斌

沙岭子镇人民政府镇长 王晓龙

2009年，沙岭子镇党委和镇政府认真落实党的十七大精神，深入学习实践科学发展观，以“群众增收、财政增长、投入增加、就业增多、社会稳定”为目标，推进全镇经济社会科学发展。全年实现地方生产总值33.70亿元，同比增长13.8%。完成财政收入4012.47万元，同比增长21.48%。完成固定资产投资4.83亿元，同比增长150%。农民人均纯收入5386元，同比增长10%。

沙岭子镇以洋河景观及生态涵养区、张家口市东山产业集聚区（两区），城际铁路、张唐铁路、京包铁路（三铁），丹拉高速、张承高速、京张高速、110国道（四路）为依托，打破原有村庄界限，构建和谐新“五区”（农民居住区、工业集中区、商贸物流区、教育文化区、行政办公区），全力打造“产业聚集、商贸繁荣、环境优美、居住舒适、功能完善、社会和谐”的生态宜居小城镇，努力实现城镇面貌“三年大变样”。镇政府办公楼内部粉刷工程、外立面贴层工程、街门楼贴层工程、电动门安装工程、院面硬化工程、轮廓灯安装工程，总投资60万元。

沙岭子镇东临宣化区，西接高新区，地处张家口市中心位置，辖区总面积41.4平方千米，下辖6个行政村和1个市场管委会，镇区总人口4.8万人。2009年，太师湾、南兴渠、二里半3个村被确定为省级新民居建设示范村。为此，充分发挥区位、交通、经济等优势，致力于实现农村城市化、农民生活现代化，在大力加强小城镇建设的同时，强力推进新民居建设工作，取得了较大成绩。

张家口华铃丰田汽车销售服务有限公司新址位于宣化县沙岭子镇张宣迎宾大道西侧，与京张、丹拉高速相连，交通方便。公司占地12000多平方米，拥有员工119人，其中工程师1人，助理工程师1人，高级技师2人。现有汽车展厅2个，维修车间2个。年维修汽车可达6000台次，是一汽丰田、长丰猎豹、江陵、庆铃、郑州日产、南京菲亚特、东南汽车厂家指定的维修站。

张家口华铃一汽丰田特约店

高新区姚家房镇

姚家房镇党委书记 李盛

姚家房镇人民政府镇长 李彤宇

姚家房镇位于高新区南部，1961年建立姚家房公社，1987年改姚家房乡，1992年改镇。辖姚家房、东房子、雒家房、翟家庄、北新渠、陈家房、王安房、二台子、鹊突地、清水河、东伙房、刘家坑12个行政村。距市区10千米，面积30.14平方千米，人口21830人。2004年由宣化县划入张家口市高新区管辖。

姚家房镇东临110国道、张宣大道，西靠滨河路，南倚沙岭子镇，北接快速路南环线，京包铁路、丹拉高速横穿全境，且位于市三大产业集聚区和物流园区的中心位置，毗邻即将建设的京张城际铁路、军民合用机场。全镇民营经济发展迅猛，拥有各类企业摊点1184个，其中规模以上企业42家，从业人员6401人，主要有淀粉、冶金、铸造、印刷、家具、运输等支柱产业。全镇共有党委2个、总支部1个、村支部11个、企业支部9个、单位支部5个、流动支部1个，共计33个支部，党员1114人。该镇气候属东亚北温带大陆性季风气候，降水多集中在7～9月，平均气温8℃，绝大多数属灌淤土地，非常适合种植玉米、蔬菜等作物，有“塞外乌克兰”之称，食用菌、花卉等产业蓬勃兴起，有信旺科技等6个专业合作社。2009年，该镇被授予“全国文明村镇”、“市级先进党委”、“市国庆安保先进单位”等荣誉称号。

姚家房镇投资650万元，完成了全长11.08千米的“姚清”、“姚北”路以及与南环、滨河路的三个连接线工程。

2009年，姚家房镇积极抓住“三年大变样”和“四大转型”发展机遇，紧扣区“四大”战略决策，以科学发展观统领小城镇建设，着力实施“3点〔一个中心点（构建和谐小城镇），两大着力点（拆迁、产业），三个关键点（文明创建、社会民生、党的建设）〕并进”战略。研判形势、创新活力、主动求变、奋力赶超，全镇经济社会各项事业有序稳健推进。

2009年，姚家房镇共完成总投资4.62亿元的项目7个。

一、主城区污水再生利用项目。该项目由张家口金川中水开发利用有限公司总投资1.1亿元建设，占地39亩，日处理污水10万立方米，主要建设生物滤池、清水池等生产设施及输水管网，工程分为脱氮除磷升级改造、31.3千米长的二期管网和产业区污水工程三个部分。

二、工程机械大型铸钢件生产线。由北方铸业有限公司总投资3.34亿元新建，集铸造加工、焊接组装为一体，目前，该项目已列入“省政府重点项目”。工程从2009～2014年，分三期进行，现已投资1亿元，完成年产5000吨树脂砂、占地面积2000平方米的1000吨铸钢件热处理和配套机加工铸钢件产品等三条生产线，建成了1万平方米的厂房和5000平方米的职工宿舍楼，各项配套设施逐步跟进。

三、造纸技改项目。该项目由河北玉晶纸业有限公司，投资500万元建设，目前，已购置新设备，进行了技术升级改造，并已完成调试，进入试生产阶段。

四、铁金技改项目。该项目由宣化新兴公司投资200万元建设，生产的铁金粉无粉尘、污水，现正报批环保局进行环评验证。

五、饮水安全工程。投资360万元，对6个村实施饮水安全改造，建设深机井及配套相关设备。

六、乡村道路工程。总投资650万元，共完成全长11.48千米的“姚清”、“姚北”，以及清水河村、王安房村与滨河路、姚家房村与南环线连接路等5条道路。在进一步优化全镇乡村路网的基础上，初步形成了“两纵(滨河南路、张宣大道)、两横(快速路南环线，丹拉高速)”的绕镇交通网。

七、卫生院住院楼改造工程。该项目配套56万元的国债资金，投资近70万元建设，新增面积570平方米，增加床位15张，并新配备了全自动血球分析仪等5种仪器。

总投资3.34亿元集铸造加工、焊接组装为一体，新建的工程机械大型铸钢件生产线。

总投资1.1亿元的主城区污水再生利用项目

崇礼县四台嘴乡

四台嘴乡地处燕山山脉，距崇礼县城25千米，东与赤城县相连，南与宣化县接壤。全乡31个行政村，42个自然村，4094户，10884人，总面积371.63平方千米，其中耕地面积31292亩，林地面积23万亩。

近年来，乡党委政府立足资源优势，加快开放开发。实施“矿业强乡、三业富民”两大战略，抓好项目建设、招商引资、矿业开发、特色农业、旅游经济、设施建设六项重点工作，形成了以磁铁选冶、旅游、滑雪、黄金开采、蔬菜种植为主的“黑、白、黄、绿”四大主导产业。2009年，全乡完成社会总产值8.8亿元，完成国税收入3689万元，地税收入3675万元，农林牧渔业总值8964万元，农民人均纯收入达到了3586元，年接待游客5万人次。蔬菜种植面积达到1.548万亩。

到目前，全乡拥有各类企业52家，其中成规模企业17家，超过亿元的企业3家，年生产铁精粉能力达到100万吨。黄金企业2家，年加工黄金矿石1.5万吨。

春赏花

夏避暑

秋观景

冬滑雪

投资5亿元的大唐国际风电项目正加速建设

投资5000万元的亚龙湾生态度假村项目正在紧张施工

乡政府办公楼

展示农村新面貌

马沟村健身广场

热火朝天的售菜场景

丰富的黄金资源

精选加工的铁精粉

磁铁生产一线

张家口远大建设集团

远大总裁 张登斌

张家口远大建设集团，拥有6家实体企业，经营范围涵盖了公路、市政工程建设、物资贸易、二手车交易中心、房地产开发等多项业务。远大集团一直遵循“科学发展、人性管理、开拓进取、回报社会”的经营理念，在短短的十几年里，将原有的单一公司发展壮大成为初具规模和实力的集团化企业。

多年来公司的规模不断扩大，管理水平不断提升，赢利能力逐年攀升，累计为国家创造税收千余万元，企业先后被中华慈善总会评为“中华慈善突出贡献单位(企业)奖”；获得省、市、区“2003～2007年度光彩之星”、“关爱农民工十佳企业”、“河北省关爱员工优秀民营企业”、“社会主义先进建设企业”、“文明单位”、“先进集体”、“职工五一劳动奖状”、“清水河治理功臣”等80多项荣誉称号。

远大二手车交易中心

远大承接的清水河治理工程

远大承接的城市快速路东环线工程

四部门进驻市场规范交易行为，远大二手车交易中心有了“一站式”服务。

远大盛和苑外沿图

远大建设集团外景

张家口市地方病防治所

张家口市地方病防治所是河北省目前唯一的一所市级地方病防治专业机构。始建于1964年，当时称张家口地区克山病防治所，“文化大革命”期间撤消。由于北方七种地方病在张家口市均有不同程度的分布，且有些病种病情严重，故经原地委行署研究决定于1978年10月恢复重建，并改称张家口地区地方病防治研究所，1986年改名为张家口地区地方病防治所，1993年6月地市合并后改名为张家口市地方病防治所至今。

现有办公室、财务（总务）科、信息管理科、应急办、地病科、鼠疫流行病科、鼠疫布病防治科及检验科8个内设科室。承担着鼠疫、布氏菌、地方性氟中毒、碘缺乏病、克山病、大骨节病等地方病的防治工作和食用碘盐的监测监督以及预防和处理突发公共卫生事件、后勤保障等工作。

目前张家口市碘缺乏病已达到消除标准；饮水型地方性氟中毒全市多数病县（区）未达到国家改水要求；克山病和大骨节病全市病县（区）处于稳定状态。地方病由于致病因子存在，仍应加大防治力度，防止复燃。地病所在市卫生局的领导下，认真落实了以灭鼠、疫情监测为主的防制措施，为防止发生和传入疫情做了大量有效的工作，确保省政府提出的“鼠间鼠疫不下坝、人间鼠疫不发生”的防控目标。近年来，各级卫生防病部门重点开展了以人间布病疫情监测、宣传培训和暴发疫情调查处理等综合防治工作。但由于传染源得不到有效控制，全市疫情仍很活跃，各县（区）布病均有不同程度发生，并时有暴发疫情出现，形势非常严峻，应引起各级部门高度重视。

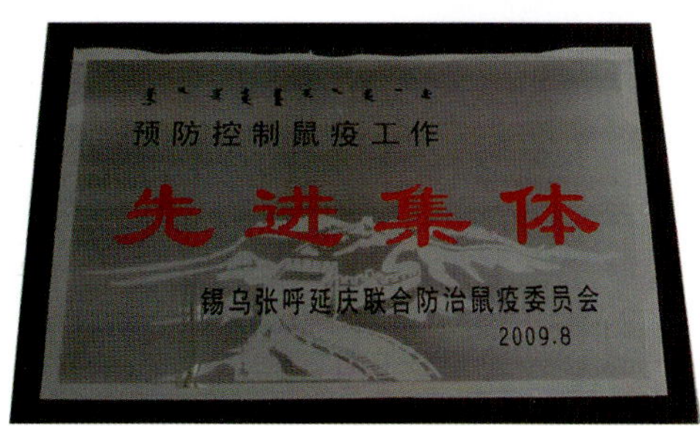

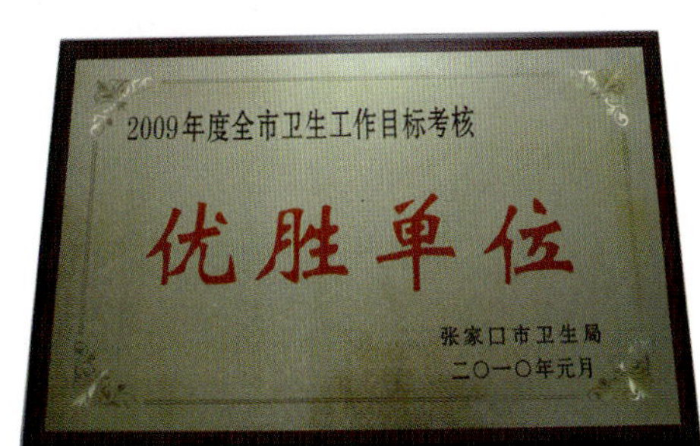

中国福利彩票张家口发行管理中心

助学

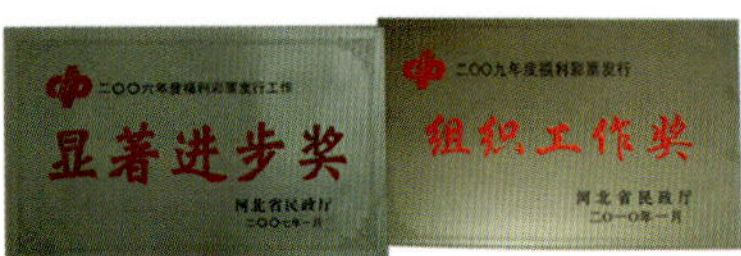

荣誉牌

走进双色球

中国福利彩票张家口发行管理中心隶属于张家口市民政局，原为中国社会福利有奖募捐张家口发行站，1987年成立，2000年全国统一发行电脑福利彩票后，更为现名。内部设有市场、即开、宣传、综合、财务五个部门。

张家口市福利彩票发行管理中心始终高举社会福利的旗帜，坚持“扶老、助残、救孤、济困”的发行宗旨和“公平、公正、公开、公信”的原则，经过不断拼搏进取和开拓创新，上市彩票有电脑型、“刮刮乐”即开型、开乐彩、中福在线四大类共76个游戏玩法，形成了稳定有序的彩票市场。随着发行量不断攀升，不仅为全市2000多名下岗职工提供了再就业，更为社会源源不断筹集了大量的福彩公益金。该公益金主要用于支持社会保障基金、社会福利事业、残疾人事业、城乡医疗救助等公益事业。

截至2010年6月，市福利彩票发行管理中心累计发行彩票6.85亿元，为国家筹集公益金2.39亿元，其中用于全市的公益金7535万元。分别资助兴建、改建和扩建儿童福利院、老年公寓、社会福利院、殡仪馆、农村区域性敬老院、救助管理站、精神病院和社区老年之家等。从2002年开始，福彩中心连续9年举办了“福彩献真情，爱心助学子”活动，共使用福彩公益金262.37万元，资助城市低保家庭、农村特困家庭的贫困大学生855人。先后启动了为残疾孤儿进行康复手术的“明天计划”，集养护、救治、教育、康复、特教于一体的儿童福利机构“蓝天计划”，服务社区老年人的“星光计划”，帮助下岗女工再就业的“福彩巾帼创业行动”，科技兴农的“捐书活动”，增强人民体质的“马拉松比赛”，活跃全民健身的“福彩乒乓球邀请赛”等众多项目，充分体现了福彩是取之于民，用之于民的阳光事业。

庞大汽贸集团股份有限公司张家口分公司

庞大汽贸集团股份有限公司张家口分公司位于张家口市宣化县沙岭子镇张宣公路东侧。2007年自筹资金3.1亿元，占地216亩，建设成为中国北方汽贸第一城，现建设品牌汽车专卖店19个，及相应配套综合楼等设施。建筑面积7.2万平方米，达到年销售品牌汽车1万辆能力，年实现销售总收入15亿元，利润6千万元，上缴税金3千万元。张家口分公司是一个既有品牌代理资格又有经营场地的综合性汽车市场，拥有欧曼、重汽、陕汽、红岩、长城、中冀斯巴鲁、一汽大众、一汽马自达、广州本田、东风雪铁龙、海南马自达、福特等系列车共计六十多个品牌的代理资格。

庞大汽贸集团股份有限公司张家口分公司（原冀东机电）成立于1999年2月，是庞大汽贸集团股份有限公司设在张家口的子公司。庞大汽贸集团股份有限公司张家口分公司作为庞大汽贸集团股份有限公司核心企业，是一家专业的汽车销售公司。庞大汽贸集团股份有限公司始建于1994年，公司注册资金9.086亿元，总资产近74亿元，截至2009年5月，公司在中国19个省市及自治区建有近527家营销网点，分、子公司及子公司的分支机构达766家，其中包括汽车专卖店368家（4S店220家：包括乘用车184家、商用车36家；非4S专卖店148家）、各类汽车市场159家。公司可销售的汽车、工程机械品牌达71种，涵盖了日本、欧洲、亚洲及国内绝大多数品牌，形成了布局合理、品牌齐全、服务优质的汽车营销网络。